PHILOSOPHIE
DE
L'INCONSCIENT

I

OUVRAGES DE L'AUTEUR, TRADUITS EN FRANÇAIS

LA RELIGION DE L'AVENIR, 1 vol. in-18 de la *Bibliothèque de philosophie contemporaine*. 2 50

LE DARWINISME, *ce qu'il y a de vrai et de faux dans cette doctrine*; traduit par M. Georges Guéroult, 1 vol. in-18 de la *Bibliothèque de philosophie contemporaine*. 2 50

LA PHILOSOPHIE ALLEMANDE DU XIXᵉ SIÈCLE DANS SES REPRÉSENTANTS PRINCIPAUX, traduit par M. D. Nolen, 1 vol. in-8 de la *Bibliothèque de philosophie contemporaine*. 5 »

OUVRAGES DU TRADUCTEUR

LA CRITIQUE DE KANT ET LA MÉTAPHYSIQUE DE LEIBNIZ (1875). 0 »

QUID LEIBNIZIUS ARISTOTELI DEBUERIT. 1 50

PHILOSOPHIE
DE
L'INCONSCIENT

PAR
ÉDOUARD DE HARTMANN

TRADUITE DE L'ALLEMAND ET PRÉCÉDÉE D'UNE INTRODUCTION

PAR

D. NOLEN
PROFESSEUR A LA FACULTÉ DE MONTPELLIER

ÉDITION REVUE PAR L'AUTEUR
ET PRÉCÉDÉE D'UNE PRÉFACE ÉCRITE POUR CETTE ÉDITION

« Résultats spéculatifs obtenus par la méthode inductive des sciences de la nature. »

TOME PREMIER
PHÉNOMÉNOLOGIE DE L'INCONSCIENT

PARIS
LIBRAIRIE GERMER BAILLIÈRE ET Cⁱᵉ
PROVISOIREMENT 8, PLACE DE L'ODÉON

La librairie sera transférée 108, boulevard Saint-Germain, le 1ᵉʳ octobre 1877.

1877

PRÉFACE

ÉCRITE PAR L'AUTEUR POUR L'ÉDITION FRANÇAISE

―――

C'est en hésitant que je livre au public français cette traduction de la *Philosophie de l'Inconscient*. Chaque homme est non-seulement le fils de son temps, mais encore celui de son pays. L'esprit de l'individu tient par toutes ses racines au fonds de culture que le développement du génie national lui a préparé. Il a beau élargir son horizon et chercher à se faire un jugement cosmopolite : ses qualités comme ses défauts sont étroitement liés aux conceptions qui ont déterminé dans sa jeunesse le développement de son intelligence, et pénétrés du génie de la langue nationale dont les formes règlent le mouvement de son esprit. S'il pense, il obéit au besoin impérieux de se sentir en communauté d'idées avec les hommes de sa race; et, s'il écrit, il cherche à s'accommoder à l'intelligence des lecteurs instruits parmi ses compatriotes, à prévenir leurs préjugés, à éviter de revenir sur les notions qui leur sont familières. Les sciences historiques et naturelles ont aujourd'hui un caractère international bien plus prononcé que la philosophie; et la philosophie allemande particulièrement occupe dans ce siècle une position en quelque sorte isolée. Aussi les réflexions précédentes s'appliquent-elles surtout à un ouvrage de philosophie allemande. Si un tel livre trouve des lecteurs chez une nation étrangère, il supposera inévitablement comme connues bien des choses qui sont ignorées de ces lecteurs nouveaux, ou se fatiguera inutilement à discuter des conceptions qui n'ont pas chez eux de représentants. Si j'entreprenais aujourd'hui d'exposer mes idées philosophiques aux lecteurs français, je m'attacherais surtout à la critique du spiritualisme et du positivisme français; et je laisserais entièrement de côté, ou du moins, je réduirais singulièrement l'examen des doctrines de Hegel, de Schopenhauer et de Schelling. Et pourtant l'exposition, telle qu'on la trouvera ici, de mes idées est peut-être celle qui convient le mieux aux intérêts du public français, lequel est sans doute moins désireux de connaître ma philosophie personnelle, que de trouver dans mes idées un reflet fidèle des doctrines qui dominent la philosophie allemande. En tout cas, ces circonstances défavorables à l'auteur gardent toute leur force pour ceux qui ne se borneront pas à prendre connaissance de mon œuvre, mais qui voudront aussi la juger.

A toutes ces difficultés vient s'ajouter, pour les

compliquer, la traduction de mes idées dans une langue étrangère. Le savant traducteur était sans doute remarquablement préparé à sa tâche par ses profondes études sur la philosophie allemande; et j'ai pu, par une comparaison attentive des passages les plus difficiles dans l'original et dans la traduction, me convaincre que la perfection de la traduction réalisait, et au delà, tous mes souhaits. Pourtant cette comparaison m'a permis de mieux juger des difficultés d'une traduction que je ne l'avais fait jusque-là, surtout lorsque j'ai vu que le génie de la langue française s'opposait presque invinciblement à la création de mots nouveaux.

D'ailleurs, j'ai pu faire l'expérience que déjà l'original allemand, lui aussi, prête à une série interminable de malentendus, même pour les lecteurs les plus bienveillants et les plus intelligents. Je dois m'attendre à ce que l'expression de mes idées dans une langue étrangère sera exposée à de pareilles mésaventures : d'autant plus que le public français ne connaît qu'une très-petite partie seulement de mes autres écrits, et aucun même des commentaires qu'ont publiés les partisans de mes idées pour notre commune défense.

La *Philosophie de l'Inconscient* n'est pas un système : elle se borne à tracer les linéaments principaux d'un système. Elle n'est pas la conclusion, mais le programme d'une vie entière de travail: pour achever l'œuvre, la santé et une longue vie seraient nécessaires. Elle n'est pas le produit de la réflexion et de la maturité, mais l'essai téméraire d'un talent juvénile, et présente tous les défauts et les qualités d'une œuvre de jeunesse. Il y a maintenant dix ans que le manuscrit en a été complètement achevé, et je concevrais aujourd'hui bien des choses autrement que je ne les présentais alors. Ma tâche a consisté non pas seulement à étendre par des additions le livre d'essai de ma jeunesse; mais à mûrir et à développer les germes qu'il contenait. Celui qui comparera la première partie avec l'essai composé en 1875 sur la physiologie des centres nerveux, comprendra le sens de mes paroles.

J'ose espérer que les lecteurs de mon livre auront égard à toutes ces raisons, et voudront bien le juger avec quelque indulgence.

ÉDOUARD DE HARTMANN.

Berlin, décembre 1876.

INTRODUCTION DU TRADUCTEUR

I

Le succès du livre dont nous offrons la traduction au public français, peut être regardé comme l'événement philosophique le plus considérable qui se soit produit en Europe depuis dix ans. Publié pour la première fois en 1869, l'ouvrage de M. de Hartmann a vu ses éditions se succéder d'année en année, sans que les préoccupations d'une guerre redoutable, sans que le tragique intérêt des événements politiques aient suspendu ou troublé le cours de cette fortune inouïe. Si M. Büchner croit devoir tirer avantage pour le matérialisme qu'il défend des éditions nombreuses que son opuscule de *Force et Matière* a obtenues, combien plus la métaphysique idéaliste aurait-elle le droit de s'enorgueillir de ce retour inespéré de l'attention et de la faveur publiques, qui ne semblent pas près d'être épuisées par l'apparition de la 7e édition de la *Philosophie de l'Inconscient!*

Depuis que la grande voix de Hégel et de Schelling avait cessé de se faire entendre, il semblait que la parole ne fût plus en Allemagne qu'aux sciences de la nature. Et la popularité tardive, mais relativement restreinte de l'école de Schopenhauer, était due en partie à ce qu'elle s'é cartait moins que les autres des méthodes et des conclusions de la science positive. Les grandes découvertes de la physique, de la zoologie, de la physiologie paraissaient exclusivement dignes de la curiosité des têtes intelligentes; et la philosophie n'était plus guère qu'une pure affaire d'érudition.

De 1850 à 1868, les beaux travaux historiques de Brandis, d'Erdmann, d'Uberweg, de Zeller, de Kuno Fischer, de Prantl, les monographies excellentes de nombreux auteurs sur les points controversés des systèmes du passé, témoignent seuls de la persistance de l'activité philosophique, et ne s'adressent d'ailleurs qu'au public spécial et limité des universités. Sans doute, durant cette période, d'intéressantes et remarquables tentatives se produisent pour arracher les esprits aux séductions du matérialisme. De louables efforts sont faits pour accommoder aux exigences légitimes et aux résultats incontestables de la science contemporaine soit les enseignements délaissés de Hégel (*Lettres psychologiques* d'Erdmann), soit les doctrines trop oubliées de la Monadologie de Leibniz (*Microcosme* de Lotze), soit même l'austère dogmatisme de Fichte (*Système de psychologie* de Fortlage).

En dépit de ces ingénieux essais de conciliation, le divorce de la spéculation et de la science se confirmait; et, bien que de généreux esprits comme Zöllner eussent exprimé le désir de le faire cesser, les savants et les métaphysiciens continuaient de se regarder avec une mutuelle défiance, et le public s'entretenait dans la pensée que la rupture était définitive. On revenait à Kant pour lui emprunter des raisons nouvelles de renoncer à la métaphysique; et le culte que les savants, comme Du Bois-Reymond, Helmholtz, Wundt, témoignaient pour cette grande mémoire était autant l'expression d'une incurable défiance pour la spéculation que d'une vive admiration pour la doctrine critique.

L'apparition du grand ouvrage de Lange, *l'Histoire du Matérialisme*, 1866, traduisait et paraissait consacrer définitivement cette disposition des esprits. C'est sur la base d'un idéalisme critique, dégagé des contradictions de Kant et enrichi des travaux de la science contemporaine et principalement de la physiologie des sens, que devait être conclu entre la science et la philosophie un traité de paix, dont la dernière faisait naturellement tous les frais (1).

Au milieu de ce découragement ou de cette impuissance des intelligences métaphysiques, un homme de vingt-sept ans, à peine connu du public lettré par un essai sur la méthode dialectique de Hégel, vint tout à coup lancer, en 1869, avec la confiante témérité de la jeunesse, le livre qui devait secouer l'indifférence générale, enflammer la curiosité spéculative des uns, braver le scepticisme et la raillerie des autres, provoquer enfin le réveil de l'activité métaphysique, je veux dire la philosophie de l'Inconscient.

Ce fut d'abord un étonnement universel. Puis à la surprise succédèrent, ici l'admiration, ailleurs, la critique passionnée. Ce qui est plus remarquable, c'est que l'effet ne se borna pas au public habituel des universités; mais que le grand public, les hommes et les femmes, dévorèrent avec un égal empressement le livre nouveau. La presse de tous les partis dut se faire l'écho de l'émotion unanime. Il est curieux de suivre dans les feuilles littéraires ou politiques du temps l'expression des sentiments et des jugements des différents partis. Libéraux, protestants, catholiques, tous s'accordaient à louer chez le jeune auteur l'art de la composition et du style, la clarté et la franchise du langage, la verve de l'esprit, l'éclat de l'imagination, la finesse de l'observation psychologique, la pénétration et la

(1) Voir notre préface à la traduction de l'*Histoire du Matérialisme* de Lange, que la librairie Reinwald doit publier prochainement.

vigueur de l'argumentation, enfin la richesse de l'érudition tout à la fois philosophique et scientifique. A ceux qui ne connaissaient que la philosophie des écoles, et pour qui le mot de métaphysique était synonyme d'abstractions à priori, de subtilités dialectiques, d'aridité scolastique, le livre nouveau révélait la possibilité et affirmait l'existence d'une philosophie toute pénétrée du souffle de la science et de la vie, à laquelle rien de la nature et de l'homme ne demeure indifférent et étranger, et qui, sans dédaigner le passé, sait être équitable et sympathique au présent. Les revues théologiques se réjouissaient de voir affirmer, sous le nom d'Inconscient, une sagesse toute-puissante qui semble bien plus se rapprocher du théisme chrétien que de la logique inflexible de l'Idée hégélienne. Elles saluaient comme une manifestation providentielle le triomphe d'un pessimisme qui enseigne avec le christianisme la vanité et le néant de la vie. Les politiques radicaux étaient frappés des considérations sociales auxquelles l'auteur s'abandonne volontiers, et lui savaient gré d'insister sur le dogme de la solidarité universelle; les libéraux constitutionnels appréciaient surtout en lui le sens de la tradition historique et les préférences monarchiques. Les feuilles purement littéraires étaient sensibles à la poésie et à la vie, répandues sur la nature entière par une philosophie qui prête à tout l'activité et la pensée, aux boutades humoristiques, aux fines analyses qui abondent dans les chapitres de l'amour et du pessimisme.

Les principaux organes du public lettré, les revues de philosophie ou de science, ne se montraient pas moins empressés à reconnaître et à signaler les qualités du livre nouveau, bien qu'ils fussent aussi préoccupés d'en découvrir les défauts ou d'en mesurer exactement la valeur. Ce qui devait d'abord rallier leurs suffrages les plus divers, c'est que la doctrine nouvelle se donnait pour l'héritière directe des philosophies du passé; qu'elle se montrait plus soucieuse de renouer la tradition philosophique que d'affirmer sa propre originalité; et n'aspirait à rien moins qu'à fondre Hégel et Schopenhauer dans une synthèse préparée déjà par la philosophie positive de Schelling. Chaque école pouvait se croire autorisée à revendiquer une part dans le succès de la philosophie nouvelle. Mais bientôt un examen plus attentif, les déclarations et les écrits ultérieurs de M. de Hartmann vinrent accentuer les différences de sa conception personnelle et des autres systèmes, et provoquer contre le novateur l'égale hostilité des doctrines les plus opposées. Dès la 5e édition, la liste était grosse déjà des réfutations provoquées par cette polémique passionnée entre les représentants des anciennes écoles et le chef de l'école nouvelle, qui vit bientôt accourir sous son drapeau et combattre à ses côtés des champions ardents et bien armés. C'est dans les œuvres des adeptes, autant que dans les écrits successifs du maître, qu'il faut chercher les compléments, les éclaircissements et aussi les corrections, les modifications progressives, que les péripéties de la lutte et la transformation des problèmes, sous l'action incessante de la science, amenaient inévitablement.

L'école de Schopenhauer, par l'organe de deux de ses représentants les plus autorisés, Frauenstädt et Bahnsen, vint défendre sa doctrine originelle, que le nouveau disciple prétendait perfectionner par la théorie de la réalité du plaisir, par le dualisme des attributs de la substance absolue, par le réalisme transcendantal, enfin, par l'optimisme évolutionniste qu'il associait au pessimisme. Bahnsen, qui saluait dans la *Nationalzeitung* de 1871 l'auteur de la philosophie de l'Inconscient du nom de « philosophe moderne par excellence », dirigeait contre lui l'année suivante son *Examen critique de l'évolutionnisme hégélien de M. de Hartmann, d'après les principes de Schopen-*

hauer (Duncker, Berlin, 1872); et Frauenstädt écrivait dans le même sens ses *Nouvelles lettres sur la philosophie de Schopenhauer* (1875). M. de Hartmann, dans son *Essai sur la transformation tentée par Frauenstädt de la philosophie de Schopenhauer* (1), et Moritz Venetianer, dans ses deux livres *Schopenhauer comme scholastique* (Berlin, Duncker, 1873) et l'*Esprit universel* (id., 1874), répondaient aux attaques des disciples orthodoxes de Schopenhauer.

L'école hégélienne avait déjà protesté, dès 1870, avec le vieux Michelet par une sorte de manifeste : *Hégel, le philosophe invaincu*, dirigé aussi bien contre le premier écrit de M. de Hartmann (*Sur la méthode dialectique*, Duncker, Berlin, 1868), que contre la philosophie de l'Inconscient. Outre une courte et immédiate réplique de M. de Hartmann, dans le premier volume des *Monatshefte* (p. 502), il faut consulter sur cette nouvelle polémique ses *Essais de philosophie*, 1872, et principalement ses *Éclaircissements à la philosophie de l'Inconscient, placée en regard surtout du panlogisme de Hégel* (Berlin, Duncker, 1874), dont l'auteur annonce prochainement une seconde édition sous le titre de : *Schopenhauérianisme et Hégélianisme*.

Les physiologistes positivistes, tels que le médecin de New-York, Stiebeling, dans son écrit : *La science contre la philosophie* (New-York, Schmidt, 1871), relevaient avec vivacité les erreurs physiologiques et combattaient la téléologie de la philosophie de l'Inconscient. En même temps que Taubert réfutait Stiebeling dans la *Philosophie contre les prétentions de la science* (Berlin, Duncker, 1872), M. de Hartmann lui-même, sous le voile de l'anonyme, défendait habilement les principes essentiels de sa philosophie naturelle dans l'*Inconscient du point de vue de la Physio-*

---

(1) Traduit dans la *Revue philosophique*, n°s 6 et 7.

logie et de la théorie de la descendance (idem). Haeckel s'exprime ainsi sur ce dernier ouvrage, dans la préface à la 4ᵉ édition de son *Histoire de la création* (p. 38) : « Cet écrit remarquable dit au fond tout ce que j'aurais pu dire moi-même aux lecteurs de l'histoire de la création sur la philosophie de l'Inconscient ; et je n'ai qu'à y renvoyer ceux qui s'intéressent à cette philosophie. »

Les matérialistes ne pouvaient pas épargner la doctrine nouvelle. J.-C. Fischer lança contre elle son *Cri de détresse du bon sens* (Leipzig, Wigand, 1872), auquel riposta aussitôt le baron du Prel par sa brochure : *Le bon sens en face des problèmes de la science* (Berlin, Duncker, 1872). D'autres matérialistes comme Klein, comme Dühring dans son *Histoire critique de la philosophie* (1873, 2ᵉ édition, Berlin, chez Koschny) et dans son *Cursus de philosophie*, (1875, ib.), n'épargnaient pas plus la personne que les doctrines de l'auteur.

Les adversaires du pessimisme, L. Weiss, par le troisième volume de sa *Critique de toute philosophie de l'Inconscient* (Berlin, Henschel, 1872), Jürgen-Bona Meyer, par son écrit : *Misère et plainte universelle* (chez Marcus 1872, Bonn), sans parler des autres réfutations de G. Knauer, de Henne-Am-Rhyn, de Haym, de Hartsen, provoquèrent la réplique énergique et habile du même A. Taubert, dont nous parlions plus haut. Son nouvel ouvrage, *le Pessimisme et ses adversaires* (Duncker, 1873), est le complément indispensable du treizième chapitre de la métaphysique de M. de Hartmann.

Aux attaques de positivistes comme Kirchmann, dans son livre sur le *Principe du réalisme* (Leipzig, Koschny, 1875), l'auteur lui-même répondait par l'examen du *Réalisme de Kirchmann* (Berlin, Duncker, 1875).

A côté de Taubert et de Moritz Venetianor, qui défendaient, d'une manière indépendante et en la critiquant ; en la modifiant sur bien des points, la philosophie de l'Inconscient, nous ne devons pas oublier de faire une place considérable à J. Volkelt, dont l'hégélianisme essaye de se rajeunir au contact de l'idée nouvelle. Les deux livres de cet auteur : *l'Inconscient et le pessimisme* (Stuttgart, 1873) et *l'Imagination du rêve* (idem, 1875) éclairent par l'histoire et la psychologie le principe de l'Inconscient.

Enfin, Göring, dans son *Système de philosophie critique* (2 vol., 1874-75, Leipzig, Voit et C°), au milieu de critiques très-vives contre les erreurs historiques de M. de Hartmann et sa théorie de la conscience, où il découvre comme Volkelt « un tissu de contradictions », appuie, par des arguments intéressants et une réfutation approfondie des doctrines contraires, la théorie de M. de Hartmann sur l'inconscience de la volonté. S'il nous fallait indiquer enfin l'ouvrage le plus utile à consulter entre tant d'autres sur le monisme de la philosophie de l'Inconscient, c'est peut-être à l'étude du livre de Moritz Venetianer que nous renverrions le lecteur : *l'Esprit universel; Principes du Panpsychisme comme addition à la philosophie de l'Inconscient* (Berlin, Duncker, 1874).

II

L'homme dont l'ouvrage révolutionnait ainsi l'Allemagne était né en 1842 à Berlin, et fils unique du général d'artillerie du même nom.

Le premier numéro des *Études et essais* d'Édouard de Hartmann contient une intéressante et discrète autobiographie, sous le titre de « Histoire de mon développement ».

Nous lui empruntons les rapides indications de cette courte notice.

Au gymnase, l'étude des mathématiques et de la physique captiva de bonne heure le jeune écolier : et c'est avec une admiration reconnaissante que M. de Hartmann rappelle l'enseignement de son professeur Bertram. Les beautés de la littérature touchèrent moins promptement son intelligence. Les auteurs latins eurent peu d'attrait pour lui; et Cicéron en particulier lui paraît très-souvent vide. Les discours de Démosthène le laissèrent indifférent : aujourd'hui encore, il le trouve trop tendu, trop préoccupé de l'effet, nullement classique au vrai sens du mot. C'est dans Thucydide, dans Sophocle que se révéla pour la première fois à son esprit la pure perfection de la littérature grecque: chez le premier, l'art incomparable de ne dire que ce qu'il faut, et d'enchaîner logiquement les idées : chez le second, la simplicité de la forme et la grandeur tragique des caractères. Homère fit sur lui moins d'impression. « La naïveté d'Homère est si grande, et l'écolier moderne l'a tellement dépassée, qu'il ne peut pas en sentir le charme admirable. Ce n'est pas l'enfant, dont l'unique pensée est de devenir homme, mais l'homme dont le cœur soupire après la naïveté évanouie de ses premiers ans, qui peut goûter tout le charme et l'innocence répandus sur cette peinture accomplie de l'enfance des peuples. » En résumé, la littérature grecque exerçait déjà sur l'âme de l'écolier un attrait qui explique la préférence qu'il lui accorda plus tard sur la littérature latine. Pour défendre aujourd'hui les jeunes esprits contre le réalisme utilitaire qui menace de les envahir, c'est, selon M. de Hartmann, à la culture hellénique qu'il faut donner la prépondérance dans l'enseignement classique. Le culte du réel et la sagesse pratique s'y associent dans une mesure parfaite à la religion de l'idéal, aux poursuites désintéressées de la raison (voir l'opuscule récent de M. de

Hartmann *sur la Réforme de l'enseignement supérieur.* Berlin, Duncker, 1875). — L'histoire ne paraît pas avoir séduit beaucoup le jeune homme : « Je crois, » remarque-t-il, « que le sens historique manque et doit manquer absolument à la jeunesse, et ne se développe qu'avec les années. » Il fallut que le panthéisme évolutionniste de Hégel vînt ... à M. de Hartmann. « que le Logos vit et agit dans les ... storiques et éten... par eux son empire, » pour ... son ...ntelligence s'ouvrît ... u goût de l'histoire. — En résumé, à part trois maître... qu'il cite avec reconnaissance, l'ens...nemen... p... se ne parlait ni à la curiosité ni ...u ...eur de l'écolier. « L'école était pour moi, dit-il, un pe...nt fardeau que j'étais loin, comme mes camarades, de supporter patiemment et sans réflexion. Je me révoltais vivement, au contraire, contre un système d'enseignement qui, sur bien des points, n'était qu'une perte de temps évidente; qui sur d'autres exigeait que l'on se rendît maître de connaissances auxquelles je ne découvrais pas la moindre utilité; ou me demandait des choses surprenantes, comme d'apprendre par cœur chaque mois un chant d'église. »

Si les études scolaires tinrent peu de place dans la vie du jeune homme au gymnase, la musique et le dessin furent, au contraire, l'objet de sa vive prédilection. Il put recevoir de bonne heure et longtemps, en dehors du gymnase, les leçons de maîtres habiles; et acquit ainsi dans ces deux arts un certain talent, non-seulement d'exécution, mais même d'invention.

Le dégoût du jeune de Hartmann pour les études classiques ne devait pas peu contribuer à l'éloigner de l'université, lorsqu'il quitta le gymnase en 1858, après de brillants examens. Les mœurs débraillées de la vie d'étudiant répugnaient d'ailleurs à ses habitudes d'homme du monde. La carrière militaire de l'artillerie, que l'exemple de son père lui rendait chère, lui parut la plus propre à satisfaire à la fois ses dispositions naturelles pour les sciences mathématiques et physiques, et ses goûts personnels d'artiste et de penseur.

C'est en 1858 qu'il entra au régiment d'artillerie de la garde, pour y faire son année de volontariat. Il passa ensuite trois ans à l'école d'artillerie de Berlin, entremêlant aux travaux scientifiques de sa profession ses études artistiques et philosophiques, fréquentant la société distinguée à laquelle sa famille appartenait, et recherchant surtout le commerce des femmes. « La brutalité d'appréciation que beaucoup d'hommes de mérite portent dans leur jugement sur les femmes, pourrait bien tenir souvent à ce qu'ils n'ont pas eu l'occasion de connaître de près de nobles natures de femmes. » Vers ce temps, une disposition rhumatismale de M. de Hartmann, qui s'était déjà déclarée vers la fin de son séjour au gymnase, vint se compliquer d'une contusion au genou, qui lui laissa une sensibilité extrême au moindre choc, et ne put jamais être guérie, quoique le mal ait toujours été localisé. M. de Hartmann observe dans son autobiographie qu'il donne ces détails afin de prévenir les odieuses imputations d'adversaires qui n'ont pas craint d'expliquer son pessimisme par l'état de sa santé, et de représenter ce dernier comme la conséquence d'excès honteux.

Après être resté deux ans environ au service, notre philosophe, sa santé ne s'améliorant pas, dut en 1864 quitter l'état militaire; et il en sortit avec le grade de premier lieutenant d'artillerie. Il chercha successivement sa voie comme peintre et comme musicien; mais il reconnut bien vite que les progrès de son goût, de son sens critique étaient loin d'être égalés par ceux de ses facultés créatrices. « La banqueroute de toutes mes ambitions, dit-il, était complète; il ne me restait plus qu'une chose, la pensée. » C'est elle qui l'avait soutenu dans toutes les épreuves, à travers les déceptions successives de sa vie : c'est à elle qu'il demanda une consolation et l'emploi de ses facultés. Il comprit enfin que la philosophie était sa véritable vocation, et en 1864 il commença la philosophie de l'Inconscient.

Déjà, dès 1858, il avait composé un essai sous ce titre : *Considérations sur l'esprit*, où se trahissait une forte inclination au monisme panthéiste. En 1859, les loisirs de la vie de garnison à Spandau lui avaient permis d'écrire, sur *l'Activité spirituelle de la sensation*, un traité où, avant même de s'être élevé au concept de l'Inconscient, il essayait de réduire la sensation à la Volonté et à l'Idée. D'autres esquisses l'avaient occupé; mais les travaux de sa profession ne lui laissaient guère la liberté de les étendre ni de les achever. C'est en 1863 qu'il reprit sérieusement ses études et ses compositions philosophiques. Les sujets de psychologie l'occupaient, l'intéressaient surtout. Il écrivait, pour sa satisfaction et son instruction personnelle, sur la coquetterie, l'imagination, la conscience, l'honneur, la propreté, sur la phrénologie de Gall et les erreurs psychologiques qu'elle contient, sur la critique de la Raison pure, sur le prix de la raison et de la science dans la vie pratique, sur le concept de l'infini, enfin sur la racine unique du principe de raison suffisante. Mais tous ces essais étaient des sortes de monologues, nullement destinés à voir le jour. La *Philosophie de l'Inconscient* elle-même, composée de 1864 à 1867, resta une année enfermée dans un bureau. La rencontre fortuite d'un libraire intelligent décida seule de son apparition, qui aurait sans doute tardé longtemps encore. Aucune nécessité ne pressait, en effet, M. de Hartmann : il n'avait heureusement pas besoin de produire pour vivre, et n'était pas tyrannisé par les exigences d'un emploi. Maître absolu de sa plume, il n'avait à consulter ni les préjugés du public, ni les intérêts d'une profession; il pouvait se mettre tout entier au service de la vérité, et la proclamer sans réserve selon sa conviction.

L'enseignement des écoles n'avait pas altéré l'indépendance et l'originalité de sa pensée. Bien qu'il se fût fait recevoir docteur en 1867 par l'Université de Rostock, il n'avait que rarement assisté aux cours de l'Université et seulement en amateur, sur la sollicitation de quelques amis. Les leçons qu'il y avait entendues n'avaient réussi qu'à l'en éloigner. Il préférait s'abreuver directement aux sources de la vérité philosophique, s'adresser aux penseurs originaux eux-mêmes qu'écouter leurs pâles commentateurs. Il trouvait que, chez les professeurs de philosophie, l'érudition et la prudence professionnelle étouffent trop souvent l'initiative et la spontanéité; et que l'habitude d'enseigner à la jeunesse communique au langage et au style quelque chose de doctoral et comme une prétention à l'infaillibilité, qui jure avec l'indépendance absolue de la recherche philosophique. Jusqu'en 1864, le seul maître de philosophie qu'il eût un peu fréquenté était un vieil hégélien, ami de la maison, qui lui fit lire Hégel, Schelling, Schopenhauer, mais qui n'admettait d'autre méthode en philosophie que la méthode hégélienne. En résumé, c'est surtout à la méditation et à l'expérience personnelle, au commerce du monde, à l'étude directe des grands philosophes et surtout aux sciences de la nature, à la fréquentation assidue de quelques amis médecins, et en particulier du psychiâtre Flemming, que M. de Hartmann déclare devoir ses meilleures inspirations.

Depuis, comme avant l'apparition et le succès de son livre, M. de Hartmann vit à Berlin au sein de sa famille. Appliquant sa doctrine, il a tenu à justifier par l'exemple de sa vie la valeur pratique du pessimisme évolutionniste, c'est-à-dire ami de l'action et du progrès, qu'il veut substituer au pessimisme bouddhiste, à la philosophie de l'abstention et du quiétisme de Schopenhauer. Il s'est marié, et coule une existence sereine au milieu des siens, démontrant par son exemple, comme il l'avait prouvé dans un article, que le pessimisme n'est pas « la philosophie de la désolation ». Nous ne pouvons mieux faire que de citer à ce propos la conclusion caractéristique de son autobiographie. « Dans notre ménage, ma femme bien-aimée, la compagne intelligente de mes poursuites idéales... représente l'élément pessimiste. Tandis que je défends la cause de l'optimisme évolutionniste, elle se déclare sceptique au progrès. A nos pieds, joue avec un chien, son fidèle ami, un bel et florissant enfant, qui s'essaye à combiner les verbes et les substantifs. Il s'est déjà élevé à la conscience que Fichte prête à son moi, mais ne parle encore de ce moi, comme Fichte le fait souvent lui-même, qu'à la troisième personne. Mes parents et ceux de ma femme, ainsi qu'un cercle d'amis choisis, partagent et animent nos entretiens et nos plaisirs ; et un ami philosophe disait dernièrement de nous : « Si l'on veut voir encore une fois des visages satisfaits et joyeux, il faut aller chez les pessimistes. »

III

Entrons maintenant dans l'analyse et l'examen de la philosophie de l'Inconscient.

L'ouvrage, que les éditions successives ont notablement étendu, mais sans en modifier le plan primitif, si ce n'est par l'addition du chapitre VIII sur l'Inconscient et le Dieu du théisme, se divise dans la 7ᵉ édition en deux parties sous les noms de Phénoménologie et de Métaphysique de l'Inconscient.

Un long chapitre préliminaire fait connaître le dessein, la méthode et les antécédents historiques du système. L'auteur passe ensuite en revue les manifestations les plus curieuses de l'Inconscient dans la vie corporelle, dans les fonctions spontanées de la moelle et des ganglions, dans l'exécution des mouvements volontaires, dans l'instinct, dans les mouvements réflexes, dans les guérisons naturelles. Il oppose au rôle de l'Inconscient dans les fonctions organiques celui de la volonté et de l'idée conscientes; et étudie enfin l'activité de l'Inconscient dans la formation de l'organisme. De ces divers chapitres une conséquence capitale se dégage, c'est que les réflexes dominent la vie entière de l'organisme; et que, au sein du réflexe, nous démêlons toujours associés l'activité mécanique et l'activité psychique, le mouvement et la perception, enfin un élément subjectif, et un élément objectif. C'est ce que l'auteur s'attache à mettre en plus vive lumière encore par l'important appendice sur la physiologie des centres nerveux. — L'activité de l'Inconscient dans la vie de l'esprit, dans le jeu des facultés psychiques est ensuite analysée finement par une série d'études sur les instincts humains, et surtout sur l'instinct capital, celui de l'amour, sur la sensibilité, sur le développement du caractère et de la moralité, sur l'imagination et le goût esthétiques, sur le langage, sur la pensée discursive, et la perception sensible, sur l'inspiration métaphysique ou religieuse, sur le progrès dans l'histoire. Un chapitre final compare le rôle de l'Inconscient et celui de la conscience dans la vie humaine.

Sous le nom de Métaphysique, les formes universelles de l'existence phénoménale, l'individualité, la matière, l'espèce, la génération sont tour à tour étudiées avec une richesse et une sûreté d'érudition scientifique, avec une puissance d'analyse et de dialectique, que nous n'avons jamais rencontrées à un tel degré. L'Inconscient nous est ensuite présenté comme l'Un-Tout, comme l'individu suprême ou comme l'âme universelle, dont la multiplicité des individus et des caractères sort par des lois déterminées. L'Un-Tout est souverainement sage, et le monde parfaitement bon. Et pourtant cet optimisme ne prouve qu'une chose, c'est que le monde est le meilleur des mondes possibles, mais n'enlève rien à cette autre certitude que la vie est souverainement mauvaise. L'auteur, pour le démontrer, nous étale complaisamment et détruit sans pitié l'illusion de l'homme, sous les trois formes qu'elle revêt successivement, l'espoir d'une félicité présente, celui d'une félicité future pour l'individu, celui enfin du progrès et du bonheur de l'espèce. Si la fin du monde n'est pas le bonheur, la conscience ne peut avoir d'autre objet que d'émanciper par la science la volonté de l'amour de la vie, et de la ramener au néant. Le chapitre, qui s'intitule « les derniers principes », contient l'examen des attributs opposés de l'Un-Tout. L'auteur s'efforce de les saisir et de les définir dans leur essence mystérieuse avant la création, de les réunir dans l'unité d'une commune substance, et de rattacher les éléments de sa théologie à leurs antécédents historiques.

Notre dessein dans cette rapide revue était de faire connaître le plan, la riche diversité des sujets traités par l'auteur, et de ressaisir le lien plus ou moins apparent des divers chapitres. On n'attend pas de nous que nous soumettions chacun de ces points à une analyse, à un examen approfondis. Nous nous attacherons plutôt à dégager de ce livre les idées intéressantes pour les lecteurs français qu'il nous paraît contenir. Nous nous bornerons à nous demander ce que cette philosophie de l'Inconscient nous apprend de nouveau sur la matière, sur la vie, sur l'homme, sur le principe et la fin des choses.

La matière n'est plus cette masse inerte, immobile, que

les sens ou l'imagination croient saisir. Elle se résout en esprit, c'est-à-dire en activité et en idée. Elle est, pour parler le langage de l'auteur, une fonction de l'Inconscient, où nous retrouvons, comme dans toutes les autres manifestations de l'Être, l'association d'une volonté et d'une pensée inconscientes. La conception, qui domine la science aujourd'hui, définit les atomes comme des points indivisibles, de purs centres de forces. Que l'on distingue des atomes corporels et des atomes d'éther, les premiers agissant par attraction, les seconds par répulsion, ou qu'on adopte toute autre hypothèse suivant les besoins et les conditions variables de l'expérience, on ne saurait admettre que les atomes soient étendus. Les matérialistes qui veulent associer la force à l'étendue oublient qu'il est impossible de faire d'atomes étendus des centres indivisibles, des points d'application des forces mécaniques, tels que le calcul mathématique les exige. Si l'on veut d'ailleurs expliquer la figure qu'on prête à ces divers éléments de la matière, il faut voir en eux autre chose que de la simple étendue géométrique, c'est-à-dire qu'une juxtaposition de parties divisibles et séparables à l'infini. On ne comprend pas davantage comment les forces d'attraction ou de répulsion réussiraient à se déployer, dans des atomes dépourvus d'intelligence, conformément aux lois mathématiques de la mécanique. Il y a, en un mot, de l'action et une action réglée dans l'atome. Or, qui dit action dit un vouloir et par suite une fin poursuivie avec ou sans conscience. Les atomes sont des individus (*individua*), expression finie de l'individu suprême, de l'Un-Tout, modes inférieurs de l'activité phénoménale de l'Inconscient, mais fondement et support de la réalité sensible : ainsi les pierres du monument et les lois mécaniques, qui règlent inflexiblement leurs rapports, sont la condition de toutes les combinaisons supérieures auxquelles l'industrie et l'art peuvent les faire servir. M. de Hartmann appelle sa théorie un atomisme dynamique. Il croit que la science et la spéculation philosophique y trouvent une égale et légitime satisfaction. La physique mathématique ne peut se passer pour ses explications mécaniques de l'hypothèse des atomes; la métaphysique se refuse à en faire des principes étrangers à la pensée et à la volonté, ce qui romprait l'unité de l'être, et, en contredisant les grands principes de l'analogie et de la continuité, introduirait un dualisme insupportable dans la pensée et dans la réalité. L'auteur cite et apprécie les diverses hypothèses des grands mathématiciens ou physiciens de notre temps; et prouve ainsi avec quel soin il a étudié la question. (Voir le ch. v du t. II, p. 118, et les notes du Supplément, p. 581 à 588.)

Les atomes, avons-nous dit, représentent le degré inférieur de l'individualité. Qu'est-ce que l'individu ? C'est l'être en qui se rencontrent les cinq unités suivantes : 1° L'unité dans l'espace (la forme); 2° l'unité dans le temps (la continuité de l'action); 3° l'unité de la cause (interne); 4° l'unité de la fin; 5° l'unité de la réciprocité d'action entre les diverses parties (en tant qu'il y a diverses parties : autrement la dernière condition est supprimée) (p. 156 du t. II). A ce compte, l'atome est l'individu le plus parfait, puisqu'il a l'unité indivisible dans le temps et dans l'espace, et que son action est la plus simple de toutes. La cellule végétale ou animale rassemble déjà une certaine diversité d'éléments matériels, et ne maintient son unité formelle que par le renouvellement de ses parties. Les diverses pièces de l'organisme, qui naissent de la coordination ou de la subordination des cellules, et se présentent sous les formes de fibres, de tissus, d'organes, sont des individus de plus en plus complexes, des unités collectives, qui se distinguent chacune par la matière, la place, la durée, la forme et la fonction spéciales qui leur sont assignées dans l'organisme total. Le végétal, l'animal et l'homme expriment des unités d'une complication infiniment plus grande, et où la subordination des parties est encore bien plus étroite. Enfin le monde est l'individu qui renferme tous les autres; et l'Un-Tout, dont le monde n'est que la manifestation phénoménale, est l'unité éternelle, absolue, l'individu κατ' ἐξοχήν. (Voir ch. vi, p. 153 du t. II.)

Mais, parmi les individus, les uns sont évidemment doués de conscience : tous le sont-ils? où expire la conscience? A quoi tient cette faculté mystérieuse, qui fait de chaque existence individuelle une sorte de monde à part, alors que tout dans le monde physique est relié par une unité inflexible; par la vertu de laquelle l'univers se reflète en partie et se multiplie, en quelque sorte, autant de fois qu'il y a d'individus, sans que dans aucun d'eux, ni dans la totalité des consciences finies, le monde arrive jamais à une représentation adéquate de lui-même? Existe-t-il en dehors des individus finis une conscience suprême, en qui la correspondance parfaite de la pensée et de l'être se trouve réalisée? Toutes ces questions capitales sont traitées avec une rare pénétration et une abondance étonnante d'informations dans les chapitres consacrés au cerveau, à l'origine de la conscience, à la sensibilité des plantes, et à l'inconscience de l'Un-Tout (ch. ii, iii, iv et viii du t. II), ainsi que dans l'Appendice du tome Ier sur la physiologie du cerveau.

La conscience n'est pas un état constant, mais un acte. Elle résulte de conditions physiologiques, que l'activité organique ne remplit que d'une manière discontinue et inégale dans la diversité des individus et dans la série des espèces vivantes. M. de Hartmann la fait dériver en dernière analyse de l'opposition des fonctions de l'Inconscient, ou du conflit des forces dans la nature. Or, comme tous les individus, atomiques ou organiques, sont des fonctions, des forces de ce genre, il semble que partout leur mutuelle opposition doive engendrer la conscience : et l'auteur, en effet, incline à prêter la conscience aux atomes, aussi bien qu'à tous les autres individus ; mais il ne se prononce pas catégoriquement. « On pourrait se demander si les atomes ont une conscience. Je crois que toutes les données nécessaires à la solution nous font presque entièrement défaut » (id., p. 150). Mais il n'hésite pas à soutenir la présence de la conscience, partout où il trouve la substance nerveuse, ou seulement le protoplasma. « Les premières traces évidentes de la conscience ne se manifestent que dans la cellule avec son contenu à demi liquide (protoplasma des protistes) (p. 184). » « Il est prouvé d'une manière de plus en plus certaine que la véritable base de la vie dans chaque cellule est le protoplasma ; et que le protoplasma de la substance grise des cellules, qui concourent à l'exercice des fonctions supérieures de la pensée, ne diffère pas en substance, mais en degré seulement, du protoplasma des organismes inférieurs (p. 112). » C'est du degré de communication des éléments de la substance nerveuse entre eux que dépend l'étendue de la conscience. Et « c'est la facilité des communications entre les molécules nerveuses qui, en fait, est la cause de l'unité de la conscience ; les deux phénomènes se produisent dans la même proportion (p. 77). » Si deux cerveaux pouvaient être unis par des filets conducteurs, comme le sont les deux hémisphères d'un seul et même cerveau, ils n'auraient plus qu'une seule conscience. Les plantes ont une conscience moins riche que la nôtre, parce que les cellules y sont moins reliées entre elles (117). L'auteur ne prête ainsi la conscience à tout élément vivant, si simple qu'il paraisse, que parce qu'il n'y a pas, selon lui, de degré dans la conscience : elle est ou elle n'est pas. Seulement elle a un contenu plus ou moins riche, suivant qu'elle est plus ou moins aidée par la mémoire, par l'attention, par la comparaison, par l'expérience. Voilà pourquoi il distingue soigneusement la simple conscience, de la conscience de soi, de la conscience de la personnalité (64 à 74) ou de la pleine conscience de soi. Si l'Un-Tout n'a point part à la conscience, c'est qu'il ne réunit pas les conditions nécessaires à l'apparition de cette faculté ; c'est qu'il n'y a pas pour lui d'opposition, contre laquelle il puisse réagir par la conscience ; c'est qu'on ne saurait lui prêter un cerveau.

Nous avons étudié les deux formes essentielles de la vie, l'individualité et la conscience. Mais entre les êtres vivants, il y a encore des différences spécifiques et particulières : nous avons à expliquer la formation de l'espèce et celle du caractère individuel.

Obéissant au principe éminemment philosophique de la continuité, de la moindre dépense de forces, M. de Hartmann admet la théorie générale de l'évolution et les lois essentielles auxquelles Darwin après Lamark l'a ramenée : la lutte pour l'existence, l'adaptation, la sélection naturelle, l'hérédité. Mais, tout en reconnaissant que ces règles sont autant de mécanismes ingénieux, que l'Inconscient fait servir à ses fins, la conservation et le développement des espèces, il soutient qu'elles ne rendent compte ni, au sein de chaque classe, de l'aptitude plus grande des espèces moins parfaites, moins développées, à donner naissance à une classe nouvelle; ni, au sein du même genre, des différences morphologiques des espèces. Elles peuvent seulement favoriser le développement dans toutes les directions des variétés au sein de l'espèce, et contribuer à faire sortir d'un même type fondamental, par l'effet de causes purement mécaniques, une riche diversité de formes progressives, mais secondaires. L'adaptation et l'hérédité font bien connaître certaines lois du développement phylogénétique aussi bien qu'ontogénétique, c'est-à-dire du développement des individus comme de celui des espèces ; mais elles n'en expliquent pas le point de départ. L'intervention de l'Inconscient est nécessaire, soit pour contenir dans les limites du type spécifique les déviations individuelles produites par l'action des circonstances extérieures ou par les influences obscures qui s'exercent sur la génération ; soit pour donner l'impulsion au processus créateur de chaque espèce nouvelle. Conformément au grand principe de la moindre dépense de forces, c'est d'un œuf de l'espèce inférieure que l'Inconscient fait sortir l'espèce immédiatement supérieure, en déposant en lui le germe des modifications, des perfectionnements que l'espèce nouvelle doit apporter au type de la précédente. Les travaux des embryogénistes, ceux de Kölliker, d'Agassiz, de Nägeli sont mis ici à contribution par l'auteur (306). Une dernière hypothèse, propre à M. de Hartmann, nous fait même entrevoir la possibilité d'une transformation spécifique, effectuée positivement et renfermée dans la période embryonnaire de la vie de l'animal (307). Il est indispensable de lire l'étude sur Haeckel, que contient la 3ᵉ partie des *Études et essais* de M. de Hartmann, et surtout son opuscule sur le Darwinisme (1), si l'on veut connaître toute la pensée de notre philosophe sur l'importante question de la transformation des espèces.

À côté des différences spécifiques, nous avons dit que les individus présentent encore des différences particulières, qui constituent leur caractère propre. Quel est le principe d'individuation pour les individus ? Si l'individuation résulte pour les individus atomiques de la place qu'ils occupent dans le temps et dans l'espace, les individus orga-

---

(1) La traduction en paraît chez Germer Baillière, 1877.

nisés ou les êtres vivants doivent la leur en partie aux atomes qui les constituent, en partie aux lois de l'hérédité, aux influences extérieures, mais toujours aussi à l'action de l'Inconscient (v. p. 324 et 336). « L'âme de chacun des parents comme celle de l'enfant n'est que la somme des actions exercées sur un organisme approprié par l'Inconscient (251). » Rien n'interdit même que le génie, réclamé par les intérêts supérieurs de l'évolution historique, vienne s'ajouter comme une faculté nouvelle à l'âme de l'enfant (250). « L'Inconscient rassemble autant de vie qu'il le peut en chaque créature » (256), c'est-à-dire que le lui permettent les lois de la matière, qu'il ne peut cesser un seul instant de respecter. « Supposons donc que le germe d'un jeune organisme, que nous voyons naître d'ordinaire par l'effet du développement vital comme une partie intégrante au sein de l'organisme maternel, naisse tout à coup libre de toute attache à une vie préexistante : il devrait, aussi infailliblement que le poisson ranimé par le dégel ou le rotifère ranimé par l'humidité, recevoir de l'Inconscient une âme, dès le premier moment de sa capacité organique pour la vie (262). »

Cette doctrine admet une première apparition de la vie au sein de la matière inorganique, c'est-à-dire une première génération spontanée. Les progrès de la science, les travaux de Berthelot particulièrement, ont supprimé les barrières que la chimie du passé établissait entre les matières organiques et la matière inorganique. Les expériences de Famintzin (264) ont rapproché la forme inorganique de la forme organique. Une fois les conditions matérielles et formelles réunies, l'Inconscient produisit le premier organisme rudimentaire. « Il avait conquis dès ce moment une base d'opération qui facilitait son œuvre » (266). En vertu du principe déjà mentionné de la moindre dépense de forces, nous devons croire que l'Inconscient, une fois la première génération réalisée, ne fait plus sortir la vie que de la vie. « La génération sexuelle n'est qu'un mécanisme destiné à remplacer la génération spontanée avec une prodigieuse économie de forces. » Les travaux récents de Pasteur et d'autres ont prouvé qu'aujourd'hui, « même à l'intérieur de l'organisme, la cellule ne naît que de la cellule (271). »

Nous avons dans les pages qui précèdent interrogé la philosophie de l'Inconscient sur la matière et sur la vie. Mais qu'est-ce que cette activité inconsciente, dans laquelle nous avons cru trouver le secret des choses et des êtres? « L'unité du principe spirituel inconscient est, dans l'individu, la plus haute que l'on puisse trouver (190). » Il reste à savoir si ce principe, ou si cette âme, comme on l'appelle encore, est unique ou se fractionne en autant d'individus inconscients, ou d'âmes particulières qu'il y a d'individus matériels, conscients ou non? « On ne peut nier, après les recherches précédentes, qu'on ait autant de consciences, plus ou moins indépendantes, qu'on a de centres nerveux, et même de cellules vivantes; mais on est toujours en droit de nier qu'on ait autant d'âmes agissant sans conscience qu'on a de centres nerveux ou de cellules (194). » La ressemblance des bourgeons et de la souche, d'où ils ont été détachés, de l'enfant et des parents; la coordination des divers éléments, les cellules, les tissus, les organes au sein d'un même individu; l'harmonie des actes accomplis par des individus séparés, comme les abeilles qui construisent ensemble une ruche, ou la conspiration non moins étonnante des volontés humaines qui travaillent sans le savoir à la réalisation du plan providentiel; enfin le concert de tous les êtres dans la nature ne suffisent-ils pas à prouver que les actes de l'Inconscient, bien qu'ils paraissent individuels, ne sont au fond que les manifestations d'un Inconscient identique dans tous les êtres, d'une seule et même âme universelle? A cette démonstration à postériori, nous pouvons joindre une argumentation à priori non moins décisive. L'Inconscient est étranger et supérieur au temps et à l'espace, puisqu'il les crée : or ce sont là les deux conditions de l'individualité. « La diversité des existences ne répond pour nous qu'à la diversité des déterminations dans l'étendue ou le temps (199). » Donc pas de diversité d'existences au sein de l'Inconscient. — D'ailleurs, comment expliquerait-on que des substances ou des âmes indépendantes les unes des autres aient commerce entre elles? Leibniz et Herbart l'ont bien compris, eux qui placent toutes les substances finies dans la dépendance absolue, l'un de sa monade suprême, l'autre de son Dieu créateur. Un des grands mérites de Leibniz, ç'a été justement, par sa théorie des monades sans fenêtres, d'affirmer qu'entre substances distinctes il n'y a pas place pour une action directe et réciproque. « Le monde n'est donc qu'une certaine somme d'actions, d'actes volontaires de l'Inconscient; le moi, une somme différente d'actions ou d'actes volontaires du même Inconscient. En tant que les actions de la première espèce s'opposent aux secondes, le monde devient pour moi le monde de mes sensations; en tant que les dernières s'opposent aux premières, j'ai le sentiment de mon individualité (212). » « Que l'Inconscient change la combinaison des actions ou des actes de sa volonté qui me constituent, et je deviendrai un autre; qu'il interrompe son action et je cesserai d'être. *Je* suis un phénomène semblable à l'arc-en-ciel dans les nuages. Comme lui, *je* ne suis qu'un ensemble de rapports; *je* change à chaque seconde comme ces rapports eux-mêmes, et m'évanouirai avec eux..... Et pourtant le *soleil* continuera de briller, lui qui se jouait tout à l'heure dans ces nuages; et l'*Inconscient* agit éternellement, lui que mon cerveau a reflété un moment (213). » Il faut donc reconnaître la vérité du monisme; et c'est en somme la conclusion à laquelle toute philosophie sérieuse aboutit. Ce qui fait que l'unité de l'Inconscient trouve tant d'incrédules, c'est qu'on identifie l'âme avec la conscience. On objecte encore contre l'unité de l'Inconscient l'opposition des individus, la lutte des forces naturelles entre elles : mais le conflit des fonctions de l'Inconscient n'est pas plus étonnant que celui des facultés, des penchants au sein de l'âme individuelle.

Si l'Inconscient est l'âme universelle, l'Un-Tout, il faut encore prouver qu'il n'est pas seulement l'Inconscient pour l'individu, mais l'Inconscient pour soi-même.

L'Inconscient sans doute n'est rien moins qu'aveugle : il a la clairvoyance, la sagesse absolue; mais il ne suit pas de là qu'il réunisse les conditions nécessaires à la conscience. Nous avons déjà établi le contraire. La conscience, d'ailleurs, loin d'être une perfection, constituerait une véritable imperfection, puisqu'elle repose sur l'opposition du sujet et de l'objet. En outre, avec une telle conscience absolue et présente à chaque individu, puisque l'Un-Tout vit et agit en chacun d'eux, comment pourraient coexister les consciences particulières (223)? Cette lumière supérieure ne les obscurcirait-elle pas toutes de son éclat? Dira-t-on que, pour produire la conscience, l'Un-Tout doit déjà la contenir en lui-même? C'est soutenir que l'effet doit se trouver dans la cause. Il suffit que la cause renferme les conditions nécessaires à la production de l'effet, qu'elle le contienne éminemment, comme disait Descartes, non formellement. Nous ne pouvons accorder à l'Un-Tout que la conscience transcendante de la souffrance infinie; et cette conscience, où n'apparaît pas la distinction d'un moi ou d'un non-moi, d'où par conséquent toute notion de la personnalité est absente, doit cesser avec le retour de l'Inconscient au néant. — Si nous refusons la conscience à l'Un-Tout, nous lui attribuons sans hésiter une intuition infaillible, que nous appellerons, si l'on veut, *supra-consciente*. « Tous les attributs de l'intelligence divine (l'omniscience, la sagesse absolue, l'omniprésence, l'ubiquité) conviennent à l'intuition clairvoyante et inconsciente de l'Un-Tout..... Nous savons déjà que la volonté absolue de l'Inconscient est aussi toute-puissante..... Il suit de là qu'entre un théisme intelligent et la philosophie de l'Inconscient on ne saurait trouver *une différence sérieuse de principes* (237). »

Après avoir étudié les idées de M. de Hartmann sur la matière, l'individualité, la conscience, l'espèce, l'être universel, interrogeons-le sur les formes particulières de la vie qui nous intéressent le plus, sur l'organisme animal et sur l'homme; et recherchons de quelle manière s'y révèle l'action de l'Inconscient. Nous savons déjà que toute la première partie de l'ouvrage, sous le nom de Phénoménologie, est consacrée à cette double étude.

Trois idées essentielles nous paraissent dominer la conception de l'auteur sur l'organisme : l'organisme est inexplicable comme un simple mécanisme; l'organisme animal est une collection d'organismes partiels, un individu d'ordre supérieur contenant dans son sein et se subordonnant une multitude d'autres individus, qui ont chacun leur vie propre; l'âme de l'organisme enfin n'est que l'activité, partout présente et agissante, de l'Inconscient au sein d'un agrégat d'atomes.

Ni les mouvements, soit instinctifs, soit réflexes, soit volontaires, ni les processus de la guérison spontanée ou ceux de la formation organique ne se comprennent sans l'intervention d'une finalité secrète, d'une volonté et d'une idée inconscientes.

Comment concilier avec l'hypothèse d'un mécanisme matériel, ou spirituel, la seconde vue de l'instinct, son aptitude à se modifier suivant les circonstances? On ne peut davantage rapporter l'instinct à la conformation organique, puisque nous voyons des organes identiques servir à des instincts différents dans la diversité des espèces (ch. III du tome Ier).

A l'instinct se rattache étroitement le réflexe. Les réflexes sont, dans l'organisme, tous les mouvements de réaction, « dont les lois générales de la matière ne suffisent pas à expliquer la production... Le principe intérieur d'un réflexe ne peut jamais être qu'un principe spirituel et inconscient, et par suite une réaction de l'instinct. » Voir dans les réflexes l'effet d'un mécanisme sans vie, c'est méconnaître la riche variété et la finalité, la promptitude surprenante des actes qu'ils produisent suivant la diversité des circonstances. « Il faut considérer les réflexes comme les actes instinctifs des centres nerveux inférieurs (157). » L'exemple d'une section longitudinale de la moelle épinière ou de deux sections transversales, qui coupent les filets conducteurs sans empêcher les réactions réflexes de se manifester dans toute l'étendue de la moelle, indique qu'il doit exister un principe supérieur aux lois mécaniques auxquelles est soumise la direction des courants nerveux : c'est sa vertu créatrice qui modifie les phénomènes, et dispose les conduits nouveaux que les courants devront suivre. « On ne peut nier que toutes les fonctions du système nerveux, et avec elles toutes les manifestations de notre vie, toute notre activité spirituelle tombent sous la définition du réflexe. (Id. 482.) » (Lire le ch. IV de l'essai sur la physiologie des centres nerveux : *la face interne ou spirituelle du processus réflexe.*)

Les mouvements volontaires ne s'exécutent, comme ceux de l'habitude (151), que par une série de réflexes de ce genre. La volonté du mouvement se produit dans les hémisphères cérébraux, et de là est transmise aux centres nerveux inférieurs qui l'exécutent. Il faut bien que ces centres connaissent la nature de l'ordre qui leur est communiqué pour l'exécuter aussi fidèlement. Ils doivent savoir encore quels moyens peuvent y concourir efficacement, c'est-à-dire quelles fibres nerveuses et quelles fibres motrices doivent être mises en jeu. Qu'on songe aux articulations si compliquées du langage, aux mouvements de la marche, de l'œil, aux attitudes du corps, etc. Expliquer ces mouvements par l'habitude, ce ne serait toujours pas rendre compte de l'exécution heureuse du premier mouvement : d'ailleurs les animaux exécutent bien leurs mouvements du premier coup (80 à 87).

La même finalité inconsciente se retrouve dans les processus curateurs et formateurs de l'organisme. Ainsi la guérison des fractures, des blessures, la cicatrisation des tissus divisés, les fonctions vicariantes, les sécrétions anormales témoignent d'une vertu curative, qui s'exerce spontanément. C'est en vain que les matérialistes prétendent réduire ces phénomènes à l'action chimique par le contact, et à la multiplication spontanée des cellules (176).— Mais, demandera-t-on, d'où vient la maladie, avec cette sagesse inconsciente de l'organisme ? « Toute maladie est la conséquence d'un désordre produit par une action extérieure. L'Inconscient ne peut être malade lui-même, ni causer la maladie de l'organe qu'il régit (183). » « Tous les changements que subit le cours régulier des fonctions organiques n'ont d'autre fin que de faire cesser les altérations survenues (179). » Sans doute, la volonté de l'individu n'est pas toute-puissante. « Par exemple, pendant la gestation, la volonté inconsciente doit se concentrer sur le développement de l'embryon : aussi les fractures de la mère ne se guérissent point pendant ce temps-là; après l'enfantement elles se guérissent très-bien (185). » Dans les limites du possible l'Inconscient tente tout pour la guérison : et l'œuvre du médecin est uniquement de reconnaître et de favoriser les phénomènes naturels et spontanés de la guérison.

Les processus formateurs de l'organisme ont avec l'instinct, avec les réflexes, avec la vertu médicatrice de la nature des analogies incontestables. La nutrition, par exemple, réclame, comme ces derniers, l'action dirigeante d'un principe psychique. Expliquer la nutrition, comme précédemment la régénération des tissus malades, par une action chimique, par le contact des tissus existants, c'est seulement reculer la difficulté. Il faut toujours arriver à un moment où la constitution d'un tissu primitif a été rendue propre aux fonctions nutritives. « Mais puisque aucune explication matérialiste ne peut rendre compte de ce changement si intelligent, il faut bien le rapporter à l'intervention intelligente d'une volonté inconsciente (210). »

En résumé, on doit admettre l'action partout présente dans l'organisme d'une volonté et d'une intelligence également inconscientes, « qui se font sentir dans les moindres processus chimiques ou psychiques... D'un autre côté, la vie n'est possible que parce que cette intervention de l'âme se réduit à un minimum dans les cas ordinaires; le reste du travail est exécuté par des mécanismes appropriés (220). » « Si l'on admet que toutes ces actions réparatrices ont pour but la conservation de l'individu, il est impossible d'échapper à l'idée d'une prévoyance individuelle : l'individu seul peut concevoir les fins multiples en vertu desquelles il agit (185). » Chaque individu se construit, développe et défend son organisme avec spontanéité et intelligence : une providence individuelle vit donc en chacun de nous. Et le mot de Schopenhauer est justifié. « Chaque être se présente en fait devant nous comme son œuvre propre. Mais on ne comprend pas le langage de la nature, parce qu'il est trop simple (224). » (Voir spécialement le chapitre sur la téléologie des réflexes, p. 404.)

Chaque organisme n'est pas seulement un individu vivant et se conservant par lui-même, mais une collection d'individus coordonnés, exerçant chacun leurs fonctions spéciales, travaillant en même temps dans l'intérêt de l'ensemble, et se subordonnant aux volontés d'un individu supérieur. C'est ainsi que les ganglions sympathiques, la moelle épinière, les ganglions cérébraux, les hémisphères, ont chacun leur activité distincte. Les ganglions président aux fonctions de la vie végétative; la moelle épinière et la moelle allongée, à la production des mouvements; le cervelet est un centre de coordination pour ces derniers; enfin les ganglions cérébraux et les hémisphères concourent très-diversement à l'élaboration de la pensée et de la volonté conscientes. Les expériences de Bidder sur les grenouilles ont prouvé que les ganglions ont une activité propre; celles de Flourens sur des poules, de Voit sur des pigeons, comme celles de Pflüger et d'Auerbach, ont démontré l'indépendance de la moelle épinière vis-à-vis du cerveau. Enfin l'activité autonome des ganglions cérébraux à l'égard des hémisphères ressort évidemment des expériences de Goltz. « Les monstres acéphales, dit à son tour Maudsley, chez qui l'absence de cerveau entraîne nécessairement celle de la conscience, exécutent des mouvements avec leurs jambes, et sont même en état d'accomplir des actes très-compliqués comme de téter et de crier (478). » Et M. de Hartmann fait très-justement la remarque suivante : « Les fonctions de la moelle épinière chez les animaux supérieurs produisent la même impression en quelque sorte que les actions d'un homme qui a été longtemps esclave d'un maître très-dur, et n'a pu développer librement ses facultés diverses, mais a dû constamment s'appliquer à des travaux tout à fait spéciaux. La moelle épinière des animaux supérieurs est constamment forcée de faire une besogne matérielle pour le cerveau et en a contracté une certaine hébétude... Mais elle témoigne d'une incontestable intelligence dans la sphère laissée à son activité; et, même dans les cas anormaux produits par la maladie, elle s'habitue bien vite à suppléer le cerveau et à se charger des tâches qui exigent plus d'initiative (494). »

« Chacun des centres nerveux est subordonné au centre qui lui est immédiatement supérieur (503). » Une cellule ganglionnaire du sympathique coordonne les fonctions des divers éléments des tissus de l'organe où elle est placée; les ganglions de la moelle épinière gouvernent, à leur tour, les fonctions des divers centres organiques de la vie végétative; les centres de la moelle sont dans la dépendance des centres sensoriels; et ceux-ci enfin, soumis au contrôle des hémisphères. Mais c'est surtout dans l'analyse de l'organisme cérébral que M. de Hartmann, s'inspirant des beaux travaux de Wundt et de Maudsley, et mettant à profit les récentes expériences de Hitzig, de Fritzsch et de Ferrier sur les hémisphères, excelle à mettre en lumière le rôle distinct et indépendant et en même temps la subordination des divers centres de l'encéphale. « En dépit d'une certaine suprématie de l'autorité supérieure, celle-ci est complétement débarrassée des menues fonctions et des détails multiples de la direction; et le principe de l'initiative gouvernementale est appliqué dans les régions inférieures du pouvoir d'une manière éclatante (533). » Nous ne pouvons mieux faire que renvoyer le lecteur au chapitre si ingénieux sur la coopération et la subordination des centres nerveux (533).

Après les considérations qui précèdent, il n'est pas besoin de faire remarquer que, dans l'état présent de la physiologie des nerfs, l'antique problème du *Siége de l'âme*, qui ne pouvait se poser que par suite d'une fausse conception métaphysique, ne saurait plus maintenant avoir le moindre fondement physiologique (544). La psychologie physiologiste reconnaît la perception et la volonté et par suite une finalité inconsciente, c'est-à-dire une activité psychique, là où elle trouve des réflexes; et les réflexes sont produits partout dans l'organisme, par la cellule ganglionnaire, par le cylindre-axe des filets nerveux, par le protoplasma même de la cellule vivante. L'âme est présente au fond de tous les processus nerveux de la matière; elle est le principe qui les produit et les dirige : et la conscience n'est qu'une manifestation phénoménale de ce principe, laquelle résulte des processus nerveux. « L'âme, en général, est partout et nulle part, selon le sens qu'on donne au mot. L'âme individuelle (comme totalité inconsciente et une des fonctions psychiques de l'individu organique et psychique), n'est en soi et pour soi nulle part. Si on la rapporte au phénomène extérieur de l'individu organique et psychique, elle s'étend aussi loin que l'organisme. »

Les vues que M. de Hartmann développe dans la 2ᵉ partie du 1ᵉʳ volume sur l'activité consciente (au sens habituel du mot), c'est-à-dire sur la vie de l'esprit, ne sont pas moins intéressantes et neuves que celles qui précèdent sur la vie de l'organisme. L'Inconscient que nous trouvions partout présent au fond des processus organiques, nous le rencontrons également dans tous les phénomènes de la vie spirituelle. Dans cette série d'analyses, l'auteur nous fait admirer constamment la sagacité et la pénétration de son sens psychologique.

L'étude des instincts humains, de la coquetterie, de la

pudeur, de l'amour maternel abonde en remarques ingénieuses ou profondes. Mais c'est surtout l'instinct de l'amour, dont M. de Hartmann s'applique à démêler les mystérieux ressorts. Tout le monde connaît les fines observations de Schopenhauer sur cet attachant sujet. Notre philosophe les reprend et les étend avec une délicatesse d'analyse et un éclat de langage, qui rappellent sans désavantage le maître dont il s'inspire. Sa conclusion est que l'Inconscient suscite et gouverne tous ces instincts, comme volonté et pensée inconscientes, c'est-à-dire comme vouloir poursuivant un but sans conscience : et ce but, c'est pour l'instinct de l'amour, comme pour les autres instincts de la femme, par exemple, le perfectionnement de l'espèce par la sélection sexuelle entre individus.

Des penchants, nous passons à la sensibilité. Sous le nom de sensations ou sentiments, on confond habituellement deux éléments qu'il importe de distinguer, une affection (*affectus*) et une idée. Le plaisir ou la peine ne varient que par le degré, non par la qualité. Ce qui le prouve, c'est qu'on compare ensemble les plaisirs et les peines de diverses espèces, ceux de l'esprit avec ceux du corps, par exemple : or l'on ne compare que des quantités de même nature. Le plaisir ou la peine ne sont que l'écho des satisfactions ou des contrariétés d'une volonté qui s'ignore, mais dont l'énergie se mesure à celle des plaisirs ou des peines qu'elle ressent. Cette théorie, qui explique l'identité du plaisir ou de la peine sous toutes leurs formes, permet aussi de comprendre l'obscurité mystérieuse des sensations et des sentiments (278). Ainsi les sensations agréables associées à l'excitation, les sensations pénibles qui suivent les troubles de la vie organique, et que certains courants nerveux transmettent au cerveau, à l'organe de la conscience, traduisent pour cette dernière les satisfactions ou les contrariétés ressenties par les volontés des centres nerveux inférieurs : mais ces volontés sont inconscientes pour le centre cérébral. Il nous arrive souvent encore d'éprouver du plaisir à faire des actions que nous condamnions à l'avance, et pour lesquelles nous croyions avoir de l'antipathie. Cela n'indique-t-il pas clairement que notre volonté poursuivait au fond d'autres fins que celles que notre conscience lui prêtait? L'obscurité de nos sensations, la difficulté de les analyser, tiennent à ce que les idées qui forment le contenu de la volonté sont aussi inconscientes que cette dernière; ou à ce qu'elles sont nombreuses, et que quelques-unes d'entre elles seulement arrivent à la lumière de la conscience. « Le plaisir est alors un composé de plaisirs, qui sont déterminés les uns par des idées conscientes, les autres par des idées inconscientes. Les idées inconscientes donnent à la qualité de l'émotion sensible cette obscurité qui la caractérise, et que tous les efforts de la réflexion n'arrivent jamais à dissiper (281). » Mais si la réflexion et l'analyse psychologique réussissent de plus en plus à traduire par des idées conscientes les éléments des plaisirs ou des peines, c'est que ces idées sont contenues au fond dans les sensations, mais d'une manière inconsciente; c'est qu'il y a une logique sous l'apparent aveuglement des émotions de la sensibilité; c'est enfin que la volonté exprimée par ces dernières est toujours associée à l'idée.

« Le Caractère est la manière dont l'âme réagit contre chaque classe de motifs. » Mais notre conscience ne saisit directement dans chaque cas particulier que le point de départ du phénomène total, le motif, et le point d'arrivée, la détermination volontaire comme résultat. L'expérience ne nous dit pas d'où part la réaction contre le motif. « Cette réaction a tout à fait le caractère de l'action réflexe ou des mouvements réflexes de l'instinct (289). » C'est dire que nous n'apprenons à connaître notre volonté que par l'action, ou par des hypothèses et des inductions fondées sur les expériences antérieures que nous avons faites de nous-même et des autres. (Voir sur l'inconscience de la volonté, outre le chap. IV de la 2° partie du t. Ier, les pages 55 à 64 et 324 à 328 du t. II.) — Il résulte de là que la moralité ne s'apprend pas, c'est-à-dire que la réflexion consciente ne peut opérer directement la transformation du principe inconscient du caractère. « Ce fondement du caractère peut sans doute être modifié par l'exercice et l'habitude : il suffit que, par l'effet d'un dessein ou d'un hasard, certains motifs se présentent exclusivement à la conscience (292). » Mais, pour savoir si la volonté est disposée à obéir à ces motifs, il faut attendre que l'expérience ait prononcé. L'exercice n'est propre qu'à accroître la force de cette disposition latente de la volonté, et à contre-balancer l'influence des dispositions contraires. — Si la volonté est inconsciente, on ne saurait lui appliquer nos qualifications de morale ou d'immorale. Ces dénominations répondent à des règles établies par la conscience qui ne s'appliquent qu'au sujet conscient. « La nature en elle-même n'est ni bonne ni mauvaise; elle n'est éternellement rien autre chose que naturelle. Le bien et le mal n'existent pas pour elle, mais seulement pour la volonté consciente de l'individu... Tout cela sans doute ne diminue pas le prix des appréciations morales, que fait la conscience de son point de vue (295). » Il faut seulement se garder de les étendre aux produits de l'activité inconsciente, aux œuvres de la nature.

Le plaisir et la production esthétiques ne relèvent pas moins de l'Inconscient que l'instinct, la sensibilité et le caractère. « Le plaisir esthétique est pour la conscience un fait aussi inexplicable que la sensation du son, de la saveur, de la couleur, etc. Si les qualités sensibles doivent leur origine inconsciente à la réaction immédiate de l'âme contre l'excitation nerveuse, l'impression esthétique a plutôt sa cause ignorée de la conscience dans une réaction de l'âme contre les impressions sensibles déjà produites : elle est comme une réaction du second degré. Voilà pourquoi l'origine de l'impression sensible nous restera toujours cachée dans un mystère impénétrable, tandis que le processus générateur de l'impression esthétique a déjà été en partie reproduit sous la forme discursive de la pensée consciente, et expliqué, c'est-à-dire ramené à des concepts » (303). — Étudions la faculté active qui produit le beau dans la diversité de ses opérations et à ses degrés différents. Le génie se distingue du simple talent, parce qu'il puise toutes ses inspirations à la source de l'Inconscient. Ainsi seulement s'expliquent la vie et l'unité de l'œuvre d'art. Les citations de Schelling, de Schiller (309, 580) se pressent ici sous la plume de l'auteur. On reconnaît dans tout ce chapitre l'esthéticien ingénieux qui a écrit tant de pages délicates sur le drame, sur la tragédie, sur Faust, sur Roméo et Juliette; l'homme qui a consacré une bonne partie de sa jeunesse et les premières années de sa maturité à des essais de création musicale ou dramatique. M. de Hartmann ne veut pas que le rôle de l'étude ou de la volonté consciente soit sacrifié aux inspirations de l'Inconscient (314). Les pages qu'il consacre aux rapports de l'étude et de l'inspiration, à la nécessité de ne les jamais séparer, sont parmi les meilleures que nous connaissions sur ce sujet. — L'action de l'Inconscient ne se trahit pas seulement dans l'œuvre du génie; le simple talent lui-même ne peut s'en passer. Les associations d'idées, qui président aux combinaisons de l'imagination chez l'homme auquel on ne reconnaît que du talent ou de l'esprit, ne sont jamais elles-mêmes que des suggestions de l'Inconscient (313), lequel, entre une multitude de rapports indifférents ou contraires au dessein poursuivi par la volonté consciente, nous découvre celui qui s'y adapte le mieux. — Il ne faut pas plus s'étonner de ces suggestions ou de ces inspirations esthétiques de l'Inconscient chez l'homme, que lorsqu'on les rencontre dans la fleur ou la plante. L'auteur pose en principe que chaque être est dominé par un instinct esthétique qui le pousse à être aussi beau « que le permettent les conditions auxquelles sa vie et sa naissance sont soumises (319). » Le mécanisme évolutionniste de Darwin démontre bien que l'hérédité augmente l'intensité et l'extension de la faculté esthétique, déjà préexistante dans les individus; mais non pas qu'elle en explique la première apparition. — En résumé, le jugement et la production esthétiques dérivent de processus inconscients, dont le résultat seul se manifeste à la conscience par le sentiment du beau. Si l'analyse esthétique réussit à traduire ces processus inconscients en processus conscients, c'est-à-dire à les ramener à des notions pour la pensée discursive, n'est-ce pas la preuve que l'activité esthétique de l'Inconscient est toute pénétrée de logique; que le beau, en un mot, est « une manifestation spéciale de l'idée logique » (322), mais inconsciente?

La formation des langues, comme celle des organismes, est une œuvre de l'Inconscient. Comment s'expliquer autrement l'identité des formes essentielles que le langage nous présente chez tous les peuples? Comment faire honneur à la réflexion d'un seul individu ou à la réflexion collective d'un peuple de la logique merveilleuse que les langues présentent, et qui est telle que les philosophes n'ont eu souvent qu'à analyser les formes du langage pour trouver les lois logiques de la pensée (325)? L'accord des formes élémentaires et de la syntaxe, à tous les degrés du développement du langage, ne peut s'expliquer que par la vertu « d'un instinct collectif, comme celui qui préside à l'activité des abeilles, des termites et des fourmis; que par l'action universelle d'un esprit qui soumet partout le développement du langage aux mêmes lois dans ses périodes de floraison et de dépérissement (328). »

Les chapitres qui suivent sur le rôle de l'Inconscient dans la pensée discursive et dans la perception ne sont pas moins riches en profondes analyses psychologiques.

« Il s'agit avant tout, dans la pensée discursive, que le souvenir convenable se présente au moment convenable » (334). Ainsi, abstraire, c'est dégager l'élément commun d'une multitude d'idées particulières : mais cela demande une inspiration qui est refusée à l'esprit médiocre et qui n'illumine que le penseur. « Si l'intérêt qu'on prend à la généralisation est la condition indispensable à la découverte de l'idée générale, la première apparition en est due à l'action par laquelle l'Inconscient répond à ce besoin (335). » — Les concepts qui expriment les rapports des idées différentes, ceux de la similitude, du nombre, de l'unité, comme ceux de la relation, sont des produits spontanés de l'esprit, par conséquent de l'Inconscient. — Les catégories de la relation, par exemple, traduisent les lois de la logique supérieure que l'esprit s'attend à rencontrer dans la nature : mais qui voudra croire que la pensée vulgaire ait de ces lois une claire conscience, soit en état d'en rendre compte? Ne sait-on pas ce qu'il a fallu de temps aux philosophes et à un Kant lui-même pour découvrir les principes de la déduction transcendantale? Les catégories sont des idées à priori en tant qu'elles sont les produits d'une logique inconsciente ; elles sont à posteriori, en tant que la réflexion les trouve toutes faites. Lorsque la conscience remonte par le raisonnement de ce contenu au principe qu'il suppose, elle reconnaît à posteriori le principe qui agissait en elle comme un à priori inconscient (341). C'est en ce sens que les affirmations diverses des sensualistes et des idéalistes peuvent se concilier. — Quant aux généralisations contingentes sur lesquelles travaille le raisonnement, elles sont le produit de l'induction ; mais le principe de l'induction, ou la croyance à la stabilité des lois de la nature, est une heureuse inspiration de l'instinct pratique ; et l'appréciation de la vraisemblance des lois induites dans chaque cas particulier se fait par une application inconsciente du calcul des probabilités, des lois de la logique inductive. Qui prêtera au sens commun la conscience des règles formulées par Mill? elles sont pourtant la traduction logique pour la conscience des processus mystérieux de la logique inconsciente. — Enfin, la méthode discursive, les procédés lents du raisonnement font souvent place, surtout chez le penseur de génie ou simplement de talent, aux suggestions rapides de l'intuition. Ainsi, les bons mathématiciens voient la vérité avant de savoir encore la démontrer (348). Cette promptitude infaillible de l'intuition divinatoire, nous la retrouvons chez le joueur d'échecs exercé, chez l'abeille qui dispose les matériaux de sa ruche, chez le jeune singe qui prend son élan pour atteindre un objet. N'est-elle pas en chacun d'eux l'œuvre d'une mathématique inconsciente ? — D'ailleurs, ce que Schopenhauer appelle la « rumination inconsciente » (354), cette digestion sourde des idées, qui, chez les penseurs, prépare à leur insu les grandes conceptions, les idées nouvelles, ne trahit-elle pas, comme l'inspiration de l'artiste, l'intervention féconde de l'Inconscient ? « Je suis persuadé que l'action de semblables processus est décisive, même dans les questions peu importantes, pourvu qu'elles nous intéressent avec quelque vivacité, et que, par conséquent, dans toutes les questions qui se rapportent à la vie pratique, l'Inconscient suggère la propre et véritable solution : ce n'est qu'après coup que les raisons sont cherchées par la conscience, et alors que notre jugement est déjà arrêté (355). »

Le chapitre consacré à la perception extérieure n'est pas

moins intéressant que le précédent. Après l'examen rapide de la question de la réalité extérieure et la réfutation de l'idéalisme, ou mieux du subjectivisme de Kant, M. de Hartmann expose les raisons, qui, non pas pour le temps, mais pour l'espace, établissent qu'il est un produit spontané de l'esprit, et un produit inconscient. « Nous devons considérer la production de l'espace dans l'intuition de la conscience individuelle (de même que dans la création du monde réel) comme une fonction de l'Inconscient... Kant n'a jamais fait cette observation... Le sens commun sentait bien que l'espace est un fait indépendant de la conscience. La conscience le trouve tout fait, et avec lui les dimensions diverses de l'étendue. C'est seulement après une abstraction prolongée que la notion d'espace est tirée de là; et ce n'est que tout à fait à la fin que l'espace est affirmé dans son infinité par la négation de toute limite (380). » Kant avait raison toutefois de soutenir que la forme de l'espace n'est pas apportée du dehors dans l'âme à l'aide de processus physiologiques, mais qu'elle est introduite spontanément au sein de ces processus. Les travaux des récents physiologistes, de Lotze (*Théorie des signes de localisation*), de Weber (sur l'optique et les sons), de Wundt (*Essai sur les perceptions sensibles*), ne permettent plus de douter qu'il en soit autrement. On a déterminé le rôle des milieux optiques, de la rétine, du nerf oculaire, des tubercules quadrijumeaux, des hémisphères dans la formation de nos perceptions d'étendue; et l'on est arrivé à cette conclusion, « qu'il n'y a aucun lien, entre la position qu'occupent réellement dans l'espace les molécules matérielles qui produisent la sensation, et les places qu'occupent dans l'étendue idéale les sensations qui se sont coordonnées dans la conscience pour former une intuition d'étendue (370). » Nous demanderons-nous maintenant pourquoi, à telle forme de vibrations, l'âme répond par telle perception déterminée ? Il faut croire que des lois variées président à ces transformations, de même qu'aux rapports des qualités secondes et des vibrations matérielles. « Nous devons soupçonner, dans les processus physiologiques que nous avons étudiés, l'action de facteurs divers qui s'ajoutent les uns aux autres. Il est une chose certaine toutefois, c'est que ces actions, en tant qu'elles sont du domaine de la vie psychologique, ne peuvent qu'appartenir au domaine de l'Inconscient (385). »

Nous nous sommes étendus à dessein sur ces chapitres de psychologie, qui sont, à notre avis, la partie la plus originale, en même temps que la plus durable, de la philosophie de l'Inconscient. Dégageons encore rapidement, par une analyse rapide, les vues nouvelles que renferment les deux études sur le mysticisme et l'histoire.

Le mysticisme est « une manifestation spontanée de l'Inconscient, à laquelle sont dus les sentiments, les pensées, les désirs qui remplissent à certains moments la conscience (399). » Les processus les plus habituels de la vie psychologique, les instincts de toute sorte, les données de l'imagination esthétique sont, en ce sens, des productions mystiques. Mais nous avons surtout à parler de ces suggestions de la conscience, dont le sens intime et le contenu sont mystiques : le sentiment de l'unité du moi et de l'absolu. C'est là qu'est la source du sentiment religieux et aussi de l'intuition philosophique (401). « C'est aux mystiques que sont dues les révélations religieuses; aux mystiques qu'est due la philosophie (403). » L'œuvre de la philosophie est de traduire pour la réflexion et d'épurer en même temps ces inspirations du mysticisme religieux.

L'histoire nous révèle un progrès qui n'est pas l'œuvre de la volonté réfléchie des individus, puisque la plupart d'entre eux ne songent qu'à poursuivre leur bien propre, et que, tout en croyant travailler exclusivement à leur intérêt particulier, ils se trouvent ne servir efficacement que le progrès général. L'histoire, sous toutes ses formes, l'histoire de la civilisation, celle surtout de la philosophie, sont la confirmation éclatante de cette vérité. C'est le mérite de Hégel d'avoir mis en lumière le rôle de la logique victorieuse qui préside à l'évolution des événements. — « Les moyens par lesquels une forme déterminée de l'Idée se réalise dans une certaine période sont de deux sortes : tantôt une impulsion instinctive entraîne les masses, tantôt surgissent des génies qui montrent la route et frayent la voie (418). » « L'Inconscient fait naître au moment convenable le génie prédestiné (419). » L'État, l'Église, la société, ne sont que les instruments du progrès général, qui se fait par le développement et le perfectionnement du cerveau. « Chaque progrès de la pensée correspond donc à un perfectionnement matériel dans l'organe de la pensée, dont l'hérédité assure à la moyenne de l'humanité la possession durable. » La sélection sexuelle et la concurrence des races concourent à la même fin.

IV

Un livre aussi considérable, où revivent transformées les idées de la philosophie du passé, où tous les problèmes du présent sont agités, ne saurait échapper à de nombreuses critiques. Il touche à tant de questions, qu'il ne peut s'étendre longuement et satisfaire le lecteur sur toutes également; et, comme il ne recule devant aucune difficulté et ne s'enveloppe d'aucune réticence, il doit, par la témérité ou la franchise de ses affirmations, soulever les contradictions et souvent les colères. Si nous ajoutons d'un autre côté que l'auteur ne semble pas moins préoccupé d'éveiller la curiosité que de la satisfaire; de provoquer les réflexions du lecteur que de faire triompher ses propres opinions; que ses raisonnements veulent être autant des suggestions que des démonstrations, on comprendra comment la critique philosophique a pu aisément tirer parti contre M. de Hartmann des qualités littéraires mêmes de son œuvre. Nous prenons, pour notre compte, le livre pour ce qu'il est, pour ce qu'il se donne. Nous n'y cherchons pas sur chaque question de ces discussions approfondies qui épuisent le sujet et lèvent toutes les difficultés. L'auteur est d'ailleurs très-capable de les soutenir; et quelques-uns des chapitres de son ouvrage comme certains de ses autres écrits, par exemple son *Fondement critique du réalisme transcendantal*, sont des modèles en ce genre. Mais nous ne pouvons nous dispenser de présenter sur quelques points importants nos observations et nos réserves critiques.

Une première remarque se présente en quelque sorte d'elle-même, et nous l'avons entendu souvent faire. Ce livre qui s'intitule : *Philosophie de l'Inconscient*, semblerait bien mieux s'appeler une philosophie de la conscience. C'est la conscience, en effet, qu'il nous montre partout présente, à des degrés différents, chez tous les êtres, chez l'animal, le végétal, comme au sein de la cellule la plus rudimentaire.

Sous le nom équivoque d'Inconscient, la phénoménologie ne nous découvre très-souvent qu'un Inconscient relatif, c'est-à-dire, chez l'homme par exemple, qu'une conscience des centres inférieurs par opposition à la conscience cérébrale. La vie psychique comme la vie organique reposent tout entières sur une série de processus réflexes : or chaque processus de ce genre n'est qu'une réaction, inconsciente souvent pour le cerveau, mais toujours consciente pour le centre nerveux ou la cellule ganglionnaire qui en est le siége. Il faut suivre l'auteur en quelque sorte jusqu'à la métaphysique pour trouver l'Inconscient véritable. C'est à l'origine de la conscience que nous le rencontrons pour la première fois d'une manière bien déterminée. La conscience exprime en quelque sorte l'étonnement de la volonté inconsciente, qui sommeille dans la cellule, en face de l'opposition d'une force ou d'une volonté étrangère. L'Inconscient absolu ne se révèle pas moins dans la logique éternelle, qui dirige le mouvement de la vie et de l'histoire; mais l'auteur a sans doute trouvé, et avec raison, que la doctrine de Hégel le dispensait d'insister beaucoup sur ce point.

Si nous rencontrons plus souvent la conscience que l'Inconscient dans le livre de M. de Hartmann, nous avouons que nous sommes étonnés de ne la pas rencontrer plus souvent encore. Car enfin, si la conscience n'est que l'étonnement de la volonté inconsciente devant une opposition extérieure, pourquoi les volontés atomiques, dont les conflits sont si énergiques, ne prendraient-elles pas conscience de leurs mutuelles réactions? L'auteur s'arrête et n'ose se décider devant l'hypothèse qui prête la conscience aux atomes. Mais la logique semble le condamner à reconnaître la conscience, partout où se produit le conflit des fonctions de l'Inconscient ou des forces matérielles.

Cette hésitation de l'auteur tient peut-être à ce qu'il n'est pas entièrement satisfait et assuré lui-même de la théorie qu'il présente sur la formation de la conscience. Les images, dont il s'enveloppe à dessein, comme un autre Platon, trahissent l'embarras de sa pensée. Là où il parle sans métaphore, il nous dit que la conscience sort de l'Inconscient à la suite d'une réaction matérielle d'une certaine énergie et d'une certaine espèce. Nous voudrions qu'il déterminât, qu'il mesurât l'énergie de cette réaction, et nous définît la limite où l'excitation devient consciente dans les divers centres nerveux qu'il reconnaît avec Wundt, dans les centres sensoriels par exemple et dans les hémisphères cérébraux. Sous ce rapport, notre philosophe ne comble pas la lacune qu'il signale après d'autres dans la théorie de Fechner sur la limite de l'excitation. Il se borne à déclarer que la physiologie n'est pas encore assez avancée, pour permettre à la psycho-physique de résoudre ces délicates questions.

Reconnaissons cependant que, dans l'appendice à la physiologie des centres nerveux, M. de Hartmann cherche à préciser les conditions de la conscience cérébrale, à savoir la communication parfaite des cellules, et un certain équilibre des forces de compression et de tension dans chaque cellule, qui empêche les cellules de répondre instantanément, isolément à l'excitation extérieure : ce qui, en troublant la coordination, la subordination des cellules, supprimerait la mémoire, la réflexion, la comparaison, bref toutes les conditions nécessaires au développement de la conscience. M. Böhm, de Pesth, dans une intéressante notice, dont la *Revue philosophique* (1) a rendu compte, montre également comment les centres d'arrêt sont indispensables à la formation de la conscience. La psychologie physiologique ne fait qu'entrer dans la voie de ces intéressantes études. Le grand mérite de l'ouvrage de M. de Hartmann est d'appeler les efforts des analystes dans cette direction où l'expérimentation physiologique et l'observation psychologique peuvent se prêter un mutuel appui, et où certainement la science de l'esprit est appelée à faire de

---

(1) Première année, numéro d'octobre.

précieuses découvertes. Les deux chapitres que la philosophie de l'Inconscient consacre à l'origine de la conscience et à la physiologie des centres nerveux nous paraissent mériter, à ce point de vue, d'être recommandés à l'attention spéciale des lecteurs. Ils sont propres à servir de préliminaire et d'auxiliaire à l'étude des beaux travaux de Maudsley et de Wundt.

Il faut, si l'on prétend faire entrer la psychologie dans la voie de la science véritable, c'est-à-dire la plier aux exigences de l'expérimentation et du calcul, qu'on se décide à rechercher et à déterminer les conditions physiologiques des diverses opérations ou facultés intellectuelles. On doit se bien persuader avant tout que la conscience n'est qu'un phénomène, un processus de l'être vivant; qu'elle est soumise à des conditions mécaniques, comme tous les autres phénomènes. Sur ce terrain, M. de Hartmann se rencontre avec les partisans les plus décidés du mécanisme, avec un Dühring, avec un Lange, comme avec un Spencer. Sans doute l'analyse des lois matérielles de la pensée consciente est trop récente, pour que les affirmations ne soient pas encore incertaines, parfois contradictoires, toujours insuffisantes. Mais les principes et la méthode du mécanisme psychologique peuvent être considérés comme définitivement établis après les travaux de l'école de Herbart, après ceux de Fechner, de Spencer, de Wundt, de Maudsley.

L'originalité de métaphysiciens comme M. de Hartmann est de généraliser, d'étendre à la matière vivante ou nerveuse tout entière la corrélation du mouvement et de la perception (au sens de Leibniz), du phénomène externe ou matériel et du phénomène interne ou spirituel, que beaucoup ne consentent à admettre encore que pour l'activité supérieure du cerveau et de la pensée. Qu'on médite les belles pages sur la téléologie et sur la face interne du phénomène réflexe, dans la physiologie des centres nerveux : elles valent de longues dissertations.

Pourquoi s'obstiner à ne voir qu'au terme extrême de l'évolution organique, que dans les hémisphères cérébraux, la dualité et la liaison indissoluble de la pensée et du mouvement, alors que les hémisphères ne sont que des ganglions plus richement organisés, des amas de cellules résultant, comme tous les autres éléments nerveux, de l'organisation progressive d'une même substance protoplasmatique. Ou faites comme Descartes, et niez la pensée en dehors de l'homme; ou même, soyez plus conséquent, et niez-la en dehors du moi, et ne voyez partout que mécanisme, et traitez tout le monde des êtres vivants en dehors de vous-même comme une vaste collection d'automates. Ou encore, si vous ne vous sentez pas la force de lancer de pareils défis au sens commun, résignez-vous à regarder la pensée, c'est-à-dire la conscience, celle de la sensation la plus obscure, la plus élémentaire, aussi bien que celle de l'idée la plus subtile, comme un phénomène inexplicable, comme une addition inintelligible, comme un appendice tout à fait inattendu qui vient, on ne sait d'où ni comment, s'ajouter à un certain moment aux processus mécaniques de la matière, sans avoir rien absolument de commun avec eux. Mais n'attendez rien des explications du matérialisme vulgaire, qui prétend faire sortir la pensée de la matière. En veut-on d'autres preuves que la nécessité où se trouve un matérialiste décidé et pénétrant, tel que Dühring, de définir la matière comme un principe supérieur au mécanisme et à la pensée (1), comme contenant en soi la raison de l'un et de l'autre, et de borner tout l'effort de son matérialisme à soutenir que le mouvement mécanique est la condition du mouvement des pensées! Et Lange lui-même, comme le

(1) Voir *Revue philosophique*, première année, numéro d'octobre, notre analyse du cours de philosophie de Dühring.

remarque M. de Hartmann, ne revient-il pas sans cesse dans son Histoire du matérialisme sur l'impuissance absolue du matérialisme à rendre compte de la sensation, le fait le plus élémentaire de la conscience?

D'où vient donc que M. de Hartmann a rencontré parmi ses plus sérieux adversaires les deux philosophes que nous venons de citer? C'est que la conciliation du mécanisme et de la téléologie, dont celle du mouvement et de la sensation n'est qu'un cas particulier, ne se présente pas toujours dans la philosophie de l'Inconscient sous la forme rigoureuse que nous lui trouvons dans la théorie des réflexes, surtout au chapitre additionnel sur la physiologie des centres nerveux. Ici le mécanisme matériel et le mécanisme idéal se correspondent exactement. Comme dans la doctrine de Spinoza, *ordo et connexio idearum* sont *ordo et connexio rerum;* et les modes de la pensée et ceux de l'étendue se déroulent dans une corrélation parfaite. Mais, dans le reste de l'ouvrage, la volonté inconsciente paraît se manifester par des interventions spéciales, particulières; elle agit en chaque être comme une véritable providence individuelle, qui semble à tout instant suspendre le cours des lois mécaniques pour l'accommoder aux intérêts des fins spéciales qu'elle poursuit. Qu'on se rappelle ce que nous avons cru pouvoir citer plus haut des interventions perpétuelles de l'Inconscient, soit dans le développement de la vie physiologique, soit dans celui de la vie spirituelle : comme instinct, comme vertu curative, comme volonté ganglionnaire ou spinale, comme l'acteur mystérieux qui préside à toutes nos associations d'idées même les plus vulgaires, ou comme le démon secret du penseur, de l'artiste, du philosophe, du réformateur religieux, de tous les personnages historiques enfin. La liste serait inépuisable de ces interventions mystiques, comme l'auteur les appelle lui-même; et nous ne tirerons pas avantage contre lui des assertions téméraires où sa foi téléologique l'engage. Assez d'autres l'ont fait en Allemagne; et se chargeront de ce soin parmi nous. Nous préférons laisser de côté les chicanes de détail. M. de Hartmann lui-même, avec une bonne foi qui l'honore, reconnaît dans les notes de la 7e édition que, sur plusieurs points, les récentes découvertes de la science ont avantageusement remplacé par des explications mécaniques les explications téléologiques auxquelles il se confiait trop volontiers ou trop exclusivement. Sur ce point d'ailleurs, l'œuvre d'un disciple, la réponse de Taubert à Stiebeling est le meilleur correctif aux exagérations systématiques, ou aux erreurs scientifiques du maître. Mais les principes de cette téléologie n'en demeurent pas moins. Non-seulement partout l'idée inconsciente préside aux réactions mécaniques des atomes, aux réactions mécaniques et psychiques à la fois des cellules et des organismes vivants: mais cette activité logique de l'Idée est une véritable finalité; et non pas seulement une finalité générale, comme celle que déploie l'Idée de Hégel, mais une finalité individuelle. En d'autres termes, le Dieu de M. de Hartmann gouverne le monde non pas seulement par des lois générales, mais par des interventions particulières.

Nous refusons énergiquement de suivre notre philosophe dans cette voie, où il semble vouloir donner la main au théisme le plus étroit. Avec Leibniz, Kant et Hégel, pour ne citer que les plus grands noms, nous maintenons que les lois du mécanisme matériel sont inflexibles. Nous répétons avec Leibniz : « Les créatures franches ou affranchies de la matière seraient comme les déserteurs de l'ordre général... Cet ordre demande la matière, le mouvement et ses lois. » (Éd. Erdmann, 432-537.) Kant n'exprime pas autre chose par sa théorie du déterminisme mécanique.

Lange et Dühring ne font que s'inspirer de ces fortes doctrines, en maintenant que supprimer l'action inflexible du mécanisme matériel, c'est compromettre la distinction du réel et de l'illusoire, c'est nier l'expérience et la science.

Mais est-ce bien à la véritable pensée de M. de Hartmann que s'adressent ces observations critiques? Notre auteur doit-il être pris à la lettre, lorsqu'il écrit des phrases comme celle-ci? « La volonté peut ce qu'elle veut; il suffit qu'elle le veuille assez fortement pour surmonter la résistance de volontés contraires. » On serait tenté de conclure de là que les volontés atomiques, c'est-à-dire en langage ordinaire les lois de la mécanique peuvent être transgressées ou modifiées. Ne devons-nous pas plutôt nous souvenir que M. de Hartmann répète en maints endroits, et qu'il redit avec insistance, dans les notes supplémentaires de la 7ᵉ édition, que l'action des lois de la matière ne saurait être suspendue? L'Idée, selon lui, est une logique inflexible, où tout s'enchaîne et conspire. L'Idée n'a pas à combattre le jeu des forces atomiques, puisque c'est elle-même qui l'a institué en vue de la fin suprême qu'elle poursuit. L'Idée qui se manifeste dans l'atome est la condition logique de l'Idée qui se réalise dans la cellule vivante, dans l'organisme; laquelle, à son tour, est la condition de l'esprit, cette manifestation suprême et dernière de l'Idée. En d'autres termes, la matière, la vie et l'esprit ne sont que trois moments de l'Idée totale; comment admettre la possibilité d'un conflit entre le mécanisme et la téléologie? Ce n'est donc pas nous séparer de M. de Hartmann que de croire avec les partisans du mécanisme, avec un Spencer ou un Lange par exemple, que tous les phénomènes dans la nature, ceux de la conscience et ceux de la vie, comme ceux de la matière brute, comportent une explication mécanique, c'est-à-dire se plient aux lois universelles du mouvement.

Mais nous sommes avec lui contre les partisans du mécanisme matérialiste, qui nient que l'Idée, inconsciente ou non, soit partout présente à la matière inorganique. Si l'on nous objecte que l'Idée n'est pas un objet d'expérience scientifique; si Lange, par exemple, veut la reléguer dans la région de la croyance ou de la poésie, comme l'objet propre de la métaphysique, de l'art, de la conscience, de la religion : nous nous bornerons à répondre que l'expérience elle-même ne peut se passer de l'Idée, puisqu'elle repose tout entière sur les catégories à priori de la pensée.

D'autres philosophes nous diront encore que ces Idées qui constituent par leur subordination la sphère totale de l'Idée inconsciente ou la logique éternelle des choses ne sont pas des fins, mais des nécessités absolues; que les choses sont comme leur nature comporte qu'elles soient, et ne dérivent pas d'un dessein préconçu; que Dieu ou l'activité créatrice ne poursuit pas de fin, puisqu'il n'y a pas pour lui de distinction entre la conception et l'exécution; et que, de même qu'on ne demande pas le pourquoi de son être, il n'y a pas à demander le pourquoi de son activité universelle. Sans doute, le mot de finalité comme celui de volonté, par lesquels M. de Hartmann à l'exemple de Schopenhauer caractérise l'activité créatrice, prête à de graves confusions. Finalité, volonté, ce sont là des concepts subjectifs, qui s'appliquent à une activité engagée dans le temps et soumise à la loi du changement et de l'effort, qui conçoit d'abord et exécute ensuite. Mais n'est-il pas permis de les appliquer par analogie à l'activité logique, qui préside à l'évolution des phénomènes, si l'on a soin de bannir toute signification anthropomorphique? N'est-ce pas en ce sens que Hégel parle de la finalité de l'Idée?

Non moins que la téléologie de M. de Hartmann, son pessimisme a rencontré d'énergiques oppositions, soulevé des protestations passionnées. Le christianisme n'a jamais fait entendre d'accents plus désolés que ceux de M. Hartmann sur le néant des biens de ce monde, sur l'illusion de la félicité terrestre. On comprend que des théologiens aient accueilli les arguments nouveaux que le pessimisme philosophique leur apporte, en faveur de la thèse fondamentale du christianisme comme de toute religion, la vanité des biens de la vie, avec un empressement égal à l'horreur qu'ils témoignaient pour les conclusions nihilistes de ce pessimisme. M. de Hartmann reprend, mais en les étendant par une analyse plus fine, plus méthodique, les théories développées déjà par Schopenhauer. Nous admirons surtout son analyse des plaisirs négatifs, la distinction qu'il établit entre ceux qui ne sont que l'absence ou la cessation d'un mal, et ceux qui préparent le terrain en quelque sorte pour des plaisirs positifs ; le parti habile qu'il tire du concept de l'Inconscient en développant cette idée encore confuse chez Schopenhauer que le plaisir n'est presque jamais ressenti directement, tandis que la peine l'est toujours. Il corrige encore sur un point important la doctrine du maître, en montrant que les jouissances de la science, de l'art, de l'instinct sont positives. Mais qu'il étende ou perfectionne par d'ingénieuses modifications les théories de Schopenhauer, il n'en soutient pas moins énergiquement que lui, et par les mêmes arguments, la vérité absolue du pessimisme. On trouvera ces arguments admirablement résumés, surtout aux pages 364 et 481. Ils peuvent se réduire aux suivants : la somme des maux l'emporte sur celle des plaisirs; le plaisir est presque toujours négatif, ou repose sur une illusion.

Dans le bilan que dresse industrieusement l'auteur de nos plaisirs et de nos peines, nous trouvons qu'il réduit d'une façon excessive la valeur et le nombre des plaisirs positifs. Sans doute, il n'hésite pas à reconnaître que les plaisirs de la science, de l'art ne sont pas seulement la privation d'un mal, et qu'ils ont un objet réel. Il est trop pénétré des enseignements de Kant et de Schelling sur le prix de la jouissance esthétique, pour songer à la méconnaître. Mais il insiste plutôt sur les peines et les efforts qu'elle coûte, que sur les satisfactions qu'elle procure. Nous trouvons, au contraire, que les incommodités attachées à la production ou simplement à la contemplation des œuvres de l'art sont bien peu de chose auprès des jouissances qu'une âme quelque peu artiste en ressent. Vraiment M. de Hartmann, un esprit si pénétré pourtant de l'admiration des belles choses, nous semble bien froid dans son enthousiasme pour les plaisirs de l'art. Serait-ce qu'il a surtout éprouvé, comme il nous le dit dans son autobiographie, les difficultés de la production esthétique, et se souviendrait-il trop de sa propre expérience? Ce que nous disons de l'art, nous le répéterions pour la science. Nous aimons mieux le langage d'un Schiller ou d'un Lange, trouvant dans la contemplation de la « forme », c'est-à-dire de la vérité et de la beauté, dans le culte de l'idéal en un mot, une compensation précieuse aux misères de la réalité. Nous prêtons plus volontiers l'oreille à l'appel de Platon nous invitant à nous élever à sa suite dans la région de la beauté pure, aux enseignements d'Aristote nous vantant la liberté (αὐτάρκεια), la paix immuable de la vie « théorétique ». M. de Hartmann nous dira peut-être que toutes les âmes ne sont pas capables de ces hautes jouissances. Nous le lui accordons sans peine : mais nous soutenons que le progrès dans l'humanité consiste justement à accroître le nombre de ces privilégiés.

Pour les autres âmes, l'illusion qui les trompe sur la pauvreté ou le néant de leurs plaisirs est une force salutaire, dont M. de Hartmann fait trop bon marché. Les illusions de l'espérance et du souvenir n'en sont pas moins des joies, pour n'être pas réelles. Et, si la nature clémente les ménage, les prodigue surtout aux faibles d'esprit, aux déshérités de la science et de l'art, ne faut-il pas bénir cette sollicitude maternelle? Dira-t-on que l'expérience finira par dissiper pour l'âge mûr et surtout pour la vieillesse de l'humanité les illusions dorées dont sa jeunesse avait vécu? Mais M. de Hartmann reconnaît que le vieillard n'est pas moins mené que le jeune homme par la corde de fou de l'espérance. Pourquoi n'en serait-il pas de même pour l'humanité vieillie? Comment prétendre d'ailleurs que la science aura si bien achevé son œuvre quelque jour, que l'avenir se puisse prédire avec une certitude mathématique, et qu'il n'y ait plus de place pour les hypothèses flatteuses, pour les doux mensonges de l'espérance? Tant qu'un voile d'incertitude sera étendu sur l'avenir, il y aura toujours des natures portées à interpréter l'énigme dans le sens de leurs désirs.

D'ailleurs, dirons-nous à notre philosophe, la puissance de l'instinct sera toujours plus forte pour alimenter l'illusion, que tous les ingénieux calculs de votre froide sagesse pour la détruire. Et ne reconnaissez-vous pas vous-même quelle haute félicité est attachée aux satisfactions de l'instinct? En vain, vous vous évertuez à mettre en lumière les déceptions des amants, des époux, des parents. L'instinct vit surtout du présent; et les maux qu'il prévoit pour l'avenir n'enlèvent rien à l'énergie de ses jouissances actuelles. Les sacrifices mêmes qu'il s'impose sont comme ceux de l'amour : plus ils sont grands, plus est profond le bonheur qui en découle.

Est-ce que le cœur d'une mère, ou la conscience de l'homme de bien, ou l'enthousiasme de l'artiste et celui du savant, ont besoin de s'alimenter et d'être soutenus par autre chose que par le contentement qu'ils puisent en eux-mêmes? Les stoïciens et toutes les âmes vraiment vertueuses ne sont-ils pas la preuve vivante que la vertu peut se passer de félicités étrangères, et qu'elle sait se suffire à elle-même? Et n'est-ce pas d'ailleurs à des âmes ainsi disposées que M. de Hartmann lui-même demande l'abnégation, le désintéressement absolu, que réclame l'œuvre suprême à laquelle il les convie, l'œuvre de la délivrance finale?

Ces instincts sublimes de l'amour maternel, du dévoûment à la vertu, à l'idéal, comme les autres instincts moins nobles, mais non moins puissants, croit-on que l'humanité arrivera jamais à les étouffer dans son sein? Affirmer que l'enfance et la jeunesse feront place à la vieillesse; que l'amour de la vie et l'appétit de la faim seront jamais domptés; que l'humanité détournera quelque jour avec un morne dédain ses lèvres de la coupe enchantée où les nobles attachements, les passions généreuses, le culte de la poésie et de la science lui versaient leur ivresse divine; prétendre enfin que l'homme pourra jamais cesser d'être un homme: c'est là un rêve chimérique, que nous nous refusons à prendre au sérieux. Nous avons rencontré récemment une conception analogue dans le livre ingénieux d'un de nos plus illustres écrivains: mais tout l'esprit et l'imagination de M. Renan n'ont pas réussi davantage à nous persuader de la possibilité de métamorphoses aussi complètes.

Nous nous entêtons à espérer avec Leibniz et tant d'autres optimistes que le progrès physique et moral de l'humanité n'est pas irréalisable. Nous accordons bien avec Kant aux pessimistes l'existence d'un mal radical dans la nature et chez l'homme: mais nous croyons avec ce même Kant que la lutte des deux principes finira par la défaite du mauvais. Quel que soit l'avenir mystérieux où la victoire du bien doive se réaliser, notre foi est que le travail de la science et de la conscience ne sera pas une œuvre stérile pour la félicité et la dignité de la nature et de l'humanité.

Si le monde est mauvais, et l'Inconscient impuissant, d'où vient la confiance de M. de Hartmann dans la vertu libératrice de l'Idée et dans la défaite du mauvais principe? Pourquoi, s'il n'hésite pas, malgré les misères de la réalité, à confesser sa confiance dans la victoire du bon principe, n'a-t-il pas en lui une foi assez vive pour en attendre la félicité et la perfection finales? Après tout, la foi dans la délivrance ne repose chez le pessimiste, comme la foi de l'optimiste dans la félicité future, que sur une espérance à priori. Espérance pour espérance, nous préférons sans hésiter celle du sage optimiste, qui, même dans le présent, ne voit pas que la somme des maux l'emporte si démesurément sur celle des biens; qui, ne croyant pas avoir sujet de maudire le présent, se garde bien plus encore de désespérer de l'avenir; qui, en un mot, pratique la fière devise : Fais ce que dois, advienne que pourra, et se consolerait au besoin de l'impuissance de la nature et de la stérilité de ses efforts par la fière conscience qu'il vaut mieux que sa destinée.

En résumé, nous répéterons avec Aristote et Leibniz que la perfection et la félicité s'accompagnent toujours (1); que le degré de l'une mesure celui de l'autre; et que chaque être a la félicité que sa nature ou sa perfection comporte. Il n'est pas vrai que les plus pauvres des biens de la vie ou de la pensée soient les plus heureux; et que le bonheur, comme le soutient M. de Hartmann, soit en raison inverse de la perfection. Ne pourrait-on pas ajouter que la somme de l'action étant invariable dans l'univers, comme Kant l'établit dans son Traité des forces vives (2), et le plaisir résultant de l'action, la somme du plaisir doit

---

(1) Lire l'admirable opuscule de Leibniz *Von der Glückseligkeit*. (Édit. Erdmann, 671.)

(2) Voir notre livre sur *la Critique de Kant et la métaphysique de Leibniz*, p. 105.

demeurer toujours la même dans l'univers? Mais ce sont là des considérations qui demanderaient de longs développements, et que nous nous contenterons de livrer aux méditations du lecteur.

La théologie de M. de Hartmann n'appelle pas moins la critique que sa téléologie, bien qu'elle contienne aussi de précieuses vérités.

Son Dieu, l'Idée inconsciente, a la clairvoyance parfaite, et la sagesse infinie. Nous avons vu qu'il jouait le rôle de véritable providence, intervenant par des actions particulières aussi bien que par des lois générales dans le cours des événements, dans la vie des individus. Pourquoi tenir tant à l'opposer au Dieu du théisme, dont il paraît bien avoir presque tous les attributs? Cet Inconscient n'est même pas étranger absolument à la conscience, puisqu'il a conscience de la souffrance universelle : bien que la conscience ait été définie par l'auteur comme résultant en partie de processus nerveux. M. de Hartmann a tellement le sentiment des contradictions de son concept du Divin, qu'il déclare lui-même qu'il vaut mieux l'appeler supraconscient qu'inconscient. Ce que veut au fond M. de Hartmann, comme l'école hégélienne, c'est que l'on ne prête pas à Dieu une conscience au sens humain, une conscience de soi, laquelle supposerait qu'il s'opposât un non-moi : or le panthéisme ne permet pas d'admettre une pareille distinction dans l'Absolu. Le Dieu de M. de Hartmann, ainsi que celui de Hégel, pense donc : mais, comme disait Spinoza, il y a entre la pensée divine et la pensée humaine une différence aussi grande qu'entre le chien, signe céleste, et le chien animal terrestre. M. de Hartmann fait très-habilement le procès à la théologie qui conçoit Dieu à l'image de l'homme, et semble prendre à tâche de justifier le mot de Voltaire : « Depuis que Dieu a fait l'homme à son image, l'homme le lui a bien rendu. » Mais il reconnaît lui-même que toute théologie comme toute métaphysique repose sur l'analogie (voir, p. 505, t. II, sur la possibilité de la connaissance métaphysique) ou l'identité universelle de l'être; et que, puisque l'Inconscient vit en nous comme dans le reste de la nature, c'est en nous que nous devons surtout l'étudier. Il suffit que nous ayons soin d'en écarter tous les traits, qui tiennent à notre individualité finie et consciente. Jusque-là, encore une fois, la théologie de M. de Hartmann, ne diffère pas de celle de Hégel; et peut, sur bien des points essentiels, donner la main à un spiritualisme éclairé.

Mais ce qui nous fait préférer la théologie de Hégel à celle de M. de Hartmann, c'est le dualisme des deux attributs, que soutient cette dernière, au sein de la substance absolue. La définition de chaque attribut est d'abord contradictoire. La Volonté, n'est pas sans objet, comme elle devrait l'être. Elle veut l'existence : elle a donc un objet. L'analyse du IV° chapitre de la phénoménologie montre d'ailleurs qu'il n'y a pas de vouloir sans objet. Cette volonté veut une chose mauvaise : en cela consiste son aveuglement; mais elle veut quelque chose. Indépendamment de son union avec l'Idée, elle a déjà un contenu, si pauvre, si indéterminé qu'on le suppose : elle veut l'existence. Il n'est pas vrai par suite qu'elle soit absolument étrangère à tout contenu, à toute idée. — D'un autre côté, l'Idée qui joue le rôle de l'élément passif, féminin, comme dit l'auteur, qui sacrifie son innocence virginale à la violence que lui fait la Volonté, l'Idée veut le contraire de la vie, et déploie toute sa ruse pour triompher du désir de la Volonté. L'Idée, à son tour, n'est point par essence étrangère à tout vouloir, comme la théorie l'exige impérieusement. Dira-t-on que son vouloir est infiniment moins puissant que celui de l'autre attribut? Non, puisqu'elle doit finir par triompher. L'Idée ne veut donc ni moins fortement ni avec moins d'efficacité que la Volonté.

Nous nous refusons absolument d'ailleurs à comprendre cet antagonisme manichéen des deux principes au sein d'un même être. M. de Hartmann nous a déclaré que l'analogie est le principe de sa théologie ; et c'est certainement, en effet, sur la théorie psychologique de l'inconscience de la volonté humaine, qu'il prétend fonder la démonstration de l'aveuglement absolu de la volonté divine. Mais la volonté humaine est toujours associée à une idée, inconsciente ou non : comment donc par analogie concevoir en Dieu la séparation de la Volonté et de l'Idée? La volonté humaine ne serait-elle pas alors bien supérieure à celle de Dieu, puisqu'elle est toujours guidée par la logique de l'Idée? — Enfin, sur quoi M. de Hartmann s'appuie-t-il pour espérer et affirmer que l'Idée triomphera de la Volonté? Si l'Idée n'a pas pu détourner la Volonté de sa fatale erreur dès le début des choses, comment croire qu'elle finira pourtant par y réussir? Pourquoi la Volonté ne pourrait-elle pas persévérer dans son désir insensé? L'auteur lui-même, dans les conclusions dernières de sa théologie, en est réduit à fonder sur le calcul des probabilités (p. 539 du t. II), dont il fait trop souvent usage, l'espérance hypothétique du contraire. Mais, vraiment, c'est là une bien faible garantie!

Nous n'hésitons donc pas à préférer à la théologie de M. de Hartmann, celle de Platon ou de Hégel, qui réduisent tout à l'Idée : et hypothèse métaphysique pour hypothèse, celle-là nous paraît plus satisfaisante pour la raison et pour le cœur de l'homme.

Pour nous, la théologie et l'optimo-pessimisme (comme on l'a spirituellement appelé) de M. de Hartmann sont parmi les parties, peut-être les plus faibles, à coup sûr les plus discutables, de la philosophie de l'Inconscient.

Nous aurions encore sans doute bien d'autres observations, d'autres critiques de détail à présenter. Nous n'accepterions pas sans réserve, par exemple, l'usage abusif, que fait souvent notre auteur, du calcul des probabilités ; les rapprochements historiques qu'il se plaît à multiplier entre son système et ceux de ses devanciers, et dont Göring a déjà fait ressortir l'exagération systématique dans son *Système de philosophie critique* (1874-1875). Sur la matière, sur la vie, sur l'évolution des espèces, sur l'esprit, bien des objections de détail pourraient être faites à M. de Hartmann. Nous nous contenterons de renvoyer le lecteur aux curieuses critiques que Bergmann, dès l'apparition du livre, publia dans les *Monatshefte*, ainsi que la discussion engagée à ce sujet entre lui et l'auteur (voir les *Monatshefte*, 3ᵉ et 4ᵉ volume, 1869-1870). Le lecteur consultera également avec profit les ingénieuses et pénétrantes remarques de M. Léon Dumont, le premier philosophe français qui se soit occupé avec quelque étendue de la philosophie de l'Inconscient (*Revue des cours scientifiques* du 7 septembre et du 28 décembre 1872 ; du 3 juin et du 14 octobre 1876).

V

Quel est donc le prix et l'originalité de la doctrine de M. de Hartmann ?

On dira sans doute que la plupart des doctrines exposées dans la Philosophie de l'Inconscient ne sont pas nouvelles.

L'auteur lui-même, bien loin d'ailleurs d'exagérer son originalité, semble plutôt préoccupé, comme nous l'avons déjà dit, de mettre en lumière les affinités de sa doctrine avec les philosophies antérieures. La quatrième partie de ses *Études et Essais* en contient le décisif témoignage. Le principe du système, l'Inconscient, n'est pas inconnu dans la philosophie allemande. C'est le principe au fond de toutes les philosophies de l'identité, des doctrines de Fichte, de Schelling, de Hégel, et celui que Schopenhauer reconnaissait sous le nom de Volonté. L'activité représentative des substances individuelles de Herbart est aussi et avant tout une activité inconsciente. Quant à l'Inconscient relatif, que nous avons distingué de l'Inconscient absolu, n'a-t-il pas son antécédent direct dans la doctrine leibnizienne des « petites perceptions »? Il appartenait aux physiciens, aux physiologistes contemporains, à Helmholtz, à Wundt, à Zöllner, à Maudsley, de démêler les traces de cet Inconscient relatif dans la vie corporelle, surtout dans le jeu des opérations des sens. C'est ainsi que s'enrichissait d'arguments inattendus la démonstration que Schelling, que Hégel, par exemple, s'étaient surtout appliqués à faire avec les données de l'imagination esthétique, de l'histoire et de la pensée logique. La philosophie de l'Inconscient était donc préparée par de nombreux précurseurs. — Est-il besoin de redire que le panthéisme de M. de Hartmann est le fond même du génie philosophique de l'Allemagne; que la conception du rôle logique de l'Idée est empruntée à Hégel, celle de l'aveuglement du vouloir à la doctrine de Schopenhauer sur la Volonté; qu'enfin le dualisme des deux principes, au sein de la Substance absolue, se trouve en germe dans la seconde philosophie de Schelling? — Si M. de Hartmann donne à son panthéisme le nom de Monisme, il ne fait que se conformer à l'appellation adoptée par les penseurs modernes de l'Allemagne, pour désigner le panthéisme nouveau qu'ils essaient de substituer au panthéisme idéaliste de leurs prédécesseurs; panthéisme qui doit mieux que le précédent réaliser la conciliation de la science et de la spéculation. — Le pessimisme de notre auteur n'est, avec certaines modifications, que celui même de Schopenhauer — Enfin, faut-il rappeler tout ce que M. de Hartmann doit aux découvertes des physiciens et des naturalistes de notre temps?

Mais c'est là justement ce qui fait l'intérêt et le prix inestimable de ce livre, que cette abondance d'informations, que ces emprunts multipliés à toutes les sciences du présent et aux doctrines du passé, que cet emploi industrieux des résultats de l'expérience et des données de l'histoire.

La philosophie n'est jamais que la synthèse des connaissances humaines. Suivant le beau mot de Platon, le philosophe est συνοπτικός; il embrasse les choses dans leurs rapports et aspire à ressaisir l'unité du tout. Mais, tandis que l'idéaliste, trop exclusivement préoccupé ou trop pressé de reconstruire l'unité des choses, croit pouvoir atteindre le général, les lois, les rapports, sans donner une attention sérieuse, sans s'arrêter au particulier, aux faits; tandis que l'empiriste s'oublie dans les détails, s'égare et s'épuise dans l'analyse des phénomènes, et ne songe plus ou renonce à s'élever à des vues d'ensemble, le vrai philosophe, comme un Leibniz, comme un Kant, ne dédaigne ni les faits, ni les principes, ne sacrifie ni le particulier au général, ni la forme à la matière. La vérité et la beauté d'un système sont pour lui, comme celles de l'œuvre d'art, dans l'union de l'idéal et du réel.

C'est au lecteur à juger si M. de Hartmann a mieux réussi que ses devanciers à opérer cette conciliation de l'expérience et de la spéculation, qu'il affirme comme son principal dessein dans l'épigramme même de son livre. A coup sûr, on ne lui refusera pas d'y avoir énergiquement travaillé. Les additions de la 7ᵉ édition, ses études de philosophie naturelle (1), postérieures aux premières éditions de son grand ouvrage, montrent avec quel soin il s'est tenu au courant de toutes les nouveautés scientifiques. On a pu voir, d'un autre côté, par les rapides indications biographiques de notre introduction, combien, avant d'écrire son livre, M. de Hartmann s'était nourri des enseignements des sciences physiques et naturelles. Si sa téléologie sur bien des points paraît alarmante aux défenseurs jaloux des droits de l'expérience, n'oublions pas, comme nous avons essayé de le démontrer, que M. de Hartmann s'incline devant les droits absolus du mécanisme dans l'explication scientifique des phénomènes; et que sa véritable pensée sur ce point n'a pu être voilée ou compromise dans son livre que par les erreurs de détail ou les inexactitudes de l'expression. C'est sur un malentendu plutôt que sur une opposition irréconciliable que reposent, selon lui, les mutuelles accusations que se lancent les philosophes et les savants.

En tout cas, M. de Hartmann a le mérite d'avoir tenté de fondre, avec les principes essentiels du monisme idéaliste, une *philosophie de la nature* plus vraie que celle des philosophes antérieurs. Il montre très-bien, dans la dernière série des *Études et Essais*, que la physique à priori est ce qui a le plus vieilli des doctrines de l'idéalisme de Hégel et de Schelling; et que le discrédit où elle est tombée a rejailli sur le reste du système. Il a voulu écrire cette philosophie de la nature plus vraie; et incontestablement, il a déployé dans ce but une véritable puissance de dialectique et une incroyable richesse d'érudition. Il n'était pos-

(1) Voir la troisième partie de ses *Studien und Aufsätze* (Berlin, Duncker, 1876), et son *Essai sur le Darwinisme*, qui vient de paraître chez Germer-Baillière.

sible de sauver l'idéalisme hégélien qu'en montrant que ses principes peuvent s'accommoder des récentes découvertes des sciences, et ne sont nullement liés à la fortune de ses conceptions physiques. Il fallait établir que ni la théorie de Mayer et de Joule sur la conservation de l'énergie, ni les données de l'analyse spectrale, ni les conceptions de la chimie atomique, ni les travaux de la physiologie récente ou ceux de la psycho-physique, ni les principes essentiels du darwinisme, etc., ne sont incompatibles avec les vérités fondamentales de l'idéalisme. Il était urgent enfin de prouver que, si la philosophie de la nature de Hégel et de Schelling est inacceptable aujourd'hui, tout comme le serait celle de Leibniz ou de Kant, les principes de l'idéalisme commun, dont se sont inspirés ces grands penseurs, n'ont rien perdu, mais au contraire ont beaucoup gagné aux découvertes récentes. C'est ce que Volkelt entend très-bien et démontre supérieurement dans son livre : *l'Inconscient et le Pessimisme*. A travers les nombreuses critiques de détail qu'il adresse à M. de Hartmann, il affirme que la Philosophie de l'Inconscient a communiqué une vie nouvelle à l'hégélianisme.

Mais rappelons surtout l'idée maîtresse de notre philosophe : et n'est-ce pas assez d'une idée pour faire la fortune d'une doctrine !

Sans doute ceux qui sont familiers avec les conceptions de l'hégélianisme ne verront pas une conquête nouvelle dans la doctrine d'un Inconscient absolu, laquelle n'exprime au fond, comme celle de Hégel, que l'action d'une logique immanente et supra-consciente au sein de la nature. Mais avoir, sinon le premier appelé l'attention, du moins insisté plus qu'on ne l'avait jamais fait sur l'existence d'un Inconscient relatif dans le monde des corps, comme dans celui des esprits; en avoir suivi les manifestations variées dans tous les processus de la vie organique; avoir établi, par l'analyse des facultés spirituelles, que l'activité consciente de la pensée repose au fond et toujours sur une activité inconsciente ; avoir mis en lumière le rôle et le prix de cette dernière par opposition à la philosophie de la réflexion, trop disposée, comme celle de Kant ou des dialecticiens, à exalter la vertu de la pensée discursive ; avoir montré que le phénomène vulgaire et si fréquent de l'association des idées, que nos sentiments, nos perceptions, nos jugements, nos résolutions de chaque jour, comme les inspirations les plus hautes et les plus rares du génie ou de la vertu, que toute notre vie psychologique en un mot est dans la dépendance de cette activité sourde, mystérieuse de l'Inconscient : n'est-ce pas avoir ouvert à l'observation de la nature des voies nouvelles, à la poésie des sources plus profondes, n'est-ce pas avoir renouvelé et agrandi notre science de la vie et de l'esprit ?

A côté de ces mérites divers, l'ouvrage de M. de Hartmann en présente un dernier sur lequel nous ne saurions trop insister, et qui le recommande à l'étude des lecteurs français. C'est la première fois, croyons-nous, que les conceptions originaires de la métaphysique allemande se présentent sous une forme accessible à tous, dégagées du voile des réticences officielles ou des formules scolastiques. Même à ce point de vue, la philosophie de Schopenhauer, dont les livres sont à coup sûr des modèles d'exposition philosophique et dont le style l'emporte même par la perfection de la forme sur celui de son illustre continuateur, s'adresse encore à un public d'initiés et suppose l'étude approfondie des doctrines antérieures. L'ouvrage de M. de Hartmann se passe plus aisément de ces connaissances préliminaires. C'est ce qui explique son succès et presque sa popularité, en dehors des universités.

Les mêmes raisons le recommanderont à coup sûr parmi nous. Grâce à M. de Hartmann, le lecteur français saura désormais quelle opposition au juste sépare l'idéalisme de l'Allemagne du spiritualisme cartésien ou leibnizien : et peut-être trouvera-t-il qu'entre les deux métaphysiques l'opposition n'est pas aussi absolue, sur bien des points, qu'il semblerait au premier abord.

Les qualités de notre esprit national ne peuvent que gagner d'ailleurs au contraste des qualités différentes du génie étranger. Notre sens pratique et notre bon sens un peu sceptique se sentiront sans doute affermis par le spectacle des paradoxes ou des témérités d'une spéculation sans frein. Mais nous apprendrons aussi que ni la vie ni l'esprit ne sont choses aussi simples que l'ironie charmante mais un peu superficielle d'un Voltaire réussit trop aisément à nous le persuader; et que l'impuissance ou la médiocrité de l'esprit s'accusent aussi bien par le dédain de la métaphysique que par l'abus qu'on en fait.

En tout cas, il nous a semblé que c'était servir la cause de la philosophie française, que d'ouvrir aux penseurs de notre pays une source nouvelle d'inspirations, de méditations, de discussions.

Notre esprit et notre philosophie ont besoin de se renouveler au contact des nations voisines. L'Angleterre commence à nous être familière; il ne faut pas que l'Allemagne nous soit moins bien connue. Dans les choses de la pensée comme dans celles de la politique, pour les philosophes comme pour les peuples, l'isolement est toujours un danger.

D. NOLEN.

Paris, 22 octobre 1876.

PHILOSOPHIE DE L'INCONSCIENT

INTRODUCTION

I

OBSERVATIONS GÉNÉRALES PRÉLIMINAIRES

a. — Objet du livre.

« Avoir des idées et pourtant n'en avoir pas conscience, cela paraît contradictoire : comment pouvons-nous savoir que nous les avons, si notre conscience ne nous en dit rien? — Nous pouvons cependant connaître indirectement, que nous avons une idée, bien que nous n'en ayons pas une conscience immédiate. » (Kant, *Anthropologie*, § 5. « Des idées que nous avons, sans en avoir conscience. ») Ces paroles si claires d'un penseur aussi clair que le grand philosophe de Kœnigsberg, indiquen le point de départ de nos recherches et le champ que nous avons à parcourir.

Le domaine de la conscience est comme un coteau planté de vignes, que la charrue a labouré dans toutes les directions : le public est déjà presque excédé de voir ce travail se continuer sans fin. On n'a pourtant pas encore trouvé le trésor que l'on cherche : bien que de riches récoltes, qu'on n'espérait pas, aient été tirées de ce sol tant travaillé. Il était naturel que la curiosité philosophique s'appliquât d'abord aux données immédiates de la conscience. Ne serait-il pas tentant aujourd'hui, si l'on songe à la nouveauté de l'entreprise, et aux riches découvertes qu'elle promet, de chercher le trésor, l'or caché dans les profondeurs de la montagne, dans les nobles filons du roc sur lequel elle repose, et non dans la couche superficielle du terrain végétal? Il faudra sans doute perforer, tailler, se donner beaucoup de peine, avant d'atteindre les filons d'or; le minerai devra être longtemps travaillé, avant qu'on ait extrait le trésor qu'il contient. — Que celui qui ne redoute pas la fatigue se mette à ma suite : le travail n'est-il pas déjà par lui-même la plus haute jouissance!

La notion « d'idée inconsciente », paraît assurément paradoxale au bon sens : pourtant, comme Kant le remarque lui-même, elle n'est contradictoire qu'en apparence. Si nous ne connaissons que ce que la conscience nous apprend, si nous ne pouvons rien savoir de ce qu'elle ne nous dit pas, quel droit avons-nous d'affirmer que les idées, dont l'existence nous est attestée par la conscience, ne pourraient pas aussi exister en dehors de la conscience? Nous devrions dans ce cas n'affirmer ni l'existence ni la non-existence, et par suite ne nous en tenir à l'hypothèse de la non-existence qu'autant que nous n'aurions pas été autorisés par quelque autre raison à soutenir positivement l'existence : et telle est la façon de penser qui a dominé jusqu'ici généralement. Cependant, plus la philosophie s'éloignait du point de vue auquel se place le dogmatisme instinctif de la sensibilité et de l'entendement, plus elle apprenait à regarder comme une certitude indirecte au suprême degré tout ce qu'elle avait considéré jusque-là comme une certitude immédiatement fournie par la conscience, plus d'un autre côté la démonstration indirecte de l'existence des choses acquérait d'importance. Il arriva nécessairement que çà et là des têtes pensantes trahirent le besoin de recourir à l'existence d'idées inconscientes comme à la seule cause capable d'expliquer certains phénomènes de la pensée. Réunir tous ces phénomènes, s'appuyer sur chacun d'eux pour rendre vraisemblable l'existence d'idées inconscientes et d'une volonté inconsciente; à l'aide de cet ensemble de faits démontrer avec une vraisemblance, qui s'élève jusqu'aux limites de la certitude, l'existence du principe commun qui les explique tous, tel est l'objet des deux premières parties de ce livre. La première observe les faits par lesquels se manifeste la vie physiologique et zoopsychologique de la nature; la seconde se renferme dans l'étude de l'esprit humain.

Le principe de l'Inconscient donne aux phénomènes observés leur seule explication véritable. Il n'avait pu jusqu'ici être entièrement ni formulé, ni reconnu : c'est que la vérité n'en saurait être constatée qu'autant qu'on a rassemblé tous les faits qui s'y rattachent. De l'application de ce même principe, qui était resté jusqu'ici à l'état de simple germe, on est en droit de se promettre les plus beaux résultats pour la solution nouvelle de questions qui n'étaient résolues qu'en apparence. Une foule d'oppositions et de contradictions dans les systèmes et les doctrines du passé viennent se résoudre dans l'unité d'une doctrine supérieure, qui renferme dans son sein les conceptions opposées comme deux expressions également incomplètes de la vérité. En un mot, le principe de l'inconscient s'applique avec le plus grand bonheur aux questions spéciales. Il est plus important encore de remarquer de quelle manière il étend insensiblement ses conséquences au delà du monde physique et moral, et conduit à des théories et à la solution de problèmes que, dans le langage habituel, on désigne comme appartenant au domaine de la métaphysique. Ces résultats découlent d'une façon si naturelle et si simple de l'application de notre principe aux considérations physiques et psychologiques, qu'on passerait sans le remarquer sur le terrain tout différent des questions métaphysiques, si l'on ne connaissait à l'avance la nature de ces problèmes nouveaux. Tout aboutit, tout converge à ce principe unique. A chaque chapitre, il semble qu'un morceau différent du monde vienne se cristalliser autour de ce noyau central, qui devient par ces additions successives comme l'*Un-Tout* où l'univers entier est contenu, et qui se découvre tout-à-coup comme le germe d'où sont sorties toutes les grandes doctrines philosophiques, la Substance de Spinoza, le Moi absolu de Fichte, l'Absolu sujet-objet de Schelling, l'Idée absolue de Platon et de Hégel, la Volonté de Schopenhauer.

Aussi je prie qu'on veuille bien n'entretenir aucune prévention défavorable contre la notion d'idée inconsciente, si elle ne présente pas tout d'abord un sens bien positif; ce n'est que dans le cours de cette étude que le contenu réel en pourra être déterminé. Pour le moment, il suffit qu'on s'en serve pour désigner la cause inconnue, placée en dehors de la conscience sans lui être essentiellement étrangère, à laquelle on rapporte certains phénomènes. Ce principe a reçu le nom d'idée parce que, comme le principe conscient qui est connu sous le nom d'idée, il a lui-même un contenu *idéal*, mais dépourvu de réalité, qu'on pourrait tout au plus comparer à la représentation mentale d'une réalité extérieure. La notion d'une volonté inconsciente est en soi plus claire et paraît moins paradoxale (Comparez : Section A, chap. i, Conclusion). On verra à la sect. B, chap. iii, que le sentiment se résout en volonté et idée; et qu'ainsi ces deux derniers principes sont au fond les seules facultés essentielles de l'âme. Le chapitre iii, A, les représente comme une unité indivisible en tant qu'ils échappent à la conscience. C'est cette volonté inconsciente et cette idée inconsciente, réunies en un seul principe, que je désigne par le nom « de l'Inconscient ». Puisque leur unité, à son tour, repose seulement sur l'identité du sujet qui veut et pense sans conscience (Sect. C, ch. xv, 4), le nom d'Inconscient représente aussi le sujet identique des facultés inconscientes de l'âme, — un inconnu très-incontestablement, mais dont on peut du moins dire ici qu'en dehors de ses attributs négatifs « d'être inconscient et d'activité inconsciente » deux attributs très-positifs lui conviennent :

la volonté et l'idée. Tant que notre étude ne s'étend pas au delà des limites de l'existence individuelle, tout cela peut paraître clair; mais, si nous envisageons le monde dans sa totalité, l'expression d'Inconscient ne représente pas seulement une abstraction de toutes les fonctions inconscientes des individus et des sujets, mais encore une réalité collective dont toutes ces activités individuelles sont non-seulement les produits, mais les éléments intégrants. Enfin, il résultera du chapitre VII, sect. C, que toutes les opérations inconscientes dérivent d'un sujet un et identique, dont la foule des individus n'est qu'une manifestation phénoménale, et qu'ainsi l'Inconscient est ce sujet unique et absolu. Mais voilà assez d'indications préliminaires.

« La philosophie est l'histoire de la philosophie. » Je m'associe de tout cœur à cette pensée. Mais celui qui entend par là que la vérité se trouve derrière nous pourrait bien être plongé dans une profonde erreur. Il y a dans l'histoire une philosophie vivante et une philosophie morte : or la vie réside dans le présent. Ainsi l'arbre doit la solidité qui lui fait braver les tempêtes au bois mort dont la pousse des années précédentes a formé son tronc : une couche bien mince recèle la vie du puissant végétal, en attendant qu'elle-même s'ajoute l'année prochaine aux couches mortes des autres années. Ni les feuilles, ni les fleurs, qui charmaient les spectateurs des étés antérieurs, ne donnent à l'arbre sa vigueur et sa durée : elles servent tout au plus, une fois tombées et fanées, à engraisser ses racines. La pousse imperceptible qui forme autour du tronc une couche légère, les petites branches invisibles, voilà ce qui ajoute au volume, à l'élévation, à la solidité de l'arbre. La couche concentrique du bois nouveau ne doit pas seulement à celles qui l'ont précédée et sont mortes sa solidité, mais aussi, puisqu'elle les enveloppe, l'étendue de son contour. C'est une première loi de l'arbre que toute nouvelle couche concentrique embrasse et enferme dans son contour toutes celles qui l'ont précédée :

c'en est une seconde qu'elle tire d'en bas sa nourriture et la puise dans les racines. Demander au philosophe de soumettre à cette double condition les productions de sa pensée, semble presque paradoxal. L'homme arrivé au faîte d'une science n'a pas l'impartialité nécessaire pour en reprendre l'étude par les premiers éléments; et celui qui entreprend une œuvre absolument originale produit d'ordinaire une œuvre prématurée de dilettante, car il n'a pas connaissance du développement historique que les choses ont suivi avant lui.

Je crois que, comme le foyer central où convergent, ainsi que des rayons, toutes les parties de ce travail, le principe de l'Inconscient, pris dans la généralité où je l'entends, peut bien passer pour un point de vue nouveau. Jusqu'à quel point ai-je réussi à pénétrer dans l'esprit du développement que la philosophie a reçu jusqu'ici, je laisse au jugement du lecteur à le décider. Je ferai seulement observer que, eu égard au plan même de l'ouvrage, je dois me borner à de courtes indications pour démontrer que presque tout ce qui, dans l'histoire de la philosophie, peut être considéré comme vivant et essentiel, se trouve contenu dans les derniers résultats de mon travail. On trouvera une explication plus complète dans les travaux spéciaux, auxquels je renvoie aux endroits convenables.

b. — Méthode de recherche et mode d'exposition.

On peut distinguer trois méthodes principales dans la recherche scientifique, la dialectique (Hégélienne), la déductive (de haut en bas) et l'inductive (de bas en haut). La méthode dialectique, sans que je puisse ici parler longuement en sa faveur ou contre elle (1), doit être exclue pour cette seule raison qu'elle échappe, du moins dans

---

(1) J'ai exposé mes vues sur elle dans un ouvrage spécial : *Sur la méthode dialectique* (Berlin, 1868. Librairie de C. Duncker).

sa forme actuelle, à la prise du sens commun, auquel je m'adresse particulièrement. Les partisans de cette méthode sont plus que tout autre tenus de rendre hommage à la vérité relative des doctrines : ils voudront bien, d'ailleurs je l'espère, épargner cet ouvrage en faveur de son caractère scientifique. Ils devront surtout considérer que nos adversaires sont communs; que je leur fais ici, au nom de l'expérience, une certaine opposition, et que mon livre peut servir de préparation à des esprits non encore philosophes : je donne donc satisfaction sur bien des points aux propres tendances des Hégéliens.

Nous avons encore à examiner le rapport de la méthode déductive ou descendante et de la méthode inductive ou ascendante.

L'homme est conduit à la science, pendant qu'il cherche à embrasser et à s'expliquer la totalité des phénomènes qui l'environnent. Les phénomènes sont des effets dont il veut savoir les causes. Si plusieurs causes peuvent avoir le même effet (ainsi le frottement, le courant galvanique, une combinaison chimique produisent également de la chaleur) : de même un effet peut avoir des causes différentes. La cause qu'on assigne à un effet n'est par conséquent qu'une hypothèse, qui n'offre jamais la certitude, mais seulement une probabilité qui peut être mesurée.

Si la probabilité que U_1 soit la cause du phénomène e, est $= u_1$, et la probabilité que U_2 soit la cause de U_1 est $= u_2$ la probabilité que U_2 soit la cause éloignée de e, égale $u_1 u_2$. On voit de là que, à chaque pas qu'on fait en arrière dans la série des causes, les coefficients de la probabilité, que présentent les causes particulières par rapport à leur dernier effet, vont en se multipliant, c'est-à-dire deviennent de plus en plus faibles (ainsi 8/10 multiplié neuf fois par lui-même donne environ 1/10). Mais d'un autre côté le degré de probabilité des causes, à mesure que l'on marche en avant, va en augmentant, par cette raison que le nombre des causes admissibles diminue, tandis que s'accroît le nombre des effets qu'une seule cause doit expliquer (1) : les probabilités sans cela n'atteindraient plus, en se multipliant les unes par les autres, qu'un degré insignifiant. Si maintenant tous les phénomènes du monde étaient assez connus dans leurs causes pour qu'on pût les ramener à une seule cause ou à un petit nombre de causes dernières ou de derniers principes, la science, qui est une comme le monde est un, serait achevée d'après la méthode inductive.

Supposons que ce problème a été résolu sous une forme plus ou moins parfaite, il reste à se demander, si le savant, pour communiquer sa découverte aux autres, fait mieux de les conduire par la méthode régressive qui s'élève des faits aux causes dernières, ou de leur montrer, en partant des derniers principes, comment le monde actuel en peut être déduit. Il ne s'agit ici que d'une simple alternative. Schelling, dans son dernier système, soutient la nécessité d'allier les deux méthodes : il commence par la méthode négative qui s'élève de bas en haut, et conclut en employant la positive qui descend de haut en bas. (Voyez : *Œuvres*, II° partie, vol. III, page 151. *Remarque*.) Mais il ne peut recourir aux deux méthodes que parce qu'il applique chacune d'elles à un objet différent : il se sert de la première dans le domaine de la pure logique, c'est-à-dire qu'il applique la méthode inductive à des faits empruntés à l'expérience interne de la pensée (Comparez : *Œuvres*, II° partie, vol. I, pages 321 et 326) : mais l'idée suprême à laquelle il a été ainsi conduit, sa philosophie positive cherche à la démontrer comme la réelle existence, comme le principe de toute réalité (cf. II, 3, page 150), en essayant d'en faire sortir par la méthode déductive les faits que constate l'expérience externe. (On en pourrait dire autant de la méthode d'exposition ascendante et descendante que suit Krause.) Quand même les résultats du procédé déductif, que Schelling emploie en dernier lieu, seraient conformes aux exigences de la science, la séparation arbitraire de

---

(1) La formule de cet accroissement est donnée chap. II de l'Introd.

l'expérience interne et de l'expérience externe ne pourrait se justifier scientifiquement. En tout cas, en ce qui concerne l'expérience externe, nous nous trouverions placés de nouveau dans l'alternative précédente : il resterait toujours à déterminer si la méthode ascendante ou la méthode descendante doit y être préférée dans l'exposition des vérités trouvées.

Or, incontestablement, la réponse est en faveur de la méthode ascendante ou inductive. En effet, 1° celui auquel nous nous adressons vit dans la région inférieure des effets : c'est d'en bas que part naturellement sa pensée. Il s'élève de bas en haut en allant constamment du connu à l'inconnu, tandis qu'il ne peut se placer au point de vue des premiers principes que par une sorte de *salto mortale*. On l'oblige de parcourir la route en allant d'un inconnu à un autre inconnu pour n'atteindre enfin le connu qu'à la conclusion extrême de son raisonnement.

2° L'homme tient toujours provisoirement sa propre opinion pour la vraie, et se défie de toute doctrine qui lui est nouvelle. Il veut savoir comment celui qui lui parle est arrivé à son sublime résultat; et persiste sans cela dans sa défiance jusqu'à la conclusion : mais l'explication qu'il attend ne peut lui être donnée qu'à l'aide de la méthode ascendante.

3° L'homme se défie au fond de son propre entendement, bien qu'il construise imperturbablement sur les principes qu'il a une fois adoptés. Aussi est-il difficile de persuader le lecteur par voie de déduction : il doute toujours alors même qu'il n'a aucune objection à faire savoir. L'induction exige de lui moins de pénétration, moins d'application; la vérité qu'il voit et saisit par l'intuition des sens agit plus vivement sur lui.

4° La déduction qui part des derniers principes, en admettant même qu'elle soit incontestablement juste, peut bien en imposer par une certaine grandeur, par la rigueur démonstrative, par la force de pensée qui s'y déploie; mais elle ne saurait convaincre : car les mêmes effets peuvent découler de causes bien différentes. Aussi la déduction, dans les cas même les plus favorables, n'établit jamais que la possibilité, non la nécessité des principes. Elle ne saurait même fixer par un coefficient déterminé le degré de leur vraisemblance, ainsi que fait la méthode inductive : elle ne peut dépasser la pure possibilité. Prenons un exemple. Il est à coup sûr indifférent pour qui veut connaître le Rhin, de remonter ou de descendre le cours du fleuve. Cependant celui qui habite à l'embouchure du Rhin trouvera tout naturel de le remonter. Qu'un magicien l'enlève en l'air et le transporte tout à coup aux sources du fleuve, notre homme ne sait plus s'il est bien aux sources du Rhin et s'il ne va pas entreprendre inutilement un voyage fatigant. Et s'il arrive à l'embouchure du fleuve et se trouve dans un endroit inconnu de lui et non pas dans son propre pays, le magicien lui assurera sans doute qu'il est réellement dans sa patrie; et plusieurs, enchantés du beau voyage qu'ils ont fait, se laisseront peut-être persuader par lui.

D'après tout ce qui précède, on ne s'expliquerait pas comment un homme qui est arrivé à ses principes par la voie de l'induction peut recourir à la méthode déductive pour les communiquer et les démontrer aux autres : et de fait ce cas ne se présente jamais. Disons plutôt que les philosophes, qui fondent leur système sur la déduction (qu'ils formulent clairement ou dissimulent leur méthode), ne sont en réalité arrivés à leurs principes que par la seule voie qui leur soit ouverte en dehors de l'induction, par une sorte de saut aérien de nature mystique, comme nous le montrons au Ch. IX, B. La déduction est un effort qu'ils font pour descendre de leur principe, qu'ils doivent à une sorte de conquête mystique, à la réalité qu'il s'agit d'expliquer. La méthode qu'ils suivent, par l'analogie mensongère qu'elle présente avec celle d'une science toute différente, à savoir les mathématiques dont les résultats ont une évidence incontestable, a de tout temps, il est vrai, exercé une certaine séduction sur les têtes systématiques; et pour ces philosophes, la déduction est sans doute la voie la plus naturelle, puisqu'ils prennent en haut leur point de départ. Nous ne ferons pas observer que la déduction elle-même, et les principes dont on cherche la démonstration doivent toujours être défectueux comme tout ce qui est humain; et que par conséquent entre la déduction et la réalité qu'il s'agit d'expliquer un abîme demeure toujours ouvert. Mais le pire de la chose, c'est que la déduction, comme le savait déjà Aristote, ne peut prouver ses propres principes; et qu'elle réussit tout au plus à en établir la possibilité, sans pouvoir en mesurer la vraisemblance. Les principes lui doivent donc d'être un peu plus intelligibles, mais non plus convaincants. La démonstration de leur vérité doit être faite exclusivement par une exposition aussi mystique que l'intuition à laquelle leur découverte était due. Et le plus grand mal que cause aux philosophes l'emploi d'une telle méthode, c'est qu'ils ne peuvent communiquer aux autres, comme le font les savants pour les vérités d'induction, la conviction que leur inspire la vérité des résultats obtenus. Il leur est même très-difficile, comme on le sait, de faire entendre le sens complet de leurs enseignements, parce qu'il est infiniment malaisé de trouver une formule scientifique qui traduise exactement une conception mystique. Mais trop souvent les philosophes se trompent et abusent le lecteur sur l'origine mystique de leurs principes. A défaut de bonnes preuves, ils cherchent à donner à leurs idées une apparence scientifique par des arguments de pure imagination : l'insuffisance de telles raisons ne leur est cachée que par la ferme confiance qu'ils ont dans la vérité de leurs principes. Par là s'explique ce fait que le lecteur (sauf de rares exceptions qu'il faut attribuer à une conformité accidentelle dans les dispositions d'esprit) s'éloigne avec répugnance des livres des philosophes, lorsqu'il regarde leurs preuves et leurs déductions, tandis qu'il se sent au contraire séduit et captivé au plus haut degré lorsqu'il considère l'imposant enchaînement de leurs systèmes, la grandeur de leurs vues cosmologiques, les lueurs de génie dont ils éclairent les choses les plus cachées, leurs profondes conceptions, leurs riches aperçus, leur pénétration psychologique. C'est la méthode qu'ils emploient dans la démonstration qui inspire aux esprits scientifiques cette répulsion instinctive contre la philosophie, répulsion qui, dans un siècle témoin du triomphe du réalisme sur l'idéalisme dans tous les domaines de la vie, est allée jusqu'au souverain mépris.

La méthode déductive des philosophes a encore une autre conséquence : on n'y peut discuter sur les vérités particulières qu'autant qu'elles découlent de principes sur lesquels on est d'accord à l'avance. Comme le système tout entier doit être la conséquence des premiers principes, il faut, si les conséquences ont été bien déduites, rejeter ou accepter le système dans son entier, selon qu'on rejette ou accepte les premiers principes. Au contraire, la philosophie qui part d'en bas, c'est-à-dire qui construit ses inductions sur des faits universellement reconnus et expérimentalement constatés, laisse au lecteur la liberté de suivre et d'approuver la marche de l'induction jusqu'au point où il lui plaît d'aller. Il peut s'éloigner alors du philosophe et s'en revenir chez lui, non sans avoir retiré de son voyage de sérieux avantages. Ses travaux personnels et ultérieurs profiteront au moins des vérités démontrées qui forment la base de la pyramide philosophique. On comprend que chacun des systèmes, fondés sur la déduction, travaille plus ou moins dans l'isolement, comme l'araignée au centre de sa toile. La différence des doctrines y tient aux premiers principes sur lesquels on n'est jamais d'accord, quand on veut les prendre pour point de départ. Les systèmes philosophiques, qui auraient pour base l'induction (et il n'en existe pas encore malheureusement), garderaient au contraire, au milieu de leurs différences, la conscience égale de la solidarité qu'établit entre eux la méthode commune sur laquelle ils reposent. Il en serait d'eux comme des sciences inductives en général. Chaque progrès scientifiquement réalisé sert à préparer les progrès futurs; la plus petite découverte est accueillie avec reconnaissance, comme une pierre pour l'édifice total. Ces réflexions nous expliquent enfin pourquoi la philosophie déductive n'a jamais réussi à substituer à son public restreint la majorité des esprits cultivés, et pourquoi elle devait également échouer à combler l'abime qui la sépare de la réalité qu'il s'agit d'expliquer.

Au contraire, les écoles philosophiques qui se sont engagées dans la voie de l'induction, et les sciences de la nature, au sens large du mot, ont obtenu des résultats certainement précieux bien que d'ordre inférieur, et ont préparé pour l'avenir les fondements de l'édifice : il est vrai qu'elles sont encore à une distance infinie des premiers principes et de l'unité systématique que la science poursuit.

Ainsi un abîme s'ouvre entre les deux méthodes : l'induction n'atteint ni les derniers principes ni l'unité systématique ; la spéculation ne réussit ni à expliquer le monde réel ni à démontrer aux autres ses propres découvertes. On peut conclure de là que le tout ne se laisse pas embrasser d'un seul côté, mais qu'on doit tenter l'entreprise à la fois des deux côtés, et chercher de part et d'autre les points les plus avancés, entre lesquels il serait possible de jeter un pont. Après tout, la chose n'est pas si désespérée. Comme le soufre en fusion se cristallise dans le vase qui le contient, ainsi les pensées se fondent ensemble, aussi bien par le sommet que par la base : il suffit que les aiguilles les plus allongées se rencontrent pour que bientôt la masse entière se cristallise. Nous sommes arrivés dans l'histoire de la science au point où les premiers avant-coureurs se rencontrent. Ainsi deux mineurs, conduits par des galeries souterraines qui se correspondent, entendent le bruit de leurs coups à travers le mur qui les sépare encore. La science inductive, dans toutes les parties du monde inorganique et organique, comme du monde de l'esprit, a réalisé dans les derniers temps de si grands progrès que des tentatives, analogues à celle que nous poursuivons, doivent se faire sur un terrain tout différent de celui que trouvaient sous leurs pas un Aristote, un Paracelse, un Bacon, un Leibniz. D'un autre côté la période brillante, d'un éclat supérieur à celui de toutes les périodes précédentes, qu'a parcourue la philosophie à la fin du siècle précédent et au commencement de celui-ci, a tellement enrichi dans tous les sens l'esprit spéculatif, que le génie de la science et celui de la philosophie peuvent de nouveau se mesurer. Mais il faut reconnaître aussi que ces progrès mutuels ont donné au monde une conscience plus claire de l'opposition qui les sépare aussi absolument que le sont les deux pôles : on en avait auparavant un sentiment moins distinct.

Le chercheur doit faire son choix entre les deux directions avec beaucoup plus de décision qu'auparavant. Il manque au présent, avant tout, un esprit propre à embrasser ces deux formes de la pensée d'un amour et d'un dévouement égal; en qui se rencontrent sinon les inspirations mystiques du génie philosophique, du moins la faculté de les entendre; et qui, en même temps, se soit rendu familier avec les connaissances de la science exacte, et avec la rigueur et l'exactitude de la méthode inductive; qui, enfin, comprenne bien le problème du temps, à savoir la conciliation par la méthode inductive des principes spéculatifs que l'inspiration mystique a trouvés avec les résultats les plus importants jusqu'ici des sciences inductives : ainsi seront jetés les ponts qui permettront à tout le monde l'accès des principes : ainsi des convictions qui n'avaient jusqu'ici qu'une autorité toute subjective seront élevées à la certitude objective. C'est ce problème, si grand et si conforme au besoin du temps, qui m'a suggéré ma devise : « Résultats spéculatifs obtenus par la méthode des sciences inductives ». Non que je me croie le génie compréhensif que réclame la solution d'un tel problème, ni que je pense en avoir donné, dans cette œuvre, une solution satisfaisante; loin de moi une telle pensée. Mais je crois mériter pourtant quelque reconnaissance : car le problème, que d'autres hommes ont posé et qu'ils ont agité de diverses manières, je l'ai clairement présenté comme le but de la philosophie actuelle, qui souffre trop évidemment d'une impuissance spéculative. Dans les recherches qui précèdent, j'ai, suivant la mesure de mes forces, contribué à la solution du problème et communiqué peut-être à d'autres une impulsion désirée. J'ai du moins envisagé la question sous une face négligée jusqu'aujourd'hui, et je crois m'être placé au point de vue le plus avantageux (1).

En même temps, le dessein que j'avoue m'impose le devoir de me soumettre au jugement des savants aussi bien que des philosophes (2). Je le fais avec joie, car je tiens pour fausse toute spéculation qui contredit les claires données de la recherche empirique ; et, d'un côté, je ne saurais admettre la vérité des doctrines, des théories qui, dans l'explication des faits établis par l'expérience, sont en désaccord avec les conclusions rigoureuses que la pure logique impose à la spéculation.

(1) L'accueil extrêmement favorable qu'ont reçu les éditions successives de cet ouvrage me semble démontrer surtout l'opportunité de mon entreprise.

(2) Les critiques et les objections qui m'ont été adressées par des philosophes, non-seulement n'ont pu ébranler mes idées, mais ont contribué particulièrement à les confirmer, à les fortifier. Quant aux deux critiques qui sont venues à ma connaissance du côté des savants, celle du docteur médecin G. Stiebelling de New-York (*La Science contre la philosophie*) et celle de J. C. Fischer de Vienne (*Cri de douleur du bon sens*), elles ont trouvé leur réponse et leur réfutation dans deux écrits publiés à Berlin chez C. Duncker par A. T. (*La Philosophie contre les prétentions de la science*) et par le docteur Carl Freiherr du Prel (*Le Sens commun en face des problèmes de la science*). Sans parler ici de l'impulsion philosophique du matérialisme à comprendre en général la part d'hypothèse que contiennent toutes les doctrines philosophiques ; sans parler des malentendus, des erreurs, des faiblesses que présentent en particulier les ouvrages de MM. Stiebeling et Fischer, ces écrivains montrent tous deux, par cela seul qu'ils ne se placent pas au sommet de la question qu'ils traitent, combien ils ont également méconnu le point dominant du débat. Si la nécessité d'une modification essentielle à la philosophie de l'Inconscient pouvait se faire sentir par quelque côté, ce serait surtout du côté de la théorie biologique de la descendance. Depuis la première composition de mon livre (1864-1867), cette doctrine a pris des développements inattendus et chaque jour en voit croître prodigieusement l'importance. Concilier et fondre cette nouvelle conquête de la pensée avec l'ensemble de nos autres connaissances, sera le problème capital des prochaines générations : la découverte est encore trop récente pour qu'on puisse garder une juste mesure entre les deux excès de l'admiration et de la critique.

Qu'il me soit permis de dire encore quelques mots sur ma méthode d'exposition. Ma première règle est de demeurer intelligible et bref. Le lecteur ne trouvera pas de citations, à moins qu'elles ne puissent se fondre dans le texte. J'évite autant que possible toute polémique qui n'est pas indispensable à l'intelligence d'une idée. Je compte plus sur l'empire irrésistible de la vérité positive, si toutefois elle se rencontre dans mon travail, que sur l'effet d'une polémique négative, si énergique qu'elle soit, pour détacher les gens de leurs propres idées. Au lieu de critiquer les erreurs et les faiblesses des grands hommes, que le temps et l'oubli se chargent de juger, je préfère mettre en lumière leurs pensées les plus importantes et les pressentiments féconds de la vérité que contiennent les indications de leurs œuvres et que l'avenir a justifiés en déroulant toutes leurs conséquences. L'occasion de remarques intéressantes, de démonstrations plus approfondies et plus développées, d'observations de détails, etc., n'a été que rarement mise à profit. Je ne voulais pas étendre mon exposition par des considérations qui n'auraient profité qu'au petit nombre de mes lecteurs. La plupart des chapitres, à l'exception des chapitres fondamentaux, sont écrits en quelque sorte dans le style des aphorismes. Je crois que pour le plus grand nombre des lecteurs une exposition courte, et qui fournit surtout matière à des réflexions personnelles, paraîtra préférable à un développement qui prétend épuiser le sujet. Les divers chapitres, pour la commodité du lecteur, sont, autant que possible, traités de telle sorte que chacun d'eux constitue un petit travail sur un sujet déterminé (un petit nombre seulement font exception et forment un tout indivisible, comme les chapitres VI et VII, Sect. C). Les chapitres des deux premières parties démontrent tous ensemble, et chacun en particulier, l'existence de l'Inconscient. Les preuves, qui en font la clarté et la rigueur démonstrative, se soutiennent et s'élèvent les unes sur les autres, comme des armes qu'on réunit en faisceau : les dernières supposent les premières. Je prie qu'on veuille bien suspendre son jugement sur les premières jusqu'à la fin de la partie A. Le lecteur pourra trouver insuffisantes les preuves de tel ou tel chapitre, sans que la solidité des autres preuves soit ébranlée pour cela. Ainsi dans un vaste faisceau, on peut enlever une ou plusieurs armes, sans que pour cela le faisceau s'écroule. Je demande enfin l'indulgence pour les faits physiologiques et zoologiques que j'invoque comme exemples. Un profane peut aisément commettre une erreur : mais l'ensemble de la démonstration n'en saurait être sérieusement modifié.

c. — Précurseurs dans l'intelligence du concept de l'Inconscient.

Combien il a fallu de temps pour que dans l'histoire de la philosophie l'opposition de l'esprit et de la nature, de la pensée et de l'être, du sujet et de l'objet fut clairement entendue par la conscience ! Cette opposition pourtant domine aujourd'hui tous nos jugements. C'est que l'homme de la nature sentait en lui le corps et l'âme dans l'unité essentielle de son être. Il en pressentait instinctivement l'identité ; et il fallait que la conscience de son activité intellectuelle fût longtemps développée, avant qu'il pût se soustraire à l'empire de cet instinct et mesurer, dans toute son étendue, l'opposition de ses deux natures. La philosophie grecque ne s'est élevée nulle part à la claire conscience de cette opposition ; encore moins en a-t-elle compris l'importance : et, même dans sa période classique, elle ne l'a que très-faiblement entendue. S'il en est ainsi de l'opposition du réel et de l'idéal, il n'est pas étonnant que l'opposition de l'inconscient et du conscient échappe davantage encore à l'entendement naturel et n'ait été mise en lumière que beaucoup plus tard dans l'histoire de la philosophie. Aujourd'hui encore la plupart des gens instruits trouvent plaisant qu'on parle des pensées inconscientes. L'Inconscient est tellement pour le bon sens ordinaire une terre inconnue, que penser et avoir conscience d'une chose sont tenus pour des termes, dont l'identité s'entend de soi et défie tous les doutes. Cette manière naïve de juger s'exprime déjà chez Descartes (*Princ. phil.*, I, 9), et avec plus d'étendue chez Locke (*Essais sur l'entend. humain*, liv. II, ch. I, § 9) : « Avoir des idées, et en avoir conscience, sont une seule et même chose »; ou § 19 : « Un corps étendu qui n'aurait pas de parties est aussi peu intelligible qu'une pensée sans conscience. Vous pouvez, si votre hypothèse l'exige, dire avec autant de raison : l'homme a toujours faim, mais il n'éprouve pas toujours la sensation de la faim. Et pourtant la faim consiste justement dans cette sensation, comme la pensée consiste dans la conscience qu'on a de penser. » On voit que Locke présente en toute simplicité ces propositions comme des postulats incontestables. Il n'est donc pas du tout admissible de soutenir, comme cela se fait aujourd'hui de plusieurs côtés, que Locke a démontré la possibilité des idées inconscientes. La proposition citée, dont il suppose la vérité, lui sert seulement à prouver que l'âme ne peut avoir d'idée sans en être informée par la conscience, puisque autrement la conscience de l'âme et celle de l'homme appartiendraient à deux personnes différentes; qu'en conséquence, les Cartésiens ont tort de prétendre que l'âme, en qualité d'être pensant, doit penser continuellement. — Locke, le premier et le seul, a donné à cette supposition, que fait tacitement le raisonnement vulgaire, une expression scientifique et complète. Cette tentative conduisit naturellement Leibniz, le grand adversaire de Locke, à découvrir l'étroitesse et la fausseté d'une pareille doctrine, et à reconnaître l'existence des idées inconscientes. Tous les philosophes antérieurs avaient incliné en silence vers l'un ou l'autre sens, mais n'étaient jamais arrivés à une claire conscience du problème.

Leibniz fut amené à sa découverte par le désir de sauver les idées innées et l'activité incessante de la pensée. Locke avait prouvé que l'âme ne peut penser avec conscience, sans que l'homme ait conscience de penser : puisque l'âme doit pourtant penser sans cesse, il ne restait plus qu'à reconnaître l'existence d'une pensée inconsciente. Leibniz distingue donc la *perception*, ou l'idée, et l'*apperception* ou l'idée consciente, et simplement la conscience (*Monadologie*, § 14). Il dit (et cela est imprimé en gros caractères) : « Il ne s'ensuit pas de ce qu'on ne s'aperçoit pas de la pensée, qu'elle cesse pour cela (*Nouv. ess. sur l'entend. hum.*, liv. II, ch. 1, § 10). » Les preuves positives, que Leibniz apporte en faveur de cette notion nouvelle, sont sans doute plus qu'insuffisantes. Mais il a le mérite incomparable d'avoir, avec l'œil du génie, mesuré toute l'étendue de sa découverte. Il a connu le fond obscur où s'élaborent les sentiments (§ 15), les passions et les déterminations; il a étudié l'habitude, et bien d'autres effets des petites perceptions : mais il se borne à de rapides indications. Il définit les perceptions inconscientes comme le lien « qui relie chaque être particulier au reste de l'univers. » Elles lui servent à expliquer l'harmonie préétablie des monades. Chaque monade est un microcosme qui représente d'une manière inconsciente le grand Tout et la place qu'elle occupe dans son sein. Je suis heureux de reconnaître que la lecture de Leibniz m'a suggéré la première idée des recherches que je poursuis ici.

Dans l'explication des idées qu'on appelle innées, il trouve la définition qui a prévalu jusqu'aujourd'hui (liv. I, ch. III, § 20) : « Ce ne sont que des habitudes naturelles, des dispositions actives et passives ». — (Ch. 1, § 25) : « Leur connaissance actuelle n'est point innée à l'âme, mais bien ce qu'on peut appeler la connaissance virtuelle, comme la figure tracée par les veines du marbre est dans le marbre avant qu'on les découvre en travaillant ». C'est la même pensée que Schelling (*Œuvres*, 1re partie, vol. III, p. 528-9), exprimait plus tard avec plus de précision dans ces mots : « En tant que le moi produit tout de lui-même, on peut dire que tout est savoir *à priori*. Mais, en tant que nous n'avons pas conscience de cette activité productive, il est permis de dire que rien n'est en nous *à priori* et que tout nous est connu *à posteriori*... Il y a donc des concepts à priori, sans qu'il y ait pour cela des concepts innés. Ce ne sont pas les concepts, c'est notre propre nature et tout son mécanisme qui nous sont innés... Puisque nous plaçons l'origine des concepts nommés à priori en dehors de la conscience, *de même que l'origine du monde des objets*, nous affirmons avec la même certitude et avec un droit égal que notre connaissance est à l'origine tout entière et absolument empirique, et qu'elle est tout entière et absolument à priori ».

Le vice de la théorie Leibnizienne des idées inconscientes se manifeste déjà dans le nom qu'elle porte habituellement de théorie « des petites perceptions ». Leibniz avait appliqué avec le plus éclatant succès à sa découverte du calcul infinitésimal, à beaucoup de questions de physique, à la mécanique (*théorie du repos et du mouvement*), à la loi de la continuité, etc., le principe connu en mathématiques sous le nom de principe des infiniment petits : il voulut expliquer « les petites perceptions » d'une manière analogue, en les présentant comme des idées qui n'échappent à la conscience que parce que leur action est trop faible. Il renversait ainsi d'un côté la doctrine qu'il paraissait édifier de l'autre : car il détruisait la vraie notion de l'Inconscient, qui est celle d'un monde absolument opposé au monde qu'éclaire la conscience; et méconnaissait la part considérable qui revient à l'Inconscient dans nos paroles et dans nos actes. Si, comme Leibniz lui-même l'affirme, le naturel, l'instinct, les passions, en un mot les influences les plus puissantes, d'où dépend la vie humaine, ont leur origine dans le monde de l'Inconscient, comment peut-on dire que les idées dont elles dérivent ne sont inconscientes que parce que leur action est trop faible! Comment les représentations plus énergiques, qui s'imposent à l'attention de la conscience, ne prévaudraient-elles pas sur ces autres représentations si faibles au moment décisif? Mais cette difficulté n'arrête pas l'attention de Leibniz : il est surtout préoccupé de démontrer l'innéité des idées et l'activité constante de l'âme : la théorie de l'infinie petitesse des perceptions conscientes suffit à son dessein. La plupart des exemples qu'il nous apporte de « petites perceptions » sont empruntés aux idées dont la conscience est très-faible, aux perceptions sensibles de l'homme endormi par exemple. Malgré tout, Leibniz conserve l'honneur d'avoir le premier affirmé l'existence des idées inconscientes et d'en avoir reconnu la haute signification.

Plus près de l'opinion de Leibniz qu'on ne croit habituellement se place celle de Hume. La philosophie théorique de ce penseur se renferme sans doute dans l'examen d'un seul problème, celui de la causalité; mais dans ce cercle étroit, son regard est plus clairvoyant et plus libre même que celui de Kant. Ce n'est pas le fait de l'action causale que Hume conteste. Il combat seulement l'opinion des empiristes (de Locke) qui font de la causalité une donnée de l'expérience, et celle des partisans des idées à priori, comme les cartésiens, qui en soutiennent la certitude apodictique. Il accorde aux empiriques que le principe de causalité s'applique à l'expérience et a une valeur pratique. De leur côté les défenseurs de l'à priori trouvent dans la preuve indirecte qu'il donne de ce principe un argument favorable à leur doctrine. Ne soutient-il pas que nos jugements et nos raisonnements sur les relations causales des choses sont « l'œuvre inconsciente » d'un pouvoir instinctif, tout différent de la pensée discursive, et qui, de même que l'instinct, si souvent admiré, des animaux, doit être regardé comme une « disposition originaire de notre nature? » (*Recherches sur l'Ent. hum.*, traduct. de Kirchmann, Bibl. phil., 25ᵉ livraison, p. 99. Voy. aussi p. 147). La réalité d'un monde d'objets réels, indépendant de l'intuition du sujet, est immédiatement conclue des perceptions sensibles à l'aide de cet instinct aveugle, mais puissant, de notre nature (p. 140). Puisque nous ne connaissons directement que notre pensée, l'entendement ne peut prouver directement que cette pensée résulte d'un objet extérieur séparé d'elle, quoique semblable à elle (p. 141). Dans sa critique approfondie de l'idéalisme de Berkeley, Hume se montre pénétré de la conscience que tout idéalisme subjectif doit, s'il est conséquent, aboutir à un scepticisme stérile, que ses propres défenseurs démentent dans la pratique. Aussi échappe-t-il à l'erreur dans laquelle Kant s'engage en soutenant le caractère exclusivement subjectif de la causalité. Et, à la fin de ses recherches, il restitue, à titre d'hypothèse, la croyance instinctive à la causalité, après l'avoir éclairée par son analyse critique, et la présente comme le seul point de vue qu'on puisse accepter en fait (J'ai suivi une marche semblable dans mon écrit : *La chose en soi et sa nature*, 1871).

Que Kant ait emprunté à Leibniz le concept d'idée inconsciente, c'est ce que la citation par laquelle nous avons débuté permet sans difficulté de reconnaître. La grande importance que Kant attachait à cette notion est démontrée par le passage suivant de l'Anthropologie § 5 : « Le champ des intuitions et des impressions sensibles, dont nous n'avons pas conscience, bien que nous puissions sûrement prouver qu'elles sont en nous, je veux parler des représentations obscures chez l'homme (et aussi chez les animaux) est un champ illimité : les représentations claires n'occupent que les points en nombre infiniment petit que la conscience éclaire. Ce fait que, sur la carte immense du monde de la pensée, quelques rares places seulement sont éclairées, doit nous faire contempler avec étonnement notre propre nature. » Si Kant, dans ce passage, croit pouvoir identifier les représentations inconscientes et les représentations obscures au point de vue de son anthropologie, la critique de la raison pure montre qu'il a en principe bien reconnu et marqué la différence des deux, mais qu'il n'a pas saisi l'importance de cette distinction. L'opposé de la représentation obscure est la représentation claire, celui de la représentation inconsciente est la représentation consciente; toute représentation n'est pas claire, toute obscure n'est pas inconsciente. Parmi les représentations conscientes, celle-là seulement est claire « dont la seule conscience suffit à nous donner *conscience* des caractères qui la *distinguent* des autres. » Si la simple conscience de la représentation ne suffit pas pour cela, la représentation est obscure. Toutes les représentations obscures ne sont pas inconscientes : « Un certain degré de conscience, qui ne suffit cependant pas pour le souvenir, doit même se rencontrer dans bien des représentations obscures. » (Kant., *Œuvres*, éd. Rosenkranz, II, p. 793. Rem.) Si le but pratique que poursuit l'anthropologie autorise Kant à se contenter d'opposer la représentation claire à la représentation obscure, la classification des représentations dans une théorie générale de la connaissance doit subordonner cette distinction à celle des représentations conscientes et des représentations inconscientes. « Le genre est la représentation en général (*repræsentatio*). L'idée consciente n'en est qu'une espèce (*perceptio*) » (idem II, 258). La conscience, dont la présence distingue la *perceptio* de la *repræsentatio* non perçue, n'est pas tant elle-même une représentation « qu'une forme générale de la représentation, en tant que celle-ci doit porter le nom de connaissance » (II, 279). L'absence de cette forme fait toute la différence de la représentation consciente et de la représentation inconsciente. Aux représentations inconscientes paraissent appartenir, selon Kant, les concepts purs de l'entendement (catégories) : ils sont placés, en effet, en dehors de la sphère de la connaissance. Cette dernière ne devient possible qu'autant que l'activité aveugle de l'âme (II, 77) associe dans une synthèse spontanée les données multiples de la perception (II, 76). Si nous cherchons à pénétrer avec la conscience dans la nature de cette synthèse, nous reconnaissons certainement dans l'élément général qu'elle présente le concept pur de l'entendement (II, 77). Mais comment une catégorie inconsciente « en tant que germe ou prédisposition » (II, 66) peut-elle devenir une connaissance accompagnée de conscience (et donner naissance au schématisme de l'entendement pur)? C'est là une transformation dont les secrets ne seront jamais que bien difficilement analysés, et « comme un art caché dans les profondeurs de l'âme humaine » (II, 125). — Kant ne s'est malheureusement pas élevé à la même hauteur de vues dans l'étude des formes à priori de l'intuition que dans celle des formes de l'entendement. Donnons encore comme exemple de sa pénétration la tentative qu'il a faite pour placer dans l'inconscient la raison dernière de l'amour sexuel (*anthropologie*, § 5).

Les regards que Kant a jetés au delà de la sphère de la connaissance humaine que la conscience éclaire, portent encore beaucoup plus loin que nous n'avons dit. Mais il ne touche qu'en passant à cette autre région : c'est qu'il vise en philosophie à la certitude apodictique, et que dans cette région nouvelle, il doit se l'avouer, notre connaissance ne repose que sur la vraisemblance, ou pour parler son langage, est seulement problématique (II, 211). La classification précédemment reproduite, qu'il donne des représentations, est incomplète en ce sens que la seconde espèce de représentations qu'il convient d'opposer à celle des représentations conscientes n'est pas seulement mentionnée. En effet « l'intuition intellectuelle », pour employer la terminologie de Kant, ne figure pas dans cette classification. La représentation consciente (perception) se divise, selon Kant, en sensation (représ. subjective) et connaissance (représ. objective); et la dernière à son tour comprend l'intuition et le concept. La sensation et l'intuition ne sont pas intellectuelles, mais sensibles; le concept n'est pas intuitif, mais discursif; l'intuition sensible est une intuition dérivée, non originelle, comme l'intuition intellectuelle (II, 720); la connaissance médiate et discursive que donnent les catégories est bien une connaissance intellectuelle, mais non une intuition (II, 211). L'intuition intellectuelle (1) reste donc

---

(1) Spinoza aussi, à côté de la connaissance fondée sur l'intuition sensible ou sur le concept abstrait, a reconnu une troisième espèce de connaissance dans l'intuition intellectuelle ou le savoir intuitif (*Ethique*, 2ᵉ partie, propos. 40. Rem. 2). L'esprit en tant qu'il est éternel, et non la pensée finie et mortelle de l'individu, est la cause formelle de ce savoir intuitif (5° part., prop.

en dehors de cette classification, comme la représentation non perçue. La représentation perçue ou consciente est différente de son objet ; la représentation non perçue ne fait qu'un avec lui ; c'est elle, en effet, qui se le donne ou qui le produit (II, 741, 742). L'entendement dérivé et dépendant de l'homme (intellect conscient) ne possède pas, comme tel, une intuition intellectuelle de ce genre ; l'être suprême (II, 720) ou l'entendement divin seul en est doué (II, 741) : pour lui la production des « objets intelligibles », est en même temps la création du monde des noumènes (VIII, 234). Convient-il et dans quelle mesure est-il permis d'expliquer les représentations obscures, que n'éclaire en aucune façon la conscience, par une communication que l'Être suprême fait de son intuition intellectuelle absolue à l'entendement dérivé de l'homme? Kant ne s'est pas expliqué sur ce sujet. C'est Schelling le premier qui s'est résolument engagé dans cette voie. Il est intéressant de voir comment Henri Heine s'est emparé du concept kantien de l'intuition intellectuelle pour expliquer le génie et ses manifestations rapides comme l'éclair, qui dépassent la mesure des jugements humains (Heine, *Œuvres*, t. I, p. 142 et 168-169).

Bien que Kant n'ait pas songé à donner une métaphysique proprement dite, la seule métaphysique possible dans un système de la raison pure était pourtant indiquée suffisamment par cette intuition intellectuelle, qui produit le monde intelligible. Aussi son successeur le plus immédiat, Fichte, n'eut-il qu'à s'avancer dans cette voie. Selon lui, « l'*Être* de Dieu... n'est absolument que le *Savoir lui-même* » (*Œuvres de Fichte*, II, p. 129-130), mais seulement le savoir substantiel, dont l'infinité n'admet jamais la conscience (II, 305). C'est la loi nécessaire sans doute de ce savoir de devenir la conscience absolue : mais, pour atteindre là, il se fractionne nécessairement en une multitude de consciences correspondant à la diversité des individus et des personnes (VII, 130, 132). Comme savoir substantiel,

---

31). A cette intuition sont dues nos seules idées vraies, et adéquates, celles que nous avons sur l'essence de Dieu et des choses (c'est-à-dire comme pur contenu du savoir sans la forme de la conscience), Dieu est la raison infinie, qui renferme la raison finie ; il est également la volonté infinie qui embrasse et soutient dans sa sphère toutes les volontés individuelles, et au sein de laquelle s'établit la communion de ces volontés (II, 301-302). Si le principe un, auquel appartiennent la raison et la volonté infinies, malgré son savoir infini et absolu, ou plutôt à cause de ce savoir même, doit demeurer étranger à la conscience, il ne doit pas avec moins de raison le demeurer à la personnalité, dont le concept exprime la limite (II, 304-305). On voit par là que chez Fichte déjà se rencontrent tous les éléments de notre Inconscient : mais ils ne s'y rencontrent que par accident, ils n'y sont qu'indiqués, et dispersés en plusieurs endroits. Avant d'avoir porté tous leurs fruits, ces bourgeons si pleins de promesses sont étouffés sous la floraison luxuriante de pensées différentes.

Le concept de l'Inconscient est bien plus près de la pensée des philosophes de la croyance (Hamann, Herder, Jacobi). Leur doctrine s'appuie sur lui : mais elle est si confuse, si peu en état de fournir une explication rationnelle de ses propres principes, qu'elle ne réussit jamais à trouver le mot propre qui devrait la caractériser.

Le concept de l'Inconscient se trouve, au contraire, chez Schelling dans toute sa pureté, sa clarté et sa profondeur. Il vaut la peine de s'arrêter un moment sur le procédé et la méthode que ce philosophe a suivis pour y arriver. Le passage suivant nous donne sur ce point les meilleurs éclaircissements (*Œuvres de Schelling*, — 1re partie, — 10e volume, p. 92-93) : « La pensée de cet idéalisme subjectif (celui de Fichte) ne pouvait être que le moi produit les choses extérieures *librement* et *avec volonté*. Il y a trop de choses que le moi voudrait faire tout autrement, si la réalité extérieure dépendait de lui... Mais Fichte ne s'inquiétait pas de tout cela... Amené à prendre la philosophie au point où Fichte l'avait laissée, je devais chercher, avant tout, comment cette nécessité incontestable, indéniable (avec laquelle se dresse devant le moi l'idée d'un monde extérieur), nécessité que Fichte se contente d'écarter dédaigneusement avec des paroles, peut se concilier avec les principes de Fichte, par suite avec la substance absolue qu'il reconnaît au moi. Mais ici, je ne tardai pas à découvrir que le monde extérieur n'est réel *pour moi* qu'autant que je suis réel moi-même en même temps, et que j'ai conscience de mon être (cela s'entend de soi); et en sens inverse que, si je suis réel pour moi-même, je suis aussi conscient; qu'en disant : je suis, je trouve aussi devant moi le monde tout réalisé; et que par conséquent, en aucun cas, le moi déjà en possession de la conscience, ne peut être l'auteur du monde. Mais rien ne m'empêchait de me reporter à un moment où ce moi, qui est *maintenant* pleinement conscient de lui-même, *n'avait pas encore conscience* de son être; d'admettre un monde placé en dehors de la prise de notre conscience actuelle; de reconnaître une activité qui ne tombe pas *elle-même* sous l'œil de la conscience, et n'y laisse arriver que ses *produits.* » (Voyez aussi *Œuvres de Schelling*, 1ʳᵉ partie, volume III, p. 348-349). Cette circonstance que Schelling ne démontre le concept de l'Inconscient qu'en s'appuyant sur l'idéalisme de Fichte nous explique pourquoi les belles considérations qu'il multiplie sur ce concept n'ont pas exercé plus d'influence sur la pensée du siècle. Les esprits auraient eu besoin, pour en comprendre la vérité nécessaire, d'une explication empirique. Outre le passage que nous avons déjà reproduit à propos de Leibniz, de nombreuses citations de Schelling se rencontreront dans le cours de nos recherches. Encore quelques lignes de lui seulement, comme *indication générale* (*Œuvres*, I, III, p. 624) : « Dans toute production, même la plus commune et la plus vulgaire, une activité inconsciente concourt à l'œuvre de l'activité consciente. » L'application de ce principe aux différents problèmes de la psychologie empirique aurait fourni les arguments *a posteriori* sur lesquels repose le concept de l'Inconscient. Schelling ne s'est pas contenté de négliger cette démonstration (si ce n'est dans l'étude de la production esthétique) : il va jusqu'à affirmer dans un autre endroit (*Œuvres*, I, III, p. 349) « qu'une telle activité (à la fois consciente et inconsciente) ne peut être que l'activité esthétique. »

Avec quelle clarté, néanmoins, et quelle pénétration la pensée originale de Schelling sait analyser le concept de l'Inconscient! Le passage important que voici en donne la preuve (I, III, p. 600) : « Cet *éternel Inconscient* est comme le *soleil éternel du royaume des esprits*. L'éclat inaltérable de sa propre lumière le dérobe : mais, quoiqu'il ne puisse jamais devenir l'objet de notre pensée, toutes les libres actions manifestent son activité identique. Il est le même pour toutes les intelligences, comme la racine invisible dont toutes les intelligences ne sont que les puissances, comme le lien éternel du subjectif, qui se détermine en nous et de l'objectif ou de la nature dans son activité intuitive; enfin, comme le principe du déterminisme dans la liberté, et de la liberté au sein du déterminisme. » Il désignait par là ce que Fichte appelait le savoir substantiel ou le Dieu impersonnel, comme l'Unité de la raison et de la volonté infinies, comme l'Unité qui renferme dans son sein les volontés individuelles avec leur raison finie. Schelling en vient même à présenter comme le dernier et le plus haut principe de sa philosophie de l'identité, en 1801, la *Raison absolue* (*Œuvres*, I, IV, p. 114-116) et, par suite, à donner une signification concrète à son « éternel inconscient ». Il en complète la définition en 1809, par l'addition de la volonté, comme d'un nouvel élément plus essentiel encore que le précédent (I, VII, p. 350).

A mesure que Schelling s'éloigne de l'idéalisme de Fichte, dans l'histoire de son propre développement, il délaisse peu à peu le concept de l'Inconscient. Ce principe qui jouait le rôle principal dans l'idéalisme transcendental est à peine mentionné dans les ouvrages postérieurs et finit par disparaître complètement. La philosophie mystique de la nature adoptée par l'école de Schelling a beau s'exercer surtout dans le domaine de l'Inconscient (témoin particulièrement Schubert), elle n'a jamais, à ma connaissance, entrepris d'en analyser et d'en développer le concept. L'âme de Jean-Paul Frédéric Richter, si riche en poétiques aspirations, n'en célèbre que plus dignement le principe inconscient de Schelling. Nous détachons les lignes suivantes de son dernier ouvrage « *Sélina* », qui est demeuré inachevé : « Nous attribuons au riche empire du Moi des dimensions trop petites et trop étroites, quand nous en retranchons le domaine de l'Inconscient, que l'on peut, en un certain sens, appeler véritablement une Afrique intérieure. Le globe immense et si plein que peuplent nos souvenirs ne découvre à l'esprit, à chaque seconde de sa révolution, que quelques pics lumineux : le reste de ce monde demeure enseveli dans l'ombre. » — « Nous n'avons plus d'autre séjour, d'autre royaume où placer les puissances de la vie, que la région immense de l'Inconscient, qui se trouve dans l'âme elle-même. » — « On pénètre aisément chez certains hommes, à travers l'âme que la culture leur a faite, jusqu'au fonds vide et pauvre qu'elle ne peut dissimuler; mais le domaine de l'Inconscient est le royaume de l'insondable, de l'incommensurable; en chaque esprit agit et domine cet Inconscient. La pauvreté, grâce à lui, se sent riche et voit reculer dans l'invisible les limites de sa puissance. » — « N'est-ce pas une pensée consolante que celle de la découverte d'une telle richesse dans notre âme ? Ne pouvons-nous pas espérer que nous aimons peut-être Dieu au fond du cœur d'un amour inconscient plus que nous ne pensons, et qu'un instinct muet travaille en nous en vue d'un autre monde, tandis que nous n'avons conscience de nous donner tout entiers qu'au monde extérieur. » — « Nous voyons chaque jour le conscient se changer en inconscient. Ainsi l'âme remue nos doigts, sans que la conscience intervienne, pour observer la basse continue, et, en même temps, elle s'applique avec conscience à de nouveaux rapports, à de nouveaux effets musicaux. Si on considère le croisement des muscles et des nerfs, on est étonné de voir des mouvements et des pressions de nature si délicate s'exécuter sans que la volonté ait conscience de les produire. »

Chez Hégel, comme dans les dernières œuvres de Schelling, le concept de l'Inconscient n'apparaît pas avec clarté, sauf dans l'introduction aux leçons sur l'histoire de la philosophie. L'auteur y reproduit les idées de Schelling sur le même sujet : nous les examinerons au ch. x, Sect. B. Pourtant l'Idée absolue de Hégel dans son être en soi, avant qu'elle sorte d'elle-même pour engendrer la nature, et, par conséquent aussi, avant qu'elle retourne à soi comme esprit; dans cet état, où elle est la vérité sans voiles, où elle fait penser à la divinité telle qu'elle nous apparaît dans son essence éternelle, avant la création du monde et de l'esprit fini, l'Idée de Hégel ne diffère en rien de l'éternel inconscient de Schelling, sinon qu'elle n'en exprime qu'un élément, l'élément logique ou idéal; elle ne se distingue pas non plus du savoir substantiel de Fichte et de sa raison infinie sans conscience. Chez Hégel, la Pensée n'arrive à la conscience qu'après avoir, en se manifestant comme nature, franchi le passage qui conduit de l'être en soi à l'être pour soi, qu'après être enfin revenue à elle-même, en devenant comme *Esprit* son propre objet. Le Dieu de Hégel, comme point de départ du système, est d'abord « en soi » et inconscient, ce n'est que comme résultat qu'il est « pour soi », et conscient à titre d'Esprit. Réussir à être pour soi et devenir son propre objet n'est pas autre chose au fond pour l'Absolu, que parvenir à la conscience : Hégel le dit expressément (*Œuvres*, XIII, p. 33 et 46). La doctrine de l'Inconscient est la supposition nécessaire, quoique jusqu'ici tacitement faite d'ordinaire, de tout idéalisme objectif ou absolu qui n'est pas un théisme avoué. Toute métaphysique, qui considère l'Idée comme l'antécédent de la nature (et l'esprit subjectif comme le produit immédiat de cette dernière), doit concevoir l'Idée comme un être inconscient, tant que cette même Idée est un principe purement formel, tant qu'elle n'est pas sortie de son être pour se poser en face et au sein de la nature comme vue consciente dans l'esprit subjectif. Autrement, l'Idée créatrice n'est plus que la pensée consciente d'un Dieu souverainement conscient. Comme l'Hégélianisme est la forme la plus haute de l'idéalisme absolu, il ne saurait en aucune façon échapper à cette nécessité. L'Idée n'est nullement pour lui la pensée consciente d'une divinité éternellement consciente; il ne voit plutôt en Dieu qu'un nom commode pour désigner l'Idée (envisagée dans son évolution). Je peux donc dire que mon livre ne se propose en grande partie que de transformer la philosophie de l'Inconscient, que Hégel professe sans le savoir, en une philosophie consciente d'elle-même. (Voyez mon étude « sur la transformation nécessaire que le principe fondamental de Hégel appelle dans sa philosophie », dans les *Essais de philosophie mêlés*. N° 2, Berlin.) Tous ceux qui, influencés plus ou moins par Platon et Hégel, voient en général dans les Idées les principes formels qui président au développement organique de la nature et de l'histoire, et reconnaissent qu'une raison objective gouverne les choses et se manifeste par l'évolution universelle, sans vouloir admettre pour cela un Dieu créateur et conscient, tous ceux qui pensent ainsi sont des partisans inconscients de la philosophie de l'Inconscient. Il ne reste au philosophe qui vient après les autres, quand il s'adresse à de tels lecteurs, d'autre tâche que de leur présenter les conséquences et l'enchaînement systématique de leurs idées, et de les affermir dans leur manière de voir par une démonstration plus rigoureuse.

Schopenhauer ne reconnaît comme principe métaphysique que la Volonté. La représentation n'est pour lui qu'un produit du cerveau dans le sens matérialiste. La gravité d'une telle assertion n'est pas diminuée parce que cet auteur fait de la matière cérébrale à son tour la pure manifestation d'une Volonté (aveugle, c'est-à-dire étrangère à la pensée). La Volonté, le seul principe métaphysique de Schopenhauer, est, cela s'entend de soi, une Volonté inconsciente. La représentation, au contraire, dont il fait la manifestation purement phénoménale d'un principe métaphysique, et qui, en tant que représentation, n'est pas elle-même une réalité métaphysique, ne peut, là-même où elle est inconsciente, se confondre avec l'Idée inconsciente de Schelling. Cette dernière m'a paru, en effet, se coordonner à la Volonté inconsciente comme un second principe aussi justement métaphysique que le premier. Sans insister sur cette distinction de l'élément métaphysique et de l'élément phénoménal des choses, la *rumination* inconsciente, dont Schopenhauer nous parle dans deux passages concordants, (*du Monde* c. vol. et repr., 2ᵉ éd., p. 148, et *Parerga*, 2ᵉ éd., p. 59) et qu'il loge dans l'intérieur du cerveau, ne rappelle que les représentations obscures et confuses de Leibniz et de Kant. La lumière que la conscience projette sur de telles idées est trop faible pour qu'elles paraissent clairement; elles restent dans une région où expire la clarté de la conscience : elles ne se distinguent donc que par une différence de degré et non de nature des idées conscientes et claires. Schopenhauer, dans ces deux aperçus, qui n'ont eu du reste aucune influence sur sa philosophie, n'atteint pas plus la vraie notion de l'Idée absolument inconsciente, que dans cet autre passage où il attribue une conscience distincte aux centres nerveux inférieurs de l'organisme. (*Le monde comme Volonté et Idée*, II, 291.) — Le système de Schopenhauer se rapproche cependant de la vraie notion de la pensée absolument inconsciente : mais il est alors infidèle à lui-même et tombe dans une contradiction. L'Idée, qui n'est originairement pour lui qu'une forme d'intuition particulière à l'intellect cérébral, devient une réalité métaphysique antérieure à l'existence réelle de l'individu, qui ne vit même que par elle. (Voyez l'écrit « sur la transformation nécessaire que le principe fondamental de Schopenhauer exige dans sa philosophie », dans mes « *Essais de philosophie mêlés*, » Nº 3. Berlin, 1872). Mais Schopenhauer lui-même ne paraît pas se douter de ce changement. Il ne lui vient pas à l'esprit de faire servir l'Idée à expliquer la finalité de la nature. Il regarde plutôt, en véritable idéaliste, cette finalité comme une pure illusion du sujet, qui vient de ce que l'unité réelle de l'être est brisée pour faire place à la diversité de ce qui est continu dans l'espace, ou successif dans le temps. L'unité essentielle des choses se reflète obscurément sous la forme d'un rapport téléologique qui n'existe pas en réalité : il serait donc absurde de chercher les traces d'une *raison* quelconque dans la finalité de la nature. Schopenhauer ne remarque pas ici que la volonté inconsciente de la nature suppose par le fait une idée inconsciente, comme le but, le contenu, l'objet auquel elle se rapporte : elle serait sans cela une volonté vide, indéterminée, sans objet. Les considérations profondes et si instructives que Schopenhauer présente sur l'instinct, l'amour sexuel, la vie de l'espèce, etc., nous décrivent toujours la volonté inconsciente comme une volonté associée à une idée inconsciente : l'auteur pourtant ne sait ou ne dit rien de la dernière. Schopenhauer, certainement, lui qui, comme tous les philosophes, comme la nature humaine en général, dut, avec l'âge, se détacher insensiblement de l'idéalisme pour se rapprocher de plus en plus du réalisme, ressentit en silence le besoin irrésistible de faire le même pas que Schelling avait fait pour dépasser la doctrine de Fichte, et qui l'avait conduit de l'idéalisme subjectif à l'idéalisme objectif. Mais Schopenhauer ne pouvait se résoudre à désavouer ouvertement la théorie qu'il avait adoptée dans sa jeunesse (surtout au 1er livre de son grand ouvrage) : il devait laisser à ses élèves (Frauenstadt, Bahnsen) le soin de prendre ce parti. Nous ne trouvons chez lui que des indications à ce sujet : mais, si on les développait, elles suffiraient à modifier complètement l'esprit du système. Ainsi, dans les *Parerga* (2e édition, II, 291), un passage, sur lequel Freiherr du Prel appelle l'attention (*Revue allemande trimestrielle*, 120e cahier), expose comment il se pourrait que la volonté, étrangère en soi à la science, reçût après la mort une forme supérieure de conscience, vide de toute connaissance scientifique, où serait supprimée, en d'autres termes, l'opposition du sujet et de l'objet. Mais toute conscience est par le fait la conscience d'un objet, que l'on rapporte plus ou moins clairement à un sujet correspondant. Une conscience où ce rapport n'est conçu en aucune façon est une chose inintelligible. On comprend bien cependant qu'une connaissance inconsciente puisse avoir lieu sans cette opposition. Schopenhauer, dans la description qu'il nous donne de l'idée intuitive, s'est approché bien près de cette manière de voir. (*Le monde comme Volonté et Idée*, I, § 24 : comparer aussi mon écrit précédemment cité.) On accordera que Schopenhauer ici a pressenti la vérité, mais qu'il ne l'a exprimée que d'une manière détournée. Il n'a pu, par suite, placer cette conception dans son système à la place qui lui convenait. Ses préventions haineuses contre Schelling durent seules l'empêcher de trouver dans la doctrine de ce dernier tout ce qui lui manquait à lui-même, tout ce que, à cette place même, il se fatigue inutilement à chercher.

Ce n'est qu'à la suite de ces considérations sur la philosophie européenne, que je puis présenter quelques réflexions sur la philosophie orientale, principalement la philosophie Védanta. Il est dans la nature des Orientaux de se montrer moins systématiques que nous dans le développement de leurs idées, mais d'être plus ouverts aux pressentiments des vérités les plus cachées, aux mystérieuses suggestions du génie. Aussi trouve-t-on enfouies dans les systèmes philosophiques des Indiens et des Chinois bien des conceptions précieuses, où l'on démêle très-souvent avec surprise l'affirmation anticipée des vérités que la sagesse occidentale n'a découvertes qu'après des milliers d'années. Dans la philosophie Védanta l'Absolu s'appelle Brahma. Il a trois attributs : Sat (l'être, la substance), C'it (le savoir absolu et inconscient) et Ananda (la volupté intellectuelle). Comme savoir absolu, Brahma porte le nom de C'aitanja (c'est l'œil éternel du monde de Schopenhauer, le sujet absolu de la connaissance, et en même temps le Moi intelligible qui connaît dans tous les individus, Xūtastā-Ḡiva-Saksin). L'identité du réel et de l'idéal est très-expressément affirmée. Si l'idéal n'était pas le réel, il n'existerait pas; et si le réel n'était pas l'idéal, il n'aurait plus de force pour se soutenir et s'enfoncerait au sein de la matière informe. (Graul, *Tamulische biblioth.* vol. Ier, page 78, n° 141.) « La distinction du sujet connaissant, de la connaissance et de l'objet du savoir » n'est pas faite avec conscience par l'esprit suprême : l'objet de la connaissance (Brahma) a la pleine clarté par lui-même, en vertu de sa propre nature, qui est esprit et félicité (Id., 188, n° 40). « Le maître : C'aitanja, ce pur esprit, connaît tous les corps. Mais, puisqu'il n'est pas corps lui-même, rien ne nous le manifeste. — L'élève : Mais puisque, bien qu'il soit le savoir, il n'est connu par rien, comment peut-il encore être le savoir? — Le maître : Le suc du sirop ne se montre pas directement à nous; pourtant, à l'aide des sens qui sont différents de lui, mais qui le connaissent, nous disons qu'il est doux de nature. Ainsi on ne peut douter qu'à l'Être qui connaît toutes choses, le savoir (comme sa substance) ne doive être attribué. — L'élève : Brahma, enfin, est-il un être qu'on connaît, ou qu'on ne connaît pas? — Le maître : Ni l'un, ni l'autre. Ce qui est en dehors (au-dessus) de ces deux catégories ou le savoir substantiel, voilà Brahma. — L'élève : Comment donc pouvons-nous le connaître? — Le maître : C'est tout comme si quelqu'un demandait : ai-je une langue ou non? Ne fais-tu pas acte de savoir en demandant si le savoir existe? Tu devrais rougir de la question. » (Id., p. 148, n° 2.) Le savoir absolu n'est donc ni l'objet de sa propre conscience (il n'y a en lui aucune distinction de sujet et d'objet), ni l'objet immédiat de la conscience d'un autre être : car il est au-dessus de la sphère de ce qui est directement connaissable. Son existence pourtant nous est connue parce qu'il est ce qui sait dans tout savoir, ce qui connaît dans toute connaissance. Quant à sa nature, elle ne nous est connue que négativement (d'après les considérations précédentes) comme savoir inconscient et illimité. — L'Inconscient est dans ce vieux livre indien de la philosophie Védanta (Pancadasaprakarana) caractérisé avec une pénétration et une netteté qu'ont à peine égalées les plus récents parmi les penseurs européens.

Revenons à ces derniers. Herbart entend par idées inconscientes celles « qui sont dans la *conscience* sans qu'on ait conscience de les posséder » (*Œuvr.*, V, p. 342), c'est-à-dire sans qu'on les considère comme siennes, sans qu'on les rapporte au moi, en d'autres mots sans qu'on les associe à la conscience de sa propre personnalité. Ce concept d'Herbart ne court aucun risque d'être confondu avec le véritable Inconscient. Mais il en est un autre, dont Fechner a fait des applications, et qui mérite pour cela d'être examiné. Il s'agit « des idées qui restent derrière la limite de la conscience »; elles répondent seulement à *l'effort* plus ou moins heureux des pensées pour être connues, mais elles ne sont point par elles-mêmes de véritables connaissances : non-seulement pour la conscience elles ne signifient rien, mais sont une « grandeur impossible » (Herbart, *Œuvres*, V, p. 339-342). Herbart n'arrive à cette conception laborieuse qu'en soutenant, en conformité avec la manière de voir de Leibniz, l'affaiblissement ou l'augmentation continus des idées réelles dans le passage de l'idée consciente au souvenir confus; et réciproquement. Il ne voulait pas non plus renoncer à soutenir la possibilité d'une action réciproque entre les souvenirs confus; et ne se résignait pas à donner de cette action une explication matérialiste, comme celle qui n'y voit qu'un phénomène cérébral, que la résultante de mouvements matériels dont l'énergie n'est pas assez grande pour éveiller la conscience.

Au point où la science est actuellement arrivée, il est facile de voir que les souvenirs confus, comme on les appelle, ne sont pas des idées en acte, en réalité, mais de pures *dispositions* du cerveau à produire plus aisément de telles idées. Comme une corde, à toutes les vibrations de l'air, qui viennent la frapper, et lui font rendre des sons, résonne toujours avec la même note, avec la note *la* ou *ut*, selon qu'elle est propre à produire l'une ou l'autre ; ainsi dans le cerveau naît plus facilement telle ou telle idée, selon que la disposition et la tension des molécules cérébrales les associent plus aisément, par telle ou telle espèce de vibrations, aux excitations correspondantes du dehors. La corde ne répond pas seulement par les sons qu'elle produit aux vibrations, qui sont homologues à ses propres vibrations, mais encore à celles qui ne s'éloignent que faiblement de ces dernières, ou sont, à leur égard, dans un rapport simple et régulier. Ainsi les vibrations qui répondent aux prédispositions des molécules ne sont pas seulement provoquées dans la cellule cérébrale par une seule espèce d'excitations extérieures, mais aussi par des excitations peu différentes ou par des mouvements qui sont dans un rapport harmonique avec ces mêmes dispositions. (Les lois de l'association des idées manifestent clairement toutes ces relations.) Ce que nous disons de l'accord pour la corde, il faut le dire aussi pour le cerveau de la modification durable que laisse une vive idée, après qu'elle a disparu, dans la disposition et la tension des molécules cérébrales. Si ces prédispositions sont d'une haute importance, si de la forme que prennent les vibrations provoquées dans le cerveau dépend la nature des impressions par lesquelles s'exprime la réaction de l'âme ; si, d'un côté encore, toute la mémoire repose sur ces mouvements, si, de l'autre, la somme des prédispositions cérébrales, qu'on a ainsi développées en soi-même, ou dont on a hérité, décide essentiellement du caractère de l'individu : il ne faut pourtant pas donner le nom d'idées à cette sorte de gisement matériel de molécules, qui est comme le terrain disposé d'avance sur lequel doivent naître certaines idées. La constitution de ce terrain influe, suivant les circonstances, sur la production des idées et même des idées conscientes. Mais il ne peut être question d'une durée infinie pour les vibrations qui ont été une fois excitées dans le cerveau. Les résistances énergiques, qui leur répondent, doivent faire cesser le mouvement au bout d'un temps limité et même assez court. L'état d'inconscience qu'Herbart attribue aux idées serait donc limité d'un côté par la cessation du mouvement cérébral, de l'autre par la cessation de l'idée consciente, malgré la persistance des vibrations du cerveau : il faut supposer, bien entendu, que les deux temps d'arrêt ne coïncident pas. La question revient donc à ceci :

1° L'idée se produit-elle, quelle que soit l'intensité des vibrations du cerveau ; ou ces dernières doivent elles présenter un certain degré d'énergie pour que l'idée ait lieu ?

2° Doit-on admettre qu'à toute vibration cérébrale, si faible qu'elle soit, correspond une idée consciente ; ou qu'une certaine énergie de ces vibrations est nécessaire pour cela ?

Ces questions ont été examinées de près par Fechner dans son livre remarquable, intitulé « Psychophysique ». Son raisonnement est le suivant : Toute excitation des sens ne produit pas une sensation : il faut que l'excitation ait une certaine intensité, qui s'appelle « *la limite de l'excitation.* » Une cloche, qui sonne par exemple, n'est entendue qu'à partir d'une certaine distance. Si plusieurs excitations identiques, dont chacune serait isolément imperceptible, viennent à se combiner, alors ont lieu les impressions conscientes. Tel est l'effet de plusieurs cloches qui résonnent au loin, et qui ne seraient pas entendues isolément ; tel est le bruit du feuillage dans une forêt. On pourrait répliquer que l'excitation qui n'a pas atteint la limite indiquée ne produit aucune sensation, parce qu'elle n'est pas assez forte pour vaincre les résistances qu'opposent à sa transmission à l'organe central les organes des sens et les nerfs ; et que l'âme réagit toujours par une sensation correspondante contre la plus faible excitation, pourvu qu'elle se fasse sentir au cerveau. Mais une telle explication est insuffisante : elle ne rend pas compte des différences que présentent les sensations. Des excitations d'énergie différente, bien que de même nature, produisent des sensations différentes. Les excitations différentes doivent dépasser un certain degré d'intensité (la limite de distinction des excitations) pour que les sensations soient perçues comme différentes. Ici les résistances que rencontre l'excitation ne peuvent évidemment suffire à rendre compte du phénomène, puisque chaque impression est assez forte pour en triompher. D'un autre côté la limite de l'excitation et la limite d'appréciation des différences ne doivent pas être rapportées à des principes différents ; le premier cas se ramène au second, puisque, dans ce dernier, une excitation unique est considérée comme 0. Il reste donc à admettre que les vibrations, qui parviennent à l'organe central, doivent dépasser un certain degré d'intensité avant que la sensation ait lieu. Ce que nous disons ici de la sensation s'applique naturellement à toute autre idée : la seconde question est par suite résolue. Il reste encore à examiner la question suivante : les excitations qui n'arrivent pas à la limite marquée provoquent-elles en général la réaction de l'âme sous forme de sensation ou d'idée également inconscientes : ou bien la réaction de l'âme ne commence-t-elle qu'après qu'elles ont franchi cette limite ?

Écoutons encore Fechner. Le principe connu sous le nom de loi de Weber se formule ainsi : « Les différences de deux sensations de même nature sont entre elles comme les deux quotients des excitations correspondantes. » Voici la formule très-ingénieuse que Fechner déduit de là : $\gamma = K \log \frac{\beta}{\epsilon}$. γ représente la sensation qui répond à l'excitation β, ϵ la limite de l'excitation, c'est-à-dire le degré que l'excitation doit dépasser, si peu que ce soit, pour que γ s'élève au-dessus de zéro, et K est une constante qui contient le rapport des unités de mesure de β et γ. (J. J. Müller donne une démonstration très-intéressante de cette formule à l'aide de considérations téléologiques dans les comptes rendus de l'Académie royale des sciences de Saxe : séance du 12 décembre 1870.) Il montre que le rapport de l'excitation et de la sensation permet seul de considérer « la différence des sensations produites par la différence des excitations comme indépendante de l'irritabilité, et la différence des sensations résultant de la différence d'irritabilité comme indépendante de l'excitation. » A cette double condition seulement, en effet, la conscience est en état de séparer le rôle différent de l'excitation et de l'irritabilité, et de les expliquer. Si β est plus petit que ϵ, c'est-à-dire si l'excitation est au-dessous de la valeur qu'elle doit atteindre pour être sentie, γ devient négatif, et descend d'autant plus au-dessous de zéro que β descend au-dessous de ϵ (si $\beta = 0$, $\gamma = -\infty$.)

Ces valeurs négatives des γ, Fechner les appelle « des sensations inconscientes »; mais il a pleinement conscience de commettre dans ces mots une licence d'expression. Il veut dire que la sensation γ est d'autant plus éloignée de la réalité que γ descend davantage au-dessous de 0, c'est-à-dire qu'une intensité croissante de l'excitation est nécessaire pour ramener simplement γ à zéro, et le faire revenir à la limite où commence pour lui la réalité. Le signe négatif placé devant γ indique seulement ici (comme souvent ailleurs la valeur imaginaire), qu'il faut renoncer à rendre compte d'une sensation, connaissant seulement la grandeur de l'excitation qui la produit.

La signification réelle du signe négatif, dit justement Fechner, ne peut être appréciée que par une comparaison intelligente des résultats du calcul avec les données de l'expérience. Fechner rejette toute digression sur la chaleur et le froid comme déplacée ici; il ne veut pas que, des valeurs positives et négatives de γ, on tire une résultante algébrique. Cela ne lui paraît pas plus raisonnable ici que dans l'application aux surfaces de la théorie des coordonnées rectilignes, à l'aide de parties de surface positives et négatives. « Mathématiquement, on peut rapporter l'opposition des signes aussi bien à l'opposition du réel et du non-réel, qu'à celle de l'accroissement et de la diminution ou qu'à celle des directions. — Dans le système de coordonnées polaires, cette opposition désigne l'opposition de la réalité et de la non-réalité d'une ligne : mais de telle sorte que les valeurs négatives indiquent par l'accroissement un plus grand éloignement de la réalité que par la diminution. Rien n'empêche que ce qui est vrai du rayon vecteur comme fonction d'un angle s'applique aussi à la sensation comme fonction d'une excitation. » (*Psychophysik*, II, p. 40.) Ce qui se dit ici de l'expression algébrique de la fonction convient naturellement aussi à sa représentation géométrique comme courbe : la combinaison visible de l'élément positif et de l'élément négatif pourrait de nouveau embarrasser le jugement. Il est difficile, on le voit, de trouver pour les valeurs négatives de γ un signe expressif qui ne prête pas aux malentendus. Le mieux serait peut-être de les appeler des « sensations non réelles ». Il ne faut pourtant pas faire un reproche à Fechner d'employer arbitrairement le mot sensation inconsciente : il ne connaît pas, ou du moins, ne reconnaît pas la signification positive que nous attachons au concept de l'Inconscient. Ce qui est plus grave, c'est que Fechner se montra dans la suite assez inconséquent, pour se laisser abuser en fait par la combinaison des courbes géométriques au-dessous de la limite de l'excitation, et pour parler d'une communication réelle entre les consciences différentes des individus, au-dessous de cette limite.

Je me suis étendu longuement sur ce qui précède, parce que je voulais prévenir toute confusion de mon principe avec le concept de la sensation inconsciente qu'a introduit Fechner. Je désirais en même temps payer à son remarquable ouvrage le tribut de mon admiration, et saisir l'occasion de faire connaître au lecteur le concept de limite, qui joue un rôle important dans les diverses parties de la science et qui est d'une application indispensable dans nos recherches. On comprend d'ailleurs aisément la raison finale, qui fait qu'une certaine énergie de l'excitation cérébrale est nécessaire pour provoquer l'âme à une réaction. Que deviendraient nos pauvres âmes, si elles devaient répondre sans discontinuer à la multitude infinie d'excitations infiniment petites qui se jouent constamment autour de nous? Aussitôt que l'âme réagit contre une excitation du cerveau, la conscience est donnée du même coup, comme nous le montrerons au chapitre III, C.; et ces réactions ne peuvent plus demeurer inconscientes. Voudrait-on retourner à la théorie de la conscience infiniment faible? L'expérience la contredit, et montre que la sensation consciente décroît insensiblement jusqu'à zéro : c'est à ce zéro que correspond la limite de l'excitation. Les degrés infiniment faibles, que parcourt successivement la sensation, sont, en réalité, situés au-dessus de la limite en question; et, si faible que soit la conscience dans cette infinie réduction, elle est toujours réelle : elle ne devient nulle que lorsqu'elle atteint la limite, c'est-à-dire qu'elle cesse alors absolument. Je renvoie sur ce point au livre de Fechner.

Dans la science récente de la nature, le concept de l'Inconscient a trouvé peu de faveur. Une illustre exception nous est offerte par le physiologiste connu, Carus. Ses ouvrages, « Psyché » et « Physis », contiennent surtout l'analyse de l'Inconscient dans ses rapports avec la vie du corps et celle de l'esprit. Je laisse au lecteur le soin de décider jusqu'à quel point Carus a réussi dans sa tentative, et dans quelle mesure je me suis inspiré de son travail. J'ajoute pourtant que le concept de l'Inconscient est chez lui présenté dans toute sa pureté, et nettement distingué de celui de la conscience infiniment faible. — Ailleurs que chez Carus, le concept de l'Inconscient joue un certain rôle dans la solution de questions particulières; mais il n'est que rarement appliqué en dehors du cercle des recherches spéciales. Ainsi Perty dans son livre *Sur la vie de l'âme chez les animaux* (Leipzig et Heidelberg, 1865) est amené à chercher l'explication de l'instinct dans les forces inconscientes. Wundt également dans ses *Essais d'une théorie de la perception sensible* (Leip. et Heid., 1862), et dans la *Revue de médecine rationnelle* de Henle et Pfeuffer (1858-59 reconnaît la nécessité de rapporter l'origine de la perception sensible et en général de la conscience au développement logique d'une activité inconsciente. « Les phénomènes de la perception sont, dit-il, de nature inconsciente : leurs effets seulement parviennent à la conscience » (id., p. 436). « Supposer que les phénomènes qui s'accomplissent dans la perception peuvent recevoir une explication logique, ce n'est pas une hypothèse plus surprenante que toute autre supposition destinée à rendre compte des faits naturels. Elle satisfait aux conditions essentielles de toute théorie légitime, puisqu'elle est l'expression la plus simple et la plus satisfaisante en même temps par laquelle les données de l'observation puissent être représentées » (p. 437). « Si le premier acte par lequel s'annonce la conscience et qui appartient encore en partie à la vie inconsciente est le développement d'un raisonnement, nous savons donc par lui que le mouvement de la vie inconsciente obéit aussi à une loi logique. Il est prouvé en même temps qu'il n'y a pas seulement une pensée consciente, mais aussi une pensée inconsciente. Nous croyons avoir ainsi clairement montré que l'hypothèse d'une activité logique inconsciente ne sert pas seulement à éclairer les effets produits par les phénomènes de la perception, mais qu'elle nous aide à pénétrer sûrement la nature réelle de ces phénomènes, bien que leur marche se dérobe au regard de l'observation immédiate » (438). Wundt sait bien que l'expression « raisonnement inconscient » manque de propriété. « C'est seulement en faisant son apparition sur la scène de la vie consciente que le processus psychique de la perception prend la forme du raisonnement » (469). Les actes par lesquels se manifeste la logique inconsciente « se produisent avec une grande sûreté et chez tous les hommes avec une complète uniformité. » La même chose n'a pas lieu dans les raisonnements que fait la conscience et où l'on rencontre la possibilité de l'erreur (469). « Notre âme est si heureusement organisée qu'elle prépare les fondements solides sur lesquels doit reposer l'édifice de notre connaissance, sans que nous ayons le plus léger soupçon du travail qu'elle accomplit. Comme un être étranger, cette âme inconsciente est présente en nous : elle produit, elle amasse pour nous, et ne nous jette dans les mains que des fruits mûrs (375).

Helmholtz adopte en grande partie les mêmes vues ; mais, plus circonspect que Wundt, il s'en tient plutôt au côté extérieur de la question. Il reconnaît pourtant : « qu'on doit s'écarter un peu des sentiers battus de l'analyse psychologique pour se persuader qu'on a réellement affaire ici à la même espèce d'activité intellectuelle qui se déploie dans ce qu'on appelle habituellement « les raisonnements » (*Popul. wissensch. Vorträge*, t. II, p. 92). Il ne voit qu'une différence tout extérieure entre les raisonnements conscients, qui se font avec des mots (ce qui n'est le cas ni chez les bêtes ni chez les sourds-muets), et les raisonnements inconscients ou les inductions qui travaillent à l'aide seulement des sensations, d'images fournies par la mémoire, et d'intuitions sensibles. (Mais l'on ne verrait rien là qui s'oppose, comme le veut l'auteur, « à ce que les derniers soient exprimés sous la forme habituelle du raisonnement logiquement analysé. ») Helmholtz a le mérite particulier d'avoir insisté expressément sur ce fait que les raisonnements conscients, après qu'on a rassemblé et disposé les matériaux nécessaires de la pensée, se présentent tout à coup à l'esprit absolument comme les raisonnements inconscients, « sans aucune intervention de notre part » (c'est-à-dire de notre conscience) ; et s'imposent comme si une force naturelle étrangère nous contraignait à les accepter (p. 95). — Sans rapport avec les penseurs déjà mentionnés, Zöllner se trouva conduit à reconnaître l'existence des raisonnements inconscients pour expliquer les phénomènes des illusions visuelles, dont les théories physiologiques ne rendent pas compte (Voyez : *Annales de Poggendorf*, 1860, vol. 110, p. 500 et suiv., et son nouvel ouvrage *Sur la nature des comètes; Essai d'une histoire et d'une théorie de la connaissance*, 2ᵉ éd., Leipzig, 1872). — Nous ne pouvons manquer de songer à l'âme inconsciente de Wundt, qui travaille pour nous comme une étrangère, quand nous lisons chez Bastian au début de ses *Essais de psychologie com-*

parée (Berlin, 1868, p. 1) : « Ce n'est pas nous qui pensons, mais on pense en nous ; cela est évident pour quiconque est attentif à ce qui se passe en lui. » Cet « on » n'est autre que l'Inconscient, comme il ressort particulièrement des pages 120-121. Notre savant se borne pourtant à de vagues indications.

Les livres modernes, qu'on a écrits sur l'histoire, montrent par bien des signes que les travaux de Schelling et de Hégel (dont nous parlerons au chap. x, B.), ne sont pas entièrement oubliés par le présent. Ainsi Freitag nous dit dans l'introduction au Ier volume de ses *Tableaux de l'Allemagne d'autrefois* (5e éd., vol. I, p. 23-24) : « Toutes les grandes créations de la puissance nationale, la religion héréditaire, les mœurs, le Droit, l'État, ne sont plus pour nous les œuvres individuelles de quelques hommes : ce sont les produits organiques d'une vie supérieure qui ne se manifeste à chaque époque que par l'individu, mais qui, à chaque siècle, concentre en soi dans un tout puissant les dispositions intellectuelles des individus... On peut bien, sans tomber dans le mysticisme, parler de l'âme d'un peuple... Mais ce n'est plus avec conscience, en vue d'un but (?) et avec réflexion, comme la volonté de l'individu, que se déploie la vie nationale. La liberté, la réflexion dans l'histoire sont la part de l'individu : les puissances de l'âme nationale agissent constamment avec l'impétuosité aveugle des forces primitives. Leurs créations spirituelles rappellent parfois d'une manière surprenante l'action organisatrice de la nature et ses créations silencieuses qui font sortir de la graine la tige, les feuilles et les fleurs de la plante ». — C'est le développement de ces idées qu'on trouve dans les études de Lazarus sur la *Psychologie des peuples*. (Comparez mon essai : *Sur l'essence de l'esprit général*, dans les *Essais de philosophie mêlés*, n° V.)

L'esthétique de Carrière a fait ressortir le rôle de l'activité inconsciente dans l'esprit. Appuyé sur Schelling, ce philosophe a montré que l'action réciproque des forces conscientes et inconscientes de la pensée est indispensable à la production artistique. C'est également un essai intéressant sur la part de l'Inconscient dans l'art, que le travail de Rötscher sur le démon intérieur (dans ses *Essais de dramaturgie et d'esthétique*).

Les confirmations diverses, qu'a reçues le principe de l'Inconscient des ouvrages qui ont suivi la première édition de ce livre, ne peuvent naturellement être ici l'objet d'un examen.

II

COMMENT ARRIVONS-NOUS A RECONNAITRE DES FINS DANS LA NATURE?

Une des manifestations les plus importantes et les mieux connues de l'Inconscient est l'instinct : or l'instinct repose sur la notion de fin. Il est donc indispensable à l'objet de notre étude d'essayer l'analyse de ce concept. Comme ce travail ne se rattache pas bien à la section A, je l'ai placé ici dans l'introduction. L'étude qui va suivre prête aisément au reproche d'aridité. Celui qui craint de s'engager dans les complications du calcul des probabilités peut, s'il est d'ailleurs convaincu de la réalité des fins dans la nature, laisser de côté ce chapitre sans le lire. Je dois ajouter pourtant que la méthode employée ici pour trouver l'hypothèse, qui donne la solution, formelle du moins, de cette importante question, n'est pas moins neuve à mon avis que seule possible.

Beaucoup de grands penseurs ont attribué au concept de fin un rôle très-considérable, et en ont fait en grande partie le fondement de leurs systèmes : ainsi Aristote et Leibniz. Kant ne pouvait naturellement lui accorder aucune réalité en dehors de la pensée consciente, puisqu'il niait la réalité du temps (V. Trendelenburg : *Recherches logiques*, ch. VIII, 5). Le matérialisme moderne le rejette également, car il nie l'existence de la pensée en dehors du cerveau. La science moderne, depuis Bacon, suspecte avec raison le concept de fin : il n'a été trop souvent pour la raison paresseuse qu'un prétexte commode de s'épargner la recherche des causes efficientes; et d'ailleurs les sciences, qui n'ont jamais affaire qu'à la matière, doivent exclure les fins de leurs recherches, comme des causes spirituelles. Spinoza ferma les yeux volontairement à la réalité des fins naturelles, parce qu'il croyait la finalité en contradiction avec la nécessité logique, tandis qu'elle est au contraire identique avec elle (chap. xv, 3, section C). Darwin nie la finalité de la nature, non à titre de fait, mais en tant que principe, et croit pouvoir expliquer le fait de la finalité par l'action d'une causalité inintelligente : comme si la causalité elle-même était autre chose qu'une nécessité *logique* dont les faits seuls nous révèlent l'existence, et dont nous ne saisissons pas le principe interne : comme si la finalité, qui n'apparaît dans sa réalité qu'après l'action prolongée de nombreux intermédiaires et sous la forme d'un résultat, n'avait pas dû être, dès l'origine, l'antécédent nécessaire de tout ce travail, à titre de disposition ou de principe de la nature! Si, d'un côté, un grand et *noble* esprit comme Spinoza n'hésite pas en face des faits à nier la finalité; si, d'autre part, le concept de fin joue un grand rôle chez d'autres philosophes, au point qu'un sceptique comme Voltaire n'ose pas exclure la finalité de la nature, quelque embarras qu'il éprouve à la concilier avec ses autres opinions : la chose vaut bien sans doute la peine qu'on l'examine.

Le concept de fin a sa première origine dans l'expérience que chacun fait de sa propre activité consciente. Une fin est pour moi un événement futur que je me représente et que je veux, que je ne suis pas en état de réaliser directement, et que je ne puis produire que par l'intermédiaire de certaines causes (de moyens). Si je ne me représente pas l'événement futur, il n'existe pas actuellement pour moi; si je ne le veux pas, il n'est pas pour moi un but, il m'est indifférent ou antipathique. Si je puis le réaliser directement, les facteurs intermédiaires, les moyens, n'ont plus de raison d'être, et le concept de fin s'évanouit avec eux : ce concept n'existe en effet que par rapport au concept de moyen, et, dans le cas supposé, la volonté agirait sans intermédiaire. Comme je comprends qu'il m'est impossible de réaliser directement ma volonté et que le moyen m'apparaît comme la cause efficiente de la fin poursuivie, la volonté d'atteindre le but devient le motif, c'est-à-dire la cause efficiente qui me décide à vouloir le moyen. Cette volonté nouvelle est la cause efficiente qui me porte à réaliser le moyen par mon action; et le moyen ainsi réalisé devient, à son tour, la cause efficiente à laquelle est due la réalisation de la fin poursuivie. Nous avons donc une triple causalité en quatre actes : dans le premier on veut la fin; dans le second, le moyen; dans le troisième on réalise le moyen; et dans le dernier, la fin. Les cas sont rares où toute cette activité se renferme dans les limites de la pure subjectivité de l'esprit. Cela se passe ainsi, par exemple, lorsqu'on compose un poëme en esprit, ou lorsqu'on dispose dans sa pensée le plan d'une autre œuvre artistique, en un mot dans tout travail de tête. Ordinairement trois des quatre espèces de causalité seulement agissent à la fois : la causalité qui lie un acte intellectuel à un autre acte intellectuel (à savoir la volonté du but à la volonté du moyen), un acte intellectuel à un acte matériel (c'est-à-dire la volonté et la réalisation du but), enfin deux actes matériels (la réalisation du moyen et celle du but). Reste la quatrième espèce de causalité qui associe un acte matériel à un acte spirituel : elle se rencontre souvent avec les autres, mais elle réside, avant que toute délibération ait commencé, dans la détermination de rechercher le but, laquelle est suggérée à la volonté par les impressions des sens. On voit par là que le lien qui unit le vouloir et l'exécution, en un mot que la finalité n'est ni distincte ni indépendante de la causalité. Elle n'est qu'un rapport déterminé entre les diverses espèces de causalité, en vertu duquel le principe et la fin d'une action sont identiques : mais l'un est idéal et l'autre est réel; l'un est une idée voulue, et l'autre, un acte réalisé. Bien loin de contredire la nécessité absolue de la loi de la causalité, *la finalité au contraire la suppose*, non-seulement dans les rapports mutuels des choses matérielles, mais dans les relations de l'esprit et de la matière, et même des esprits entre eux. Il suit de là qu'elle nie la liberté des actes particuliers dans la vie empirique de l'esprit, et les soumet tous à la nécessité du principe de cause. Ce devrait être là le premier mot d'une entente avec les adversaires de la finalité.

Supposons maintenant que M ait été observé comme la cause efficiente de Z, et que, au moment où commence l'action de M, on ait constaté toutes les circonstances matérielles comme $n. n$ qui se sont produites. Qu'il soit bien établi en outre que M doit avoir une cause efficiente suffisante pour l'expliquer. Trois cas sont possibles : ou la cause suffisante de M est contenue dans $n. n$; ou cette cause suppose le concours d'autres circonstances matérielles que l'observation n'a pu saisir; ou enfin la cause suffisante de M en général ne se rencontre pas dans le monde matériel et doit être cherchée dans le monde de l'esprit. Le second cas contredit l'hypothèse : toutes les circonstances matérielles, qui ont précédé immédiatement l'apparition de M, étaient renfermées dans $n. n$. Sans doute cette condition ne peut jamais être rigoureusement remplie, puisqu'il faudrait embrasser pour cela le système du monde dans sa totalité. Il est facile de voir pourtant que les cas sont très-rares, où les conditions essentielles d'un fait doivent être cherchées en dehors d'un espace restreint : et il n'est pas d'ailleurs nécessaire de tenir compte de toutes les circonstances accessoires. Ainsi personne ne s'avisera de chercher loin de l'araignée, dans la lune par exemple, les conditions essentielles qui expliquent qu'elle file. Considérons donc comme très-peu vraisemblable, et négligeons (1), comme sans importance, l'hypothèse qu'une

(1) Il faut toujours avoir présent à l'esprit que, pour un être omniscient, les événements du monde ne sont pas probables, mais purement nécessaires. C'est notre ignorance seule qui rend possible l'incertitude sur laquelle repose le calcul des probabilités. Il faudrait que notre ignorance fût relativement trop grande par rapport à la science, qui nous sert de mesure d'évaluation, pour que l'erreur probable qu'entraîne avec lui chaque coefficient de probabilité fût si considérable que la valeur de ce coefficient devînt illusoire. Mais, si l'erreur

circonstance matérielle, indispensable à la production du fait dont il s'agit, ait été négligée par l'observateur, et ne soit pas comprise dans *n. n*. Nous n'avons plus que deux cas à examiner : la cause suffisante est-elle contenue dans *n. n*, ou est-elle d'une nature spirituelle? L'un ou l'autre cas doit nécessairement se produire; c'est là une certitude, en d'autres termes la somme des probabilités, qui correspond à cette certitude, peut être représentée par 1. Si la probabilité que M est produit par *n. n* équivaut à $\frac{1}{x}$, la probabilité que M a une cause spirituelle peut s'exprimer par $1 - \frac{1}{x}$ ou $\frac{x-1}{x}$: plus diminue $\frac{1}{x}$, plus x grandit et plus $\frac{x-1}{x}$ se rapproche de 1, c'est-à-dire de la certitude. La probabilité mesurée par $\frac{1}{x}$ serait égale à 0, si on avait entre les mains la preuve directe que M n'est pas le produit de *n. n*, si par exemple on pouvait constater un cas où la présence de *n. n* n'entraînât pas l'apparition de M. Il n'est pas possible assurément que cela ait lieu pour tous les *n. n* à la fois, puisque toute cause spirituelle a besoin du concours de causes matérielles. Mais il arrivera souvent qu'un plus ou moins grand nombre des conditions *n. n* devra être éliminé. Moins nombreuses seront les circonstances *n. n* dont la présence accompagne toujours l'apparition de M, plus il sera facile de déterminer dans quelle mesure il est probable qu'elles ne contiennent pas la cause suffisante de M.

Éclairons tout cela par un exemple. L'éclosion du jeune oiseau demande que l'œuf soit couvé : c'est un fait d'expérience. Les circonstances matérielles (*n. n*) qui précèdent immédiatement l'incubation (M) sont l'existence, la constitution de l'œuf, l'existence et la constitution physique de l'oiseau, et la température de l'endroit où l'œuf se trouve. On ne conçoit pas d'autres conditions qui soient essentielles. Il est bien peu vraisemblable que ces circon-

probable de notre évaluation se renferme dans d'étroites limites, l'erreur probable dans l'application de la théorie aux cas donnés sera infiniment petite stances suffisent à expliquer comment l'oiseau si vif, si amoureux de mouvement, renonce au genre de vie habituel auquel l'instinct le sollicite, pour se tenir longtemps immobile sur ses œufs. Si l'afflux du sang dans l'abdomen cause une sensation de chaleur plus vive, cette impression, loin de s'affaiblir, ne peut qu'être accrue par l'immobilité, et par la double chaleur du nid et des œufs. Aussi la probabilité représentée par $\frac{1}{x}$ est très-petite, celle de $\frac{x-1}{x}$ se rapproche davantage de 1. Examinons maintenant l'autre question, et voyons si nous connaissons un cas où, les oiseaux et les œufs restant les mêmes, l'incubation n'a cependant pas lieu. Nous rencontrons d'abord des oiseaux, qui ont fait leur nid dans des serres chaudes et qui s'abstiennent de couver. L'autruche ne couve que la nuit et très-rarement dans les régions brûlantes de la Nigritie. Des conditions précédemment examinées $n. n$, la présence des oiseaux et celle des œufs ne peuvent donc plus être considérées comme des raisons suffisantes de l'incubation. Il ne reste plus, comme seule circonstance matérielle, qui puisse suffire complétement comme cause, que la température du nid. Mais personne ne regardera comme vraisemblable qu'une basse température suffise à expliquer directement le phénomène de l'incubation. Il ne reste donc qu'à le rattacher à une cause intelligente, qui fait servir l'influence constatée de la température à la production du phénomène. C'est là en quelque sorte une certitude, bien que nous ne sachions pas encore quelle est la nature intime de cette cause intelligente.

La mesure de la probabilité ne se détermine pas toujours aussi facilement qu'ici; et il est rare que l'appréciation d'un simple M puisse conduire si près de la certitude (1).

---

(1) Il est souvent très-difficile de constater si les circonstances concomitantes sont réellement indépendantes les unes des autres dans un cas déterminé : et cette appréciation est une cause fréquente d'erreurs. Mais nous n'avons pas à nous occuper ici de cette difficulté matérielle que présente l'application pratique du principe. Nous n'étudions qu'au point de vue formel l'opération qui conduit la pensée à la détermination des fins.

Mais une circonstance nous vient en aide : M, la cause constatée de Z, n'est pas si simple d'ordinaire, et se compose de diverses séries indépendantes de phénomènes $P_1 P_2 P_3 P_4$. Commençons d'abord par laisser de côté, comme précédemment, l'examen des circonstances matérielles, essentielles : nous avons le raisonnement suivant :

La probabilité pour que

$$P_1 \text{ ait sa cause suffisante dans } nn. = \frac{1}{p_1}$$

$$P_2 \qquad\qquad\qquad\qquad\qquad = \frac{1}{p_2}$$

$$P_3 \qquad\qquad\qquad\qquad\qquad = \frac{1}{p_3}$$

$$P_4 \qquad\qquad\qquad\qquad\qquad = \frac{1}{p_4}$$

La probabilité que M a sa raison suffisante dans $n.n$ $= \frac{1}{p_1 p_2 p_3 p_4}$: car M est la somme des phénomènes $P_1 P_2 P_3 P_4$. Si donc M a pour cause $n.n.$, $n.n$ doit être à la fois la cause de P_1, de P_2, de P_3, de P_4. La probabilité totale pour M est le produit des probabilités particulières. (Si, au premier coup de dé, la chance de retourner le $2 = \frac{1}{6}$, et, à un second coup, $\frac{1}{6}$ également, la chance de retourner le 2 en jetant deux dés à la fois est égale à $\frac{1}{6} \cdot \frac{1}{6}$.) Donc la probabilité que M ne s'explique pas suffisamment par $n.n$ et qu'il faut recourir à une cause intelligente pour en rendre compte est égale à

$$1 - \frac{1}{p_1 p_2 p_3 p_4} = \frac{p_1 p_2 p_3 p_4 - 1}{p_1 p_2 p_3 p_4}$$

$p_1 p_2 p_3 p_4$ sont ici ce qu'était x précédemment : on voit par là que $p_1 p_2 p_3$ et p_4 isolément n'ont besoin que d'être un peu plus grands que $\sqrt[4]{2} = 1,189$, donc $\frac{1}{p_1}$, $\frac{1}{p_2}$, $\frac{1}{p_3}$ et $\frac{1}{p_4}$ un peu plus petits chacun que 0,84, pour que $p_1 p_2 p_3 p_4$ comme produit des 4 facteurs soit plus grand que 2, et $\frac{p_1 p_2 p_3 p_4 - 1}{p_1 p_2 p_3 p_4}$ plus grand que $\frac{1}{2}$. En d'autres termes, si pour les séries particulières $P_1 P_2 P_3 P_4$, la probabilité d'une cause intelligente ($1 - \frac{1}{p}$, etc.,) est faible (< 0.16), elle sera d'autant plus grande pour leur somme M que le nombre de ces séries particulières dont M est la résultante est plus considérable. Représentons la probabilité d'une cause intelligente en moyenne pour chacune seulement par $\frac{1}{5}$, qui serait la valeur de ($1 - \frac{1}{p}$), nous aurons $\frac{1}{p_1} = \frac{1}{p_2} = \frac{1}{p_3} = \frac{1}{p_4} = \frac{4}{5} = 0,8$ donc $\frac{1}{p_1 p_2 p_3 p_4} = 0,4096$, et $1 - \frac{1}{p_1 p_2 p_3 p_4} = 0,5904$: ce qui donne une probabilité très-respectable qui atteint presque $\frac{3}{5}$. On voit facilement que les parties de M, qui sûrement ne peuvent résulter que de $n. n$, s'éliminent d'elles-mêmes dans le calcul, puisque leur vraisemblance représentée par .1 disparaît dans le produit des autres, c'est-à-dire n'y change rien.

Ajoutons encore un exemple. Comme cause de la vision (Z), on observe un ensemble (M) de conditions ($P_1 P_2 P_3 P_4$), dont les plus importantes sont les suivantes : 1° certains filets nerveux partent du cerveau, et sont ainsi constitués que chaque excitation qui leur est communiquée est perçue dans le cerveau comme une sensation de lumière; 2° ces filets se terminent par un tissu nerveux conformé d'une façon toute spéciale et très-impressionnable (la Rétine); 3° en avant de ce tissu se trouve une chambre obscure; 4° la distance focale est généralement en harmonie avec l'indice de réfraction relatif à l'air et aux milieux de l'œil (excepté chez les animaux aquatiques); 5° la distance focale doit varier à l'aide de contractions diverses, selon que la distance de l'objet à l'œil varie depuis quelques pouces jusqu'à l'infini; 6° la quantité de lumière qui parvient à la rétine est réglée par les contractions et les dilatations de l'iris, et, par suite, lorsqu'on voit distinctement un objet en pleine lumière, les rayons périphériques sont éteints; 7° les organes terminaux des bâtonnets et des cônes, qui se rattachent aux dernières ramifications nerveuses, ont une construction lamelleuse telle que chacun d'eux transforme les ondes lumineuses d'une longueur déterminée (couleur) en ondes fixes, et produit ainsi, dans les fibres primitives correspondantes du nerf optique, les vibrations physiologiques qui répondent aux couleurs; 8° le dualisme des yeux produit la vision stéréoscopique avec la troisième dimension; 9° les deux yeux peuvent, par le moyen de filets nerveux et de muscles particuliers, se tourner en même temps d'un même côté et d'une façon asymétrique par rapport à leurs muscles homologues; 10° la netteté de l'image visuelle, qui va croissant de la périphérie au centre de la rétine, prévient la dispersion autrement inévitable de l'attention; 11° la direction réflexe du point de la vision distincte vers le point le plus éclairé du champ visuel facilite l'éducation de la vue et la formation des perceptions d'étendue qui se développent avec elle; 12° l'humeur lacrymale, qui coule constamment, entretient la transparence de la surface de la cornée et enlève la poussière; 13° la place retirée de l'œil derrière l'os frontal, les mouvements réflexes que les paupières exécutent en se fermant au moindre danger, les cils et les sourcils enfin protégent les organes contre la rapide altération qu'y causerait l'action des agents extérieurs.

Ces treize conditions sont toutes nécessaires à l'exercice de la vue normale et à sa conservation. Elles sont toutes réalisées déjà dès la naissance de l'enfant, bien qu'elles n'aient pas encore été appliquées. Les circonstances (n. n), qui en précèdent et en accompagnent la formation, doivent donc être cherchées dans l'acte générateur et dans la vie fœtale. Mais certainement les physiologistes ne réussiront jamais à découvrir avec quelque vraisemblance dans le disque embryonnaire de l'œuf fécondé, dans l'afflux du liquide utérin, une cause suffisante à l'apparition de toutes ces conditions. On ne voit pas pourquoi l'enfant ne pourrait pas se développer sans nerfs optiques ou sans yeux. Supposez maintenant qu'on s'autorise de notre ignorance, et c'est là sans doute un bien faible point d'appui pour des probabilités positives, et qu'on admette que chacune des treize conditions résulte, avec une assez grande vraisemblance, des conditions matérielles de la vie embryonnaire; fixons cette probabilité en moyenne à $\frac{9}{10}$ de certitude (et il faut avouer que bien peu de nos connaissances les plus assurées atteignent à une telle probabilité). La probabilité que toutes ces conditions réunies dérivent des conditions matérielles de la vie embryonnaire équivaut donc à $0,9^{13} = 0,254$: et, par suite, la probabilité qu'il faut recourir pour expliquer l'ensemble de ces conditions à une cause intelligente est de $0,746$, c'est-à-dire près des $\frac{3}{4}$ d'une certitude. En réalité les probabilités particulières sont peut-être de $0,25$, ou au plus de $0,5$: la probabilité que présente l'existence d'une cause intelligente pour le tout $= 0,9999985$ ou $0,99988$, c'est-à-dire qu'elle équivaut à une certitude.

Nous avons vu de cette manière comment on peut conclure de certains faits matériels à l'intervention de causes intelligentes, sans que pour cela les dernières soient l'objet d'une connaissance immédiate. Il faut faire encore un pas pour compléter notre connaissance de la finalité. Une cause intelligente de phénomènes matériels ne peut résider que dans une activité intelligente; et, si l'esprit doit agir au dehors, sa volonté doit être présente, et l'idée de ce que veut la volonté ne saurait non plus faire défaut. C'est ce que nous expliquerons plus complétement au chap. IV, Ire partie. La cause intelligente est donc une volonté en rapport avec une idée, avec l'idée du fait matériel qui doit être produit (M). Nous supposons ici pour être brefs que M résulte *directement* d'une cause intelligente, ce qui n'est pas du tout nécessaire. Demandons-nous maintenant : quelle peut être la cause pour laquelle M est voulu. Ici le fil de la causalité se rompt entre nos mains, si nous ne recourons pas à la supposition très-simple et naturelle, que cette cause est la volonté de produire Z. Que Z doive agir sur la production du phénomène, non comme une existence réelle, mais seulement d'une manière idéale, c'est-à-dire comme idée, cela résulte naturellement du principe que la cause doit être antérieure à l'effet. On comprend également que vouloir Z soit un motif suffisant pour qu'on veuille M : car qui veut produire l'effet doit aussi en réaliser la cause. Sans doute cette hypothèse n'est une explication véritable qu'autant que le fait de vouloir Z nous est plus intelligible que celui de vouloir M ne l'est par lui-même. Ou la réalisation de Z doit être un motif suffisant pour qu'on le veuille, ou il faut recourir à un autre Z_1 que Z aurait pour effet de réaliser : mais la même observation se reproduirait ici. Plus il est évident que nous devons nous en tenir au dernier motif, plus il est probable que M n'a été voulu que parce que Z l'était. — Il est facile de voir que telle est en réalité la marche de notre pensée dans l'appréciation des fins naturelles. Nous avons vu par exemple que l'oiseau couve parce qu'il veut couver. Nous devons nous contenter de ce maigre résultat de notre recherche et renoncer à toute autre explication ; ou il faut nous demander pourquoi l'incubation est voulue. La réponse ne peut être que celle-ci : parce que le développement et l'éclosion du jeune oiseau sont voulus. Mais nous nous retrouvons dans le même cas qu'auparavant : nous demandons de nouveau pourquoi est voulu à son tour le développement du jeune oiseau ? Réponse : parce que la propagation de l'espèce est recherchée ; et celle-ci de nouveau, parce que la longue durée de l'espèce en dépit de la brièveté des existences individuelles est aussi voulue. Nous nous trouvons enfin en possession d'un motif qui peut provisoirement nous contenter. Nous sommes, grâce à lui, autorisés à soutenir que la cause (directe ou indirecte, peu importe) qui fait vouloir l'incubation est que le développement du jeune oiseau est voulu : c'est-à-dire que ce dernier but est atteint par le moyen du premier. (Il importe peu ici que l'oiseau ait conscience ou non de cette fin : il est d'ailleurs impossible d'admettre cela d'un jeune oiseau, élevé dans l'isolement. D'où aurait-il appris quel est l'effet de l'incubation ?) Il reste sans doute toujours possible qu'une cause intelligente préside à la réalisation de M, sans être motivée par la volonté de produire Z. Par suite la probabilité que Z représente une fin poursuivie est comme un produit résultant à la fois de la probabilité que M a une cause intelligente $\left(1-\frac{1}{x}\right)$ et de la probabilité $\frac{1}{y}$ que cette cause intelligente est elle-même provoquée à l'action parce qu'elle veut Z. Le produit de ces deux probabilités $\left(1-\frac{1}{x}\right)\frac{1}{y}$ doit être naturellement plus petit que chacun de ses facteurs, puisque chaque probabilité est une fraction de 1. Pourtant la probabilité peut être considérablement accrue, si on envisage les conditions particulières $(P_1 P_2 P_3 P_4)$ dont M est habituellement la somme. La probabilité que Z est une fin poursuivie par P_1 est d'après ce qui a été dit plus haut $\left(1-\frac{1}{p_1}\right)\frac{1}{q_1}$, puisque $\frac{1}{q_1}$ représente la probabilité que la cause intelligente agit en vue de produire Z. Il suit de là d'un autre côté que la probabilité, pour que P_1 ne soit pas en vue de Z est égale à $1 - \left(1-\frac{1}{p_1}\right)\frac{1}{q_1}$. Il y a donc une probabilité égale au produit des probabilités particulières, pour que ni P_1, ni P_2, ni P_3, ni P_4 n'aient leur fin dans Z.

$$= \left[1 - \left(1 - \frac{1}{p_1}\right)\frac{1}{q_1}\right]\left[1 - \left(1 - \frac{1}{p_2}\right)\frac{1}{q_2}\right] \text{etc.}$$

$$\text{ou} = \prod_1^n 1 - \left(1 - \frac{1}{p_1}\right)\frac{1}{q_1}$$

Donc la probabilité que M avec une quelconque de ses parties a sa fin dans Z, ou la probabilité que Z est en général la fin de M, cette probabilité, dis-je, est égale au complément de ces grandeurs à l'unité.

$$= 1 - \prod_1^n 1 - \left(1 - \frac{1}{p_1}\right)\frac{1}{q_1}.$$

$\frac{1}{p_1}, \frac{1}{p_2}$, etc., sont de véritables fractions, de même que $\frac{1}{q_1}, \frac{1}{q_2}$, etc., par conséquent aussi $1 - \frac{1}{p_1}$, et $\left(1 - \frac{1}{p_1}\right)\frac{1}{q_1}$ et $1 - \left(1 - \frac{1}{p_1}\right)\frac{1}{q_1}$ et tous les correspondants, par suite aussi leur produit $\overline{\underset{1}{)}\underset{n}{(}}1-\left(1-\frac{1}{p_n}\right)\frac{1}{q_n}$. Il résulte de là que ce produit est d'autant plus petit, que le nombre n est plus grand. Car, si n croît vers l'unité, le nouveau facteur qui vient s'ajouter est $1-\left(1-\frac{1}{p_{n+1}}\right)\frac{1}{q_{n+1}}$. Ce facteur est comme le produit une véritable fraction : donc le produit des deux doit être aussi une fraction véritable, qui est moindre que chacun des deux facteurs q, e, d. — De cela maintenant que $\overline{\underset{1}{)}\underset{n}{(}}$ décroît à mesure que n augmente, il suit que $1-\overline{\underset{1}{)}\underset{n}{(}}$ grandit quand n augmente : cette dernière probabilité croît donc avec le nombre des conditions dont M est la résultante. Mettons $\left(1-\frac{1}{p_1}\right)\frac{1}{q_1}$, $\left(1-\frac{1}{p_2}\right)\frac{1}{q_2}$, etc., en moyenne $=\frac{1}{4}$: c'est-à-dire que la probabilité, pour que chacune des conditions particulières de Z ait ce dernier pour but, peut se représenter par une moyenne de $\frac{1}{4}$, est par conséquent une très-faible probabilité. Mais si $1-\left(1-\frac{1}{p}\right)\frac{1}{q}$ égale en moyenne $\frac{3}{4}$, ce dernier donne seulement à la quatrième puissance $\frac{81}{256}$, donc

$$1-\left[1-\left(1-\frac{1}{q}\right)\frac{1}{q}\right]^4=\frac{175}{256}=\text{plus de }\frac{2}{3}.$$

Il résulte en gros une très-satisfaisante probabilité, puisqu'on gagne encore, en pariant 2 contre 1 en faveur de l'existence d'une fin. L'application de ce calcul à l'exemple de la vision est à la portée de tout le monde.

Tout ce qui précède nous apprend que l'on peut tout particulièrement regarder avec certitude comme des fins les productions qui ont besoin pour se réaliser d'une grande multiplicité de causes, qui chacune paraissent, avec une certaine probabilité, servir de moyen à la réalisation de ces fins. Il n'est pas étonnant après cela que les phénomènes les plus généraux de la nature aient été de tout temps reconnus sans conteste comme des fins. Ainsi l'existence et la conservation de la nature organique comme fin de ses produits propres aussi bien que de ceux de la nature inorganique. Ici concourent, en effet, une multitude infinie de causes pour assurer ce résultat total, la conservation des organismes. Comme ces causes résident dans les organismes mêmes, on les divise en deux classes : celles qui contribuent à la conservation de l'individu, celles qui servent à la conservation de l'espèce. Ces deux sortes de fins naturelles ont été rarement méconnues. Appelons Z une de ces fins, qu'on connaît avec la plus haute certitude possible : nous savons qu'aucune de ces nombreuses causes ne doit manquer d'agir, si la fin Z doit être atteinte, qu'ainsi par exemple M ne peut faire défaut. Puisque je sais que Z et M ont été tous deux voulus et conçus avant d'exister réellement; puisque je vois que la réalisation de M demande entre autres le concours de la cause extérieure M_1, l'hypothèse que M_1, avant d'exister en fait, a été aussi voulu et conçu, doit à ce nouveau raisonnement une certaine vraisemblance. Que M, en effet, soit l'effet immédiat de l'action d'une cause intelligente, ou qu'il n'en résulte que par l'intermédiaire de causes mécaniques, dont un plus ou moins grand nombre dérivent elles-mêmes d'une cause intelligente : dans un cas comme dans l'autre M_1 doit, avant son existence réelle, avoir été voulu et conçu comme moyen pour l'exécution de la fin M. Dans le second cas cela est clair sans autre explication. Mais, dans le premier cas, l'action immédiate de la cause intelligente dans la réalisation de M n'empêche pas que les causes matérielles de M et aussi de M_1 dépendent plus ou moins de causes intelligentes, qui voulaient réaliser M et Z. C'est la règle que suivent les choses dans la nature organique. Ce raisonnement nous donne en tout cas une certaine probabilité en faveur de l'hypothèse que M_1 est aussi une fin réalisée : bien que cette probabilité ne soit pas bien grande en elle-même, elle vient toujours apporter un complément, qui n'est pas à dédaigner, à la somme de probabilité directement obtenue : et ce complément ne profite pas seulement à toutes les probabilités ultérieurement acquises, mais s'ajoute encore à chacune d'elles en particulier.

On voit, par ces considérations, que les voies qui conduisent à la connaissance des fins dans la nature, se combinent de bien des façons différentes. Il n'est pas question sans doute d'appliquer, dans la pratique, de pareils calculs. Ils servent néanmoins à éclairer les principes que la logique de la pensée, avec plus ou moins de conscience, applique dans cette question, chez quiconque sait réfléchir avec méthode, et ne tranche pas d'avance les problèmes au nom de quelque ambitieux système. Les exemples apportés dans ce chapitre ne suffisent pas à prouver la vérité de la téléologie : mais ils servent à éclairer, à rendre palpables des considérations abstraites. Aucun adversaire ne sera sans doute convaincu par là de l'existence des fins naturelles : les exemples en masse sont nécessaires pour cela. Mais peut-être que quelque esprit, qui se croyait bien au-dessus de la croyance à de telles fins, sera conduit à examiner les faits avec plus d'attention et d'impartialité. En ce sens, le seul but de ce chapitre était de préparer à l'intelligence de la partie A de nos recherches.

FIN DE L'INTRODUCTION

PREMIÈRE PARTIE

LA MANIFESTATION DE L'INCONSCIENT

DANS LA VIE CORPORELLE

> Les matérialistes se fatiguent à démontrer que tous les phénomènes, même ceux de la pensée, sont des phénomènes physiques : ils ont raison. Mais ils ne voient pas que, à un autre point de vue, tout ce qui est physique est en même temps métaphysique.
> SCHOPENHAUER.

LA MANIFESTATION DE L'INCONSCIENT

DANS LA VIE CORPORELLE

I

LA VOLONTÉ INCONSCIENTE DANS LES FONCTIONS SPONTANÉES DE LA MOELLE ÉPINIÈRE ET DES GANGLIONS

Le temps n'est plus où l'homme, dans sa liberté, était opposé aux animaux comme à des machines qui marchent, comme à des automates sans âme. Une étude plus approfondie de la vie des bêtes, les efforts zélés qu'on a faits pour comprendre leur langage et les motifs de leurs actions, ont montré que l'homme et les animaux supérieurs, de même que les animaux entre eux, ne sont séparés, en ce qui regarde leurs dispositions intellectuelles, que par des différences de degré et non d'essence; que, grâce à ses aptitudes supérieures, l'homme a créé pour son usage un langage plus parfait, et qu'il doit à ce langage la perfectibilité continue qu'il déploie à travers la série des générations, et qui manque aux animaux parce que leurs moyens de communication sont trop défectueux. Nous savons maintenant que nous ne devons pas comparer les animaux à l'homme civilisé d'aujourd'hui, sous peine d'être injustes à leur égard, mais aux races qui sont encore très-voisines de l'état dans lequel elles se trouvaient en sortant des mains de la nature. Nous n'oublions pas que notre race, qui se recommande aujourd'hui par ses hautes facultés, a été autrefois ce que les sauvages sont encore maintenant; et que les qualités supérieures dont notre cerveau et notre esprit sont doués n'ont été portées que graduellement à leur perfection actuelle, en vertu de la loi qui régit la transmission héréditaire des facultés acquises. Ainsi, le règne animal nous apparaît comme une série complète dont tous les degrés sont reliés par une analogie constante. Les facultés fondamentales de l'intelligence sont les mêmes dans tous les êtres; et celles qui paraissent nouvelles chez les êtres supérieurs ne sont que des facultés secondaires, qu'une culture plus haute des aptitudes essentielles et communes a développées dans certaines directions. Ces facultés fondamentales et originelles de l'esprit sont dans tous les êtres, la volonté et la pensée : le sentiment (comme je le montrerai au chapitre III de la 3ᵉ partie) découle des deux dernières, avec l'aide de l'Inconscient.

Nous ne parlons dans ce chapitre que de la volonté. Ce que nous reconnaissons comme la cause immédiate de nos actions et désignons sous le nom de volonté, agit aussi dans la conscience de l'animal comme cause de ses actes, et doit également y être appelé volonté. Cela ne fait aucun doute pour quiconque ne met pas son orgueil à donner aux mêmes fonctions, que l'homme accomplit, des noms différents quand elles se rencontrent chez les animaux; et à substituer alors aux mots manger, boire, enfanter ceux de dévorer, de s'abreuver, de mettre bas. C'est volontairement que le chien reste attaché à son maître; volontairement qu'il arrache à la mort, dont il connaît bien les effets, l'enfant qui est tombé dans l'eau; volontairement que l'oiseau défend ses petits; volontairement enfin que le mâle se refuse à partager sa femelle avec un autre, etc. Je sais bien que beaucoup de personnes croient relever l'homme en expliquant le plus d'actes qu'ils peuvent chez les animaux, surtout inférieurs, par des mouvements réflexes. S'ils prennent le concept d'action réflexe dans le sens habituel qu'il a en physiologie, pour désigner les réactions involontaires de l'organisme contre les excitations extérieures, on peut dire que, en prétendant tout expliquer par des actions de ce genre, ils montrent ou qu'ils n'ont jamais observé les animaux ou qu'ils les ont vus avec des yeux d'aveugles. S'ils veulent élargir le sens ordinaire que le terme action réflexe a en physiologie, pour en donner une définition qui est juste d'ailleurs, ils en ont sans doute le droit; mais ils oublient toujours, premièrement que l'homme vit et agit aussi par de purs mouvements réflexes, et que chaque acte de sa volonté est un mouvement de ce genre; secondement, que chaque mouvement réflexe est un acte de volonté, comme le chapitre v le fera voir.

Tenons-nous en donc provisoirement au sens restreint et ordinaire du mot réflexe; et parlons seulement des actes de volonté, qui ne sont pas réflexes en ce sens, qui, par conséquent, ne doivent pas être regardés comme des réactions involontaires de l'organisme contre les excitations extérieures. Deux caractères surtout distinguent la volonté de l'activité réflexe : d'abord l'émotion de la sensibilité; en second lieu, la conséquence dans la poursuite d'un dessein. Les actes réflexes s'accomplissent mécaniquement et sans émotion; mais il ne faut pas être grand physionomiste pour démêler clairement, même chez les animaux inférieurs, l'existence de certaines émotions. On sait que plusieurs espèces de fourmis se font la guerre : un état impose à l'autre sa domination, réduit les habitants en esclavage, et les condamne à faire la besogne des vainqueurs. Ces guerres sont entreprises par une caste de guerriers dont les membres sont plus grands, plus forts et armés de pinces plus solides que les autres. Il suffit d'avoir vu une fois comment cette armée vient frapper au mur de l'habitation ennemie; comment les travailleurs se retirent tandis que les guerriers sortent au dehors pour accepter le combat; avec quel acharnement la lutte se soutient, et comment, quand l'issue du combat a été malheureuse, les travailleurs de l'habitation se constituent prisonniers. On ne doutera plus après cela que cette expédition, préméditée en vue du butin, témoigne d'une volonté très-décidée, et n'a rien à voir avec les actes réflexes. Il en est de même de ce qui se passe chez les frelons.

L'activité réflexe cesse et se renouvelle avec l'excitation extérieure : elle n'est pas guidée par un dessein et ne le poursuit pas longuement à travers la mobilité des faits extérieurs, et en adaptant habilement ses moyens aux circonstances. Exemple : une grenouille décapitée, après être demeurée longtemps immobile à la suite de l'opération, se met tout à coup à faire des mouvements natatoires ou à s'avancer en sautillant. On pourrait être tenté de ne voir là que de purs mouvements réflexes, répondant aux excitations que l'air produit sur les extrémités des nerfs coupés. Mais, si la grenouille fait des efforts variés pour surmonter divers obstacles qui n'agissent pourtant sur sa peau qu'au même endroit et d'une façon identique, et en triomphe par des moyens différents, mais également ingénieux; si elle prend une direction déterminée, et, repoussée de cette direction, s'y reporte sans cesse avec une rare opiniâtreté; si elle se cache derrière une armoire et dans d'autres recoins, évidemment pour échapper à ses persécuteurs : incontestablement ce ne sont pas des actes réflexes qu'on a sous les yeux. Le physiologiste Goltz a pu conclure avec raison de ses sérieuses études sur un pareil sujet qu'il faut nécessairement en venir à l'hypothèse d'une intelligence indépendante du cerveau, mais attachée suivant les diverses fonctions à des centres organiques différents (par exemple aux tubercules quadrijumeaux pour le maintien de l'équilibre).

Par l'exemple de cette grenouille décapitée et par la volonté que déploient tous les animaux invertébrés (comme les insectes), nous apprenons que l'existence de la volonté ne dépend pas absolument du cerveau. Puisque, chez les animaux invertébrés, les ganglions pharyngiens remplacent le cerveau, nous admettrons qu'ils suffisent aussi à l'exercice de la volonté; et que, chez notre grenouille, le cervelet et la moelle épinière ont dû remplacer le cerveau. Mais nous n'attribuerons pas exclusivement aux ganglions pharyngiens la volonté des animaux invertébrés. Nous voyons chez un insecte coupé en deux la partie antérieure continuer de manger, et chez un autre également coupé la partie inférieure continuer l'acte de la reproduction; les mantes, après qu'on leur a enlevé la tête, continuent, comme si elles étaient entières, de chercher leurs femelles pendant plusieurs jours, et, quand elles les ont trouvées, de s'accoupler avec elles : il est bien évident que la volonté de se nourrir a été un acte de l'anneau pharyngien, et la volonté de s'accoupler, du moins dans les cas précités, un acte des ganglions du tronc. L'existence d'une volonté indépendante dans les divers centres ganglionnaires d'un seul et même animal se manifeste encore à nous, lorsque nous voyons, très-souvent chez le perce-oreille qu'on a coupé en deux et régulièrement chez la fourmi australienne, les deux moitiés se tourner l'une vers l'autre; et, au milieu de transports de colère et de passion guerrière, se livrer un combat furieux avec leurs pinces ou leurs aiguillons, jusqu'à ce que la mort ou l'épuisement s'en suive. Nous ne pouvons même pas limiter aux ganglions l'exercice de l'activité volontaire, puisque nous trouvons des actes volontaires, même chez les animaux infimes où le microscope de l'anatomiste n'a encore découvert aucune trace de musculine ni de nerf, mais seulement à leur place la fibroïne de Mulder (appelée aujourd'hui protoplasma), et où probablement la matière à demi liquide, mucilagineuse, dont est fait le corps de l'animal, tout comme dans les premiers moments du développement embryonnaire, réunit déjà, dans une mesure inférieure, les conditions auxquelles la substance nerveuse doit l'irritabilité, la conductibilité, la vertu motrice que réclame l'exécution des actes volontaires, je veux parler du déplacement facile et de l'aptitude à la polarisation des molécules. Si on enferme un polype dans un verre plein d'eau, et que le verre soit placé de manière qu'une partie de l'eau se trouve éclairée par le soleil, le polype se porte aussitôt en nageant de la partie obscure vers la partie éclairée du liquide. Qu'un infusoire soit précipité vivant dans le vase, et qu'il ne soit plus qu'à quelques lignes du polype, celui-ci le découvre, Dieu sait par quel moyen ! et produit en agitant dans l'eau ses tentacules un tourbillon qui lui permet d'avaler sa proie. Qu'un infusoire mort, qu'un végétal microscopique, qu'un grain de poussière viennent près du polype à la même distance, l'animal n'y fait aucune attention. Le polype s'aperçoit donc que l'infusoire est vivant; il conclut qu'il en peut faire sa nourriture, et prend ses dispositions pour l'amener à portée de sa bouche. Il n'est pas rare de voir deux polypes se disputer leur proie dans une lutte acharnée. Une volonté qui puise ses motifs d'action dans des perceptions si délicates, et qui se manifeste par des témoignages si évidents, ne peut être appelée par personne du nom d'activité réflexe au sens ordinaire que lui donnent les physiologistes. Autant voir aussi un mouvement réflexe dans l'acte du jardinier qui courbe une branche pour atteindre les fruits mûrs dont elle est chargée. Si les animaux privés de système nerveux nous présentent néanmoins des actes volontaires, nous ne saurions en aucune façon hésiter à croire les ganglions capables d'actes semblables.

L'anatomie comparée confirme ce résultat. Elle nous apprend que le cerveau est un composé de ganglions unis à des nerfs conducteurs; et la moelle épinière, dans sa substance grise, une série de nœuds ganglionnaires entremêlés. Les animaux articulés nous offrent, dans une faible mesure sans doute, l'analogue du cerveau sous la forme de deux ganglions réunis par l'anneau pharyngien, et l'analogue de la moelle épinière dans ce qu'on appelle le cordon abdominal. Ils ont aussi des ganglions unis entre eux par des filets nerveux; à un seul même de ces ganglions correspondent un anneau et une paire de pattes. Suivant cette analogie, les physiologistes admettent autant de centres indépendants dans la moelle épinière qu'ils en voient émerger de paires de nerfs spinaux. Parmi les vertébrés, les poissons encore ont le cerveau et la moelle épinière formés d'un certain nombre de ganglions, qui sont pressés en ligne les uns contre les autres. C'est la confirmation réelle de la théorie que nous découvrons dans les métamorphoses des insectes, où un organe central est formé par la réunion de plusieurs ganglions : certains ganglions, qui demeuraient séparés quand l'animal était à l'état de larve, apparaissent confondus en un seul organe à un degré supérieur de son développement. Ces faits suffisent pour démontrer la ressemblance essentielle du cerveau et des ganglions, de la volonté cérébrale et de la volonté ganglionnaire. Si les ganglions des animaux inférieurs ont leur volonté indépendante, si la moelle épinière d'une grenouille décapitée a également la sienne, pourquoi ne reconnaîtrait-on pas aussi une volonté propre aux ganglions et à la moelle épinière, dont la conformation est bien plus parfaite, chez les animaux supérieurs et chez l'homme? Chez les insectes, la volonté de manger a son siége dans la partie supérieure, la volonté de s'accoupler dans la partie inférieure du système ganglionnaire : pourquoi les fonctions de la volonté ne seraient-elles pas réparties chez l'homme de la même manière? Comprendrait-on que les mêmes organes manifestassent, sous une forme moins parfaite, une haute activité qui leur ferait absolument défaut sous une forme plus parfaite? La communication est-elle si intime entre les diverses parties de l'organisme humain, que la volonté de chaque ganglion se transmette immédiatement au cerveau, et s'y confonde entièrement pour la conscience avec la volonté cérébrale? Cela est possible dans une certaine mesure pour les parties supérieures de la moelle épinière, mais ne l'est certainement pas pour tout le reste, puisque les sensations qui naissent du système ganglionnaire abdominal sont obscures, jusqu'à échapper complétement à la conscience. Il ne nous reste donc qu'à reconnaître aux ganglions et à la moelle épinière chez l'homme une volonté spéciale, dont nous n'avons plus qu'à constater expérimentalement les manifestations. Que chez les animaux supérieurs les mouvements musculaires, auxquels sont dues les actions extérieures, soient de plus en plus subordonnés au cervelet et y soient centralisés, c'est un fait connu : nous trouverons donc chez ces animaux peu d'exemples comme ceux que nous cherchons. Cela explique pourquoi jusqu'ici les physiologistes ont peu connu l'activité propre du système ganglionnaire chez les animaux supérieurs, bien que les savants les plus récents s'en fassent les défenseurs. Au contraire, les manifestations volontaires, qu'il faut rapporter réellement aux ganglions, ont été habituellement considérées comme des actes réflexes, auxquels on devait trouver dans l'organisme les excitations correspondantes; et on supposait arbitrairement de telles excitations, quand on ne les y découvrait pas. Ces suppositions peuvent se justifier en partie, et nous les retrouverons dans notre chapitre sur les mouvements réflexes; mais nous n'en pouvons dire autant du plus grand nombre d'entre elles. En tout cas, il n'y a aucun inconvénient à examiner ici, du point de vue de la volonté, même les manifestations de l'activité réflexe, puisque nous montrerons plus tard que chacune d'elles exprime une volonté inconsciente.

Les mouvements spontanés, c'est-à-dire indépendants du concours du cerveau et de la moelle épinière, qui dérivent de l'action du grand sympathique sont : 1° les pulsations du cœur; 2° les mouvements de l'estomac et de l'intestin; 3° ceux qui manifestent la tonicité des viscères, des vaisseaux et des tendons; 4° une grande partie des phénomènes de la vie végétative, qui dépend de l'action des nerfs. Les pulsations du cœur, la tonicité des artères et des mouvements intestinaux sont des types du mouvement intermittent; les autres, du mouvement continu. Le battement du cœur commence, comme on le voit sur un cœur de grenouille mis à nu, par la contraction des veines caves; la systole des oreillettes suit, puis celle des ventricules, enfin celle du bulbe aortique. Un cœur de grenouille, qu'on a enlevé et injecté d'eau salée, voit encore pendant plusieurs heures ses ganglions accomplir leur fonction, qui est d'exciter le battement du cœur. Dans l'intestin, l'excitation commence à la partie inférieure du tube digestif, et se communique de bas en haut par un mouvement vermiculaire : aussitôt qu'une ondulation s'est produite, une autre lui succède aussitôt. Est-ce que ces mouvements intestinaux n'ont pas la plus trompeuse ressemblance avec le mouvement rampant d'un ver? La seule différence est que le ver change de place en se mouvant sur le sol, tandis qu'il est ici attaché à sa place, et que le sol (intérieur) qui le porte, c'est-à-dire la masse alimentaire et les fèces, sont poussées en avant. Pourquoi parler d'action volontaire dans un cas et pas dans l'autre? La tonicité est une légère contraction des muscles, qui se continue pendant toute la durée de la vie pour tous les muscles, même pendant le sommeil et l'évanouissement. Les muscles, soumis à l'action du libre arbitre, ou de la volonté cérébrale, doivent cette contraction à la moelle épinière : et il n'en résulte aucun mouvement des membres, parce que les actions des muscles opposés (antagonistes) se neutralisent. Là où il n'y a pas de muscles opposés (comme dans les muscles annulaires du sphincter), les effets de la contraction sont très-sensibles, et ne peuvent être dominés que par une forte pression des matières alimentaires qui cherchent à s'échapper. La tonicité des viscères, des artères et des veines dépend du grand sympathique, lequel est absolument nécessaire à la circulation du sang. Pour ce qui regarde la sécrétion et la nutrition, l'influence des nerfs s'y fait sentir soit par la dilatation ou le rétrécissement des vaisseaux capillaires, soit par la tension ou le relâchement des membranes traversées par endosmose, enfin par la production des courants chimiques, électriques et calorifiques. Toutes ces fonctions dérivent exclusivement des ganglions d'ordre inférieur par l'intermédiaire des filets nerveux du sympathique, qui sont mêlés à tous les corps nerveux, et qui se distinguent spécialement par leur moindre solidité des filets sensibles et moteurs.

Les preuves les plus fortes en faveur de l'activité indépendante du système ganglionnaire nous sont fournies par les expériences de Bidder sur les grenouilles. Après leur avoir ... lement ... la moelle épinière, il voyait ces animaux ..... encore six et jusqu'à dix semaines ; il est vrai que les pulsations du cœur devenaient de plus en plus faibles. L'ablation du cerveau et de la moelle épinière, pourvu qu'on épargnât seulement la moelle allongée (afin qu'ils pussent respirer), ne les empêchait pas de vivre encore six jours. Après la suppression de ce dernier organe même, on observait encore chez elles les pulsations du cœur et la circulation du sang jusqu'au second jour. Les grenouilles, dont on avait épargné la moelle allongée, mangeaient et digéraient des vers même au bout de vingt-six jours ; et la sécrétion urinaire se continuait régulièrement.

La moelle épinière, en y comprenant la moelle allongée, préside, en dehors de la tonicité déjà mentionnée des muscles volontaires, à tous les mouvements involontaires des muscles volontaires (voyez le chapitre v sur les mouvements réflexes) et aux mouvements respiratoires. Les derniers ont leur organe central dans la moelle allongée. A ces mouvements très-compliqués concourent non-seulement une grande partie des nerfs spinaux, mais encore le phrenicus, l'accessorius Willisii, le vagus et le facialis. Bien que la volonté cérébrale puisse, pendant un court moment, augmenter ou affaiblir l'énergie des mouvements respiratoires, elle ne peut cependant les supprimer tout à fait : après une petite pause, la volonté de la moelle épinière reprend le dessus sur elle.

L'indépendance de la moelle épinière à l'égard du cerveau a été démontrée par de belles expériences physiologiques. Une poule, à laquelle Flourens avait enlevé totalement les hémisphères cérébraux, se tenait d'ordinaire immobile ; mais, pour dormir, elle se cachait la tête sous les ailes, et au réveil elle se secouait et faisait sa toilette avec son bec. Si on la poussait, elle courait droit devant elle ; lancée en l'air, elle volait. D'elle-même elle ne mangeait pas, mais elle avalait la nourriture qu'on lui introduisait dans le bec. Voit répéta ces expériences sur des pigeons. Ces oiseaux tombaient d'abord dans un profond sommeil, et ils ne se réveillaient qu'après plusieurs semaines. Ils recommençaient alors à voler, et se mettaient d'eux-mêmes en mouvement; ils se comportaient de telle sorte qu'on ne pouvait douter qu'ils n'eussent réellement des impressions sensibles. Il ne leur manquait que l'intelligence, et la volonté de manger. Un pigeon, par exemple, étant venu frapper avec le bec une bobine en bois de fileuse qui était suspendue à la muraille, se plut, pendant une heure au moins, jusqu'à ce que Voit survint, à sentir sur son bec les chocs répétés que le balancement de la bobine lui communiquait. Un pigeon, dans le même état, cherchait à échapper à la main qui voulait le saisir, évitait soigneusement dans son vol les obstacles qu'il rencontrait, et savait habilement s'abattre sur d'étroites extrémités. Des lapins et des petits cochons d'Inde, sur lesquels on a pratiqué l'ablation des hémisphères cérébraux, courent aisément après l'opération. Nous avons déjà dit comment s'était conduite une grenouille décapitée. Tous ces mouvements, ceux de la poule qui se secoue et fait sa toilette, du lapin et des grenouilles qui se mettent à courir, se produisent sans qu'on remarque aucune excitation extérieure, et ressemblent tellement aux mouvements analogues que les animaux exécutent à l'état normal, qu'il est impossible de les rapporter dans les deux cas à des causes différentes : ici comme là, c'est la volonté qui se manifeste. Mais nous savons que la conscience supérieure de l'animal dépend de l'intégrité des hémisphères cérébraux (voyez chapitre II, 2ᵉ partie). Aussi leur suppression enlève à ces animaux, comme on dit, toute conscience ; ils agissent et veulent d'une façon inconsciente. Pourtant la conscience cérébrale n'est nullement la seule qui existe chez les animaux : mais c'est la forme la plus haute de la conscience, et la seule qui chez les animaux supérieurs et chez l'homme atteigne à la personnalité, au moi, et par suite la seule que je puisse appeler *ma* conscience à proprement parler. — Les centres nerveux inférieurs doivent donc avoir aussi une conscience, bien que très-confuse : cela ressort simplement de la loi qui soumet la série des espèces animales à une dégradation insensible, et de la comparaison de la conscience ganglionnaire chez les animaux invertébrés avec la spontanéité que manifestent les ganglions et les centres rachidiens de la moelle épinière chez les animaux supérieurs.

Il est incontestable qu'un mammifère auquel on a enlevé le cerveau, est toujours capable de sensations plus distinctes que celles d'un insecte qui n'a subi aucune lésion. La conscience que garde encore chez lui la moelle épinière est toujours d'un ordre plus élevé que la conscience ganglionnaire de l'insecte. Il ne faut donc pas à la légère considérer la volonté, dont les fonctions spontanées de la moelle épinière et des ganglions portent témoignage, comme une volonté inconsciente en soi. Nous devons plutôt admettre provisoirement que, suivant les centres nerveux qui la produisent, elle est plus ou moins consciente. Mais, en regard de la conscience cérébrale que l'homme reconnaît seule pour sa véritable conscience, la volonté dont nous parlons est certainement inconsciente. Nous avons donc montré qu'il existe en nous *une volonté inconsciente pour nous*, bien que tous les centres nerveux fassent partie de notre organisme et par suite soient en *nous*.

Il paraît nécessaire d'ajouter en terminant une remarque sur la signification que le mot volonté reçoit ici. Nous avons pris ce mot dans le sens habituel qu'on lui donne comme désignant une intention consciente. Le cours de notre étude nous a conduits à admettre que dans un même individu, mais dans des centres nerveux différents, un plus ou moins grand nombre de consciences indépendantes les unes des autres, de volontés également indépendantes peuvent coexister, dont chacune est tout au plus consciente pour le centre nerveux qui lui sert à se manifester. Le sens restreint qu'on attache habituellement au mot volonté est par là naturellement écarté. Je dois donc reconnaître en moi une autre volonté que celle qui s'exprime par l'intermédiaire de mon cerveau, et dont j'ai conscience comme de ma volonté propre. Après avoir élargi le sens du mot, nous ne pouvons plus nous empêcher de regarder désormais la volonté comme la cause immanente de tout mouvement, qui chez l'animal n'est pas purement réflexe. Le seul caractère, la seule marque infaillible de la volonté consciente, c'est que les actes qu'elle produit sont aussi des actes connus. On voit maintenant qu'il n'est nullement essentiel à la volonté qu'elle traverse ou non la conscience cérébrale. Sa nature intime ne change pas pour cela. Le mot volonté ne représente ici qu'un principe identique au fond dans les deux cas. Si l'on veut pourtant désigner par des mots différents les deux espèces de volonté, le langage nous offre pour la volonté consciente un nom tout préparé, qui en traduit exactement le concept : le libre arbitre. Le nom de volonté doit être maintenu au principe général. La volonté est évidemment la résultante de tous les désirs simultanés. Quand la lutte que les désirs se livrent entre eux se déroule sous l'œil de la conscience, la volonté paraît choisir le résultat auquel cette lutte aboutit et jouer le rôle d'arbitre. La volonté inconsciente dérobe, au contraire, son action à la conscience, et ne saurait produire l'apparence d'un choix entre les désirs. L'existence d'un mot (*Willkür*) pour désigner la volonté qui choisit montre que le sentiment vague de l'existence d'une volonté étrangère au choix d'un contenu ou d'un but, d'une volonté dont les actes apparaissent à la conscience non comme libres, mais comme provoqués par une nécessité intérieure, était depuis longtemps présent à la conscience populaire.

Je ne m'autorise pas ici seulement, comme il serait trop facile de le faire, de l'exemple de Schopenhauer et de l'usage, très-répandu déjà (même à l'étranger), du sens large qu'il a donné au mot volonté. Je m'appuie encore sur cette considération qu'aucun autre mot de la langue allemande n'est plus propre à désigner le principe général dont il s'agit ici et dans le chapitre suivant. Le mot *désir* (*Begehren*) exprime un vouloir inachevé encore en voie de formation, un vouloir particulier qui n'a pas subi victorieusement l'épreuve de la résistance d'autres désirs. Le désir n'est qu'un des éléments du processus psychologique de la volonté, non l'expression générale de la fin que poursuit l'individu tout entier dans son action (qu'elle soit d'un ordre plus ou moins élevé) : ce n'est qu'un élément du vouloir, qui peut être paralysé par l'opposition d'autres désirs et condamné à demeurer une velléité. Si le mot désir ne peut remplacer celui de volonté, le mot de *besoin* (*Trieb*) en est encore moins capable. Le besoin a comme le désir quelque chose d'exclusif, d'étroit ; il n'éveille même pas, comme ce dernier, l'idée d'une chose actuelle, mais plutôt d'une disposition latente de l'activité à prendre certaines directions exclusives. Si, en vertu d'un motif, ces directions sont prises actuellement, les dispositions dont il s'agit cessent d'être des besoins pour devenir des désirs. Le besoin ne désigne donc pas un élément déterminé de la volonté, mais du *caractère*, c'est-à-dire la disposition à répondre à certaines classes de motifs par des désirs d'une nature déterminée (ainsi le besoin sexuel, le besoin de voyager, d'acquérir, etc. : comparez les « besoins » ou « les facultés dominantes » dont parlent les phrénologues). En tant que dispositions spéciales du caractère, les besoins sont considérés avec raison comme les mobiles internes de l'action, dont les motifs sont les mobiles extérieurs. Le besoin, comme tel, a nécessairement un contenu concret que déterminent les prédispositions physiques de la constitution générale du corps et la constitution moléculaire des centres nerveux. La volonté, au contraire, se tient comme le principe formel et général du mouvement et du changement, derrière les dispositions de l'organisme. Il faut que ces dernières soient considérées comme animées par la volonté pour qu'elles portent le nom de besoins. Le principe formel, la volonté, s'exprime dans le vouloir qu'il produit ; et le vouloir doit son contenu spécifique au mécanisme psychologique déjà mentionné des motifs, des besoins et des désirs (voir ch. IV, 2ᵉ partie). Bien que ce mécanisme chez les animaux les moins parfaits et dans les centres organiques inférieurs de la vie humaine soit bien plus simple qu'il ne l'est dans le cerveau de l'homme, il n'en existe pas moins, et se fait connaître spécialement dans les mouvements réflexes. Même dans les fonctions spontanées de la moelle épinière et des ganglions, on peut très-bien appeler du nom de besoin de respirer la disposition matérielle de la moelle allongée qui se transmet par l'hérédité et qui sert à faciliter les mouvements respiratoires. Mais il ne faut pas oublier que derrière cette disposition matérielle agit le principe volontaire, comme la condition nécessaire de sa manifestation : il en serait de même pour les dispositions innées du cerveau à la compassion. Songeons encore que l'exécution des mouvements respiratoires est la réalisation d'un vouloir, qui doit à la prédisposition organique sa direction et son objet.

II

L'IDÉE INCONSCIENTE DANS LA PRODUCTION DU MOUVEMENT VOLONTAIRE.

Je veux lever mon petit doigt et le mouvement s'exécute. Est-ce ma volonté qui remue directement le doigt? Non : car, si le nerf du bras est coupé, la volonté ne peut mouvoir ce dernier. L'expérience nous apprend qu'il n'y a pour chaque mouvement qu'une seule place, à savoir l'extrémité centrale des filets nerveux correspondants, où puisse être reçue l'impulsion volontaire en vue de tel mouvement déterminé et de tel membre spécial, et d'où l'exécution de ce mouvement puisse partir. Si une lésion a eu lieu à cette place, la volonté est aussi impuissante sur le membre que si la communication qui relie les nerfs, à partir de cette place, avec les muscles correspondants se trouvait interrompue. L'impulsion motrice, si on laisse de côté son énergie plus ou moins grande, ne peut être regardée comme différant suivant la diversité des nerfs sur lesquels on veut agir. Puisque l'excitation produite sur les nerfs moteurs doit être considérée comme étant d'une seule nature, il en doit être de même de l'excitation des centres où le courant nerveux prend sa source. Les mouvements ne diffèrent donc que parce que les places où les racines nerveuses reçoivent l'impulsion de la volonté correspondent à des filets moteurs différents, qui provoquent par suite nécessairement la contraction de parties différentes des muscles. Nous pouvons nous représenter les racines des nerfs moteurs comme un clavier placé dans le cerveau. La pression des touches se fait toujours de la même manière, bien que la force en puisse varier : les touches seules sont différentes. Si je veux produire un mouvement bien déterminé, par exemple lever le petit doigt, il s'agit de forcer à une contraction les muscles dont l'action combinée doit réaliser ce mouvement, et dans ce but d'exécuter avec ma volonté sur le clavier du cerveau l'accord des touches diverses qui doivent mettre en mouvement les muscles convenables. Si dans l'exécution de cet accord, une ou plusieurs touches ont été frappées à faux, un mouvement se produit différent de celui que je voulais. Les défauts de prononciation, d'écriture, les faux pas, les maladresses de l'enfant qui saisit un objet en sont autant d'exemples. Sans doute le nombre des racines nerveuses qui partent du cerveau est de beaucoup plus petit que celui des filets nerveux qui servent au mouvement ; par un mécanisme spécial que nous étudierons au chapitre v, l'excitation simultanée de plusieurs filets périphériques se trouve confiée à un seul filet central. Cependant le nombre des mouvements divers, qui dépendent de la volonté consciente, et sont par conséquent dirigés par le cerveau, est déjà assez grand pour chaque membre, par suite des mille petites modifications de direction et de combinaison ; et pour le corps entier naturellement ce nombre devient très-considérable. Il est donc infiniment peu probable que l'intention de lever le petit doigt coïncide avec l'élévation réelle du doigt, sans l'intervention d'une cause. L'intention purement mentale de lever le petit doigt ne peut évidemment agir d'une manière immédiate sur les racines des nerfs, puisqu'il n'y a rien de commun entre cette intention et la place de ces racines : l'impulsion pure de la volonté serait absolument aveugle, et le hasard seul serait chargé de pousser les touches convenables. Sans l'intervention d'une cause spéciale, l'exercice non plus ne pourrait produire ici le moindre résultat. Personne ne trouve dans sa conscience l'idée, ou seulement le sentiment de cette multitude infinie de racines centrales. Quand le hasard aurait fait qu'une fois ou deux l'intention de lever le doigt coïncidât avec la réalisation de ce mouvement, l'expérience de l'homme ne retirerait de là aucun profit; et, s'il voulait lever le doigt une troisième fois, il devrait comme précédemment abandonner au hasard le soin de pousser les touches comme il faut. On voit que l'exercice ne peut nous éclairer sur le rapport de l'intention et de l'exécution, qu'autant qu'une cause intervient pour les unir : cette cause admise, le passage de l'une à l'autre est sans doute facilité par la répétition du phénomène. Nous avons donc toujours à rechercher quelle peut être cette cause intermédiaire. Sans elle l'exercice ne serait qu'un vain mot. D'ailleurs l'exercice dans la plupart des cas n'est pas nécessaire. Presque tous les animaux se montrent aussi adroits pour courir et sauter dès la première fois qu'après un long exercice. Une autre conséquence de ce qui précède, c'est l'insuffisance de toutes les explications qui font intervenir une cause dont l'existence ne peut être connue que par l'association accidentelle de l'intention et du mouvement réalisé. Ainsi la conscience de l'effort musculaire, correspondant au mouvement voulu, peut bien nous avoir été donnée par une précédente expérience, et s'être gravée dans notre souvenir. Mais elle n'expliquerait, en tout cas, que ce qui se passe chez l'homme, et ne nous apprendrait rien relativement à la plus grande partie des êtres vivants, des animaux. Avant de connaître, par expérience, la sensation musculaire, n'exécutent-ils pas déjà les combinaisons les plus compliquées de mouvements, en vue de réaliser le but qu'ils conçoivent, et cela avec la sûreté la plus étonnante? Ainsi l'insecte qui vient d'éclore sait dans quel ordre il doit mouvoir ses six pattes pour marcher, comme si cela n'était pas nouveau pour lui. Des perdrix grises, qu'une poule domestique a couvées dans un poulailler, aussitôt sorties de l'œuf, ne manquent presque jamais, malgré toutes les précautions, de mettre en mouvement les muscles de leurs pattes et de s'en servir adroitement pour reconquérir la liberté de leurs parents; elles savent aussi tout l'usage qu'elles peuvent faire de leur bec pour saisir et dévorer l'insecte qu'elles rencontrent : on dirait qu'elles s'en sont déjà servi mille fois.

On serait peut-être tenté de croire que les vibrations cérébrales, qui accompagnent la volonté consciente de remuer le petit doigt, se produisent d'elles-mêmes à la place qu'occupent dans le cerveau les racines des nerfs moteurs correspondants. Mais c'est là une supposition que contredit l'anatomie : les idées conscientes ont leur siège dans les hémisphères cérébraux, tandis que les racines des nerfs moteurs se trouvent dans la moelle allongée ou dans le cervelet. On ne peut pas davantage recourir à une transmission mécanique des vibrations, dont l'idée consciente est accompagnée, aux racines nerveuses en question, pour expliquer comment il se fait que les touches sont frappées comme il convient. Il faudrait alors admettre que l'intention de lever le petit doigt a son siège dans les hémisphères cérébraux, à une place différente de celle qu'occupe l'intention de lever l'index; que chacune des places des hémisphères qui répond à la volonté particulière de produire tel ou tel mouvement, est mise exclusivement en communication, par un mécanisme originel, avec la racine des nerfs moteurs, qui servent à l'exécution de ce mouvement. Les conséquences de cette étrange hypothèse seraient encore plus étranges. La volonté consciente, par exemple, de lever les cinq doigts de la main droite, devrait agir en même temps aux cinq endroits des hémisphères cérébraux, qui correspondent aux idées différentes des cinq mouvements conçus. On serait pourtant bien plus porté à croire que les idées, que se forme l'esprit, lorsqu'il veut lever un doigt ou les cinq doigts de telle ou telle façon, ne diffèrent entre elles, dans la substance matérielle, qui en est le siège, que par une faible modification de la forme des vibrations, et non par la différence bien définie des places qu'elles y occupent. Si en outre les vibrations moléculaires, résultant de la volonté consciente, en se transmettant aux racines des nerfs moteurs, suffisaient pour expliquer le mouvement, la volonté de lever, par exemple, le petit doigt devrait toujours, et chaque fois, produire le mouvement. Non-seulement un tel mécanisme, en fixant et en isolant les communications qui s'établissent entre chaque idée et chaque mouvement, devrait empêcher toute méprise, mais rendrait superflue cette impulsion indéfinissable que la volonté, comme l'expérience nous l'apprend, doit ajouter encore aux vibrations produites par chaque idée consciente, avant que l'effet matériel se produise. Là où ne serait possible aucune méprise, on ne voit pas ce qui pourrait contribuer à rendre plus sûrs et plus précis les mouvements. L'exercice n'aurait plus aucune influence sur la relation causale, qui associe l'intention et la réalisation du mouvement. Mais l'expérience dément cette conséquence, de même que l'impossibilité d'une méprise, et se retourne contre l'hypothèse d'une communication mécanique. Admettons d'ailleurs qu'un tel mécanisme existe réellement, le matérialisme devrait encore supposer qu'il se transmet par l'hérédité, et que les générations antérieures l'ont insensiblement créé, pièce par pièce, grâce à l'exercice et à l'habitude. Mais cette explication historique nous laisserait, pour rendre compte de la formation de chacune des parties de ce mécanisme, en présence des mêmes difficultés; et le problème que nous présente le rapport de l'intention et de l'exécution dans la production du mouvement, se dresserait encore devant nous sous la même forme qu'aujourd'hui : il s'agirait toujours de le résoudre, pour le cas donné, sans recourir à l'hypothèse d'un mécanisme préexistant. La théorie des transmissions mécaniques ne ferait que reculer le problème sans le résoudre; et la solution donnée plus bas serait toujours la seule possible, lors même que cette théorie serait la vraie.

Revenons encore une fois sur le rôle qu'on veut faire jouer à la sensation de l'effort volontaire, dont le souvenir nous aurait été laissé par les associations accidentelles observées, dans des cas précédents, entre l'intention et le mouvement. Cette explication n'est pas seulement étroite et insuffisante; elle pourrait tout au plus prétendre à nous faire entendre comment l'exercice peut perfectionner un enchaînement causal, déjà existant entre les deux termes, et devrait renoncer à rendre compte de cet enchaînement lui-même. Mais elle n'explique même pas, en réalité, ce perfectionnement, et ne fait que reculer d'un degré le problème. Auparavant, on ne comprenait pas comment les touches convenables du clavier cérébral étaient mises en mouvement par l'action de la volonté, par la simple pensée de lever le doigt. On ne voit pas maintenant davantage comment ce même effet peut être obtenu par le souvenir de la sensation musculaire éprouvée dans le doigt et l'avant-bras. Dans un cas comme dans l'autre, il n'est pas question de la place qu'occupent dans le cerveau les racines des nerfs moteurs; et c'est à cette place pourtant que l'action de la pensée doit se produire, pour que le mouvement voulu ait lieu. Mais en quoi l'idée, qui se rapporte à un doigt, peut-elle bien contribuer directement à la détermination du point que la volonté doit remuer dans le cerveau? Que le souvenir de la sensation musculaire intervienne de temps en temps, et dans des cas relativement rares, je ne le nie en aucune façon; que sa présence puisse faciliter le mouvement dans une certaine mesure, je ne le conteste pas davantage. Mais je prétends que cela n'ajoute rien à l'intelligence du rapport causal en question. Le problème reste ce qu'il était auparavant : la difficulté n'a été que reculée d'un pas. La supposition que nous examinons a d'autant moins de valeur que dans la plupart des cas où cette sensation musculaire précède le mouvement, elle existe d'une façon inconsciente.

Rassemblons encore une fois toutes les données que nous possédons sur le problème : la solution s'imposera d'elle-même. Une volonté est supposée, la volonté consciente de lever le doigt; comme moyen d'exécution, l'action de la volonté sur un point P déterminé du cerveau est indispensable : on demande comment il se peut que l'action volontaire se communique au point P, justement, et à aucun autre. La solution cherchée dans une transmission mécanique des vibrations a paru impossible : l'habitude, dont on faisait intervenir l'influence avant d'avoir tranché le véritable problème, n'était qu'un mot vide, dénué de sens; l'hypothèse enfin de la sensation musculaire, comme d'une causalité consciente propre à unir les deux termes, ne s'appliquait qu'à peu de cas, et, à vrai dire, n'expliquait rien. L'impossibilité de recourir à une explication mécanique, matérielle, montre que les intermédiaires cherchés doivent être de nature spirituelle; d'un autre côté, l'absence incontestable de toute causalité consciente, capable de rendre compte du phénomène, prouve que la causalité qui agit ici doit être inconsciente. La nécessité d'admettre qu'une action volontaire s'exerce au point P nous force de croire que la volonté consciente de lever le doigt donne naissance à une volonté inconsciente de mouvoir le point P : le mouvement de P est en effet le seul moyen d'atteindre le but poursuivi, l'élévation du doigt. La volonté, qui a pour objet le mouvement de P, suppose à son tour l'idée inconsciente du point P (voir chap. IV, 1re partie). L'idée du point P n'est pas autre que l'idée de la place que ce point occupe dans son rapport aux autres points du cerveau. La solution du problème est enfin trouvée : « Tout mouvement volontaire suppose l'idée inconsciente de la place qu'occupent dans le cerveau les racines des nerfs moteurs correspondants. » On comprend maintenant pourquoi la faculté motrice est innée chez les animaux. C'est que le savoir dont nous venons de parler, et l'art de s'en servir sont innés aussi chez eux. L'homme, dont le cerveau est encore grossier et informe à la naissance, ne parvient que peu à peu, et par un long exercice, à tirer de cette science qu'il porte aussi en lui-même sans le savoir, les sûres aptitudes qu'on désigne par l'innervation. On s'explique maintenant que la sensation musculaire puisse, de temps en temps, jouer le rôle d'intermédiaire. Elle sert à l'élévation du doigt, comme un moyen pour la fin cherchée. Elle est en effet plus voisine de l'idée du mouvement à imprimer au point P, que ne l'est l'idée de l'élévation du doigt. Il faut donc voir dans la sensation musculaire un auxiliaire qui peut intervenir dans la production du phénomène, mais dont il est encore plus sûr de se passer.

Nous devons regarder comme solidement démontré que tout mouvement, si faible qu'il soit, qu'il ait son origine dans une intention consciente ou non, suppose la connaissance inconsciente des racines nerveuses qui servent à la produire, et la volonté inconsciente de les mouvoir. Nous avons ainsi dépassé de beaucoup les résultats du premier chapitre. Nous ne parlions (page 76) que d'un principe relativement inconscient. Il ne s'agissait alors que d'habituer le lecteur à la pensée que des actes spirituels se produisent en lui (comme individu doué d'une organisation à la fois spirituelle et corporelle) sans que sa conscience (j'entends la conscience qui a son siège dans le cerveau) lui en apprenne rien. Nous avons maintenant rencontré des actes spirituels dont le cerveau n'a pas conscience, et qui ne peuvent encore bien moins être clairement connus par les autres centres nerveux de l'organisme. Nous avons donc trouvé un principe, dont la conscience de l'individu tout entier ne sait absolument rien.

III

L'INCONSCIENT DANS L'INSTINCT.

L'instinct est une activité qui poursuit un but sans en avoir conscience. L'activité qui a conscience du but auquel elle tend, l'activité qui naît de la connaissance, ne recevra de personne le nom d'instinct, pas plus que l'activité qui se déploie aveuglément et sans but, comme les emportements des animaux qui sont en furie et qu'on irrite. Je ne crois pas que la définition par laquelle je commence ait à redouter quelque objection de ceux qui admettent en général l'existence de l'instinct. Celui qui prétend réduire chez les animaux tous les actes instinctifs, comme on les appelle habituellement, à n'être que la manifestation d'une volonté consciente, celui-là nie en fait l'instinct, et doit par conséquent rayer ce mot du dictionnaire. Mais nous reviendrons sur ce point.

Admettons l'existence d'actes instinctifs, dans le sens de notre définition. Nous avons à les envisager : 1° comme une pure conséquence de l'organisation physique ; 2° comme un mécanisme cérébral ou mental disposé par la nature ; 3° comme l'effet d'une activité spirituelle et inconsciente. Dans les deux premiers cas, l'idée du but se dérobe bien loin derrière l'action ; dans le dernier, elle la précède immédiatement. Dans les deux premiers cas, une organisation, donnée une fois pour toutes, sert d'instrument, et l'idée du but n'intervient qu'à l'origine de cette organisation ; dans le dernier la fin est conçue dans chaque cas particulier. Examinons successivement ces trois cas.

I. — L'INSTINCT N'EST PAS PUREMENT LA CONSÉQUENCE
DE L'ORGANISATION PHYSIQUE.

A. *Les instincts sont tout à fait différents, malgré la ressemblance des organismes.* Toutes les araignées ont les mêmes instruments pour tisser : mais une espèce tisse sa toile en rayons, une autre la tisse sans régularité, une troisième ne fait point de toile, et vit dans les trous dont elle couvre les parois de ses fils, et ferme l'accès par une porte. Presque tous les oiseaux ont les mêmes organes essentiels pour construire leurs nids (le bec et les pattes); mais combien les nids sont différents par la forme, le mode de construction, la solidité (ils sont d'aplomb, collés ou suspendus), la place qu'ils occupent (dans les creux, les trous, les angles, sur les rameaux bifurqués, les buissons, le sol) et la perfection; combien ils diffèrent souvent chez les espèces du même genre, ex. : le parus (mésange). Certains oiseaux ne bâtissent pas de nid. La plupart des palmipèdes nagent à l'aide de leurs pieds palmés; mais quelques-uns ne nagent pas, comme les oies des hautes-terres, qui ne vont à l'eau que rarement ou jamais; la frégate, qui vole toujours en l'air, et que personne, excepté Audubon, n'a vu s'abattre sur la surface de la mer. Le chant des oiseaux ne dépend pas de leur organe vocal, pas plus que les constructions particulières des abeilles et des fourmis ne correspondent à leur organisation physique. Dans tous les cas, l'organisation explique seulement l'aptitude générale au chant ou à la construction, mais n'a rien à démêler avec les formes particulières sous lesquelles ces aptitudes se manifestent. L'appariation sexuelle n'a rien non plus à voir avec l'organisation; la disposition des parties sexuelles pour chaque mâle conviendrait aussi bien aux femelles de mille autres espèces étrangères qu'aux femelles de sa propre espèce. Les soins apportés à la protection et à l'éducation des petits s'expliquent moins encore par la conformation physique. J'en dirai autant du lieu où les insectes déposent leurs œufs, ou du choix des tas d'œufs de poissons de leur espèce, sur lesquels les poissons mâles répandent leur semence. Le lapin se creuse un terrier; le lièvre ne le fait pas, quoi qu'il ait les mêmes organes pour creuser : sa plus grande rapidité dans la fuite lui rend moins nécessaire une retraite souterraine. Certains oiseaux, qui sont admirablement doués pour le vol, sont des oiseaux sédentaires (comme le milan à fourche, et d'autres oiseaux de proie); beaucoup d'oiseaux qui volent médiocrement (comme les cailles) font les voyages les plus longs.

B. *Chez les animaux dont l'organisation diffère, on rencontre des instincts semblables.* Sur les arbres vivent, à la fois, des oiseaux, dont les pattes sont conformées ou non pour grimper, des singes à queue prenante ou non, des écureuils, des paresseux, des puma, etc. La taupe-grillon creuse la terre avec ce qu'on nomme les pelles de ses pattes antérieures; le fossoyeur fait la même chose sans aucun organe disposé pour cela. Le hamster porte dans ses abajoues longues de 3 centim. et de 1 centim. et demi ses provisions d'hiver; la souris champêtre en fait autant sans un organe spécial. Dans l'eau vivent également les oiseaux palmipèdes et ceux qui ne le sont pas. Les grèbes (podiceps) et les poules d'eau (fulica), sont désignés du moins comme des oiseaux aquatiques, bien que chez eux les doigts soient seulement bordés par une membrane natatoire. Les oiseaux chez qui le tarse est long et développé, les doigts longs et détachés, sont pour la plupart des oiseaux de marécage. Avec la même conformation, le coq des roseaux (ortygométra) est presque autant un oiseau aquatique que la poule d'eau; et le râle de genêt (crex) peut passer pour un oiseau de terre aussi bien que la caille et la perdrix. L'instinct voyageur se manifeste avec une égale force chez les animaux d'espèces les plus différentes, quels que soient les moyens qu'ils emploient pour voyager dans l'eau, sur terre, ou dans l'air.

On doit reconnaître après tout cela que l'instinct est en grande partie indépendant de l'organisation corporelle. Qu'une certaine organisation physique soit la condition *sine quâ non* des actes instinctifs, cela s'entend de soi. Sans parties sexuelles, par exemple, il n'y a pas d'accouplement possible; pas plus que de construction artistement faite sans des organes appropriés, ni de toile d'araignée sans sécrétion glandulaire. Il ne faut pas dire pour cela que l'organisation soit la cause de l'instinct. La seule existence de l'organe ne fournit pas le plus petit motif à l'exercice des opérations auxquelles il convient. Un sentiment de plaisir doit au moins accompagner l'usage de l'organe : ce sentiment peut devenir alors un motif d'action. Mais, quand même l'impulsion d'agir viendrait de là, l'organisation n'expliquerait toujours que le fait, non la nature particulière de l'action : et c'est justement le comment de l'activité exercée qu'il s'agit de comprendre. Personne ne donnerait le nom d'instinct à l'acte de l'araignée si elle répandait simplement la matière textile dont ses glandes sont gonflées pour se procurer la sensation agréable d'un soulagement; ou à celui du poisson qui, pour la même raison, se bornerait à répandre sa semence dans l'eau. L'instinct et le merveilleux apparaissent seulement, lorsque l'araignée tisse ses fils et en forme sa toile, lorsque le poisson choisit, pour répandre sa semence, les œufs de son espèce. Enfin le plaisir ressenti est un motif tout à fait insuffisant pour expliquer l'usage de l'organe. L'instinct présente justement cela de grand et d'admirable, que ses ordres sont obéis avec un parfait désintéressement et même au prix du sacrifice de la vie. Si le bien-être seul qu'elle éprouve à vider ses glandes était le motif qui porte la chenille à tisser, elle ne tisserait ses fils que jusqu'au moment où son réservoir glandulaire serait vidé; mais elle ne recommencerait pas sans cesse sa toile, en supposant qu'on la déchire sans cesse, jusqu'à mourir d'épuisement. Il en est de même de tous les autres insectes qui semblent céder à l'attrait du plaisir dans leurs actes. Que l'on dispose les circonstances de telle sorte que, à la place du bien-être de l'individu, le sacrifice même de la vie doive être la conséquence de l'action accomplie, c'est alors que l'instinct manifestera sa haute origine avec une évidence qu'on ne saurait méconnaître. Croit-on que les oiseaux s'accouplent pour goûter le plaisir sexuel? Pourquoi ne renouvellent-ils plus leur action, lorsqu'ils ont pondu un certain nombre d'œufs déterminé? L'instinct reproducteur persiste pourtant en eux. Enlevez un œuf du nid, ils s'accouplent de nouveau, et la femelle pond un œuf nouveau; ou bien, s'ils appartiennent aux espèces intelligentes, ils abandonnent le nid et font une nouvelle couvée. Une femelle d'ignex torquilla (torcol), dont on enlevait l'œuf à mesure qu'elle le pondait, s'appariait de nouveau, et pondait un nouvel œuf, jusqu'à ce qu'au vingt-neuvième on trouva l'oiseau mort sur son nid. Si un instinct ne se montre pas capable d'obtenir, au besoin, que le bien-être de l'individu lui soit sacrifié, s'il a seulement sa source dans l'appétit de la volupté physique, il n'est pas un instinct véritable, et ne peut que faussement être considéré comme tel.

II. — L'INSTINCT N'EST PAS UN MÉCANISME DU CERVEAU OU DE LA PENSÉE, QUE LES ANIMAUX APPORTERAIENT EN NAISSANT.

Dans cette hypothèse, l'action instinctive s'exécuterait mécaniquement en quelque sorte, sans que la pensée de l'individu déployât une activité propre, même inconsciente; sans que l'idée de la fin poursuivie fût présente. La fin aurait été une fois pour toutes conçue par la nature ou par la Providence; et l'individu aurait reçu une organisation psychique, qui lui ferait exécuter comme une machine les actes propres à réaliser la fin. Il s'agit ici d'une organisation psychique, comme précédemment d'une organisation physique; et l'on veut faire de la première la cause de l'instinct. Cette explication serait assurément acceptable, si chaque instinct, une fois implanté dans l'animal, agissait d'une manière continue : mais il n'en va pas ainsi. L'instinct attend toujours que la perception lui apporte un motif d'agir, et lui apprenne que les circonstances extérieures lui permettent présentement la réalisation du but, à l'aide des moyens qu'il préfère. Alors seulement l'instinct entre en fonction, comme une volonté actuelle que l'action suit immédiatement. Avant l'apparition du motif, l'instinct demeure en quelque sorte latent et inactif. Le motif se manifeste à l'esprit sous la forme d'une perception sensible; et un rapport constant associe entre elles l'action de l'instinct et les perceptions sensibles. Ces dernières montrent que l'occasion favorable à la réalisation de la fin que poursuit l'instinct est enfin arrivée. Il faudrait chercher dans la liaison constante du motif et de l'action le mécanisme mental dont il s'agit ici. On devrait penser à une sorte de clavier: les motifs correspondraient aux touches frappées; et les actes instinctifs, aux sons produits. Cette hypothèse serait encore admissible, bien qu'il soit fort étonnant que des touches très-diverses rendent toujours le même son, si les instincts étaient réellement comparables à des sons déterminés d'avance; c'est-à-dire si un seul et même instinct, sous l'impulsion des motifs, agissait toujours de la même manière. Mais cela n'est pas le cas. Il n'y a de constant que la fin inconsciente de l'instinct : l'instinct lui-même, comme volonté de recourir à tel ou tel moyen, varie autant que le moyen propre à réaliser le but varie lui-même suivant les circonstances extérieures. Par là se trouve condamnée l'hypothèse qui ne veut pas admettre pour chaque cas particulier l'action de la finalité inconsciente. Si on voulait encore soutenir l'existence du mécanisme mental, il faudrait croire que, pour chaque variation et modification de l'instinct, qu'amènent les circonstances extérieures, la nature a disposé pour toujours un rouage particulier, et comme une autre touche propre à rendre un son nouveau : ce serait introduire dans le mécanisme en question une complication infinie. Puisque, à travers les variations que traverse l'instinct dans le choix des moyens, le but poursuivi reste toujours le même, cela ne nous indique-t-il pas assez clairement qu'il n'est pas nécessaire de recourir aux complications infinies d'un tel mécanisme mental; et qu'il vaut mieux simplement admettre l'action d'une finalité inconsciente?

Ainsi la fin constante de l'oiseau qui a pondu ses œufs est de faire éclore ses poussins. C'est pour cela qu'il couve dans les pays où la température n'est pas assez élevée; et que, dans les régions torrides, il s'abstient de ce soin : l'oiseau voit, dans ce second cas, que le but de l'instinct peut être atteint, sans aucun concours de sa part. Dans les pays chauds, beaucoup d'oiseaux ne couvent que la nuit. Dans nos climats, les petits oiseaux, qui nichent accidentellement dans des serres chaudes, ne couvent pas ou presque pas leurs œufs. Combien est peu naturelle l'hypothèse d'un mécanisme, qui contraindrait l'oiseau à couver aussitôt que la température s'abaisse au-dessous d'un certain degré ! Combien est simple et facile au contraire, celle d'une finalité inconsciente qui force l'oiseau à vouloir les moyens convenables à l'action, et ne laisse arriver à sa conscience que la volonté finale qui doit précéder immédiatement l'action !

— Dans le sud de l'Afrique, le moineau entoure son nid d'épines pour le protéger contre les serpents et les singes.

— Les œufs que pond le coucou sont toujours semblables par la grosseur, la couleur et le dessin aux œufs du nid où il les dépose : pour celui de la *sylvia rufa*, ils sont blancs avec des mouchetures violettes : pour celui de la *sylvia hyppolais*, roses avec des mouchetures noires : rouge sombres enfin pour le *regulus ignicapellus*. L'œuf du coucou est toujours ressemblant à s'y tromper aux œufs des autres oiseaux; et on ne les peut guère distinguer que par la structure de la coquille. Brehm compte une quinzaine d'espèces environ, dans le nid desquelles on a constaté des œufs de coucou (*Vie des animaux, illustrée*, t. IV, p. 197). Ce n'est que par mégarde, quand un coucou se trouve surpris à l'improviste par le besoin de pondre son œuf, que l'œuf est parfois déposé dans un nid mal approprié; il peut arriver de même que l'œuf soit brisé sur le sol, quand la mère n'a pas trouvé un nid convenable en temps opportun. — Huber réussit, par certains moyens, à empêcher que des abeilles ne satisfissent, dans la construction de leur ruche, l'instinct qui les porte à la bâtir de haut en bas : elles se mirent à la bâtir de bas en haut, ou encore horizontalement. Là où les cellules les plus excentriques s'attachent au toit de la ruche ou en pressent les parois, les abeilles emploient, non plus des prismes de six côtés, mais des prismes d'une solidité plus durable, des prismes de cinq côtés qui sont fixés par la base seulement. A l'automne, les abeilles prolongent les alvéoles qui existent déjà, quand elles ne sont pas suffisantes; au printemps, elles les diminuent afin de se ménager entre les gâteaux des chemins plus larges. Quand les gâteaux de miel sont devenus trop pesants, elles remplacent les parois en cire, formées par les cellules supérieures, celles qui supportent la ruche, par des parois plus épaisses, faites de cire et de propolis. Si on introduit des larves d'abeilles ouvrières dans les cellules réservées aux larves des faux bourdons, les ouvrières en ferment l'entrée par les couvercles plats qui sont faits pour les premières, non par les couvercles ronds destinés aux faux bourdons. Elles mettent à mort les faux bourdons à l'automne régulièrement; mais elles leur laissent la vie quand elles ont perdu leur reine, afin que les faux bourdons fécondent la jeune reine qu'elles élèvent parmi les larves d'ouvrières. Huber remarqua que, pour se défendre contre les attaques des sphinx, elles ferment l'entrée de la ruche par d'ingénieuses constructions de cire et de propolis. Elles ne font usage de la propolis que pour consolider ou dans un but particulier. Les araignées et les chenilles aussi montrent une merveilleuse habileté, lorsqu'elles veulent réparer les dommages causés à leur toile; et c'est là un travail à coup sûr bien différent de la confection d'une toile nouvelle.

Les exemples cités pourraient être multipliés indéfiniment. Ils suffisent à prouver que les instincts ne déroulent pas mécaniquement leurs effets d'après des types immuables, mais qu'ils s'accommodent plutôt aux circonstances de la façon la plus complète. Ils sont même capables de modifications et de variations si considérables, qu'ils paraissent quelquefois se transformer en leur contraire. On voudra peut-être attribuer ces changements à la volonté réfléchie des animaux; et certainement chez les animaux supérieurs, on découvre bien souvent une combinaison incontestable de l'activité instinctive et de la volonté consciente. Je crois néanmoins que les exemples apportés prouvent suffisamment que, dans bien des cas, une telle combinaison n'a pas lieu; et que les actes, habituels ou extraordinaires, découlent d'une source commune : il faut les rapporter également ou à un instinct véritable, ou à une volonté consciente. Est-il possible de rattacher à des causes différentes l'impulsion qui pousse l'abeille à former des prismes de six côtés au milieu, et de cinq côtés sur les parois de la ruche; celle qui commande à l'oiseau de couver dans certaines circonstances, de s'en abstenir dans d'autres; qui porte les abeilles, tantôt à mettre à mort leurs frères impitoyablement, tantôt à leur laisser la vie; qui enseigne à l'oiseau de quelle manière doit être bâti le nid de son espèce, et quelles dispositions particulières il doit prendre; qui apprend enfin aux araignées à tisser leur toile, et à réparer les dommages causés à la toile qu'elles ont achevée? On doit donc accorder que les modifications de l'instinct, aussi bien que sa forme essentielle et la plus constante, qui souvent est impossible à déterminer, dérivent d'une même origine. L'objection, qui s'appuie sur l'action supposée de la volonté consciente trouvera plus tard d'elle-même sa réponse, quand nous examinerons ce qu'elle vaut contre l'existence de l'instinct en général. Une remarque, que les chapitres suivants justifieront, pourrait n'être pas ici déplacée : je veux dire que l'instinct et l'activité plastique de la force organisatrice ne sont qu'un seul et même principe; qu'ils paraissent variés parce qu'ils se déploient dans des circonstances différentes; et que l'un et l'autre, sans cela, se confondraient absolument. L'instinct ne dépend donc pas de l'organisation du corps ou du cerveau; et il serait bien plus vrai de dire que l'organisation est un produit de l'activité instinctive.

Nous avons encore à examiner de plus près l'hypothèse d'un mécanisme mental. Sans parler de l'insuffisance des explications qu'elle fournit, on peut la déclarer tellement obscure qu'elle est à peine intelligible. Le motif, avons-nous dit, se présente à l'âme sous la forme d'une perception sensible et consciente : c'est le point de départ de tout le phénomène. Le terme final est la volonté consciente de produire un acte. Mais ce sont là deux faits absolument différents, et qui n'ont rien à voir d'ailleurs avec la façon ordinaire dont nos actes sont motivés. Dans la volonté consciente, en effet, l'idée du plaisir, celle de la peine font naître en nous le désir d'atteindre l'un, d'écarter l'autre. Sans doute, dans l'instinct, le sentiment du plaisir est souvent associé à l'action : mais nous avons déjà vu qu'il n'est pas indispensable; et que la puissance et la grandeur de l'instinct se manifestent justement dans la disposition au sacrifice de soi-même qu'il inspire à l'individu. Le problème véritable est d'ailleurs bien plus profond. L'idée du plaisir suppose qu'on a déjà fait l'expérience du plaisir. Une volonté préexistait donc à l'acte, puisque c'est en la satisfaisant qu'on a connu le plaisir. D'où vient cette volonté antérieure à la conscience du plaisir, qui n'attend pas pour se manifester, comme dans la faim, que l'aiguillon de la souffrance physique se fasse sentir? C'est là justement la question. On voit les animaux, qui grandissent dans l'isolement, obéir aux impulsions de l'instinct, avant de connaître le plaisir qu'ils ressentiront à les satisfaire. Il doit donc se trouver dans l'instinct une liaison causale entre la perception sensible qui motive l'action, et la volonté de produire l'acte instinctif. Le plaisir qui doit naître plus tard de l'exécution n'a rien à voir ici. L'expérience, nous le savons par nos propres instincts, ne nous donne pas la conscience de ce rapport causal. Ce rapport, s'il doit être l'effet d'un mécanisme, ne peut l'être que d'un mécanisme matériel, étranger à la conscience, qui transforme les vibrations associées dans le cerveau à l'idée du motif en celles qui accompagnent l'exécution de l'acte voulu; ou bien encore l'effet d'un mécanisme mental qui serait également inconscient. Dans le premier cas, il serait surprenant que l'action mécanique échappât entièrement à la conscience, puisqu'elle se produit avec tant d'énergie que la volonté d'agir, qui en résulte, triomphe de toute autre considération, de toute autre intention; et que les vibrations cérébrales, qui ont assez d'intensité pour produire de tels effets, sont toujours perçues par la conscience. On ne comprendrait pas non plus comment doit s'accomplir la transformation mécanique, dont il s'agit, pour expliquer les formes variées que prend, sous l'influence diverse des circonstances, la volonté d'atteindre un but, qui demeure invariablement le même. A-t-on recours à l'autre hypothèse qui suppose un mécanisme mental inconscient? Il n'y a pas d'autre manière satisfaisante de se rendre compte du phénomène que de le faire dériver du rapport, constant dans la vie de l'esprit, de la pensée et de la volonté. Il faut alors admettre qu'entre la conscience du motif et la volonté de produire l'acte instinctif, le lien causal est établi par une idée et une volonté inconscientes; et je ne vois pas que cela puisse s'entendre plus simplement que dans le sens de l'idée et de la volonté d'un but. Le mécanisme essentiel et immanent, auquel obéit la logique de tout esprit, est enfin trouvé; nous avons atteint cette finalité inconsciente, qui se mêle comme un élément essentiel à tout acte instinctif particulier. L'idée d'un mécanisme mental sans vie, et préformé par une force étrangère, s'évanouit d'elle-même pour faire place à celle d'une logique immanente de la pensée.

III. — L'INSTINCT EST L'EFFET D'UNE ACTIVITÉ SPIRITUELLE ET INCONSCIENTE.

Nous avons découvert la seule explication qui puisse être donnée de l'instinct véritable : *L'instinct est un vouloir* conscient du moyen propre à réaliser une fin voulue elle-même sans conscience. Cette conception permet de résoudre aisément et simplement tous les problèmes que l'instinct présente. Disons mieux : en éclairant la vraie nature de l'instinct, elle dissipe toutes les incertitudes. Une proposition isolée sur l'instinct éveillerait peut-être les défiances du public lettré, qui n'est pas encore familiarisé avec la notion de l'activité mentale inconsciente ; mais ici, où chaque chapitre accumule de nouveaux faits en faveur de l'existence d'une telle activité et en témoignage de son rôle important, la nouveauté d'un tel concept ne doit pas le rendre suspect.

Je devrais rejeter absolument la doctrine qui ne voit dans l'instinct que le perfectionnement d'un mécanisme construit une fois pour toutes : mais je n'ai pas nié pour cela que l'organisation du cerveau, des ganglions et du corps tout entier, aussi bien par rapport à la forme, que par rapport à la constitution physiologique des molécules, ne comporte certaines prédispositions qui servent d'intermédiaires inconscients entre le motif et l'acte volontaire, et rendent plus facile et plus sûr le cours de l'activité dans un sens que dans un autre. Une prédisposition de ce genre peut être l'effet des influences qu'exerce de plus en plus profondément l'habitude, et qui laissent derrière elles des effets indestructibles, soit en chaque individu, soit dans la série des générations par voie d'hérédité ; ou bien encore elle résulte expressément d'un effort inconscient de la force organique, en vue de faciliter l'action dans un sens déterminé. Le dernier cas se présente surtout dans les modifications extérieures de l'organisme (ainsi les moyens de défense et les instruments de travail des animaux) ; le premier se rapporte aux dispositions moléculaires du cerveau et des ganglions, d'où peuvent résulter les formes principales et constantes de l'activité instinctive (ainsi la forme hexagonale commune aux alvéoles des abeilles). Nous verrons plus tard (2ᵉ partie, ch. IV) que la somme des formes particulières, sous lesquelles se produit la réaction de l'individu contre toutes les espèces possibles de motifs, est ce qu'on désigne sous le nom de caractère individuel; et que (3ᵉ partie, ch. xi, 2) ce caractère repose essentiellement sur une disposition cérébrale et corporelle, dont l'individu est pour une faible part l'auteur par l'habitude, mais dont la plus grande partie est en lui héréditaire. Puisqu'il s'agit aussi dans l'instinct du mode de réaction que provoquent certains motifs, nous pourrons parler ici du caractère, non pas tant du caractère de l'individu que de celui de l'espèce. En traitant du caractère à propos de l'instinct, nous nous occuperons donc non pas de ce qui distingue un individu d'un autre, mais de ce qui sépare une espèce d'une espèce différente. Si l'on veut regarder comme un mécanisme la prédisposition du cerveau et du corps à certaines formes d'action, on le peut dans un certain sens, à condition toutefois de ne pas perdre de vue les remarques suivantes : 1° Toutes les déviations par lesquelles l'instinct s'écarte de sa forme habituelle, alors qu'elles ne peuvent être rapportées à l'action d'une volonté consciente, n'existent pas pour cela dans ce mécanisme à titre de prédispositions; 2° la transmission héréditaire suppose l'action constante, sur le développement embryonnaire, d'une finalité organisatrice inconsciente, qui, sans doute, subit à son tour l'influence des prédispositions que le germe apporte avec lui; 3° pour que de semblables prédispositions s'établissent profondément dans la constitution de l'individu, qui doit les transmettre à ses descendants par voie d'hérédité, une longue habitude des mêmes façons d'agir est une condition nécessaire; ainsi *l'activité instinctive agissant, sans le mécanisme auxiliaire des prédispositions organiques, est la cause à laquelle ce mécanisme lui-même doit sa formation ;* 4° tous les actes instinctifs, qui ne se produisent que rarement ou même qu'une seule fois dans chaque individu (comme ceux qui se rapportent à la propagation de l'espèce ou aux métamorphoses chez les animaux inférieurs, et les actes instinctifs auxquels on ne peut s'opposer sans causer la mort des animaux), ne sauraient s'expliquer raisonnablement par l'influence si profonde qu'elle soit de l'habitude ; mais les animaux pourraient y être prédisposés par une sorte de constitution ganglionnaire, qui serait l'œuvre d'une finalité organisatrice ; 5° le mécanisme auxiliaire, dont nous avons parlé, une fois prêt à l'action, n'a pas la vertu de nécessiter, mais seulement de prédisposer à telle manifestation déterminée de l'instinct, comme le prouvent les déviations possibles de la forme essentielle. La finalité inconsciente demeure toujours plus forte que les prédispositions ganglionnaires, et n'en reçoit qu'une inclination à choisir de préférence parmi des moyens, également placés à sa portée, celui que la constitution physique lui indique le premier et lui rend plus aisé.

Nous arrivons maintenant à la question que nous avons différée jusqu'ici : l'instinct est-il réel, ou les actes instinctifs sont-ils les résultats d'une activité consciente ? Ce qui favorise la seconde supposition, c'est le fait bien connu que, plus est limité le cercle d'action des facultés conscientes d'un être, plus est grande, par rapport à sa capacité totale, l'habileté d'exécution qu'il déploie dans cette sphère particulière et restreinte. Cette vérité, que l'observation des hommes et même celle des animaux confirme par de nombreux exemples, s'explique par la considération que, si la perfection des facultés dépend en partie des dispositions mentales, elle ne dépend pas moins de l'exercice et du développement de ces mêmes dispositions dans une direction déterminée. Ainsi un philologue est inhabile dans des questions de droit ; un physicien ou un mathématicien dans les problèmes philologiques ; un philosophe abstrait ne réussit pas dans les inventions poétiques, et cela indépendamment des dispositions naturelles, par le seul effet d'une culture et d'un exercice exclusifs des facultés. Plus est spéciale la direction qu'un être imprime à l'activité de son esprit, plus se concentre exclusivement dans ce sens toute la puissance de développement et d'exercice dont il est capable. Il n'est pas étonnant que les œuvres qu'il finit par produire dans cette direction aient relativement à ses dispositions générales la plus haute perfection possible, par cela seul qu'il a restreint le champ de son activité. Si l'on veut se servir de cette observation pour rendre compte des actes instinctifs, il ne faut pas perdre de vue la restriction qui l'accompagne : « relativement aux dispositions totales. » La capacité générale de l'intelligence va en décroissant à mesure que l'on descend vers les espèces inférieures ; et, tandis que les manifestations de l'instinct sont également parfaites à tous les degrés du règne animal, les effets incontestables de la pensée consciente sont dans une proportion évidente avec les facultés mentales. N'est-il pas évident après cela que le principe de l'instinct diffère de celui qui domine la pensée consciente ? Nous voyons encore que les effets de l'entendement conscient chez les animaux ressemblent absolument, dans l'espèce du moins, à ceux qu'il produit chez nous : ils sont dus au savoir que les animaux ont acquis, à l'éducation qu'ils ont reçue ; et l'exercice enfin peut les perfectionner. L'intelligence des bêtes croît avec les années : les actes instinctifs, au contraire, présentent cela de particulier que les animaux développés dans l'isolement les exécutent aussi bien que ceux qui ont profité des leçons de leurs parents ; et que, la première fois et avant toute expérience et tout exercice, le succès n'en est pas moins assuré que les fois suivantes. La différence des principes, qui agissent dans les deux cas, ne saurait ici être méconnue. L'expérience nous le prouve d'ailleurs : plus un entendement est faible et borné, plus les pensées s'analysent en lui lentement, car plus est lent et difficile le travail de la pensée consciente. Cela résulte des différences qui s'observent entre les hommes et aussi entre les animaux, sous le rapport de la puissance de compréhension, tant que l'instinct n'entre pas en jeu. L'instinct, au contraire, a pour caractère particulier de ne jamais hésiter, balancer ; il agit tout d'un coup, aussitôt que la conscience lui a présenté un motif d'agir. Cette rapidité d'exécution se retrouve au même degré chez les animaux inférieurs comme chez les animaux supérieurs. N'est-ce pas là encore une preuve, que le principe instinctif diffère du principe de la pensée consciente ?

En ce qui concerne la perfection des œuvres produites, un rapide examen va nous convaincre de la disproportion qu'elle présente avec le développement relatif des facultés mentales. Qu'on considère la chenille du paon de nuit (*saturnia pavonia minor*). Elle se nourrit des feuilles de l'arbuste sur lequel elle est éclose; se promène tout au plus, lorsqu'il pleut, sous ses feuilles; et change de peau de temps en temps. C'est là toute sa vie et rien n'y fait soupçonner l'intelligence, même la plus élémentaire. Elle sait cependant, pour se transformer en chrysalide, tisser et se bâtir, à l'aide de soies dures, qui se croisent par le sommet, une double voûte, qu'il est très-facile d'ouvrir du dedans, mais qui présente une résistance suffisante à toute tentative d'y pénétrer par le dehors. Si cette construction devait être considérée comme une œuvre réfléchie, il faudrait prêter le raisonnement suivant à l'insecte : « Je deviendrai chrysalide, et, immobile comme je suis, je me trouverai exposé à toutes les aggressions; il faut donc que je m'enveloppe de fil. Mais puisque, une fois devenu papillon, je ne pourrai plus sortir de cette enveloppe ni par des moyens mécaniques, ni par des procédés chimiques (ce que font quelques chenilles), je dois me ménager une ouverture facile. Afin que mes ennemis ne l'utilisent pas contre moi, je la fermerai à l'aide de piquants, qui arrachent les plumes. Du dedans, il me sera facile de séparer ces piquants en les pliant; mais, d'après la théorie de la construction des voûtes, ils résisteront à une pression extérieure. » C'est assurément trop demander à la pauvre chenille. Et cependant chacune des parties de ce raisonnement est indispensable, si la conséquence doit s'en tirer régulièrement.

Cette distinction théorique de l'activité instinctive et de l'activité consciente pourrait facilement conduire les adversaires de mon opinion à croire que je les sépare dans la pratique par une profonde démarcation; mais ma pensée est bien différente. Je me suis étendu déjà précédemment sur la possibilité de combiner, dans une mesure variable, ces deux formes de l'activité de l'âme. La perfection progressive des mélanges différents qui en peuvent résulter, répond à l'ascension continue de l'instinct pur vers la pure réflexion. Nous verrons plus tard (2° partie, VII), que la conscience humaine, même sous ses formes les plus hautes et les plus abstraites, offre des éléments très-importants qui s'accordent essentiellement avec l'instinct.

Les manifestations les plus étonnantes de l'instinct ne se rencontrent pas seulement dans le règne végétal (comme nous le verrons au ch. IV), mais même dans ces organismes inférieurs, dont la composition très-rudimentaire se réduit quelquefois à une cellule unique; et qui, en tout cas, sont bien plus éloignés de la conscience que les plantes supérieures, auxquelles on la refuse d'ordinaire absolument. Si ces organismes microscopiques, formés d'une seule cellule, (à propos desquels toute tentative de distinction entre la nature animale et la nature végétale doit être regardée comme une question mal posée), nous forcent d'admirer en eux une finalité instinctive, qui dépasse de beaucoup les excitations produites par les mouvements réflexes, il ne sera plus permis de mettre en doute l'existence d'un instinct, qu'on est condamné à l'avance à ne pouvoir expliquer par une action de la pensée consciente. J'apporte un exemple qui me paraît presque plus étonnant que tous les faits connus jusqu'ici. On y voit résolu le problème d'atteindre, avec des moyens incroyablement simples, les buts différents auxquels concourt chez les animaux tout un système compliqué d'organes du mouvement.

L'*arcella vulgaris* est un globule de protoplasma, contenu dans une sorte de coquille concave et convexe, de couleur brune, finement tressée, dont la partie concave donne issue à l'arcelle, qui sort par une ouverture circulaire à l'aide de ses appendices (fausses pattes). Qu'on examine au microscope une goutte d'eau dans laquelle vivent des arcelles. Si une arcelle gît par hasard sur le dos au fond de la goutte d'eau, on la voit pendant une ou deux minutes s'épuiser en

vains efforts pour saisir un point fixe à l'aide de ses fausses pattes. Tout à coup des points sombres, de deux à cinq et quelquefois davantage, apparaissent au sein du globule de protoplasma, assez près de la périphérie, et très-souvent à une distance régulière les uns des autres. Ils grossissent rapidement et se présentent nettement sous la forme de bulles d'air sphériques. Ces globules finissent par occuper une partie sensible de l'espace creux qui se trouve dans la coquille et poussent dehors une partie du protoplasma. Le nombre et la grosseur des bulles d'air sont en raison inverse l'un de l'autre. Au bout de cinq à vingt minutes, le poids spécifique est tellement diminué, que l'animal est porté par l'eau avec ses fausses pattes à la surface supérieure de la goutte d'eau, et peut s'y mouvoir désormais tout à son aise. Alors les bulles disparaissent dans l'eau, dans l'espace de cinq à dix minutes, la plus petite éclatant comme par saccades. Si l'arcelle, par suite d'un mouvement accidentel, se trouve couchée sur le dos, en arrivant à la surface de la goutte, les bulles croissent encore de grosseur, mais d'un seul côté, tandis qu'elles deviennent plus petites de l'autre. La coquille prend ainsi une position de plus en plus oblique et finalement verticale, jusqu'à ce qu'enfin un des appendices prenne pied et retourne le tout. Aussitôt que l'animal a pris pied, les bulles diminuent, elles disparaissent; et l'on peut recommencer l'expérience à volonté. Les places du protoplasma, qui forment les bulles, changent incessamment. Le protoplasma des fausses pattes, où ne se rencontrent pas de granulations, seul ne contient pas d'air. Quand l'effort se prolonge sans résultat, l'animal trahit une fatigue visible. Il cesse momentanément ce travail, et ne le reprend qu'après s'être reposé un instant. Engelmann, qui a découvert le premier le phénomène (Pflüger, *Archives de physiologie*, vol. II), s'exprime ainsi :
« Les changements de volume des bulles d'air se font chez le même animal d'une façon simultanée, dans le même sens et dans la même mesure. Mais il y a bien des exceptions. Souvent les unes croissent ou diminuent plus rapidement

que les autres. Il peut même arriver qu'une bulle décroît quand l'autre augmente. Tous ces changements néanmoins se font avec une convenance parfaite. La naissance et le développement des bulles ont pour but de placer l'animal dans une position qui lui permette de se tenir sur ses fausses pattes. Ce but atteint, les bulles d'air se dissipent, sans qu'il y ait d'autre raison de leur disparition. En faisant attention à ces circonstances, on peut prédire avec une certitude presque complète, si une arcelle développera ou non des globules d'air; et, dans le cas où elles existeraient déjà, si ces globules d'air augmenteront ou diminueront de volume. Les arcelles, grâce à cette faculté de modifier leur poids spécifique, ont un moyen auxiliaire bien remarquable pour monter à la surface de l'eau, ou pour descendre au fond. Elles ne se servent pas seulement de cette facilité dans les circonstances exceptionnelles où les place l'observateur qui les étudie au microscope; mais elles y ont recours aussi dans les circonstances ordinaires. Ce qui le prouve, c'est qu'on trouve toujours, à la surface de l'eau où elles vivent, des individus qui contiennent des bulles d'air.

Celui qui ne serait pas convaincu par tout ce qui précède, et ne renoncerait pas à expliquer l'instinct par une volonté réfléchie, se rendra sans doute à l'autorité considérable ou plutôt décisive que les faits suivants doivent avoir dans une explication générale de l'instinct.

S'il est sûr que la volonté consciente ne peut revendiquer comme lui appartenant que ce qui tombe sous le regard de la conscience, il suffit de prouver clairement que les données indispensables à l'explication de l'acte instinctif, n'ont pu en aucune façon être connues par la conscience, pour qu'il soit démontré en même temps que le résultat n'est pas l'œuvre de la pensée consciente. La seule voie, par laquelle on reconnaît d'ordinaire que la connaissance des faits extérieurs arrive à la conscience, est la voie de la perception sensible. Nous avons donc à montrer que les connaissances indispensables à l'explication du fait instinctif n'ont pu être suggérées par la perception sensible. Il faut établir : 1° Que les faits auxquels se rapportent ces connaissances sont des faits futurs, et que le présent ne fournit aucune indication, qui permette de les prévoir; 2° Que, si les faits en question sont bien donnés dans le présent, la réflexion ne peut en tirer aucune indication, parce qu'une expérience antérieure serait seule en état de faire reconnaître la signification de ces données sensibles, et que cette expérience n'a pas lieu autant du moins que l'observation peut le constater. Il importe peu, pour la question qui nous intéresse, que tous les exemples, qui paraissent aujourd'hui appartenir au premier cas, soient reconnus, comme cela me paraît probable, à mesure que s'étendra notre savoir physiologique, pour des phénomènes se rapportant au second cas; et cela s'est déjà produit incontestablement pour beaucoup d'exemples précédemment cités. Une connaissance à priori, qui ne repose sur aucune suggestion des sens, n'est guère plus étonnante, en effet, qu'une science, à laquelle sans doute certaines perceptions sensibles fournissent l'occasion de se manifester, mais qui se rattache à ces perceptions par un enchaînement si compliqué de raisonnements et de connaissances pratiques, que l'intelligence et l'éducation des animaux ne permettent pas un instant de les en croire capables. Un exemple du premier cas nous est fourni par l'instinct qui guide la larve du scarabée, dans la disposition du trou qu'elle se creuse pour y subir ses transformations de chrysalide. La femelle donne au trou les dimensions de son propre corps; mais le mâle, qui n'est pas plus grand qu'elle, creuse un trou double de sa propre grandeur : c'est que ses cornes, en se développant, doivent égaler à peu près en hauteur son corps lui-même. Pour admettre ici l'action d'une volonté consciente, il faudrait supposer que l'animal connaît cette circonstance de son organisation : mais rien dans le présent ne lui permet de prévoir cet événement futur. Voici un exemple du second cas : les furets et les buses fondent sans hésiter sur les orvets et autres serpents non venimeux, et s'en saisissent comme ils les trouvent. Pour les vipères, lors même qu'ils n'en auraient jamais vu, ils les prennent avec les plus grandes précautions et cherchent avant tout à se garder de leur morsure, en leur broyant la tête. La vipère n'a cependant rien d'extraordinaire, rien d'effrayant, qui puisse expliquer cette façon d'agir : si on veut admettre ici une volonté consciente, il faudra prêter à l'animal le sentiment du danger que peut lui faire courir la morsure de la vipère. Mais l'expérience seule serait en état de l'éclairer sur ce point : or des animaux, pris tout jeunes, se comportent de la même manière; leur expérience ne peut être invoquée. Ces deux exemples démontrent avec évidence qu'une pensée inconsciente connaît les circonstances dont il s'agit, et possède un savoir immédiat qui ne dépend ni de la perception sensible, ni de la conscience.

On a reconnu de tout temps une telle connaissance, sous les noms de pressentiment, de divination. Mais le savoir désigné par ces mots ne se rapporte qu'aux objets futurs, non aux objets présents, mais éloignés, que la perception n'atteint pas. Ces mots d'ailleurs font penser seulement à l'écho léger, sourd, confus que l'état déterminé, mais non senti, de la connaissance inconsciente peut avoir dans la conscience. De là l'emploi du mot pressentiment, comme signifiant particulièrement l'obscurité, l'indétermination. Il est aisé pourtant de voir que le sentiment, dépouillé de toute idée, même inconsciente, ne saurait rien expliquer; et que l'idée seule, parce que seule elle contient la connaissance, peut exercer ici quelque influence. Sans doute, l'écho qu'éveille l'idée inconsciente peut quelquefois se produire avec assez de netteté pour être fixé chez l'homme par la pensée et le langage. Mais l'expérience nous apprend aussi que les instincts proprement dits de l'homme ne présentent rien de semblable. L'écho de l'idée inconsciente dans la conscience est même d'ordinaire si faible, qu'il ne se manifeste réellement que par des sentiments, par une disposition concomitante, et qu'il ne constitue qu'un élément infime du sentiment général que l'âme éprouve. Il est évident que cette correspondance obscure de la conscience avec l'idée inconsciente est tout à fait insuffisante pour soutenir l'action que l'on voudrait prêter à la pensée consciente. Cette dernière deviendrait même complétement inutile, puisque le travail intellectuel, nécessaire à la production du phénomène, serait déjà accompli en dehors de la conscience. En effet, l'obscur pressentiment qui s'éveille alors dans la conscience résulte uniquement de la présence d'une idée inconsciente, mais déterminée; et cette idée est presque toujours celle de la fin poursuivie par l'acte instinctif, ou une idée intimement liée à celle-là. Ainsi, chez la larve du scarabée, la fin poursuivie est d'avoir de la place pour le développement des cornes; le moyen employé, de se faire cette place en creusant; l'idée inconsciente est la connaissance de la croissance future des cornes. Enfin, l'instinct témoigne dans tous ses actes d'une sûreté si entière et d'une confiance si absolues en lui-même; la volonté y manifeste si peu les inquiétudes, les doutes, les hésitations, qui accompagnent les résolutions de la réflexion; l'instinct se montre si infaillible (comme le chap. 1 de la 3ᵉ partie le fera voir), qu'on ne peut attribuer tant de précision et de constance dans les actes à une influence aussi confuse que l'est celle d'un pressentiment. L'absolue certitude est même un caractère si particulier de l'instinct, que seule elle permet de distinguer profondément les actes instinctifs des actes de la volonté consciente. Concluons donc, encore une fois, que l'instinct doit reposer sur un autre principe que sur l'activité consciente; et qu'il faut chercher ce principe dans la détermination de la volonté par un travail de l'Inconscient. Le caractère de certitude infaillible que nous venons de reconnaître à l'instinct sera mis en pleine lumière par toutes nos recherches ultérieures.

En attribuant à l'instinct un savoir inconscient, qui ne vient pas de la perception des sens, et qui est pourtant infaillible, je provoquerai sans doute l'étonnement de certains esprits. Ce n'est pourtant pas là une simple conséquence de ma définition de l'instinct, mais plutôt une solide confirmation que les faits apportent à ma théorie. Je ne dois pas épargner ma peine pour produire encore de nouveaux exemples. Afin de désigner par un nom la connaissance inconsciente, que la perception sensible ne donne pas, et que l'instinct trouve en soi comme une possession immédiate, je choisirai, à défaut du mot pressentiment, que j'écarte pour les raisons précédentes, celui « d'intuition clairvoyante » (*Hellsehen*), qu'il faut prendre ici dans le sens de la définition donnée.

Examinons successivement quelques cas relatifs à la crainte des ennemis, à l'alimentation, à l'instinct des voyages et à l'instinct sexuel. — La plupart des animaux connaissent leurs ennemis naturels, avant qu'aucune expérience les ait instruits de leurs desseins hostiles. Un essaim de jeunes pigeons n'a pas besoin des leçons d'un plus ancien pour s'effrayer et se disperser à l'approche d'un oiseau de proie. Les bœufs et les chevaux, qui reviennent des pâturages où ne se rencontre pas de lion, ne s'en montrent pas moins agités et tremblants, lorsqu'ils flairent dans la nuit l'approche de cet animal. Des chevaux qui passaient sur une route, le long de la vieille ménagerie des bêtes féroces, qui fait partie du jardin zoologique de Berlin, trahirent leur inquiétude et leur crainte, en flairant des ennemis qu'ils ne connaissaient en aucune façon. Les épinoches nagent sans peur autour des voraces brochets, qui ne les saisissent jamais. C'est qu'en effet, si, par mégarde, un brochet avalait un épinoche, ce dernier, avec les piquants dressés qu'il porte sur le dos, lui resterait dans le gosier, et le condamnerait infailliblement à mourir de faim : le brochet ne pourrait, dans ce cas, transmettre à ses descendants le souvenir de sa douloureuse expérience. La prudence des furets et des buses, en face des vipères, a déjà été mentionnée. Un jeune busard, devant lequel on plaçait une guêpe pour la première fois, se mit aussitôt à la manger, mais après lui avoir arraché l'aiguillon du corps. Dans certains pays, on trouve des hommes qui se nourrissent particulièrement de viande de chiens. Les chiens ne peuvent les voir, sans témoigner par leur antipathie et leur fureur qu'ils reconnaissent en eux des ennemis, sur lesquels ils se jetteraient volontiers. Ce fait est d'autant plus étonnant que la graisse des chiens appliquée à l'extérieur (frottée par exemple sur les bottes) plaît aux chiens par son odeur. Un jeune chimpanzé, que Grant observait, tomba dans une très-grande frayeur la première fois qu'il vit un serpent boa. Il n'est pas rare chez nous qu'une faible Gretchen pressente avec terreur son Méphistophélès. N'est-il pas étonnant encore qu'un insecte, le bombex, attaque et tue, partout où il le rencontre, un autre insecte, le parnope, sans tirer aucun parti du cadavre? Mais nous savons que le parnope cherche à s'emparer des œufs du bombex; qu'il est, par conséquent, l'ennemi naturel de son espèce. Les gardiens des bœufs et des moutons connaissent bien la « mouche du bétail », laquelle confirme par son exemple tout ce que nous avons dit. Si une mouche de ce genre s'approche d'un troupeau, une sorte de fureur s'empare de toutes les bêtes, et les fait courir comme affolées, les unes après les autres. C'est que les œufs de l'insecte, s'ils étaient déposés sur la peau des bestiaux, produiraient des larves qui, en s'enfonçant dans la chair, leur causeraient de douloureux abcès. Ces mouches sont pourtant sans aiguillon et ressemblent tout à fait à certains taons armés de dards : ces derniers sont peu craints, tandis que les premières sont très-redoutées du troupeau. La ponte que fait l'insecte sur la peau du bœuf ne cause, sur le moment, aucun mal à ce dernier, et les effets ne s'en font sentir que beaucoup plus tard : on ne peut admettre que l'animal rapporte sciemment ses souffrances à cette ponte.

Aucun animal, si l'éducation n'a pas tué en lui le naturel, ne mange de plantes vénéneuses. Le singe même, qui a longtemps vécu au milieu des hommes, peut servir à reconnaître la qualité des fruits : il repousse avec des cris les fruits vénéneux parmi ceux qu'on lui présente. Chaque animal sait choisir pour sa nourriture les plantes ou les viandes qui conviennent à son appareil digestif, sans avoir besoin d'éducation pour cela, sans faire usage de l'organe du goût. On dira sans doute que l'odorat, et non la vue, est fait chez lui pour juger des aliments. Mais il est aussi incompréhensible de voir l'animal reconnaître par les simples impressions de l'odorat, que par celles de la vue, les aliments qu'il est capable de digérer. Ainsi le jeune chevreau, que Galien avait extrait du ventre de sa mère, ne goûtait que le lait, entre tous les aliments et les boissons qui lui étaient présentés. Le gros-bec fend le noyau des cerises, et le retourne de manière à faire pénétrer son bec dans la fente; et il fait cela pour le premier noyau qu'il rencontre de sa vie, comme pour le dernier. Le putois, la martre et la belette percent de petits trous au côté opposé de l'œuf qu'ils veulent vider, pour que l'air pénètre pendant la succion et la facilite. Non-seulement les animaux connaissent la nourriture qui leur convient, mais ils trouvent souvent d'eux-mêmes, avec une grande sûreté de diagnostic et une science innée de la thérapeutique, les remèdes que leurs maladies réclament. Ainsi les chiens mangent très-souvent de l'herbe en quantité, surtout du chien-dent, quand ils sont mal portants, principalement après le printemps et lorsqu'ils ont des vers : l'herbe, qu'ils ne peuvent digérer, emportera ces vers avec elle, lorsqu'ils la rejetteront. Ils font de même pour débarrasser leur estomac des débris d'os qu'il contient. Comme remède évacuant, ils prennent des plantes épineuses. Les poules et les pigeons becquettent la chaux des murs et des toits, quand leur nourriture ne leur fournit pas assez de chaux pour former la coquille de leurs œufs. Les petits enfants mangent de la craie quand ils ont des aigreurs; des morceaux de charbon, quand ils ont des flatuosités. Ces instincts particuliers, qui guident dans le choix des aliments et des remèdes, se rencontrent, même à l'âge mûr, chez les individus de notre espèce. On les observe dans les circonstances où la nature inconsciente agit avec une énergie nouvelle, comme chez les femmes enceintes. Les appétits capricieux, auxquelles elles sont sujettes, ne se manifestent que lorsque l'état particulier de l'enfant qu'elles portent rend désirable quelque modification dans la composition de leur sang. Les souris des champs ont soin, en serrant leur provision de grains, d'arracher les germes qui les feraient pousser en hiver.

Quelques jours avant l'apparition du froid, l'écureuil fait très-soigneusement ses provisions, et ferme complétement sa demeure. Les oiseaux voyageurs partent de nos contrées, pour des pays plus chauds, à une époque où ils ne souffrent pas encore chez nous du manque de nourriture, et lorsque la température est beaucoup plus élevée que celle qu'ils trouvent habituellement à leur retour. Il en est de même de l'époque où les animaux prennent leurs quartiers d'hiver. Le scarabée choisit souvent pour cela les journées les plus chaudes de l'automne. Les hirondelles et les cigognes, d'une distance de plusieurs milliers de milles, savent retrouver leur patrie, bien que l'aspect des lieux ait tout à fait changé : on se contente de dire qu'elles ont un sens très-subtil des lieux. Mais que des pigeons et des chiens, vingt fois retournés dans le sac où on les a enfermés, se trouvent transportés au loin dans un pays inconnu, et reprennent de là en ligne droite leur course au logis de leur maître : on ne sait plus dire autre chose, sinon que l'instinct les a guidés. C'est reconnaître que l'intuition de l'Inconscient leur a fait trouver le chemin véritable. Dans les années où l'hiver doit être précoce, les oiseaux voyageurs s'assemblent pour partir plus tôt que de coutume. Si l'hiver promet d'être très-doux, certaines espèces ne partent pas ou ne s'éloignent qu'à une courte distance vers le sud. L'hiver sera-t-il rude, la tortue creuse plus avant son terrier. Quand les oies cendrées et les grues ou d'autres oiseaux quittent de bonne heure les lieux où ils se sont montrés au commencement du printemps, il faut s'attendre à un été chaud et sec, qui ne permettrait pas à ces oiseaux de trouver leur nourriture, en desséchant les marais et les eaux qu'ils habitent. Dans les années d'inondation, le castor donne à sa hutte une plus grande hauteur. Quand une inondation se prépare au Kamschatka, les souris des champs s'éloignent tout à coup par bandes. L'été doit-il être sec, on voit en avril et en mai les araignées, suspendues en l'air, tisser de haut en bas leurs fils longs de plusieurs pieds. Si, dans l'hiver, les araignées, qui vivent dans les coins ou araignées d'hiver, s'agitent beaucoup en tous sens et se livrent entre elles d'ardents combats; si on les voit tisser des toiles nouvelles, et les multiplier les unes sur les autres, le froid arrive dans l'espace de neuf à dix jours. Quand au contraire elles se cachent, c'est que le dégel est proche.

Je ne doute pas que beaucoup de ces prévisions, en ce qui concerne les changements prochains de la température, ne soient causées par la perception présente de certains états atmosphériques. Mais cette perception ne se rapporte jamais qu'au présent. Comment la conscience, que prend l'animal de la température actuelle, peut-elle éveiller en lui l'idée de la température prochaine ? On n'accordera probablement pas aux animaux la faculté de prévoir à l'avance, à l'aide de calculs météorologiques, la température des mois suivants, que dis-je, de prévoir des inondations. La perception sensible des influences présentes de l'atmosphère n'est qu'une perception, comme les autres, qui agit à titre de motif ; et un motif doit toujours être présent à la pensée, pour que l'instinct puisse entrer en jeu. Si la perception actuelle ne suggère pas un tel motif, l'instinct divinateur n'a plus l'occasion de se manifester. Ainsi les oiseaux voyageurs quittent, à l'époque habituelle, leurs quartiers d'hiver, pour remonter vers le nord, dont ils sont éloignés. Ils y trouvent quelquefois un printemps plus tardif que d'ordinaire, qui les expose à la famine. Mais ils ne pouvaient, à plusieurs milliers de milles de distance, trouver, dans une perception quelconque de l'état atmosphérique, la moindre indication propre à leur faire prévoir un semblable retard. Il n'en demeure pas moins établi que la prévision du temps est l'œuvre d'une prévoyance inconsciente. La cigogne qui part pour le sud, quatre semaines avant l'arrivée de la saison qu'elle va chercher, n'en sait pas plus sur ce point que le cerf qui, à la veille d'un hiver rigoureux, laisse croître son pelage plus épais que de coutume. Les animaux ont d'abord la conscience d'une sensation présente de température; leur action se produit ensuite, comme s'ils prévoyaient la température future. Mais cette prévision échappe à leur conscience. Il faut donc ici recourir naturellement à l'intervention de l'idée inconsciente. Et cette dernière n'est toujours qu'une intuition clairvoyante, qui n'est ni suggérée directement à l'animal par une perception sensible, ni conclue des données des sens par sa faculté de raisonnement.

Les phénomènes les plus étonnants nous sont encore présentés par l'instinct sexuel. — Chaque mâle sait découvrir la femelle de son espèce avec laquelle il doit s'accoupler. Ce n'est pas la ressemblance qu'elle présente avec lui qui peut le guider. Dans beaucoup d'espèces, chez les crustacés parasites par exemple, les sexes sont si différents de forme que le mâle, s'il n'était guidé que par la ressemblance, devrait s'accoupler avec les femelles de mille autres espèces plutôt qu'avec celles de son espèce propre. Les papillons présentent un polymorphisme, qui non-seulement fait différer entre eux le mâle et la femelle, mais encore fait prendre aux femelles dans la même journée les deux formes les plus différentes d'une même espèce : l'une de ces formes est habituellement le masque naturel (mimicry) d'une espèce éloignée et dont les caractères sont bien tranchés. Le mâle ne s'accouple qu'avec la femelle de son espèce, jamais avec des femelles d'espèce étrangère, qui pourtant lui ressemblent peut-être davantage. Dans la classe des strepsiptères, la femelle est un ver informe qui passe toute son existence dans l'abdomen d'une guêpe, et montre seulement son bouclier lenticulaire entre les deux articles abdominaux de la guêpe. Le mâle, qui ne vit que quelques heures et qui ressemble lui-même à une teigne, reconnaît sa femelle sous cette forme tronquée, et s'accouple avec elle par une ouverture visible immédiatement au-dessous de la bouche.

Avant de savoir ce que c'est que la parturition, la femelle pleine du mammifère se retire dans la solitude pour préparer le gîte de ses petits dans un trou ou du moins dans un lieu abrité. L'oiseau bâtit son nid aussitôt que l'œuf mûrit dans l'ovaire. Les limaces, les crustacés, les rainettes, les crapauds plongent dans l'eau. Les tortues de mer vont à terre; beaucoup de poissons remontent à la surface des eaux, pour pondre leurs œufs, là où seulement se trouvent les conditions nécessaires à leur développement. Les insectes déposent leurs œufs en des endroits différents, sur le sable, sur les feuilles, sous la peau et entre les ongles d'autres animaux, souvent à des places où croîtra d'abord la nourriture future de la larve : par exemple, à l'automne, sur les arbres qui fleuriront les premiers au printemps; ou, au printemps, sur les fleurs qui donneront les premières des fruits à l'automne; ou encore sur des chenilles qui serviront, à l'état de nymphes, de nourriture et d'abri aux larves parasites. D'autres insectes pondent leurs œufs en des endroits d'où ils ne seront conduits qu'après bien des détours au lieu particulier de leur développement : ainsi certains taons, sur les lèvres des chevaux; d'autres à des places où les chevaux ont coutume de se lécher. Les œufs de cette manière sont portés dans les entrailles des animaux comme dans le lieu le plus propre à leur éclosion : une fois développés, ils seront expulsés au dehors avec les excréments. Les taons des bœufs savent si bien choisir les bêtes les plus vigoureuses et les plus saines, que les marchands de bétail et les tanneurs se confient entièrement à leurs indications, et prennent de préférence l'animal ou la peau qui porte les traces les plus nombreuses des piqûres du ver bouvier. Ce choix des bœufs les meilleurs n'est assurément pas chez les taons l'effet d'une expérience réfléchie; pourtant les hommes du métier reconnaissent ces insectes pour leurs maîtres. La guêpe des murs fait dans le sable un trou profond de plusieurs pouces, y pond ses œufs, y dispose un tas de vers gris apodes qui sont sur le point de se transformer en chrysalides, très-gras par conséquent, et capables de vivre longtemps sans prendre de nourriture. Elle les serre si étroitement au fond du trou, qu'ils ne peuvent ni remuer, ni subir leur transformation ; et mesure la quantité de cet approvisionnement à celle de la nourriture qui sera nécessaire à sa propre larve pour atteindre l'état de chrysalide. Une espèce de guêpes, *cerceris buprestícida*, qui ne vit que du pollen des fleurs, place auprès de chacun de ses œufs, qu'elle conserve dans des cellules souterraines, trois riches buprestes (*buprestidæ*), dont elle s'est emparée par ruse, au moment juste où ils quittaient l'état de chrysalides, et qu'elle a tués alors profitant de leur faiblesse. Mais elle a eu soin, il semble, de leur verser en même temps un liquide, qui entretient la fraîcheur de leur chair, et fait qu'elle continue d'être bonne à manger. Certaines espèces de guêpes ouvrent les cellules, où les larves de leurs petits sont contenues, juste quand celles-ci ont épuisé leur provision de nourriture, pour la remplacer par une nouvelle, et referment ensuite les cellules. C'est ainsi également que les fourmis saisissent toujours le moment précis où leurs larves sont près d'éclore, et ouvrent le cocon d'où elles seraient incapables de sortir toutes seules. Que peut bien savoir un insecte, dont la vie finit pour la plupart des espèces avec la première ponte d'œufs, du contenu de ces œufs et des endroits favorables à leur éclosion ? Que connaît-il de l'espèce de nourriture dont les larves écloses auront besoin, et qui est si différente de la sienne propre ? Que sait-il de la quantité de nourriture qui leur sera nécessaire ? Quelle connaissance, c'est-à-dire quelle conscience peut-il avoir de tout cela ? Et pourtant ses actes, la peine qu'il se donne, la haute importance qu'il attache à tout son travail prouvent que l'animal a la connaissance de l'avenir : ce ne peut être évidemment qu'une intuition inconsciente. La même intuition très-certainement suggère à l'animal la volonté d'ouvrir les cellules ou les cocons de ses larves, juste au moment où elles ont consommé leur approvisionnement et sont prêtes à sortir.

Le coucou, dont les œufs ont besoin, non plus comme ceux des autres oiseaux, d'un ou deux jours, mais de sept à onze jours pour mûrir dans l'ovaire; qui ne peut, par conséquent, les couver lui-même, parce que les premiers seraient pourris avant que le dernier fût pondu, les dépose dans le nid des autres oiseaux, et place naturellement chaque œuf dans un nid différent. Pour que les autres oiseaux ne reconnaissent pas et n'expulsent pas l'œuf étranger, le coucou fait son œuf plus petit que la grosseur de son propre corps ne le ferait supposer : car il sait que les petits oiseaux seuls peuvent servir à son dessein. Il fait, en outre, son œuf semblable, à s'y méprendre, comme nous l'avons déjà montré, aux autres œufs par la couleur et le dessin. Comme le coucou visite volontiers, quelques jours à l'avance, le nid où il veut pondre, on pourrait croire, en pensant aux nids ouverts, que l'œuf de l'oiseau en mûrissant prend les couleurs des œufs du nid étranger, parce que le souvenir de ces derniers influence chez le coucou le travail de la conception. Cette explication ne convient plus, lorsque les nids sont cachés dans le creux des arbres (comme celui de la *sylvia phœnicurus*), ou ont la forme d'un four avec une entrée étroite (comme celui de la *sylvia rufa*). Le coucou, dans de pareils cas, ne peut ni se glisser, ni regarder à l'intérieur. Il doit pondre son œuf à l'entrée et l'introduire ensuite avec son bec. Les sens ne lui peuvent apprendre quel est l'aspect des œufs contenus dans le nid. Si néanmoins l'œuf qu'il dépose ressemble à ces derniers, il n'y a qu'une intuition inconsciente qui puisse régler la formation de l'œuf dans l'ovaire de manière à lui donner la couleur et le dessin convenables. Quand même on serait autorisé à supposer qu'une seule et même femelle de coucou ne pond jamais que dans les nids d'une seule et même espèce d'oiseaux, et ne pond que des œufs de même couleur et de même dessin, le problème serait seulement renversé; et il faudrait demander comment le coucou peut savoir à quels œufs les siens propres sont semblables, lorsqu'il ne lui est pas permis de regarder à l'intérieur des nids.

Une preuve et une confirmation importante en faveur de l'existence d'une intuition instinctive nous est apportée par les faits qui manifestent chez l'homme, dans des situations diverses, une intuition de ce genre. J'ai déjà parlé des instincts qui suggèrent aux enfants et aux femmes enceintes les remèdes dont ils ont besoin. Très-souvent, dans ces cas, comme il convient à la conscience supérieure de l'homme, un écho puissant de l'intuition inconsciente se produit dans la conscience, et se traduit sous la forme d'un pressentiment plus ou moins distinct. D'ailleurs il est conforme à l'essence supérieure, et indépendante de l'entendement humain, que ces pressentiments ne se produisent pas seulement chez lui dans l'intérêt immédiat de l'action; et que, de temps en temps, en dehors de toute application momentanée aux faits, ils se montrent à l'état de pures pensées, sans qu'aucune volonté consciente y soit associée. Il faut toutefois que l'objet de ces pressentiments intéresse d'une manière générale la volonté du voyant à un très-haut degré. Après la cessation d'une fièvre intermittente ou d'une autre maladie, il arrive souvent que le malade prédit exactement le moment où son accès nerveux le prendra, et où il finira. Cela se passe presque régulièrement dans le somnambulisme naturel, et souvent dans le somnambulisme artificiel. On sait que la pythie prédisait chaque fois le moment de sa prochaine extase. Dans le somnambulisme les instincts guérisseurs se manifestent souvent par le pressentiment des médicaments convenables; et leur application a produit d'éclatants résultats qui paraissent contredire les principes de la science actuelle. La détermination des remèdes est d'ailleurs le seul usage que les magnétiseurs sérieux tirent du demi-sommeil de leurs somnambules. « Il arrive quelquefois que des personnes très-bien portantes, avant l'enfantement ou aux débuts d'une maladie, ont un sûr pressentiment de leur mort prochaine. On ne peut facilement attribuer au hasard la réalisation de ces pressentiments, car elle devrait être bien plus rare que leur non-réalisation : et c'est justement le contraire qui arrive. On ne remarque d'ailleurs chez ces personnes ni crainte, ni désir de la mort : on ne peut donc voir dans leur pressentiment un effet de la sensibilité sur l'imagination. » (Paroles de l'illustre physiologiste Burdach, tirées de son livre : *Coup d'œil sur la vie*, au chapitre du pressentiment. Une grande partie de nos exemples si frappants en est tirée.) Ce pressentiment de la mort, si rare chez l'homme, est au contraire très-habituel chez les animaux, même chez ceux qui ne connaissent et qui ne comprennent pas la mort. Ils se traînent, quand ils la sentent approcher, vers les lieux les plus écartés, les plus solitaires et les plus cachés. Telle est, par exemple, la raison qui fait que l'on rencontre si rarement, même dans les villes, le cadavre ou le squelette d'un chat. Mais il faut reconnaître que, chez l'homme et chez l'animal, une même intuition inconsciente éveille des pressentiments d'une netteté inégale. Le chat se cache, par pur instinct, sans savoir pourquoi ; mais l'homme prend une claire conscience de sa fin prochaine. On n'a pas seulement des pressentiments de sa propre mort, mais encore de celle de personnes que l'on chérit, auxquelles on est étroitement attaché. Cela est prouvé par de nombreux récits : on y voit un mourant, à l'heure de la mort, apparaître à son ami ou à sa femme dans un songe ou dans une vision. Ces récits sont répandus chez tous les peuples et dans tous les temps ; et ils contiennent certainement en partie des faits véritables. Parlons encore du don de seconde vue qui se rencontrait autrefois chez les Écossais, et qui se retrouve encore chez les habitants des îles danoises. Certains d'entre eux, sans extase, dans la plénitude de leur connaissance, prévoient les événements futurs ou éloignés qui les intéressent, comme des cas de mort, des batailles, de grands incendies (ainsi Swedenborg prédit l'incendie de Stockholm), le retour ou les destinées d'amis absents, etc. (Voir Ennemoser, *Histoire de la magie*, 2ᵉ éd., § 86.) Chez quelques personnes, cette intuition se borne aux cas de mort de leurs amis ou de leurs voisins. Les prophéties de mort faites par des femmes sont nombreuses. Les témoignages les plus décisifs, et même, en partie, les attestations judiciaires en ont confirmé la vérité. Le don de seconde vue se trouve accidentellement dans les états extatiques, dans le somnambulisme produit naturellement ou artificiellement, lorsqu'il atteint au plus haut degré de lucidité, comme aussi dans les moments lucides qui précèdent la mort. Les pressentiments où l'intuition inconsciente se révèle à la conscience, sont d'ordinaire obscurs, incompréhensibles, symboliques : ils doivent revêtir en passant par le cerveau une forme sensible, tandis que l'idée inconsciente n'a aucun rapport avec les formes de la sensibilité (V, ch. 1, 3° partie). Aussi arrive-t-il facilement que l'on prend pour très-important ce qui est accidentel dans les dispositions intérieures, les songes, les visions de la maladie. On comprend, d'après cela, combien sont grandes les chances d'erreur ou d'illusion, la facilité de tromper les autres volontairement, combien serait nuisible en général à l'homme la connaissance de l'avenir : aussi ne saurait-on contester le danger pratique des tentatives faites pour perfectionner la science de l'avenir. Mais l'importance théorique des phénomènes sur lesquels elle porte n'en est pas diminuée pour cela; et l'on n'en doit pas moins reconnaître la vérité des faits de seconde vue, bien qu'elle soit ensevelie sous un amas de sottises et de mensonges. La prédominance du rationalisme et du matérialisme dispose aujourd'hui les esprits à nier ou à ignorer tous les faits de cette nature : c'est que ces faits ne s'expliquent point par les principes matérialistes, et ne se laissent pas traiter expérimentalement par la méthode inductive des différences. Comme si la morale, la science sociale et la politique comportaient davantage l'emploi de cette méthode ! Mais on ne peut nier absolument des faits de cette nature, si l'on est un juge consciencieux, qu'autant qu'on ignore les témoignages qui les confirment; et cette ignorance, à son tour, vient de ce qu'on ne veut pas apprendre à les connaître. Je suis persuadé que beaucoup d'adversaires de toute prescience humaine jugeraient autrement ou du moins avec plus de circonspection, s'ils croyaient devoir se donner la peine de prêter quelque attention aux témoignages auxquels les faits les plus importants ont donné lieu. Je suis d'avis que personne, aujourd'hui encore, n'a sujet de rougir de partager une croyance qu'ont favorisée les grands penseurs de l'antiquité (sauf Épicure). Presque aucun des grands philosophes des temps modernes n'a osé contester qu'il fût possible de la justifier; les maîtres eux-mêmes du rationalisme allemand étaient si peu enclins à la reléguer au nombre des fables, dont on amuse les enfants, que Gœthe raconte un exemple de seconde vue, que sa propre vie a présenté, et où l'événement réalisa jusque dans les moindres détails la prédiction.

Je suis peu d'avis sans doute de faire uniquement reposer sur des faits de ce genre la certitude scientifique de mes démonstrations; mais je crois que ces faits méritent d'être mentionnés. Ils complètent et développent les témoignages que nous ont fournis en faveur de l'intuition inconsciente les actes instinctifs des animaux et de l'homme. Comme ces faits nouveaux ne sont que les échos de plus en plus parfaits qu'envoie l'Inconscient dans la conscience humaine, ils confirment ce que l'activité instinctive nous a déjà appris sur sa propre nature, de même qu'ils trouvent à leur tour leur vraisemblance confirmée par les analogies qu'ils présentent avec l'intuition de l'instinct. Cette considération, en même temps que le désir de ne pas laisser échapper l'occasion de me prononcer contre un préjugé moderne, m'ont déterminé à mentionner dans un ouvrage scientifique, d'une manière accessoire, il est vrai, un ordre de recherches aujourd'hui si discrédité.

Nous avons encore à parler d'un instinct particulier, qui éclaire singulièrement l'essence générale de l'instinct, et montre en même temps une fois de plus combien il est impossible de ne pas recourir à l'hypothèse d'une intuition inconsciente. Les exemples cités jusqu'ici nous montraient chaque être exclusivement occupé de lui-même, sauf lorsqu'il obéit à l'instinct de la reproduction, qui oblige l'individu à travailler sans cesse dans l'intérêt d'un autre être, à savoir de son petit. Nous avons maintenant à considérer les cas où les instincts établissent entre plusieurs individus une solidarité qui fait servir les œuvres de chacun au bien de tous, en même temps que le concours harmonieux de plusieurs permet seul de réaliser une fin utile. Chez les animaux supérieurs, cette concordance des instincts individuels se manifeste sans doute; mais il est difficile d'en distinguer les effets de ceux que l'association volontaire et consciente peut produire : le langage y facilite en effet l'échange mutuel des plans et des desseins. Nous pouvons constater néanmoins avec certitude cette action générale d'un instinct commun à toute une masse d'individus dans l'origine des langues, dans les grandes révolutions politiques et sociales que présente l'histoire du monde. Nous ne nous occupons ici que des exemples les plus simples, les plus clairs; et nous les demandons surtout aux animaux inférieurs, qui n'ont à leur disposition pour se communiquer leurs pensées que des moyens très-imparfaits, puisque la voix, la mimique, le jeu de la physionomie leur font défaut. L'accord et la corrélation des actions individuelles en ce qui concerne les parties essentielles de l'œuvre commune ne peuvent être ici rapportés à une entente réalisée sciemment avec l'aide du langage.

D'après les observations de Huber (*Nouvelles observations sur les abeilles*), dans la confection des nouveaux gâteaux, une partie des grandes ouvrières, après s'être gorgée de miel, ne prend point part aux travaux habituels des autres et se tient dans un repos absolu. Au bout de vingt-quatre heures des lames de cire se forment chez elles entre les anneaux médians de l'abdomen. L'abeille tire ces lames avec la patte de derrière, les mâche et leur donne la forme d'un ruban. Les lames de cire, après avoir subi cette préparation, sont appliquées à la voûte de la ruche, les unes sur les autres. Aussitôt qu'une abeille a ainsi utilisé ses lames de cire, une autre lui succède, qui continue le même travail. Ainsi se construit un mur petit, fixé à la ruche, épais d'une demi-ligne, raboteux, vertical. Alors vient une des petites ouvrières dont l'abdomen est vide; elle sonde l'épaisseur du mur, fait au milieu de l'une de ses faces un trou peu profond, à demi ovale, et entasse sur ses bords la cire, qu'elle a enlevée avec ses mandibules. Peu de temps après, elle est relevée de son travail par une autre semblable à elle; plus de vingt se succèdent ainsi. En même temps, sur la face opposée du mur, une autre abeille commence à creuser un trou semblable, mais qui correspond au bord du trou formé du premier côté. Bientôt une nouvelle abeille se met à travailler près d'elle à un second trou semblable. De nouvelles travailleuses se succèdent sans cesse, tandis que d'autres abeilles traînent entre les anneaux de leur abdomen leurs lames de cire, et s'en servent pour exhausser le bord du petit mur de cire. Constamment de nouvelles venues creusent sur ce fond de nouvelles cellules; et d'autres viennent continuer les cellules commencées précédemment, leur donner une forme de plus en plus régulière, et en même temps allonger leurs pans prismatiques. Du côté opposé de la muraille de cire, les abeilles travaillent d'après le même plan d'ensemble, et en parfaite harmonie avec les travailleuses de l'autre côté. Enfin des deux côtés du mur les cellules sont achevées dans leur merveilleuse régularité et avec une parfaite correspondance, qui non-seulement se manifeste dans leur juxtaposition, mais dans l'opposition symétrique de leurs bases pyramidales. Qu'on pense maintenant combien des êtres, réduits à se communiquer à l'aide de moyens sensibles leur dessein et leurs plans, tarderaient peu à se perdre dans l'opposition infinie des pensées, dans les disputes et les luttes; combien de maladresses seraient commises, que de choses il faudrait défaire et refaire! Trop d'ouvriers s'empresseraient à tel ouvrage, trop peu se porteraient à tel autre.

Quel mouvement désordonné dans tous les sens avant que chacun eût trouvé la place qui lui convient! Tantôt il y aurait foule pour remplacer les travailleurs; tantôt on ne trouverait plus assez de monde pour leur succéder. N'est-ce pas ce qui se passe habituellement dans les entreprises que les hommes font en commun : et pourtant quelle supériorité n'ont-ils pas sur les animaux! Nous ne voyons rien de semblable chez les abeilles. L'œuvre totale donne l'impression d'un plan, qu'un architecte supérieur et invisible aurait soumis à la société travailleuse, qu'il aurait gravé dans l'esprit de chacun de ses membres. Chaque espèce d'ouvrières semble avoir appris par cœur le genre de travail, la place et le numéro d'ordre qui lui sont assignés, et être informée par des signaux secrets du moment où elle doit prendre la suite des autres : tout cela est pourtant l'effet de l'instinct. C'est l'instinct qui communique à chaque abeille l'intuition inconsciente de l'œuvre totale; c'est aussi un commun instinct qui pousse chacune d'elles, au moment convenable, au travail pour lequel elle est destinée. Le calme et l'ordre qui règnent dans la ruche ne s'expliquent pas sans cela. Nous verrons beaucoup plus tard l'idée qu'il faut se faire de cet instinct collectif : mais la possibilité en est déjà évidente. Chaque individu porte en soi l'intuition inconsciente du plan total et de tous les moyens qu'il faut employer présentement; mais il n'a conscience que de la fonction qui lui appartient dans l'entreprise commune. Ainsi la larve de l'abeille tapisse elle-même de soie la cellule où elle doit subir sa métamorphose; mais c'est à d'autres abeilles qu'est confié le soin de placer, à l'entrée de la cellule, le couvercle de cire qui doit la fermer. Le plan de la cellule est donc présent à la pensée inconsciente des deux abeilles, bien que chacune n'exécute sciemment que la partie qui la concerne. Nous avons déjà vu que les larves, après leur transformation, ont besoin d'être délivrées de leur prison par les autres abeilles; que les ouvrières tuent les bourdons, à l'automne, pour n'avoir pas à nourrir des commensaux inutiles, mais qu'elles leur laissent la vie, si elles ont besoin d'eux pour féconder la jeune reine qu'elles élèvent. Les ouvrières construisent des cellules pour y faire éclore les œufs de la reine et habituellement, autant que la reine en pondra ; en outre ces cellules se succèdent dans l'ordre où chaque espèce d'œufs sera pondue, d'abord pour les ouvrières, puis pour les bourdons, enfin pour les reines. On voit encore par là combien les actes instinctifs des abeilles sont en harmonie avec les lois cachées du développement organique : l'intuition inconsciente peut évidemment expliquer seule l'action que ces lois exercent sur les abeilles. Dans la république des abeilles, le travail et la reproduction, qui sont ailleurs associés, sont personnifiés par trois espèces d'individus ; et le même lien, qui relie les organes dans l'individu, confond ici les individus dans l'unité d'une force interne, inconsciente, à la fois spirituelle et organique.

Nous avons dans ce chapitre établi les vérités suivantes : l'instinct n'est pas l'œuvre d'une volonté consciente d'elle-même, ni la conséquence de l'organisation corporelle, ni le pur effet d'un mécanisme résultant de l'organisation cérébrale, ni celui d'un mécanisme intellectuel et sans vie, qui aurait été importé du dehors dans l'individu et ne serait pas associé à l'essence intime de son être. L'instinct est l'œuvre *propre*, *personnelle* de l'individu ; et sort du fond même de son essence et de son caractère. Le but, auquel concourt une espèce déterminée d'actes instinctifs, n'est pas conçu une fois pour toutes par une intelligence placée *en dehors* de l'individu, comme serait une providence ; la nécessité qui contraint l'individu à réaliser ce but n'est pas l'effet d'une action *étrangère*, extérieure. C'est l'individu lui-même qui, dans chaque cas particulier, veut et connaît, mais sans en avoir conscience, le but que l'instinct poursuit ; c'est lui également qui choisit, sans en avoir conscience davantage, les moyens appropriés à chaque cas particulier. Souvent la connaissance du but est dérobée à toute perception sensible de la conscience. C'est alors que se révèle dans l'intuition clairvoyante la véritable nature de l'Inconscient. La conscience n'en saisit qu'un écho tantôt fugitif et obscur, tantôt, comme chez l'homme, plus ou moins distinct, sous la forme de pressentiment. Pourtant l'acte instinctif lui-même, l'application des moyens qui servent au but inconscient sont toujours connus avec une claire conscience : autrement l'application des moyens appropriés serait impossible. L'intuition clairvoyante de l'Inconscient se manifeste enfin dans le concours de plusieurs individus pour la réalisation d'une fin commune qu'ils ignorent.

L'intuition se présente jusqu'ici comme un fait d'expérience inexplicable; et l'on pourrait m'objecter que, pour en arriver là, autant s'en tenir à l'instinct comme à un fait inexplicable lui-même. Mais, répondrons-nous d'abord, nous trouvons aussi l'intuition en dehors de l'instinct (par exemple chez l'homme); en second lieu, l'intuition ne se montre pas, tant s'en faut, dans tous les instincts : ainsi l'instinct et l'intuition sont donnés par l'expérience comme deux faits séparés. Enfin, si l'intuition peut servir à éclairer l'instinct, la réciproque n'est pas vraie. D'ailleurs l'intuition de l'individu ne demeurera pas toujours un fait sans explication : elle trouvera plus tard son explication dans le cours de notre recherche; mais l'instinct ne peut être rendu intelligible autrement que par elle.

La théorie, que nous avons exposée ici, permet seule de comprendre comment l'instinct constitue le fond essentiel de tout être; et il est bien cela en réalité. Ce qui le prouve, c'est l'instinct de la conservation de l'individu et de l'espèce qui règne à travers la création entière; c'est l'héroïsme avec lequel l'individu sacrifie son propre bien, la vie elle-même aux exigences de l'instinct. Qu'on songe à la chenille, qui ne se lasse pas de réparer les dommages faits à sa toile, jusqu'à ce qu'elle succombe d'épuisement; à l'oiseau qui renouvelle sa ponte jusqu'à ce qu'il meure exténué; à l'inquiétude, à la douleur de tous les animaux voyageurs, qu'on empêche d'accomplir leur voyage. Un coucou prisonnier meurt de désespoir de ne pouvoir faire son voyage d'hiver. L'escargot vigneron, qu'on ne laisse pas dormir son sommeil d'hiver, ne tarde pas également à succomber. La femelle la plus faible, lorsqu'elle est mère, n'hésite pas à livrer bataille aux adversaires les plus redoutables, et court volontiers à la mort pour défendre ses petits. Un amant malheureux perd la raison ou se donne la mort, comme chaque année nous en offre de nouveaux exemples. Une femme, après avoir subi heureusement une première fois l'opération césarienne, fut si peu détournée d'un nouvel amour par la prévision certaine qu'il lui faudrait subir de nouveau cette redoutable et presque toujours mortelle opération, qu'elle eut à supporter trois fois la même opération. Et cette puissance démoniaque serait l'œuvre de dispositions mécaniques, qu'une force étrangère à notre être intime aurait en quelque sorte ajoutées à notre esprit! Elle dériverait de la volonté réfléchie qui se montre toujours enfoncée dans son vile égoïsme, et est absolument incapable de faire à l'espèce les sacrifices dont l'instinct de la reproduction et l'instinct maternel nous présentent le spectacle!

Nous avons en terminant à examiner encore une question. Comment se fait-il qu'au sein d'une même espèce les instincts se ressemblent tellement? Ce fait n'a pas peu contribué à fortifier l'opinion qui rapporte l'instinct à un mécanisme intellectuel. Mais il est clair que les mêmes causes produisent les mêmes effets : et cela suffit à expliquer le fait dont il s'agit. Les aptitudes corporelles sont identiques parmi les êtres d'une même espèce; identiques aussi les aptitudes et le développement de la pensée consciente. (Il n'en est pas de même sans doute chez les hommes, et en partie chez les animaux supérieurs; et de là vient en partie la diversité qui se remarque entre les individus de ces espèces.) Les conditions extérieures de la vie sont aussi les mêmes pour l'espèce entière; et d'ailleurs les instincts changent quand ces conditions diffèrent essentiellement. Des exemples ne sont pas nécessaires (voir pages 89 et 90). Mais l'identité de l'organisation intellectuelle et physique (et je comprends ici les prédispositions identiques du cerveau et des ganglions), et l'identité des circonstances extérieures entraînent nécessairement, par une conséquence logique, l'identité des fins poursuivies dans la vie ; et, à leur tour, l'identité des fins et celle des circonstances intérieures et extérieures produit le choix identique des moyens, c'est-à-dire l'identité des instincts. Mes deux dernières propositions ne seraient pas admises sans restriction s'il était question des œuvres de la volonté consciente. Mais il s'agit des conséquences logiques que sait tirer l'Inconscient qui n'hésite, ne tâtonne et ne se trompe jamais dans son choix : pour lui, des prémisses identiques donnent toujours des conséquences identiques. Notre théorie de l'instinct explique ainsi le fait dont nous venons de parler en dernier lieu, et qui aurait pu paraître favorable aux théories de nos adversaires.

Je termine ce chapitre par ces mots de Schelling (*I*ʳᵉ *partie*, vol. VII, p. 455) : « Les phénomènes par lesquels se manifeste l'instinct des animaux, sont, pour tout esprit réfléchi, parmi les plus considérables que la nature présente. Il n'y a pas de pierre de touche plus infaillible pour discerner la vraie philosophie. »

IV

L'UNION DE LA VOLONTÉ ET DE L'IDÉE.

Dans chaque acte de volonté, on veut *passer d'un état présent à un nouvel état*. — Un état présent est toujours donné, ne serait-ce que celui du pur repos. Mais cet état présent ne suffirait jamais à expliquer le vouloir, si la possibilité, du moins la possibilité idéale d'un autre état ne s'y trouvait contenue. L'état absolument simple, duquel se trouverait exclue toute possibilité, soit réelle, soit idéale, d'un état nouveau, serait absolument renfermé en lui-même, sans pouvoir, même en idée, sortir de lui-même : car ce serait devenir autre que lui-même. Même la volonté de demeurer dans l'état présent suppose l'idée que cet état peut cesser, et la crainte que cette possibilité se réalise : nous trouvons là une double négation. Sans l'idée de la cessation, la volonté de la continuation serait impossible. Il est donc ncontestable que deux conditions sont nécessaires pour que le vouloir ait lieu. L'une est un état présent qui sert de point de départ à la volonté; l'autre, comme la fin poursuivie ou le but, ne peut être l'état présent : car le présent appartient tout entier à la volonté, et il serait insensé qu'elle veuille de nouveau ce qu'elle possède déjà. L'état présent peut engendrer tout au plus le plaisir ou le déplaisir, mais non le vouloir. Ce n'est donc pas un état réel auquel tend la volonté; car ce qu'elle veut, c'est la réalisation d'un certain état. Pour passer du néant à l'être, l'état voulu doit traverser le devenir; et, quand il atteint enfin l'être, le moment qui s'appelait jusque-là le présent devient le moment passé ; un nouveau présent lui a succédé, qui, par rapport au moment précédent, représente encore le moment futur. Le moment précédent, c'est le moment du vouloir ; c'est donc un état futur que l'on veut transformer en un état présent. Cet état futur doit être contenu dans le vouloir comme le contraire de l'état présent ; il donne au vouloir la fin ou le but, sans lequel le vouloir serait inintelligible. Mais puisque cet état futur, c'est-à-dire un état qui n'est pas actuel, ne peut être contenu comme une réalité dans l'acte présent du vouloir, et doit y être pourtant contenu, pour que ce dernier soit possible, il se trouve nécessairement en lui d'une manière idéale, c'est-à-dire comme une idée. L'idéal est absolument la même chose que le réel, si ce n'est qu'il manque de réalité ; et la réalité, à son tour, est dans les choses le seul élément que la pensée ne puisse créer en elles, par conséquent ce qui dépasse le contenu idéal des choses. (V. Œuv. de Schelling, première partie, vol. III, p. 364, lignes 13-14.) L'état présent, pris comme une réalité positive, ne peut devenir le point de départ de la volonté, qu'autant qu'il s'unit à l'idée dans le sens le plus large de ce mot. Nous avons ainsi dans la volonté deux idées : celle d'un état présent comme point de départ ; celle d'un état futur comme point d'arrivée ou comme but. La première se manifeste comme l'idée d'une réalité présente ; la seconde comme l'idée d'une réalité à produire. La volonté est l'effort pour créer cette réalité, ou l'effort pour passer de l'état représenté par la première idée à l'état représenté par la seconde. Cet effort en lui-même se dérobe à toute analyse, à toute définition : notre pensée, en effet, ne se meut qu'au milieu des idées, et l'effort est en soi quelque chose de tout à fait différent de l'idée. Tout ce qu'on peut dire de lui, c'est qu'il est la cause immédiate du changement. Cet effort est la forme vide, partout semblable à elle-même, du vouloir ; et cette forme se laisse indifféremment remplir par les idées les plus diverses. Toute forme vide n'est qu'une abstraction sans autre réalité que celle qu'elle doit à son contenu ; on en peut dire autant de la forme vide de l'effort. Le vouloir n'existe ou n'a de réalité que par le rapport qu'il établit entre l'idée de l'état présent et celle de l'état futur. Supprimez le concept de cette relation, qui constitue justement son essence, vous le dépouillez de la réalité, de l'existence. Il n'y a pas en réalité de vouloir pur, qui n'ait ceci ou cela pour objet. Une volonté qui ne veut rien n'existe pas réellement. C'est à son contenu déterminé que la volonté doit la possibilité de l'existence; et ce contenu (qu'il ne faut pas confondre avec le motif) est l'idée, comme nous l'avons vu. D'où cette conclusion : pas de vouloir sans idée, suivant le mot d'Aristote (*de Anim.*, III, 10, 433 b, 27) : ὀρεκτικὸν δὲ οὐκ ἄνευ φαντασίας.

Il faut ici prévenir un malentendu. Je ne dis pas que, partout où une chose est contenue dans une autre, sans y être contenue comme une réalité, elle doit s'y trouver à titre de contenu idéal. Ce serait au fond retourner, contrairement à la logique, la proposition incontestable que l'idéal est identique au réel, moins la réalité. J'ai déjà fait voir que j'étais très-éloigné de commettre une telle faute. N'ai-je pas cherché à expliquer la mémoire et le caractère par les dispositions latentes du cerveau à certains états déterminés des vibrations moléculaires? N'ai-je pas présenté le vouloir comme la manifestation actuelle de la puissance, c'est-à-dire de la volonté? Les dispositions cérébrales sont certains états de la matière en repos (comme les rapports de situation des atomes) : on peut bien les regarder comme constituant la réalité d'une idée, dont la compréhension renfermerait implicitement certains états futurs; mais ils n'ont rien eux-mêmes d'un état idéal. (V. *Essais de phil. gén.*, n° 2, p. 35-37.) La volonté, au contraire (la puissance du vouloir, veux-je dire), n'est que le pouvoir formel de réaliser quelque chose d'une manière générale, sans aucun contenu déterminé. Le vouloir, dépouillé de son contenu, a sa possibilité dans la puissance qui le comprend à l'avance; mais il ne représente que le côté purement formel de l'acte déterminé de la volonté. Le contenu lui-même de cet acte volontaire ne peut être conçu que comme représentation ou idée. Le vouloir n'est pas quelque chose de matériel, dont les parties en repos contiendraient à l'avance la raison de leurs changements futurs dans les rapports actuels de position qu'elles présentent : le vouloir est quelque chose d'immatériel, et l'état futur, qu'il doit réaliser et qui n'existe pas encore, est contenu en lui, mais non matériellement. D'ailleurs, le contenu de la volonté est toujours quelque chose d'absolument déterminé, qui ne peut se réaliser que d'une seule manière. On ne peut dire simplement que ce contenu est en puissance : on ne désignerait ainsi que le pouvoir formel de la réalisation, et non la nature tout à fait déterminée de la réalité qu'il s'agit de produire. Sans la possibilité de donner une détermination complète à la chose non encore existante qu'il est question de réaliser, le vouloir n'aboutirait jamais à une réalisation effective, parce que le champ serait ouvert indéfiniment devant lui aux possibilités les plus diverses. Cette détermination d'un contenu, auquel manque encore la réalité et qui ne doit rien avoir de commun avec la matière, ne se laisse concevoir que comme une détermination idéale, comme une idée. Le vouloir conscient nous instruit immédiatement d'un tel rapport entre l'idée et la volonté ; et l'observation de nous-mêmes nous apprend de nouveau, à chaque moment, que l'objet de la volonté, avant d'être réalisé, n'est qu'une pure idée. Ce rapport de la volonté et de l'idée s'entend de soi naturellement : elles nous apparaissent comme les deux pôles autour desquels se meut toute l'activité de l'esprit. Il est impossible de placer ailleurs que dans l'idée le contenu de la volonté, c'est-à-dire la détermination non matérielle et non encore réalisée du vouloir. Nous devons donc admettre que le contenu de la volonté est toujours une idée, qu'il s'agisse de volonté et d'idée conscientes ou inconscientes. On ne peut parler de la volonté sans parler dans la même mesure de l'idée, comme du contenu qui la détermine, qui la distingue de tout autre. Partout où l'on se refuse à regarder le contenu idéal (inconscient) comme ce qui détermine la nature et le mode de l'action, on doit s'interdire aussi, conséquemment, de parler d'une volonté inconsciente, comme de l'agent intérieur qui produit le phénomène. Cette simple remarque suffit à mettre en lumière l'étonnante lacune qui se rencontre dans le système de Schopenhauer. L'idée n'y est aucunement reconnue comme constituant seule et exclusivement le contenu de la volonté : elle n'occupe qu'une place obscure et subordonnée. La volonté seule, bien qu'elle soit entièrement aveugle, se conduit absolument comme si la représentation ou l'idée formait son contenu (1).

D'un autre côté, celui qui, comme Bahnsen, nie que la volonté, prise comme puissance de vouloir, soit quelque chose de purement formel et d'absolument vide; celui qui, au lieu de voir en elle un attribut commun à tous les êtres, un attribut de la substance universelle et unique, lui prête une essence individuelle qui subsiste et existe *a se* et *per se* : celui-là, s'il ne veut se contenter d'un postulat impossible qui défie toute compréhension, n'a que le choix ou de définir l'essence qui caractérise cette puissance individuelle comme une détermination idéale (ainsi d'enlever sans nécessité au vouloir déterminé l'idée, qui fait son contenu, pour la transporter à la volonté pure), ou de se ranger absolument du côté du matérialisme, c'est-à-dire d'abandonner la volonté comme principe métaphysique, et de l'identifier avec les prédispositions des molécules cérébrales, en ne faisant plus du vouloir qu'une fonction du cerveau.

Il pourrait convenir de toucher, en passant du moins, à quelques points qui sont propres à démontrer cette vérité qu'aucune espèce d'activité volontaire n'est possible sans un contenu idéal.

---

(1) Je ne puis que me réjouir de voir le docteur Frauenstädt s'associer à mes observations (*Sonntagsbeilage der Voss. Ztg*, 1870, n° 8; et *Unsere Zeit*, nov. 1869, p. 705) et reconnaître que le système de Schopenhauer ne pourra durer qu'à l'aide d'une telle transformation. Mais si Frauenstädt prétend que ce système ne souffre pas de la lacune signalée, il contredit l'histoire et les faits. Les disciples de Schopenhauer sont plus dans la vérité historique, lorsqu'ils croient demeurer fidèles à la pensée de leur maître, en rejetant comme impossible l'idée inconsciente que je fais intervenir.

Ce serait d'abord une grossière erreur que de nier le contenu idéal du vouloir, parce que le vouloir est absolument nécessité. Cet argument prouverait trop. D'abord il supprimerait l'activité du vouloir, autant que la nature idéale de son contenu : car il réduirait en fait la succession nécessaire des actes volontaires à une passivité morte, qui recevrait du dehors ses déterminations, et qui ne déploierait de son propre fond aucune spontanéité. En second lieu, le vouloir conscient partagerait le sort du vouloir inconscient, qui se manifeste dans la chute d'une pierre : le premier est soumis à un déterminisme, à une nécessité aussi rigoureuse que le second ; et d'ailleurs la pierre qui tombe, si elle était douée de conscience, pourrait croire (suivant le mot connu de Spinoza) qu'elle se meut librement. L'objection que nous examinons méconnaît qu'il n'y a pas de nécessité purement passive ; et que toute nécessité dans les choses est bien plutôt en elles l'expression d'une activité autonome, qui suit, dans sa réaction contre les forces qui agissent sur elle, les lois immanentes de sa propre nature. Cela s'applique aussi bien à la pesanteur, en vertu de laquelle la pierre réagit contre la masse voisine de la terre, et à l'élasticité que les billes de billard opposent à la résistance inerte des bandes, qu'à la manière dont le caractère de l'homme réagit contre les motifs perçus par sa conscience. Si on regarde les forces physiques comme des forces par lesquelles se manifeste une volonté, on ne peut s'empêcher de considérer comme une faculté idéale la faculté qu'elles ont de se déterminer intérieurement, en conformité avec les lois immanentes que suit la volonté, au degré d'objectivation spéciale où elle se présente en chacune d'elles : or, un tel pouvoir est l'antécédent nécessaire de l'activité réelle dans chaque cas déterminé. Le contenu de la volonté avant son entière réalisation est donc, ici encore, une idée. (Voy. ch. V, 3° partie).

Un second point à remarquer, c'est que le concept de la nécessité et du déterminisme des faits ne peut être sérieusement défendu contre les doctrines subjectives qui nient la réalité objective du déterminisme, qu'autant qu'on considère la succession des faits extérieurs comme déterminée et produite par une nécessité logique; car, dans ce cas seulement, l'ordre de la nature peut s'accommoder aux règles de la logique (voir conclusion du n° 3 de la 3ᵉ partie, ch. xv). Mais si toute nécessité dans les faits est l'œuvre d'une activité logique, cette logique inconsciente ne peut se manifester dans la volonté, laquelle est aveugle et illogique en soi et pour soi, qu'autant que le contenu de cette volonté n'est pas en lui-même une volonté illogique, mais une idée logique.

La troisième considération que je voulais présenter se rattache à la théorie de la connaissance. La pensée ne peut sortir d'elle-même. Elle peut bien se nier comme pensée consciente; mais elle n'atteint pas pour cela quelque chose de positif. Elle n'a pas, disons mieux, le droit de se nier ainsi elle-même, aussi longtemps qu'elle est hors d'état de trouver en dehors de la sphère de la conscience quelque chose de positif. Ou la pensée ne sort jamais d'elle-même; ou, en dehors de la sphère de la conscience, elle doit avoir un contenu positif, comme pensée, idée, contenu idéal. Puisque la causalité qui produit la sensation est le seul lien, du moins le seul lien direct, de la conscience et de ce qui lui est étranger, le contenu de la cause affective, d'où naît la sensation, doit être par nature un contenu idéal. Nous sommes conduits ici, par le besoin théorique d'expliquer la connaissance, à la même vérité, que nous avions tirée déjà de nos considérations métaphysiques : la nécessité causale ou la causalité réelle doit avoir un contenu idéal. Cela, il est vrai, n'a été prouvé ici que pour l'acte de l'impression sensible (voir « *Fondement du Réalisme transcendantal.* » Berlin. Duncker. 1875. 2ᵉ éd., p. 104-108.)

Nous savons maintenant que, partout où nous rencontrons le vouloir, nous trouvons associée à lui l'idée, à tout le moins l'idée qui rend présent, d'une manière idéale, le but, l'objet ou le contenu du vouloir. L'autre idée, celle qui contient le point de départ, pourrait bien se réduire à un rien, si la volonté en effet n'a d'autre antécédent que le néant; mais nous n'avons pas dans les faits empiriques à nous occuper d'un cas semblable. Pour nous, le point de départ de la volonté est toujours la sensation positive d'un état présent. Tout vouloir inconscient, qui existe en réalité, doit être uni à une idée; d'après l'analyse précédente, il n'y a pas d'autre moyen de discerner un vouloir conscient ou inconscient d'un autre. La sensation positive de l'état présent devra même, dans le vouloir inconscient, être perçue par la conscience du centre nerveux auquel le vouloir se rapporte; car toute sensation, réellement excitée par la matière, doit être perçue par la conscience. Mais le vouloir inconscient demeure naturellement étranger à la conscience du but ou de l'objet qu'il poursuit. De même à tout vouloir réel des centres nerveux inférieurs est associée une idée; et, suivant la nature de la volonté qui agit, une idée inconsciente relativement au cerveau ou absolument inconsciente. Si la volonté, qui réside dans les ganglions, veut imprimer une contraction déterminée aux muscles du cœur, il faut qu'elle contienne en soi l'idée de cette contraction, autrement elle contracterait toute autre chose, mais à coup sûr pas le muscle du cœur. L'idée de ce mouvement est certainement ignorée du cerveau; mais sans doute le ganglion en a conscience. La contraction en question ne peut s'opérer qu'autant que, comme nous l'avons vu dans le second chapitre, où il était question des mouvements provoqués par la volonté cérébrale, une volonté apparaît dans le ganglion capable d'exciter les racines correspondantes des nerfs moteurs. Mais il faut pour cela que l'idée de la position de ces racines nerveuses soit présente au ganglion. Cette idée, comme l'idée inconsciente que le cerveau possède de la place occupée par les racines des nerfs moteurs, doit être regardée comme absolument inconsciente pour le ganglion. Ainsi que ces idées elles-mêmes, la volonté de contracter le muscle du cœur sera considérée comme inconsciente relativement au cerveau, tandis que la volonté qui doit assurer la réalisation de la première, en excitant les racines correspondantes au mouvement du muscle cardiaque, sera regardée comme absolument inconsciente.

Nous avons vu que le vouloir est une forme vide qui a son contenu dans l'idée et doit à ce contenu toute sa réalité; que cette forme est quelque chose en soi d'entièrement différent de l'idée, qui ne peut être déterminé par une définition, parce qu'il est seul de son espèce. C'est ce principe indispensable, en effet, qui, sans être encore réel par lui-même, fait, par son acte, que l'idéal devient l'actuel et le réel. Le vouloir est ainsi la forme de la causalité par laquelle l'idéal engendre le réel : activité pure, il n'est que l'acte par lequel la volonté sort d'elle-même, tandis que l'idée reste inviolablement renfermée en elle-même. Si la causalité, qui agit au dehors et sort d'elle-même, fait toute la différence formelle de la volonté et de l'idée, celle-ci, que son essence condamne à demeurer en elle-même, ne saurait donc se passer de l'action extérieure de la causalité. Autrement la différence marquée s'évanouirait de nouveau. Le vouloir est toujours uni à l'idée. Si l'idée avait le pouvoir d'agir au dehors, toute différence s'effacerait entre la volonté et l'idée. Nous retrouverions au sein de chacune d'elles les deux éléments différents, et nous aurions à les définir de nouveau. Nous nous en tenons pour distinguer ces deux éléments, naturellement opposés, aux mots volonté et idée; et nous admettons qu'ils sont intimement associés (mais non pas identiques), partout où nous les trouvons à la fois. Nous avons déjà démontré cela pour la volonté. Il reste que nous reconnaissions partout à l'avenir la volonté dans l'idée, là où l'idée agit au dehors. C'est ce qu'Aristote a déjà exprimé (*de An.* III, 10. 433. a. 9) : καὶ ἡ φαντασία δὲ, ὅταν κινῇ, οὐ κινεῖ ἄνευ ὀρέξεως, c'est-à-dire « l'idée, quand elle agit au dehors, n'agit pas sans la volonté ».

Nous avons vu précédemment que les disciples rigoureux de Schopenhauer reconnaissent bien, à un certain point de vue, la volonté inconsciente, mais n'admettent pas la nécessité de lui chercher un contenu dans la représentation ou l'idée inconsciente. Les disciples de Hegel et de Herbart prétendent traduire fidèlement la pensée de leurs maîtres, en reconnaissant volontiers l'idée ou la représentation inconsciente, mais en niant la nécessité de la volonté inconsciente. Les premiers comprennent implicitement, sans s'en douter, l'idée dans le contenu de la volonté ; les autres sous-entendent la volonté, ici sous l'effort et le pouvoir qu'ils attribuent à l'idée de se réaliser d'elle-même, là sous les actions mutuelles qu'exercent entre elles les idées psychologiques, et ils ne s'expliquent pas non plus clairement sur cette supposition si importante. L'influence de Herbart a peut-être contribué à égarer quelques-uns de nos physiologistes et à leur faire attribuer directement à la pensée une action physiologique sur le corps.

L'application, que nous aurions surtout à présenter ici du principe que nous opposons à Herbart, serait de confirmer d'un autre côté une vérité déjà mentionnée : l'idée inconsciente de la place occupée par les racines des nerfs moteurs ne peut, sans l'intervention de la volonté, exercer aucune action à ces places ; et l'idée purement inconsciente d'un but instinctif ne sert à rien, si ce but n'est pas en même temps voulu. La volonté du but peut seule produire la volonté du moyen, et seulement la volonté de ce moyen même. Ce que nous disons ici du but instinctif doit s'entendre naturellement de toute autre finalité inconsciente qui sera étudiée dans les chapitres suivants.

Nous pouvons enfin aborder la distinction de la volonté consciente et de la volonté inconsciente. Une volonté dont le contenu est formé par une idée inconsciente ne peut guère offrir, en regard de la conscience, que la forme vide de la volonté. — Les actes d'une telle volonté, en admettant qu'ils pussent être connus d'une manière quelconque par la conscience, ne se distingueraient tout au plus que par le degré de l'énergie volontaire qui s'y déploie. La volonté n'y apparaît pas à la conscience comme une volonté déterminée, puisque c'est le contenu seul qui peut la déterminer. Une telle volonté ne comporte donc, en aucune façon, le nom de volonté consciente : on ne peut plus dire, en parlant d'elle, que la conscience saisit telle volonté déterminée. L'expérience nous apprend d'ailleurs que nous sommes d'autant plus ignorants d'une volonté, que la conscience cérébrale perçoit moins les idées ou les sensations qui l'accompagnent. Il semble donc que la volonté par elle-même n'est pas accessible à la conscience, et ne le devient que par son union avec l'idée (cela sera démontré en fait 3ᵉ partie, ch. III).

Quoi qu'il en soit, nous sommes maintenant en état d'affirmer qu'une *volonté inconsciente* n'est qu'une *volonté inconsciente de l'idée qu'elle contient*. Une volonté qui a conscience de son but est pour nous toujours une volonté consciente. La distinction de la volonté consciente et de la volonté inconsciente est ramenée ici à la distinction non moins importante de l'idée consciente et de l'idée inconsciente. Nous avons réussi par là à simplifier singulièrement le problème qui nous occupe.

V

L'INCONSCIENT DANS LES MOUVEMENTS RÉFLEXES.

« On nomme aujourd'hui mouvements réflexes ceux où l'excitation n'agit directement ni sur un tissu contractile, ni sur un nerf moteur, mais sur un nerf qui communique son excitation à un organe central, lequel la transmet à son tour aux nerfs moteurs : c'est alors seulement qu'elle se traduit par les mouvements des muscles. » Cette définition me paraît aussi bonne que l'état de la physiologie le comporte. On ne pourrait la restreindre, sans refuser le nom de mouvements réflexes à certaines classes de mouvements qui sont généralement reconnus comme tels. Il est facile pourtant de voir qu'elle s'étend plus loin que les faits physiologiques. Elle comprend tous les mouvements, tous les actes qui n'ont pas leur motif dans une pensée spontanée du cerveau, et sont dus à l'action directe ou indirecte d'une impression sensible. Mais suivons de plus près la transformation incessante des mouvements réflexes les plus obscurs en actes conscients de la volonté; et pour cela considérons des exemples (1).

Si l'on enlève le cœur d'une grenouille, et qu'immédiatement, pendant qu'il bat lentement, on le pique avec la pointe d'une aiguille, on voit indépendamment du rhythme

---

(1) Wagner, *Dictionnaire de physiologie*, vol. II, p. 542 : article « Physiologie des Nerfs » par Volkmann. Voyez aussi, sur le développement historique de la notion de mouvement réflexe, et sur l'appréciation des théories où les savants du passé ont souvent serré de près la vérité, l'écrit remarquable de J. W. Arnold : *la Doctrine des fonctions réflexes*. Heidelberg, 1847.

ordinaire des pulsations, un mouvement de systole (contraction) parcourir régulièrement toutes les parties. Avant que l'irritabilité soit complétement éteinte, il arrive un moment où l'excitation ne produit plus qu'une contraction locale d'une durée de plus en plus courte. Si l'on coupe l'organe en deux, pendant qu'il est encore bien vivant, de manière à ne pas supprimer la communication des parties, l'excitation de la partie, où le tissu musculaire renferme un ganglion, provoque la contraction des deux parties du cœur. Si l'excitation agit sur la partie qui ne contient pas de ganglion de ce genre, on ne voit se produire qu'une contraction locale. Il résulte de là que la systole régulière, qui succède à l'excitation, n'est pas simplement un phénomène résultant de l'excitation du tissu contractile, mais un mouvement réflexe provenant des ganglions situés dans l'organe. D'autres expériences, ainsi la division de la moelle épinière par petites sections, montrent que chaque centre nerveux peut être l'origine de mouvements réflexes. Plus la perfection du centre nerveux est développée, plus on remarque de régularité et de convenance dans les mouvements compliqués de l'activité réflexe : Volkmann dit (*Dictionn.*, II, 545) : « Si différents muscles se combinent pour un mouvement réflexe, qu'ils agissent simultanément ou successivement, leur action combinée a toujours une régularité mécanique. Je veux dire que les muscles qui agissent en même temps se prêtent un mutuel concours, par exemple, pour produire une flexion; et ceux qui n'agissent que successivement s'associent pour continuer régulièrement et pour achever le mouvement commencé. Si l'on excite une grenouille décapitée et qui gît étendue, en la piquant avec assez de force derrière la cuisse, les muscles fléchisseurs et adducteurs des deux cuisses se combinent d'abord; puis, après que les cuisses ont été ramenées près du corps, les extenseurs se combinent et s'étendent en commun, et le résultat total est un mouvement plus ou moins régulier de l'animal pour nager ou pour sauter. »

« Dans beaucoup de cas les mouvements réflexes ne présentent pas seulement un caractère de régularité, mais jusqu'à un certain point l'apparence d'un dessein. De jeunes chiens, auxquels j'avais enlevé les hémisphères et le cervelet à l'exception de la moelle allongée, cherchaient avec les pattes de devant à repousser ma main, si je les prenais rudement par les oreilles. On voit souvent les grenouilles décapitées, quand on les pince fortement, se frotter la peau (ce qu'elles ne peuvent faire que par le jeu alternatif des muscles antagonistes). Les tortues, auxquelles on a enlevé la tête, se cachent dans leur carapace, si on les blesse. » — La moelle allongée, comme le centre nerveux le plus développé dans le voisinage du cerveau, sert aussi aux mouvements réflexes les plus compliqués, comme ceux de la respiration avec ses modifications : le sanglot, le soupir, le rire, les pleurs, la toux. C'est à elle encore qu'il faut rapporter l'envie d'éternuer, qui suit l'excitation de la membrane pituitaire; le hoquet et le vomissement que produit une légère pression (celle d'une bouchée), ou le chatouillement de la gorge et du palais. Le rire suit le chatouillement de la surface de la peau; la toux, l'irritation du larynx.

Les mouvements réflexes que provoquent les perceptions des sens jouent un rôle très-considérable dans la vie entière de l'homme, et témoignent d'une activité encore bien plus compliquée dans les centres organiques. C'est pourtant une classe de phénomènes auxquels la physiologie n'a pas encore payé toute l'attention qui lui est due; cela tient à ce qu'ils ne se laissent saisir que dans l'intégrité du corps vivant, et ne peuvent être, en partie, connus directement que par l'observation psychologique. Il est évident que cette méthode d'observation est bien préférable à l'étude des cadavres mutilés ou des animaux décapités. Il est impossible de retrouver dans les corps qui viennent de subir la mort, qui ont supporté les plus pénibles opérations, ou qui ont été soumis à l'action de la strychnine, l'état normal dans lequel se peut produire la réaction des centres nerveux inférieurs, qui sont en correspondance si directe avec les parties détruites de l'organisme. Ajoutez à cela que chez les animaux décapités la moelle allongée et les gros ganglions du cerveau sont enlevés. Or les derniers doivent être rapportés vraisemblablement à la moelle épinière, ou du moins n'appartiennent pas au cerveau. On s'explique ainsi pourquoi les expériences faites dans de telles conditions nous découvrent parfois une si grande irrégularité des mouvements réflexes. Cela résulte de ce qu'on ne peut séparer les éléments pathologiques.

Les mouvements réflexes qui suivent le plus immédiatement l'impression sensible consistent en ce que l'organe correspondant au sens reçoit la disposition, est porté au degré de tension nécessaire à une perception distincte. Celui qui palpe agite les doigts dans tous les sens; l'exercice du goût provoque la sécrétion de la salive et le mouvement de la bouche qui retourne en tous sens l'objet que l'on goûte; pour flairer, on élargit les fosses nasales, on fait de brèves et promptes inspirations; l'audition produit la tension du tympan, les mouvements des oreilles et de la tête; dans la vision, les deux centres visuels se tournent dans la direction de l'excitation la plus vive, le cristallin s'accommode à la distance, l'iris à l'intensité de la lumière. Tous ces mouvements, à l'exception des derniers mentionnés, peuvent aussi s'exécuter volontairement, mais seulement si l'on pense à la sensation nouvelle qui doit en résulter; on ne réussirait que difficilement, ou même pas du tout, en pensant directement aux mouvements eux-mêmes. Ainsi l'oculiste, qui examine un œil, tient son doigt dans la direction où le malade doit regarder; si le médecin se borne à dire au patient de tourner l'œil à droite et en haut, presque toujours les yeux et les paupières exécutent les mouvements les plus désordonnés, mais non pas le mouvement demandé. Ces mouvements réflexes gagnent involontairement, surtout dans l'état de surexcitation, la tête, les bras et tout le corps. Les sensations, perçues par l'oreille, éveillent encore des mouvements réflexes dans les organes vocaux. On sait que les enfants et les animaux n'apprennent à parler, que parce qu'une impulsation involontaire les pousse à reproduire les sons qu'ils ont entendus. Il en est de même des mélodies qu'ils répètent; et cela se remarque plus facilement encore dans un âge plus avancé. Sans cette action réflexe, il serait impossible d'exercer les oiseaux à siffler certains airs. L'action réflexe, qui force à répéter les mots entendus, peut s'observer aussi en nous-mêmes quand nous pensons. Il se passe alors le même phénomène qui se produit à un plus haut degré dans les visions du rêve et les hallucinations. D'abord l'idée encore abstraite du mot provoque un courant centrifuge d'innervation vers les nerfs auditifs, auquel succède, par un effet réflexe, un courant qui rapporte au centre nerveux la sensation du son correspondant au mot; et celle-ci, à son tour, fait naître dans les organes vocaux les mouvements réflexes, qui nous font répéter à haute voix ou murmurer le mot. L'homme de la nature, c'est-à-dire l'homme sans culture, que la passion domine, pense tout haut; la discipline de l'éducation apprend seule à penser à voix basse. Et même alors, pour peu qu'on y fasse attention, on surprendra presque toujours dans les organes vocaux une sensation musculaire de même nature, mais pourtant plus faible, que celle qui accompagne l'articulation des sons, et qui est, par conséquent, comme l'acte préparatoire de l'organe. Les mêmes phénomènes se passent lorsqu'on lit.

Une des manifestations les plus importantes de l'activité réflexe des hémisphères cérébraux, dans leur réaction contre les perceptions des sens, est ce courant centrifuge d'innervation que nous nommons l'attention, et qui seul rend possibles les perceptions distinctes. Je veux parler de l'action réflexe qui suit l'excitation des nerfs sensibles dans les organes des sens. — Si le cerveau est trop préoccupé pour répondre à une telle excitation, l'action réflexe ne se produit pas; l'impression sensible est en même temps perdue pour nous, et n'engendre pas la perception. Le courant nerveux peut être dirigé exclusivement vers certaines parties d'une perception sensible (vers un point quelconque du champ visuel ou sur le jeu d'un instrument dans un orchestre.) Cela montre pourquoi on ne voit et n'entend souvent que ce qui intéresse particulièrement l'état présent du cerveau; certains faits de somnambulisme comportent la même explication. Les interruptions partielles de ce courant nerveux permettent seules de comprendre les différences, autrement inexplicables, que présentent les lacunes et les points obscurs dans le champ de la vision. On peut à volonté diriger ce courant sur certaines parties du corps; et faire ainsi que les impressions habituellement inaperçues, que toutes les parties du corps nous communiquent incessamment, soient portées à notre conscience et deviennent des perceptions. Je puis sentir l'extrémité de mes doigts si j'y pense fortement : qu'on songe aux hypochondriaques. Une limite précise entre les courants nerveux, que produit la volonté consciente, et ceux que provoque notre activité réflexe, en réponse aux impressions des sens et dans l'intérêt exclusif des dispositions cérébrales, ne peut pas plus être trouvée et fixée ici que dans toute autre recherche de ce genre. La vue et le sens du toucher font naître des mouvements réflexes très-curieux. L'œil non-seulement se protège par leur aide contre les blessures qu'il voit le menacer, en se fermant, en nous faisant courber la tête et le corps, et étendre les bras; mais il protège encore de la même manière d'autres corps menacés, même d'autres objets. Si un verre tombe de la table devant laquelle on est assis, on le saisit aussitôt par un mouvement réflexe, tout comme on courbe la tête devant une pierre lancée, ou comme on pare un coup à l'escrime. Dans un cas comme dans l'autre, la décision viendrait trop tard après la réflexion. Mais est-ce bien un principe différent qui fait qu'un jeune chien décapité repousse avec la patte la main qui le pince à l'oreille, et celui qui porte l'homme à lever tout à coup le bras pour parer un coup menaçant dont l'œil s'est aperçu? Les actes réflexes les plus étonnants, qui accompagnent le sens de la vue et celui du toucher, sont les mouvements compliqués, qui, soit pour conserver l'équilibre, soit pour glisser, marcher, aller à cheval, danser, sauter, faire de la gymnastique, patiner, etc., tantôt s'exécutent spontanément, surtout chez les animaux, tantôt sont appris par l'exercice, mais supposent toujours une certaine prédisposition originelle. Si l'on veut sauter par-dessus un fossé, il n'est pas facile de dépasser l'autre bord dans son élan, bien que sur le sol uni on soit capable de sauter beaucoup plus loin. L'œil cherche, par une réflexion inconsciente, à proportionner exactement l'effort musculaire à la distance qu'il faut franchir pour atteindre l'autre bord; et cette volonté inconsciente est souvent plus forte que l'intention de sauter plus loin. Toutes les fonctions s'accomplissent avec infiniment plus de facilité, de sûreté et même de grâce, lorsqu'elles demeurent étrangères à la réflexion et qu'elles naissent comme de simples mouvements réflexes des impressions de la vue et du tact. Toute intervention de la conscience cérébrale ne réussit qu'à empêcher, à troubler l'action. Les mulets marchent plus sûrement que les hommes sur des sentiers dangereux, parce que la réflexion ne vient pas les troubler; et les somnambules, dans leurs courses inconscientes, vont et grimpent par des chemins où ils feraient infailliblement des chutes, s'ils avaient leur conscience. La réflexion engendre partout le doute; le doute cause l'hésitation; et celle-ci produit fréquemment le retard. La pensée inconsciente est toujours absolument assurée de prendre le bon parti, ou plutôt elle ne conçoit même pas la possibilité d'un doute; elle saisit presque infailliblement le bon parti et au bon moment. On peut lire et exécuter une partition quand la pensée est occupée ailleurs ou même endormie, comme on exécute de purs mouvements réflexes à la suite d'impressions sensibles. On voit des personnes, en effet, continuer une lecture à haute voix un moment encore après le sommeil; d'autres exécuter mieux des airs de musique dans une sorte de rêve et d'inconscience que dans la veille. Chacun a pu observer par lui-même qu'il lui arrivait quelquefois de continuer de lire ou de jouer à livre ouvert, souvent sans aucune conscience, sans garder le moindre souvenir de ce qu'il faisait, quand la réflexion s'égarait dans des pensées étrangères et absorbantes. Les brèves réponses, que l'on fait soudain à de rapides questions, ont quelque chose de l'inconscience des mouvements réflexes; elles partent sans qu'on y pense comme un coup de pistolet; et l'on a quelquefois lieu soi-même d'en être surpris et confus, lorsqu'elles ne se trouvent pas en rapport avec les circonstances et les personnes.

Mais, plus que tout ce qui précède, il est important de remarquer qu'il n'y a aucun, ou presque aucun mouvement volontaire, qui ne doive être considéré comme une combinaison de mouvements réflexes. J'explique ma pensée. Les recherches anatomiques prouvent que, dans la partie supérieure de la moelle épinière, le nombre total des fibres primitives ne forme qu'une faible partie des fibres primitives de tous les nerfs, qui sont destinés à provoquer les mouvements sous l'action de la volonté consciente et, par suite, du cerveau. Mais puisque l'action du cerveau sur les nerfs moteurs ne se fait, à de rares exceptions, que par la partie supérieure de la moelle épinière, il résulte de là qu'une seule fibre de cette partie doit être en état de transmettre l'impression nerveuse à un très-grand nombre de fibres de nerfs moteurs. On penserait volontiers à une anastomose directe (pénétration réciproque, union), de ces fibres : mais les observations anatomiques rendent cette hypothèse très-invraisemblable. Elle est d'ailleurs condamnée par ce fait que les mêmes mouvements sont tantôt exécutés par le cerveau; tantôt, à la suite d'une excitation différente, parfaitement exécutés par l'action spontanée des centres rachidiens; et qu'ils occasionnent par leurs combinaisons un nombre infini de modifications des plus délicates : une anastomose directe aurait toujours les mêmes mouvements pour résultat invariable. Ajoutez à cela que le cerveau, duquel part l'ordre d'exécuter une suite compliquée de mouvements, n'a aucune idée lui-même de cette complication, et ne connaît que le résultat d'ensemble (ainsi dans la parole, le chant, la marche, la danse, le saut, la course, la gymnastique, l'escrime, l'équitation, l'art du patineur). Tous les détails de l'exécution, qui doivent être observés pour le résultat total que l'on poursuit, sont laissés aux soins de la moelle épinière. (Qu'on se demande seulement si l'on sait quelque chose des combinaisons de muscles qui sont nécessaires à l'articulation d'un mot, à l'exécution d'une fioriture.) La seule explication qui me paraisse admissible, c'est que le courant d'innervation, que provoque dans le cerveau la volonté consciente de produire le résultat total du mouvement, se communique à l'organe central de ce mouvement dans la moelle épinière ; que ce courant nerveux est pour le cerveau un courant centrifuge, et pour le centre nerveux rachidien un courant centripète ; que le centre moteur en a la sensation, tout comme il perçoit les impressions qui lui viennent de la périphérie du corps, et que la conséquence de cette sensation est la production du mouvement voulu. L'idée du mouvement réflexe devient ainsi parfaitement claire pour peu qu'on entende les concepts relatifs de courant centrifuge et centripète dans leurs véritables rapports.

On verra facilement qu'il y a à peine un mouvement qui, après avoir été voulu par la conscience cérébrale, ne soit conduit, une ou plusieurs fois, à un autre centre de mouvement pour de là être produit en scène. La conscience peut, sans doute, décomposer les mouvements jusqu'à un certain point, donner l'impulsion consciente à chaque mouvement partiel (c'est ainsi justement qu'on apprend à se mouvoir) : mais, en premier lieu, toutes ces idées partielles, dans lesquelles est décomposée l'idée du mouvement total, ne peuvent suivant toute vraisemblance agir sur les muscles que par l'intermédiaire de la substance grise des centres moteurs, et par suite ne provoquent toujours que des mouvements réflexes. En second lieu, les mouvements élémentaires les plus simples, que puisse concevoir la conscience cérébrale, exigent encore pour leur réalisation des combinaisons de mouvements très-compliqués auxquelles la conscience demeure tout-à-fait étrangère (ainsi l'articulation d'une voyelle, ou l'émission d'une note). Enfin, en troisième lieu, le mouvement total, si la volonté consciente s'efforce d'en distinguer et d'en produire autant que possible tous les éléments particuliers, présente toujours quelque chose de lent, de lourd, de maladroit, de pénible. Le même mouvement au contraire se produit avec beaucoup de facilité, de rapidité, de sûreté et de grâce, si la conscience cérébrale ne se préoccupe que du résultat final et laisse le soin de l'exécution aux centres moteurs correspondants. — Qu'on considère seulement le phénomène du bégaiement. Le bègue parle souvent avec facilité, s'il ne songe pas à l'émission des sons, si sa conscience ne s'arrête qu'aux idées qu'il veut rendre, sans s'inquiéter de l'expression matérielle. Mais, s'il pense à l'articulation des mots, s'il s'applique avec réflexion et contraint son organe à prononcer tel ou tel mot, le succès se refuse à ses efforts; mille mouvements étrangers se produisent à la place de celui qu'il voulait exécuter et vont quelquefois jusqu'à la convulsion. Il en est absolument de même des spasmes nerveux, que ressentent certaines personnes en écrivant, ou dans l'exercice des autres opérations mentionnées plus haut. L'essentiel, dans les unes comme dans les autres, est qu'elles deviennent comme une seconde nature, c'est-à-dire que la réflexion n'ait plus à se préoccuper des détails. Cette théorie explique aussi comment il suffit souvent d'une impulsion unique de la volonté consciente pour provoquer une longue série de mouvements périodiques, qui se répètent jusqu'à ce qu'une nouvelle impulsion de la volonté en suspende le cours. Sans cette disposition naturelle, tous nos actes habituels, la marche, la lecture, le jeu, la parole, etc., exigeraient une multitude d'impulsions cérébrales, qui bientôt feraient naître la fatigue. La même doctrine démontre la spontanéité des centres nerveux inférieurs; et contredit absolument l'hypothèse précédente d'une anastomose directe des nerfs. On peut maintenant comprendre comment il se fait que tant d'actes et d'opérations, dont les plus petits détails ont besoin d'être exécutés avec réflexion, tant que dure l'apprentissage, s'accomplissent d'une façon tout-à-fait inconsciente après que l'exercice a engendré l'habitude : ainsi pour le talent de tricoter, de jouer du clavecin, de lire, d'écrire, etc. Tout le travail était confié au cerveau pendant qu'on apprenait : il est laissé maintenant aux soins des centres nerveux inférieurs. Ces derniers peuvent contracter l'habitude de combiner certains actes, aussi bien que le cerveau lui-même le fait dans l'exercice de la pensée ou lorsqu'il apprend par cœur. Mais les actes échappent alors en grande partie à la conscience cérébrale : et voilà pourquoi le cerveau leur trouve une certaine ressemblance avec les actes instinctifs, bien que, pour le centre nerveux qui préside à l'action dont il s'agit, l'exercice et l'habitude soient tout l'opposé de l'instinct.

Tous les phénomènes étudiés jusqu'ici présentent le même caractère essentiel ; il n'est pas difficile de le constater. Nous sommes partis des mouvements réflexes qui suivent les excitations produites à la périphérie du corps ; et nous avons très-clairement constaté la régularité qui préside aussi bien au résultat total du mouvement qu'aux combinaisons simultanées ou successives des muscles les plus divers, et même en partie au jeu alternant des muscles antagonistes. Les mouvements réflexes, que produisent les perceptions sensibles, nous ont ensuite occupés ; les mêmes phénomènes s'y sont offerts à nous, mais nous avons surpris les traces d'une intelligence plus haute : c'est que les centres les plus élevés du système rachidien entraient ici en jeu. Enfin nous avons étudié les mouvements réflexes qui résultent du courant nerveux, que la volonté consciente envoie du cerveau vers les autres centres nerveux auxquels ces mouvements correspondent ; mais nous ne remarquons plus ici que l'intensité des effets produits l'emporte de beaucoup sur celle des mouvements réflexes qui dérivent des perceptions sensibles : et cela est naturel, puisque l'intelligence, qui s'exprime dans l'activité réflexe, dépend beaucoup plus du degré de développement du centre nerveux, où elle se produit, que de la nature de l'excitation.

Le cerveau peut être aussi à son tour un centre d'actions réflexes : l'analogie de structure qu'il présente avec les autres centres ne permet pas d'en douter. Dans les actes réflexes du système ganglionnaire et dans ceux que présentent les animaux décapités, l'excitation n'est point même perçue par le cerveau : il en est tout autrement dans les actions réflexes de la moelle épinière que présentent les organismes sains. Dans ce dernier cas pourtant, le cerveau ressent l'excitation externe, mais n'a pas conscience de vouloir le mouvement; et pourtant une telle volonté doit se produire pour que le cerveau puisse être le centre de l'action réflexe. Nous en avons déjà vu certains exemples : ainsi le mouvement de la main pour saisir un verre qui tombe de table, ou celui du bras pour parer un coup prévu. Nous ne pouvons nous empêcher de voir là autant de mouvements réflexes, du moment où le lien du motif perçu et de la volonté d'agir échappe entièrement à la conscience : ce qui s'explique par ce fait que la réflexion viendrait évidemment trop tard. Du même genre sont encore le travail à demi conscient de celui qui lit ou joue de la musique; les promptes réponses que l'on fait à de soudaines questions ; le mouvement rapide par lequel on se découvre devant le salut inattendu d'une personne inconnue. Souvent les actes réflexes du cerveau l'emportent sur ceux de la moelle épinière, et empêchent ces derniers de se produire. Ainsi une grenouille décapitée se gratte la peau, si on la pince; une grenouille vivante, dans le même cas, ferait un mouvement pour s'éloigner. On voit ici le lien étroit qui unit l'activité réflexe du cerveau et l'activité consciente de l'âme : il n'est pas possible de tracer entre elles une ligne de démarcation. Cela prouve l'unité du principe qui préside à tous ces phénomènes. Il n'y a donc que deux manières conséquentes d'envisager les choses : ou l'âme est absolument le dernier résultat des phénomènes matériels qui constituent la vie du cerveau, comme celle des autres centres nerveux (et il faut alors nier l'existence des fins partout où les fins ne résultent pas d'une activité consciente du système nerveux) : ou l'âme est présente au fond de tous les processus nerveux de la matière ; elle est le principe qui les produit et les dirige, et la conscience n'est qu'une manifestation phénoménale de ce principe, laquelle résulte des processus nerveux. Nous verrons dans la suite quelle est de ces deux hypothèses celle qui répond le mieux aux faits.

Nous avons maintenant à examiner si les phénomènes étudiés peuvent être considérés comme les effets d'un mécanisme sans vie ; si nous ne sommes pas plutôt forcés de les envisager comme les produits d'une intelligence présente aux centres nerveux : nous supposons provisoirement que nous ne sommes pas encore sortis de l'alternative indiquée plus haut. Adressons-nous à la physiologie. Nous voyons, chez une grenouille, sous la piqûre que fait l'aiguille dans la peau de la cuisse, les deux cuisses se contracter, pourvu que la moelle épinière ne soit pas endommagée dans la petite partie d'où émergent les nerfs cruraux. La piqûre d'aiguille n'atteint évidemment qu'un seul filet nerveux, puisque, dans un cercle d'une certaine étendue, la place d'une piqûre ne saurait être discernée. Le nombre des filets moteurs, que met en action cette piqûre, est prodigieusement grand : il peut embrasser le corps entier. Cela rend déjà très-invraisemblable l'hypothèse d'une anastomose directe des nerfs sensibles et moteurs. Mais ce qui est plus décisif, c'est que les mêmes filets moteurs réagissent, à quelque endroit que la peau de grenouille ait été piquée, quelque différents par conséquent que soient les nerfs sensibles dont les filets conduisent l'excitation au centre nerveux. En outre, les analyses microscopiques ne prêtent aucun appui à l'hypothèse en question. Kölliker a observé directement que les filets moteurs émergent des globules de la substance grise des nerfs (de l'organe central) ; on admet maintenant, en général, que tous les filets nerveux ont leurs racines dans les cellules ganglionnaires, c'est-à-dire dans les cellules de forme sphérique ou étoilée qui constituent la substance grise des centres nerveux. L'excitation qu'ont subie les nerfs sensibles devrait donc en tout cas se communiquer d'abord au centre nerveux, et être par celui-ci transmise aux nerfs moteurs. Il serait impossible autrement qu'une fibre sensible fût en état d'agir sur une fibre motrice du même centre : et cela arrive en réalité. Si toutes les excitations externes sont d'abord reçues par l'organe central et transmises par lui aux nerfs moteurs, l'explication que les matérialistes cherchent aux actes réflexes, dans le mécanisme spécial des combinaisons intermédiaires, devient absolument impossible. On ne conçoit plus, en effet, quelles lois, quelles dispositions mécaniques pourraient porter le même courant nerveux, tantôt aux parties voisines, tantôt aux parties éloignées, et feraient se succéder les réactions mutuelles de ces parties, tantôt dans un ordre, tantôt dans un autre ; ni surtout comment une excitation unique provoquerait le jeu alterné des muscles antagonistes (comme cela se produit chez la grenouille qui frotte la place où on l'a pincée). — L'impossibilité d'un mécanisme préétabli est encore plus facile à démontrer par des arguments physiologiques. Si l'on partage la moelle épinière dans toute sa longueur par une section de haut en bas, la capacité de produire des mouvements réflexes n'est pas le moins du monde altérée : elle est limitée seulement à la moitié du corps qui subit les excitations. Qu'on laisse une communication à quelque place entre les deux parties ainsi divisées, ou qu'on coupe transversalement à une certaine distance l'une de l'autre la moitié gauche et la moitié droite de la moelle épinière, de manière à diviser toutes les fibres longitudinales, on peut, en excitant un point quelconque de la peau, provoquer les mouvements réflexes généraux. C'est bien la preuve la plus évidente que la réaction motrice ne résulte pas de la direction tracée au courant qui doit transmettre l'excitation ; mais que ce courant, pour produire régulièrement les mouvements réflexes, après que ses conduits habituels ont été détruits, s'en crée de nouveaux, pourvu que les parties ne soient pas absolument isolées entre elles. Il doit donc exister un principe supérieur aux lois mécaniques, auxquelles est soumise la direction des courants nerveux : c'est sa vertu créatrice qui modifie les phénomènes, et dispose les conduits nouveaux que les courants devront suivre. Ce principe ne peut être qu'un principe immatériel. La même vérité s'éclaire encore de ce fait que la combinaison des mouvements réflexes peut être en grande partie défaite par la volonté consciente et par l'exercice.

Quelque solides que soient ces raisons empruntées à l'anatomie et à la physiologie, elles ne sont pourtant pas les plus fortes. Si la régularité qui se manifeste dans les actes réflexes était l'effet d'une prédétermination extérieure, si un mécanisme matériel se cachait derrière la scène, on ne pourrait plus du tout s'expliquer comment les mouvements en question s'accommodent aux circonstances ; on ne comprendrait plus cette richesse inépuisable de combinaisons, dont chacune est si bien adaptée à un cas particulier. On devrait plutôt s'attendre à voir revenir sans cesse un petit nombre de mouvements mécaniques toujours semblables. Un seul regard jeté sur la variété infinie des combinaisons qui se produisent dans les muscles, lorsqu'on veut se maintenir en équilibre, suffit pour justifier la croyance à l'existence d'une finalité immanente, d'une providence individuelle, comme nous avons déjà appris à le reconnaître dans l'étude de l'instinct. Voici donc l'idée que nous devons absolument nous faire du phénomène. L'excitation externe est perçue comme idée ; l'idée des dangers ou de la souffrance résultant de cette excitation éveille l'idée d'écarter le mal par une résistance convenable, qui devient à son tour l'objet du vouloir. Nous avons prouvé plus haut que les centres nerveux de la moelle épinière et des ganglions ont la faculté de vouloir : il est évident que, conformément aux analogies présentées précédemment, ils doivent aussi être doués de sensibilité. Mais, puisque aucune sensation ne se comprend sans un certain degré, si faible que ce soit, de conscience, ils ont aussi une certaine conscience. Tels sont donc le commencement et la fin du processus : la perception de l'excitation extérieure et la volonté du mouvement. Ces deux fonctions, nous ne devons pas hésiter à les attribuer à chacun des centres nerveux. On peut se demander seulement si la poursuite de la fin, qui les fait sortir l'une de l'autre, doit être aussi regardée, dans les centres nerveux, comme la fonction consciente d'une intelligence calculatrice. Cela ne saurait plus se soutenir en aucune façon. Nous avons vu que les effets de l'activité réflexe dans l'organisme ne sont si importants que parce qu'ils surpassent en facilité, en promptitude, en sûreté les actes de la réflexion cérébrale. Tel est justement le caractère de l'idée inconsciente : nous l'avons déjà reconnu à propos de l'instinct, et nous nous en convaincrons sans cesse dans la suite. Tout ce que nous avons opposé à la tentative d'expliquer l'instinct par la volonté consciente s'applique ici avec beaucoup plus de force. La promptitude de l'action est, en effet, bien plus frappante et contraste plus vivement avec la lenteur de la réflexion qu'on remarque chez les êtres inférieurs. Nous avons, d'un autre côté, affaire surtout, dans ce chapitre, aux centres inférieurs de la vie animale, puisque l'expérience ne nous découvre des actes qui puissent être, dans une certaine mesure, rapportés à la réflexion, que là où les oiseaux supérieurs et les mammifères déploient une activité cérébrale. Mais si nous considérons des animaux dont les centres nerveux ne sont incontestablement qu'au niveau des centres inférieurs du système nerveux chez l'homme, nous sommes frappés de leur grossière stupidité, de leur pauvreté d'intelligence (comme cela se voit chez la plupart des amphibies et des poissons). Combien est tranchant, après cela, le contraste que présentent la sûreté et l'adresse excessive dont témoignent les actes instinctifs chez ces mêmes animaux ! L'importance et l'étendue de ces actes sont toujours en raison inverse des facultés intellectuelles. Il n'est plus question de ces réflexions hésitantes de la pensée discursive, de ces prudentes lenteurs de la ruse que les animaux supérieurs nous manifestent. La perception du motif est immédiatement suivie par l'acte instinctif, tandis que la réflexion aurait souvent coûté beaucoup de temps au cerveau de l'homme. Si l'action ne va pas à son but (et les erreurs sensibles qui accompagnent la perception consciente des motifs peuvent produire ce résultat), l'erreur funeste est reconnue aussitôt avec la même sûreté. Ce caractère de l'idée inconsciente permet de l'opposer à la pensée discursive comme une intuition intellectuelle immédiate. Partout où nous rencontrerons l'idée inconsciente (non celle qui n'est inconsciente que relativement à tel ou tel centre, mais celle qui est absolument inconsciente), nous trouverons ce caractère.

La comparaison que nous établissons entre l'instinct et l'activité réflexe doit nous mettre aussi résolûment en garde contre la tentation de regarder la finalité immanente des mouvements réflexes comme le produit d'une pensée consciente, agissant dans les centres nerveux. Notre théorie est parfaitement d'accord avec ce que l'observation nous apprend sur les mouvements réflexes, dont le cerveau est l'organe central. Le commencement et la fin du processus psychologique, à savoir la perception de l'excitation et la volonté du mouvement, arrivent à la conscience de l'organe, mais non les agents intermédiaires qui doivent cependant concevoir l'idée du but poursuivi. La seule explication qui soit possible, après notre exposition du sujet, c'est de considérer les *mouvements réflexes comme les actes instinctifs des centres nerveux inférieurs*. Ce sont, en un mot, des idées absolument inconscientes, qui provoquent l'apparition de la volonté du mouvement réflexe (volonté consciente pour le centre correspondant, mais inconsciente pour le cerveau), à la suite de la perception, consciente dans le même sens, de l'excitation. L'excitation, en dehors de cette perception qui la suit dans le centre d'où dérive l'action réflexe, peut être communiquée au cerveau et y être de nouveau sentie : mais c'est là une nouvelle perception qui n'a rien de commun avec l'acte réflexe et les phénomènes qui s'y rattachent. Les instincts et les mouvements réflexes sont aussi semblables en ce point, qu'ils provoquent chez les individus de la même espèce animale les mêmes réactions à la suite des mêmes excitations et des mêmes motifs. Cette circonstance a paru servir l'opinion de ceux qui, à la place d'une activité inconsciente et d'une finalité immanente, soutiennent l'existence d'un mécanisme sans vie; mais cette objection ne peut m'atteindre sérieusement, puisque le fait sur lequel elle s'appuie s'explique facilement dans ma théorie : cela a déjà été démontré au chapitre de l'instinct.

VI

L'INCONSCIENT DANS LA VERTU CURATIVE DE LA NATURE.

Si on endommage le nid de l'oiseau, la toile de l'araignée, le cocon de la chenille, la coquille du limaçon, si on arrache à l'oiseau une partie de son plumage, chacun d'eux répare le dommage qui menace son existence ou la rend plus difficile. Nous avons vu que les premiers de ces phénomènes doivent être rapportés à l'instinct; et nous pourrions méconnaître l'analogie frappante des deux derniers avec les précédents! Nous savons que l'idée inconsciente du but, associée à la volonté de l'atteindre, commande à l'être de vouloir sciemment le moyen qui doit y conduire : et nous douterions si nous avons affaire à un cas semblable, lorsque l'objet de l'activité déployée n'est plus quelque chose d'extérieur, mais le propre corps lui-même de l'animal! D'ailleurs nous ne sommes pas en état de fixer les limites où commence et où finit le corps de l'individu, comme cela se présente pour le cocon de la chenille, la coquille du limaçon, le plumage de l'oiseau, ou lorsqu'il s'agit de distinguer entre les excrétions et les sécrétions. Qu'on enlève au polype ses tentacules et au ver sa tête, l'animal doit mourir d'inanition. Si l'animal remplace ses tentacules ou sa tête, peut-on chercher la raison de cette régénération ailleurs que dans l'idée inconsciente de la nécessité des organes? Qu'on n'objecte pas que la différence entre l'instinct et la vertu curative consiste en ceci que, dans le premier, la conscience éclaire au moins l'idée et la volonté du moyen, tandis que dans le second l'inconscience s'étend même jusque-là. Nos études sur la spontanéité des centres nerveux inférieurs ne permettent pas de douter que la volonté du moyen, de quelque manière et à quelque place des centres nerveux inférieurs que ce soit, par exemple dans les petites cellules ganglionnaires, d'où émergent les fibres des nerfs sympathiques qui président à la nutrition, peut arriver à une certaine conscience d'elle-même, quand même le centre nerveux principal de l'animal n'en saurait rien. Personne d'ailleurs ne voudra décider si et jusqu'où il est vrai de dire que, dans l'instinct des animaux inférieurs, la volonté du moyen au moins parvient toujours à la conscience.

Considérons d'un peu plus près les effets de l'activité médicatrice de la nature. Chez les hydres, chaque partie de la masse du corps se reproduit, et de chaque fragment se forme un nouvel animal, qu'on coupe l'hydre en long ou en large, ou qu'on la divise en plusieurs morceaux. Chez les planaires, chaque segment, quand même il ne représenterait que 1/10 ou 1/8 de l'animal tout entier, reproduit une planaire nouvelle. Chez les annélides ou les vers, la régénération ne se fait que quand les incisions sont transversales, mais la tête et la queue se reproduisent toujours; on peut même dans certaines espèces couper l'animal en plusieurs morceaux : chaque fragment reproduit en se développant le type parfait de son espèce. Il paraît ici assez évident que si, à travers la diversité infinie des modes de sectionnement, la partie coupée donne toujours naissance à un exemplaire conforme au type de l'espèce, il n'est pas possible d'attribuer un tel effet à l'action d'une causalité aveugle, mais que l'idée du type spécifique doit être présente dans chaque fragment de l'animal. Or une idée ne peut être présente que de deux manières : ou effectivement dans sa manifestation extérieure comme une idée réalisée, ou idéalement dans l'acte de la pensée où elle réside et qui la conçoit. Chaque fragment de l'animal doit donc porter en soi l'idée inconsciente du type spécifique, suivant lequel s'opère la régénération de ses parties. Ainsi l'abeille, avant de construire sa première cellule et d'en avoir vu une seule, porte en elle-même l'idée inconsciente de la cellule hexagonale, avec une exactitude qui va jusqu'à une demi-minute d'angle ; ainsi l'oiseau doit connaître, sans en avoir conscience, le type que son nid ou son chant doit reproduire, suivant l'espèce à laquelle il appartient, avant d'en avoir rien appris, soit par les autres, soit par sa propre expérience. Si l'on observe le travail de la régénération dans un ver de terre qu'on a coupé transversalement, on voit à la partie blessée surgir un petit bouton blanc qui grossit peu à peu ; bientôt de petits anneaux se pressent étroitement à l'entour, puis se développent dans tous les sens, et de leurs prolongements naissent le tube digestif, le système des vaisseaux sanguins et le cordon ganglionnaire. Il faut une foi robuste pour admettre que l'exsudation de la blessure et le voisinage d'organes correspondants suffisent à produire l'accroissement de l'animal. Si l'on remarque comment, de deux segments plats tout semblables, se développent, à la suite de plusieurs autres anneaux, d'un côté la tête avec ses organes particuliers, de l'autre, la queue avec les siens, et certainement avec des organes qui n'ont rien d'analogue au fragment du tronc qui a servi à les former : l'hypothèse d'une causalité sans vie, d'un mécanisme matériel sans l'action d'aucune idée paraîtra une pure impossibilité.

Diverses considérations accessoires viennent démontrer très-clairement que l'idée de l'organe, qui doit, dans le cas déterminé, reproduire le type spécifique, fournit l'impulsion première à l'activité régénératrice. Si l'animal n'est pas encore développé et qu'on retranche une partie de son corps, la partie régénérée ne reproduit pas l'état de la précédente, mais elle est conformée comme elle devrait l'être, si elle avait suivi le développement normal que le type de l'espèce assigne à l'animal. On peut s'en assurer en coupant la patte d'une jeune salamandre, ou la queue d'un têtard de grenouille. Quelque chose de semblable se produit chez le cerf : sa ramure se renouvelle entièrement chaque année, tant que l'animal garde la vigueur de la jeunesse ; mais lorsque l'organisme est arrivé au point culminant de son développement et commence à décliner, la dernière ramure se conserve jusqu'à la mort, ou le bois, en se renouvelant chaque année, devient avec l'âge moins haut et moins fourni.

En outre, l'énergie médicatrice, dépensée dans la régénération d'une partie, est d'autant plus grande que la conservation de l'animal y est plus intéressée. Selon Spallanzani, les vers renouvellent leur tête avant leur queue ; chez les poissons, les nageoires enlevées se reproduisent dans l'ordre d'importance : d'abord les caudales, puis les pectorales, les ventrales, et en dernier lieu les dorsales. Si la force, ou plus clairement la puissance de la volonté inconsciente ne triomphe pas de la résistance de la matière et des circonstances extérieures, et ne suffit pas à régénérer une partie d'une façon normale, le type spécifique s'accuse encore à travers les monstruosités qui surgissent. Si une tête de limaçon, qu'on a coupée, ne reproduit qu'une antenne au lieu de deux, cette antenne unique présente deux yeux. Les personnes dont le doigt a perdu une phalange voient quelquefois un ongle pousser sur la seconde phalange. Plus une partie court risque de s'endommager, plus elle est conformée de manière à ce que sa régénération soit facile. Ainsi les rayons des astéries, les pattes des araignées, les cornes tactiles et les antennes des limaces et des escarbots, la queue des lézards, qui sont exposés à de grands dangers, possèdent une vertu régénératrice remarquable. La plupart du temps, c'est par une articulation déterminée que commence le plus aisément la régénération. Le membre est, du reste, très-fragile à cet endroit ; et, si la lésion se produit ailleurs, le membre brisé tombe souvent tout entier à partir de cette place. Tel est le cas, par exemple, chez les crabes. Les araignées se débarrassent également de la patte par laquelle on les tient et les serre. Si on a tenu l'animal pour lui écraser la patte, il ne peut plus facilement se délivrer de la patte ainsi brisée ; il l'engage alors dans sa toile, s'appuie sur les autres pattes, et détache la première en la faisant sauter. Cela est évidemment de l'instinct. Mais, si le crabe rejette loin de lui la patte fracturée, pourquoi cet acte serait-il différent de l'instinct? Rejeter le membre endommagé est pourtant le premier acte de la régénération. Plus merveilleux encore est l'instinct des holothuries, qui vivent dans la mer du Sud aux îles Philippines. Elles se nourrissent de sable de corail; quand on les a prises et plongées dans l'eau claire de mer, elles n'hésitent pas à expulser aussitôt par l'anus leur canal intestinal et leurs poumons avec tous les autres organes attenants, pour se faire d'autres entrailles qui soient plus en harmonie avec leur nouveau milieu. (Une holothurie qu'on tourmente à coups d'aiguille ou de couteau sort, à la lettre, de sa peau, et la rejette loin d'elle, sans se blesser le moins du monde à l'intérieur.)

Plus nous nous élevons dans l'échelle des espèces animales, plus la vertu curative de la nature diminue de puissance : elle descend chez l'homme à son plus bas degré. Aussi longtemps qu'on borna l'étude de la physiologie au corps humain, l'erreur devait se produire qu'un pur mécanisme matériel peut seul expliquer les phénomènes de la guérison. Mais, puisque l'anatomie doit ses premiers succès à l'emploi de la méthode comparative, et que la psychologie ne deviendra une vraie science qu'à cette condition, de même l'exactitude de la doctrine physiologique dépend de l'application de l'observation comparée. Si l'étude des rapports évidents des êtres a éclairé la science des animaux inférieurs, la méthode devra nous servir à comprendre les degrés supérieurs de l'organisation.

Les causes qui limitent dans les espèces supérieures du règne animal l'action de la vertu médicatrice sont internes et externes. La cause la plus intime et la plus profonde, c'est que, chez ces espèces, la puissance organisatrice de la nature se détourne de plus en plus des œuvres extérieures, et concentre toute son énergie sur la fin suprême de tout organisme, sur l'organe de la conscience, et travaille à le porter à une perfection de plus en plus haute. Les causes externes doivent être cherchées dans la conformation plus solide des organes chez les animaux supérieurs; dans leur genre de vie qui craint beaucoup moins les chances de destruction et de mutilation, et ne les expose tout au plus d'ordinaire qu'à des blessures, à des lésions que la vertu curative suffit à guérir pour la plupart; enfin dans cette solidité plus grande des tissus, qui rend beaucoup plus difficile, au point de vue physique et chimique, le renouvellement des organes. D'un côté les animaux inférieurs, comme les animaux aquatiques, doivent à la quantité plus grande d'humidité qu'ils contiennent une faculté de régénérer leurs organes, qui est supérieure à celle des animaux terrestres de la même espèce (qu'on compare les vers d'eau aux vers de terre). D'un autre côté, la masse principale du corps, chez les animaux qui peuvent se régénérer par parties considérables, est formée des mêmes tissus qui présentent aussi, chez l'homme, la vertu régénératrice la plus grande : ainsi les tissus formés de couches stratifiées, qui font presque toute la solidité des animaux invertébrés (membranes, poils, écailles) : ainsi le tissu cellulaire, le système vasculaire et surtout la matière rudimentaire qui constitue les organismes les plus infimes. Ces raisons extérieures ne sont pas néanmoins suffisantes, comme nous le voyons par les vertébrés et par la seconde classe des vertébrés inférieurs, les amphibies, dont un grand nombre manifeste une merveilleuse puissance de régénération. Spallanzani vit chez des salamandres les quatre pattes avec leurs os, au nombre de 98, ainsi que la queue et ses vertèbres, se reproduire six fois dans l'espace de trois mois; chez d'autres la mâchoire inférieure se régénéra avec tous les muscles, les vaisseaux et les dents. Blumenbach vit l'œil même se régénérer dans l'espace d'un an, pourvu que le nerf optique n'eût pas été blessé, et qu'une partie des membranes de l'œil fût restée dans la cavité orbitaire. Chez les grenouilles et les crapauds les pattes se renouvellent aussi parfois, mais seulement quand ces animaux sont jeunes, et encore avec beaucoup de lenteur. De même que l'activité mentale de l'individu commence par se répandre tout entière au dehors, et que le progrès des ans la ramène insensiblement sur lui-même, pour la concentrer enfin sur le développement de la pensée réfléchie; ainsi, chez tous les êtres, la vertu médicatrice est d'autant plus énergique qu'ils sont plus jeunes, et, par suite, elle est surtout toute-puissante dans l'embryon et dans les larves, qu'on peut considérer comme des embryons. Aussi ne devons-nous pas nous étonner si la même loi régit la série continue des espèces animales : dans un sens large, on peut dire que les espèces inférieures y sont vis-à-vis des supérieures comme des embryons, et représentent des degrés inférieurs de développement.

Un cas très-curieux est celui que Voit a observé : la régénération des hémisphères cérébraux chez un pigeon auquel il avait fait l'ablation du cerveau. Au bout de cinq mois, après que, dans les derniers temps, l'intelligence de l'animal se fût visiblement accrue, une masse blanche remplaça les hémisphères disparus; elle avait l'apparence et la consistance de la masse blanche du cerveau, et vint se rattacher, d'une manière continue et insensible, aux pédoncules cérébraux qui n'avaient pas été enlevés. Des fibres nerveuses primitives, à double contour, s'y montraient ainsi que des cellules ganglionnaires.

Si nous passons aux mammifères et particulièrement à l'homme, nous ne trouvons plus sans doute les phénomènes frappants que nous offrent les animaux inférieurs, mais nous en découvrons assez pour être convaincus que nous n'avons pas affaire à l'activité mécanique d'une causalité matérielle. Une force psychique, obéissant à l'idée inconsciente du type spécifique et des moyens propres, dans chaque cas particulier, à réaliser la fin suprême, à savoir la conservation de l'individu, dispose toutes les conditions qui doivent ramener l'organisme à son état normal d'après les lois générales de la physique et de la chimie. Chaque désordre organique provoque la manifestation de cette force, pourvu que la volonté inconsciente ne soit pas impuissante à dominer les circonstances : le désordre alors produit une anomalie persistante ou cause la mort de l'animal. La médecine n'a pas autre chose à faire que de favoriser l'effet de la force naturelle, que de l'aider à triompher des causes destructives : l'initiative (la volonté de la guérison) doit en réalité partir de l'organisme lui-même.

Considérons d'abord la cicatrisation des tissus divisés et la reconstitution de leur continuité.

La première condition de toute néoformation (excepté dans les épithéliums), c'est l'inflammation. D'après J. Müller, l'inflammation comprend « les phénomènes qui accompagnent une lésion locale, une tendance locale à la destruction, et une résistance énergique que la force organique oppose à la destruction pour en contrebalancer le progrès. » Ce que Müller appelle « lésion locale », Virchow le nomme l'excitation pathologique. Il dit (*Pathol. et Thér. spec.*, I, 72) : « Tant que l'irritation n'est suivie que de désordres fonctionnels, on parle d'irritation ; si, à côté du trouble fonctionnel, on observe encore des désordres dans la nutrition, on se sert du mot inflammation. » Virchow appelle ainsi désordre de la nutrition ce que Müller nomme tendance locale à la destruction. Virchow insiste particulièrement sur le troisième élément de l'inflammation, l'activité propre des cellules enflammées. Le phénomène qui se remarque tout d'abord dans l'inflammation, c'est l'afflux plus considérable du sang à la place où la néoformation doit avoir lieu : cela se reconnaît à la rougeur et à la chaleur plus grande de cette partie. La loi en vertu de laquelle la circulation locale augmente ou diminue, exclusivement dans un organe, ne s'explique point par des causes purement physiques : car le cœur chasse le sang dans tous les vaisseaux uniformément. Si le phénomène ne peut s'expliquer par l'accroissement de la résorption des cellules enflammées, il faut admettre que les conditions physiques du phénomène sont régies par la volonté du moyen pour la fin conçue. (Lorsque le développement organique suit son cours normal, l'accroissement de l'afflux sanguin se fait encore observer à l'époque de la puberté dans la grossesse, chez l'oiseau dans les vaisseaux de l'abdomen pour l'incubation; on constate au contraire que la circulation se ralentit, lorsque les organes cessent de fonctionner, ou que des pièces de l'organisme qui ne doivent pas être remplacées ont été perdues. Ce qui n'est pas moins étonnant, c'est que le sang ne soit fluide que dans les vaisseaux sanguins, et qu'aussitôt dehors il se coagule sans qu'il soit besoin pour cela du contact de l'air.)

Chaque incision faite sur le corps de l'animal divise plusieurs vaisseaux. Il importe qu'ils soient fermés aussitôt; et c'est ce que fait la coagulation du sang qui s'échappe. Dans les troncs plus gros un caillot se forme à l'intérieur et à l'extérieur : il est facilement expulsé dans les premiers moments, si l'afflux du sang est provoqué de nouveau par une excitation extérieure. Dans les cas d'hémorrhagie artérielle abondante, l'organisme n'a d'autre ressource que l'évanouissement. La masse coagulée ne tient pas fixement aux parois des vaisseaux : aussitôt après la première phase du processus de la guérison, le coagulum est résorbé comme tout moyen curatif qui n'est plus nécessaire. Au bout de douze heures environ, un liquide blanchâtre (lymphe plastique) est exsudé; il se solidifie presque toujours immédiatement et devient un néoplasme membraneux, opaque, qui ferme la blessure et adhère aux parties voisines. Le néoplasme n'est pas purement le sérum exsudé, mais une sécrétion d'un caractère aussi déterminé que toute autre humeur sécrétée. Ce n'est pas non plus une masse molle sans structure, mais un tissu de cellules que pénètre abondamment le liquide intercellulaire, et que la prolifération des cellules fait sortir du tissu conjonctif mis à nu par la blessure. Il est la matrice de toute formation organique nouvelle; et, vaisseaux sanguins, tendons, nerfs, os, membrane, tout sort de lui par une transformation continue des cellules. « La première phase de la guérison, c'est l'apparition dans le tissu de nombreuses cellules, sous l'action inflammatoire et surtout dans le voisinage des vaisseaux capillaires. Ces cellules se transforment en bourgeons celluleux par la multiplication de leurs noyaux. Les injections réussies de vaisseaux sanguins montrent qu'entre les cellules de nouvelle formation existent des fins canaux sans parois propres, à travers lesquels la masse du liquide injecté pénètre directement au sortir des capillaires. Il se forme comme un canal provisoire pour la circulation sanguine, sous la forme d'un réseau intercellulaire. Le même phénomène se produit à la face opposée de la blessure. Les voies qui se préparent ainsi se réunissent et, pour quelques-unes même, s'élargissent et deviennent de véritables vaisseaux : la circulation du sang, qui avait été troublée, se rétablit ainsi complétement des deux côtés » (D. Otto Barth, dans *les Feuilles complément.*, vol. II, p. 360). De cette manière, le réseau des vaisseaux capillaires est d'abord le seul reconstitué : mais bientôt de plus gros vaisseaux, après que les caillots obturateurs ont été résorbés, sont remis en communication. Une section large de cinq lignes, faite au tendon d'Achille d'un chien, fut guérie dans l'espace de quatre mois; dans le nerf, dont un segment a été enlevé, les deux bouts sont le siége d'un travail de prolifération, qui aboutit ou non à la réunion définitive. Le mouvement et la sensibilité peuvent être de la sorte rétablis; mais la masse nouvellement formée, même lorsqu'elle présente des fibres dans sa structure, n'offre pas pourtant la structure véritable des tendons et des nerfs. La réparation est encore moins parfaite à la suite de plaies musculaires. Toutefois, avec le temps, ces tissus de nouvelle formation prennent de plus en plus la structure de l'ancien.

Lorsqu'un tissu en forme de tube est divisé, le néoplasme forme d'abord une enveloppe nommée virole ou capsule, dont les vaisseaux rétablissent la communication organique entre le tissu lésé et les tissus environnants. Ainsi dans le cas de la fracture d'un os, par exemple, cette virole constitue un cal provisoire. En même temps les deux bouts du canal médullaire sont fermés par un caillot provenant de la membrane médullaire. Les deux extrémités osseuses se ramollissent par l'inflammation des parties avoisinantes; elles s'enflamment elles-mêmes et sécrètent le néoplasme, qui en général passe lentement de l'état gélatineux à l'état de cartilage, et s'ossifie progressivement. D'après Virchow le néoplasme produit directement des os et des cellules médullaires; de même, suivant cet auteur encore, le cartilage, les os et les cellules médullaires peuvent directement se transformer les uns dans les autres. Pendant que la nouvelle formation organique s'achève par ce processus, les moyens auxiliaires qui ne servent qu'aux phases intermédiaires de l'opération, le cal provisoire, la couche gélatineuse qui a envahi les parties voisines se ramollissent de nouveau et sont résorbés. Le canal médullaire se rétablit à son tour peu à peu; en effet, la substance compacte du cal se divise en cellules, devient de moins en moins dense, et finit par disparaître. L'os fracturé présente une continuité parfaite entre ses anciennes extrémités, et la même composition qu'auparavant dans sa substance et ses vaisseaux. Une fracture large de six lignes avait été faite au radius et au cubitus d'un chien; au bout de quatorze jours la substance osseuse l'avait guérie entièrement. Si la couche intérieure d'un fragment osseux est nécrosée, la régénération se fait par les couches extérieures, et réciproquement; si la nécrose comprend toute l'épaisseur de l'os, la régénération vient de la membrane médullaire et du périoste, qui commencent par se détacher de l'os; si ces parties aussi sont gangrenées, le fragment en question est enveloppé par un fragment de formation nouvelle, dont les matériaux sont empruntés soit aux extrémités de l'os demeurées saines, soit aux parties molles avoisinantes.

Dans les canaux formés par une membrane muqueuse, comme le canal intestinal, ou les conduits excréteurs des glandes, le néoplasme forme également une virole ou capsule à l'intérieur de laquelle se reforme le canal en question, tandis que les parois gangrenées de l'ancien organe (comme les ligatures) sont repoussées et expulsées par le nouveau canal. Dans l'invagination intestinale et la hernie étranglée, des fragments d'intestins longs de plusieurs pouces, quelquefois longs d'un pied, sont rejetés par l'anus; et cependant le malade continue souvent de vivre, et les voies digestives se rétablissent. — L'expulsion d'un fragment intestinal qui fait hernie peut-elle être rapportée à une autre cause qu'à celle qui agit chez le crabe lorsqu'il rejette loin de lui sa patte fracturée, ou chez l'araignée qui fait sauter la sienne en éclats?

Si un tissu est détruit à sa périphérie, il est également réparé : mais le processus au total est plus compliqué que lorsqu'il s'agit de réunir des parties simplement divisées, le tissu avoisinant exerçant ici par son contact une action moins grande. Le néoplasme se manifeste sous forme de granulations; c'est-à-dire qu'il est riche en vaisseaux et présente un grand nombre de petits mamelons rouges. Un tégument nouveau se forme sur une place dénudée. Par suite de l'absence d'une couche graisseuse, il repose d'abord immédiatement sur le muscle; mais il finit par prendre les caractères des autres parties tégumentaires. La suppuration se produit, mais seulement si la lésion met obstacle à l'exercice ultérieur des fonctions vitales du tissu, ou lorsqu'elle en amène la mortification immédiate. Dans ce cas, l'élimination des parties mortifiées est devenue nécessaire : elles devront être remplacées par des tissus nouveaux (ainsi dans les contusions, dans les plaies qu'occasionnent les armes à feu, etc.). Aussitôt que ce but est atteint, la suppuration s'arrête, comme elle s'est produite, d'elle-même. Quand il n'y a pas de parties de tissu à expulser, la guérison se fait sans suppuration « per primam intentionem ». Sans doute, même dans ce dernier cas, la suppuration se déclare trop souvent; de même que, dans le premier, elle dépasse parfois la mesure nécessaire et dure jusqu'à l'épuisement des forces. Mais la suppuration n'est pas l'effet de l'organisme lui-même. Elle est produite et, dans une certaine mesure, entretenue par l'action nuisible des causes extérieures : citerai-je les germes d'organismes parasites qui flottent dans l'air, et qui peuvent rendre maligne et mortelle la blessure la plus légère? En désinfectant l'air qui a pénétré dans la blessure à l'aide de compresses d'acide carbolique, on écarte ces influences nuisibles. L'expérience vient donc justifier la théorie précédente.

Une muqueuse peut se recouvrir d'épiderme par suite de conditions anormales, lorsqu'elle est appelée à limiter l'organisme au dehors : ainsi dans la chute et dans le renversement du rectum et de l'oviducte. A la suite de l'amputation, tous les canaux antérieurs (canal médullaire et vaisseaux de l'os) se bouchent pour répondre aux besoins nouveaux de l'organe. L'os se ferme à son extrémité. Si le membre a deux os (comme l'avant-bras ou la jambe), ils se soudent à la partie inférieure; et leur fusion acquiert ainsi la solidité que l'articulation de la main ou du pied leur donne autrement. Les vaisseaux et l'afflux sanguin sont réduits, puisque le besoin de l'organe est diminué maintenant; et la limite extérieure est formée par une peau résistante qui se recouvre promptement d'un épiderme solide. La constitution fibreuse du moignon s'étend aussi en partie dans son voisinage aux fibres musculaires, aux nerfs, aux vaisseaux devenus inutiles.

Examinons encore quelques autres effets remarquables de la vertu médicatrice chez les hommes et les mammifères.

Des mammifères auxquels on avait fait l'extraction du cristallin, ont été vus souvent avec un cristallin parfait, qui s'était formé à la place du premier. Chez les hommes qu'on a opérés de la cataracte, un second cristallin se reforme quelquefois, mais imparfaitement. Après la kératotomie, le lambeau, qui est en avant, vient s'appliquer par son bord interne sur le bord extérieur du lambeau inférieur, puis les deux lambeaux se ramollissent, se tuméfient; et une fois la tuméfaction passée, forment une surface parfaitement unie. La nature répare ainsi le désordre que l'inégalité de la cornée aurait produit dans la vision. Si une fracture ne peut se consolider, l'organisme se tire d'affaire autrement. Les deux extrémités de l'os fracturé se bouchent, s'arrondissent. Un cordon tendineux, auquel le cal formant virole a donné naissance, les rattache l'un à l'autre comme un ligament articulaire cylindrique; ou une fausse articulation, comme on dit, se forme pour les unir, c'est-à-dire que l'extrémité de l'un des fragments se creuse d'une cavité dans laquelle l'extrémité arrondie de l'autre vient s'emboîter. Les deux extrémités s'enveloppent d'une capsule tendineuse; et, comme les autres parties qui ont de articulations mobiles, elles tirent la graisse nécessaire au frottement d'une capsule synoviale nouvellement formée. Un processus semblable a lieu dans les luxations qui n'ont pas été réduites. La cavité articulaire abandonnée se comble; et à la place où se trouve actuellement la tête de l'articulation, une cavité articulaire nouvelle se forme avec ce qui reste de l'ancienne articulation.

Quand la sécrétion d'un tissu ne trouve plus son issue naturelle, un phénomène très-remarquable se produit, la création d'un conduit excréteur, dont l'organe ne saurait se passer sans se détruire. C'est le cas surtout dans les sécrétions normales, lorsque les canaux excréteurs naturels se trouvent obstrués. Alors se forment des fistules dans la direction la plus courte ou du moins la plus convenable; elles ouvrent ainsi une issue vers le dehors (tel est le cas des fistules lacrymales, salivaires, biliaires, urinaires et stercorales). Elles sont absolument semblables aux canaux normaux des glandes : car le tissu cellulaire, qui constitue la paroi du conduit, se transforme en une membrane muqueuse insensible à l'action des matières excrétées. Ces fistules ne peuvent se guérir, aussi longtemps que la voie naturelle de l'excrétion n'est pas rétablie : elles guérissent alors d'elles-mêmes vite et facilement. Il n'y a pas de raison matérielle pour que la sécrétion, qui doit rétablir le conduit excréteur par la dissolution et la liquéfaction du tissu cellulaire, accomplisse cette œuvre énergique de destruction dans la direction seule du canal qu'il s'agit de creuser, tandis que son action dans tous les autres sens est presque nulle en comparaison; pour que la direction, dans laquelle cette décomposition chimique se produit avec force, soit celle qui convient le mieux au nouveau canal excréteur ; pour que enfin ce canal ne nous apparaisse pas comme une œuvre de pure destruction, mais plutôt comme une formation organique nouvelle. Parfois de tels canaux se prolongent, notamment des fistules purulentes, à travers plusieurs autres organes, avant d'aboutir à l'extérieur : ils passent du foie dans l'estomac ou l'intestin, ou traversent le diaphragme pour arriver aux poumons. Ce processus est surtout curieux à suivre dans la nécrose invaginée. Les fistules (ou cloaques) se forment, si la couche interne de l'os est seule mortifiée, dans la couche extérieure qui doit servir à la régénération de l'os : et, si cette seconde couche est aussi mortifiée, dans la substance osseuse qui s'est formée à l'entour, et immédiatement après son apparition, sans qu'on découvre la moindre suppuration. Ces fistules sont de forme ronde ou ovale, recouvertes d'une membrane lisse, qui va de la membrane médullaire au périoste : elles s'évasent vers l'extérieur par un rebord lisse, et se prolongent ensuite par un trajet fistuleux jusqu'à la peau. Ces canaux anormaux ne sauraient disparaître, tant que des esquilles nécrosées se trouvent à l'intérieur de l'os nouveau : mais ils se ferment d'eux-mêmes aussitôt qu'on a enlevé ces dernières.

Il y a un certain rapport entre ces phénomènes et ce qui se passe dans l'organisme de la mère, lorsque l'enfantement ne peut avoir lieu. Le fœtus meurt, il se décompose, ses débris sont expulsés par des voies nouvelles, ou enkystés.

Remarquons encore comment une sécrétion spéciale se fait par des organes tout différents de ceux qui lui sont particulièrement destinés, lorsque ces derniers ne remplissent plus leurs fonctions. Les humeurs sécrétées, dont le rôle est si considérable dans l'organisme, ne sont pas, chacun le sait, les produits immédiats du sang qui ne contient que leurs éléments ; elles ne prennent la constitution chimique qui leur est propre que pendant et après leur séparation d'avec le sang : aussi les procédés de la sécrétion sont d'autant plus longs que les humeurs sécrétées sont plus importantes. On doit considérer d'ordinaire les organes sécréteurs comme la cause de la constitution chimique propre aux humeurs sécrétées. Il n'en est que plus étonnant de voir que, dans certaines circonstances, lorsque tel ou tel organe ne peut plus fontionner, et que la présence dans le sang des matières que le travail sécréteur aurait expulsées autrement pourrait être dangereuse à l'organisme, de voir, dis-je, que, dans de telles circonstances, d'autres organes aussi sont en état de parfaire la sécrétion d'une manière à peu près identique, et d'assurer ainsi la conservation de l'organisme. Les moyens matériels, auxquels la volonté inconsciente a recours pour atteindre ce but, doivent être cherchés exclusivement dans une modification temporaire qui accommode les membranes des organes chargés provisoirement de faire la sécrétion à la nature de la sécrétion vicariante. Nous voyons une pareille influence de la volonté sur les organes sécréteurs dans l'effroi, la colère, etc.

Considérons encore quelques exemples. L'urine a une action mortelle sur le sang. Le sang ne contient que les éléments de l'urine; mais ils demandent à en être séparés, sans quoi l'organisme périt. Chez des cochons de mer, dont les artères rénales avaient été liées, le péritoine, le péricarde, la plèvre, les ventricules du cerveau, l'estomac et l'intestin sécrétaient un liquide brun qui avait l'odeur de l'urine; leurs larmes sentaient l'urine; les testicules et les épididymes contenaient une liqueur tout à fait semblable à l'urine. Des chiens, après la même opération, vomissaient de l'urine; chez des lapins se produisait un flux intestinal. Et on trouve à l'autopsie des hommes, dont la sueur répand une odeur d'urine caractérisée, les causes de cet arrêt de sécrétion urinaire. Souvent des personnes, chez qui l'évacuation urinaire par les voies naturelles est absolument empêchée, sont prises chaque jour pendant des années, d'un vomissement urinaire; une jeune fille, qui était née avec la même infirmité, rendait de l'urine par les seins jusqu'à l'âge de quatorze ans. Dans d'autres cas, la rétention urinaire donnait lieu à une excrétion urinaire par la peau de l'aisselle. Dans le cas de dégénération des reins, alors qu'ils ne peuvent plus sécréter, ou quand la communication avec la vessie n'existe plus, on dit avoir observé l'émission de l'urine par les voies normales pendant des années; et c'est là ce qui aura fait admettre l'aptitude de la vessie à se substituer aux reins pour sécréter l'urine. — Un grand nombre d'observations montrent que la sécrétion d'une humeur lactée peut se faire par les reins, par la peau du nombril, des flancs, des cuisses, du dos, des ulcères, du péritoine dans le cas d'une péritonite causée par un arrêt de sécrétion lactée. Lorsque l'ictère provient de ce que l'action du foie (comme l'autopsie le montre) est suspendue, la sécrétion biliaire doit se faire dans les capillaires sanguins, puisque tous les organes, même les tissus tendineux, les cartilages, les os et les poils contiennent des parcelles colorées de matière biliaire.

Un phénomène très-curieux est la constance de la température chez les animaux à sang chaud, à travers la diversité et la mobilité infinies des circonstances extérieures. Nous sommes encore loin de connaître toutes les conditions d'où dépend cette constance. Nous sommes bien certains pourtant que la plus importante, peut-être la seule qui tienne à l'animal lui-même, est la régularité de l'alimentation, des excrétions et de la respiration. Puisque la constance de la température dans une classe d'animaux est la condition la plus favorable aux processus chimiques dont leur organisme est le siége, nous devons reconnaître l'effet de la puissance curative de la nature dans tout acte de l'organisme, qui accommode à la mobilité des circonstances les conditions favorables au maintien de cette constance. On peut rapprocher de cela cette observation que la quantité d'acide carbonique et d'eau, dégagée par la transpiration cutanée et pulmonaire, varie dans de courts espaces de temps sans cause appréciable, mais dans de longues périodes d'heures demeure à peu près fixe.

Il est surprenant d'observer la force de résistance mécanique et chimique dont jouissent les tissus vivants, et de la voir cesser immédiatement avec la mort. L'estomac et l'intestin en sont aussi des exemples. Les méduses qui, ressemblent à des masses gélatineuses, digèrent, sans le moindre mal, des animaux dont le corps est recouvert d'une cuirasse de piquants. L'estomac des oiseaux réduit en mille miettes les morceaux de verre, et courbe les clous de fer qui s'y sont introduits, sans être blessé le moins du monde. On sait que les blessures faites à l'estomac se guérissent très-lentement : elles ne pourraient donc échapper à l'observation. L'intestin des soles et des blennies est souvent bourré jusqu'à en être distendu, par des vulves tranchantes de coquilles, qui après la mort, le fendent à la moindre secousse. Ces phénomènes, qu'on ne peut expliquer par la plus grande solidité mécanique du tissu vivant, doivent faire admettre l'existence de mouvements réflexes, en vertu desquels la partie menacée par un mouvement des corps tranchants cède devant eux, tandis que les autres parties de l'intestin font prendre à l'objet coupant une position moins dangereuse. On n'est pas moins étonné de la résistance que l'estomac oppose à l'action chimique du suc gastrique, dont l'énergie est particulièrement si grande. On a vu des cas où le suc gastrique, dégénéré pourtant, commençait aussitôt après la mort à décomposer l'estomac, et même dissolvait l'estomac frais d'un animal, sans y avoir pendant la vie causé la moindre altération. La même chose se remarque ailleurs pour les matières sécrétées et pour les organes sécréteurs.

Après ces exemples arrivons à certaines objections qui ont été dirigées contre l'action médicatrice, en tant que manifestation intelligente d'une volonté et d'une pensée inconscientes. Je crois, sans doute, avoir montré toute l'insuffisance des théories matérialistes par des considérations nombreuses. Il me paraît important néanmoins de faire ressortir brièvement une fois de plus le vice des deux arguments les plus considérables sur lesquels s'appuient les matérialistes. Voici ces arguments : 1° C'est par une action chimique opérée par le contact, et à la multiplication des cellules que doit être attribuée la ressemblance de chaque élément de formation nouvelle au tissu existant déjà. — 2° la composition de chaque sécrétion dépend de la composition du liquide nourricier et de la membrane sécrétante.

Au premier argument je réponds par l'objection suivante : les formations organiques nouvelles se produisent à des époques diverses, sans pouvoir se rattacher à des tissus préexistants de même nature, lorsquelles paraissent pour la première fois, soit d'une façon absolue, soit à telle place de l'organisme. Ce phénomène se produit aux diverses périodes du développement embryonnaire, de l'enfantement, de la puberté et de la grossesse. Outre les tissus et les sécrétions de formation nouvelle qui apparaissent alors, il y a encore des sécrétions qui cessent et reprennent périodiquement, soit dans l'état normal, soit dans la maladie. Le retour de la sécrétion ne résulte pas de l'action exercée au contact par la matière sécrétée, puisque cette matière n'existe pas encore. De même la régénération des tissus solides ne dépend pas directement du fond organique sur lequel ils se développent. Ainsi nous avons vu que le néoplasme, qui doit servir à la régénération d'une masse osseuse, est tiré, en grande partie, par exsudation de tissus voisins et différents. De même la membrane muqueuse qui tapisse les conduits fistuleux, et le tissu qui naît des granulations se forment sans avoir besoin du contact de tissus identiques. On ne peut sans doute méconnaître que le principe de l'identification par le contact chimique fournit un moyen remarquablement économique d'employer la force organique; mais il ne faut pas non plus oublier les faits. Or ceux-ci prouvent que la volonté inconsciente peut créer entre les éléments organiques des rapports en vertu desquels certains produits se forment, par l'effet des lois chimiques, sans avoir eu besoin pour apparaître du voisinage de tissus semblables : ces formations nouvelles sont destinées à répondre à un état présent du processus organique, à un besoin momentané du corps.

En ce qui regarde le second point, la dépendance où serait l'humeur sécrétée à l'égard du tissu sécréteur, je reconnais la vérité générale du principe; mais je ne puis oublier la diversité des sécrétions d'un seul et même organe à diverses époques, l'apparition de sécrétions nouvelles à certaines périodes de la vie, la cessation et le retour de quelques-unes, enfin la théorie des sécrétions supplémentaires. La question relative à la constitution changeante des tissus sécréteurs attend donc toujours sa solution. La doctrine matérialiste ramène bien sans doute le phénomène à ses causes efficientes les plus immédiates; mais ces causes efficientes elles-mêmes ne comportent qu'une seule explication acceptable, celle que leur donne la théorie idéaliste. Par cette explication provisoire le naturaliste ne fait que remplir le plus rigoureux de ses devoirs; personne ne songera à le contredire, pourvu qu'il accorde que la question en est toujours au même point qu'auparavant; pourvu qu'il n'affirme pas que cette explication tranche toutes les difficultés : car alors il se mettrait en contradiction avec les faits.

Une autre objection soutient que l'organisme n'agit pas toujours avec sagesse : ainsi les mêmes phénomènes, qui ont une fois préparé la guérison, une autre fois amènent la maladie; ou conduisent une maladie persistante à une conclusion pire que celle qu'elle aurait prise d'elle-même. Mais je soutiens justement le contraire. D'abord les maladies ne sont jamais *produites spontanément par le principe spirituel* dont l'organisme dérive, mais *sont introduites forcément en lui par des causes externes d'altération*. En second lieu, tous les changements, que subit le cours régulier des fonctions organiques, par une conséquence directe des altérations extérieures, n'ont d'autre fin que de faire cesser ces altérations. Ces deux proportions doivent être successivement justifiées.

On se demande d'abord ce que c'est que la maladie. La maladie n'est pas une déviation de formation. Il y a des déviations de ce genre, auxquelles personne ne donne le nom de maladies : comme celles qui produisent les géants, les nains, les doigts parasites, le trajet irrégulier des veines. La maladie n'est pas un état qui mette en péril la conservation de l'organisme : beaucoup de maladies n'ont pas cet effet; ce n'est pas non plus un état qui fasse naître dans la conscience de l'individu la souffrance et le malaise : ces sensations sont inconnues dans bien des maladies. La maladie est une *déviation des fonctions organiques*, qui peut avoir sa cause aussi bien que son effet dans une déviation de la formation organique. Dans le premier cas, cette déviation de la formation est fréquemment désignée sous le nom de maladie. Mais, au sens rigoureux, cette dernière doit avoir déjà sa cause dans un désordre des fonctions. Aussi longtemps que toutes les fonctions s'accomplissent régulièrement, la formation d'organes anormaux est impossible. Ainsi la phthisie pulmonaire peut provenir de tubercules, et ceux-ci être héréditaires : mais chez l'individu qui a transmis le premier à la famille la tuberculose, les tubercules résultent nécessairement du trouble des fonctions, en admettant qu'ils ne soient pas, chez lui, à son tour, héréditaires ou inoculés par contagion (comme par le lait de nourrice, ou le lait de vaches atteintes de tuberculose miliaire, ou par la respiration de matières expectorées provenant de tubercules pulmonaires). Si nous cherchons donc la cause d'une maladie, nous devons, en dernière analyse, remonter pour chaque cas à un désordre fonctionnel, bien que les organes offrent un développement régulier. Car, aussi longtemps que nous avons affaire à des déviations de la forme organique, nous n'avons pas atteint le terme extrême dans la série des causes de la maladie.

Si nous demandons maintenant comment peut s'expliquer la cause première de toutes les maladies, *le désordre fonctionnel d'un organe régulièrement développé*, l'expérience et la spéculation sont d'accord pour nous répondre : uniquement par l'action désorganisatrice des causes extérieures, jamais par l'action spontanée de la force spirituelle qui agit à l'intérieur de l'organisme. Ces causes extérieures de désordre sont de nature très-diverse : 1° Des actions mécaniques, comme celles qui produisent les blessures internes ou externes de toute nature. 2° Des actions chimiques, résultant tantôt de l'introduction de matières qui troublent directement les rapports des éléments combinés par l'organisme, et forment de nouvelles combinaisons (ainsi dans l'empoisonnement par l'arsenic, l'acide sulfurique, dans l'effet de presque tout remède minéral); tantôt d'une action chimique par le contact, d'une contagion au sens le plus large du mot, de changements atmosphériques qui disposent à des maladies non à proprement parler contagieuses. 3° Des actions organiques, comme celle des organismes, appartenant au règne végétal ou animal (des êtres microscopiques), qui viennent se loger dans le corps, et qui, pour se nourrir ou se reproduire, troublent les combinaisons chimiques ou la structure des tissus cellulaires auxquels ils s'attachent. Dans bien des maladies, on ne sait encore si la cause de l'infection doit être rapportée à une action chimique par le contact, ou à l'introduction d'organismes parasites (dans la peste, la syphilis, la variole, la diphtérite, la fièvre typhoïde, le choléra, la fièvre intermittente, etc.) : la dernière opinion gagne tous les jours en vraisemblance. 4° Un désordre dans la proportion des acquisitions et de la consommation. Si les dépenses l'emportent, une perte de poids, la faiblesse se produisent; si ce sont les acquisitions, on voit naître d'une manière générale l'hypertrophie, qui se manifeste sous des formes différentes, suivant la nature diverse des matières surabondantes (tubercules, scrofule, goutte, l'hypertrophie du tissu adipeux). 5° La mauvaise qualité des aliments. Elle produit des troubles dans les organes de la digestion, et, par suite d'un changement anormal de composition dans la masse sanguine, des désordres dans la nutrition. L'air vicié peut ainsi engendrer des fièvres putrides en altérant la composition du sang. 6° Un genre de vie contraire à l'organisation : ainsi l'inaction absolue d'un muscle en cause la faiblesse, l'amaigrissement, parce que l'alimentation qu'il reçoit est proportionnée à l'activité qu'il est censé devoir dépenser : les occupations sédentaires troublent les digestions des hommes pour la même raison. L'établissement dans un climat étranger demande que le corps s'accommode au milieu nouveau par l'action médicatrice de la nature : autrement on voit naître les maladies. 7° Les vices de conformation ou les dispositions maladives héréditaires. Les premières causes externes de la maladie se trouvent ici dans la génération, d'où part la transmission héréditaire. Tous les membres futurs de la famille, qui hériteront de la maladie, reçoivent avec les matériaux de la vie les germes des anomalies organiques comme le patrimoine qui doit les accompagner dans le voyage de la vie. La vertu curative de la nature est souvent aussi peu en état de vaincre ces effets de l'hérédité, que de triompher d'une maladie temporaire, provoquée directement par des causes extérieures de désordre.

Je crois que toutes les maladies se ramènent aux troubles que je viens d'énumérer, ou à des désordres semblables. Il importe toutefois de remonter toujours à la première cause du phénomène, et de ne pas se borner à étudier les symptômes de la maladie actuelle. Souvent même cette dernière est un effet de la force médicatrice, une crise terminant une série de maladies ou de désordres antérieurs, que la conscience a plus ou moins ignorés. (Ainsi dans toutes les maladies éruptives, dans la goutte, les fièvres, les inflammations, etc.) La force médicatrice prévient quelquefois par cette crise l'apparition de la maladie, qui suivrait inévitablement les désordres organiques (ainsi la décomposition et l'expulsion du fœtus qui ne peut venir au monde). Il est donc bon que, par son action spontanée, le principe inconscient et spirituel qui gouverne le corps produise des phénomènes, que nous nommons maladies parce qu'ils constituent les processus anormaux et en partie douloureux de la vie organique, mais qui préviennent une maladie dangereuse, et ne sont que les moyens choisis à dessein en vue d'écarter par un petit mal un mal plus grand. Ce ne sont pas, à parler rigoureusement, des phénomènes morbides, mais des faits de guérison. Il peut arriver aussi que la mort suive la crise ainsi provoquée spontanément, et que la volonté inconsciente n'ait pas la force nécessaire pour triompher des causes présentes de désordre. Mais l'issue aurait été sûrement la même, indépendamment de la crise tentée : la force médicatrice de la nature pouvait au moins, dans cette crise, espérer la victoire. Si quelques maladies ne se laissent pas expliquer par les perturbations extérieures, cela ne diminue pas la justesse de notre principe, que *le principe psychique du développement organique ne connaît pas la maladie.* Presque tous les faits témoignent en faveur de ce principe ; aucun ne le contredit. On peut s'attendre d'ailleurs à ce que les quelques cas exceptionnels seront ramenés à l'action perturbatrice du dehors par la science de l'avenir : je ne puis donc m'associer à l'hypothèse de Carus. Ce physiologue veut que l'idée de l'organisme soit comme influencée et dominée par l'idée de la maladie. Cette dernière doit, selon lui, expliquer la conformité des caractères que présentent les maladies. Mais cette conformité me paraît suffisamment explicable par la réaction égale des organismes semblables contre des perturbations semblables. La même maladie ne se montre, en réalité, jamais avec les mêmes caractères ; elle présente, au moins, des formes aussi différentes que les individus le sont entre eux. L'hypothèse de Carus est d'ailleurs réfutée par ce fait que le corps n'offre aucune formation pathologique, qui n'ait son modèle dans les formations physiologiques de l'état normal. Virchow dit (*Pathologie cellulaire*, p. 60) : « Il n'y a pas d'autre hétérologie dans les tissus morbides que la forme anormale de leur production : et cette anomalie tient à ce qu'un tissu se forme, ou à une place à laquelle il ne convient pas, ou à un moment qui n'est pas le moment favorable, ou à ce qu'il dépasse la mesure assignée au développement du corps par le type de son espèce. Cette hétérologie s'appellerait plus exactement une hétérotopie, une *aberratio loci* ou une *aberratio temporis*, une hétérochronie, ou enfin une déviation purement quantative, une hétérométrie. » — La doctrine des types idéaux de maladies, qui s'attaquent aux organismes, ne pourrait avoir une certaine vérité, au sens métaphorique, que là où les causes de la maladie sont des animaux ou des plantes, comme la gale, le tac, la rouille du blé, etc., et tous les parasites au sens nouveau et étendu du mot.

Relativement aux maladies mentales, comme on dit, l'opinion qui a régné de tout temps et qui domine présentement encore en dépit de quelques contradictions, c'est que chaque désordre de l'activité consciente de l'âme est causé par un désordre du cerveau, comme organe de la conscience : que ce trouble cérébral se soit produit directement, ou à la suite des maladies de la moelle épinière et du système nerveux. Là où des émotions morales occasionnent une maladie mentale, on doit, selon toute vraisemblance, admettre la préexistence d'une disposition du cerveau ordinairement héréditaire, qui n'attendait que l'occasion pour se produire. Il faut absolument, dans des cas semblables, admettre que le désordre cérébral est cause du désordre de la conscience : sous cette réserve toutefois, que ce désordre cérébral n'est pas provoqué par un ébranlement matériel, mais par une commotion psychique. En tout cas, il est occasionné par une action extérieure, dont les perceptions de la conscience ne sont que les interprètes et les intermédiaires. Nos propositions demeurent donc entières : *l'Inconscient ne peut ni être malade lui-même, ni causer la maladie de l'organisme qu'il régit.* Toute maladie est la conséquence d'un désordre produit par une action extérieure.

En réponse à la seconde objection, au doute émis sur la convenance des moyens que la force médicatrice oppose à la maladie, nous croyons qu'il est surtout important de ne point perdre de vue que la volonté ne dispose que d'une force limitée pour triompher des circonstances. Si la volonté de l'individu était toute-puissante, il ne serait plus fini, il ne serait plus un individu. Il faut donc qu'il y ait des perturbations qui ne se puissent écarter. D'ailleurs les moyens de guérison que la volonté trouve dans l'organisme sont très-limités. Sa puissance sur les divers tissus a des limites très-variable. Le but qu'elle conçoit ne peut être atteint souvent qu'à l'aide des détours les plus étonnants. Aussi l'idée du but poursuivi, au milieu des moyens employés par l'organisme, se dérobe souvent tout-à-fait à l'œil inexpérimenté. Le regard perçant du savant est seul en état de la reconnaître, parce que seul il comprend qu'aucune voie plus courte ne pouvait conduire au but. La physiologie et la pathologie sont encore des sciences trop jeunes, pour qu'on doive s'étonner qu'elles n'aient pas encore pénétré bien avant dans les diverses opérations de la vie organique. Elles doivent se contenter souvent de soupçonner une multitude de rapports de fins et de moyens; mais elles sont rarement en état de s'expliquer s'il pourrait exister une voie plus convenable que celle qui a été suivie. Toute finalité constatée est bien un argument positif, une preuve indiscutable en faveur de l'action d'un principe spirituel : tandis que mille rapports inexplicables de cause et d'effet ne sauraient rien prouver contre l'existence de principes psychiques au fond des organismes. La valeur relative des deux hypothèses n'est même pas ainsi bien déterminée. Presque partout, où nous croyons voir une action inintelligente de l'organisme, nous pouvons nous expliquer les causes de cette apparence. Nous avons déjà dit ce qu'il fallait penser de la spontanéité apparente des maladies, qu'on nous objecterait peut-être. Dans une grande partie d'autres cas, si les moyens employés pour écarter un désordre organique, ne répondent pas toujours aux intentions de l'organisme, c'est que des désordres existants ailleurs s'y opposent : ainsi les efforts que fait la force médicatrice pour guérir un mal sont paralysés par une seconde maladie. Ce cas se présente très-souvent : seulement il est difficile de découvrir le second mal, qui peut être caché profondément, et en soi insignifiant. En dernier lieu, nous devons toujours en revenir à l'impuissance de la volonté individuelle (ici, pour écarter le second mal) : les moyens employés reçoivent une fausse application et ne conduisent pas au but. Cette impuissance se montre, par exemple, dans l'incapacité où se trouve la volonté, après qu'elle a déployé dans une certaine direction toute l'intensité de son action, d'en savoir en même temps limiter l'étendue. Ainsi la guérison des fractures, qui demande un déploiement énergique de la force organisatrice du tissu osseux, entraîne très-souvent l'ossification des muscles et des tendons voisins de la blessure. Sans doute l'organisme répare ensuite le mieux possible son erreur : l'ossification des tissus voisins disparaît après la guérison, et les choses reprennent leur constitution normale.

Les bornes qui s'imposent à la puissance de la volonté individuelle, sont encore rendues sensibles dans l'exemple suivant. Pendant la gestation, la volonté inconsciente doit se concentrer sur le développement de l'embryon ; aussi les fractures de la mère ne se guérissent point pendant ce temps-là : après l'enfantement, elles se guérissent très-bien.

Voici la dernière objection qu'on pourrait nous faire : c'est en vertu d'un mécanisme inné avec la créature que chaque désordre extérieur est suivi de la réaction convenable, sans l'intervention du principe psychique individuel. Quiconque m'a suivi jusqu'ici n'aura pas besoin de ma réfutation. Nous avons déjà prouvé qu'un mécanisme matériel est impossible ; l'hypothèse d'un mécanisme psychique n'est pas moins inadmissible pour celui qui considère la diversité infinie des causes perturbatrices, et qui songe que l'activité fonctionnelle de chaque organe en particulier et du corps en général est occupée incessamment à écarter, à réparer les désordres qui peuvent survenir, et que ce travail est la condition même de l'existence. Si l'on admet que toutes ces actions réparatrices ont pour but la conservation de l'individu, il est impossible d'échapper à l'idée d'une prévoyance individuelle ; l'individu seul peut concevoir les fins multiples en vertu desquelles il agit. Cette vérité, dont le chapitre présent et le précédent offrent une confirmation si éclatante, aura inmanquablement son contre-coup sur la réfutation d'une objection semblable, qui nous a déjà été faite à propos de l'instinct. Toutes les manifestations de la vie, que nous avons étudiées jusqu'ici, ont été reconnues identiques dans leur essence. Il serait insensé en effet d'admettre un pouvoir particulier pour l'instinct, un pouvoir particulier pour les mouvements réflexes, un autre pour la force médicatrice : tous ces phénomènes ne sont que les moyens employés pour atteindre un but, pensé et voulu sans conscience. A la diversité des circonstances extérieures, qui provoquent à l'action, correspond la diversité des réactions; et les différences ne sont jamais si grandes entre ces dernières, qu'elles ne puissent se transformer les unes dans les autres. Personne assurément ne croira que l'action médicatrice de l'organisme dérive d'une pensée et d'une volonté conscientes, pour peu qu'il se rappelle quelle faible part sa conscience a prise à la guérison d'une blessure ou d'une fracture. On peut même dire que les guérisons les plus complètes sont celles auxquelles la conscience demeure le plus possible étrangère, comme cela a lieu dans un sommeil profond. Ajoutez que les fonctions organiques, en tant qu'elles dépendent en général du système nerveux, sont gouvernées par les nerfs du grand sympathique; et que ces derniers ne sont pas directement soumis à la volonté consciente, mais doivent leur innervation aux nœuds ganglionnaires d'où ils émergent. Si dans les actions organiques, où se déploie la force médicatrice, on découvre une harmonie si merveilleuse, un tel concours vers un but unique, cette unité ne peut, en aucune façon, s'expliquer par la communication mécanique des divers ganglions : il faut la rattacher à l'unité du principe qui les domine, à l'unité de l'Inconscient.

VII

INFLUENCE INDIRECTE DE L'ACTIVITÉ CONSCIENTE DE L'AME SUR LES FONCTIONS ORGANIQUES.

I. — INFLUENCE DE LA VOLONTÉ CONSCIENTE.

a. La contraction musculaire.

La contraction des muscles est évidemment la plus importante des fonctions organiques qui dépendent de la volonté consciente. C'est à elle que sont dus nos mouvements, notre action sur le monde extérieur, les communications que nous échangeons avec nos semblables par la parole et l'écriture. Elle dépend de l'action des nerfs moteurs, d'un courant nerveux qui se dirige du centre vers la périphérie. Ce courant est évidemment analogue aux courants électriques et chimiques : nous voyons, en effet, que ces trois courants se transforment l'un dans l'autre. Nous ne pouvons nous faire une trop haute idée de l'intensité du courant nerveux. Songeons qu'il contracte les muscles des athlètes, et leur permet d'agir à l'extrémité des longs bras de levier que forment les membres et de jouer avec des poids d'un quintal; et rappelons-nous quels puissants courants galvaniques sont nécessaires pour élever des poids d'un quintal avec un électro-aimant. Nous avons déjà vu que chaque mouvement musculaire ne s'explique que par l'action multipliée de la volonté et de la pensée inconscientes. On ne comprendrait pas autrement comment l'impulsion motrice pourrait agir sur le centre nerveux, juste au point qui correspond au mouvement qu'on a conscience de vouloir, et non à une autre place. Nous avons reconnu, en outre, que les centres immédiats pour la plupart des mouvements sont situés dans la moelle épinière et la moelle allongée. C'est de là que les mouvements sont déterminés et réglés dans leurs détails. Ces mouvements doivent être regardés comme des actes réflexes, provoqués dans les centres dont nous venons de parler par l'excitation des fibres qui partent des hémisphères cérébraux, et qui sont comparativement moins nombreuses que les autres : en sorte que la première impulsion du mouvement doit être rapportée aux racines nerveuses qui partent des hémisphères. Il peut se faire que plusieurs de ces mouvements réflexes se communiquent à divers centres nerveux, de plus en plus éloignés du cerveau, avant qu'aucun mouvement compliqué se produise. Ainsi pour marcher, il faut d'abord que quelques fibres peu nombreuses communiquent l'impression et la transmettent des hémisphères, où se produit la volonté consciente de marcher, au cervelet qui doit diriger la coordination des principaux groupes de mouvement ; de là un plus grand nombre de fibres communiquent les impulsions aux divers centres de la moëlle épinière, et, en dernier lieu, aux points d'émergence des nerfs moteurs de la cuisse. A chacun de ces mouvements réflexes, la volonté et la pensée inconsciente se manifestent par l'instinct moteur spécial du centre nerveux correspondant. Ainsi on s'explique comment des mouvements si compliqués se déroulent, sans aucun travail de la réflexion, avec tant de convenance et d'ordre. Chaque centre ressent l'impulsion comme une excitation et la transforme en une impulsion nouvelle : mais nous ne devons, au sens rigoureux, parler d'un courant moteur, qu'à partir du dernier centre.

On se demande maintenant comment la volonté est en état de produire le courant nerveux. Nous ne pouvons que nous en tenir aux analogies que ce courant présente avec les courants semblables que connaît mieux la physique. Nous devons aussi nous en fier à priori à l'hypothèse que tout l'appareil du système nerveux a dû être placé dans l'organisme, à dessein de mettre la volonté en état de produire les effets mécaniques nécessaires, avec la plus petite dépense possible de force mécanique ; en d'autres termes, nous devons regarder le système des nerfs moteurs comme une force mécanique analogue aux vents, ou, pour nous servir d'une comparaison plus juste, semblable au canon qui brise les murailles, et auquel l'homme n'a besoin que de mettre le feu. Produire un mouvement mécanique sans une force mécanique est chose impossible. Mais la force initiale, qui provoque le mouvement, peut être réduite à très-peu de chose, et le reste du travail mécanique laissé à l'action des forces emmagasinées d'avance pour cet usage. C'est la force chimique de la poudre qui agit dans le canon : dans l'animal, c'est la force résultant de l'alimentation prise. Les matériaux de l'alimentation doivent être dans le même rapport avec les effets de la force musculaire que la quantité de poudre avec la puissance du canon. Sans l'intervention de la force mécanique, les forces emmagasinées ne pourraient être tirées de l'état où elles sont comme enchaînées : la volonté voit posséder absolument la force de produire un effet mécanique. Si la grandeur de cette force était différente, rien n'empêcherait qu'elle ne mit directement les muscles en mouvement. Il faut donc admettre que la disposition du système moteur est surtout faite en vue de réduire à un minimum l'action mécanique que doit nécessairement produire la volonté. De même le mouvement, que le mécanicien imprime au levier, ne représente qu'un minimum de force, en comparaison avec les effets que produit la machine à vapeur.

Considérons maintenant le courant électrique, qui offre tant d'analogie avec le courant nerveux. Nous devons écarter d'abord la production d'un pareil courant par une action mécanique (comme le frottement), ou par l'influence de la chaleur. La première serait le contraire de ce que nous cherchons ; et la seconde consiste justement dans les états vibratoires, où les atomes dépensent la plus grande force mécanique. Nous devons en tout cas renoncer aux modes d'action mécanique qui exigeraient le déplacement des molécules, et nous en tenir à ceux qui ne demandent que le mouvement rotatoire : car la rotation exige une dépense de force infiniment moindre que le déplacement. Ici les expériences de la physiologie du système nerveux nous viennent en aide. Elles nous apprennent que, pendant que le courant moteur parcourt le nerf, toutes les molécules de ce dernier présentent une polarisation électrique dans la même direction, comme dans un aimant : tandis que dans un état de parfaite indifférence (tel que sans doute la vie n'en présente pas), les polarités des molécules sont entremêlées comme dans un aimant non magnétisé et qu'elles se neutralisent réciproquement. Nous savons, par ces expériences, que les molécules des nerfs peuvent se polariser, et que cette polarité peut servir à tourner les molécules dans la même direction. Comme la barre de fer, entourée d'un fil métallique, est magnétisée, aussitôt qu'un courant galvanique traverse le fil : de même, si le fer était tout à coup magnétisé, par quelque cause que ce soit, un courant galvanique se produirait dans le fil. D'une manière analogue, en tournant les molécules de manière que leurs polarités soient dirigées dans le même sens, un courant nerveux s'établit. Nous voyons dans la physique que les oppositions polaires des molécules sont les fondements de tous les phénomènes que nous désignons sous le nom de phénomènes de chimie, de galvanisme, d'électricité par frottement, de magnétisme, etc. Nous ne pouvons douter que d'autres phénomènes semblables ne puissent résulter de la même cause; et que nous ayons affaire à des phénomènes de ce genre dans les courants nerveux. Opérer la rotation des molécules dans les places centrales, tel est donc le minimum de l'action mécanique qui est laissé à la volonté. La polarité des molécules nerveuses est la force mécanique, emmaganisée à l'avance, qui met en jeu la puissance mécanique que les muscles tiennent en réserve. Cette force s'épuise par une action prolongée; mais, pendant le repos, la reconstitution chimique des matériaux la renouvelle. Chaque organisme est donc comparable à une machine à vapeur : mais l'organisme est à lui-même son propre chauffeur, son mécanicien, même son réparateur, enfin, comme nous le verrons plus tard, le constructeur aussi de la machine.

Comme les molécules se déplacent plus facilement sous tous les rapports, lorsque leur aggrégation se fait à l'état liquide qu'à l'état solide, les nerfs sont des masses à moitié fluides; mais, comme dans les corps fluides les secousses extérieures ne permettent à aucune molécule de garder sa place, et que tous les éléments se mêlent réciproquement, les nerfs ne sont pas absolument fluides. Les tissus se prêtent donc d'autant mieux aux actions qui doivent renouveler la force nerveuse, qu'ils possèdent cette constitution demi-fluide, tout en gardant les propriétés polaires de leurs molécules. Telle est la constitution qui caractérise les corps gélatineux des animaux aquatiques inférieurs, les divers germes animaux, la tache germinative, les premiers états de l'embryon, le néoplasme qui découle de l'humeur plastique et d'où la vertu médicatrice tire la matière de ses formations nouvelles, enfin le protoplasme des plantes inférieures et supérieures. Si nous songeons à la simplicité des derniers principes de la nature, nous ne pouvons douter que tous les autres produits de la volonté consciente ou inconsciente dans la nature organique reposent sur le même principe de polarisation moléculaire : d'autant plus que la constitution des tissus, qui servent aux manifestations immédiates de la volonté, confirme, comme nous le voyons, cette supposition. L'action de la volonté, particulièrement dans les phénomènes chimiques de l'organisme, comme dans les formations nouvelles qu'elle tire du néoplasme ou dans le développement embryonnaire, ne peut se présenter autrement que comme un habile emploi de la polarité des molécules, soit qu'elle agisse au foyer de la formation organique elle-même, soit qu'elle y fasse affluer les courants qui ont pris naissance à d'autres places.

Nous dépassons ainsi l'opinion qui fait des nerfs l'organe exclusivement propre à recevoir les impressions de la volonté. On a combattu dans un sens et dans l'autre.

L'exemple des animaux sans nerfs, le néoplasme et l'embryon démontrent la possibilité de l'action volontaire et de la sensibilité sans nerfs. Cette manière de voir n'empêche pas que les nerfs soient la forme la plus parfaite, à notre connaissance du moins, que puissent recevoir les tissus créés par la volonté pour faciliter son action : l'organisme doué d'un système nerveux se passerait aussi peu des nerfs pour manifester sa volonté, qu'un voyageur préfère le chemin de traverse à la grand'route. Tout ce qui précède montre d'ailleurs que la volonté de l'individu, malgré les mêmes efforts, produirait infiniment moins d'effet, si elle ne disposait pas de la force qu'elle doit au mécanisme du système nerveux. Qu'on songe aux efforts impuissants des organes, qu'une paralysie incomplète a frappés. Il serait pourtant bien difficile de déterminer, dans un cas particulier, dans quelles limites peut s'exercer l'action de la volonté qui n'a point le secours des nerfs. L'intensité de la volonté, dans une direction spéciale et pour peu de temps, peut remplacer parfois très-heureusement le manque de moyens auxiliaires. Je ne veux pas invoquer les exemples fournis par la magie, comme l'inclinaison de l'aiguille magnétique par la seule volonté du magnétiseur. Ces faits ont encore besoin d'une plus solide confirmation pour devenir des arguments scientifiques. Mais diverses circonstances montrent assez clairement que la sphère de la volonté, comme de la sensibilité, s'étend au delà du système nerveux, même chez l'homme : ainsi les cheveux blanchissent subitement dans les vives affections : les fibres de nerfs moteurs se répartissent parmi les muscles de telle sorte que les fibres musculaires doivent communiquer elles-mêmes le courant moteur à leurs voisines : la peau est sensible sur toute sa surface, et pourtant les papilles tactiles sont clairsemées au-dessous d'elles : les nerfs agissent sur les tissus sécréteurs dans toute leur étendue, quoique les nerfs ne soient en contact qu'avec des portions limitées de ces tissus. Mentionnons encore ce fait que des parties du corps humain, entièrement privées de nerfs, peuvent devenir sensibles et douloureuses, aussitôt que l'abondance plus grande de l'afflux sanguin et le ramollissement du tissu a augmenté leur vitalité, et par suite la mobilité et la polarité de leurs molécules. Ainsi la chair jeune, qui se forme à nouveau dans les blessures en train de guérir, bien qu'elle soit complétement privée de nerfs, est douée d'une extrême sensibilité. L'inflammation des cartilages et des tendons est beaucoup plus douloureuse que celle des nerfs eux-mêmes. Enfin les exemples de difformités embryonnaires montrent que les parties organiques, sans le concours des nerfs afférents, peuvent se développer : ainsi le crâne sans le cerveau, les nerfs rachidiens sans la moelle épinière.

b. Courant volontaire dans les nerfs sensibles.

Nous avons déjà constaté l'existence d'un courant nerveux comme effet réflexe de l'attention. Le même courant peut aussi bien être provoqué par l'action de la volonté, et aussi rendu plus énergique. L'attention concentrée fortement sur les parties génitales peut faire naître l'excitation vénérienne la plus intense. Les gens hypochondres ressentent parfois des douleurs dans chacune des parties du corps, sur lesquelles ils dirigent leur attention. Il n'est pas rare que des personnes qui vont subir une opération croient ressentir la douleur du coup, avant que l'instrument de l'opération les ait réellement touchées. Si, fermant les yeux, on porte lentement le doigt à la pointe du nez, et que, avant le contact, on ne l'approche que petit à petit on sentira, au bout du nez, le contact très-distinctement comme un fourmillement, sans qu'il ait lieu réellement. Dans tous les cas semblables, l'idée que se forme le cerveau de la sensation attendue, jointe à l'attention qui se dirige sur les nerfs de la partie en question, produit un courant périphérique, qui reflue de la périphérie au centre comme courant sensible. Tantôt, comme dans les premiers exemples, la sensation est surtout produite par le courant centrifuge ; tantôt ce dernier, comme dans les autres cas, ne fait qu'aviver des excitations toujours agissantes, mais d'habitude trop faibles pour être remarquées.

Le premier cas se présente aussi pour toute idée sensible, même sans que les sens soient impressionnés. La vivacité de l'idée dépend de la force du courant nerveux périphérique ; et cette force, à son tour, résulte en partie de l'intérêt, de la part que prend la volonté à l'idée, en partie des dispositions de l'individu. Il y a des personnes qui, par un effort volontaire, peuvent porter jusqu'à la netteté d'une vision le souvenir des formes sensibles : ainsi l'image d'un ami. Chez d'autres les mêmes images sont toujours vagues. Quand le courant volontaire se produit, sans que nous en ayons conscience, il suffit qu'il soit assez énergique pour que le courant sensible, en refluant au cerveau, provoque la vision, ainsi que cela arrive dans chaque rêve. Je crois qu'il ne se produit pas dans le cerveau une seule idée correspondant à une intuition sensible, qui ne provoque, à sa suite, un courant nerveux vers l'organe du sens correspondant : habituellement, il est vrai, ce courant ne peut dépasser beaucoup l'extrémité centrale des nerfs afférents à l'organe. Je crois pouvoir le conclure de ce fait qu'il n'y a entre la vision imaginaire et l'idée sensible, comme entre leurs causes, qu'une simple différence de degré. On peut admettre aussi que le courant nerveux rayonne du centre vers la périphérie, et s'approche d'autant plus de l'organe sensible, que les idées sensibles sont plus vives. Les personnes, qui ne pensent que confusément et faiblement, éprouvent, lorsqu'elles font un effort de réflexion, une sensation de tension au sommet de la tête ; et c'est là, sans doute, une tension des muscles peauciers produite par un mouvement réflexe. Plus le pouvoir de former des idées sensibles est développé, plus, dans les idées correspondant aux perceptions visuelles, cette sensation de tension descend au front, tombe même, lorsqu'elle est très-forte jusque sur les yeux. Tellement que ces derniers, après une longue concentration d'esprit, se sentent fatigués comme après avoir longtemps regardé.

c. Le courant nerveux magnétique.

Les phénomènes les plus importants du mesmérisme ou du magnétisme animal sont presque à considérer comme reconnus par la science. Les décharges électriques de la raie électrique et de l'anguille étaient depuis longtemps connues. On savait que ces effets sont produits par la substance grise des nerfs; et l'on avait été conduit par là à considérer cette substance comme l'élément important du système nerveux. Pourtant on se refusa longtemps à reconnaître la réalité des effets absolument analogues obtenus par les magnétiseurs. Ces effets étaient, en général, trop faibles pour se prêter à l'observation directe du physicien. J'ai pourtant assisté moi-même fréquemment à des expériences de magnétisme; et j'ai cherché à me mettre à l'abri de toute supercherie par l'examen très-attentif des lieux où l'on magnétisait, comme de la personne de l'opérateur. Si on place un homme sur un lit de fer avec un matelas en fil métallique, en ayant soin d'isoler l'homme du métal par une couverture en laine, on a ainsi en quelque sorte une bouteille de Leyde. Le lit forme l'une des deux armatures; l'homme couché, l'autre; et l'accumulation (l'influence) de l'électricité du lit sur la surface isolante ajoute considérablement à l'action électrique du magnétisme. Je me suis fait magnétiser de cette manière; et j'ai senti distinctement comme un pétillement d'étincelles, qui me picotaient, pendant que la main du magnétiseur se promenait légèrement sur ma peau : comme si, par ce contact, se fût fermée la chaîne d'un faible courant d'induction ou d'une machine électrique tournée avec régularité, suivant l'énergie momentanée du magnétiseur. Celui qui connaît cette sensation sait qu'il n'est pas possible de la confondre avec aucune autre. Quand on a une fois ressenti sur la peau l'impression magnétique, on peut, sans recourir à d'autres moyens, reconnaître au contact une main qui a la vertu de magnétiser, pourvu que le magnétiseur ait une force suffisante, et la distinguer sûrement d'une main qui n'a pas cette propriété : j'ai eu accidentellement l'occasion de le constater sur moi-même. Outre le pouvoir d'augmenter artificiellement les propriétés électriques du corps, le mesmérisme a une puissance reconnue pour fortifier, vivifier les nerfs, surexciter toutes les fonctions vitales : il provoque également un sommeil salutaire et des crises non moins favorables pendant ce sommeil. Si l'électricité, dans ces phénomènes, n'est qu'une circonstance accessoire ou une transformation qui se fait, à la périphérie du corps, de la force magnétique proprement dite, cette dernière est toutefois analogue à ces forces physiques et au courant nerveux moteur : elle naît probablement, comme le dernier, par le changement de la polarité des molécules dans les centres nerveux. Elle est, comme le mouvement, l'effet indirect de la volonté consciente (parfois aussi un effet entièrement inconscient comme dans l'imposition des mains par un saint personnage, ou dans les cures merveilleuses). Quant à la part qui lui revient en propre, directement, dans l'action qu'il exerce, et à la manière dont il l'exerce, le magnétiseur n'en a pas plus conscience, lorsqu'il pratique son art, qu'il ne sait la déterminer lorsqu'il lève le bras. Ici, comme ailleurs, comme partout, intervient l'action d'une volonté inconsciente, qui fait qu'un courant magnétique et non pas un autre se produit justement, et que ce courant se concentre sur les mains et non sur une autre partie du corps. (Voyez pour une ample connaissance de tout ce qui se rattache à ces questions : « *Odisch-magnetische Briefe* » de Reichenbach sur le magnétisme, et son grand ouvrage : *l'Homme sensitif.*)

d. Les fonctions végétatives.

A toutes les fonctions végétatives de l'organisme président, selon toute vraisemblance, les filets nerveux du grand sympathique. La volonté consciente n'a sur eux aucune influence directe ; mais nous avons vu qu'elle n'en a pas davantage sur les nerfs moteurs et sensibles, et que l'action directe appartient toujours à la volonté inconsciente. Si pourtant la volonté consciente exerce une influence générale sur les fonctions végétatives, il n'y a pas là de contradiction. La seule différence consiste dans la facilité, plus ou moins grande, avec laquelle la volonté consciente d'un effet réussit à déterminer, de la part de la volonté inconsciente, la réalisation des moyens propres à obtenir cet effet. Si je veux amener chez moi une salivation plus abondante, la volonté consciente de cet effet pousse la volonté inconsciente à réaliser les moyens nécessaires : c'est cette dernière, en effet, qui produit dans les racines ganglionnaires des fibres du système sympathique qui communiquent avec les glandes salivaires, des courants capables de réaliser l'effet poursuivi. Chacun peut tenter sur soi-même l'expérience avec succès. La sécrétion des organes génitaux dépend également de la volonté consciente. Aidé par l'excitation volontaire, mentionnée plus haut, des nerfs sensibles correspondants, l'empire de la volonté peut, chez les personnes impressionnables, aller jusqu'à l'éjaculation sans l'excitation mécanique. Les mères aussi, quand la vue de l'enfant éveille en elles la volonté de l'allaiter, provoquent par cette volonté seule une sécrétion lactée plus abondante. La faculté de rougir ou de pâlir à volonté a été bien souvent observée, surtout chez les coquettes qui s'en font un art. Il y a aussi des personnes qui suent à volonté. J'ai moi-même le pouvoir de suspendre momentanément, par ma seule volonté, le hoquet le plus violent ; j'en étais autrefois très-incommodé, et tous les autres moyens avaient été impuissants. Une souffrance, par exemple celle que cause un mal de dents, est adoucie ou dissipée parfois, tout le monde le sait, par la volonté énergique d'en triompher : mais l'application d'esprit nécessaire pour cela commence d'abord par augmenter la douleur. On peut également comprimer pour longtemps l'irritation qui cause la toux, par le seul effet de la volonté, pourvu que cette irritation ne provienne pas d'une cause mécanique. Il y a eu de tout temps des gens qui exerçaient sur leur propre corps un merveilleux empire : ainsi des charlatans, et même des hommes, qui avaient déployé leur volonté dans des directions bien différentes, comme des philosophes, des magiciens, des pénitents. Ces exemples me font croire que la volonté posséderait un bien plus grand empire sur le corps, si on avait eu souvent, dès l'enfance, l'occasion d'essayer, d'exercer cet empire, comme on s'est habitué à former des mouvements musculaires et des idées sensibles. L'enfant ne sait pas plus comment s'y prendre pour porter une cuiller à sa bouche, que pour rendre la salivation plus abondante. Il ne faut pas d'ailleurs oublier que la nature a sagement fait de rendre l'union de la volonté consciente et de la volonté inconsciente sur ce point plus difficile : la volonté consciente, en s'appliquant aux fonctions végétatives, ne réussirait qu'à les troubler, sans aucun profit. L'activité, qu'elle dépenserait dans cette direction, la détournerait inutilement de la sphère propre où son action doit s'exercer, de la pensée et de l'action au dehors.

II. — INFLUENCE DE L'IDÉE CONSCIENTE

L'idée consciente d'un effet déterminé peut souvent, sans l'intervention de la volonté consciente, provoquer la volonté inconsciente à réaliser les moyens propres à produire cet effet, en sorte que la pensée consciente considère la réalisation de cet effet comme involontaire. La physiologie, qui doit étudier ces faits, mais est étrangère au concept de la volonté inconsciente, se voit forcée d'affirmer d'une manière peu raisonnable que la pure idée, sans la volonté, peut être cause d'un phénomène extérieur. Mais, si l'on examine le cas, on trouve qu'au fond l'affirmation tient à ce que le concept « d'idée » est ici étendu, sans qu'on le remarque ; et comprend le concept de « volonté inconsciente ». C'est ce qui a été montré, 1re partie, ch. IV. p. 137-139. Je me borne à donner son nom véritable au concept d'idée, qu'on étend ainsi sans le savoir, et à le faire figurer, comme un élément distinct, dans l'ensemble du phénomène, parce qu'il me paraît peu légitime de faire rentrer dans les caractères d'un concept déjà fixé ceux d'un autre concept également fixé.

En première ligne se rangent les gestes et les mouvements de la physionomie dans l'acception la plus large. Ici l'idée, qui provoque la mine du visage, non-seulement réalise l'effet, sans parler des moyens de l'atteindre ; mais les gestes suivent absolument comme des mouvements réflexes, aussi nécessairement et avec ensemble dans chaque individu. Il est facile de voir la convenance de ces gestes : sans la nécessité et l'universalité qui les caractérisent, personne ne les entendrait ; et, sans une entente préliminaire à l'aide des gestes, jamais le langage n'aurait été possible. Les animaux muets n'auraient aucun moyen de communication ; et ceux qui profèrent des sons manqueraient de la partie de beaucoup la plus importante de leur langage. Même entre hommes, lorsqu'on se défie des paroles, c'est à l'air de celui qui parle qu'on s'en rapporte. Je crois pouvoir me dispenser de citer des exemples frappants : on peut les lire partout.

Les faits de la seconde classe sont les mouvements produits par l'imitation : ce sont aussi des mouvements réflexes. — Si nous voyons un orateur déclamer avec véhémence ; si nous sommes témoins d'un duel, d'un exercice d'escrime, d'un saut audacieux, d'une danse, et que nous nous intéressions vivement au spectacle, nous imitons les mouvements que nous voyons faire, autant que la position que nous occupons nous le permet : nous éprouvons du moins le besoin de les reproduire, bien que nous sachions le comprimer. De même l'homme, qui n'écoute que son instinct, accompagne volontiers le chant qu'il entend exécuter. Si on voit quelqu'un bâiller, il est difficile de contenir l'envie qu'on ressent soi-même de bâiller. Des contractions plus étendues des muscles, comme la danse de Saint-Guy, l'épilepsie, agissent souvent, par la simple vue, sur des personnes impressionnables : elles peuvent même engendrer des épidémies complètes de toute une secte, de toute une tribu. Dans tous ces cas, l'intervention d'une influence matérielle ne se montre pas : ce ne peut être que l'idée des mouvements contemplés qui agit avec tant de force par la simple vue, et provoque la volonté inconsciente à les exécuter. Puisque tout le travail s'accomplit à l'intérieur d'un centre nerveux, et que la volonté finale d'exécuter ce travail n'est saisie que par la conscience particulière de ce centre nerveux, tous les mouvements qui en résultent doivent être rangés dans la catégorie des mouvements réflexes.

Le dernier groupe de faits contient ceux qui manifestent l'influence de l'idée consciente sur les fonctions végétatives. L'action des mouvements les plus divers de la pensée sur les organes sécréteurs est connue. (On sait l'effet que le chagrin et la colère produisent sur la sécrétion de la bile et du lait, l'effroi sur celle de l'urine et sur la défécation, l'imagination voluptueuse sur celle du sperme, etc.); l'idée d'avoir pris une médecine (par exemple des laxatifs) agit souvent comme la médecine elle-même. L'idée d'être empoisonné peut faire naître réellement les symptômes de l'empoisonnement. Beaucoup de mystiques chrétiens ont, le jour de la fête d'un martyr, ressenti réellement les mêmes souffrances que lui. C'est ainsi que les gens hypochondres éprouvent les souffrances des maladies qu'ils croient avoir; ou que les jeunes médecins s'imaginent quelquefois être atteints de toutes les maladies dont ils entendent parler. On raconte que ce phénomène se produisit d'une manière remarquable chez un élève de Boerhave, qui fut obligé pour cela de renoncer à la médecine. Le plus sûr moyen d'être atteint par une maladie contagieuse, c'est de la redouter. Le médecin, qui séjourne au milieu de ceux qu'elle a frappés, échappe presque toujours à la contagion. La crainte excessive et l'idée de la maladie suffisent pour la faire naître, sans aucune influence contagieuse, surtout si elles sont accrues par l'effroi d'être exposé au danger. Pendant tout le moyen âge, se multiplient les récits de stigmates, d'écoulements sanguins chez les ascètes mystiques. Nous n'avons aucune raison de refuser d'ajouter foi à ces récits : des médecins allemands, belges et italiens de notre siècle confirment, par le témoignage de leur expérience personnelle, la réalité de l'hémorrhagie volontaire à certaines époques (1). Pourquoi les vaisseaux sanguins, qui permettent de rougir et produisent à l'occasion une sueur de sang, ne pourraient-ils pas aller jusqu'à provoquer l'émission du sang à travers la peau? Des cas analogues se présentent dans la vie profane. Ennemoser cite une histoire qu'il donne comme parfaitement authentique. Les sillons creusés sur le corps d'un soldat par les coups de verges, qu'il avait été condamné à recevoir, s'étaient traduits sur le corps de sa sœur par des souffrances et des stigmates extérieurs absolument identiques. Les envies tant contestées des femmes enceintes peuvent se rattacher à cette classe de faits. La plupart des physiologistes rejettent, sans autre explication, la réalité des phénomènes de ce genre, parce qu'ils ne peuvent les expliquer. Mais Burdach, Baer, qui raconte un exemple fourni par sa propre sœur, Budge, Bergmann, Hagen (ces deux derniers dans le dictionnaire de Wagner) reconnaissent absolument les faits. Valentin ne conteste pas, au moins, leur possibilité en géné-

---

(1) Voyez le *Journal de médecine de Strasbourg* de 1814. I, 145-158 et II, 17-26. « Récit d'un phénomène extraordinaire, observé chez une femme malade pendant plusieurs années » par le conseiller et professeur de la faculté de médecine Brüffel à Münster. Voyez encore : « Louise Lateau, sa vie, ses stigmates. » *Étude médicale*, par le docteur F. Lefèvre, professeur de pathologie générale et de thérapeutique à Louvain. Louvain, Ch. Peters, 1870.

ral; J. Müller admet les impressions des femmes enceintes, en tant qu'elles peuvent provoquer des arrêts de développement, non en tant qu'elles produisent des altérations sur certaines parties du corps de l'enfant. Mais, d'un côté, tout arrêt de développement est toujours partiel; et, d'un autre, les exemples, qui prouvent l'hérédité des signes tout à fait circonscrits, des nævi, ne sont pas moins nombreux que ceux des altérations partielles du corps que l'on ne doit qu'à soi-même, comme les effets d'un poison ou d'une médecine qu'on s'imagine avoir pris, comme les blessures des stigmatisés. Il n'y a aucune raison pour douter de ces influences partielles de l'âme de la mère sur l'âme de l'embryon, qui est encore tout entière engagée dans le travail du développement organique. Tout en reconnaissant que les envies des femmes enceintes ne sont pas de pures inventions, je suis loin de douter que, neuf fois sur dix, les récits qui s'y rapportent ne sont que des insanités; mais, à la rigueur, un très-petit nombre de cas bien vérifiés sont suffisants pour notre démonstration.

L'apparition des symptômes de l'empoisonnement après un empoisonnement imaginaire, ou des effets d'un remède, que l'on n'a pas pris, se rattachent aux mêmes causes qu'un grand nombre de cures par sympathie, dites cures merveilleuses. Si l'idée de l'effet provoque, dans le premier cas, la volonté inconsciente à réaliser les moyens et par suite l'effet lui-même, la chose ne se passe pas autrement dans le second cas. La seule question que l'on ait à se poser est de se demander de quelle manière l'idée de l'effet détermine la volonté inconsciente du moyen. Il n'est même pas nécessaire que l'effet soit voulu avec conscience. Dans les envies de femmes grosses, dans la production des effets que l'on redoute, la volonté consciente n'a pu que s'opposer et n'a nullement contribué aux effets : et pourtant la volonté inconsciente et l'effet se sont manifestés. Mais une autre condition est indispensable à la production des phénomènes, qui dépendent de la volonté propre de l'individu, et ne sont pas soumis, comme cela se passe pour la mère et le fœtus, au pouvoir magique d'une volonté étrangère : pour que ces phénomènes aient lieu, il faut avoir foi dans la réalisation de l'effet. Comme dit admirablement Paracelse : « C'est la foi qui détermine la volonté. » Là où la volonté consciente oppose avec foi sa puissance de résistance, cette foi provoque une volonté inconsciente qui arrête l'effet de la première idée. Il ne s'agit donc que de savoir quelle foi est la plus forte : la foi dans la réalisation de l'événement, ou la foi dans notre puissance personnelle pour l'empêcher : c'est d'après cela que la volonté inconsciente se décide dans un sens ou dans l'autre. L'art d'opérer les guérisons, dont nous avons parlé, se borne à inspirer la foi dans le succès. Comme les hommes ne connaissent pas ce rapport de la foi et du succès, et que la foi qu'ils ressentiraient, s'ils avaient cette science, serait trop faible peut-être pour produire l'effet cherché, la superstition intervient pour engendrer la foi suffisante : et c'est à cela que sert le charlatanisme. C'est de la volonté inconsciente qu'on peut dire à la lettre : « Plus est grande la volonté, plus l'est aussi la puissance. » Là est tout le secret de la magie.

VIII

L'INCONSCIENT DANS LA PRODUCTION ORGANIQUE.

Nous n'avons pu, dans les deux chapitres précédents, nous empêcher de temps en temps d'anticiper sur le contenu de ce chapitre. C'est que les questions traitées successivement sont si étroitement liées au problème de l'activité, ou plutôt ne font tellement qu'une seule et même question avec lui, qu'en voulant créer des distinctions artificielles, il aurait fallu laisser de côté une grande partie des expériences les plus décisives. Nous avons vu que le terme le plus généralement compris, par lequel on désigne ces diverses classes de faits, est celui d'instinct. Mais on pourrait aussi les appeler tous des mouvements réflexes : car un motif extérieur d'action doit toujours exister, et l'action découle de ce motif avec nécessité, donc comme un effet réflexe ; d'ailleurs bien des mouvements réflexes intermédiaires concourent à cette même action. Il n'est pas moins permis de considérer tous les phénomènes en question comme des effets de la vertu médicatrice de la nature. Leur cause extérieure doit se manifester comme une matière étrangère, résistante, pour déterminer la volonté à l'action : autrement elle la laisse indifférente. Or triompher des résistances de la matière, c'est justement un acte de la force médicatrice. Le propre de l'activité organique serait de réaliser l'idée type de l'espèce, en l'accommodant aux divers âges de la vie ; la force médicatrice de la nature aurait surtout pour objet de conserver l'expression ainsi réalisée de l'idée. Mais on comprend que, pour écarter les causes extérieures de désordre, il faut que de nouvelles formations organiques se produisent ; en d'autres termes, la conservation de l'individu, en qui le type est réalisé, n'est possible qu'autant qu'en même temps une forme supérieure de ce type se développe, est réalisée de nouveau. D'un autre côté, tout progrès dans la réalisation d'un type idéal ne peut se faire que par une série de luttes, d'efforts spontanés pour la conservation, puisque toutes les parties de l'organisme sont, à chaque instant, menacées de destruction. Enfin, en troisième lieu, les instincts plastiques et constructeurs, comme la force organique qui agit à l'intérieur du corps, travaillent d'après des idées fixes, qui doivent être regardées absolument comme les éléments intégrants du type spécifique. Et même, au sens large, tous les autres instincts également sont comme les manifestations diverses des éléments contenus dans le type de chaque espèce. Le type idéal du rossignol serait incomplet, si on en retranchait son mode de chant particulier ; de même, celui du bœuf, sans le coup de corne ; celui du sanglier, sans le coup de boutoir ; ou de l'hirondelle, sans les migrations de six mois.

Il ne nous reste dans ce chapitre qu'à présenter quelques observations sur la finalité de l'activité organique ; et à montrer ensuite comment elle se rattache, par une gradation continue, aux manifestations jusqu'ici observées de l'Inconscient.

Sur la finalité de l'organisme, il y aurait de gros volumes à écrire : il faut pourtant user d'une grande circonspection dans le détail des considérations téléologiques. La défaveur dont la téléologie est l'objet vient en partie de ce que des esprits pleins de confusion ont prêté à la nature des fins, qu'on ne peut lui attribuer sans tomber dans la sottise et le ridicule. Il ne s'agit ici que de quelques indications rapides, qui suffiront d'autant mieux à notre dessein, que de plus amples développements sont rendus inutiles par les connaissances que tout homme instruit possède aujourd'hui.

Je pose d'abord en principe que la fin du règne animal

est le développement progressif de la conscience. On peut assigner comme but à ce développement de la conscience distincte l'accroissement soit du plaisir, soit de la connaissance, soit enfin de la vertu morale. Le perfectionnement de la conscience n'en demeure pas moins la fin directe de tout l'organisme animal (voir 3ᵉ partie, chap. xiv). Nous rechercherons plus tard d'où vient que l'esprit doit être incorporé à la matière, pour que la conscience apparaisse (3ᵉ partie, chap. iii). Il s'agit principalement ici de nous demander quelle raison justifie la division du monde organique en règne animal et en règne végétal. La première raison de ce plan, c'est que, pour transformer la matière brute en matière organisée, et s'élever des degrés inférieurs aux degrés supérieurs des combinaisons organiques, une si grande dépense des forces inconscientes de l'âme est nécessaire, que le même individu ne disposerait plus d'aucune énergie pour la vie intérieure de la pensée : toute sa puissance serait épuisée dans la vie végétative. Là où les combinaisons organico-chimiques de la matière n'ont plus besoin d'un perfectionnement essentiel, où il ne s'agit plus que de conserver l'organisme au degré qu'il a atteint, et simplement de régler le mouvement rétrograde qui ramène spontanément l'organisme aux degrés inférieurs de la vie, là seulement l'individu dispose de l'énergie nécessaire pour faire servir la matière qu'il trouve devant lui à une construction industrieuse des organes de la conscience, et conduire au point culminant de la perfection l'activité intérieure de la pensée. De là vient la division établie par la nature entre le règne végétal qui produit, et le règne animal qui consomme. On pourrait sans doute concevoir la réunion dans un même être de la production et de la consommation : une moitié de l'organisme, la partie végétative, formerait les matériaux ; l'autre moitié, la partie animale, les ferait servir au développement de la conscience. Une seconde raison exige la séparation des deux règnes, et ne permet pas qu'il en soit ainsi. Il est évident, en effet, qu'un animal attaché au sol sur lequel il se développe (comme les animaux aquatiques nous en offrent des exemples dans les espèces inférieures qui forment la transition au règne végétal), n'est point capable de développer son expérience, et par suite que la conscience ne peut atteindre chez lui un degré bien élevé. Il faut donc admettre que la faculté de se mouvoir est la condition du développement de la conscience. Mais si les éléments, qui forment la matière organique, la seule qui puisse servir de base à une activité vraiment consciente, doivent être en grande partie empruntés à l'eau qui pénètre le sol, il faudra que l'être s'étende en largeur sous le sol pour y puiser la nourriture (par ses racines). La matière inorganisée ne peut, par suite, servir directement à l'organisation d'aucun être d'une conscience supérieure, puisque la locomotion est impossible avec une telle extension souterraine. Nous avons expliqué ainsi la locomotivité des animaux, la fixité des plantes et la distinction des deux règnes.

Les animaux doivent, disons-nous, chercher leur nourriture. Ils ont besoin pour cela non-seulement d'organes de mouvement, mais encore d'organes qui leur permettent de distinguer les matières propres à les nourrir de celles qui ne le sont pas et de diriger sûrement leurs mouvements : ce sont les organes des sens. L'organisme, en outre, ne peut s'assimiler la matière que par absorption : elle sera donc à l'état liquide. Les plantes trouvent leur nourriture toute prête sous cette forme; mais les animaux ne la rencontrent d'ordinaire qu'à l'état solide : ils auront des organes capables de ramener les aliments solides à l'état liquide. Tel est l'objet du système digestif avec ses organes (comme la bouche et l'estomac, qui triturent les aliments), avec ses liquides dissolvants (la salive, qui convertit en glucose les matières amylacées, le suc gastrique qui dissout les matières albuminoïdes, la bile qui sert à l'émulsion partielle des corps gras, le suc pancréatique destiné à toutes ces fins à la fois), avec ses longs canaux, et enfin avec les ouvertures pour l'expulsion des matières qui n'ont pas été digérées. Les vaisseaux chylifères, qui pompent la masse alimentaire, sont comme les radicules de l'animal. Puisque les fonctions de l'animal, infiniment plus compliquées que celles de la plante, entraînent une plus grande dépense de matières, il a fallu le mettre en état de réparer promptement ses pertes. La circulation du sang sert à ce but. C'est elle qui porte sans cesse à toutes les parties de l'organisme des matières nouvelles, sous la forme la plus favorable à l'assimilation. D'un autre côté, les phénomènes chimiques qui se produisent dans l'animal sont essentiellement des processus de décomposition, c'est-à-dire d'oxydation : il faut que l'approvisionnement de l'oxygène nécessaire soit également assuré. Les plantes pour entrer en communication avec l'atmosphère n'ont pas besoin d'organes particuliers : la surface qu'elles présentent est beaucoup plus grande proportionnellement que leur masse, et fait qu'elles sont aisément pénétrées dans toutes leurs parties par l'air extérieur. Le corps de l'animal, au contraire, dont la superficie est, pour d'autres raisons, infiniment plus petite que celle de la plante, aura des organes particuliers dont la surface intérieure soit étendue, comme les bronches, qui permettent une ventilation puissante, et où les couches d'air voisines des parois sont promptement renouvelées par le mouvement des cils vibratiles. La constitution des membranes séparatrices sera également favorable à la diffusion du gaz : c'est ainsi que pénétrera dans le corps la quantité nécessaire d'oxygène. Ce processus d'oxydation engendre en même temps la chaleur animale, qui est indispensable aux transformations subtiles de la matière organique, ou qui, du moins, épargne à l'action psychique une grande dépense de force.

En considérant la conscience comme le but de la vie animale, nous avons démontré la nécessité des cinq systèmes organiques qui répondent à la locomotion, aux fonctions de relation, à la digestion, à la circulation et à la respiration. En ce qui concerne la forme externe générale du corps, le système d'organes le plus important est celui de la locomotion. Son principe essentiel est la contraction, comme nous le voyons déjà dans la contraction ciliaire, dans les mouvements des animaux aquatiques inférieurs. Aussitôt pourtant que les autres systèmes ont atteint un certain développement, la masse contractile a besoin de trouver dans le corps lui-même des points d'appui, pour pouvoir restreindre l'étendue et varier la direction du mouvement. Ce besoin se manifeste, dès l'origine, chez les animaux terrestres (même les plus infimes). Les points d'appui sont assurés à l'animal par le squelette, qui est formé d'abord avec les couches les plus épaisses du tissu épithélial ou avec les sécrétions calcaires de l'épiderme, et plus tard, chez les vertébrés, par le squelette même des os. Ces parties solides protègent les parties molles de l'organisme : ainsi font, chez les vertébrés, le crâne et la colonne vertébrale pour le cerveau et la moelle épinière. Les organes de la locomotion extérieure se développent chez les animaux inférieurs comme des pièces distinctes; selon les éléments qui les constituent, les lieux et surtout la nourriture que recherche l'animal, ils présentent les modifications les plus variées. Pour faciliter l'action mutuelle du corps et de l'âme, il existe un sixième système, le système nerveux, dont nous avons déjà maintes fois fait ressortir l'importance. Enfin dans l'intérêt non plus de l'individu, mais de l'espèce, un septième système, celui de la reproduction, vient se joindre aux précédents.

Telle est à grands traits l'explication téléologique de l'organisation dans le règne animal, si la conscience en est regardée comme la fin suprême. Le règne végétal n'existe absolument, ou, du moins, en grande partie que comme l'instrument du règne animal. Il sert à lui fournir d'une part les aliments, de l'autre les matières combustibles et l'oxygène nécessaire à son existence. Les animaux carnivores empruntent, en effet, leur nourriture au règne végétal, mais d'une manière indirecte. Il serait trop long, nous l'avons déjà dit, d'étudier dans le détail la finalité que révèlent les dispositions organiques. Je me borne à citer l'admirable construction des organes des sens comme le plus éclatant exemple de cette finalité. Les organes de la génération méritent surtout l'attention. Il est particulièrement étonnant de voir que, en dépit de toutes les différences, ces organes sont appropriés l'un à l'autre dans les deux sexes de la même espèce; et que la forme générale de l'organisme s'accommode toujours aux exigences de l'acte reproducteur. Les animaux n'entrent jamais en rut qu'à l'époque la plus convenable pour que, après la durée régulière de la gestation, les petits viennent au monde dans la saison où ils trouveront la nourriture la plus abondante. Beaucoup d'espèces se munissent, à l'époque du rut, de certains organes propres à faciliter l'accouplement, qui disparaissent ensuite. Chez beaucoup d'insectes mâles, les parties génitales se garnissent de crochets qui servent à tenir la femelle; chez la grenouille, des élévations papilleuses surgissent aux pouces des pattes antérieures et sont enfoncées par l'animal dans le corps de la femelle. Chez les coléoptères aquatiques mâles de l'espèce commune, les trois premiers tarses se garnissent de disques avec des ventouses tigellées, tandis que chez les femelles des sillons se creusent aux élytres.

Le cinquantième volume des *Archives* de Virchow doit un intérêt particulier aux communications du docteur J. Wolf sur la structure de l'extrémité supérieure du fémur chez l'homme. On savait déjà que le fémur est creux afin d'offrir plus de légèreté à solidité égale : mais ce qu'on ignorait encore, c'est que les trabécules, qui traversent la cavité de l'os à ses extrémités supérieure et inférieure, et qui forment des courbes régulières (se coupant à angle droit), présentent des dispositions parfaitement conformes à celles des constructions faites suivant les lois de la mécanique. C'est d'après le poids que la partie supérieure du fémur doit supporter, que sont calculées les forces de pression et de traction, et que sont combinées à l'intérieur de l'os les lignes de pression et de traction. La nature a, ici encore, pour rendre inoffensifs les effets de l'usure, qui tendent à déplacer et à rompre les parties intérieures, observé d'une façon inconsciente les règles de l'art mécanique. Elles n'ont été appliquées que tout récemment et encore bien imparfaitement dans nos constructions modernes en fer (comme les ponts, les grues) par l'esprit conscient.

Une erreur fréquente est celle qui consiste à mettre en doute la finalité organique, parce qu'elle ne se prête pas à certaines exigences, auxquelles nous prétendons qu'elle doit s'approprier. Une finalité parfaite ne peut cependant se rencontrer dans le détail : cela est évident. Autrement le corps ne serait plus exposé à la maladie, ni à l'affaiblissement : il serait immortel. Si l'on demande que le crâne de l'homme résiste au choc d'un grêlon gros comme le poing, et si on le déclare imparfait parce qu'il n'est pas capable d'une telle résistance, on forme évidemment un souhait déraisonnable; et l'on ne songe pas qu'il ne pourrait être organisé en vue de ces cas exceptionnels, sans présenter d'autres et bien plus graves inconvénients. Tels sont la plupart des cas où l'on conteste les dispositions intelligentes de l'organisme. Toutes ces critiques reviennent à soutenir que l'organisme n'a pas reçu, en vue de certains cas particuliers, des dispositions qui auraient été nuisibles dans la plupart des autres cas ou rapports où il peut se trouver placé.

Une autre objection est tirée, contre la finalité organique, de la constance des types morphologiques, cette loi universelle de la nature, qui met en si belle lumière l'unité de toutes les formes organiques, l'unité du plan total de la création. C'est la *lex parcimoniæ*, qui se manifeste aussi dans l'invention des formes organiques. La nature trouve plus facile de laisser ici et là se déployer une superfétation inoffensive, que de s'appliquer sans cesse à de nouvelles transformations, que de réaliser toujours des types nouveaux. Elle préfère varier le moins possible son type, et n'y apporter que les changements absolument indispensables. C'est ainsi qu'elle produit les mamelons rudimentaires des mammifères mâles, les yeux des taupes, la vertèbre caudale des animaux sans queue, la vessie natatoire des poissons qui vivent toujours au fond de l'eau, les membres enfin des chauves-souris et des cétacés, etc.

Il est à remarquer que l'activité intelligente de la force organisatrice, comme celle de l'instinct, nous oblige d'admettre qu'elle obéit à une intuition de l'Inconscient. Tous les organes sont développés dans la vie embryonnaire, avant de servir à aucun usage, et souvent à une époque sensiblement antérieure (comme les organes sexuels). L'enfant a des poumons avant de respirer, des yeux avant de voir. Il ne peut cependant savoir que par intuition les conditions futures où sa vie devra s'écouler, pendant qu'il construit ses organes. On ne doit pas nier pour cela l'activité organique de l'âme individuelle : le fait dont il s'agit n'est pas plus étonnant que l'intuition qui se manifeste dans l'instinct.

Arrivons maintenant à l'examen du développement continu et progressif, par lequel l'action organique se rattache à l'activité instinctive. Le nid, l'habitation, le trou, que les animaux se construisent et creusent, sont regardés par tout le monde comme les œuvres de l'instinct. La taret naval, avec sa coquille, se creuse un trou dans le bois; la térébratule, dans la roche tendre. Le ver du sable creuse dans la terre, et se fait un fourreau du sable qu'il agglutine, à l'aide d'un liquide qu'il sécrète à la surface de sa peau. Quelques petits coléoptères forment un périlithe autour de leur peau tendre avec de la poussière, du sable et de la terre. La chenille de la teigne se fait avec des crins ou de la laine un fourreau qu'elle ne quitte plus. La larve de la plupart des phryganes mêle la soie, que produit son organe textile, au bois, aux feuilles, aux valves de coquilles, et en tisse un étui dans lequel elle habite et qu'elle porte avec elle. La larve de la chenille, lorsqu'elle fait son cocon, n'a pas besoin d'employer des matières étrangères dans le tissu de sa toile; elle se contente du tissu qu'elle produit elle-même, et se construit une retraite où elle repose pendant le temps de sa métamorphose. Dans ce cas, la demeure de l'animal, comme la toile de l'araignée ou la carapace que quelques coléoptères forment avec la matière de leurs excréments, est un pur produit de l'organisme lui-même.

Le nautile et la spirule sortent périodiquement de leur demeure à demi-sphérique pour se construire une coquille plus grande et plus en harmonie avec le progrès nouveau de leur croissance : mais la nouvelle demeure est toujours reliée à l'ancienne, de sorte qu'avec le temps l'habitation de l'animal se compose d'une série de chambres de plus en plus spacieuses. C'est de la même manière que la coquille de la limace grandit avec l'animal. Les crustacés font éclater tous les ans leurs coquilles par un mouvement volontaire, et sortent au dehors. Les arachnides, les serpents et les lézards se dépouillent de leur peau; les oiseaux et les mammifères changent de plumage et de poils; la peau des animaux supérieurs s'écaille constamment. — Ce que nous avons vu jusqu'à présent pour l'habitation en général des animaux, nous pouvons l'observer également pour quelques parties de leurs constructions, pour l'opercule par exemple. Une araignée (mygale cementaria) habite un creux qu'elle a percé dans un terrain calcaire; elle en ferme l'entrée par une porte formée de plusieurs couches de terre détrempée, liées ensemble par des fils de soie; et elle la fixe par une sorte de charnière qu'elle tresse avec sa toile. Les limaçons de vignes ferment, dans l'hiver, leur habitation avec un opercule qui est consolidé, ainsi que la charnière qui le retient, par les exsudations de leur propre corps, sans pour cela être attaché à leurs membres. Chez d'autres limaçons, l'opercule est attaché à l'animal par les muscles de son corps d'une manière permanente. — Nous nous élevons ainsi par un progrès continu de l'instinct constructeur à l'action organogénique : deux forces qui se correspondent si étroitement peuvent-elles dériver de principes différents? De même que les écureuils et autres animaux sont instruits par leur instinct à faire des provisions plus abondantes, à épargner à l'approche d'un hiver rigoureux; ainsi les chiens, les chevaux et les bêtes sauvages se garnissent d'une fourrure d'hiver plus épaisse dans les années de froid. Si l'on transporte des chevaux dans les climats chauds, ils ne se recouvrent plus, au bout de quelques années, d'un pelage d'hiver. Nous avons déjà mentionné plusieurs fois comment le coucou donne à ses œufs la couleur des œufs du nid qu'il a choisi pour y faire sa ponte. L'instinct de l'araignée la pousse à tisser : la force organogénique développe chez elle l'organe textile. L'instinct des abeilles ouvrières les porte particulièrement à faire des approvisionnements; les moyens de transport, dont elles disposent, sont préparés à cette fin ; elles ont même des brosses aux pattes pour recueillir le pollen des fleurs et des corbeilles pour garder leurs provisions : les autres abeilles n'ont rien de semblable. Certains insectes sont poussés par l'instinct à déposer leurs œufs sur les larves qui errent en liberté : ils ne sont munis que d'une tarière très-courte. On voit, au contraire, de longues tarières à ceux qui doivent pondre leurs œufs sur des larves, dont la retraite est cachée au fond des arbres (ainsi la chelostoma maxillosa), ou d'une pomme de pin. Le fourmilier, que son instinct porte à se nourrir de termites, et qui mourrait s'il prenait une autre nourriture, s'est préparé à cette fin, dès sa naissance, de courtes pattes et des ongles solides, ainsi qu'un museau long, effilé et sans dents, qui contient une langue filiforme et chargée d'une salive visqueuse. Le hibou, qui a l'instinct du brigandage nocturne, est organisé pour voler sans bruit, comme une ombre, afin de ne pas éveiller sa proie endormie. Les bêtes de proie, auxquelles leur appareil digestif suggère l'instinct de se nourrir de chair, se sont munies de la force, de la rapidité, des armes, de la finesse de regard ou d'odorat nécessaires. Si l'instinct enseigne à beaucoup d'oiseaux à dissimuler leur nid, en lui donnant la même couleur qu'aux objets environnants, la force organogénique sait protéger des milliers d'êtres en leur donnant une couleur semblable à celle du lieu où ils séjournent (ainsi spécialement les parasites). Est-il possible de rapporter à deux principes différents l'impulsion d'agir, et la formation des instruments d'action ?

C'est ici le lieu de revenir encore une fois sur le phénomène déjà décrit de la formation des bulles d'air dans l'arcella vulgaris. Il faut voir là évidemment un effet de la force organique ; et pourtant on y reconnaît une accommodation intelligente, et en apparence volontaire, de l'instinct aux circonstances extérieures perçues par l'animal.

Quant aux mouvements réflexes, une grande partie des phénomènes de la digestion paraissent produits par eux. Après la déglutition, les mouvements péristaltiques de l'œsophage, de l'estomac et des intestins sont, en grande partie, causés par des mouvements réflexes ; en même temps l'excitation produite à chaque place du canal digestif par la masse alimentaire provoque, par des mouvements appropriés, la marche en avant des aliments. La même excitation augmente la sécrétion de la salivation buccale, du suc gastrique, du suc pancréatique : ce sont là encore des actions réflexes. Il en faut dire autant des mouvements qui favorisent l'expulsion des excréments accumulés. Nous avons vu précédemment que l'activité réflexe n'est pas du tout une activité purement mécanique, mais l'effet d'une intelligence inconsciente.

Nous arrivons maintenant au parallèle le plus important, celui de la force organogénique avec la force médicatrice. Comme nous le verrons (III° partie, chap. IX), la reproduction n'est qu'une autre manifestation de la force organogénique, la création de nouvelles formes organiques, qui, après leur entier développement, reproduisent le type de l'organisme qui les a engendrés. Il importe peu que la cause et l'effet soient localement séparés ou non. D'ailleurs, comme le chapitre IV de la III° partie le montrera, le concept d'individu organisé est très-relatif ; et il est très-difficile de déterminer, suivant les circonstances, si le produit nouveau de la force organogénique répond au type entier de l'individu ou représente seulement une de ses parties. La transition est donc naturelle entre la formation de certains organes dans l'individu et la reproduction spontanée d'un organisme complexe, qui comprend dans son sein plusieurs individus d'ordre inférieur, et fait sortir d'un germe simple les membres multiples d'un individu.

Voici une autre ressemblance entre la force reproductrice et la force médicatrice. La fécondité extraordinaire d'une espèce sans défense est souvent le moyen de protéger son existence contre les attaques de ses ennemis et de la soustraire à la ruine qui la menacerait autrement. Nous découvrons ici comme un redoublement d'énergie de la part de la force médicatrice dans l'intérêt de l'espèce en tant qu'être collectif. Par une fécondité exceptionnelle, c'est-à-dire par la production d'êtres nouveaux, la nature réussit à réparer les pertes qu'une mortalité extraordinaire cause à l'espèce. Cette loi agit aussi dans l'humanité. Malgré la dépopulation qu'amènent les guerres et les épidémies, le nombre des naissances l'emporte toujours en moyenne sur celui des morts. (Malheureusement il n'y a pas de loi inverse qui fasse correspondre la diminution des naissances à l'excès de la population : l'accroissement de la mortalité vient seul ici rétablir l'équilibre.)

Nous avons vu déjà comment le maintien d'une température constante est un des plus merveilleux effets de la force organique ; et comment la régularité de la respiration, la balance des acquisitions et des pertes en sont les conditions nécessaires. Mais il faut pour cela que l'avenir puisse être prévu, et que les désordres futurs se laissent calculer dès l'apparition de leurs causes. En conséquence nous voyons, à chaque importation de matière, répondre presque immédiatement une augmentation de dépense, même avant que le sang se soit assimilé les nouveaux matériaux. Ainsi, aussitôt après qu'on a bu, la sécrétion urinaire ou sudorifique s'accroît ; pendant qu'on mange, la sécrétion salivaire ou biliaire s'augmente, indépendamment de l'excitation locale des organes. A chaque moment une modification, très-légère sans doute, vient troubler la constance de la température : il faut donc que la force médicatrice ou l'activité organique soit constamment occupée à réparer ces altérations. En outre la digestion de chaque aliment exige un travail mécanique et chimique particulier. Nous voyons que les herbivores ne peuvent point ou du moins ne peuvent qu'imparfaitement digérer de la viande, et les carnivores des herbes; que les oiseaux de proie digèrent les os, tandis que les corneilles en sont incapables; que l'instinct porte beaucoup d'espèces animales à rechercher une seule espèce d'alimentation, sans laquelle elles dépériraient. Chez les hommes et les animaux, des idiosyncrasies de l'espèce ou de l'individu se rencontrent, qui rendent impossible l'assimilation de certaines matières, et les font tourner au détriment de l'organisme. Il suit de là que la digestion de chaque aliment est soumise à des conditions différentes; et que l'aliment ne peut être digéré, exerce même une action nuisible, si l'organisme n'est pas en état de réaliser ces conditions. Chaque acte de digestion suppose donc la réalisation de certaines conditions, en dehors desquelles le désordre s'introduit dans l'organisme. Nous reconnaissons encore ici l'activité constante de la force médicatrice pour écarter les troubles; ou, si l'on veut, de l'activité organique pour s'assimiler les aliments.

Nous avons vu que, pour chaque blessure, l'action de la force médicatrice, c'est-à-dire la guérison, n'est possible que par une production nouvelle de l'organisme, par une inflammation qui produit le néoplasme nécessaire au renouvellement des parties anciennes. Toute augmentation d'une sécrétion, qui accompagne la suppression d'une autre sécrétion, repose également sur une production nouvelle de l'organisme, celle de la sécrétion présentement accrue.

La fonction nutritive, qui, après que la croissance de l'individu est terminée, constitue l'objet capital de la force organisatrice, est identique à la régénération des parties organiques. Elle est à la régénération des parties entières du corps ce que la desquamation continue de l'épiderme, chez l'homme est à la mue périodique des serpents et des lézards. En d'autres termes, la nutrition est une somme de régénérations infiniment petites; la régénération proprement dite, une réparation par la nutrition, qui se produit tout à coup et frappe davantage les yeux. Si nous avons déjà reconnu dans la force régénératrice, qui répare les pertes de l'organisme, l'action intelligente de l'âme inconsciente, nous en devons dire autant de la nutrition, puisque nous ne pouvons nous empêcher de voir également dans celle-ci une finalité intelligente. Sans doute le cours continu de la nutrition manifeste moins clairement l'influence de l'âme, que ne le fait la rapidité de l'activité régénératrice; et d'ailleurs l'action chimique au contact y joue un rôle plus considérable. Mais l'intervention de l'âme n'y est pas moins nécessaire. On en peut juger par les désordres qui troublent si profondément la nutrition dans certaines parties, lorsque les rapports de ces parties avec les centres d'où partent les fibres sympathiques correspondantes, ont été interrompus par la section des nerfs. Ces désordres se traduisent tantôt par la maigreur, tantôt par la corruption des sécrétions, tantôt par la décomposition du sang, enfin dans les parties plus sensibles, comme les yeux, par l'inflammation et la gangrène. Les vaisseaux capillaires, qui font pénétrer par endosmose le fluide nourricier dans les tissus, ne peuvent jamais être subdivisés suffisamment, pour que chaque vaisseau ne laisse pas en dehors de son action une portion de tissu relativement étendue, dont les parties les plus éloignées du vaisseau ont besoin d'être alimentées aussi. Souvent le même vaisseau doit à la fois suffire aux muscles, aux tendons, aux os, et à la substance nerveuse. Il faut donc que chaque partie puise dans le fluide nourricier l'alimentation qui lui est convenable. Songeons, d'un autre côté, que les lois chimiques entretiennent, aussi bien dans les tissus qu'il s'agit de nourrir que dans le fluide nourricier lui-même, une tendance à la décomposition; et que cette tendance finit par l'emporter, aussitôt que, après la mort, ou même avant la mort, par l'effet d'un grand affaiblissement physique, la puissance de l'âme inconsciente a cessé de prédominer. Il n'est pas possible de croire que, sans cette influence de l'âme, l'assimilation pourrait s'étendre à toutes ces divisions subtiles des tissus, ainsi que la conservation de l'organisme le rend nécessaire. La conservation de la composition des tissus organiques est tout à fait semblable à la tension mécanique qu'entretient continuellement en eux la tonicité. Les deux propriétés ne peuvent s'expliquer que par une somme infinie de petites réactions contre la tendance naturelle à la décomposition, au relâchement des éléments organiques, et ces réactions ne peuvent venir que de la volonté. Ainsi les considérations à priori confirment ce que nous apprend l'expérience des sections nerveuses.

Mais, supposons que cette double démonstration, jointe à celle qui résulte de l'identité de la régénération et de la nutrition, ne paraisse pas suffisante pour établir l'action de l'âme dans la nutrition, au sens ordinaire du mot. Admettons la supposition que l'action chimique, par le contact des tissus existants, suffise à expliquer la nutrition : il reste encore à se demander d'où vient cette propriété des tissus ? On dira peut-être que les tissus ont maintenant cette propriété, parce qu'ils l'avaient auparavant. De question en question, on en arrivera à un moment où la constitution des tissus a subi un changement; et il faudra rendre raison de ce changement. Cette modification est cause justement que les tissus, à partir de ce moment, ont été propres aux fonctions nutritives, et ont dû, par la vertu de leur propre constitution, se maintenir dans l'état convenable. Mais, puisque aucune explication matérialiste ne peut rendre compte de ce changement si intelligent, il faut bien le rapporter à l'action intelligente d'une volonté inconsciente. Cette même volonté est également la cause de la conservation intelligente du tissu. La nécessité de recourir à une influence psychique n'est donc pas supprimée, mais reculée. Sans faire remarquer que nous nous trouvons à chaque moment de la vie en présence d'un tel changement, on pourrait remonter encore plus loin. La constitution actuelle des tissus ne s'explique pas seulement par le changement en question, mais aussi par la constitution que les tissus avaient antérieurement à ce changement. En suivant la série des changements, nous arrivons enfin à la première apparition du tissu, et il faut lui trouver une explication. Nous devons d'ailleurs admettre, pour le moins, autant d'actions psychiques que le tissu a, dans la vie, subi de modifications appropriées à une fin. Or, aucun tissu n'est inutile dans l'organisme, chacun a sa fonction déterminée ; et cette fonction sert à son tour à la conservation de l'individu ou de l'espèce. Il faut donc reconnaître, à la première origine de chaque tissu, l'action intelligente de la volonté. Mais aussi certainement que la première composition et les modifications importantes du tissu sont des moyens très-propres à en aider et à en favoriser la conservation et l'alimentation ; qu'elles facilitent le travail de la volonté, ou plutôt seules rendent possible son action sur toute l'étendue de l'organisme : aussi certainement on ne peut les regarder comme les conditions suffisantes de la nutrition. On doit admettre l'action partout présente dans l'organisme d'une volonté et d'une intelligence, également inconscientes, qui interviennent dans les moindres processus chimiques ou psychiques. En effet, dans le plus insignifiant de ces processus, l'organisme est menacé, ne serait-ce que par la tendance à la décomposition chimique. Aucune autre action que celle de l'âme ne peut contre-balancer ces causes incessantes de désorganisation matérielle. D'un autre côté, la vie n'est possible que parce que cette intervention de l'âme se réduit à un minimum dans les cas ordinaires ; le reste du travail est exécuté par des mécanismes appropriés. Partout nous rencontrons dans le corps de pareils mécanismes. La volonté inconsciente se réserve toutefois, à chaque moment, soit de modifier la fin de l'activité mécanique (ainsi aux diverses périodes du développement organique); soit d'agir librement sur les rouages de la machine, et d'exécuter immédiatement le travail que le mécanisme n'est pas en état d'accomplir. Notre admiration devant l'intelligence inconsciente ne doit pas en être amoindrie, mais au contraire accrue. Celui qui sait s'épargner la peine de recommencer souvent la même œuvre, en construisant une machine propre à le remplacer, ne l'emporte-t-il pas de beaucoup sur celui qui est obligé lui-même d'exécuter, chaque fois, son dessein de ses propres mains. Enfin, si l'âme doit partout se réserver toujours un minimum d'action directe, c'est que chaque moment crée de nouveaux rapports, amène de nouveaux désordres; et qu'aucun mécanisme ne peut être disposé que pour une espèce déterminée de rapports. Et c'est là notre réponse à toutes les objections, qui, dans le cours de notre recherche, auraient pu nous être faites, au nom de l'argument connu, qui se fonde sur l'existence de mécanismes intelligents : 1° le concept d'un mécanisme ne rend pas compte de tous les faits, et les résultats que ce mécanisme produit, après qu'il a été créé, laissent toujours une part à l'action directe de l'âme; 2° la finalité des actes, auxquels sert ce mécanisme, suppose que ce mécanisme lui-même a été créé avec intelligence, et cette intelligence dérive à son tour de l'âme.

A la lumière de cette idée que tout phénomène organique a deux causes, une spirituelle et une matérielle, remontons la série des causes matérielles. Nous arrivons nécessairement, quel que soit notre point de départ, à l'œuf fécondé, comme à la dernière cause matérielle. Là où le développement de l'œuf se fait, en totalité ou en partie, dans l'organisme maternel, on peut revendiquer la part des influences matérielles de cet organisme; mais les œufs qui sont fécondés en dehors du corps de la femelle, comme ceux des poissons et des amphibies, ne sont plus dans le même cas. En remontant ainsi le cours du développement organique, nous devons remarquer que les causes spirituelles, par opposition aux causes matérielles, exercent, en général, une action d'autant plus décisive, que l'individu est plus jeune. Nous avons déjà appliqué cette remarque à l'énergie de la force médicatrice. Dans la vieillesse, l'organisme consomme la plupart des acquisitions des temps meilleurs. Avant la puberté, au contraire, il travaille sans cesse, soit à développer, soit à multiplier ses organes. Dans la vie de l'embryon, l'importance de l'action psychique est d'autant plus grande, que nous observons les périodes les plus voisines de la naissance.

L'œuf qui vient d'être fécondé est une cellule. Il ne se compose que du vitellus. La membrane vitelline en forme la cloison; le vitellus, le contenu; et la vésicule germinative, le noyau. Chez les animaux supérieurs, le disque proligère, contenu dans la vésicule germinative (laquelle chez l'homme n'a que la grosseur de 1/200 de ligne), sert seul à former l'embryon, sans doute avec le concours de la substance vitelline. Chaque partie de l'œuf présente une structure absolument uniforme (une substance en partie granuleuse et renfermant des globules de graisse, en partie membraneuse et mucilagineuse). Ces éléments, qui sont partout les mêmes, suffisent, sous l'action de circonstances extérieures, presque partout identiques (la chaleur de l'incubation chez les oiseaux, l'air et la température de l'eau pour les poissons et les amphibies), à produire les espèces les plus diverses, avec les nuances si délicates qui les distinguent, et la multitude infinie de leurs systèmes d'organes et de tissus. Le petit qui sort de l'œuf contient, chez les animaux supérieurs, presque tous les tissus et organes divers, qui constitueront plus tard l'animal dans son plein développement. L'influence de la volonté éclate ici manifestement dans la métamorphose des éléments. Dans les œufs de poissons, quelques heures après la fécondation (artificielle), on peut voir paraître les cordes méridiennes qui se coupent à angle droit avec la corde équatoriale du vitellus. Avec elles commence le développement, et une foule de cordes parallèles se forment ensuite. Pendant la plus grande partie de la vie embryonnaire, l'âme est occupée à construire les mécanismes qui lui épargneront dans la suite, en très-grande partie, le travail nécessaire pour dominer la matière. Il n'y a aucune raison pour que nous n'attribuions pas les organes qu'elle crée ici à l'action de la volonté inconsciente, comme les formations organiques qu'elle produit plus tard dans le cours de la vie. La place qu'occupent les premières productions, par rapport à l'étendue que le corps présente alors, ne constitue pas évidemment une différence qualitative avec les suivantes. Le moment d'ailleurs où l'individualité de la nouvelle âme est constituée est, cela ne comporte pas de doute, celui de la fécondation, si toutefois on peut, en général, déterminer un tel moment. L'âme, assurément, dans cette période, ne donne aucun signe extérieur d'activité consciente. Rien n'est plus naturel, puisqu'elle doit auparavant former l'organe de la conscience. Un tel état d'ailleurs ne peut être que favorable à la concentration de son activité sur les œuvres inconscientes qu'elle produit. Aux âges avancés de la vie, la puissance de l'Inconscient ne se manifeste-t-elle pas avec le plus d'éclat, lorsque la conscience est tout à fait comprimée? C'est ainsi que les crises favorables à la guérison des maladies se déclarent dans un profond sommeil. L'embryon est, lui aussi, plongé dans un sommeil profond.

Examinons, encore une fois, si la volonté inconsciente peut en général produire des effets matériels. Nous avons déjà, dans les chapitres précédents, été conduits à ce résultat que toute action de l'âme sur le corps, sans exception, n'est possible que par une volonté inconsciente; que cette volonté inconsciente peut être provoquée à l'action, tantôt par la volonté consciente, tantôt par l'idée consciente d'un effet, sans la volonté consciente de le produire, même malgré cette volonté consciente. Pourquoi la même volonté ne pourrait-elle pas aussi être provoquée par l'idée inconsciente de l'effet, laquelle est ici rigoureusement associée à la volonté inconsciente de ce même effet, puisque cet effet est une fin poursuivie? Qu'on ne nous objecte pas que l'âme, dans les premiers temps de la vie, devrait travailler sans le secours des nerfs. Nous avons vu chez les animaux aneures l'activité de l'âme se déployer sans le concours des nerfs; et, même chez l'homme, nous avons précédemment trouvé assez d'exemples du même genre. D'ailleurs l'embryon, dans les premiers temps, a justement cette structure à demi liquide de la matière richement organisée, qui est propre à remplacer les actions nerveuses.

En résumé, nous avons d'abord reconnu l'insuffisance des explications matérialistes. Secondement, une finalité préétablie ne nous paraît pas pouvoir rendre compte du développement organique, parce que chaque combinaison de circonstances ne se rencontre qu'une seule fois dans la vie entière, et par suite nécessite de la part de l'organisme une réaction différente de toutes les autres, et provoque justement cette réaction. En troisième lieu, la seule hypothèse qui nous reste, à savoir que l'activité inconsciente de l'âme se construit avec intelligence son propre corps et le conserve, n'a rien contre elle, mais a en sa faveur, au contraire, toutes les analogies qui se peuvent tirer des lois les plus différentes de la physiologie et de la vie animale. La démonstration que l'activité prévoyante et la force organogénique appartiennent à l'individu lui-même paraît, en conséquence, offrir toute la certitude scientifique que comporte l'induction fondée sur la relation des effets aux causes. (Voyez *Essais philos.* n° VI, *Sur la force vitale.*)

Je conclus cette partie de mon livre par les belles paroles de Schopenhauer : « Chaque être se présente, en fait, devant nous comme son œuvre propre. Mais on ne comprend pas le langage de la nature, parce qu'il est trop simple. »

DEUXIÈME PARTIE

LA MANIFESTATION DE L'INCONSCIENT

DANS L'ESPRIT HUMAIN

> Le secret qui doit expliquer l'essence spirituelle de la vie consciente se trouve dans la région de l'Inconscient.
>
> C. G. CARUS.

LA

MANIFESTATION DE L'INCONSCIENT

DANS L'ESPRIT HUMAIN

I

L'INSTINCT DANS L'ESPRIT HUMAIN

S'il est impossible, dans l'analyse, de séparer entièrement l'un de l'autre le corps et l'âme, il ne l'est pas moins d'isoler les instincts qui se rapportent aux besoins du corps de ceux qui se rattachent aux besoins de l'âme. Aussi avons-nous déjà, dans la première partie, parlé de différents instincts qui appartiennent à l'âme humaine. Tels sont les appétits capricieux des malades ou des femmes enceintes; les instincts thérapeutiques des enfants ou des somnambules. Quelques autres rentrent directement dans la classe des instincts corporels : ainsi la crainte de tomber, sans qu'ils aient encore l'expérience d'une telle chute, fait que les jeunes animaux et les enfants, qui se tiennent tranquilles, quand on les porte en haut d'un escalier, se montrent inquiets lorsqu'on les en descend. Le redoublement de précautions et de prudence dont témoignent les mouvements des juments, lorsqu'elles sont pleines, répond à l'instinct analogue des femmes enceintes. Citons encore l'instinct qui pousse la mère à placer le nouveau-né sur son sein, et qui porte l'enfant à teter; le talent particulier des enfants pour démêler l'affection véritable de la bienveillance simulée; la crainte instinctive que ressentent devant certaines personnes, qui leur sont inconnues, les jeunes filles pures et sans expérience; les pressentiments bons et mauvais, qui exercent tant d'influence, particulièrement chez les femmes, sur les actes qu'il convient d'exécuter ou dont il faut s'abstenir, etc. Nous allons, dans le présent chapitre, examiner les instincts qui se rattachent plus étroitement encore à la vie physique, les instincts proprement dits, à l'exclusion des autres manifestations, au fond tout à fait semblables, de l'Inconscient, qui sont plus indépendantes du corps. La vanité humaine se refuse à donner à ces dernières le nom d'instinct, parce qu'il rappelle trop l'idée de la vie animale.

Nous avons d'abord à étudier certains instincts répulsifs. Ils ne nous poussent pas à agir, mais à nous abstenir, ou du moins à exécuter seulement les actes qui ont pour but d'écarter ou de nous faire éviter l'objet de notre secrète répulsion. Le plus énergique de ces instincts est la crainte de la mort; ce n'est qu'une manifestation particulière de l'instinct de la conservation, dont nous connaissons déjà d'autres formes : la vertu médicatrice, l'activité organogénique, l'instinct voyageur, les mouvements réflexes par lesquels on se protége, etc. Ni la crainte inspirée par le jugement dernier ou par toute autre hypothèse métaphysique, ni le doute d'Hamlet se demandant ce qu'il peut bien y avoir au delà du tombeau, ni la douce accoutumance qui attache Egmont à la vie et à l'action ne suffiraient à retenir la main qui va commettre un suicide. L'instinct seul en a le pouvoir : c'est lui qui provoque ces frissons mystérieux, ces battements de cœur précipités, et cette tempête intérieure qui chasse le sang dans les veines au moment de l'exécution.

Un second instinct répulsif est celui de la pudeur. Il se rapporte exclusivement aux organes de la génération qui en ont reçu leur nom. Les femmes l'ont plus spécialement en partage, et lui doivent l'attitude défensive qui les caractérise essentiellement, et exerce sur la vie humaine tout entière, aussi bien chez les sauvages que chez les peuples civilisés, une action si décisive. La pudeur d'un côté, et de l'autre la forme plus douce sous laquelle se manifeste dans l'espèce humaine l'appétit vénérien, par cela seul qu'il n'agit pas à des périodes déterminées, constituent le double caractère qui élève l'union des sexes chez l'homme bien au-dessus de la sphère de l'animalité (1). La pudeur est si peu un effet de la réflexion, que nous la trouvons même chez les populations sauvages : sans doute elle y est réduite à son objet essentiel, tandis que la civilisation nous a enseigné à étendre la pudeur à tout ce qui se rattache aux rapports sexuels.

Tout semblable est l'instinct répulsif du dégoût. Il se rapporte aux actes nutritifs, comme la pudeur à l'acte reproducteur. Son but est de protéger la santé contre l'usage des aliments dont on a lieu de craindre qu'ils ne contiennent quelque immondice, comme de la matière des excréments organiques et des corps en voie de décomposition. Cet instinct fait usage des sens du goût et de l'odorat; et Lessing a tort de croire qu'il se manifeste aussi par les autres sens. Il n'est pas nécessaire que l'on ait déjà pensé à manger les choses qui causent du dégoût. Souvent le dégoût a pour effet de prévenir toute envie de les manger. Il y a encore une autre espèce moins accusée de dégoût, qui se rapporte à la propreté de la peau. Elle est destinée à empêcher que l'occlusion des pores ne suspende la transpiration. Le sens de la vue peut ici sans doute servir d'instrument direct. — L'homme peut, par l'habitude, faire disparaître plus ou moins complétement ces instincts, ainsi

(1) Beaumarchais prisait si haut cette faculté qu'il disait en plaisantant : « Boire sans soif, et faire l'amour en tout temps, c'est ce qui distingue l'homme de la bête. » C'est en tout cas une meilleure mesure pour apprécier la différence des espèces, que celle qu'on cherche dans la pensée. Elle n'est pas d'ailleurs entièrement suffisante : chez les singes anthropomorphes, comme chez l'homme, l'appétit vénérien n'est pas périodique.

que tous les autres : c'est que la conscience est devenue, chez l'homme, une puissance capable de braver l'Inconscient sauf dans les cas tout à fait importants; et l'habitude est une des formes de la vie consciente. L'Inconscient peut être encore vaincu, lorsqu'on fait avec conscience et par habitude ce que l'instinct nous aurait portés à faire, sans l'intervention de la conscience et de l'habitude. La répulsion que l'on ressent alors pour les actes contraires est plutôt une résistance contre une action non accoutumée qu'une répulsion instinctive.

Que l'on considère une petite fille et un petit garçon : la première pimpante, agile, coquette, minaudière, gracieuse comme un jeune chat; le second avec sa culotte toute déchirée dans la dernière rixe, gauche, lourd comme un jeune ours. L'une se pare et s'ajuste, et se tourne, et veille tendrement sur sa poupée; elle fait la cuisine, elle blanchit et repasse le linge dans ses jeux. L'autre se bâtit une maison dans un coin, joue au brigand, au soldat, monte à cheval sur un bâton, voit dans chaque morceau de bois un sabre, un fusil, se complaît surtout à déployer sa force; et naturellement il détruit sans raison. Quelles précieuses révélations sur la vocation future de l'individu nous fournissent souvent certains détails charmants de ces occupations enfantines! Sans doute l'imitation des grandes personnes y tient beaucoup de place. On n'y saurait méconnaître pourtant une sorte de pressentiment instinctif, qui porte l'enfant à rechercher dans ses jeux les exercices auxquels il devra s'adonner plus tard, qui le prépare et l'habitue à l'avance à s'en acquitter. De même les petits des animaux sont conduits, dans leurs jeux, par un goût instinctif pour les actes qu'ils auront à exécuter plus tard dans leur vie indépendante. (Qu'on songe aux jeunes chats jouant avec les pelottes de fil.) L'instinct du jeu pousse souvent la volonté à se créer des obstacles qu'elle doit ensuite surmonter. On ne peut s'expliquer ce qu'il y a de bizarre dans ce fait, qu'en regardant le besoin du jeu comme un instinct qui sert aux fins de l'activité future. Si le goût du jeu n'était qu'un effet de l'imitation, les garçons et les filles imiteraient de la même manière, puisqu'ils ne comprennent pas la différence des sexes, et que, à vrai dire, cette différence n'existe pas encore pour eux. Combien est étrange cette passion de la danse, cette propreté, ce goût de la toilette, cette grâce, on pourrait dire cette coquetterie enfantine qui, chez les petites filles, fait penser à leur mission future de conquérir les hommes! Les garçons n'ont de leur nature aucune de ces dispositions. Combien est caractéristique le sérieux infatigable avec lequel les filles veillent sur leurs poupées, les habillent et les dorlotent! Comme tout cela répond à la tendresse qui les porte à couvrir de baisers et de caresses, lorsqu'elles sont plus grandes, tous les petits enfants qu'elles rencontrent, et pour lesquels un jeune homme éprouve la même aversion que pour de petits singes.

On peut juger quelles profondes racines ont dans l'Inconscient des instincts comme ceux de la propreté, de la toilette, de la pudeur, quand on les observe même chez les aveugles qui sont en même temps sourds et muets. Que celui qui n'a jamais réfléchi sur cet état cherche d'abord à s'en faire une idée exacte, et à se représenter combien sont pauvres les moyens de communication que ces malheureux peuvent avoir avec le monde extérieur. Laura Bridgemann, élevée dans l'asile des aveugles à Boston, avait, dans sa deuxième année, perdu tous les sens sauf celui du toucher : pourtant elle aimait la propreté, l'ordre et surtout la parure. Quand elle revêtait un vêtement nouveau, elle voulait sortir, se faire voir, être remarquée. Les bracelets, les broches et autres ornements des dames, qui la visitaient, la plongeaient dans le ravissement. Julie Brace, qui était devenue aveugle à l'âge de cinq ans, se comportait de la même manière. Elle touchait la coiffure des visiteuses pour l'imiter sur elle-même. On a constaté ce goût de la parure chez toutes les malheureuses de ce genre; et l'on en a même fait le moyen principal de les récompenser et de les punir. Lucy Reed portait toujours un mouchoir de soie sur la figure : elle se croyait sans doute le visage difforme. On eut toutes les peines du monde à la faire renoncer à cette habitude, après qu'elle fût entrée à l'hospice. Elle reculait avec effroi au contact d'un homme, et ne supportait de sa part aucune caresse; elle les recevait au contraire volontiers des femmes, et les leur rendait. Laura Bridgemann faisait preuve sur le même point d'une sensibilité plus délicate encore, sans qu'on pût comprendre comment elle était arrivée à connaître la différence des sexes; car, en dehors du directeur de l'hospice, le docteur Howe, aucun homme ne s'était trouvé habituellement auprès d'elle. Elle avait appris que l'on attendait à l'hospice Olivier Caswell, un aveugle sourd-muet comme elle; et paraissait très-curieuse de connaître son compagnon de malheur. A son arrivée elle l'embrassa; mais elle recula soudain, comme craignant d'avoir commis quelque chose d'inconvenant. Le moindre désordre dans sa toilette était aussitôt réparé par elle, avec le même soin qu'y aurait apporté une jeune fille élevée sévèrement aux bonnes manières. Elle prêtait même sa pudeur aux choses inanimées. Un jour qu'elle voulait coucher sa poupée, elle commença par faire un tour dans la chambre pour savoir quelles personnes étaient là; elle trouva le docteur et s'éloigna en riant. Elle attendit que ce dernier se fût éloigné pour déshabiller sa poupée, ne se préoccupant pas de la présence de la surveillante. Faire entendre à une enfant sourde et muette les lois et les notions de la bienséance serait presque impossible, si l'instinct ne la dirigeait vers ce qui est bien; si l'occasion ou le plus léger avertissement ne suffisaient pour transformer en acte un sentiment immédiat et inconscient. Cet instinct de la pudeur a sa source évidemment dans l'essence intime de l'âme: ce qui le prouve, c'est que l'époque de son développement coïncide avec celle de la puberté. Ainsi une aveugle sourde et muette, dans l'ouvroir de Rotherbither, qui avait toujours vécu d'une vie tout à fait bestiale, présenta dans sa dix-septième année un changement complet : elle se montra tout à coup aussi soigneuse de sa mise et de sa tenue que les autres filles de son âge.

Un instinct réflexe de l'âme est la sympathie ou la disposition à partager les sentiments d'autrui. Les sentiments se divisent en plaisir et en peine, en joie et en douleur; de même la sympathie nous associe tantôt aux joies, tantôt aux peines des autres. Jean-Paul dit à ce sujet : « La compassion est le fait de l'homme ; s'associer à la joie des autres est de la nature des anges. » Cela tient à ce que cette seconde disposition demande pour se produire qu'un autre sentiment, l'envie, ne la contrarie point; et c'est ce qui arrive plus ou moins chez tous les hommes. La compassion rencontre moins d'obstacles : la plupart des hommes ne ressentent d'ordinaire presque aucun plaisir à voir la peine des autres, à moins que la haine et la vengeance ne les dominent. Aussi la sympathie pour la joie d'autrui n'occupe-t-elle qu'une place minime dans notre cœur, tandis que la compassion y joue un rôle considérable. La compassion est un mouvement réflexe, produit par la vue directe de la souffrance. Les tressaillements, les convulsions de la douleur, la physionomie et les gestes de l'homme qui s'afflige ou se désole, les larmes de la souffrance, les gémissements, les soupirs, les sanglots, le râle sont des signes naturels que les êtres de la même espèce entendent immédiatement par une compréhension inconsciente. Ces mouvements ne s'adressent pas seulement à l'entendement, mais à la sensibilité, et provoquent par une action réflexe des souffrances analogues. La joie et la douleur exercent sur les autres hommes la même contagion que les convulsions. Si les sens ne perçoivent que les signes généraux de la souffrance, la compassion ne se traduit que par une vague inquiétude, un soupir muet, ou un frisson, selon l'intensité et la durée de la souffrance contemplée. Mais si cette dernière se montre à nous avec ses caractères particuliers, l'action réflexe nous fait ressentir par sympathie une souffrance semblable à celle dont nous sommes témoins, aussitôt que la compassion a dépassé le degré inférieur d'une vague affliction. La vivacité de la compassion dépend évidemment de l'aptitude momentanée de la sensibilité aux actions réflexes, et par conséquent aussi du degré d'intérêt qu'on porte à celui qui souffre. Néanmoins il ne faut voir qu'une action réflexe dans le fait de la compassion; et il est démontré que ce sentiment, *cœteris paribus*, est en proportion directe avec ce que les sens nous montrent de la souffrance. Si on lit le récit d'une bataille où, de chaque côté, 10 000 tués et blessés sont restés sur le terrain, on ne se sent ému en aucune façon. On ne commence à éprouver de la compassion que si l'on se représente, en imagination, les morts et les blessés. Mais si l'on circule à travers les mares de sang, au milieu des cadavres, des membres épars; si l'on entend les gémissements; si l'on voit des mourants, une douleur profonde s'empare de l'âme. L'instinct de la compassion est du plus grand prix pour l'homme qui ne peut devenir un homme sans l'aide de ses semblables : c'est là une vérité évidente par elle-même. La sympathie est le lien métaphysique qui, en dépit de l'égoïsme, rattache l'individu aux autres individus sous l'action de la sensibilité; elle est l'impulsion la plus propre à nous faire accomplir les actes que la conscience déclare moralement bons ou beaux, et qui dépassent la mesure stricte du simple devoir. C'est elle qui assure en fait la réalisation des devoirs connus sous le nom d'obligations de l'amour, et résumés dans l'idée abstraite de la charité.

Si la sympathie est l'instinct essentiel auquel sont dus les actes charitables, ceux qui dépassent dans leurs effets la sphère de l'égoïsme, l'instinct de la reconnaissance nous paraît, de son côté, servir à les multiplier. Sans doute la reconnaissance conduit parfois à faire tort à une autre personne; mais c'est là un cas fort rare. L'instinct d'où elle dérive n'en a pas moins une utilité incontestable : il trouve toutefois son correctif, même son équivalent, dans les préceptes d'une morale parfaite. Si l'instinct qui porte à rendre le bien pour le bien multiplie les actes moralement beaux, l'instinct de la vengeance, qui n'en est que l'application aux injustices reçues, a donné naissance le premier au sentiment de la justice. Aussi longtemps que la société ne s'est pas chargée de venger les injures des particuliers, la vengeance privée est considérée avec raison comme quelque chose de sacré, comme une institution de droit primitif. L'instinct de la vengeance, par un perfectionnement insensible, s'ennoblit, s'éclaire, engendre le sentiment du droit et fait reposer sur les mœurs nationales, comme sur un fondement solide, l'institution de la justice. Alors seulement l'individu peut confier à la communauté le soin de le venger. Il ne faudrait pas conclure de là que la sympathie et l'instinct de la vengeance sont les principes d'où il faut déduire théoriquement la morale et le droit : je suis bien éloigné d'accorder cette conséquence. Je soutiens seulement qu'en fait, ce sont là les premières racines des sentiments et des actes, d'où les hommes ont tiré plus tard, par abstraction, les concepts de la beauté morale et du droit.

L'instinct le plus important est, après les précédents, l'amour maternel. Revenons encore une fois au règne animal, afin de nous instruire par la comparaison. — La plupart des animaux inférieurs n'ont pas besoin de se préoccuper de leurs petits. Ou ceux-ci sont assez développés, lorsqu'ils sortent de l'œuf; ou bien les parents, sous l'impulsion des divers instincts que nous avons mentionnés plus haut, ont porté les œufs directement ou indirectement dans les lieux où les animaux, au moment de l'éclosion, trouveront tout ce qui est nécessaire à leur nourriture jusqu'au moment de leur entier développement : quelquefois c'est la mère elle-même qui a soin d'y déposer des aliments. Le lieu, qui réunit les conditions nécessaires au développement de l'œuf, est pour l'araignée-loup un cocon qu'elle a filé elle-même et qu'elle réunit à son corps par une toile; pour le monoculus, une partie retournée de l'oviducte qui fait saillie comme un ovisac; pour les oiseaux, le nid et la température d'incubation du corps maternel; pour quelques poissons et amphibies, le corps de la mère lui-même; et de même pour tous les mammifères. Il y a cette différence pourtant que, chez ces derniers, l'union organique de la mère et du fœtus se prolonge jusqu'à la naissance, sauf pour les marsupiaux. On voit ici encore, par un nouvel exemple, comment l'instinct et la prévoyance maternelle concourent au même résultat, que la force organogénique poursuit par une autre voie. Les soins que l'instinct maternel apporte au développement du ... jusqu'au moment où il pourra se suffire à lui-même, son ... ents par la forme, mais non au fond, de la géné... de la formation de l'embryon au sein de la mère.

Deux lois capitales se manifestent ici : la première est que l'... maternel ... sur le petit aussi longtemps qu... ce dernier es... d'état de se suffire à lui-même ; la ... onde, que la durée de cette tutelle ou de l'enfance est en général d'autant plus longue que l'espèce est placée plus haut dans l'échelle des animaux. Cette diversité a sa raison, d'un côté, dans la simplicité plus grande des conditions auxquelles est soumise l'alimentation des animaux inférieurs, notamment des animaux aquatiques ; d'un autre côté, dans les métamorphoses, qui font que l'enfance de l'animal se passe sous une tout autre forme et dans des conditions alimentaires toutes différentes que le reste de son existence (dans la plupart des cas sous la forme propre à un degré inférieur de l'animalité). Il reste toujours sans doute à expliquer le troisième fait, qui se présente à nous particulièrement lorsque nous étudions la série des mammifères et que nous comparons, par exemple, sous le rapport de la durée, l'enfance d'un lapin, d'un chat et d'un cheval. Les deux premières lois peuvent se résumer dans la suivante : l'amour instinctif de la mère joue, en général, un rôle d'autant plus significatif et plus étendu que nous nous élevons dans l'échelle des espèces, c'est-à-dire dans l'échelle du développement des animaux.

Tandis que la plupart des poissons et des amphibies demeurent dans une indifférence absolue à l'égard de leurs petits, quelques insectes, par suite de leurs facultés intellectuelles plus développées, manifestent une affection maternelle plus grande. Que l'on observe avec quelle tendresse les fourmis et les abeilles soignent, nourrissent et défendent leurs œufs et même leurs larves, tant qu'ils ne sont pas complétement développés; avec quelle sollicitude certaines araignées promènent avec elles leurs petits et leur donnent à manger, ainsi que font les poules pour leurs poussins? Chez les oiseaux la tendresse maternelle s'élève déjà à un haut degré : c'est que certaines classes d'oiseaux, des oiseaux de proie et des oiseaux chanteurs, par exemple, sont incontestablement, par leur intelligence, supérieures à la masse commune des mammifères. Le courage que même les plus petits oiseaux déploient pour défendre leurs petits contre quelque ennemi que ce soit; le dévouement avec lequel ils leur portent la pâtée, tandis qu'eux-mêmes souvent souffrent la faim et maigrissent; l'esprit de sacrifice qui les pousse à dépouiller de plumes leur poitrine et leur ventre pour faire une couche plus chaude à la nudité de leurs petits; la patience avec laquelle ils leur apprennent plus tard à voler, à prendre des insectes, à développer tous les autres talents qui leur seront nécessaires pour se suffire à eux-mêmes; leur impatience de voir les jeunes aussi habiles qu'ils sont eux-mêmes : ce sont là autant de preuves évidentes d'un instinct profondément enraciné. Et d'un autre côté la disparition absolue de ces tendres sentiments, aussitôt que les petits sont en état de se suffire, l'inimitié même qui vient les remplacer montrent que ni l'habitude, ni la volonté consciente, mais l'empire d'une nécessité inconsciente est la véritable source de ces impulsions.

On n'a pas suffisamment remarqué jusqu'à présent combien est grande la part de l'éducation. Les animaux les plus haut placés par l'intelligence dans la série animale doivent, en réalité, beaucoup plus qu'on ne croit aux enseignements de leurs parents. La nature ne se sert jamais de deux moyens pour atteindre un seul et même but : elle supprime l'instinct, là où la direction consciente et l'éducation permettent de réaliser les mêmes effets. Les pingouins, lorsque leurs petits refusent de les suivre à l'eau, les attirent sur une pointe de rocher, et les précipitent de là dans la mer. Les aigles et les faucons exercent leurs petits à voler de plus en plus haut, à voler en cercle et à se retourner, à fondre sur la proie. Pour obtenir ce dernier résultat, ils volent au-dessus d'eux, laissent tomber de petits animaux, au commencement morts, plus tard encore vivants; les aiglons n'ont la permission de les dévorer que s'ils les saisissent eux-mêmes. Si la forme d'un tel enseignement est suggérée à ces animaux par une pensée consciente, l'impulsion même qui les porte à instruire leurs petits est l'œuvre de l'instinct. — Comme la durée de l'enfance est plus longue chez les mammifères supérieurs, non-seulement les soins de la mère, mais encore ses leçons ont une importance plus grande. Qu'on considère seulement comment une chatte élève ses petits, les flattant, les récompensant, les redressant, les punissant : n'est-ce pas la fidèle image de l'éducation qu'une femme sans instruction donne à son enfant? Ce parallèle pourrait même être suivi dans les plus petits détails; je citerai seulement la satisfaction comique avec laquelle la mère chatte manifeste la supériorité de sa vieille expérience.

Chez les oiseaux les aliments sont, en quelque sorte, soumis à une préparation chimique dans le gésier de la mère. Cet instinct reçoit tout son développement chez les mammifères : les glandes mammaires commencent leur sécrétion, longtemps avant la naissance du petit. La vue de ce dernier augmente la sécrétion; son absence la diminue. Il est un phénomène qui ne se manifeste que faiblement chez les oiseaux, mais qui, chez les mammifères, se traduit clairement par la transmission héréditaire de certains signes maternels ou particularités caractéristiques, par les impressions des femmes enceintes, par leurs appétits capricieux : je veux parler de la correspondance directe et inconsciente qui s'établit entre l'âme de la mère et celle de l'enfant, de l'empire absolu que la première exerce sur la seconde. Ce commerce intime se continue sans interruption, mais sous une forme différente après la naissance et ne cesse que successivement et que graduellement. Le phénomène étrange de la contagion par une sorte de vision (*Ansteckung von Visionen*) ne se produit jamais plus facilement qu'entre la mère et son nourrisson. Comme avant l'enfantement, de même après la naissance de l'enfant, la mère, chez qui la nature n'a pas été altérée par l'éducation, perçoit par une divination merveilleuse tous les besoins de l'enfant. Assez semblable aux guêpes, qui ouvrent le trou où elles ont enfermé leurs larves pour y déposer de nouveaux aliments, juste au moment où les premiers sont épuisés, la mère devine quand l'enfant a besoin de nourriture ; elle se réveille si l'enfant souffre, tandis qu'aucun bruit étranger ne troublerait le sommeil où la fatigue l'a plongée. Nous avons dit que cette communication directe entre l'âme de la mère et celle de l'enfant est interrompue assez promptement. On la voit pourtant se rétablir plus tard, dans les circonstances exceptionnelles, par exemple lorsque l'enfant est gravement malade.

Qu'on se demande maintenant si l'amour maternel est réellement différent chez l'homme de ce qu'il est chez les animaux ; si ce n'est pas l'instinct seul qui fait que les femmes les plus intelligentes et les plus sérieuses, celles qui ont su prendre leur part aux plus hautes jouissances de la culture intellectuelle, se montrent tout d'un coup capables de se sacrifier pendant de longs mois aux mille soins que réclame l'enfant ; de supporter même avec bonheur les lamentations, les saletés, les niaiseries enfantines d'un être indifférent, qui, pendant les premiers mois de sa vie, n'est rien de plus qu'une poupée de chair, qui bave et salit ses langes, et sait tout au plus tourner par un mouvement réflexe ses yeux vers la lumière et tendre instinctivement les bras à sa mère. Qu'on regarde comment la femme la plus intelligente s'éprend réellement à la folie d'un enfant qui, pourtant, ne se distingue qu'à grand peine de tous les autres ; comment elle qui, naguère, savait critiquer ingénieusement Sophocle et Shakespeare, paraît maintenant toute joyeuse et comme hors d'elle-même en entendant le petit piailler déjà le son A. Et, en tout cela, la femme n'a pas besoin comme l'homme, pour se résigner à toutes ces incommodités, de songer à ce que l'enfant sera un jour : elle est tout entière à la joie du présent et à son amour de mère. Si ce n'est pas là de l'instinct, je ne sais plus ce qui mérite le nom d'instinct. Qu'on se demande si une pauvre bonne d'enfants consentirait à supporter, pour quelques sous par jour, tous les tourments, toutes les fatigues de son emploi, si l'instinct ne la portait déjà vers une semblable occupation.

La durée des soins, que l'enfance de l'homme réclame de l'affection maternelle, est un cas particulier de la loi énoncée plus haut. L'enfant de quatre ans se laisse renverser dans la rue plutôt que de se détourner de son chemin, tandis qu'un jeune chat sait sauter et s'enfuir, aussitôt qu'il a les yeux ouverts : quoi de plus naturel, que l'instinct de la mère se montre si prévoyant pour protéger l'enfant, et que celui-ci se tienne instinctivement aux jupons de sa mère ! Tous les animaux nourrissent, élèvent, surveillent leurs petits, jusqu'à ce qu'ils soient en état de se nourrir eux-mêmes ; et l'homme, dont la faculté de procréation est toujours si limitée, ferait une exception à cette loi générale ! Quand l'enfant de l'homme est-il en état de se suffire ? Ce n'est certainement pas avant le commencement de la puberté ! La sollicitude instinctive des parents doit donc s'étendre au moins jusque-là. Les animaux enseignent à leurs petits les talents qui leur serviront plus tard à pourvoir à leur existence, et l'homme n'agirait pas de même ! Les animaux choisissent, en partie avec conscience, le mode d'enseignement qu'ils emploient avec leurs petits ; mais c'est une impulsion naturelle qui les porte à les instruire : et il en serait différemment chez l'homme, alors que les arts et les connaissances, dont il a besoin pour vivre, sont plus nombreux que chez l'animal ? Il est constant qu'il n'y a pas, dans toute la série animale, deux échelons aussi distants psychologiquement l'un de l'autre, que l'animal le plus parfait l'est de l'homme médiocrement cultivé lui-même :

il doit donc y avoir, comparativement aux choses que l'homme peut faire par instinct, infiniment plus d'autres choses qu'il doit apprendre, à la différence de l'animal même le plus parfait. C'est que l'homme est capable d'accomplir de tels actes par son intelligence, et qu'un instinct spécial aurait été ici superflu : or la nature ne fait rien en vain. Mais l'instinct qui pousse les parents à instruire leurs enfants est une nécessité, parce que ces derniers sans cette instruction seraient condamnés à périr. C'est à la haute aptitude de l'homme à recevoir l'instruction, à l'instinct puissant qui le porte à instruire ses enfants, et aussi à la plus grande perfection de son langage, que l'espèce humaine doit son aptitude à se perfectionner à travers la succession des générations : et cette aptitude lui marque sa place et son rôle dans la création.

Chez les animaux le mâle et la femelle ont les mêmes occupations. Il en est autrement dans l'espèce humaine civilisée : l'homme doit amasser pour la famille. Il est surtout fait pour élever les enfants, et principalement la postérité masculine. Il est assez rare que, chez les animaux, le mâle s'occupe de ses petits. Pourtant le saumon mâle creuse un trou pour y enfouir les œufs de sa femelle, après qu'il les a fécondés. Chez la plupart des oiseaux monogames, le mâle aide à la construction du nid; couve alternativement avec la femelle, ou porte la pâtée à celle-ci lorsqu'elle couve; défend ses œufs, et participe aux soins que réclament l'éducation, l'alimentation et la protection des petits. Des faits semblables se rencontrent chez les hommes. Les hommes ordinairement aiment très-peu les petits enfants : cette répugnance ne cesse que lorsqu'ils sont pères eux-mêmes. On ne saurait donc douter qu'il existe un instinct, faible sans doute, d'amour paternel. C'est ce qui ressort notamment de la tendresse que témoignent les pères à leurs enfants chétifs. Le misérable état physique et intellectuel de ces petits êtres ne leur aurait causé autrement que de la répulsion, du mépris, ou tout au plus de la pitié. Néanmoins je crois que l'amour paternel est surtout inspiré à l'homme soit par le devoir, les convenances et les mœurs, soit par l'habitude, soit enfin par une affection réfléchie; et que l'instinct ne fait entendre sa voix, que durant les premières années de l'enfant, et aussi dans les moments du danger. Il faut encore remarquer que le véritable amour paternel, j'entends une affection qui aille au delà de ce qu'exigent les convenances, les mœurs et les sentiments créés par l'habitude, par la vie en commun, est beaucoup plus rare qu'on n'est porté à le croire (il n'est sans doute pas aussi inférieur à sa réputation et aussi rare que l'amour fraternel). Ce qu'il y a de réel dans l'amour paternel, non pas ce qui s'en montre aux moments du danger, mais ce qui s'y retrouve en tout temps, c'est une amitié réfléchie, associée à la claire conscience que personne ne s'occupera de l'enfant s'il est abandonné par son père, par celui qui l'a condamné à la vie : et c'est là une pensée, qui peut rendre capable des plus grands sacrifices. On comprend ainsi que les enfants, après que leur éducation est achevée, ne deviennent pas aussi étrangers à leurs parents que les petits des animaux. La durée plus longue de l'enfance chez l'homme donne à l'habitude le temps de former ses liens; et, quand il existe une certaine harmonie intellectuelle entre les parents et les enfants, l'habitude aide à établir entre eux un certain degré d'amitié. Ce qui empêche enfin l'instinct paternel de disparaître entièrement chez l'homme, c'est que les parents, aussi longtemps qu'ils vivent, peuvent toujours faire des sacrifices pour leurs enfants ou les aider dans le danger. Tandis que l'animal ne dépend absolument que de lui-même, l'homme ne peut vivre qu'au sein de la société d'une vie véritablement humaine. Ajoutons enfin que l'homme, dans la vieillesse, peut encore répéter la comédie, et remplir de nouveau le rôle de père avec ses petits-enfants. Rien de pareil ne se présente chez les animaux.

Si, chez l'homme, l'amour paternel n'est pas à vrai dire un instinct, on ne peut voir, au contraire, qu'une impulsion instinctive dans le désir de l'homme de fonder une maison, de remplir sa destinée comme chef de famille, alors même que lui et la femme qu'il épouse se condamnent par là à la ruine et au malheur, et que tous deux auraient vécu très-heureux en dehors du mariage. Je ne parle pas ici de l'amour ni du besoin, lequel est général. Le premier peut faire absolument défaut; et le dernier, ne point constituer un motif suffisant. L'homme néanmoins, dans les années de la maturité, éprouve le besoin de fonder une maison. Le pauvre diable a beau voir qu'il souffrira de la faim, tandis qu'en restant célibataire il a de quoi vivre : il ne s'en marie pas moins. C'est le même besoin qui pousse le jeune étalon, de quatre à cinq ans, à quitter la société de ses parents, pour aller avec quelques-unes de ses sœurs former une famille nouvelle : c'est la même impulsion qui force l'oiseau à se construire un nid. Ils savent aussi peu que le pauvre diable, dont nous venons de parler, que les fatigues et les privations auxquelles l'instinct les condamne n'ont pas d'autre but que de servir à la conservation de l'espèce. C'est parce que ce besoin n'est pas satisfait, que les vieux célibataires se sentent si mécontents. Ils ont beau se démontrer mille fois que la vie conjugale, pour peu qu'ils en calculent tous les tourments, ne leur vaudrait pas mieux, le chagrin qu'ils ressentent de n'avoir pas satisfait ce besoin résiste aux meilleurs arguments, justement parce qu'il est *instinctif*.

Nous avons à considérer maintenant l'instinct de l'amour. Ce point est si important que je lui consacre tout un chapitre.

II

L'INCONSCIENT DANS L'AMOUR DES SEXES.

Les étamines des plantes s'inclinent quand le pollen est arrivé à sa maturité, et le versent dans le stigmate du pistil. Les poissons répandent leur semence sur les œufs de leur espèce, là où ils en rencontrent un tas. Le saumon creuse à sa femelle un trou, pour qu'elle y dépose ses œufs. Les seiches mâles projettent au contact de la femelle un tentacule conformé comme l'organe masculin de la génération, lequel s'enfonce dans le corps de la femelle et accomplit l'acte reproducteur. L'écrevisse de rivière attache, en novembre, sous le ventre de sa femelle une poche remplie de la semence qui doit féconder, au printemps, les œufs mûrs de cette dernière. Les araignées mâles touchent légèrement l'humeur séminale qui dégoutte lentement de leur orifice sexuel avec un appareil extrêmement compliqué, que contient la dernière articulation creuse de leurs organes tactiles, et la déposent ainsi dans l'organe sexuel de la femelle. La grenouille étreint la femelle et répand sa semence, en même temps que la femelle pond ses œufs; l'oiseau chanteur adapte l'orifice du conduit excréteur du sperme au cloaque de la femelle; et les animaux introduisent leur membre générateur dans l'organe de leur femelle. Si les poissons ne répandent la semence, dont ils se sentent poussés à se débarrasser, que sur les œufs de leur espèce; si les espèces animales où le mâle et la femelle présentent des formes absolument différentes, comme les vers luisants et les lampyres, se réunissent toujours sans erreur pour s'accoupler;

si le mammifère mâle introduit le membre, dont il se sent poussé à satisfaire l'excitation à l'époque du rut, justement dans le vagin d'une femelle de son espèce : faut-il recourir à deux causes différentes pour expliquer ces phénomènes, ou ne faut-il pas y reconnaître l'action du même Inconscient, qui a disposé l'une pour l'autre les parties génitales des sexes, et qui leur suggère instinctivement la vraie manière de s'en servir? N'est-ce pas la même intuition inconsciente qui, dans la formation comme dans l'usage des organes, accommode les moyens à une fin que la conscience ne connaît pas?

L'homme, qui dispose de tant de moyens de satisfaire le besoin physique et y trouve le même soulagement que dans l'acte copulatif, irait-il se soumettre à l'acte grossier, répugnant, humiliant de la génération, si l'instinct ne l'y ramenait sans cesse, quelque expérience qu'il ait faite que ce mode de satisfaction ne procure pas une jouissance sensuelle plus vive qu'un mode différent? Mais peu d'hommes arrivent à entendre cela : en dépit de l'expérience, ils mesurent toujours la jouissance future à l'énergie de leur désir, ou plutôt, pendant l'acte lui-même, ils sont tellement absorbés par le désir que l'expérience n'existe jamais pour eux. On objectera peut-être que l'homme recherche fréquemment l'acte copulatif, bien qu'il sache que la génération n'en puisse sortir : ainsi dans ses rapports avec des femmes notoirement stériles ou avec des prostituées, ou même quand il cherche à prévenir la fécondité comme dans les unions extra-maritales. A cela je réponds que la connaissance ou l'intention perçue par la conscience n'a sur l'instinct aucune influence directe, puisque le but de la procréation est une fin tout à fait indépendante de la conscience; et que la volonté des moyens, pour atteindre une fin ignorée, est ici, comme dans tous les autres instincts, la seule chose qui dépende de la volonté consciente. Le désir de l'union sexuelle est un instinct qui se manifeste spontanément, et ne saurait nullement être considéré comme résultant de l'expérience qu'une jouissance est attachée à cette union : ce qui le prouve, c'est que le besoin vénérien est, comme instinct, la loi universelle du règne animal et du règne végétal. Or, on ne rencontre qu'aux échelons élevés de la série animale des organes propres à sentir la volupté, qui associent le plaisir sensuel à l'acte reproducteur. L'instinct de la génération est quelque chose d'antérieur, de primitif, dans l'histoire des êtres organisés. Tous les organismes, sans être doués d'organes pour sentir la volupté, sont poussés par l'instinct seul, sans l'intermédiaire de la sensualité, à exercer suffisamment les fonctions de la génération. On comprend sans peine que l'Inconscient ait donné des organes spéciaux de volupté aux êtres dont la conscience est plus développée. Plus le rôle propre de la conscience gagne en importance, plus est grand le danger que les exigences de l'instinct n'en soient contrariées; et il est nécessaire qu'une amorce puissante sollicite les êtres à l'accomplissement des fonctions instinctives. Une preuve que le besoin amoureux n'est pas un pur effet de l'excitation des organes générateurs nous est encore fournie par l'exemple, cité plus haut, des oiseaux qui s'accouplent (ch. III, 1ʳᵉ part., p. 89-91); et, enfin, par ce fait que l'énergie du désir vénérien et celle de l'excitation physique sont, dans une certaine mesure, indépendantes l'une de l'autre. On trouve des hommes très-portés vers l'autre sexe, bien que leur appétit physique soit si faible qu'il confine presque à l'impuissance; et il y a, d'un autre côté, des hommes, chez qui l'excitation physique est très-forte, tandis que leur inclination vers l'autre sexe est très-faible. Cela tient à ce que le besoin physique dépend des dispositions accidentelles de l'organisation physique des parties génitales, tandis que le besoin métaphysique est un instinct, qui découle de l'Inconscient. Il ne suit pas de là que le besoin métaphysique ne soit pas plus excité à se satisfaire, quand le besoin physique est plus puissant. L'énergie que ce dernier a reçue des dispositions de l'organisme est également en rapport avec l'énergie du besoin métaphysique. L'indépendance réciproque des deux besoins est donc renfermée

dans certaines limites, comme l'expérience nous le montre.
— La phrénologie, elle aussi, reconnaît la séparation des deux besoins. Tandis que l'énergie de l'excitation physique se mesure évidemment aux dispositions des organes générateurs, au degré d'irritabilité de tout le système nerveux, la phrénologie, peu importe avec quelle raison, cherche à déterminer la force de l'instinct reproducteur par l'état du cervelet et des parties voisines.

Après avoir reconnu que dans l'espèce le besoin sexuel est un besoin *instinctif*, on se demande si l'instinct décide également des préférences individuelles par lesquelles il s'exprime, ou si la conscience seule les doit expliquer. Nous distinguons chez les animaux les cas suivants. Ou le penchant sexuel s'adresse à l'espèce en général, et le choix de l'individu est entièrement laissé au hasard; et l'union des individus se borne à une seule copulation : ainsi chez les animaux aquatiques inférieurs, chez les poissons qui s'accouplent, chez les grenouilles. Ou les individus qui s'apparient demeurent ensemble soit pour tout le temps du rut : ainsi la plupart des rongeurs et plusieurs espèces de chats; soit jusqu'à ce qu'ils aient mis bas, comme les ours; soit quelque temps encore après, jusqu'à ce que les petits aient pris un certain développement : ainsi la plupart des oiseaux, les chauves-souris, les loups, les blaireaux, les belettes, les taupes, les castors, les lièvres. Ou le mâle et la femelle demeurent ensemble pendant toute leur vie et forment une famille. Dans ce dernier cas, il faut distinguer entre la polygamie et la monogamie. La première se rencontre chez les oiseaux du genre gallinacé, chez les ruminants, chez les solipèdes, les pachydermes et les phoques; la seconde, chez quelques crustacés, chez les seiches, les pigeons et les perroquets, chez les aigles, les cigognes, les chevreuils et les cétacés. On doit raisonnablement admettre que, chez les animaux monogames, l'union conjugale, qu'ils respectent si fidèlement, n'est pas simplement l'effet du hasard; et que les qualités des deux époux, qui s'engagent dans ces liens, doivent motiver la préférence qu'ils se sont accordée réciproquement entre tous les autres individus; car nous voyons, même chez quelques animaux supérieurs qui s'accouplent d'ordinaire au hasard, une passion décidée présider assez souvent au choix (ainsi chez les étalons ou les chiens de race). Après qu'un aigle est mort, sa femelle demeure habituellement toute sa vie sans s'unir à un nouveau mâle. On a vu une cigogne, que sa femelle ne pouvait plus accompagner dans sa migration par suite d'une blessure, la venir retrouver au printemps trois ans de suite, et passer l'hiver auprès d'elle pendant les années suivantes. Il arrive que des animaux monogames ne peuvent vivre l'un sans l'autre; ainsi d'un couple d'Inséparables, le second meurt souvent quelques heures après le premier. La même chose a été quelquefois observée chez les Kamichy, oiseaux de marécage du sud de l'Amérique, ainsi que chez les tourterelles et les singes Mirikina. L'alouette des bois ne se laisse tenir en cage qu'appariée. Nous ne pouvons admettre que ce qui triomphe chez la cigogne de son instinct voyageur si puissant, ce qui fait mourir deux Inséparables à peu d'intervalle l'un de l'autre, soit autre chose qu'un instinct; autrement cette force n'agirait pas si promptement, ne pénétrerait pas si profondément au cœur même de la vie. Les formes, sous lesquelles les rapports sexuels s'établissent, sont également suggérées par l'instinct : leur fixité au sein de l'espèce en est la preuve. D'après l'analogie qu'elle présente avec ce qui précède, la vie commune des époux dans le mariage est aussi chez l'homme une institution de l'instinct et non de la réflexion. Je rappelle ici l'instinct de fonder une maison, qui se rattache si étroitement à l'instinct matrimonial. La résolution de ne cultiver que des amours passagères en dehors du mariage doit être regardée comme contraire à l'instinct, et comme un calcul de l'égoïsme. Je n'entends pas ici sous le nom de mariage la cérémonie religieuse ou civile, mais l'intention de persévérer dans l'union contractée.

Il faut se demander maintenant quelle est de la polygamie ou de la monogamie la forme naturelle aux unions humaines, et comment il se fait que l'humanité soit la seule espèce où les formes différentes de l'union sexuelle se rencontrent à côté les unes des autres. Ce problème, à mon sens, doit se résoudre ainsi : l'instinct de l'homme poursuit la polygamie; celui de la femme réclame la monogamie. Aussi partout où l'homme est maître absolu, la polygamie domine de droit; là où le progrès des mœurs a fait à la femme une situation plus digne, la monogamie est devenue la seule forme légale de l'union des sexes, bien que, du côté des hommes, elle ne soit en réalité rigoureusement respectée dans aucune partie du monde. La monogamie est la forme de mariage qui, en fait, aura la durée la plus longue dans l'existence de l'humanité : l'égalité numérique des deux sexes suffit déjà à le faire pressentir. Si l'homme a tant de peine à triompher de ses penchants adultères, cela ne peut résulter que de son instinct polygame. Si une femme qui a, dans son mari, un homme complet ressent des désirs adultères, c'est l'effet d'une entière dépravation ou d'un amour porté à la passion. La différence des instincts, qui dominent sur ce point chez l'homme et chez la femme, s'explique très-bien. Il faut songer qu'un homme dans l'espace d'une année peut facilement, avec un nombre de femmes suffisant, procréer plus de cent enfants; avec un nombre d'hommes égal, une femme ne peut mettre au jour, dans le même temps, qu'un seul enfant. L'homme, favorisé par la fortune, peut nourrir plusieurs femmes et leurs enfants. La femme ne peut habiter que la maison d'un seul homme : sa situation et celle de ses enfants seraient amoindries par l'introduction d'une rivale. Enfin l'homme seul, non la femme, court le risque, par l'effet de l'adultère, de prendre des enfants étrangers pour les siens propres, et de voir son amour pour ses propres enfants déraciné de son cœur par les soupçons que lui inspirerait la fidélité de son épouse.

Nous avons étudié l'instinct sexuel chez l'homme dans ses rapports avec l'espèce, et avec l'individu. Nous avons à examiner pourquoi cet instinct se concentre exclusivement sur tel individu plutôt que sur tel autre. Il s'agit des raisons qui déterminent le choix si capricieux de l'amour.

L'homme, dans les classes cultivées surtout, ne peut porter ses désirs que sur un nombre toujours limité d'individus de l'autre sexe : cela tient aux obstacles qu'il faut d'abord surmonter, à savoir le sentiment du dégoût dans les deux sexes, la pudeur, surtout chez la femme. L'union physique est si intime, les caresses qui l'accompagnent instinctivement comme les baisers, etc., y multiplient sous tant de formes différentes le contact physique, que le dégoût, s'il n'est pas déjà amorti, garde tous ses droits, et s'oppose énergiquement à ce que tout individu convienne également pour l'union sexuelle. La pudeur du sexe féminin, la connaissance qu'a l'homme de la résistance que la pudeur lui opposera, sont des causes plus efficaces encore pour restreindre le choix sexuel. Toutes deux expliquent bien pourquoi tel et tel individu sont exclus; mais elles ne nous disent pas pourquoi tel autre individu et celui-là seul est recherché. Le sens du beau intervient sans doute ici. Ainsi on préfère monter un beau cheval qu'un laid, sans tenir compte de son allure et lors même qu'on ne serait vu de personne. Mais on ne s'explique toujours pas ce que la beauté ou la laideur ont à faire avec la jouissance propre à l'acte vénérien, et, en général, avec les relations sexuelles. Si, comme dans la pièce de Shakespeare : « Tout est bien qui finit bien », on substitue pendant la nuit une autre femme à celle dont un homme est éperdûment amoureux, cela n'enlève évidemment rien à sa jouissance. On pourrait encore faire la part de la vanité, que l'homme éprouve à se dire, devant le monde, le maître d'une jolie femme. Mais il faudrait d'abord expliquer d'où vient que l'on ressent une vanité de ce genre. Au fond nous n'avançons pas avec tout cela d'un seul pas dans la question. Il y a beaucoup de jolies femmes : et ce ne sont pas toujours les plus jolies qui parlent à nos sens. Une explication plus acceptable paraît celle-ci : l'homme a, dit-on, à triompher de la pudeur féminine, avant d'arriver à ses fins. Après qu'il a commencé cette entreprise, qui ne réussit que lentement, il ne voit plus autant de difficultés à vaincre auprès de la personne qu'il courtise qu'auprès des autres, pour assurer la victoire de son amour-propre. Sans doute la chose peut se passer souvent ainsi. Mais cette réponse seule n'en est pas moins parfaitement insuffisante. Le hasard préside exclusivement aux débuts mêmes des liaisons amoureuses. Et puis, dans l'hypothèse dont il s'agit, si la considération indiquée devait être décisive, les femmes dont on aurait déjà conquis l'amour, seraient préférées aux nouvelles conquêtes, par cela seul que leur possession serait plus facile : or cela ne se passe certainement pas ainsi. — Il faut donc maintenir avant tout que le besoin physique comme tel, ou, comme on dit, les sens sont absolument incapables par eux-mêmes d'expliquer la concentration de l'instinct sur un individu particulier. Les sens seuls ne conduisent pas à l'amour, mais seulement à la débauche, et très-aisément aux excès contre nature : il suffit qu'ils soient ardents, et que d'autres penchants ne viennent pas les détourner de ces satisfactions coupables. Là même où les sens ne s'écartent pas des voies de la nature, et ne cherchent à augmenter leurs jouissances que par des raffinements matériels; là où, dans son incrédulité funeste à l'égard de l'essence métaphysique de l'amour, l'homme s'imagine pouvoir s'en procurer l'illusion magique, par les excitations extérieures de la volupté, il s'aperçoit bientôt avec dégoût que la chair tourne vite à la pourriture, et qu'il n'a pressé contre son cœur que le cadavre repoussant de l'amour. De même qu'un prétendu amour, auquel les sens n'ont aucune part, n'est que le fantôme sans corps et sans vie de l'imagination d'une âme mystique : ainsi la sensualité toute seule n'est que le cadavre inanimé de la déesse issue de l'écume des flots. Toute la démonstration suivante repose sur le principe qui vient d'être établi, à savoir que les sens peuvent expliquer le désir de la jouissance sexuelle, de quelque nature qu'elle soit, mais en aucune façon l'amour des sexes.

On est ainsi amené à croire que les qualités spirituelles

décident seules le choix dans l'union des sexes. Mais, ainsi formulée, cette hypothèse est trop absolue : les qualités de l'âme sont tout à fait indifférentes pour la jouissance sexuelle, encore plus indifférentes que la beauté corporelle. On peut seulement admettre que les qualités de l'âme font naître entre les amants une harmonie spirituelle, et un attrait réciproque qui reposent sur les données de la réflexion, et promettent pour la vie future en commun la plus grande félicité. Cet accord conscient des âmes, absolument identique à celui dont l'amitié éveille en nous l'idée, déterminerait ainsi le choix sexuel, c'est-à-dire ferait que le commerce sexuel parût surtout désirable avec l'individu auquel on porte une amitié particulière. C'est en effet le cas le plus fréquent, surtout pour les femmes qui ne choisissent pas, mais se laissent choisir. Il ne faut pas habituellement s'attendre à ce qu'une fiancée ressente un autre amour que celui-là pour le fiancé que ses parents lui présentent, ou auquel elle n'a parlé en face pour la première fois que lorsqu'il s'est déclaré ; auquel enfin elle n'a eu encore aucun autre motif de s'intéresser, que parce qu'elle soupçonnait qu'il s'intéressait lui-même à elle. Maintenant qu'elle est fiancée, son imagination entre en travail : elle réunit, comme pour en faire l'application, toutes les perfections des personnages imaginaires que ses romans lui ont montrées, sur la tête unique de son fiancé, lui jure un amour éternel, et croit bientôt l'aimer parce qu'elle s'habitue à unir constamment son image au besoin général que l'amour excite en elle. Elle finit par suivre à la fois son devoir et son inclination, en demeurant fidèle à cet homme qui est le père de ses enfants, pour qui elle éprouve du respect et de l'amitié, et auquel elle s'est habituée. Analysez bien tous ces éléments : le besoin général d'aimer, l'imagination, le respect, l'amitié, le sentiment du devoir, etc. ; mêlez-les, agitez-les bien ensemble : vous n'en dégagerez jamais la moindre étincelle de ce feu que l'on désigne exclusivement par le nom d'amour. Ce qui paraît lui ressembler n'est, la plupart du temps, qu'une illusion des autres, et bientôt aussi des amants eux-mêmes. Après qu'ils ont prononcé le oui définitif, les convenances leur commandent de se consacrer réciproquement un cœur plein d'amour; et l'heure du berger, reconnaissons-le, leur ménage de bien agréables moments. Le fiancé croit le mensonge aussi volontiers que la fiancée elle-même le commet : que ne croit pas un homme, pourvu que sa vanité soit flattée suffisamment? Après la noce, où les deux parties ont eu à s'occuper de tout autre chose que de leur amour, la comédie de toute manière finit bientôt, qu'on l'ait jouée au sérieux ou en plaisantant.

Le fait est que la connaissance réfléchie des qualités morales ne réussit jamais à créer que des rapports moraux entre les intelligences; elle n'engendre que le respect et l'amitié; mais l'amitié et l'amour sont absolument différents l'un de l'autre. L'amitié elle-même ne peut donner naissance à l'amour. Si, dans l'amitié de personnes jeunes et de sexe différent, un peu d'amour se glisse aisément, il ne faut voir là qu'une échappée du besoin amoureux en général, dans la voie que l'intimité lui facilite; ou bien reconnaître que les deux êtres se seraient aimés sans avoir passé par l'amitié, et que l'amour qui dormait au fond de leur cœur a été seulement éveillé par l'occasion. Une pure amitié sans mélange d'amour peut très-bien exister, du moins du côté de l'homme, surtout quand le cœur est déjà pris ailleurs. Si la femme n'est pas capable d'un pareil sentiment, cela tient sans doute à ce que les femmes en général sont incapables de toute pure et vraie amitié, aussi bien avec les hommes qu'entre elles; que l'amitié est un produit de la réflexion, et qu'elles ne sont capables de grands sentiments que là où elles puisent aux sources spirituelles de la vie inconsciente. Il est incontestable que l'amitié contribue bien plus que l'amour au bonheur des époux; qu'elle est le fondement indispensable et solide de la durée des bons rapports entre eux : cela ne se discute pas. Et il est heureux que la même conformation des caractères et des qualités morales, qui peut faire naître l'amour le plus profond, soit aussi la base la plus solide de l'amitié, c'està-dire qu'elle réalise, comme nous le verrons plus tard, l'accord complet de deux principes opposés, et édifie sur le même fondement l'union parfaite et l'opposition absolue. Il faut ajouter pourtant que ce qui prédomine dans l'amitié c'est l'union; dans l'amour, au contraire, l'opposition : aussi l'amour et l'amitié, chez les mêmes personnes, peuvent ne pas aller ensemble pour bien des causes. En tout cas l'amitié qui, dans le plus grand nombre des mariages, ou tient dès le début la place de l'amour, ou, par une transition insensible, vient avec le temps se substituer à lui, n'est pas un sentiment qui ait besoin d'être expliqué : le problème qui nous occupe ici est justement l'analyse de l'amour, de ce sentiment qui précède l'union des sexes et y pousse avec une énergie passionnée.

Deux vrais amis ne peuvent vivre l'un sans l'autre, et sont capables, comme deux amants, de faire l'un pour l'autre tous les sacrifices. Quelle différence pourtant entre l'amitié et l'amour! L'une, belle et douce soirée d'automne aux chaudes couleurs, l'autre un orage de printemps qui effraie et qui charme; l'une semblable aux sereines divinités de l'Olympe, l'autre aux Titans qui escaladent le ciel; l'une confiante et satisfaite, l'autre toujours avide de l'infini dans ses désirs, dans ses plaisirs comme dans ses peines, poussant jusqu'au ciel ses cris de joie et en même temps triste jusqu'à la mort; l'une limpide et pure harmonie, l'autre mystérieuse comme le son et le murmure des harpes éoliennes, comme ce qui est éternellement incompréhensible, indicible, inexprimable, parce que la conscience ne le peut jamais saisir, comme l'écho mystérieux d'une lointaine, lointaine patrie; l'une un temple lumineux, l'autre un sanctuaire éternellement impénétrable. Il ne se passe pas une année où l'Europe ne soit témoin des nombreux suicides, des doubles suicides, des folies que l'amour malheureux a suscités; mais je ne connais pas d'exemple d'un suicide ou d'une folie causé par les mécomptes de l'amitié. Ces faits et les nombreuses existences que l'amour a brisées (surtout chez les femmes, et quand même la désolation ne durerait que des semaines et des mois) suffisent abondamment à prouver que l'amour n'est pas un jeu plaisant, une invention de roman, mais une puissance tout à fait réelle, un démon qui réclame sans cesse de nouvelles victimes. La passion amoureuse qui travaille l'humanité, sous tous les masques et tous les déguisements si faciles à percer qu'elle revêt, est si étonnante, si insensée, si comique et si ridicule, et pourtant en grande partie si tragique, qu'il n'y a qu'un seul moyen de comprendre toutes ces aventures, c'est de s'y jeter soi-même en plein et de se placer ainsi dans la situation d'un homme ivre au milieu de la société d'autres hommes ivres : on trouve alors tout absolument naturel et dans l'ordre. La différence est que chacun peut se donner le spectacle instructif d'une société d'hommes ivres, tout en restant sain d'esprit soi-même, tandis qu'on ne peut cesser d'appartenir à un sexe. Autrement, il faut ou être pétrifié par l'âge, ou avoir contemplé les effets de la passion amoureuse, et les avoir étudiés, comme je l'ai fait moi-même, avant d'être en état de la ressentir soi-même, et avoir douté comme moi si l'on est fou soi-même ou si le reste du monde est fou. Telles sont les œuvres du démon qui inspirait déjà aux anciens une si profonde terreur.

Mais quel est-il, ce démon qui étale ainsi sa puissance, qui veut atteindre l'infini et fait danser l'univers entier à sa corde de fous, qu'est-il enfin? Le but qu'il poursuit, c'est la satisfaction du besoin sexuel, non d'une manière générale, mais avec tel individu déterminé. Il a beau d'ailleurs faire des manières et des mines pour dissimuler et cacher son secret, et s'envelopper pompeusement dans des phrases sonores. Le but de l'amour est celui que nous disons : car, autrement, que serait-il donc? Le désir d'être aimé à son tour? Assurément non. Personne ne se contenterait sérieusement de l'amour le plus ardent, même avec l'assurance que rien n'en interromprait le doux commerce, si la possession devenait définitivement impossible; plus d'un homme s'est tué dans un cas semblable. Pour posséder l'objet aimé, l'amant est disposé à tout sacrifier. Il se passe même d'un retour de tendresse, pourvu qu'il puisse se consoler par la possession. Nous en trouvons la preuve dans les nombreux mariages où le mari, par un outrageant trafic, paye en quelque sorte sa femme, ou l'achète de ses parents avec son rang, sa richesse, sa naissance. Enfin, les cas de viol prouvent encore que le démon de l'amour ne recule pas devant le crime. D'un autre côté, quand l'énergie génésiaque s'est éteinte, l'amour s'éteint aussi. Qu'on lise les lettres d'Abélard et d'Héloïse : elle est encore pleine de feu, de vie, d'amour; lui ne ressent plus qu'une froide amitié, qui n'est riche que de phrases. De même, aussitôt qu'il a été satisfait, l'amour décroît sensiblement, bien qu'il ne disparaisse pas entièrement ; mais cela d'ordinaire ne tarde pas longtemps. L'amitié peut toujours demeurer, ainsi que cette tendresse, fondée sur l'amitié, qu'on décore encore du nom d'amour. La passion amoureuse ne survit pas longtemps à la possession, chez l'homme du moins, comme le prouvent toutes les expériences : elle peut bien, il est vrai, croître pendant quelque temps. Ce que l'on attribue encore, dans la suite, à l'amour, pris au sens véritable, est d'ordinaire l'effet d'une dissimulation produite par des motifs bien différents. L'amour est comme un ciel orageux, qu'un seul éclair ne décharge pas de toute son électricité, mais qui la répand insensiblement dans une succession d'éclairs : après qu'il l'a épuisée, un vent frais s'élève. La conscience retrouve la clarté de son ciel, et contemple avec étonnement la pluie féconde qui mouille le sol, et les nuages qui s'éloignent à l'horizon.

Le but que poursuit le démon de l'amour est donc réellement, et en vérité, la seule satisfaction du besoin sexuel avec un individu déterminé. Tout ce qui vient s'ajouter à ce penchant essentiel, l'harmonie des âmes, l'adoration, l'admiration, n'est qu'un masque, un prestige trompeur: ou c'est autre chose que l'amour dans l'amour même. Cet élément étranger se reconnaît facilement: tout ce qui a disparu sans laisser de traces, quand le vent frais succède à la tempête de l'amour, appartenait à l'amour : ce qui demeure encore, ce n'est plus l'amour, mais l'amitié. Je ne veux pas dire par là que l'être, que possède le démon de la passion, a conscience de poursuivre la jouissance matérielle. Au contraire, l'amour le plus profond et le plus pur n'avoue jamais qu'il tend à cette fin. Le premier amour surtout est certainement étranger à la pensée que son aspiration ineffable ne doit aboutir qu'à un tel résultat. Même quand l'idée de l'union physique lui est imposée par le dehors, la conscience la repousse avec une pudique répugnance comme étant bien au-dessous de l'infinité du désir et de l'espérance, comme indigne de la sublimité inaccessible de l'idéal rêvé. Ce n'est que dans les phases postérieures de la passion, que la fin inconsciente, mais seulement comme un but accessoire, se révèle à la conscience, alors que le rêve céleste s'est assez rapproché de la terre, pour que l'union sexuelle ne paraisse plus une profanation de l'idéal. La nature a pris soin, du reste, de hâter ce moment, grâce à l'instinct irrésistible par lequel elle pousse les amants à s'avancer pas à pas, depuis les tendres regards jusqu'aux attouchements physiques les plus intimes ; et chacun de ces pas est marqué par un redoublement de l'excitation amoureuse. L'infini de l'aspiration et du désir vient justement de ce que la conscience ne dit, ne sait rien du but poursuivi. Tout cela serait déraisonnable et sans but, si une fin inconsciente n'était pas le moteur invisible qui préside à ce grand déploiement de sentiments : une fin inconsciente, dont nous pouvons dire dès à présent que l'union sexuelle de deux individus déterminés est le moyen destiné à l'atteindre. Là seulement où ce but unique, exclusif, ne s'est pas encore révélé à la conscience dans sa vraie nature (soit que la conscience y demeure absolument étrangère, ou qu'elle le considère comme accessoire), l'amour est une forme parfaitement pure de l'activité de l'âme, et ne présente aucune contradiction intérieure. Alors seulement la passion amoureuse offre cette innocence, qui fait toute sa noblesse et son charme. Aussitôt, au contraire, que la conscience reconnaît dans l'union physique le but unique auquel tend la surexcitation amoureuse de la sensibilité, l'amour proprement dit cesse d'être pur. A partir de ce moment, la réflexion démêle l'absurdité et l'exagération monstrueuse de cette passion, la disproportion du moyen et de la fin par rapport à l'individu. On ne s'engage plus dans la passion qu'avec la certitude de commettre pour son compte une sottise; pensée déplaisante dont on ne peut plus désormais complétement se débarrasser, pas plus que de l'égoïsme lui même.

Là seulement où la fin de l'amour échappe à la conscience; où l'individu, que la passion domine, ne sait pas encore que l'union mystique avec l'objet aimé, cette fusion des âmes, qu'il espère et poursuit, ne peut se réaliser complétement que dans un troisième être (l'enfant), là seulement l'amour possède la force de dominer sans réserve l'individu avec tous ses intérêts égoïstes, et de lui faire trouver comme insignifiants et de nulle valeur les plus grands sacrifices pour monter au ciel de ses rêves; là seulement le but sublime de l'Inconscient est rempli avec un parfait désintéressement. Qu'au contraire un homme soit saisi, pour la seconde fois, par la passion dévorante, alors qu'il croyait en avoir fini déjà avec l'illusion : l'amour se transforme souvent alors, sous le regard de la réflexion, en un démon ténébreux et puissant. L'homme jouit de la plénitude de son bon sens; et pourtant il se voit comme un insensé que chassent de leurs fouets les furies de la passion, et qui ne peut plus croire à la félicité, pour laquelle cependant il ne peut s'empêcher de tout sacrifier, pour laquelle il irait jusqu'à commettre un crime. Il en est tout autrement, quand, dans son innocence, la jeunesse inconsciente voit pour la première fois la fée Morgane lui montrer à la lueur radieuse, aux feux du matin empourpré l'éden des promesses célestes. Alors, dans un pressentiment mystique, se révèle obscurément à elle l'éternelle unité du monde inconscient; elle soupçonne combien est contraire à la nature la séparation des amants. Alors s'épanouit, alors s'agite violemment en elle le désir d'anéantir ces limites de l'individualité, qui séparent les amants, pour se perdre, et disparaître avec toute sa personnalité au sein de l'être qui lui est plus cher que son être propre; pour se laisser enfin consumer par les flammes de l'amour, et renaître, comme un autre phénix, au sein de l'être aimé, et retrouver en lui une vie meilleure par le sacrifice de sa propre personnalité. Les âmes, qui ne sont au fond, mais sans le savoir, qu'une seule âme; qui ne peuvent s'unir par les plus intimes embrassements, aussi étroitement qu'elles le sont de toute éternité, soupirent après une fusion qui ne peut jamais être complète, tant qu'elles sont séparées par les barrières de l'individualité. Elles ne réussissent véritablement à fondre ensemble leurs qualités, leurs vertus et leurs vices (je laisse de côté l'influence légitime qu'exercent par contre-coup les ancêtres) que dans l'acte de la génération : et pourtant elles en méconnaissent la haute signification, et croient plus tard devoir nier que tel ait été le but inconscient de leur aspiration vers l'union absolue dans l'amour. (Voir *Essais de philosophie mêlés*, p. 86-87.)

Nous sommes arrivés à constater que l'amour, dans son penchant vers un individu particulier, est un instinct. Nous y avons démêlé, en effet, une série continue d'aspirations et d'actes, qui tous concourent à un but exclusif, sans que la conscience reconnaisse ce but unique de tout le reste. La question qu'il nous reste à résoudre est celle-ci : que signifie ce but inconscient? Quel est le sens d'un tel instinct, et du choix capricieux qui prépare la satisfaction du besoin amoureux; d'où vient que la vue d'un certain individu suffit à décider ce choix? Sur l'économie de la nature, dont les intérêts rendent les instincts nécessaires, le choix amoureux des individus n'a évidemment d'autre effet que de changer la constitution physique et morale de l'enfant. D'après cela et d'après ce qui précède, la seule réponse à la question que nous avons posée est celle qu'a faite Schopenhauer (*Die Welt als Wille und Vorstellung*, t. II, ch. XLIV : Métaphysique de l'amour sexuel). L'instinct amoureux, en effet, travaille à ce que la constitution et la nature de la génération prochaine répondent autant que possible au type de l'espèce humaine. La félicité que l'amant rêve dans les bras de l'amante n'est que l'appât trompeur, dont l'Inconscient se sert pour donner le change à l'égoïsme de la réflexion, et le disposer à sacrifier son intérêt propre aux intérêts de la génération future : ce que la pensée réfléchie ne se déciderait jamais à faire. C'est ce même principe, appliqué à l'homme, qui, plus tard, a été établi par Darwin, dans sa théorie de la sélection sexuelle, comme la loi générale de la nature. D'après ce principe, le perfectionnement de l'espèce, outre que les représentants défectueux de l'espèce succombent dans la lutte pour l'existence, résulte encore du choix instinctif qui préside aux unions des animaux. La nature ne connaît pas d'intérêts supérieurs à ceux de l'espèce : car l'espèce est à l'individu ce que l'infini est au fini. De même que nous demandons à l'individu de sacrifier volontairement son égoïsme, même sa vie au bien de la société ; ainsi la nature se sert de l'instinct pour sacrifier encore plus résolûment l'égoïsme, ou la vie de l'individu au bien de l'espèce. Qu'on songe à la femelle qui ne craint pas la mort pour défendre son petit, au mâle emporté par la passion, qui combat jusqu'à la mort pour la possession d'une femelle. Telle est la sagesse et la sollicitude vraiment maternelle de la nature. Nous contraignons l'individu à se sacrifier volontairement à la communauté par la crainte des châtiments. La nature est plus clémente ; elle nous entraîne par l'espoir de la récompense : n'est-ce pas la conduite d'une mère ? Aussi serait-il injuste de se plaindre des promesses et des mensonges de cette mère, si l'on n'a pas, comme Schopenhauer, à se plaindre de l'existence et de la perpétuité de la nature. Cette vaine illusion est salutaire et indispensable, comme celle dont les parents se voient souvent obligés d'essayer l'empire sur les enfants pour leur plus grand bien. De toutes les fins naturelles, la plus haute est assurément le bonheur et la constitution la plus parfaite possible de la prochaine génération : car d'elle dépend non-seulement l'intérêt de cette même génération, mais l'avenir de l'espèce tout entière. L'importance de la passion amoureuse est donc de premier ordre ; et tout le bruit qu'elle fait dans le monde n'est certainement pas excessif. Toutefois le rapport du moyen (la passion de l'amour) et du but (la constitution de l'enfant) n'en demeure pas moins pour la réflexion de l'individu, qui l'a une fois compris, un rapport déraisonnable ; et l'amour sera toujours la contradiction vivante de son égoïsme. La réflexion peut bien *in abstracto* se détacher du point de vue de l'égoïsme, mais cela est difficile pour la volonté consciente *in concreto*. Tout au plus une intelligence élevée des lois de la vie peut-elle amener la volonté à se résigner patiemment aux sacrifices, que l'accomplissement des fins de la nature lui impose.

Le détail de la démonstration qui doit expliquer comment les qualités physiques et morales des individus agissent sur l'Inconscient, et font que la volonté inconsciente travaille à produire l'homme particulier qui doit sortir de l'union de ces individus, est présenté de main de maître par Schopenhauer. Je renvoie au chapitre cité plus haut, et je me borne, pour compléter cet exposé, à en donner un court extrait. Il faut distinguer deux conditions essentielles : 1° chaque individu exerce un attrait sexuel d'autant plus grand, qu'il représente avec plus de perfection, au physique et au moral, l'idéal de l'espèce, et qu'il est au point culminant de sa faculté génésiaque ; 2° l'attrait sexuel, qu'un individu inspire à l'autre, est d'autant plus énergique, que les défauts de l'un annulent les défauts opposés de l'autre, et que l'union des deux promet un enfant plus entièrement conforme au type de l'espèce. On voit que la première loi fait leur part à la force physique et morale, à la proportion, à la beauté, à la noblesse et à la grâce, et reconnaît l'action qu'elles exercent sur l'amour sexuel. On comprend maintenant que cet amour doit sa naissance à l'action détournée d'une finalité inconsciente. On ne s'expliquerait pas autrement comment les perfections physiques et morales peuvent avoir quelque chose à faire avec l'amour sexuel. L'influence de l'âge est également justifiée. L'âge où l'on aime est celui du plus haut développement de la puissance génésiaque (18 à 28 ans pour la femme, 24 à 36 ans pour l'homme). J'ajouterai un autre exemple : l'attrait puissant qu'une gorge opulente exerce sur les sens de l'homme. Il faut reconnaître ici encore l'intervention de l'Inconscient, qui comprend qu'une plus riche alimentation du nouveau-né doit concourir à la fin poursuivie. De même, une solide musculature, de forts mollets par exemple, promettent une robuste constitution chez l'enfant, et par là nous séduisent. Tous ces détails infimes sont l'objet d'un examen minutieux; et les gens s'en entretiennent d'un air sérieux. Mais personne ne se demande avec réflexion quel rapport peut bien exister entre le plaisir sexuel, et le développement insignifiant, en plus ou en moins, du mollet et de la gorge.

La première loi nous apprend pourquoi, d'une manière générale, les individus les plus parfaits, au physique et au moral, paraissent les plus désirables à ceux de l'autre sexe. La seconde loi nous montre pourquoi les mêmes êtres éveillent des désirs très-divers chez les différents individus de l'autre sexe; et pourquoi chacun recherche surtout les êtres les plus différents de soi. On peut soumettre les deux lois à la vérification de l'expérience : on les trouvera confirmées jusque dans les moindres détails, pourvu qu'on écarte toujours de l'examen les désirs, qui ne dérivent pas directement des préférences de l'instinct sexuel, mais des considérations raisonnables ou non de la volonté réfléchie. Les hommes grands aiment les petites femmes, et réciproquement; les personnes maigres, les grasses; celles qui ont le nez camus recherchent les nez longs; les blonds, les brunes; les gens d'esprit aiment la simplicité naïve. Je ne parle, bien entendu, qu'au point de vue de l'union sexuelle. Le goût esthétique, au contraire, loin de se plaire dans ces oppositions, ne nous fait trouver beau d'ordinaire que ce qui nous ressemble. Il est vrai encore que bien souvent des femmes grandes hésiteront, par crainte de ridicule, à épouser de petits hommes. On voit que l'attrait sexuel dépend de toute autre chose que des considérations pratiques, morales, esthétiques et sentimentales. Ainsi s'explique l'amour passionné qu'on ressent pour des personnes, que, pour tout le reste, on ne peut s'empêcher de haïr et de mépriser. Sans doute, la passion, dans des cas semblables, fait tout ce qu'elle peut pour aveugler et troubler le jugement, et pour le disposer en sa faveur; et il est bien vrai que l'amour sexuel est toujours un peu aveugle. La désillusion, qu'amène l'affaiblissement de la passion, contribue beaucoup à changer l'amour en indifférence ou en haine; la haine en effet se rencontre souvent au fond du cœur nonseulement des amants, mais aussi des gens mariés.

Il est notoire que les plus fortes passions ne sont pas inspirées par les individus les plus beaux, mais souvent au contraire par des individus laids. Cela tient à ce que la passion la plus énergique ne se rencontre que là où les deux êtres sont les mieux faits pour se compléter; et cela suppose l'action harmonique des qualités opposées. Chez les peuples, qui vivent moins en général de la vie de l'intelligence que de celle des sens, les qualités corporelles décident presque exclusivement des préférences sexuelles : de là vient que chez eux les plus violentes passions s'allument en un instant. Dans les classes cultivées, qui appartiennent aux nations plus développées par l'intelligence, le choix inconscient, qui préside aux unions sexuelles, est décidé plutôt par des qualités intellectuelles que par les qualités physiques. L'amour demande ici pour s'allumer que les deux individus se connaissent plus intimement, à moins que l'intuition de l'inconscient ne les décide à la simple vue, et ne rende inutile la réflexion. C'est ce qui arrive souvent, surtout aux femmes, qui sont plus directement que les hommes en communication avec l'Inconscient. Pourtant les hommes d'une haute culture intellectuelle en offrent aussi des exemples. Dès leur première rencontre avec une femme rare, on les voit captivés par un charme dont ils peuvent de moins en moins se défendre ; à en chercher la cause, ils se fatigueraient l'esprit vainement. Vous tous que la magie trouve encore incrédules, qui doutez de l'action d'une âme sur une autre, sans les intermédiaires ordinaires des communications intellectuelles et sur les ailes du symbole que l'Inconscient seul entend, voulez-vous aussi nier l'amour ?

Ce chapitre nous a conduits au résultat suivant : l'homme est poussé par l'instinct à chercher, pour satisfaire son besoin physique, un individu de l'autre sexe, s'imaginant goûter ainsi une jouissance qu'il demanderait en vain ailleurs. Le but qu'il poursuit sans le savoir est, d'une manière générale, la génération. C'est l'instinct encore, qui conduit l'homme à rechercher dans l'autre sexe un individu, dont les qualités, fondues avec les siennes, réalisent le plus parfaitement le type idéal de l'espèce ; et fait qu'il s'imagine goûter dans son union avec un tel individu une jouissance incomparablement plus grande qu'avec tous les autres individus, et d'une manière absolue atteindre au comble de la félicité humaine. Mais le but qu'il poursuit, à son insu, c'est la procréation d'un individu, qui réponde le plus complétement possible à l'idéal de l'espèce. Cette tendance inconsciente à réaliser, dans toute sa pureté le type de l'espèce n'est pas pour nous une tendance nouvelle. Le même principe, qui dominait l'activité organogénique dans son sens le plus étendu, s'applique à la génération (qui n'est elle-même qu'une fonction spéciale de la force organogénique, ainsi que le démontre la physiologie) ; et ce principe est d'autant plus compliqué que le nombre et la subtilité des caractères différents, que présente l'espèce humaine, sont plus considérables. — Chez les animaux le choix sexuel a aussi son importance : mais les différences moins grandes des individus le rendent plus simple : il suit spécialement la première loi, et choisit les individus qui représentent le plus parfaitement le type de l'espèce. Ainsi, dans beaucoup d'espèces d'animaux (les coqs, les phoques, les taupes et certains singes), les mâles se disputent la possession des femelles, qui leur paraissent les plus dignes de leurs désirs. Les animaux aux couleurs variées recherchent pour la plupart ceux qui offrent les plus brillantes couleurs. Dans les races ou dans les variétés d'une même espèce, le choix porte sur les individus de la même race (ainsi chez les hommes et les chiens). Les mâtins s'imposent les plus grandes peines pour se réunir à la chienne de leur espèce dont ils se sont épris. Ils franchissent pour cela des distances de plusieurs milles. Je sais même un cas, où un chien, malgré le billot qui entourait son cou, faisait chaque nuit un mille pour visiter sa bien-aimée, et revenait tous les matins épuisé et ensanglanté. Le billot ne pouvant le retenir, on le mit à la chaîne. Mais il se démena tellement, qu'on fut obligé de lui rendre la liberté, de peur qu'il ne devint enragé : il ne manquait pourtant pas dans sa cour d'autres chiennes. Les nobles étalons, dit-on, dédaignent ordinairement de s'accoupler avec des juments communes et usées.

Schopenhauer remarque très-judicieusement que nous pouvons conclure de l'instinct de l'amour sexuel, que nous éprouvons en nous, aux instincts semblables des animaux; et admettre que, chez ces derniers aussi, la conscience est séduite par l'attente d'un plaisir particulier. Cette illusion a sa source uniquement dans le désir, se proportionne à la force du désir, n'est pas autre chose enfin que le désir lui-même dans son rapport avec l'application d'un fait d'expérience consciente, à savoir que le plaisir, dans la satisfaction du désir en général, est proportionnel à la force de ce dernier. Mais cette supposition précisément ne se confirme pas pour les désirs, qui tirent leur importance et leur signification de l'Inconscient (voy. 3ᵉ partie, ch. III), et aboutit à une illusion. On doit d'ailleurs restreindre cette remarque aux animaux dont la conscience est capable de semblables généralisations : chez les animaux inférieurs, il faut s'en tenir à l'action irrésistible du désir, et ne pas faire intervenir l'attente d'un plaisir quelconque. Du reste, il est facile de voir combien l'illusion, dont nous venons de parler, est utile, même pour les animaux des espèces supérieures. L'illusion amoureuse, en effet, est le plus puissant moyen dont dispose la nature, pour inspirer aux individus cet intérêt mutuel, sans lequel les âmes ne pourraient suffisamment s'ouvrir à la sympathie. Les affections du mariage et de la famille sont, chez les animaux comme chez les hommes sauvages, les premiers degrés qui conduisent à l'amitié réfléchie et à la moralité. On peut les regarder comme l'aurore de la civilisation, comme la source des sentiments nobles et beaux, et du dévouement pur et désintéressé.

On objectera peut-être que, d'après la théorie des âmes complémentaires, il ne peut y avoir d'amour malheureux : mais c'est là évidemment une objection précipitée et fausse. Si A tombe amoureux de B, cela signifie que B est la moitié la plus propre à compléter A, ou que A engendrera avec B des enfants plus beaux qu'avec tout autre. Mais il n'est pas nécessaire pour cela que A soit à son tour pour B la véritable moitié complémentaire; et B pourrait peut-être engendrer avec beaucoup d'autres des enfants plus accomplis que ceux que A lui donnera, si A par exemple n'est qu'un représentant imparfait du type spécifique. Il peut donc se faire que B ne soit pas épris de A. Ce n'est que si les deux sont des individus également élevés en perfection, que B trouvera difficilement un individu avec qui il puisse avoir de plus beaux enfants qu'avec A. Tous les deux seront alors enflammés d'une égale passion l'un pour l'autre : ils seront comme les deux moitiés de l'homme idéal, dans le mythe de Platon, qui se retrouvent après avoir été séparées. Ajoutez que, dans un cas semblable, ce n'est pas seulement le bien des enfants que produit cette parfaite union des individus : les parents aussi y trouvent le bonheur, un bonheur différent, il est vrai, de celui que rêve leur passion. N'avons-nous pas déjà dit que la parfaite amitié résulte avant tout de l'accord absolu de deux âmes différentes ou de leur polarité ?

Pour convaincre ceux que les conclusions de ce dernier

chapitre étonneraient et scandaliseraient, j'appelle encore une fois en terminant leur attention sur les points suivants. 1° Aussi longtemps que l'illusion du besoin inconscient se maintient intacte, elle est pour le sentiment aussi précieuse que la vérité. 2° Même, après que l'illusion a été dissipée, et avant que l'âme se soit entièrement détachée de l'égoïsme, par conséquent dans l'état où s'accuse avec toute sa force l'opposition de la volonté consciente et égoïste et de la volonté inconsciente, qui ne songe pas au moi et ne travaille que pour le bien général, dans cet état, dis-je, l'Inconscient se montre toujours comme un principe à la fois supérieur en dignité et en puissance à tous ceux qui règnent dans la conscience; et la satisfaction de la volonté consciente au détriment de la volonté inconsciente cause toujours plus de souffrance que la satisfaction contraire. 3° L'antagonisme, qui sépare la volonté inconsciente et universelle d'avec la volonté consciente et particulière, fait place à une conciliation réelle, lorsque l'âme se place au point de vue vraiment philosophique que nous exposerons au chap. XIV, 3ᵉ partie. C'est là que l'entier désintéressement, c'est-à-dire le renoncement au bien individuel, l'absolu dévouement au progrès et au bonheur de l'universalité des êtres se révèle comme la loi suprême de la philosophie pratique. En même temps les instincts, que l'égoïsme conscient trouve absurdes, mais qui sont salutaires pour le bien général, sont acceptés et reconnus dans tous leurs droits.

On se tromperait gravement, si l'on croyait que définir l'amour : le besoin inconscient d'engendrer un enfant, ce soit flétrir les illusions printanières et éternelles du cœur humain, et ravir aux sentiments encore innocents l'éclat charmant de leurs rêves enchantés. Bien au contraire! Quel plus sûr moyen d'élever l'amour au-dessus des sentiments vulgaires, quel moyen plus efficace de le protéger contre toute dégradation, que de l'expliquer par une fin inconsciente, qui ne se rapporte qu'à la génération! C'est montrer que les sens et la volupté ne sont pas les vraies causes de l'amour des individus, et ne doivent être regardées que comme des auxiliaires propres à empêcher le désir infini de s'égarer et de manquer entièrement son but inconscient. La pensée philosophique ne fait que dissiper l'illusion par laquelle l'homme se laisse naturellement captiver, et l'empêcher de croire que les sentiments mystérieux de l'amour puissent, en eux-mêmes, s'appuyer sur un principe rationnel, et y trouver leur explication et leur justification. A la place de cette illusion, elle substitue une certitude scientifique : elle démontre que ces sentiments sont les plus légitimes du monde ; qu'ils reposent sur le fondement le plus solide et le plus noble ; et qu'ils importent infiniment plus, en réalité, au progrès de l'humanité et à son histoire, que l'imagination ne le pourrait rêver (voir plus loin chap. x, 2° partie et la conclusion du chap. xi, id.). L'éternel objet de la poésie, l'amour, que l'on considérait jusqu'ici comme une vaine illusion, est ainsi dépouillé par l'analyse de l'importance imaginaire que l'égoïsme lui prêtait, et se voit attribuer, en échange, la mission nouvelle de travailler au bien de l'humanité. La justification qu'il reçoit de la philosophie doit réduire au silence les railleries des philistins les plus endurcis ; et les obliger à s'incliner devant le prix infini, devant le rôle pratique de ce sentiment.

II

L'INCONSCIENT DANS LA SENSIBILITÉ

Avoir mal aux dents et avoir mal au doigt, ce sont évidemment deux douleurs différentes : l'une est à la dent, l'autre au doigt. Si je n'avais pas la faculté de projeter dans l'espace mes perceptions, je n'aurais pas deux sensations de douleur distinctes, mais une seule composée de deux. C'est ainsi que deux notes pures (sans harmoniques), qui résonnent à l'octave, ne font entendre qu'une seule note, la note basse, mais avec un timbre différent. La perception des différences locales permet ainsi à l'âme de distinguer, dans un fait complexe de douleur, la diversité locale des deux douleurs qui composent la sensation totale ; d'associer l'un de ces éléments à la perception d'une place, et l'autre à la perception d'une place différente et de constater ainsi la dualité des éléments. Mais les choses peuvent occuper des places différentes dans l'espace, sans être pour cela distinctes de nature : ainsi deux triangles semblables. On n'en peut dire autant, sans doute, de la douleur des dents et de celle du doigt : elles se distinguent d'abord par le degré, c'est-à-dire la quantité intensive, ensuite par la qualité. A égale intensité, la douleur peut être continue ou intermittente, brûler, glacer, oppresser, produire la sensation d'une palpitation, d'une piqûre, d'une morsure, d'une coupure, d'un tiraillement, d'un spasme, d'une démangeaison, présenter enfin une infinité de variations qui ne se laissent pas traduire.

Nous avons jusqu'ici désigné sous le nom de douleur

l'ensemble du phénomène. On se demande si cela n'est pas défendu au point de vue philosophique, et s'il ne conviendrait pas de distinguer dans le phénomène total la perception en général, et la douleur ou le déplaisir au sens restreint. Nous avons souvent des perceptions qui ne produisent en nous ni plaisir ni douleur, par exemple, si je presse légèrement mon doigt ou si je me frotte la peau. Tandis que cette perception reste la même dans sa qualité, et ne change que parce qu'elle devient plus ou moins énergique, le plaisir ou la peine peuvent venir s'y joindre : serait-il possible en pareil cas de confondre la perception avec la douleur ou le plaisir? Nous devons donc les séparer; et nous reconnaissons bientôt que les deux éléments sont loin de se confondre, car l'un est la cause de l'autre. La perception, ou une perception partielle est cause de la douleur, puisque la seconde paraît et disparaît avec la première et ne se montre jamais sans elle, tandis que la perception, dans certains cas, se produit sans la douleur.

Cette distinction faite, nous avons à nous demander si les différences mentionnées tiennent réellement au plaisir et à la douleur, ou seulement aux circonstances qui les produisent et les accompagnent, par conséquent à la perception. Il est évident que la douleur comporte des différences quantitatives d'intensité : en présente-t-elle aussi de qualitatives? La plupart des caractères, que le langage y distingue, se rapportent aux formes différentes de son action intermittente : ainsi la palpitation, le tiraillement, le spasme, la piqûre, la coupure, la morsure et même la démangeaison. Sans doute de l'énergie changeante de la perception dépend ici le degré variable de la douleur, suivant certains types plus ou moins réguliers : mais il n'y a nulle trace d'une différence qualitative dans la sensation originelle de la douleur. On pourrait, à la rigueur, supposer une telle différence dans le plaisir et le dégoût, que provoquent les odeurs et les saveurs. Mais une observation attentive de soi-même prouve que là aussi la diversité qualitative du plaisir ou de la peine n'est qu'une pure apparence. Cette illusion a sa source dans la confusion qu'on a faite constamment du plaisir ou de la peine avec la perception. On s'est habitué à les comprendre l'un et l'autre avec la perception dans un même tout ; et les différences de la perception apparaissent alors comme les différences mêmes de ce tout. — Si l'on n'a jamais fait cette distinction, c'est que, dans l'infinie variété des états complexes de l'âme, on n'apprend à séparer, comme des parties indépendantes, que les groupes de phénomènes dont la distinction intéresse réellement la vie pratique. Ainsi dans l'accord qu'exécute un orchestre complet, les sons d'une même hauteur, quels que soient les instruments qui les produisent, ne sont pas entendus séparément de leurs harmoniques ; mais on confond les harmoniques des intervalles les plus différents dans la note fondamentale, et l'on acquiert ainsi la notion du timbre de l'instrument. Les groupes ainsi formés représentent les notes propres à chaque instrument : leur réunion constitue un accord. C'est que la connaissance des harmoniques n'a aucun intérêt pratique, tandis qu'au contraire la connaissance du timbre des instruments est importante pour nous. Et cet art pratique de rassembler les groupes de sons nous est si familier, qu'il nous est absolument impossible, quoique, évidemment cela doive être plus facile de grouper les sons simplement d'après la hauteur des tons ; si impossible que ce n'est que depuis peu d'années qu'Helmholtz a mis hors de toute contestation l'explication des timbres par la combinaison des harmoniques.

Il nous paraît presque aussi impossible d'analyser nettement en nous-mêmes le tout que forment le plaisir ou la peine avec les perceptions qui les produisent ou les accompagnent, et de détacher ces éléments les uns des autres. Cette séparation doit cependant être possible, puisque chacun voit sans peine que les deux éléments sont entre eux dans le rapport de la cause et de l'effet, et sont essentiellement distincts. Celui qui réussira à opérer cette séparation constatera la vérité de cette proposition, que le plaisir et la peine n'ont que des différences quantitatives d'intensité, mais non des différences qualitatives. L'entreprise a d'autant plus de chances d'aboutir, que l'on commence par des exemples plus simples. Qu'on voie, par exemple, si le plaisir que cause le son d'une cloche est différent suivant que ce son est *ut* ou *ré*. Une fois que le phénomène a été étudié dans ces cas très-simples, on pourra passer avec succès à l'examen successif d'exemples, où la perception présente une plus grande complexité d'éléments. On peut encore trouver une confirmation de notre proposition dans ce fait, qu'on est en état de comparer ensemble divers plaisirs ou peines sensibles (par exemple, on recherche ce qu'un homme préfère, pour un thaler qu'il peut dépenser, d'une bouteille de vin, de gâteaux avec des glaces, ou d'un beefteck avec de la bière, ou enfin de toute autre satisfaction des sens ; on se demande s'il supportera plus volontiers le mal de dents pendant toute une journée, que la douleur de se faire arracher la dent). Ces comparaisons ne seraient pas possibles, si le plaisir et la peine, dans tous les cas cités, différaient en qualité et non pas seulement en quantité : car on ne mesure que des quantités de même nature.

On voit par conséquent que la diversité locale ne se rapporte pas directement à la sensation de la douleur, mais seulement à la perception. Ce n'est que, grâce à la perception, que la douleur totale peut être divisée par la pensée ; qu'une de ses parties est rapportée à telle perception, une autre à une perception différente, comme à sa cause. Mais, à parler rigoureusement, la douleur ne se rattache à aucun lieu ; et la localisation ne concerne que la perception. La diversité, que les distinctions locales établissent entre les éléments du phénomène, ne se rapporte donc qu'à la perception, et nullement à la douleur. Il suit de là que la douleur n'a pas seulement dans tous les cas la même qualité, mais qu'elle est au même moment toujours absolument une.

Ces considérations sont confirmées par l'ouvrage de Wundt, *Beiträge zur Theorie der Sinneswahrnehmung*. Cet auteur dit (p. 391, 392) : « La douleur est toujours la même par essence, qu'elle ait son siége dans l'un des organes extérieurs des sens, comme la peau, ou dans une partie quelconque des entrailles. De quelque cause que provienne la douleur, d'une excitation mécanique, chimique, de la chaleur ou du froid, etc., elle est toujours, par sa nature, identique à elle-même; son caractère essentiel ne change pas, quels que soient les nerfs sensibles que l'excitation douloureuse a affectés. » Wundt montre plus loin « que la douleur n'est, dans les organes proprement dits des sens, que le degré le plus intense de la sensation; et que de même, dans tous les autres organes, elle n'est que la sensation la plus intense, qui suit l'excitation la plus énergique; que, d'un autre côté, tous les organes, qui sont susceptibles, en général, d'une sensation douloureuse, peuvent aussi provoquer des sensations, qui ne sauraient être appelées douloureuses. Ces sensations ne sont, pour chaque organe, que ce qu'est pour les organes des cinq sens la sensation spéciale de chaque sens. » (P. 394). « Quand une fois on a reconnu l'existence de ces sensations qui précèdent ou suivent la douleur, on parvient à les discerner clairement, alors même qu'elles ne sont plus associées à des douleurs antécédentes ou conséquentes. » (P. 393.) « Mais comme nous ne les remarquons que lorsque leur intensité en fait des douleurs, le langage n'a de mots que pour distinguer les douleurs spéciales qui ont leur siége dans les divers organes. » (P. 395.) Ce sont ces sensations spécifiques des organes, répondant aux sensations des cinq sens, qui, jointes aux affections subordonnées des tissus voisins, donnent à la douleur son caractère spécial, sans altérer l'identité de son essence.

Celui qui a compris que le plaisir et la peine dans les sensations physiques sont de même nature, ne tardera pas à reconnaître qu'il en est de même pour les peines et plaisirs de l'esprit. Que mon ami A ou que mon ami B meure, cela peut changer le degré, mais non la nature de ma douleur; non plus que si ma femme ou mon enfant meurt. Pourtant mes sentiments d'affection pour l'un et pour l'autre sont bien différents, ainsi que les idées que je me fais de la nature de la perte. Puisque la douleur elle-même, que l'on ressent dans ce cas, naît de l'idée que l'on se fait de la perte, l'ensemble de sentiments et d'idées, que l'on réunit habituellement sous le nom de douleur, variera selon la différence des idées qu'on attache à la perte. Mais, si l'on détache de cet ensemble ce qui est douleur et n'est que douleur, et ne saurait être confondu avec l'idée, avec la pensée, on reconnaîtra que cet élément spécial est absolument identique dans tous les cas. Je le retrouve toujours le même dans ma douleur, qu'elle soit causée par la perte de ma femme, par celle de mes biens qui me réduit à la mendicité, ou par la calomnie qui me ravit mon emploi et ma réputation. Ce qui est la douleur et rien que la douleur ne diffère jamais que par le degré. Il en est de même du plaisir que j'éprouve, lorsqu'une personne, après une longue résistance, finit par céder à mon caprice; ou lorsque je gagne à la loterie, lorsque j'obtiens un avancement dans ma position.

Le plaisir et la douleur sont partout semblables. Ce qui le prouve, c'est qu'on mesure l'un avec l'autre. On établit la balance des plaisirs et des peines à venir; et la réflexion, le raisonnement, les résolutions des hommes reposent sur les données de cette comparaison. Mais il n'y a de commune mesure qu'entre des choses identiques : il n'en existe pas entre le foin et la paille, entre le setier et la livre. La vie humaine tout entière et les motifs de nos déterminations reposent, en fait, sur l'appréciation comparée des diverses espèces de plaisir et de douleur. Cela n'est possible qu'autant que l'on suppose, d'une manière implicite et inconsciente, que les diverses espèces de plaisir et de peine se laissent comparer entre elles, qu'elles sont commensurables, c'est-à-dire que les éléments que l'on y rapproche sont d'une qualité identique. Si cette supposition implicite se trouvait fausse, la vie humaine tout entière serait une prodigieuse illusion, dont l'origine et la possibilité seraient absolument incompréhensibles. Le plaisir et le déplaisir sont donc commensurables. C'est ce que le langage exprime du reste par l'identité des deux noms, le plaisir et le déplaisir, qu'il donne à toutes les variétés de la joie et de la douleur. Il faut absolument reconnaître comme un fait cette vérité, qui ne vaut pas seulement pour les diverses espèces de plaisir sensible, mais pour le plaisir et la peine des sens et de l'esprit tout à la fois. Qu'on se représente un homme obligé de choisir une épouse entre deux sœurs riches, l'une intelligente et laide, l'autre sotte mais jolie. Il pèse et compare entre eux les plaisirs que chacune d'elles promet à ses sens ou à son esprit ; et, selon que les plaisirs d'une espèce lui paraissent préférables à ceux d'une autre espèce, il se détermine dans tel ou tel sens. C'est de la même manière qu'une jeune fille, sollicitée par la tentation, compare le plaisir que la conservation de son honneur, l'orgueil d'être restée fidèle à son devoir, l'espérance d'être élevée un jour à la dignité de mère de famille pourront lui procurer, à la félicité que les promesses de son séducteur lui font entrevoir et aux jouissances qu'elle se promet elle-même de son amour. Un croyant compare les joies célestes, qui doivent récompenser son détachement des biens terrestres, aux félicités d'ici-bas qu'il va sacrifier ; et, selon que les unes lui paraissent l'emporter sur les autres, il choisit les biens de la terre ou ceux du ciel. — Ce parallèle des plaisirs des sens et de ceux de l'esprit, et la supposition de leur identité essentielle, qui en est la condition, seraient absolument inintelligibles, si le sensible et le spirituel étaient des principes hétérogènes, deux mondes séparés par un abîme. Mais il n'en est pas ainsi. Les impressions sensibles, en tant qu'elles sont perçues par la conscience, reposent sur la vie intérieure de l'esprit ; et le spirituel, en tant qu'il remplit la conscience, n'est pas autre chose que la fleur de la vie sensible, où plongent ses racines, et dont il ne peut jamais se détacher.

Nous maintenons donc notre conclusion, que le plaisir et la peine, dans leur fond essentiel, ne sont qu'une seule et même chose dans toutes les émotions, c'est-à-dire qu'ils ne diffèrent point par la qualité, mais seulement par l'intensité. Il est clair que le plaisir et la peine s'annulent réciproquement, qu'ils sont vis-à-vis l'un de l'autre comme le positif et le négatif; et que le zéro intermédiaire est l'état de parfaite indifférence. Évidemment aussi, il importe peu qu'on prenne l'un ou l'autre pour le principe positif; de même qu'il est indifférent de prendre comme positif le côté droit ou le côté gauche de l'axe de l'abscisse. Schopenhauer a donc eu tort de considérer la douleur comme le seul élément positif, et le plaisir comme sa négation; il commet la faute de regarder comme une contradiction la simple opposition des contraires.

Il s'agit maintenant de nous demander ce que sont le plaisir et la peine. Nous avons vu que l'idée est une de leurs causes; mais que sont-ils en eux-mêmes? Ils ne peuvent s'expliquer par l'idée seule, bien que des philosophes anciens et modernes aient tenté de le faire. La plus simple observation sur soi-même dément leurs raisonnements, qui ne satisfont pas; et montre que le plaisir et la peine d'un côté, l'idée de l'autre sont des choses hétérogènes, qui ne se laissent confondre qu'autant qu'on leur fait violence. La plupart des grands penseurs ont reconnu de tout temps que le plaisir et la peine sont étroitement associés à la vie intime de l'homme, à ses intérêts et à ses penchants, à ses désirs et à ses efforts, en un mot à toutes les manifestations de sa volonté. Sans entrer ici dans l'examen des vues particulières aux divers philosophes, on peut dire d'une manière générale que toutes leurs théories se ramènent à deux principes : pour les uns le plaisir est le désir satisfait, la peine le désir non satisfait: pour les autres, au contraire, le désir est l'idée du plaisir futur, l'aversion (le désir négatif) l'idée de la peine à venir (1).

(1) Le désir peut être accompagné d'un sentiment de contrariété présente ; et l'aversion fréquemment aussi, par le sentiment présent (menacé dans sa durée) d'une satisfaction relative. Ces sentiments présents ne doivent être en aucune façon regardés comme le désir lui-même, mais seulement comme la cause du désir, ou mieux comme des occasions, des circonstances qui suggèrent telle direction à la volonté de vivre qui s'est, une fois pour toutes, engagée dans le mouvement du monde, ou à la volonté actuelle. Le désir va

C'est la volonté dans le premier cas, la sensibilité dans le second, qui est l'élément essentiel. Il n'est pas difficile de voir où est la vérité. D'abord l'instinct nous montre qu'en fait le vouloir précède l'idée du plaisir : le but poursuivi n'est pas du tout ici le plaisir que retirera l'individu d'avoir satisfait l'instinct. En second lieu, en définissant le plaisir comme la volonté satisfaite, tout se trouve expliqué suffisamment dans le plaisir; mais tout n'est pas expliqué dans la volonté, lorsqu'on la fait dériver de l'idée du plaisir. L'impulsion proprement dite, la volonté comme causalité effective, ne se comprend pas dans cette seconde hypothèse. C'est que la volonté est l'expansion au dehors de l'activité; le plaisir et la peine, au contraire, le retour à elle-même de cette activité, et par suite la fin du processus. Par conséquent, la volonté doit être l'élément essentiel; le plaisir, l'élément secondaire.

Admettons provisoirement la doctrine qui fait de la volonté l'antécédent du plaisir, nous y trouvons une confirmation inattendue de l'identité du plaisir et de la peine sous toutes leurs formes. Nous avons vu précédemment que le vouloir est toujours un, identique; qu'il ne se distingue d'abord que par son intensité, et ensuite que par son objet; et cet objet n'est pas le vouloir, mais l'idée. Si après cela nous considérons le plaisir comme la volonté satisfaite, la peine comme la volonté contrariée, il est clair que le plaisir et la peine ne doivent être au fond comme la volonté qu'une seule et même chose, et ne différer que par l'intensité. Les différences qualitatives qu'ils présentent en apparence, résultent uniquement des idées auxquelles ils sont associés, en partie de celles qui font l'objet de la volonté, en partie de celles qui contribuent à la satisfaction de la volonté. Tous les états de la sensibilité, malgré leur variété, présentent dans cette théorie une grande simpli-

---

nécessairement de soi à l'état qui n'est pas encore, à l'état futur; et pourrait tout au plus être connu comme une pensée ou un pressentiment du plaisir ou de la peine à *venir*, provoqué ou fortifié par les impressions présentes de la sensibilité, voir 1re partie ch. IV.

cité, qui doit, à son tour, d'après le vieux proverbe, *simplex sigillum veri*, servir de confirmation aux raisonnements qui nous la présentent; et ceux-ci également se soutiennent et se justifient réciproquement par la force de l'analogie.

La raison qui m'a fait agiter ici ces questions, qui ne se rapportent qu'à la vie consciente de l'âme, c'est que leur solution trouvait son complément dans les deux principes que nous fournit la psychologie de l'Inconscient : 1° *Si l'on n'a pas conscience d'avoir poursuivi volontairement un but d'où puisse résulter le plaisir ou la peine, c'est que la volonté a été inconsciente;* 2° *ce qu'il y a d'obscur, d'inexprimable, d'indicible dans les émotions de la sensibilité tient à ce que les idées qui les ont préparées échappent à la conscience.* Comme le concept de la volonté inconsciente était étranger jusqu'ici à la psychologie, cette science ne pouvait convenablement accepter sans réserve qu'on définît le plaisir la volonté satisfaite. Et comme le concept de l'idée inconsciente lui faisait également défaut, elle se trouvait hors d'état d'entreprendre l'étude si vaste des émotions de la sensibilité; et limitait presque exclusivement ses recherches au problème de la connaissance.

Comme exemple d'un plaisir résultant d'une volonté inconsciente, qu'on pense aux instincts qui ont leur fin marquée par l'Inconscient : ainsi le bonheur que cause à la mère l'enfant nouveau-né, la félicité transcendante de l'amant heureux. La conscience ne nous dit pas ici quelle est la volonté énergique dont les satisfactions se traduisent par des joies aussi intenses. Mais nous connaissons la puissance métaphysique de la volonté inconsciente : les désirs particuliers de l'instinct sont comme les effets spéciaux de cette volonté, qui se sent satisfaite par l'accomplissement de ces désirs. Et c'est certainement une volonté extraordinairement forte, que celle dont les satisfactions sont suivies par ces félicités excessives, que les poëtes de tous les temps ne savent exalter assez haut dans leurs chants.

Nous trouvons un autre exemple du même genre dans

les sensations de plaisir ou de douleur que causent certains courants nerveux. Lotze, dans sa *Psychologie médicale*, montre que la sensation agréable est toujours associée à l'excitation ; la sensation pénible, au trouble de la vie organique. Mais ce chercheur consciencieux reconnaît expressément qu'il n'y a là qu'un rapport constant de faits simultanés ; que le concept d'un trouble organique ne peut expliquer celui de la douleur, et que la loi qui les associe dépend d'un principe plus profond. C'est évidemment la volonté inconsciente qui doit agir ici. Nous avons déjà appris à la connaître comme le principe de l'organisme, de sa conservation, de sa régénération. Aussitôt que les troubles ou les excitations favorables de la vie organique sont télégraphiés par les courants nerveux à l'organe de la conscience, au cerveau, les satisfactions ou les contrariétés de cette volonté inconsciente se traduisent pour la conscience sous la forme du plaisir ou de la peine. Pour la réfutation de certaines objections dirigées contre la théorie précédente du plaisir et de la peine sensibles, je renvoie au chap. II du II° livre de Lotze.

Souvent nous ne savons pas au juste ce que nous voulons ; et, souvent même, nous croyons vouloir tout le contraire. Le plaisir ou la peine, qui suivent la résolution, nous éclairent alors sur notre véritable volonté. Chacun a eu l'occasion de faire cette expérience sur soi-même et sur les autres. Dans les cas douteux, nous croyons souvent vouloir ce qui nous paraît bon et louable, par exemple qu'un parent malade, dont nous devons hériter, ne meure point ; ou que, dans un conflit entre le bien général et notre bien particulier, le premier soit préféré ; ou qu'un engagement contracté antérieurement soit fidèlement tenu par nous ; ou que nos convictions raisonnées et non nos inclinations et nos passions soient seules écoutées. Et cette croyance est si bien établie en nous, que, si nos actes sont contraires aux résolutions que nous pensons avoir formées, sans que nous en ressentions aucune peine, mais bien plutôt à notre satisfaction déclarée, nous ne pouvons nous défendre d'être étonnés de nous-mêmes. Cette joie nous a tout à coup révélé notre illusion ; nous constatons que nous voulions, sans en avoir conscience, le contraire de ce que nous pensions vouloir. Puisque notre véritable volonté ne se manifeste à nous dans ce cas que par le plaisir ou la peine, c'est que la naissance de ce plaisir est due évidemment à la satisfaction d'une volonté inconsciente. Cela sera plus évident encore, si nous considérons que cet étonnement extraordinaire, que l'on éprouve en découvrant en son âme une volonté dont on ignorait l'existence, fait place insensiblement au soupçon, au doute, à la supposition qu'on veut peut-être bien telle chose, et non celle que l'on s'imagine vouloir ; jusqu'à ce qu'enfin on se trompe ouvertement soi-même, et que, tout en sachant très-bien qu'on veut une chose, on cherche cependant à se persuader avec plus ou moins de succès à soi-même et aux autres qu'on veut justement le contraire. Il en est également ainsi, lorsqu'on ne cherche même pas à se faire illusion à soi-même ; et alors notre étonnement à l'occasion d'un plaisir, qui se produit subitement, provient de ce que nous avions formé depuis longtemps un vœu sans en avoir conscience : ainsi lorsqu'un ami, que je croyais mort depuis longtemps, entre tout à coup dans ma chambre. C'est une volonté inconsciente, dont la satisfaction se manifeste ici par un effroi joyeux ; mais dans ce cas je n'ai pas besoin de l'apparition du plaisir, pour reconnaître en moi l'existence de cette volonté. Le souvenir des temps passés peut me la révéler directement, puisque j'ai souvent désiré serrer encore une fois mon ami dans mes bras.

Nous savons par le chapitre IV, 1ʳᵉ partie, que la volonté consciente et la volonté inconsciente se distinguent essentiellement en ce point, que l'idée qui fait l'objet de la volonté est dans un cas consciente, dans l'autre inconsciente. Il suffit de se rappeler cette proposition, pour reconnaître que le plaisir et la peine, dont la volonté inconsciente est la source, se lient à certains sentiments vagues, dont la qualité dépend totalement ou en partie des idées inconscientes.

Nous voyons, en effet, que le premier cas rentre dans le second, puisque les idées, qui forment l'objet propre de la volonté satisfaite, demeurent inconscientes; et que la conscience peut tout au plus saisir les idées, qui contribuent à la satisfaction de la volonté (comme dans l'amour maternel). Cela ne s'applique pas toutefois aux cas où l'apparition du plaisir ou de la peine révèle immédiatement à la conscience la présence et la nature de la volonté inconsciente, parce que les désirs, entre lesquels la conscience peut hésiter, ne sont alors que de deux sortes ou qu'en petit nombre.

Mais rarement les rapports des éléments de la volonté sont assez simples, pour que les émotions sensibles résultent de la satisfaction ou de la contrariété d'un seul désir déterminé. Les désirs les plus divers se mêlent à chaque moment : le même événement, qui donne satisfaction aux uns, contrarie les autres. Aussi le plaisir et la peine ne sont jamais ni purs ni simples. Il n'y a pas de plaisir qui ne contienne une peine, pas de peine qui ne soit mêlée à un plaisir. Il n'y a pas davantage de plaisir, qui ne résulte de la satisfaction simultanée des désirs les plus divers. De même que la détermination actuelle est la résultante de tous les désirs, qui font sentir leur action simultanément ; ainsi la satisfaction de la volonté est la résultante des satisfactions et des contrariétés, que tous ces désirs particuliers éprouvent en même temps. Peu importe que l'on opère sur une somme totale, ou que l'on opère d'abord sur les éléments qui la composent, pour ne prendre qu'ensuite la somme des résultats partiels. Il est évident, en tout cas, qu'une partie de ces désirs particuliers peut être connue de la conscience, et qu'une autre partie peut lui échapper, ou, pour mieux dire, lui échappe réellement. Le plaisir, lui aussi, est alors un composé de plaisirs qui sont déterminés les uns par des idées conscientes, les autres par des idées inconscientes. Les idées inconscientes donnent à la qualité de l'émotion sensible cette obscurité qui la caractérise, et que tous les efforts de la réflexion n'arrivent jamais à dissiper.

Ce n'est pas seulement comme contenu de la volonté inconsciente, qu'une idée inconsciente peut déterminer la nature spéciale de l'émotion sensible. La perception même ou l'idée, qui produit le plaisir ou la peine, peut échapper à la conscience cérébrale, quoique cela paraisse étrange au premier abord. On serait porté à croire que l'idée, qui cause la satisfaction de la volonté, ne peut venir que du dehors, ou, dans les jeux de l'imagination, résulter du travail de la conscience cérébrale; et que, dans les deux cas, la conscience est une condition essentielle. Mais on oublie qu'il y a en dehors du cerveau d'autres parties des centres nerveux, où se rencontre une conscience capable de percevoir le plaisir et la peine. On peut bien admettre que les impressions de plaisir ou de peine, éprouvées dans les centres nerveux, soient transmises au cerveau, sans que les moyens de communication soient assez parfaits pour que les perceptions, d'où dépendent le plaisir ou la peine des centres nerveux, puissent arriver jusqu'au cerveau. Ainsi le cerveau ressent bien les impressions de plaisir ou de peine qui lui sont communiquées, mais ne perçoit pas les causes d'où elles dérivent.

C'est ce qui fait que les impressions et les dispositions sensibles, qui répondent comme un écho dans le cerveau, aux modifications des autres centres nerveux, présentent quelque chose de très-inexplicable, de très-mystérieux, bien que leur action sur la conscience cérébrale soit souvent très-considérable. Cette dernière cherche souvent à ses impressions des causes apparentes, et ce ne sont pas du tout les véritables. Moins la conscience cérébrale s'est élevée à un certain degré d'indépendance et de perfection, plus elle est soumise à l'empire des dispositions qui ont leur source dans cette sorte d'Inconscient relatif, qui anime les centres inférieurs. Aussi le sexe féminin plus que le masculin, les enfants plus que les grandes personnes, les malades plus que les hommes bien portants en subissent les influences. On les observe surtout dans l'hypocondrie, l'hystérie, dans les phases critiques du développement sexuel, dans la puberté, dans la grossesse. Ces actions ne se manifestent pas seulement sous la forme de dispositions, de penchants à la tristesse ou à la gaieté ; des émotions plus accusées peuvent se produire directement dans la conscience cérébrale, comme cela se remarque surtout chez les hypocondriaques.

« Voyez cet enfant : quelle gaieté, quels élans joyeux, quel frais sourire, quel regard brillant ! C'est en vain que vous chercherez la cause de ce bonheur : les causes que vous trouveriez seraient hors de toute proportion avec cette joie débordante. Tout à coup, sans aucune raison, tout a disparu ; l'enfant est replié silencieusement sur lui-même, ses regards sont voilés, sa bouche chagrine ; il est prêt à pleurer, plongé dans l'ennui et la tristesse : et pourtant il était tout à l'heure satisfait et joyeux. » (Carus, *Psyché*.) D'où viennent ces émotions, qui ne peuvent s'expliquer que par des idées inconscientes, sinon des perceptions vitales des centres nerveux inférieurs ? Si la puissance de ces émotions nous paraît d'autant plus grande chez l'homme que la conscience cérébrale est moins développée, nous en devons conclure que leur rôle dans la vie des animaux est d'autant plus considérable que nous descendons plus bas dans la série animale. On peut l'admettre à priori, puisque les plaisirs et les peines, qui sont propres à la conscience supérieure de l'homme, disparaissent ici de plus en plus.

On comprendra maintenant que certaines impressions de la sensibilité, bien qu'elles soient déterminées et accompagnées en partie par des perceptions clairement connues, soient, d'un autre côté, obscures et inexplicables : c'est qu'elles sont produites par les perceptions et les sensations des centres inférieurs. Qu'on compare, par exemple, combien il est facile de traduire parfaitement et clairement en une pure idée la sensation simple que provoquent les perceptions des sens supérieurs, qui communiquent directement avec le cerveau ; combien, au contraire, sont infructueuses toutes les tentatives pour rendre clair et complet dans la conscience le souvenir des sensations de la faim, de la soif ou des plaisirs sexuels.

Enfin il est possible que d'autres genres encore d'idées inconscientes agissent sur la sensibilité. Nous avons déjà vu plus haut que la perception sensible n'a d'ordinaire pour conséquence une sensation de plaisir ou de peine, que si elle se produit avec une certaine intensité. Au-dessous de cette limite, la perception, sans se modifier, reste indifférente et ne produit pas une impression de plaisir. Mais presque aucune perception sensible n'est parfaitement simple : toujours une multitude de perceptions élémentaires sont confondues, et ne sont réunies dans une perception totale que par l'acte de l'esprit qui les saisit ensemble. Pourtant une ou plusieurs de ces perceptions partielles peuvent produire des peines ou des plaisirs ; et les autres, demeurer absolument indifférentes. Si l'association de ces perceptions particulières en une perception collective n'est pas accidentelle, mais durable et fondée sur la nature de l'objet, les parties de la perception totale, qui agissent sur la sensibilité, aussi bien que les parties indifférentes entrent toutes également dans la composition de la sensation totale, se confondent avec elle, et contribuent à déterminer la qualité de la sensation : car l'âme n'a pas intérêt à distinguer les perceptions indifférentes des autres. Ainsi le plaisir que me cause l'audition d'une certaine cantatrice résulte en partie de toutes les particularités qui caractérisent le timbre et l'éclat de sa voix : pourtant ces particularités, à l'aide desquelles seulement on distingue les voix, n'ajouteraient rien par elles-mêmes au degré de mon plaisir. Je ne saurais néanmoins séparer le plaisir que j'éprouve en écoutant la cantatrice de ces fines nuances de la perception indifférente, sous peine de voir la nature spéciale de ma jouissance disparaître. Cela prouve seulement qu'on ne s'est jamais exercé à distinguer dans les états de l'âme ce qui appartient véritablement au plaisir et à la peine; et que tous les états de l'âme, où le plaisir et la peine se rencontrent, sont compris, ainsi que les perceptions et les idées (même les désirs) qui les accompagnent, sous le nom commun de sensation. On voit maintenant que parmi les perceptions, qui ne font qu'accompagner l'émotion sensible, il peut s'en rencontrer dont le cerveau n'a pas conscience : nous venons de le montrer pour les perceptions, qui engendrent les sensations. Ces perceptions accessoires prennent une grande importance, si nous passons du domaine de la perception sensible à celui de la connaissance intellectuelle.

Nous avons expliqué dans leur ensemble les diverses modifications que les idées inconscientes font subir à la sensation; et l'on peut déjà saisir l'importance des idées inconscientes pour la sensibilité en général. Cette importance ne saurait être trop reconnue. Pour s'en convaincre, qu'on prenne telle sensation qu'on voudra; qu'on cherche à en discerner clairement tous les éléments, ce sera peine inutile. Si on ne se contente pas d'une analyse très-superficielle, on trouvera toujours des éléments rebelles à toute analyse, qui défient tous les efforts tentés pour les éclairer de la lumière concentrée de la conscience. Si on se demande maintenant quel travail a été opéré sur les éléments de la sensation qu'on a réussi à éclairer, on devra reconnaître qu'on les a ramenés à des pensées, c'est-à-dire à des idées conscientes; et que la sensation ne se laisse traduire par la pensée que dans la mesure où elle est devenue claire pour la conscience. Mais si la sensation, bien qu'en partie seulement, a pu être traduite par des idées conscientes, c'est donc qu'elle contenait ces idées, mais d'une manière inconsciente : autrement les idées ne pourraient être en réalité identiques à ce qu'était la sensation. Si la partie précédemment inconsciente de la sensation, sous l'action pénétrante de la conscience, s'est résolue en idées, nous pouvons supposer aussi qu'il en serait de même pour l'autre partie que la conscience n'a pas réussi à éclairer. Aussi bien les sentiments de l'individu que ceux de l'humanité, prise comme un tout, sont chaque jour plus éclairés par les lumières de la réflexion dans leurs parties obscures.

Ce n'est qu'autant que les sentiments se résolvent en

idées, qu'ils peuvent se communiquer : nous laissons ici de côté le langage instinctif des gestes, qui est toujours très-insuffisant. Les sentiments, en effet, ne se laissent exprimer par des mots, qu'autant qu'ils sont traduits en pensées. Mais on sait quelle difficulté présente l'expression des sentiments; combien souvent ils sont méconnus, incompris; combien souvent même on déclare impossible de les traduire. Celui-là seul qui a ressenti une sensation peut la comprendre. Un hypocondriaque seul comprend un hypocondriaque; il faut avoir aimé pour comprendre un homme qui aime. Combien même il nous arrive souvent de ne pas nous comprendre nous-mêmes, de trouver mystérieuses nos propres impressions, surtout quand elles naissent pour la première fois. A combien d'erreurs graves ne sommes-nous pas exposés sur ce point. Nous sommes souvent dominés par un sentiment, qui a déjà poussé au fond de notre cœur des racines profondes, sans que nous en ayons encore soupçonné la présence. Une occasion le fait éclater tout d'un coup : il semble que les écailles nous tombent des yeux. Qu'on songe combien de fois il arrive que l'âme pure d'une jeune fille, tout entière dominée par un premier amour, refuserait avec une indignation sincère de faire l'aveu de sa passion. Que celui qu'elle aime sans le savoir vienne à courir un danger dont elle peut le sauver, la vierge, jusqu'ici timide, se montre soudain capable de tout l'héroïsme, de tous les sacrifices de l'amour; aucune raillerie, aucune médisance ne saurait l'arrêter. Un même instant lui révèle l'objet et l'étendue de son amour. L'inconscience qui enveloppe, dans cet exemple, le secret de l'amour, a enveloppé, au moins une fois dans la vie, chacun des sentiments de notre âme : le processus, qui les amène une fois pour toutes à la lumière de la conscience, n'est pas autre chose que la transformation des idées inconscientes, qui déterminent la nature du sentiment, en idées conscientes, c'est-à-dire en pensées et en paroles.

IV

L'INCONSCIENT DANS LE CARACTÈRE ET LA MORALITÉ

La volonté ne manifeste jamais son action, sans être excitée par une cause, sans avoir un motif. La volonté de l'individu n'est d'abord qu'un être en puissance, qu'une force latente ; elle ne passe à l'action extérieure, elle ne prend une détermination spéciale, que si elle en trouve une raison suffisante dans le motif, qui prend toujours la forme d'une idée. Je suppose ces principes établis par la psychologie. Le vouloir ne diffère que par l'intensité : toutes les variétés apparentes qu'il présente se rapportent à son contenu, c'est-à-dire aux idées de ce que l'on veut ; et ce contenu est en corrélation, à son tour, avec les motifs. Les distinctions que l'on établit d'ordinaire entre les principaux objets de la volonté humaine (les plaisirs des sens, la fortune et l'argent, la louange, l'honneur et la gloire, les joies de l'amour, les jouissances de l'art et de la production artistique, celles de la science, etc.), correspondent à autant de directions différentes de la volonté (de penchants), comme les appétits sensuels, le désir de la propriété, la cupidité, la vanité, l'ambition, l'amour de la gloire, la passion amoureuse, le penchant artistique, la soif de la science, le goût de la recherche, etc.

Si le choix de la volonté ne dépendait que des motifs, la psychologie serait très-simple ; et son mécanisme, uniforme dans tous les individus. Mais l'expérience montre qu'un même motif, indépendamment de la diversité des dispositions passagères, agit très-différemment suivant la variété des individus. L'opinion des autres laisse celui-ci indifférent; elle est tout pour celui-là. Les lauriers du poëte paraissent méprisables à l'un, tandis que l'autre leur sacrifie le bonheur de sa vie. On observe les mêmes faits, lorsqu'il s'agit d'une belle femme. Celui-ci fait bon marché de sa fortune pour sauver son honneur; celui-là vend sa conscience pour une somme d'argent. Les bons enseignements, les beaux exemples enflamment chez l'un le désir de les suivre; ils trouvent l'autre insensible. La réflexion et la raison déterminent ici toutes les actions; elles n'ont même pas là l'influence d'un motif, et la sûre prévision de la ruine ne peut arracher l'homme à sa légèreté habituelle, etc. La plupart du temps ma conscience ne saisit aucune raison d'expliquer pourquoi tel motif (par exemple la nouvelle qu'une découverte scientifique vient d'être faite) m'émeut fortement, tandis qu'un autre (la nouvelle que l'on jouera dans la réunion où je suis invité) me touche faiblement. La seule influence que ma conscience perçoit, c'est l'attente d'un grand ou d'un petit plaisir : mais le mystérieux, l'inexplicable dans ma nature, c'est justement que je me promette un grand plaisir de connaître une nouvelle découverte, un faible ou même aucun d'un jeu de hasard, tandis que l'effet tout contraire est produit sur mon voisin.

La conduite que telle personne tiendra, en présence de tel ou tel motif, ne peut se connaître que par l'expérience. Si on sait comment un homme répond à l'impulsion de tous les motifs possibles, on connaît toutes les particularités de sa nature, on connaît son *caractère*. Le caractère est donc la manière dont l'âme réagit contre chaque classe de motifs; ou, ce qui revient au même, l'ensemble des excitations que chaque classe particulière de désirs est capable de subir par l'action de ces motifs. Comme aucun motif ne se rapporte à l'une ou l'autre de ces classes d'une manière exclusive, constamment ou d'ordinaire un grand nombre d'impulsions nous sont communiquées à la fois. La résultante des désirs ainsi excités simultanément est la volonté actuelle, dont la conséquence immédiate est l'action, si les causes physiques ne s'y opposent pas. Si nous nous demandons maintenant comment s'opère cette réaction de la volonté contre le motif, ce conflit des désirs qui aboutit à un résultat unique, nous devons avouer que son existence nous est attestée d'une manière indubitable par les faits que la conscience saisit et qui dérivent de ce conflit ; mais que nous ne pouvons rien dire de sa nature et de ses conditions, et que notre conscience ne nous en apprend rien. Nous ne connaissons, dans chaque cas particulier, que le point de départ du phénomène total, le motif, et le point d'arrivée, la détermination volontaire comme résultat. Mais l'expérience ne nous dit pas d'où part la réaction contre le motif; nous ne pouvons jeter un regard dans la nature de cette réaction. Elle a tout à fait le caractère de l'action réflexe ou des mouvements réflexes de l'instinct. Le cas particulier de la compassion et de quelques autres penchants (ch. I, 2ᵉ partie) nous l'a déjà montré. Le combat mutuel des différents désirs est bien connu en partie par la conscience, mais seulement autant que, dans des cas plus simples, nous avons expérimenté l'action séparée des désirs particuliers par les résolutions finales de la volonté; autant que nous appliquons au présent nos précédentes expériences. Ces expériences toutefois sont incomplètes, et l'application qu'on en fait à ce qui se passe actuellement dans l'âme est toujours bien imparfaite : c'est ce que chacun peut constater par lui-même.

Combien il arrive souvent que la conscience croit avoir très-soigneusement comparé le poids de tous les désirs excités dans un cas particulier, et n'en avoir laissé aucun en dehors de son examen : et pourtant, lorsque l'action se produit, la conscience voit à son grand étonnement son industrieux calcul absolument démenti; et tout à coup elle se trouve en présence d'un résultat imprévu sous la forme d'une volonté souveraine (qu'on se rappelle les indications fournies au chapitre précédent, p. 279, 280, sur la volonté inconsciente. Qu'on en rapproche le chapitre II, 3ᵉ partie). Il paraît donc qu'il n'y a en réalité qu'un criterium certain, pour reconnaître la nature spéciale de la vraie et décisive volonté : c'est l'action. Peu importe d'ailleurs que l'acte réussisse, ou que, dès le premier effort, il soit arrêté par les circonstances extérieures. Toute supposition que fait la conscience, pour connaître par une autre voie ce que la volonté veut véritablement, n'est qu'une hypothèse incertaine et fréquemment trompeuse. Elle ne s'appuie pas sur la connaissance immédiate que la conscience aurait de la volonté, mais sur des analogies suggérées par l'expérience et sur des calculs artificiels. Comme la paille au vent, la résolution la mieux arrêtée, le projet le plus assuré se dissipe au souffle de l'action : c'est là seulement que la volonté véritable sort de la nuit de l'Inconscient. La fin qu'on croyait poursuivre ne répondait qu'à un désir particulier, ou bien même n'existait qu'en idée dans la conscience, mais non en réalité dans la volonté. Si l'homme ne passe point à l'action, parce que l'impossibilité de l'exécution est toujours présente à ses yeux, il n'arrive jamais à connaître sûrement ce qu'il veut dans le fond de son cœur. Ce que l'on appelle le choix volontaire et l'hésitation de la conscience n'est pas en réalité l'hésitation consciente de la volonté, mais l'hésitation de la pensée sur la vraie signification des motifs, sur les rapports qu'ont à la volonté les événements présents et futurs. Aussitôt que la pensée est éclairée, la volonté l'est aussi immédiatement. Si j'hésite à faire choix d'une femme entre les deux sœurs, l'une intelligente et laide, l'autre sotte mais jolie, ce n'est pas ma volonté qui hésite, elle n'est pas encore entrée en jeu : mais ma pensée n'est pas encore fixée sur l'étendue relative des avantages et des inconvénients, qui se présentent dans les deux cas. Aussitôt que ma pensée s'est décidée sur ce point, la volonté a enfin un motif d'agir : l'idée totale des satisfactions différentes que chaque cas promet à ma sensibilité.

Il faut donc affirmer que la décision de la volonté s'élabore dans la région de l'Inconscient; que l'on n'en voit que le résultat définitif, et au moment où l'application pratique en est faite par l'action. Les regards que l'on arrive à jeter dans ce laboratoire mystérieux, et encore grâce à l'emploi de miroirs et d'appareils d'optique, ne nous donnent jamais qu'une connaissance incertaine. Jamais on ne réussit à pénétrer dans ces profondeurs de l'âme, que la conscience n'éclaire pas, et où s'effectue la réaction de la volonté contre le motif, et le passage à la détermination.

Si l'on doit avouer que l'impression sur la volonté se dérobe toujours à nous derrière le voile de l'Inconscient, il n'est pas étonnant que nous ne puissions pas non plus pénétrer facilement les causes d'où dépend l'énergie propre des divers désirs, ou la réaction, différente suivant les individus, de la volonté contre les mêmes motifs. Nous devons nous contenter de considérer ces principes d'action comme le fond intime de l'individu; et nous désignons leur effet sous le nom significatif de caractère, c'est-à-dire de signes, de marques de l'individualité. Nous savons par là, du moins, que ce principe intime de l'âme individuelle, que le caractère manifeste extérieurement, ce moi pratique à proprement parler auquel on attribue le mérite et la faute et sur lequel on fait peser la responsabilité des actions, cette essence particulière enfin qui nous constitue intimement, est bien éloignée de la conscience, du moi quintessencié de la personnalité pure, et en diffère absolument en nous. Ce principe, le plus profondément intime de notre être, ne peut nous être connu autrement que nous le connaissons chez les autres hommes, autrement que par les inductions tirées de nos actes. « Vous les connaîtrez à leurs fruits »: ce mot s'applique aussi à la connaissance de soi-même. Combien il nous arrive de nous tromper et de croire que nous avons agi dans des intentions tout autres, meilleures que nos véritables intentions n'étaient en réalité, ainsi que les événements nous l'apprennent parfois à notre grande confusion. (La suite des considérations sur le caractère se trouvera dans la 2ᵉ partie du chap. xi, 3ᵉ partie.)

Il pourrait n'être pas inutile de jeter, de ce point de vue, un regard en passant sur l'essence de la moralité. On a beaucoup disputé pour savoir si la vertu peut s'enseigner;

et les théoriciens discutent aujourd'hui comme au temps de Platon. Mais le psychologue pratique n'a jamais mis en doute que, sans l'habitude, cette seconde nature de l'âme, qui est au sens propre une sorte de dressage, puisque la crainte seule forme les habitudes, que sans l'habitude, dis-je, l'enseignement n'est pas en état de produire la moralité chez un être. L'enseignement peut seulement éveiller les dispositions morales, en présentant à l'âme des motifs convenables, qui autrement ne se seraient peut-être pas offerts à l'élève sous cette forme et avec cette force. Il est évident que la moralité n'est pas un attribut de la pensée, mais de la volonté. La manifestation actuelle de la volonté, en tant que réaction contre le motif, nous est apparue déjà comme un acte absolument inconscient. La nature du motif d'un côté, de l'autre la nature particulière, et l'énergie des réactions de la volonté déterminent seules cet acte. Le motif n'est toujours qu'une pensée; on ne peut lui attribuer aucune moralité. Il ne reste donc plus qu'à rapporter l'attribut de la moralité à ce facteur ignoré de la conscience, qu'on doit considérer comme une partie du caractère, et comme le principe intime par excellence de l'individualité. Ce fondement du caractère peut, comme nous l'avons dit, être modifié par l'exercice et l'habitude : il suffit que, par l'effet d'un dessein ou du hasard, certains motifs se présentent exclusivement à la conscience. Mais l'enseignement ne saurait jamais avoir une telle influence. La connaissance la plus parfaite de la science morale n'est qu'une connaissance stérile, si elle n'agit pas sur la volonté comme motif. Et cette action dépend seulement de la nature de la volonté individuelle, c'est-à-dire du caractère. L'expérience nous apprend que les hommes, qui parlent le plus souvent de théories morales, sont souvent ceux dont le caractère est le moins moral; que les intelligences les mieux douées, les plus cultivées par la réflexion et par la science, se rencontrent souvent chez les hommes les moins moraux. Au contraire la moralité la plus pure, la plus ferme se trouve dans les âmes simples, dont la culture intellectuelle est très-médiocre. Elles ne se sont pourtant jamais occupées de problèmes moraux, n'ont parfois pas même reçu une éducation satisfaisante, et ont été entourées de mauvais exemples; mais ces exemples, loin de les provoquer à l'imitation, ne leur inspiraient qu'une violente répulsion pour le vice. Nous voyons encore que toutes les religions, quelle que soit l'excellence de leur enseignement moral, exercent, suivant les caractères des croyants, une aussi grande ou aussi faible influence sur la moralité de ceux qui les pratiquent. La culture, à ses divers degrés, influe sur la grossièreté ou sur l'élégance des formes sous lesquelles les fautes et les crimes se produisent, mais n'exerce aucune action sur la moralité du caractère, sur la bonté et la pureté du cœur. Au contraire, la moralité d'un peuple, par rapport à celle des autres peuples, dépend exclusivement du caractère national, des mœurs, et des habitudes correspondantes qui sont l'œuvre de l'éducation. Les mœurs nationales, à leur tour, indépendamment des influences accidentelles, de la position géographique, du voisinage et du développement intérieur, résultent elles-mêmes du caractère national.

Nous sommes arrivés au résultat suivant : le principe de la moralité humaine, c'est-à-dire ce qui fait le caractère des sentiments et des actes, est caché dans les profondeurs mystérieuses de la vie inconsciente. La conscience peut bien influencer les actes, en nous présentant avec insistance les motifs qui sont propres à exercer une action sur le principe inconscient de la moralité. Mais cette action réussira-t-elle et dans quelle mesure? La conscience doit pour le savoir attendre patiemment les informations de l'expérience : car l'acte seul manifeste la volonté, et permet de reconnaître si ses intentions s'accordent ou non avec les idées que la conscience se fait du bien et du mal moral.

Cela prouve que l'origine des actes auxquels nous donnons les qualifications de moraux et d'immoraux se trouve dans l'Inconscient. Il faut maintenant montrer que ces qualifications désignent des attributs, qui n'appartiennent pas en réalité et absolument au sujet auquel on les prête;

mais nous font envisager ce sujet au point de vue tout à fait spécial d'une conscience supérieure. Ces attributs sont les créations de la conscience : ils ne peuvent, en aucune façon, convenir à l'Inconscient. Il serait donc faux de parler d'un instinct moral, bien que les actions humaines, comme telles, découlent du principe inconscient ou instinctif du caractère : par exemple des instincts de la compassion, de la reconnaissance, de la vengeance, de l'égoïsme, de la sensualité, etc. Mais cette causalité inconsciente n'a rien à voir avec les concepts du bien et du mal moral; ceux-ci ne sont que les produits de la conscience : un instinct conscient serait une contradiction *in adjecto*. La dernière remarque tend seulement à prévenir qu'on ne m'oppose la conscience morale comme quelque chose d'instinctif. Elle n'est pas une chose simple, mais au contraire une faculté très-complexe, dont le développement est dû aux données les plus variées de la conscience, et peut-être suivi et déterminé avec précision.

Nous donnons les qualifications de bon et de mauvais aux phénomènes de la nature inanimée, comme le vent, l'air, les présages. Nous les étendons ensuite aux animaux, aux hommes, sauvages, aux petits-enfants. Mais ces dénominations ne font place à celles de moral et d'immoral, qu'autant que nous considérons les êtres comme responsables de leurs actes. Et nous ne leur prêtons cette responsabilité que si leur conscience est assez développée, pour qu'ils puissent comprendre les notions de moralité et d'immoralité; nous ne les rendons responsables que des actes où leur conscience n'a pas été dans l'impossibilité d'appliquer cette mesure qui lui est propre. Il arrive ainsi que la même action nous apparaît comme morale ou immorale chez un être, tandis que, chez un autre, elle ne nous offre aucun de ces caractères. Ainsi l'amour excessif de la propriété, que certains animaux manifestent au sein de leur espèce et dans la communauté restreinte où ils vivent (ainsi les chevaux sauvages au milieu du troupeau par rapport aux places de pâturage, et aux aliments mis en réserve), ne reçoit aucune dénomination morale, mais est appelée une heureuse disposition. Nous ne pouvons appeler davantage immorale la coutume des peuples sauvages d'offrir leurs femmes à leurs hôtes. On devrait plutôt donner le nom de morale à cette expression particulière de leurs vertus hospitalières. Leur conscience ne s'est élevée que jusqu'à ce degré d'intelligence, et n'est pas encore arrivée à comprendre les exigences de la moralité dans les rapports des sexes. Chez un petit enfant, les mêmes traits de méchanceté, qui feront dans l'âge mûr condamner son caractère comme immoral, peuvent tout au plus s'appeler des penchants mauvais. Tirer vengeance d'un meurtre serait chez nous un acte immoral : chez les peuples dont la civilisation est moins avancée que la nôtre, c'est une coutume morale ; chez les peuples tout à fait sauvages, ce n'est qu'un acte de passion pure, qui ne mérite d'être appelé ni moral, ni immoral. Ces exemples suffisent pour démontrer que la moralité et l'immoralité ne sont pas des attributs des êtres ou de leurs actions en soi, mais seulement des jugements qui sont portés sur eux d'un point de vue propre à la conscience : elles n'expriment que les rapports de ces êtres et de leurs actions à cette conscience supérieure. Ainsi la nature, en tant qu'elle est inconsciente, ne connaît pas la distinction de ce qui est moral et de ce qui ne l'est pas. La nature en elle-même n'est ni bonne ni mauvaise : elle n'est éternellement rien autre chose que naturelle, c'est-à-dire toujours d'accord avec elle-même. La volonté générale de la nature ne connaît rien en dehors de soi. Elle comprend tout, et tout lui est identique. Le bien et le mal n'existent pas pour elle, mais seulement pour la volonté de l'individu. Les concepts du bien et du mal supposent nécessairement un rapport entre une volonté et un objet extérieur.

Tout cela ne diminue pas le prix des appréciations morales, que fait la conscience de son point de vue. Il faut seulement écarter l'erreur, qui consisterait à croire qu'en dehors de ce point de vue particulier les concepts moraux aient un sens, alors qu'ils n'existent que par rapport à lui.

Sans doute si l'on admet en dehors de la nature et avant elle une conscience, (celle d'un Dieu personnel), on peut en se plaçant au point de vue de cette conscience surnaturelle appliquer ces concepts dans l'appréciation du monde. Mais si l'on nie, comme nous le ferons, en nous fondant sur des raisons qui seront développées plus tard, qu'une conscience puisse se rencontrer en dehors de l'union de l'esprit et de la matière, il n'est plus possible d'appliquer ces concepts au monde inconscient : on a déjà dépensé en vain bien des efforts à cette entreprise. Cela, encore une fois, ne diminue pas la valeur de ces concepts. De même que, en dépit de son caractère exclusif et borné, la conscience dans ce monde de l'individuation, l'emporte en importance sur l'Inconscient ; ainsi, en dernière analyse, la moralité est supérieure à l'état de simple nature. Puisqu'enfin la conscience n'est qu'un produit de la nature inconsciente, le moral ne peut être l'opposé du naturel, mais seulement une forme supérieure à laquelle le naturel s'est élevé par sa propre puissance et à l'aide de la conscience.

Ces brèves indications doivent suffire. Une éthique, conçue dans ce sens, demanderait un ouvrage spécial. J'ai cru également devoir m'abstenir d'exposer pourquoi et comment le jugement, qui applique les attributs de moral et d'immoral, résulte d'un certain développement de la conscience ; et de déterminer le contenu de ces concepts. Il m'a semblé que cela convenait d'autant mieux, que l'objet de ma recherche actuelle me permettait de prendre ces concepts avec l'acception générale qu'ils ont dans la vie commune.

V

L'INCONSCIENT DANS LE JUGEMENT ESTHÉTIQUE ET LA PRODUCTION ARTISTIQUE.

Sur la définition du beau, deux doctrines se sont de tout temps trouvées en opposition ; et, malgré les essais de conciliation, elles prétendent avoir raison sur leur terrain différent. Les uns, avec Platon, soutiennent que l'art élève l'âme humaine au-dessus de la beauté naturelle, et déclarent que ce fait est inexplicable, si l'âme ne possède pas l'idée innée de la beauté. Appliquée à un objet déterminé, cette idée s'appelle l'idéal. C'est en comparant à cet idéal les produits de la nature, que nous jugeons ce qui est beau, ce qui ne l'est pas : le jugement esthétique est donc un jugement synthétique à priori. Les autres démontrent que les œuvres de l'art, où ce prétendu idéal trouverait sa plus complète expression, ne contiennent aucun élément qui ne soit fourni par la nature. L'artiste, qui travaille à réaliser l'idéal, ne fait que retrancher la laideur, rassembler et combiner les éléments de la beauté, qui se rencontrent isolément dans la nature. La science esthétique, en se perfectionnant, prouve de plus en plus, selon ces mêmes philosophes, que les jugements de l'âme sur le beau dépendent de certaines conditions psychologiques ; et l'on devrait s'attendre à voir bientôt le domaine des créations esthétiques éclairé complètement et débarrassé de tous les mystérieux éléments à priori.

Je crois que les deux écoles ont en partie raison, en partie tort.

Les empiriques ont raison d'affirmer que tout jugement esthétique doit dépendre de conditions psychologiques et physiologiques. Ce sont eux particulièrement qui créent la science esthétique, tandis que les idéalistes, avec leur hypothèse, s'interdisent la possibilité de la constituer. A dire vrai, les idéalistes n'ont contribué au développement de l'esthétique qu'autant qu'ils ont suivi avec plus ou moins de conscience la méthode des empiriques; ils ont dû emprunter à l'expérience les matériaux dont ils se sont servis pour enrichir véritablement leur science. Mais admettons que les empiriques aient atteint leur but, et qu'ils aient conduit jusqu'aux derniers éléments l'analyse du jugement esthétique. Ils n'auraient encore démontré que l'accord du beau avec les lois de la réalité, et prouvé qu'il participe ainsi que l'esprit lui-même à la vie universelle. Mais la nature du jugement esthétique dans la conscience individuelle serait toujours laissée sans explication. Par l'affirmation qui est tacitement au fond de leur théorie, à savoir que connaître l'accord du beau avec les lois de la nature, et juger qu'une chose est belle, c'est pour la conscience du sujet une seule et même chose, les empiriques soutiennent une doctrine inadmissible, que toute observation impartiale de soi-même, et le témoignage du goût le plus simple comme le plus raffiné se chargent de démentir. Les idéalistes ont raison de soutenir contre leurs adversaires que le jugement esthétique se fait en dehors de la conscience; qu'il précède le jugement esthétique conscient; et par conséquent est pour la conscience quelque chose d'à priori. Mais ils ont tort, à leur tour, de nier l'activité propre de la faculté esthétique à priori, en affirmant que l'idéal est fixé une fois pour toutes; qu'il vient Dieu sait d'où, et que son existence ne nous est pas connue par la conscience. Le lien objectif de la faculté esthétique avec les autres facultés de l'esprit demeure ainsi éternellement incompréhensible; et le caractère immuable de l'idéal ne peut se soutenir en regard de la diversité infinie des cas particuliers qu'il doit expliquer. Dès que l'idéalisme esthétique veut aller au delà de la démonstration générale de son principe, dès qu'il aborde la riche diversité des faits, il se voit forcé de reconnaître que son idéal abstrait, que son unité indéterminée du beau ne peut être admise ; et de reconnaître que le beau n'existe que dans le particulier le plus concret, puisque l'individu seul est visible (ainsi l'idéal humain se divise en idéal de l'homme et en idéal de la femme ; et, dans le premier, il faut distinguer celui de l'enfant, de l'adolescent, du jeune homme, de l'homme, du vieillard ; et l'idéal de l'homme à son tour se répartit entre les types différents d'Hercule, d'Ulysse, de Jupiter, etc.). L'idéal concret n'est donc plus un type unique, indéterminé, mais une multitude infinie de types très-déterminés. Affirmer l'existence éternelle de ces types déterminés en nombre infini, c'est, à la place du miracle unique de l'idéal abstrait, substituer une multitude infinie de types miraculeux. Si l'on croit échapper à cette difficulté en disant que l'idéal indéterminé est un principe changeant, qui engendre, suivant les cas, la multitude des types particuliers, il faudrait d'abord que ces déterminations concrètes résultassent de l'activité propre d'un esprit. On devrait ensuite reconnaître que l'idéal indéterminé de la beauté unique est entièrement incapable de se déterminer ainsi par sa seule vertu, puisque ce qui est absolument vide ne peut tirer de soi aucun contenu. Le processus créateur de l'esprit inconscient, qui a pour résultat de produire dans la conscience l'idéal concret, n'est donc nullement expliqué par l'hypothèse d'un idéal abstrait, et n'a pas besoin d'ailleurs d'y recourir. Il porte en soi-même le principe formel du développement esthétique ; à quoi bon chercher ce principe dans la conception impossible d'un idéal absolu de la beauté ? C'est ainsi que, dans les cas particuliers, l'idéal concret de la beauté se forme en dehors de la conscience : telle est la théorie des modernes esthéticiens idéalistes, comme Schasler. L'idéalisme esthétique ainsi entendu est mûr pour se concilier et se fondre avec l'empirisme esthétique. Tout en concevant avec raison le développement formel de l'idéal concret comme un processus à priori, inconscient, il reconnaît que nous devons tirer à posteriori de la conscience empirique la riche et infinie diversité des types concrets de perfection : c'est sur ces matériaux que l'analyse, la réflexion et la spéculation philosophique peuvent ensuite travailler.

Prenons un exemple très-simple. L'idéalisme abstrait devrait juger le ton, l'harmonie et le timbre d'après des types idéaux correspondants ; et, selon qu'ils s'en rapprochent plus ou moins, en déterminer la beauté. Helmholtz, au contraire (*Sur la perception des sons*), démontre que, dans les trois cas, le plaisir esthétique doit être considéré comme la négation d'une sensation douloureuse. L'oreille souffre d'un bruit confus, des dissonances et d'un timbre désagréable, comme l'œil est troublé par la vue d'une lumière vacillante. Ce déplaisir n'est plus esthétique, mais ressemble à une faible douleur physique, comme la colique, le mal de dents, ou comme l'impression produite par le froissement du diamant sur une feuille d'ardoise. Le plaisir esthétique causé par les éléments sensibles de la musique est donc en rapport objectif avec la douleur physique. Mais le jugement esthétique : « ce ton, cette harmonie, ce timbre sont beaux », ne provient pas de ce que, à l'audition, je me dis en moi-même : « Je ne ressens maintenant aucune souffrance ; et pourtant la fonction de mon organe est doucement avivée : ergo je ressens du plaisir. » De tout cela ou de raisonnements semblables, la conscience ne nous dit absolument rien. Pour la conscience, le plaisir accompagne immédiatement l'audition des sons. Il est là comme une évocation magique, sans que l'attention la plus énergique aux phénomènes, qui se passent dans la conscience, soit en état de nous apprendre quelque chose sur la formation de ce plaisir. Il ne s'ensuit pas que la science des conditions objectives du phénomène ne corresponde pas à un processus réel dans l'Inconscient. Mon opinion est, au contraire, que la chose est vraisemblable : mais, de tout ce travail de l'esprit inconscient, c'est le résultat seul que la conscience saisit. Il faut reconnaître d'abord que ce résultat apparaît soudainement après la perception complète des impressions sensibles ; et, en cela, se manifeste encore une fois le caractère instantané des processus qui s'accomplissent au sein de l'Inconscient, et leur concentration dans un moment indivisible, en dehors de la durée. En second lieu, ce n'est pas un jugement esthétique, mais une sensation de plaisir ou de déplaisir, qui se produit dans la conscience.

Il reste un dernier point à examiner : les obscurités, que la question présente encore, en recevront leur meilleur éclaircissement. Ainsi que Locke l'a observé, les mots qui désignent les propriétés sensibles des corps, comme doux, rouge, mou, ont une double signification, bien que le jugement vulgaire les confonde dans la pratique, sans inconvénient. Ils représentent, premièrement, l'état de l'âme qui perçoit et sent ; en second lieu, la propriété des objets extérieurs, qui est considérée comme la cause de cet état de l'âme. Toute sensation, prise en soi, est un fait simple. Mais en séparant par abstraction, de plusieurs séries d'impressions semblables, les éléments communs qu'elles présentent, on forme les notions du doux, du rouge, du mou. En rapportant maintenant les causes objectives des sensations ainsi abstraites à certaines propriétés spéciales des objets, qui nous sont déjà connus par les autres impressions qu'ils font sur nous, nous formons les jugements suivants : « Le sucre est doux, la rose est rouge, la fourrure est molle. »

Le jugement esthétique se forme de la même manière. L'âme trouve en soi une foule de sensations, qui, bien que différentes entre elles par certains caractères, ont pourtant une si grande ressemblance, qu'on en peut détacher un élément commun pour en faire le concept d'une propriété à laquelle on donne le nom de beauté. Mais comme la cause de ces sensations est rapportée aux objets extérieurs, qui se composent pour nous de l'assemblage des perceptions simultanées qu'ils nous envoient, cette cause est définie comme la propriété des objets, et reçoit également le nom de belle. Ainsi naît le jugement : « L'arbre est beau ». Il ne faut pas s'étonner que le sens commun attribue presque toujours la beauté à la cause de notre impression, et non à la sensation elle-même. Il en est ainsi des notions du doux, du rouge, du mou. Il y a une bonne raison à cela, au point de vue pratique. L'homme pratique n'· s'intéresse aux impressions qu'il éprouve qu'autant qu'elles lui servent à connaître le monde extérieur.

Celui qui manque du sens esthétique, celui qui ne ressent aucune joie à contempler le beau, celui-là ne peut former aucun jugement esthétique. Il ne combine que des abstractions, qu'aucun sentiment ne vivifie, à l'aide de règles générales qu'il a apprises, sans qu'elles aient pour lui aucune vérité. Il suit de là que le jugement esthétique n'est pas à priori, mais à postériori et empirique. L'objet extérieur, aussi bien que le plaisir esthétique, sont donnés par l'expérience. La cause extérieure du plaisir ne peut résider que dans l'objet, comme la cause de la sensation, que la douceur communique au goût, réside dans le sucre. Le plaisir esthétique est pour la conscience un fait aussi inexplicable que la sensation du son, du goût, de la couleur, etc. Ainsi que ces dernières, il apparaît à l'expérience interne comme quelque chose de tout fait, de tout donné. Il ne peut devoir son origine qu'à un processus de l'Inconscient. Cette sensation du beau qu'il faut bien distinguer du jugement fondé sur elle, comme toute autre sensation d'ailleurs, pourrait s'appeler une sensation à priori, si cette expression n'était pas usitée seulement pour les notions et les jugements.

La faculté de sentir le beau (comme celle de sentir le doux, le sur, l'amer, l'aigre) qu'on appelle le goût, peut sans doute, comme le sens dont la langue et le palais sont les organes, être perfectionnée, exercée à sentir les plus légères distinctions. Elle peut encore, par l'action énergique de l'habitude, cette seconde nature, devenir contraire à ce qu'elle était instinctivement et se corrompre enfin ; mais, dans tous les cas, la sensation se présente comme un fait donné, absolument indépendant de notre libre arbitre. L'impression esthétique ne se distingue de l'impression purement sensible, que parce qu'elle repose sur cette dernière. Elle lui doit bien sa matière propre et les idées concomitantes, qui déterminent dans chaque cas sa qualité spéciale; mais, telle qu'elle est, elle domine les autres et s'élève sur leurs données. Si les qualités sensibles doivent leur origine inconsciente à la réaction immédiate de l'âme contre l'excitation nerveuse, l'impression esthétique a plutôt sa cause, ignorée de la conscience, dans une réaction de l'âme contre les impressions sensibles déjà produites : elle est comme une réaction du second degré. Voilà pourquoi l'origine de l'impression sensible nous restera toujours cachée dans un mystère impénétrable, tandis que le processus générateur de l'impression esthétique a déjà été, en partie, reproduit sous la forme discursive de la pensée consciente, et expliqué, c'est-à-dire ramené à des concepts.

Nous n'avons pas plus à nous préoccuper ici de la définition de la beauté, que, dans le chapitre précédent, de la définition de la moralité. Il nous suffisait alors d'établir que l'attribut moral ne peut être appliqué aux actions que du point de vue de la conscience, tandis que les actions elles-mêmes, auxquelles ce prédicat est accordé ou refusé, sont, en dernière analyse, des réactions inexplicables de l'Inconscient; de même nous nous contentons ici de constater que le jugement esthétique est un jugement fondé sur l'expérience, et qu'il repose sur l'impression esthétique, mais que celle-ci a son origine dans l'activité de l'Inconscient.

Passons maintenant de la faculté passive de sentir le beau, à la faculté active qui le produit. Une rapide analyse de la fantaisie créatrice, et aussi de la fantaisie ou de l'imagination en général, paraît ici nécessaire. (Comparer précédemment chap. VII, 1ʳᵉ partie, vol. Iᵉʳ, 193-194.) — Le pouvoir de se représenter les objets sensibles, l'imagination ou la fantaisie au sens le plus large du mot, a une vivacité très-inégale suivant les différentes personnes. D'après les données de Fechner, que mes nombreuses expériences sur les autres ont confirmées, les femmes possèdent cette faculté à un plus haut degré que les hommes ; et, chez ces derniers, ceux qui en sont le moins doués sont ceux qui sont habitués à penser par abstraction et à négliger le monde extérieur. Lorsque l'imagination est très-faible, on ne peut presque pas se représenter en esprit les couleurs ; on ne revoit que très-vaguement les formes, sans pouvoir les fixer sous le regard de l'esprit, sans en ressaisir autre chose que des contours flottants, et seulement pour de courts instants. A un degré supérieur de l'imagination, les images simples qui n'ont pas trop d'étendue se représentent sans peine, d'une manière distincte et durable, sous des couleurs vives ; suivant les mouvements de tête qu'on exécute on les fixe à volonté dans une direction, ou on les fait changer de place. Quand l'imagination atteint à sa plus haute puissance, la vie et la netteté des images qu'elle nous offre ne le cèdent en rien aux impressions des sens. Ces images peuvent aussi bien être disposées à volonté dans la chambre noire de l'œil fermé, que dans le champ de la vision où nous plaçons les impressions des sens extérieurs. On cite un peintre qui ne faisait poser son modèle qu'un quart d'heure. Par la force de l'imagination, il revoyait ensuite la personne à volonté comme si elle eût posé encore devant lui ; il faisait le portrait, et, chaque fois qu'il levait les yeux, il lui semblait que son modèle s'offrait aussi distinctement à sa vue que s'il eût été assis devant lui. Des compositions entières, des actes à plusieurs personnages, ou des orchestrations achevées dans le détail peuvent, pendant tout un mois, être portées dans la tête sans rien perdre de leur vivacité, de leurs effets. C'est ce qu'on raconte de Mozart, qui ne confiait jamais au papier ses compositions que lorsqu'il avait le feu aux doigts ; qui, souvent encore, écrivait sans avoir la partition sous les yeux, les diverses parties concertantes (ainsi *Don Juan*). Ce travail était devenu tellement mécanique pour lui qu'il aurait pu, en l'exécutant, concevoir d'autres compositions musicales. Ces exemples ne me paraissent pas inutiles pour faire comprendre aux lecteurs, qui ne possèdent pas ce don, que l'imagination peut embrasser d'une manière exclusive des objets étendus. L'expérience prouve qu'il n'y a pas eu de vrai génie dans les arts qui n'ait possédé cette faculté de la vision imaginative, du moins dans sa sphère, à un haut degré. Dans notre âge de pensée raisonneuse et rassise, de pareils exemples se rencontrent encore; mais on comprend que, dans les siècles précédents, quand la faculté de la vision imaginative était beaucoup plus exercée, cultivée et moins comprimée par la pensée abstraite; quand l'homme se laissait aller avec plus d'abandon aux bonnes et aux mauvaises influences de son génie ou de son démon, on comprend, dis-je, que ce qui se passait chez les saints, les martyrs, les prophètes et les mystiques, pouvait aussi se produire chez les artistes inspirés. Les visions volontairement provoquées et les hallucinations involontaires devaient se confondre dans les esprits; et une telle confusion n'avait rien d'étonnant pour ces enfants d'une nature plus heureuse, qui n'avaient pas encore quitté le sein de leur mère auguste. Platon ne nous a-t-il pas, dans le *Phèdre*, laissé l'aveu suivant : « Ce qu'un homme de bien produit dans le délire sacré, qui vaut mieux que la froide réflexion, c'est-à-dire le divin, rappelle à l'âme, comme dans une image éclatante, ce qu'elle voyait dans les heures de ravissement, où à la suite des dieux elle contemplait les essences; et ce souvenir fait naître nécessairement en elle la joie et l'amour. » — « Le délire des inspirés n'est nullement un mal; c'est à lui que la Grèce doit ses plus grands biens. » L'inspiration poétique s'appelait encore, au temps de Cicéron, *furor poeticus*. Dans les temps modernes, Shaftesbury a insisté sur le rôle décisif de l'enthousiasme dans la production de tout ce qui est vrai, grand et beau.

Considérons maintenant les images que la fantaisie évoque devant l'esprit. L'analyse de leurs éléments, même si nous l'appliquons aux produits les plus étranges de l'imagination orientale en délire, ne nous y découvre rien que la perception sensible n'ait fourni déjà et qui n'ait été conservé par la mémoire. Aucun élément nouveau dans les couleurs, les odeurs, les saveurs, le son, la parole, ne nous y est révélé. Même dans le domaine de l'espace, qui laisse un champ plus vaste à la production des formes nouvelles, les arabesques ne nous présentent que les éléments connus de la ligne droite, du cercle, de l'ellipse et d'autres courbes. Les animaux eux-mêmes, que crée la fantaisie, n'offrent que rarement dans leur composition des éléments empruntés au monde inorganique ou au règne végétal. Tout se réduit à la séparation des éléments connus des perceptions, et à la combinaison de ces éléments abstraits dans des rapports nouveaux. Que quelqu'un soit doué d'une vive imagination et en même temps d'un sens délicat de la beauté; qu'il ait à sa disposition une mémoire richement meublée, docile aux appels de la volonté, où les souvenirs des belles choses tiennent surtout une grande place, il ne lui sera pas difficile, en s'appuyant sur la nature, c'est-à-dire sur les données des perceptions sensibles, de séparer les éléments de laideur, de combiner ensemble les éléments de beauté que sa mémoire lui fournit, sans manquer à la vérité et à l'unité du type exprimé; il fera ainsi aisément une création artistique. Si quelqu'un, par exemple, fait un portrait, il suffit, pour que la vérité du type qu'il s'agit de rendre soit atteinte, que le visage de la personne se trouve reproduit tel qu'il s'est offert accidentellement aux regards de l'artiste. Mais ce serait là une œuvre de métier, non une œuvre d'art. Si le peintre éclaire le visage de la personne, lui donne la pose, la direction, l'attitude qui le font le mieux valoir; si, des dispositions, des expressions différentes qu'a présentées la physionomie du modèle pendant qu'il était sous les yeux de l'artiste, celui-ci sait fixer sur la toile celle qui produit le meilleur effet; si, enfin, il écarte ou néglige tous les traits, tous les détails défavorables ou laids, et fait ressortir, au contraire, tous ceux qui ajoutent à la beauté, les met dans un jour propice et même en ajoute de nouveaux autant que la vérité du type, c'est-à-dire la ressemblance, le permet, il fait alors une œuvre d'artiste, car il a idéalisé son modèle.

C'est ainsi que travaille l'homme d'un talent ordinaire. La production artistique consiste pour lui dans le choix et la combinaison, faits avec intelligence sous la direction du jugement esthétique. Les amateurs ordinaires et la plus grande partie des artistes de métier ne s'élèvent pas au-dessus de ce point de vue. Ils ne comprennent point par eux-mêmes que ces procédés, soutenus par la routine du métier, peuvent bien produire des œuvres estimables, mais jamais rien de grand. Ils ne sortent pas ainsi des sentiers battus de l'imitation, et sont incapables de créer une œuvre vraiment originale. S'ils savaient cela, il leur faudrait abandonner leur profession, et reconnaître qu'ils ont manqué leur vie. Ajoutons que tout, chez eux, est l'œuvre d'un choix réfléchi; que le délire sacré leur est étranger. Ils n'ont pas senti ce souffle vivifiant de l'Inconscient, que la conscience regarde comme une inspiration supérieure et inexplicable, qu'elle doit reconnaître comme un fait sans pouvoir en pénétrer le mystère. — Les combinaisons de la réflexion peuvent s'apprendre, à force de volonté, par l'application, le temps, et l'exercice, que le temps permet d'acquérir. L'homme de génie reçoit ses inspirations, ou plutôt les subit sans les avoir voulues; les plus grands efforts pour les provoquer seraient absolument stériles. Sans que l'artiste s'y attende, et, comme si elles tombaient du ciel, en voyage, au théâtre, dans la conversation, partout où elles sont le moins attendues, et, toujours d'une manière soudaine, instantanée, elles font leur apparition. — La réflexion, qui combine, travaille péniblement les plus petits détails de son œuvre; elle la construit dans la souffrance, le doute, les tourments de toute sorte; elle se fatigue à défaire, à refaire dans le détail, et n'arrive que peu à peu à composer le tout. Le génie reçoit comme un don des dieux, qui ne lui coûte rien, la conception totale, d'une seule pièce. Ce qui manque à son œuvre, ce sont justement les détails; et il n'en peut être autrement, parce que, dans les grandes compositions (les groupes dans la peinture, les œuvres poétiques), l'esprit de l'homme est trop étroit pour pouvoir saisir d'un seul coup d'œil plus qu'une impression d'ensemble. — La réflexion n'arrive à réaliser l'unité du tout que par une pénible accommodation des parties au tout, par une série d'essais de détail. A cause de cela et malgré toute sa peine, elle ne réussit pas habituellement à faire une œuvre vraiment une. Dans son œuvre forcée, on reconnaît toujours une agglomération d'éléments indépendants les uns des autres. Pour le génie, qui doit ses conceptions à l'Inconscient, tous les éléments de l'œuvre artistique sont si étroitement liés, si bien coordonnés et associés entre eux, que l'unité parfaite de l'œuvre ne permet de la comparer qu'aux organismes de la nature, qui doivent également leur unité à l'Inconscient.

Ces observations ont été confirmées par tous les vrais génies qui ont fait à ce sujet des observations sur eux-mêmes et nous les ont transmises (1). Chacun peut en con-

(1) Un des génies les plus purs, c'est-à-dire un de ceux qui doivent le moins à la réflexion, et en même temps une nature essentiellement sincère, c'était assurément Mozart. Voici de quelle façon il s'exprime, dans une lettre mémorable (Voyez *Mozart*, par Jahn, vol. III, p. 423-425), sur sa faculté musicale : « J'arrive maintenant à la question la plus embarrassante de votre lettre; je voudrais bien la laisser de côté, car ma plume ne me sert pas volontiers sur de pareils sujets. Je veux cependant essayer, dussiez-vous trouver à rire dans mes explications. Vous me demandez donc comment je travaille, et comment je compose les grands et importants sujets? Je ne puis, en vérité, vous en dire plus que ce qui suit, car je n'en sais pas moi-même plus long, et je ne puis pas trouver autre chose. Quand je me sens bien et que je suis de bonne humeur, soit que je voyage en voiture ou que je me promène après un bon repas, ou dans la nuit quand je ne puis dormir, les pensées me viennent en foule et le plus aisément du monde. D'où et comment m'arrivent-elles? Je n'en sais rien, je n'y suis pour rien. Celles qui me plaisent, je les garde dans ma tête et je les fredonne, à ce que, du moins, m'ont dit les autres. Une fois que je tiens mon air, un autre bientôt vient s'ajouter au premier, suivant les besoins de la composition totale, contre-point, jeu des divers instruments, etc., etc., et tous ces morceaux finissent par former le pâté. Mon âme s'enflamme alors, si toutefois rien ne vient me déranger. L'œuvre grandit, je l'étends toujours et la rends de plus en plus distincte; et la composition finit par être tout entière achevée dans ma tête, bien qu'elle soit longue. Je l'embrasse ensuite d'un seul coup d'œil, comme un beau tableau ou un joli garçon; ce n'est pas successivement dans le détail de ses parties comme cela doit arriver plus tard, mais c'est tout entière dans son ensemble que mon imagination me la fait entendre. Quelles

stater en lui-même la vérité : il suffit d'avoir eu, un jour, une pensée vraiment originale, dans quelque genre que ce soit. Je ne veux que présenter ici une remarque de Schelling, qui était aussi grand artiste que grand philosophe (*Idealism. transcend.*, p. 459-460). « Comme l'artiste est sollicité involontairement et en quelque sorte malgré lui à la production (d'où vient le proverbe ancien : *Pati Deum*, et d'autres du même genre, ainsi que l'idée qui attribuait l'inspiration à un souffle étranger), ainsi les matériaux de son œuvre lui sont fournis sans son concours et comme provenant du dehors. (P. 454, Schelling s'exprime ainsi : « L'objet est ce qui est produit sans conscience ; ce qu'il y a donc d'objectif dans l'intuition de l'artiste doit être produit en lui sans conscience. ») De même que l'homme poursuivi par

délices pour moi! Tout cela, l'invention et l'exécution, se produit en moi comme dans un beau songe très-distinct ; mais la répétition générale de cet ensemble, voilà le moment le plus délicieux. Ce qui s'est fait ainsi ne me sort plus facilement de la mémoire, et c'est peut-être le don le plus précieux que Notre-Seigneur m'ait fait. Si je me mets ensuite à écrire, je n'ai plus qu'à tirer du sac de mon cerveau ce qui s'y est accumulé précédemment, comme je l'ai dit. Aussi le tout ne tarde guère à se fixer sur le papier. Tout est déjà parfaitement arrêté, et il est rare que ma partition diffère beaucoup de ce que j'avais auparavant dans la tête. On peut, sans inconvénient, me déranger pendant que j'écris ; on peut aller et agir autour de moi, je continue d'écrire ; je peux parler de poules, d'oies, de Gretchen, de Barbe, etc. Comment maintenant, pendant mon travail, mes œuvres prennent la forme ou la manière qui caractérise Mozart et ne ressemblent à celle d'aucun autre, cela arrive, ma foi, tout comme il se fait que mon nez est gros et crochu, le nez de Mozart enfin et non celui d'une autre personne. Je ne vise pas à l'originalité et je serais même bien embarrassé de définir ma manière. Il est tout naturel que les gens, qui ont réellement un air particulier, paraissent aussi différents les uns des autres au dehors qu'au dedans. Ce que je sais bien, toutefois, c'est que je ne me suis pas plus donné l'un que l'autre. Ne m'interrogez plus sur ce sujet, cher ami, et croyez que, si je m'arrête, c'est que je n'en sais pas plus long. Vous ne vous imaginez pas, vous qui êtes un savant, combien ces explications m'ont coûté. »

Comparez à titre de confirmation les idées que Schiller a exposées dans son beau poëme intitulé *le Bonheur*. Il en avait très-vraisemblablement conçu l'idée en comparant, comme il en avait facilement l'occasion, le génie facile qui inspirait les créations de Goëthe et la réflexion laborieuse qui caractérisait son propre génie. — Comparez encore mon étude sur Otto Ludwig *Aus einer Dichterwerkstatt*, dans mes *Gesammelte Studien und Aufsätze*. (Berlin, 1876.) B. IV.

la fatalité ne fait pas ce qu'il veut, ce qu'il se propose, mais ce qu'une destinée mystérieuse, dont l'influence le domine, le condamne à exécuter; ainsi l'artiste, quelque étendu que soit le rôle de sa volonté, n'agit par rapport à ce qui constitue proprement l'objet de sa production que sous l'empire d'une force qui le choisit entre tous les autres hommes et le contraint à dire ou à représenter des choses qu'il ne comprend pas lui-même parfaitement, et dont le sens est infini. »

Pour éviter tout malentendu, je dois pourtant ajouter ce qui suit. En premier lieu, il n'est pas indifférent que l'artiste ait préparé d'avance, dans son esprit, le terrain sur lequel tomberont les germes semés par l'Inconscient, s'ils doivent s'épanouir en une riche végétation de formes vivantes. Là où ils ne rencontrent que le roc ou le sable, ils meurent bientôt. En d'autres termes, l'artiste doit être cultivé, perfectionné dans sa sphère; avoir rassemblé dans sa mémoire une riche provision d'images appropriées à son art, et avoir été guidé dans son choix par un sens délicat de la beauté. C'est là que l'idée suggérée par l'Inconscient, et qui n'est attachée encore à aucune forme, trouvera les matériaux de la forme qui lui convient. Si l'artiste a laissé se corrompre son sens esthétique et s'est complu à enrichir son imagination de formes grossières, les germes déposés sur un terrain vicié y puiseront une nourriture viciée elle-même, et la plante n'atteindra pas à toute sa croissance.

Je ferai encore observer que mes paroles ne signifient pas que toute œuvre d'art soit due à une inspiration unique. Les épisodes de l'œuvre montrent assez, et sous la forme la plus simple, la diversité des inspirations que l'artiste associe. D'ordinaire, l'idée principale est suggérée par une seule conception : autrement, l'unité de l'œuvre serait défectueuse. Mais l'unité de la conception d'ensemble, qui préside à l'origine de l'œuvre, n'empêche pas, ou plutôt elle exige, surtout dans les œuvres considérables, que des inspirations partielles et, en quelque sorte, de second ordre viennent la soutenir. Si le travail de la réflexion seule remplit tout l'intervalle qui sépare l'inspiration première de l'entier achèvement de l'œuvre, comme l'inspiration première, qui préside aux grandes créations, a négligé forcément tous les détails, on est exposé au danger de voir, dans les différentes parties de l'œuvre, le manque d'inspiration s'accuser d'une manière aussi sensible que dans les petites œuvres, dont la réflexion toute seule a combiné les éléments; ou bien on constate que les modifications importantes, apportées dans les détails à l'idée principale, en ont amoindri l'unité. Du reste, le travail de la réflexion trouve à s'exercer sur un champ étendu. Si l'artiste manque de l'énergie, de la persévérance, de l'application, du jugement nécessaires, l'idée inspiratrice sera stérile pour l'artiste et pour l'humanité. Ou l'œuvre ne sera pas commencée, ou elle demeurera inachevée, ou elle ne sera qu'ébauchée et imparfaitement achevée (négligemment travaillée). Sans doute la réflexion ne doit jamais oublier que son rôle est purement auxiliaire. Il ne faut pas qu'elle prétende critiquer et dominer les inspirations suggérées par l'Inconscient. Elle gâterait l'œuvre et ne la perfectionnerait sur un point que pour la gâter sous mille autres rapports. L'unité vivante, la croissance naturelle de l'œuvre seraient détruites, ou du moins troublées. Quant à déterminer jusqu'à quel point la réflexion peut exercer son action sans faire tort aux inspirations de l'Inconscient, ce n'est pas à la raison logique à en décider, mais au goût esthétique ou au tact de l'artiste, c'est-à-dire à son sens critique et inconscient de la beauté. Pendant tout le temps que le jugement exerce son action, c'est donc, en définitive, à l'Inconscient qu'il appartient de surveiller l'œuvre de la réflexion logique, et de lui fixer ses limites. On comprend par là que Schelling, et après lui Carrière (voir plus haut p. 45), aient défini la création artistique une action réciproque et constante de l'activité inconsciente et de l'activité consciente, qui sont également indispensables l'une à l'autre pour la réalisation de la fin poursuivie.

Enfin, qu'on prenne garde de mal interpréter notre

pensée, lorsque nous disons que la volonté consciente n'a aucune influence sur l'apparition de l'idée inspiratrice. La volonté consciente en est, au contraire, en général, la condition indispensable. Il faut que l'âme tout entière ne vive et ne respire que pour l'art; que tout son intérêt s'y concentre exclusivement; qu'aucune force ne soit capable de détourner longtemps la volonté de sa sublime poursuite. Alors seulement l'action de l'esprit conscient s'exerce avec assez de force sur l'Inconscient pour en obtenir des inspirations vraiment grandes, nobles et pures. Mais, d'un autre côté, la volonté consciente n'a aucune influence sur le moment de l'inspiration. Disons même qu'en appliquant trop sa volonté à poursuivre l'inspiration, en concentrant son attention dans cette direction exclusive, on empêche justement la communication de l'idée par l'Inconscient. L'action réciproque de l'Inconscient et de la conscience est des plus subtiles, lorsqu'il s'agit de cet empire extraordinaire de l'Inconscient sur l'âme. Si la conscience est préoccupée par l'attente de l'inspiration, cette inquiétude trouble l'esprit. Les parties correspondantes du cerveau sont tendues exclusivement dans un sens, et par suite le plan sur lequel l'idée doit être réfléchie (comme sur un miroir) n'est plus uni comme il conviendrait. Aussi l'idée inspiratrice fait son apparition, même lorsque d'autres parties du cerveau sont occupées par des pensées toutes différentes, pourvu qu'une association d'idées, si faible qu'elle soit, donne l'impulsion à la causalité de l'Inconscient. — Une telle impulsion doit toujours se produire, bien que d'ordinaire elle disparaisse aussitôt sans laisser de traces : les lois générales de l'esprit ne peuvent pas, plus ici qu'ailleurs, être transgressées.

Enfin une quatrième et dernière remarque : même le simple talent, dans son œuvre de pure réflexion, n'échappe jamais entièrement à la féconde influence de l'idée inspiratrice; mais cette influence s'exerce si faiblement que la conscience ordinaire ne la saisit pas. Il suffit, pour le comprendre, d'avoir appris à connaître la nature propre de cette influence par l'exemple des génies supérieurs; et de songer que le talent établit une foule d'intermédiaires entre le génie supérieur et le bon sens vulgaire, qui se tourmente à remplacer le talent par le secours des règles apprises. On trouvera bientôt une foule d'exemples, qui offrent plus ou moins le caractère des idées inspiratrices suggérées par l'Inconscient. Ainsi on est occupé d'un travail : soudain l'idée d'un perfectionnement se présente à une tout autre heure qu'on ne l'attendait, etc. A celui qui en douterait, je veux prouver que toute combinaison d'idées sensibles, qui n'est pas abandonnée au pur hasard, mais doit conduire à un but déterminé, réclame le concours de l'Inconscient.

Les lois de l'association des idées ou de l'enchaînement des pensées portent sur trois éléments essentiels : 1° l'idée excitatrice, 2° l'idée provoquée, 3° l'intérêt qui s'attache à la production de cette dernière. Considérons les rapports des deux premiers éléments entre eux, sans nous occuper du troisième; et déterminons les lois de leur association. Ces rapports et ces lois résultent essentiellement de l'action mécanique des vibrations moléculaires du cerveau, et de l'affinité plus ou moins étroite des vibrations cérébrales correspondant à l'idée excitatrice avec les dispositions diverses que le cerveau contient déjà à l'état latent et qu'on appelle improprement « des souvenirs endormis »(p. 36-37). Nous ne serions autorisés en fait à borner notre examen à l'étude de l'idée excitative et de l'idée provoquée, que si la vie humaine présentait des moments où l'homme fût étranger non-seulement à la poursuite consciente d'un dessein, mais encore à l'action, à l'influence de tout intérêt inconscient, de toute prédisposition latente. Mais un cas pareil ne se rencontre jamais. Même lorsque le cours de nos idées semble entièrement livré au hasard, lorsque nous nous laissons aller aux rêveries involontaires de la fantaisie, l'action décisive de nos préférences, l'influence de nos sentiments secrets ou de nos prédispositions se fait sentir tout différemment à une heure qu'à une autre; et l'association des idées s'en ressent toujours. L'intérêt qui nous porte à diriger nos pensées vers un but déterminé exerce naturellement une influence encore plus grande; et cet intérêt, que nous désignions comme le troisième élément du phénomène de l'association, doit surtout nous occuper ici.

Si je considère par exemple un triangle rectangle, sans avoir un intérêt particulier à l'étude de la question, toutes les idées possibles peuvent s'associer dans mon esprit à la pensée de ce triangle. Mais si l'on me demande de démontrer une proposition relative au triangle rectangle, que je rougirais de ne pas savoir, j'ai un intérêt à rattacher à l'idée de ce rectangle les idées qui servent à la démonstration demandée. Un intérêt de ce genre décide justement de la variété des associations d'idées dans la diversité des cas. Puisque, dans le cas contraire, toutes les idées possibles, sauf celle qui m'est nécessaire, se présenteraient à mon esprit; puisque seul l'intérêt que je prends à la démonstration cherchée fait surgir devant ma conscience l'idée qui convient à cette démonstration, et qui selon toute vraisemblance ne se serait pas présentée sans cela, l'intérêt ressenti par l'âme est donc la cause unique du phénomène. Mais quelle est l'intelligence qui, sur l'excitation de l'intérêt, choisit l'idée appropriée au but, parmi tant d'autres idées possibles? Ce n'est certainement pas l'intelligence consciente. Dans les songes à moitié conscients, on ne voit toujours apparaître que les idées qui répondent au penchant dominant du moment, et sans qu'elles aient été appelées; et, d'un autre côté, lorsque la conscience fouille avec intention dans les tiroirs de la mémoire, elle se trouve souvent trahie par sa recherche. On peut bien recourir à des moyens auxiliaires, quand le souvenir que l'on cherche ne se présente pas; mais, on a beau faire, l'idée poursuivie ne se laisse pas atteindre. Souvent, tandis que ce retard nous tient dans l'embarras, l'idée cherchée, pendant des heures entières, souvent pendant des jours, se détache tout à coup des autres et s'offre à la conscience, alors qu'on l'attend le moins. On voit donc que ce n'est pas la conscience qui choisit ici, puisqu'elle est tout à fait aveugle, et qu'elle reçoit comme un présent le souvenir puisé dans le trésor de la conscience.

Si la conscience choisissait, elle éclairerait de sa lumière les idées entre lesquelles le choix doit se faire; mais on sait trop qu'il n'en est pas ainsi, et que l'idée choisie sort de la nuit de l'Inconscient. La conscience ne pourrait faire le choix qu'en tâtonnant dans une obscurité absolue; son choix ne serait en aucune façon raisonné : elle puiserait au hasard dans le trésor des souvenirs. Or l'inconnu, qui choisit, agit en réalité avec sagesse; il travaille dans l'intérêt de la fin que nous poursuivons. D'après la psychologie, qui ne connaît que l'activité consciente de l'âme, une évidente contradiction se rencontre ici. L'expérience démontre qu'un choix intelligent précède l'apparition du souvenir demandé, et prouve en même temps que la conscience ne fait pas ce choix. Pour nous, qui avons appris à connaître, sous bien des formes déjà, la finalité de l'Inconscient, nous ne trouvons là qu'une confirmation nouvelle de notre principe. Nous reconnaissons ici l'action par laquelle l'Inconscient s'accommode aux besoins de la volonté consciente. La forme sous laquelle cette action se produit, la résistance que la mémoire oppose parfois aux appels de la volonté, malgré la tension énergique du cerveau à la poursuite exclusive du souvenir, rappellent tous les caractères de l'inspiration artistique. Les considérations que nous venons de présenter s'appliquent aussi bien aux conceptions abstraites de l'entendement, qu'aux idées sensibles et aux combinaisons du génie artistique. Si l'on veut aboutir à un résultat, il faut que le souvenir convenable sorte au moment convenable du trésor de la mémoire; et pour que le souvenir se présente ainsi, il faut que l'Inconscient intervienne. Tous les moyens auxiliaires, tous les artifices de la réflexion ne peuvent que faciliter la tâche de l'Inconscient, mais non l'accomplir pour lui.

Les traits d'esprit nous en fournissent un exemple frappant et facile à saisir. L'esprit tient le milieu entre la production artistique et la production scientifique, car il poursuit une fin artistique avec des matériaux habituellement abstraits. Chaque *trait* d'esprit est une inspiration soudaine, comme le nom lui-même l'indique. La réflexion aide bien par certains moyens à l'invention des traits d'esprit ; l'exercice, particulièrement en ce qui regarde les jeux de mots, imprime plus profondément dans la mémoire les matériaux que l'esprit mettra en œuvre et fortifie la mémoire des mots. Le talent naturel peut douer certaines personnes d'un esprit toujours jaillissant. Malgré tout cela, chaque trait particulier d'esprit est un don d'en haut. Ceux même qui, plus particulièrement favorisés sous ce rapport, se croient parfaitement maîtres de leur esprit, apprennent par expérience qu'on ne doit pas forcer son talent ; et que celui-ci refuse les services qu'on exige de lui. Ils ne réussissent à tirer ainsi de leur cerveau que de fades billevesées, ou des traits qu'ils savent déjà par cœur. Les mêmes personnes reconnaissent très-bien qu'une bouteille de vin vaut beaucoup mieux pour mettre leur verve en mouvement, que toute tension volontaire de leur esprit.

Si l'on a compris, après tout cela, que la production artistique a sa source dans l'action de l'Inconscient, on ne s'étonnera plus de découvrir que les organismes créés par la nature, où nous avons démêlé la manifestation la plus immédiate de l'Inconscient, observent aussi fidèlement que possible les lois de la beauté. Ce point ne pouvait être traité plus tôt. C'est une preuve importante de plus en faveur du plan intelligent, qui a présidé à la formation des organismes d'après des idées préexistantes. Qu'on considère une plume de paon. Chaque barbule de la plume tire sa nourriture de la tige. La nourriture de toutes les barbules est la même. Les matières colorantes n'existent pas encore la plupart du temps dans la tige : elles sont extraites par les barbules elles-mêmes de la matière commune où elles s'alimentent. Chaque barbule tient en dépôt, à des distances différentes de la tige, les diverses matières colorantes ; et les sépare nettement les unes des autres. Les distances, où sont placées de la tige ces limites des couleurs, varient avec chaque barbule; mais pourquoi sont-elles réparties ainsi? En vue de former, par la disposition des barbules, des figures déterminées : les œils de paon. Et pourquoi ces œils de paon? En vue de la beauté du dessin et de l'éclat des couleurs.

Combien, au point de vue esthétique, la théorie de Darwin paraît insoutenable! Si l'on admet, d'après lui, que la faculté de produire dans les plumes des figures colorées se transmet par l'hérédité, le sens esthétique des animaux, qui préside à l'union des sexes, travaillera à reproduire les individus les plus beaux, et à augmenter, de génération en génération, la beauté individuelle des plumages. Cela est incontestable. On explique ainsi que le moins en se développant engendre le plus; mais d'où vient ce moins? Si le dessin et les couleurs n'existent pas déjà dans les plumes, comment fonder la sélection sexuelle sur la beauté du plumage? Il faut donc admettre que la qualité, qu'il s'agit justement d'expliquer, préexiste déjà, quoique à un faible degré, au choix sexuel. La théorie de Darwin repose sur l'hypothèse que la propriété de produire le dessin et les couleurs du plumage se transmet par l'hérédité; mais cette transmission héréditaire suppose déjà chez les ascendants la présence de la propriété en question. En admettant que la notion de l'hérédité soit quelque chose de clair, ce qu'elle n'est en aucune façon (du moins si l'on songe que, dans la même espèce, les sexes différents héritent de propriétés différentes), cette notion n'explique pas chez les ascendants l'aptitude elle-même à telle propriété, mais seulement la transmission de cette propriété à l'individu. L'aptitude elle-même reste, chez Darwin, la *qualitas occulta*. Ce naturaliste ne fait aucun effort pour pénétrer dans l'essence de cette aptitude. Il ne s'attache qu'à démontrer que la transmission héréditaire, unie à la sélection sexuelle, suffit à augmenter l'intensité et l'extension de la faculté déjà préexistante dans les individus. L'hérédité n'explique ni la nature, ni la première apparition de la faculté en question. Elle ne peut nous dire comment l'oiseau par lui seul commence à répartir entre ses plumes sa provision de couleurs, de telle sorte que, bien qu'elle semble irrégulièrement distribuée entre les plumes et les barbules, la combinaison de tous ces éléments produit des dessins d'une beauté régulière. Enfin, si pour expliquer comment cette faculté se perfectionne et s'étend, il est légitime de recourir à la sélection sexuelle, il reste toujours à se demander pourquoi l'individu est guidé dans cette sélection par des considérations esthétiques. Si cette question, surtout chez les animaux inférieurs, qu'on ne peut évidemment regarder comme doués d'un sentiment esthétique bien conscient, ne peut être résolue que par l'hypothèse d'un instinct, qui tendrait sans conscience à l'embellissement de l'espèce, n'est-il pas évident que Darwin commet un cercle vicieux? Nous devrons reconnaître dans cet instinct un moyen employé par la nature pour atteindre son but avec moins de travail; car, si l'hérédité ne perfectionnait pas les dispositions physiques d'une génération à l'autre, il faudrait que la nature réalisât spécialement dans chaque individu la plus haute beauté possible. Au lieu d'atteindre péniblement et directement le but, elle se sert admirablement d'une voie détournée pour y parvenir sans peine : elle produit du reste ainsi le mécanisme des organismes individuels. C'est le mérite incontestable de Darwin d'avoir dévoilé dans sa généralité le secret de ce mécanisme. Mais il ne faut pas croire avec les matérialistes que ce soit là le dernier mot de la science.

On peut de même, en étudiant la perfectibilité des fleurs, découvrir que la vie et l'activité mystérieuse de la plante elle-même obéissent à un instinct esthétique, que la lutte pour l'existence exprime et étouffe trop souvent dans l'état sauvage. Pour peu qu'on affranchisse les plantes des nécessités de cette lutte, on voit se manifester aussitôt cet instinct esthétique. Les fleurs les plus obscures des plantes sauvages donnent naissance sous nos yeux aux fleurs les plus éclatantes. Remarquez bien que l'attrait exercé par les plantes, dont le coloris est le plus vif, sur les insectes, qui, en les visitant de préférence, facilitent par leurs mouvements la fécondation de ces plantes, ne peut servir à expliquer le perfectionnement dont il s'agit. Les plus belles fleurs de nos jardins sont pleines, c'est-à-dire stériles, et ne peuvent être perfectionnées par voie de reproduction sexuelle. On voit là une preuve que l'instinct du développement esthétique se trouve dans la plante elle-même; et que, chez les fleurs sauvages, les couleurs qui les font visiter de préférence par les insectes peuvent favoriser, mais ne font naître en aucune façon cet instinct. Darwin n'a jamais tenté d'expliquer comment, dans les plantes, les variétés artificielles ou les déviations du type normal l'emportent en beauté sur ce dernier; et comment il suffit à l'homme pour produire ces variétés de protéger l'instinct esthétique de la plante contre les dangers que lui crée la concurrence vitale.

On en doit dire autant de toute beauté dans le règne végétal et dans le règne animal, même de la beauté générale de la forme. Je pose en principe que chaque être est aussi beau que le permettent les conditions auxquelles sa vie et sa naissance ont été soumises. Nous avons vu précédemment que la convenance parfaite de chaque disposition particulière dans l'organisme est limitée, d'un côté, par les exigences d'autres fins dont la première contrarierait la réalisation; de l'autre par la résistance de la matière brute, aux lois de laquelle le principe organogénique doit se plier et s'accommoder. De même, la beauté de chaque partie est limitée par les convenances, de toute sorte, auxquelles l'intérêt pratique de l'individu commande de la faire servir; en second lieu par la résistance de la matière brute, dont les lois demandent à être respectées. Ainsi, par exemple, la tendance qui pousse au développement des couleurs les plus brillantes possibles, chez les animaux les plus faibles (comme les petits oiseaux, les coléoptères, les papillons, les teignes, etc.) est contrariée par la nécessité où ils sont de se dérober à leurs ennemis en prenant une couleur semblable à celle des objets environnants, à moins qu'une odeur ou un goût repoussant (comme chez les héliconies), ou une enveloppe d'une dureté impénétrable (comme chez certains coléoptères) ne suffisent à les protéger contre leurs ennemis éventuels. Partout où les aptitudes de l'espèce à vivre et à soutenir la lutte pour l'existence sont assez perfectionnées, et permettent le développement d'une certaine beauté de la forme et du coloris, l'instinct esthétique travaille avec persévérance à se satisfaire; peu lui importe d'être sans utilité et sans prix pour faciliter à l'espèce la concurrence vitale. Qu'on songe à la parure éclatante des espèces marines inférieures; à la beauté de certaines chenilles qui ne se reproduisent pas, à coup sûr, lorsqu'elles sont sous cette forme, et ne doivent par conséquent en aucune façon leur beauté comme chenilles à la sélection sexuelle. Les animaux dont la vitesse assure la fuite ressentent peu le besoin de se cacher; mais ce besoin apparaît chez eux aussitôt que la fuite leur est interdite, par exemple chez les oiseaux qui couvent. Chez les oiseaux qui couvent dans un nid ouvert, le sexe qui a exclusivement le soin de l'incubation porte toujours un plumage plus sombre que l'autre. On ne trouve aux deux sexes une parure éclatante, chez les petits oiseaux, que chez les espèces qui couvent dans un nid fermé, où l'oiseau couveur est caché. Là où l'incubation se fait à découvert et se partage entre les deux sexes, le mâle ni la femelle ne peuvent avoir un plumage éclatant. C'est pour la même raison que presque tous les papillons, qu'une odeur ou un goût repoussant ne défendent pas contre leurs ennemis, sont plus ou moins polymorphes. Tandis que les mâles brillent par la couleur et le dessin de leurs ailes, les femelles, qui doivent attendre que les œufs soient mûrs pour les pondre, revêtent des couleurs plus sombres; ou encore prennent les couleurs d'espèces très-différentes de la leur, qui ont des moyens particuliers de défense. Comme un plumage trop éclatant pour toute la durée de l'existence serait un présent funeste, la nature cherche fréquemment à satisfaire son instinct esthétique en donnant à l'animal, dans la saison des amours, une parure de noces qu'il échangera, au bout de peu temps, contre un vêtement plus sombre. Il semble qu'elle veuille éclairer d'un rayon de poésie la vie de l'habitant ailé des airs, en l'enveloppant de l'éclat d'une beauté fugitive pour le temps heureux de ses amours.

Quelque intéressante que puisse être l'étude de la nature organique au point de vue esthétique, le défaut d'espace ne nous permet pas d'y insister. Nous devons nous contenter des indications qui précèdent : le lecteur pourra les développer à son gré. Considérons pourtant nos idées comme admises. La différence de la production artistique chez l'homme et dans la nature repose, en dernière analyse, non sur l'essence et l'origine différente de l'idée inspiratrice, mais sur la manière différente dont cette idée est réalisée dans les deux cas. Le type de la beauté dans la nature n'est présent à aucune conscience avant d'être réalisé; l'individu est à la fois le marbre et le statuaire, mais il réalise l'idée sans en avoir nullement conscience. Dans les productions de l'art humain, au contraire, la conscience intervient. L'idée ne s'exprime pas immédiatement dans un produit naturel, mais dans des vibrations cérébrales qui se traduisent pour la conscience de l'artiste en visions imaginaires, et ne deviennent une réalité extérieure que par la volonté consciente de l'artiste.

Résumons ce chapitre. L'invention et la réalisation du beau dérivent de processus inconscients, dont le résultat se traduit dans la conscience par le sentiment et l'invention du beau (idée inspiratrice). Ces éléments sont le point de départ de tout le travail ultérieur de la réflexion; mais, à chaque moment, l'Inconscient doit intervenir plus ou moins. Le processus inconscient, qui est le principe de tout ce travail, échappe absolument au regard de la conscience. En lui sont associés pourtant, dans chaque cas particulier, les éléments qu'une esthétique exacte et complète devrait nous présenter dans un enchaînement analytique, comme les conditions mêmes de la beauté. Si ces éléments se laissent en général transformer et réduire ainsi par l'analyse aux notions de la pensée discursive, n'est-ce pas la preuve que, dans le processus inconscient, nous n'avons pas affaire à quelque chose d'essentiellement étranger à notre propre pensée? La forme seule distingue le processus inconscient du processus analytique de la science esthétique, comme l'intuition se distingue de l'analyse. Dans l'un comme dans l'autre, la pensée en soi ou l'idée logique et les éléments dont la liaison, à la fois logique et sensible, constitue la beauté, sont les mêmes et identiques. Cela est également incontestable pour les jugements élémentaires qui portent sur la beauté appelée formelle, et pour ceux qui s'appliquent à la beauté matérielle (1) des formes sensibles, où les idées les plus hautes trouvent une manifestation adéquate. Déjà Leibniz nommait l'apperception de la beauté des accords en musique une arithmétique inconsciente. La beauté des figures géométriques est dans une correspondance parfaite avec la richesse des idées mathématiques et des rapports logiques que l'analyse y découvre. L'ensemble de tous ces rapports est contenu implicitement dans l'idée inconsciente qui détermine le sentiment, dont l'intuition esthétique est l'objet. Si le concept du beau ne pouvait être *logiquement décomposé*, si le beau n'était pas seulement une *manifestation spéciale de l'idée logique*, nous devrions reconnaître dans l'Inconscient créateur, à côté du principe logique que nous y avons trouvé seul jusqu'à présent, un second principe encore, hétérogène, qui serait sans aucun rapport avec le premier. Mais l'histoire de l'esthétique montre trop clairement que le but de cette science est de ramener toute beauté sans exception à des éléments logiques (du moins dans l'application de la beauté aux données de la réalité), pour que l'imperfection actuelle des études esthétiques puisse détourner de croire que le but final de cette science est bien celui-là.

(1) Ou *inhérente* : terme de Kant.

VI

L'INCONSCIENT DANS L'ORIGINE DU LANGAGE

« Puisque, sans langage, il n'y a ni conscience philosophique, ni même aucune conscience humaine en général, le principe du langage doit échapper à la prise de la conscience; et pourtant, plus nous pénétrons dans l'essence du langage, plus nous découvrons clairement que l'invention du langage dépasse de beaucoup en profondeur les œuvres de la conscience la plus parfaite. Il en est du langage comme des êtres organiques. A en croire nos yeux, il semble qu'une force aveugle préside à leur naissance, mais leur développement nous oblige de reconnaître qu'une sagesse infinie les régit jusque dans les moindres détails. » Ces mots de Schelling (*Œuvres*, 2° partie, vol. 1, p. 52), résument le contenu de ce chapitre.

Considérons d'abord l'importance philosophique des formes grammaticales et des notions générales. Dans chacune des langues les plus parfaites nous trouvons la distinction du sujet et de l'attribut, du sujet et de l'objet, du substantif, du verbe et de l'adjectif, et les conditions correspondantes dans la construction des phrases. Les langues les moins développées distinguent, au moins, ces formes essentielles par la place qu'occupent les divers membres de la proposition. Celui qui est familiarisé avec l'histoire de la philosophie sait tout ce que cette science doit aux formes du langage. Le concept du jugement est évidemment abstrait de la proposition grammaticale, dont on a écarté les formes verbales. Du sujet et de l'attribut on a tiré, de la même manière, les catégories de la substance et de l'accident. Trouver des concepts dont l'opposition corresponde à celle du substantif et du verbe, c'est un problème philosophique, qui n'a pas encore été résolu et qui est peut-être très-fécond en conséquences. La spéculation réfléchie est encore ici bien en arrière des créations inconscientes du génie de l'humanité. Les concepts philosophiques de sujet et d'objet qui, dans l'acception rigoureuse du mot, manquaient à la conscience antique, et dominent justement aujourd'hui la spéculation, ont pu, sans invraisemblance, être tirés des notions grammaticales où ils étaient obscurément enveloppés à l'insu de la conscience : leur nom, du moins, semble justifier cette hypothèse. La philosophie pourrait tirer un profit semblable des autres parties du discours, par exemple de ce que l'on appelle l'objet plus éloigné ou de la troisième personne : c'est, en tout cas, ma conviction. En portant ainsi à la clarté de la conscience la pensée métaphysique, dont le mot n'est que l'enveloppe, la philosophie ne crée pas de nouveaux rapports entre les choses. Mais des rapports, qui n'existaient dans la conscience que sous une forme diffuse, et qui n'étaient déterminés que dans l'intuition inconsciente du génie ou dans l'instinct, reçoivent, grâce à la spéculation, une forme déterminée pour la conscience, et peuvent maintenant servir de sûr fondement à d'autres spéculations. C'est ainsi qu'en mathématiques les fonctions circulaires, elliptiques et celles d'Abel ont tout à coup résumé dans une formule spéciale des séries depuis longtemps connues, et en ont par là généralisé l'usage. Lazarus appelle ce travail la « condensation de la pensée ».

Le jour où, pour la première fois dans l'histoire du monde, l'esprit humain s'arrête devant lui-même et commence à philosopher, il trouve un langage riche de formes et de concepts. « Une grande partie, peut-être la plus considérable du travail de sa raison, consiste dans l'analyse des concepts, qu'il trouve déjà en lui », comme dit Kant. Il trouve les cas de la déclinaison dans le substantif, le verbe, l'adjectif, le pronom; les genres, les temps et les modes du verbe; le trésor inépuisable des concepts tout formés, qui correspondent aux choses et à leurs rapports. Les catégories générales, qui représentent en grande partie les plus importants de ces rapports et constituent les notions essentielles de toute pensée, l'être, le devenir, la pensée, le sentiment, le désir, le mouvement, la force, l'activité, etc., sont des matériaux que sa conscience trouve tout préparés. Il lui faut des milliers d'années, avant de bien connaître ce trésor de la spéculation inconsciente. Jusqu'ici l'esprit philosophique est tombé dans la faute habituelle à tout commençant. Il est allé chercher bien loin les objets de son étude; et a négligé ce qui se trouvait tout près de lui, peut-être, il est vrai, ce qui était le plus difficile à connaître. Il n'y a pas encore de vraie philosophie du langage. Nous n'en avons, en réalité, que de maigres fragments. Ce qu'on trouve d'ordinaire sur ce sujet, ce sont des invocations pompeuses à l'instinct de l'humanité, qui sait pourtant déjà ce dont il s'agit (comme on fait dans l'esthétique). Si les premiers philosophes grecs s'attachaient exclusivement à l'étude du monde extérieur, la philosophie a reconnu davantage, à mesure qu'elle avançait, que son premier devoir était de comprendre la pensée de l'homme lui-même; que cette science est surtout facilitée par la découverte des trésors spirituels, qui se trouvent enfouis dans le langage même du philosophe; et que le langage, ce vêtement sévère de la pensée, doit être conservé tel que la vénérable tradition nous l'a transmis, et non pas déshonoré par les chiffons variés qu'on y attache. Le langage est le verbe de Dieu, l'écriture sainte pour le philosophe; il est la révélation éternelle du génie de l'humanité. — Combien un Platon, un Aristote, un Kant, un Schelling, un Hégel doivent au langage! Quiconque les a étudiés attentivement le reconnaîtra sans peine. Trop souvent les habiles eux-mêmes paraissent ignorer la source où ils ont puisé la première indication qui les a conduits à certains résultats. (Qu'on songe à la doctrine de Schelling sur le sujet de l'être, comme non-être ou être en puissance, et sur l'objet de l'être comme être pur.)

Nous avons maintenant à rechercher avant tout si le langage suit les progrès de la culture générale. Dans une certaine mesure cela est incontestable. Le langage de l'homme primitif est certainement un composé de sons et de gestes, à peine distincts de celui des animaux. Nous savons encore que toute langue, qui est maintenant une langue à flexions, a traversé les périodes de juxtaposition monosyllabique (chinois), d'agglutination (langue turque) et de fusion (langue indienne), s'élevant ainsi graduellement à sa plus haute perfection. Mais veut-on savoir si le langage, après avoir atteint ce développement, qui peut être considéré comme la condition préliminaire d'une langue à flexions, se perfectionne avec la culture générale? Non-seulement il faut répondre par la négative, mais on doit plutôt affirmer le contraire. Sans doute les progrès de la civilisation amènent la création d'objets nouveaux qui donnent naissance à leur tour à des idées, à des rapports d'idées nouveaux, et par suite à des mots nouveaux (comme chemins de fer, télégraphes, sociétés d'actionnaires). Le langage s'enrichit ainsi matériellement. Mais ce n'est pas là un progrès philosophique. Les notions vraiment philosophiques (les catégories, etc.) restent les mêmes : elles sont, à peu d'exceptions près, comme les concepts de conscience et autres semblables, telles aujourd'hui qu'elles étaient pour les anciens de l'époque classique, qui les connaissaient par une sorte d'instinct divinateur, non d'une manière explicite et consciente. De même les séries d'abstractions, qui rangent, pour la commodité de la mémoire, la diversité infinie des phénomènes sensibles en plusieurs classes de notions abstraites, n'ont subi aucune modification importante. Si les sciences spéciales, comme la botanique, la zoologie changent de temps en temps leurs concepts spécifiques, ces modifications n'exercent aucune influence sur la vie pratique; et sont d'ailleurs insignifiantes par rapport à la constance de presque tous les autres concepts. Mais pour ce qui constitue l'élément vraiment philosophique du langage, à savoir ses formes, il faut reconnaître que, pendant que la culture générale progresse, elles se brisent et s'usent. Les modifications qu'a subies la langue allemande, en traversant le gothique, le haut allemand ancien, moyen et moderne, en sont une preuve : mais surtout l'affaiblissement des langues romanes et particulièrement du français en sont des conformations éclatantes. La place, déterminée une fois pour toutes, que les diverses parties de la proposition et les propositions entre elles doivent occuper, ne laisse dans le français aucune liberté à l'expression; la déclinaison n'existe plus, le genre neutre pas davantage; la conjugaison est bornée à quatre temps (elle n'en compte même plus que deux en allemand); la voix passive fait défaut, toutes les syllabes finales sont tombées; les syllabes radicales, qui, dans les langues primitives, sont si expressives par leur parenté, deviennent méconnaissables pour la plupart par la disparition des terminaisons, par l'élision des consonnes, par d'autres altérations; enfin la faculté de former des mots composés est entièrement perdue. Et pourtant l'allemand et le français sont des langues infiniment riches et expressives, si on les compare à l'anglais, qui a subi un aplatissement déplorable et qui revient à grands pas, sous le rapport grammatical, à la période primitive du développement des langues, à la juxtaposition du chinois. Plus, au contraire, nous remontons en arrière, plus les formes sont riches. Le grec a le moyen, le duel, l'aoriste, et une incroyable facilité de composition. Le sanscrit, qui est la plus ancienne des langues à flexion que nous connaissions, l'emporte sur toutes les autres langues par la beauté et la richesse des formes. Ces considérations montrent que l'origine du langage est indépendante d'une haute culture, et que cette culture lui est plutôt nuisible. Elle ne peut pas protéger contre la corruption les formes que le passé lui a léguées, même lorsqu'elle consacre à la conservation et au perfectionnement de ces formes le soin attentif et vigilant d'une académie française par exemple. Le développement.

du langage s'accomplit en gros et aussi en détail avec la tranquille nécessité d'une production naturelle. Les formes du langage, en dépit de tous les efforts de la conscience, continuent aujourd'hui encore à se développer, comme des organismes indépendants (1); la conscience n'est pour elles qu'un milieu où elles continuent de vivre de leur vie propre. Tous ces faits, aussi bien que la profondeur et l'élévation spéculative du langage, et enfin la merveilleuse unité de son organisme, qui dépasse de beaucoup l'unité systématique d'une construction méthodique, nous interdisent de considérer le langage comme un produit de la réflexion et du génie inventif. Schelling l'a dit avant nous : « Le génie, qui a créé le langage, — et ce n'est pas le génie des individus qui composent un peuple, — l'a conçu comme un tout : ainsi la nature créatrice, lorsqu'elle forme le cerveau, pense déjà aux nerfs qui doivent le traverser. »

Ajoutez encore que, pour le travail d'un seul, l'œuvre est beaucoup trop compliquée et trop riche en détails : le langage doit être l'œuvre de la masse, du peuple tout entier. Mais d'un autre côté, pour y voir l'œuvre collective de la réflexion des individus, il faudrait oublier l'unité organique qu'il présente. L'instinct collectif seul en peut être l'auteur; c'est de la même manière qu'il préside à l'activité des abeilles, des termites et des fourmis. Remarquons, en outre, que, si les langues qui se sont développées sur des points différents offrent entre elles des différences essentielles, la marche que ce développement a suivie est au fond identique, malgré la diversité des civilisations et des caractères nationaux. L'accord des formes élémentaires et de la syntaxe, à tous les degrés du développement, ne peut s'expliquer que par la vertu d'un instinct, qui préside chez tous les hommes à la formation du langage; que par l'action universelle d'un esprit, qui soumet partout le développement du langage aux mêmes lois, dans ses périodes

---

(1) Voir : Gobineau, *Recherches sur les diverses manifestations de la vie sporadique*, 2ᵉ partie, dans le *Journal de philosophie et de critique philosophique*, 52 vol. p. 181 et suivantes.

de floraison et de dépérissement. Celui que toutes ces raisons ne réussiraient pas à convaincre n'a qu'à y joindre cet autre argument, qui, à lui seul, devrait être décisif. La conscience n'est possible dans la pensée humaine qu'avec l'aide du langage; nous voyons que la pensée humaine sans l'aide du langage (chez les sourds-muets sans éducation et aussi chez les hommes, à l'état normal, qui se sont développés en dehors de leurs semblables) l'emporte à peine tout au plus sur celle des animaux supérieurs. Il est tout à fait impossible, en l'absence du langage, ou à l'aide seulement d'un langage purement animal et privé de formes grammaticales, de penser avec assez de subtilité pour produire avec conscience un organisme, admirable de sagesse et partout semblable dans ses formes essentielles, comme l'est le langage. Disons plutôt que chaque progrès du langage est la condition et non la conséquence d'un progrès nouveau, dans le développement de la pensée réfléchie. Comme tout instinct, chacun de ces progrès se réalise à l'époque où la culture générale d'un peuple rend nécessaire un progrès dans sa manière de penser.

Tout comme il est incontestable que le langage en partie si perfectionné des animaux, et le langage de la physionomie, des gestes et des sons naturels chez l'homme primitif ne peuvent être employés et compris que par l'aide de l'instinct; ainsi la parole humaine doit être une inspiration du génie de l'humanité, l'œuvre instinctive des masses. Les plus illustres, les plus originaux linguistes de ce siècle sont d'accord, du moins, à le soutenir. Voici ce que dit Heyse dans son *Système de linguistique :* « le langage est le produit naturel de l'esprit humain. C'est un produit nécessaire, auquel n'ont part ni la volonté, ni la réflexion, et qui dérive d'un instinct secret de l'esprit. » Le langage est, pour le même auteur, l'œuvre « non pas de l'esprit particulier et subjectif et de l'entendement réfléchi ou de la libre activité de l'individu en tant qu'individu », mais « de l'esprit universel et objectif, de la raison humaine dans son fond essentiel ». Guillaume de Humboldt s'exprime de la même

manière (*Ueber das vergleichende Sprachstudium*, § 13).
« On peut penser à l'instinct naturel des animaux, et appeler le langage l'instinct *intellectuel* de la raison. Il ne sert de rien d'accorder qu'il a fallu pour en faire la découverte des siècles et encore des siècles. L'invention du langage ne serait pas possible, si la pensée humaine n'en contenait à l'avance le type. Si l'on s'imagine que l'invention du langage s'est faite d'une manière successive et graduelle, et comme par une action réciproque, en ce sens que chaque élément nouveau qu'on y introduisait rendait l'homme plus homme, et que ce perfectionnement de l'homme provoquait à son tour un nouveau perfectionnement du langage, on méconnaît l'union indissoluble de la réflexion et du langage chez l'homme. » Le langage « ne s'apprend pas à vrai dire ; on ne fait qu'en éveiller la faculté endormie. On n'a besoin que de lui donner le fil, il marche et se développe après de lui-même » (Comp. plus bas p. 335 et suiv.). « Comment celui qui entend parler pourrait-il, par le seul développement de la pensée qui s'agite isolément en lui, s'approprier la parole qu'il entend, si celui qui parle et celui qui écoute n'étaient pas au fond le même être, qui n'a été divisé que pour les besoins de l'individualité et d'un commerce réciproque. Un signe subtil, qui a été puisé justement dans le fond le plus intime, le plus essentiel de l'être, comme le langage articulé, suffit à établir la communication des deux. » « L'intelligence des mots entendus ne pourrait être l'œuvre d'une spontanéité intérieure, et le commerce par la parole devrait être tout autre chose entre les interlocuteurs qu'une excitation réciproque de la faculté de parler, si, sous la diversité des individus, ne se retrouvait pas l'unité de la nature humaine, qui a été fractionnée, mais non supprimée au fond par la distinction des individus. » Humboldt conclut de la nature seule du langage ce que nous démontrerons plus loin et d'une manière plus générale : « que la séparation des individus n'est que la manifestation phénoménale des êtres spirituels dans leur existence relative »; et que la pensée consciente et le langage

chez l'homme ont leur commun principe dans l'esprit universel. H. Steinthal, dans son remarquable ouvrage « *sur l'origine du langage* » résume sa critique pénétrante et solide de ses devanciers, en posant la question dans les termes suivants : « Le langage n'est chez l'homme ni un produit inné, ni un don de Dieu : l'homme le crée lui-même. Ce n'est pas purement l'organisme de l'homme, c'est son esprit, mais non pas l'esprit réfléchi qui en est l'auteur. Quel est cet esprit, quelle est cette faculté spéciale de l'esprit humain à laquelle le langage doit être rapporté ? » Que répondre autre chose, sinon l'activité inconsciente de l'esprit ? C'est elle que nous retrouvons avec sa finalité instinctive, ici dans les instincts de la nature, là dans ceux de la pensée ; ici dans les instincts individuels, là dans les instincts collectifs des masses : elle agit toujours semblable à elle-même, avec une clairvoyance et une sûreté infaillible, s'accommodant partout aux besoins qui se font sentir.

VII

L'INCONSCIENT DANS LA PENSÉE.

Dans l'avant-dernier chapitre (p. 313 à 315) nous avons constaté que l'apparition d'un souvenir en vue d'un besoin déterminé suppose toujours l'intervention de l'Inconscient : autrement l'idée cherchée ne se présenterait pas, parce que la conscience ne connaît pas tous les souvenirs qui sommeillent dans l'esprit (1) et ne peut par conséquent faire un choix entre eux. Si une idée qui ne convient pas se présente, la conscience la reconnaît immédiatement comme impropre à son dessein et la rejette ; mais les souvenirs qui ne se sont pas encore présentés, et doivent ensuite se montrer échappent complétement à sa connaissance, et par suite à son choix. L'Inconscient seul peut opérer le choix convenable. On serait peut-être disposé à croire que le rappel des souvenirs n'a qu'un rapport tout à fait accidentel à notre besoin présent ; et que la conscience rejette les souvenirs impropres jusqu'à ce que le souvenir cherché se présente. Dans le travail de la pensée abstraite, il peut arriver que cinq souvenirs ou un plus grand nombre soient rejetés, avant que le souvenir convenable s'offre à l'esprit. Dans des cas semblables comme dans la divination d'énigmes, ou la solution à tâtons de problèmes, la réflexion ne

---

(1) Je rappelle ici une fois de plus que l'expression de *souvenirs endormis* ne doit pas être prise à la lettre. Il ne s'agit ici en aucune façon des pensées soit conscientes soit inconscientes, mais de la prédisposition des molécules cérébrales à certains états vibratoires : c'est la réaction de l'Inconscient qui, selon le cas, associe telle ou telle pensée consciente à ces vibrations.

sait pas exactement ce qu'elle veut, c'est-à-dire que les conditions de la solution convenable ne lui sont connues que sous la forme abstraite de formules verbales ou numériques, mais non par une intuition immédiate. Il s'agit, dans chaque cas particulier, de substituer aux formules la valeur concrète; et de voir si la solution s'accorde avec les données. Mais il est évident qu'un besoin dont la conscience est si confuse qu'il ne se connaît lui-même que par son application au cas concret, doit provoquer de la part de l'Inconscient une réaction beaucoup moins parfaite, qu'un besoin compris immédiatement et d'une manière concrète et intuitive. Ainsi, lorsqu'on cherche une idée convenable pour achever un tableau, un vers ou une mélodie, il est très-rare que le tâtonnement se prolonge aussi longtemps. S'il s'agit d'un trait d'esprit, l'hésitation est encore moindre. Les traits d'esprit qui coûtent des recherches sont toujours mauvais. Mais, même dans le cas où l'expérience nous montre que bien des idées doivent être rejetées avant que l'idée convenable ne se présente, il ne faut pas oublier que toutes les idées qu'on rejette ne sont pas indifférentes au but poursuivi et comme de purs produits du hasard, mais qu'elles tendent toutes au but, quoiqu'elles ne l'atteignent pas directement. Lors même qu'elles ne présenteraient pas ce caractère, on devra reconnaître que, si on écarte l'intérêt du but poursuivi, et si l'on ne songe qu'aux autres lois de l'association des idées, les idées qui devraient se présenter sont en nombre infini. Il arriverait très-rarement qu'il suffît de cinq ou dix essais infructueux pour que le souvenir convenable s'offrît à nous : il faudrait d'ordinaire un bien plus grand nombre d'essais. Il en résulterait une impossibilité absolue de produire jamais une suite régulière de pensées. On renoncerait bien vite à cette fatigue excessive pour se laisser aller aux suggestions volontaires de la rêverie, aux impressions des sens, comme les animaux inférieurs.

Il s'agit avant tout dans la pensée que le souvenir convenable se présente au moment convenable. C'est par là seulement (si l'on néglige la rapidité dans le mouvement des pensées) que le penseur de génie se distingue de l'imbécile, du sot, du niais, de l'esprit faible ou du fou. Le raisonnement se fait chez tous de la même manière. Personne, ni dans la folie ni dans le rêve, n'a tiré une conclusion fausse des prémisses qui se présentaient à lui : les prémisses elles-mêmes sont d'ordinaire inacceptables. Tantôt elles sont fausses en elles-mêmes, trop étendues ou trop étroites pour la conclusion. Tantôt on sous-entend habituellement, pour justifier la conclusion, des prémisses qui ne sauraient être admises dans le cas dont il s'agit. Tantôt une série de raisonnements successifs est rassemblée en un seul raisonnement ; et l'erreur tient à ce qu'on ne fait pas attention réellement à chaque raisonnement particulier, et à ce que chacun des raisonnements successifs suppose une prémisse nouvelle. Mais quand les prémisses sont posées, se tromper sur la conclusion simple qui s'en tire, c'est là, selon moi, une chose aussi peu admissible que de supposer qu'un atome poussé par deux forces opposées puisse suivre une autre direction que celle de la diagonale du parallélogramme des forces.

Il s'agit avant tout, dans la pensée, que l'idée convenable se présente au moment convenable. Examinons de plus près cette proposition. Penser, au sens restreint du mot, c'est analyser, unir ou coordonner les idées. L'analyse peut avoir pour objet soit de diviser ce qui est uni dans l'espace ou le temps, soit de détacher par l'abstraction une partie d'un tout. Chaque idée est susceptible de divisions en nombre infini. Il faut, avant tout, que la division sépare exactement les parties que l'on veut garder de celles que l'on veut négliger. Combien d'éléments et quels éléments doit-on garder de l'idée totale ? Cela dépend du but auquel on veut la faire servir. L'objet principal de l'abstraction est la réunion en une notion commune de beaucoup d'idées sensibles simples. La notion ne doit contenir que l'élément commun à toutes ces dernières. Il faut donc que l'analyse soit ainsi faite que, de toutes les idées particulières, elle ne retienne que les éléments communs, et néglige les différences individuelles. En d'autres termes, si l'on a un nombre considérable d'idées particulières, il faut que l'idée de l'élément commun à toutes se présente tout à coup à l'esprit. Or cela demande certainement une inspiration qui ne peut pas plus être forcée dans ce cas que dans les exemples précédents. Des millions d'hommes fixent leur attention sur les mêmes idées simples : un esprit original seul finit par les réunir en une notion générale. Combien l'homme cultivé est plus riche en idées générales que l'homme sans culture ! La cause en est uniquement que le premier s'intéresse aux idées générales; et c'est à l'éducation, à l'enseignement qu'il doit cet intérêt. On ne peut directement enseigner à un homme la vérité d'une notion générale. On l'aide seulement à faire l'abstraction nécessaire, en lui suggérant en grand nombre les idées particulières convenables, en écartant de sa pensée d'autres notions auxquelles il est habitué, etc. : c'est à lui en dernier ressort de former la notion générale. On ne peut certainement pas admettre une différence considérable de talent naturel entre la moyenne des esprits cultivés et de ceux qui ne le sont pas. C'est l'intérêt seul attaché à la découverte des idées générales, qui explique que les uns en soient beaucoup plus riches que les autres. Il en faut dire autant de la différence qui sépare, sous le même rapport, l'homme et l'animal : il est vrai que le talent naturel doit être ici pris en considération. Les plus importantes découvertes des sciences théoriques se réduisent souvent à la découverte d'une notion nouvelle, à la reconnaissance de l'élément commun que contenaient déjà, sans qu'on en eût conscience, un grand nombre d'autres notions. Telle est la découverte par Newton de l'idée de la gravitation. Si l'intérêt qu'on prend à la généralisation est la condition indispensable à la découverte de l'idée générale, la première apparition en est due à l'action par laquelle l'Inconscient répond à la sollicitation de ce besoin.

S'il en est ainsi pour les notions qui résultent de l'abstraction opérée sur l'élément commun à beaucoup d'idées données, nous en dirons autant à plus forte raison des notions qui expriment les rapports mutuels des idées différentes : comme l'égalité, l'unité, la multiplicité (le nombre), la totalité, la négation, la disjonction, la causalité, etc. La notion générale est ici une véritable création, dont les matériaux sans doute sont donnés, mais qui produit un élément que ne contiennent pas en elles-mêmes les idées données. Les cubes A et B, par exemple, ne possèdent point par eux-mêmes la qualité d'être semblables. Supprimez B, la ressemblance en question n'existe plus pour A. Pourtant l'existence de B ne peut changer la nature de A; l'existence de B ne peut enrichir A d'une qualité nouvelle, que ce dernier n'avait pas auparavant; ni par conséquent être cause de son égalité avec B. La notion de l'égalité n'est donc pas tirée des choses elles-mêmes. Elle ne l'est pas davantage des perceptions seules que les choses font naître en nous : car le même raisonnement s'appliquerait ici. C'est l'âme seule qui crée la notion de la similitude. Mais l'âme ne peut arbitrairement déclarer deux représentations semblables ou dissemblables. Il faut que ces représentations soient identiques, indépendamment du lieu et du temps; c'est-à-dire que les deux représentations devraient, en se remplaçant au même point de l'espace et sans intervalle de temps, nous faire l'impression d'une représentation unique et demeurée invariable. Mais puisqu'une telle condition n'est pas réalisable, il suffit que l'âme sépare par la pensée l'élément identique des deux représentations. Si elle reconnaît alors que les différences individuelles, qui persistent, tiennent seulement au lieu et au temps, et non à la nature même des représentations, elle nomme ces dernières semblables, et s'élève ainsi à la notion de la similitude. Il est facile de voir que tout ce processus ne pourrait se dérouler sous le regard de la conscience sans que l'âme eût déjà la faculté de faire des abstractions, et, par suite, sans qu'elle possédât la notion de la ressemblance, pour entreprendre l'abstraction des éléments semblables que contiennent deux idées différentes ; c'est dire qu'elle devrait posséder ce qu'elle doit justement chercher : or c'est là une contradiction. Puisque toute âme d'homme ou d'animal possède en réalité l'idée de la ressemblance, il ne reste qu'à admettre que le processus dont il s'agit se déroule, dans sa partie essentielle, hors de la conscience ; et que le résultat auquel il conduit, la notion de la similitude ou le jugement que A et B sont égaux, tombe seul sous le regard de la conscience.

Je veux rappeler en peu de mots combien la faculté d'abstraire et, par suite, le concept de la similitude qu'elle contient sont indispensables, et comme les premiers fondements de toute pensée.

Chaque homme, chaque animal sait, quand une idée ou une perception se produit chez lui, s'il en connaît ou non le contenu, c'est-à-dire si la perception est nouvelle, se présente à lui pour la première fois, ou s'il l'a déjà antérieurement acquise. Une idée simple, dont l'apparition est associée à la conscience qu'elle s'est déjà présentée à l'esprit comme perception sensible, s'appelle un souvenir. La reconnaissance des perceptions sensibles ne porte pas le nom de souvenir, mais elle présente la même difficulté. On se demande comment l'âme peut constater que l'idée est déjà connue, puisque l'idée ne possède point par elle-même un tel caractère : chaque idée, en effet, est par elle-même quelque chose d'entièrement nouveau. Il est naturel d'invoquer ici l'association des idées ; la ressemblance en est l'une des conditions essentielles. Si donc une perception se présente de nouveau, qui s'était déjà produite, le souvenir endormi se réveille. L'âme au lieu d'une image en voit deux, une vive et une faible, et la seconde un moment après l'autre, tandis qu'elle ne voit qu'une seule image, toutes les fois que ses perceptions sont nouvelles. Elle ne se reconnaît pas comme la cause de la seconde image, de l'image faible ; elle considère donc l'image qui précède dans le temps et qui est plus vive comme la cause de la seconde. Mais, comme d'un autre côté la perception elle-même ne suffit pas à expliquer pourquoi l'image faible se présente dans certains cas et n'apparaît pas dans d'autres, l'âme se voit obligée de rapporter la cause de ce phénomène à une disposition particulière de son intelligence. Si l'âme, en voyant l'image faible, avait immédiatement conscience de l'avoir déjà vue, la chose s'expliquerait sans peine; mais justement on ne comprend pas comment elle peut prendre conscience de cela, d'après tout ce qui a été dit jusqu'ici. La question n'est donc pas résolue; elle n'est que reculée d'un pas. Nous pouvons cependant nous aider ici de la considération des impressions identiques que les sens nous envoient, lorsqu'elles se succèdent avec une telle rapidité que l'écho de la première n'est pas encore éteint lorsque la seconde se produit. L'âme reconnaît dans ce cas : 1° que l'écho de la première impression ne fait qu'un avec cette impression, grâce à l'affaiblissement continu de la résonnance; 2° elle sait par le degré de cet affaiblissement que l'objet extérieur a cessé d'agir, et que l'écho seul s'en fait encore sentir; 3° elle constate que si, immédiatement après la seconde impression, l'écho reçoit soudain une énergie nouvelle, c'est là un effet de cette seconde impression; 4° enfin elle reconnaît que la seconde impression est identique, par son contenu, à l'écho renforcé de la première. En se fondant sur ces prémisses, elle conclut que la disposition de la faculté représentative, qui causait l'apparition de l'image faible après la seconde impression, était la présence de l'écho laissé par la première; et que la seconde impression était la même que la première. Les mêmes faits se reproduisant aux degrés différents d'affaiblissement de l'écho, l'âme conclut par analogie que, là où l'écho de la première impression a disparu à l'arrivée de la seconde, la disposition en question de l'intelligence consiste en ce que l'écho sommeille. De là résulte la conscience que nous prenons d'avoir déjà connu une idée, chaque fois qu'une idée en éveille une semblable à elle, mais plus faible. Ainsi, par exemple, dans les rêves qu'on fait tout éveillé, des images apparaissent à l'esprit. Il faut qu'elles se soient déjà formées une première fois avec une certaine énergie dans la pensée, pour que l'association des idées évoque ensuite pendant un moment dans l'âme, comme une seconde image, l'ensemble de tous les faits dont on a été témoin en imagination. C'est seulement alors que surgit tout à coup la conscience que les faits ont été déjà connus, alors seulement que le souvenir réveillé est reconnu par la conscience comme souvenir.

On voit quelle complication prodigieuse de raisonnements est nécessaire, pour produire le phénomène essentiel, en apparence si simple, du souvenir; et combien il est impossible que, dans l'enfance de l'homme et des animaux, où se forment de tels concepts, un processus si laborieux puisse se dérouler sous le regard de la conscience. Qu'on songe surtout que tous les raisonnements qui sont appliqués ici supposent la faculté de reconnaître les idées comme souvenirs. Il ne reste donc plus qu'à croire que ce processus se déroule au sein de l'Inconscient; et que son résultat seul tombe sous l'œil de la conscience. D'ailleurs, la certitude que la chose a été connue, certitude qui donne le souvenir lorsque les deux impressions se suivent à court intervalle, ne pourrait même être atteinte par cette construction artificielle d'hypothèses et d'analogies.

La causalité nous offre un autre exemple. Elle suppose certainement une opération logique, fondée sur le calcul des probabilités, qui doit apprécier ce que vaut la pure supposition du hasard absolu, c'est-à-dire de l'absence de toute causalité. Si un événement s'est produit un nombre de fois n au milieu de telles et telles circonstances, la probabilité qu'il se représentera une autre fois au milieu des mêmes circonstances peut s'évaluer par $\frac{n+1}{n+2}$. Supposez maintenant que nous appelions l'apparition de cet événement du nom de nécessaire, si la probabilité de cette apparition $= 1$, nous arrivons ainsi à déterminer avec une certaine probabilité que l'apparition de l'événement est nécessaire ou non. D'ailleurs, comme Kant l'a démontré, la causalité signifie seulement que *l'apparition du fait, au milieu des circonstances en question, est nécessaire.* L'idée de *production* que nous associons à celle de cause est arbitrairement attachée par nous à cette dernière ; et, en fin de compte, elle n'est qu'une image peu juste.

Ainsi nous pouvons mesurer la probabilité que tel ou tel phénomène dépend de telles ou telles circonstances ; et, en réalité, notre savoir ne va pas plus loin. Mais personne ne croira que les enfants et les animaux arrivent de cette manière à l'idée de la causalité. Et pourtant, il n'y a pas d'autre moyen d'atteindre, au delà du concept de la pure succession, à celui de la succession nécessaire ou de l'effet. Ce processus doit donc se faire dans l'Inconscient ; le concept de causalité en exprime le résultat définitif pour la conscience.

La même démonstration s'applique aux autres catégories de la relation. Elles se justifient toutes par un raisonnement logique ; mais ces raisonnements sont trop délicats et en partie trop compliqués, pour s'être déroulés dans la conscience des êtres qui les ont formés pour la première fois : les conclusions n'en apparaissent à la conscience que toutes formées. Celui qui reconnaît l'impossibilité de les tirer du dehors et la nécessité de les former soi-même affirme leur à priorité. Celui qui remarque, au contraire, que les raisonnements, sur lesquels les catégories s'appuient, ne peuvent être faits par la conscience, et que les catégories doivent être données à cette faculté comme des conclusions toutes formées, celui-là doit soutenir leur à postériorité. Platon pressentait les deux opinions, puisqu'il nommait toute science un souvenir. Schelling en disait autant dans le passage suivant : « En tant que le moi produit tout de lui-même, tout est savoir à priori ; mais en tant que nous n'avons pas conscience de cette production, tout est savoir à postériori. Il y a donc des concepts à priori, sans qu'on puisse dire qu'il y a des concepts innés. » (Comparez plus haut p. 28.) Toute idée à priori véritable est donc une affirmation de l'Inconscient ; la conscience ne saisit en elle que le résultat d'un processus qui lui échappe. En tant que ce processus est antérieur aux données, au contenu immédiat de la conscience, il est inconscient. Mais en tant que la conscience réfléchit sur le contenu qu'elle trouve en elle-même, et remonte par le raisonnement de ce contenu au principe qu'il suppose, elle reconnaît à postériori le principe qui agissait en elle, comme un à priori inconscient (Voyez encore *Fondement critique du réalisme transcendental*, p. 96 à 103, et 116 à 126.) L'empirisme ordinaire méconnaît la présence de l'à priori dans l'esprit : les philosophes spéculatifs, à leur tour, oublient que tout ce qui est à priori dans l'esprit ne peut être connu qu'à postériori, c'est-à-dire par la voie de l'induction.

La combinaison des idées peut se faire par une addition de parties, soit dans l'espace, soit dans le temps : ainsi les compositions dans les arts plastiques ou dans la musique, et la combinaison fait ici partie de la production esthétique ; ou par la réunion de plusieurs concepts en une seule notion, comme lorsqu'on construit des définitions ; ou par la combinaison d'idées suivant les diverses catégories de la relation : ainsi l'association de l'effet et de la cause, de la forme et du contenu, du semblable et du semblable, la recherche de l'un des deux termes d'une alternative, du général lorsqu'on connaît le particulier, et réciproquement. Dans tous ces cas, on a une idée ; et on en cherche une autre qui complète le rapport donné. Ou l'idée cherchée est en nous à l'état de souvenir endormi ; ou elle n'y est pas. Dans le second cas, on doit la trouver directement ou indirectement : dans le premier, il s'agit seulement, entre une foule de souvenirs, de tomber justement sur celui qui convient. L'intervention de l'Inconscient est nécessaire dans les deux cas.

Le rapport du général au particulier a son expression verbale la plus simple dans le jugement, où le sujet représente le particulier ; et le prédicat, le général. Toute idée particulière contient dans sa compréhension une foule d'idées générales. Chaque sujet peut donc logiquement recevoir beaucoup d'attributs; lequel convient-il de lui appliquer? Cela dépend du but que poursuit la pensée. Il s'agit en un mot, dans le jugement, de tomber sur l'idée convenable, qu'on cherche soit l'attribut du sujet, soit le sujet de l'attribut : chaque idée générale embrasse en effet beaucoup d'idées particulières.

Le rapport du principe et de la conséquence a une importance particulière pour la pensée. Ce rapport s'établit toujours à l'aide du syllogisme. Sous sa forme simple, ce raisonnement s'effectue d'une manière rigoureuse; et le principe de contradiction suffit à le démontrer. Mais on voit bien que le syllogisme ne nous apporte rien de nouveau : Stuart Mill l'a déjà démontré. La proposition générale qui sert de majeure contient implicitement le cas particulier, que la conclusion ne fait qu'affirmer explicitement. Comme on ne peut admettre la vérité de la majeure dans toute sa généralité, qu'autant qu'on est convaincu de la vérité des cas particuliers qu'elle renferme, on doit être déjà convaincu de la vérité de la conclusion, ou on ne l'est pas non plus de celle de la majeure. Si celle-ci n'atteint pas à la certitude, mais seulement à la probabilité, la probabilité de la conclusion se mesure, à son tour, à celle de la majeure. Il suit de là que le syllogisme n'étend en aucune façon la connaissance, si une fois les prémisses sont données. C'est dire qu'aucun homme raisonnable ne s'arrête au syllogisme. En pensant les prémisses, on pense *eo ipso* à la conclusion : en sorte que le syllogisme, comme opération particulière de la pensée, ne se présente jamais à la conscience. Le syllogisme n'a donc pas pour la connaissance une importance immédiate; il n'y joue qu'un rôle secondaire. En réalité il s'agit dans tous les cas particuliers (et la mineure se trouve comprise parmi eux) de trouver la majeure convenable. Quand on l'a trouvée, la conclusion se présente aussitôt à la conscience. La majeure même demeure souvent comme un membre inconscient du processus. La même mineure peut être rapportée à des majeures nombreuses, de même qu'un sujet comporte bien des prédicats. Mais de même que, étant donné l'objet poursuivi dans un jugement particulier, un seul prédicat contient la détermination du sujet, qui doit conduire la pensée au but; ainsi une seule majeure peut produire la conclusion que la marche de la pensée exige. Il s'agit donc de faire paraître devant la conscience, parmi les propositions générales que la mémoire contient et auxquelles le cas donné peut se rattacher comme mineure, celle-là seule qui convient à la fin qu'on se propose. Notre affirmation générale se trouve confirmée ici encore une fois. Si je veux prouver que dans un triangle équilatéral les angles faits à la base sont égaux entre eux, je n'ai besoin que de me rappeler le principe général suivant : dans tout triangle, aux côtés égaux sont opposés des angles égaux. Aussitôt que cette vérité, antérieurement établie, se présente à ma pensée, la conclusion est *eo ipso* établie. De même, si l'on me demande ce que je pense du temps, et si l'on ajoute cette remarque, que le baromètre est descendu, il me suffit de me rappeler la vérité générale que le temps change toutes les fois que le baromètre descend, pour que la conclusion se présente d'elle-même à ma pensée : « Le temps changera demain ». Dans ce cas même, la prémisse générale pourra ne pas se présenter à la conscience; et la conclusion, s'offrir immédiatement.

Si nous demandons maintenant comment (à l'exception des mathématiques) nous arrivons aux propositions générales qui servent de majeures, l'analyse nous apprend que c'est par le moyen de l'induction : d'un plus ou moins grand nombre de perceptions particulières, nous tirons la règle générale avec plus ou moins de vraisemblance. La connaissance de cette probabilité se trouve contenue implicitement dans la science que nous avons du principe; et l'on peut, chez les hommes instruits et habitués à réfléchir, en discutant, en débattant les conditions d'un pari proposé pour le cas le plus prochain, les amener à la formuler en chiffres. Naturellement, on n'a d'ordinaire sur la mesure de la probabilité qu'une idée obscure, qui contient bien des inexactitudes. Aussi une haute probabilité est-elle toujours confondue avec la certitude, comme dans les croyances religieuses. Néanmoins il suffit de proposer un pari pour que le probable et l'improbable soient bien vite renfermés dans certaines limites, et que le degré de la probabilité se trouve fixé approximativement. Les têtes intelligentes, pour peu que la discussion se prolonge sur les conditions du pari, finissent par se mettre d'accord sur ces limites.

La question de savoir comment on arrive à croire à la règle générale se divise en deux questions : 1° comment est-on conduit à passer du particulier au général ; 2° comment arrive-t-on à déterminer le coefficient, qui mesure la probabilité réelle de la formule générale trouvée ? — La première question trouve sa solution dans le besoin pratique des règles générales. La vie de l'homme serait autrement livrée au hasard ; il ne saurait si la terre continuera de soutenir ses pas, si les troncs d'arbres à leur tour ne flotteront pas avec lui demain sur les eaux. C'est là une heureuse inspiration qui se produit en nous sous la pression du besoin : les cas particuliers ne nous fournissent pas la moindre raison de les ramener à une loi générale. La seconde question est résolue par la logique inductive, qui nous apprend que l'induction n'est que la conséquence logique d'un coefficient de probabilité. Nous pouvons ainsi apprécier la vérité du rapport établi par l'induction ; mais le processus subjectif de la conscience ne connaît pas ces méthodes artificielles. L'entendement naturel induit instinctivement. La conscience perçoit le résultat tout fait, sans pouvoir en expliquer la formation. Il ne reste qu'à admettre que la logique inconsciente de l'esprit exécute, à la place de la logique consciente, l'opération que le salut de l'homme réclame, mais que sa conscience, encore étrangère à la science, n'a pas la force d'exécuter. Si j'ai observé, après que tel ou tel signe s'est montré dans le ciel, que la pluie ou l'orage se sont souvent produits, j'induis une loi générale dont la probabilité se mesure au nombre des observations faites.

Je n'ai pas besoin pour cela de connaître les méthodes inductives de Mill, les règles de l'accord, de la différence et des résidus, ou des changements concomitants. Ma conclusion s'accorde pourtant avec celle que la science établit, autant du moins que l'obscurité dans laquelle je laisse le coefficient de la probabilité permet de constater cet accord, et à condition que l'on tienne compte des causes positives d'erreur, comme l'intérêt, etc., dont l'action se fait sentir.

Nous n'avons jusqu'ici examiné que les opérations relativement simples, en quelque sorte les éléments de la pensée. Il nous reste à étudier les cas où, au milieu d'un enchaînement de pensées établi par la réflexion, plusieurs anneaux, logiquement nécessaires, échappent à la conscience, sans que la justesse de la conclusion soit compromise. L'Inconscient va se révéler une fois de plus à nous très-clairement comme intuition, vision intellectuelle, science immédiate, logique immanente.

Considérons d'abord à ce point de vue les mathématiques. On sait que deux méthodes s'y entremêlent, la déductive ou discursive, et l'inductive. La première déduit ses démonstrations de prémisses données par voie de conséquences progressives, en vertu du principe de contradiction : elle répond donc à la logique de la réflexion, et à sa nature discursive. Elle est, d'ordinaire, considérée comme la méthode unique et exclusive des mathématiques, parce que, seule, elle peut prétendre à la marche méthodique et à la rigueur démonstrative. L'autre procédé doit renoncer à toute prétention à la rigueur démonstrative : il est néanmoins une forme de démonstration, par conséquent une méthode ; il fait appel au sentiment naturel, au bon sens des hommes. Par une sorte d'intuition intellectuelle, il nous découvre, en un instant, autant et même plus que la méthode déductive avec ses longs raisonnements. Il présente son résultat à la conscience comme une nécessité logique, sans hésiter, sans réfléchir, et d'une façon instantanée : il a donc le caractère de la logique inconsciente. Aucun homme, par exemple, qui regarde un triangle équilatéral, s'il comprend ce dont il s'agit, ne doutera un instant que les angles soient égaux. La méthode déductive peut, sans doute, tirer la même vérité de prémisses assez simples. Mais la certitude de notre connaissance intuitive ne reçoit de là aucun accroissement. Au contraire, si on nous démontre la vérité par le calcul avec une rigueur parfaite, sans que nous ayons la figure sous les yeux, nous serons moins instruits que par la simple vue. Nous savons seulement, dans le premier cas, que la chose doit être ainsi et ne peut être autrement : nous voyons, dans le second, qu'elle est réellement ainsi, et même qu'elle est nécessairement ainsi. La vérité se montre à l'intuition directe comme une réalité vivante et par le dedans, tandis que la déduction ne nous la présente que comme l'effet d'un mécanisme sans vie. Par la méthode intuitive, nous savons, pour ainsi dire, comment la chose est, et non-seulement qu'elle est ; nous nous sentons en un mot plus satisfaits.

C'est le mérite de Schopenhauer d'avoir insisté, comme il convient, sur le prix de cette méthode intuitive ; mais il a eu le tort de rejeter pour cela la méthode déductive. Tous les axiomes des mathématiques reposent sur la première espèce de preuve ; ils peuvent néanmoins, aussi bien que les propositions plus complexes, se déduire à l'aide du principe de contradiction. Mais l'objet de ces axiomes est si simple, que la vue seule suffit à produire la conviction ; et qu'on regarderait presque comme un sot celui qui voudrait démontrer de telles vérités. Il suit de là que personne ne s'est donné la peine nécessaire, pour ramener tous les axiomes des mathématiques au principe de contradiction, en raisonnant sur les notions élémentaires de l'espace et du nombre ; de là aussi l'opinion établie chez la plupart des philosophes, comme Kant, que cette réduction n'est pas possible. Mais, s'il est certain que ces axiomes sont des vérités logiques, il ne l'est pas moins qu'ils peuvent se déduire du principe unique de la logique, à savoir du principe de contradiction.

D'ailleurs les axiomes mathématiques sont tout à fait inutiles pour les têtes intelligentes : on pourrait, avec elles, commencer les mathématiques par des propositions beaucoup plus compliquées. Mais nos livres de mathématiques sont faits pour l'enseignement des écoles. Ils doivent être intelligibles aux esprits les plus lourds; et ces derniers ont besoin de comprendre la nécessité logique des axiomes. La méthode discursive ou déductive agit sur tout le monde, parce qu'elle marche pas à pas : l'intuition demande du talent, et l'un entend sans peine ce que l'autre ne comprend qu'après de longues explications. Si l'on s'avance un peu plus loin que les premiers principes, on peut encore, en transformant les figures géométriques, en les renversant, en les superposant, et par d'autres moyens auxiliaires de construction, venir en aide à l'intuition. Mais on arrive bientôt à un point que la tête la plus intelligente ne peut dépasser, sans recourir à la méthode déductive. Ainsi, dans le cas d'un triangle isocèle rectangle, on peut en retournant le carré de l'hypoténuse, rendre visible la proposi-

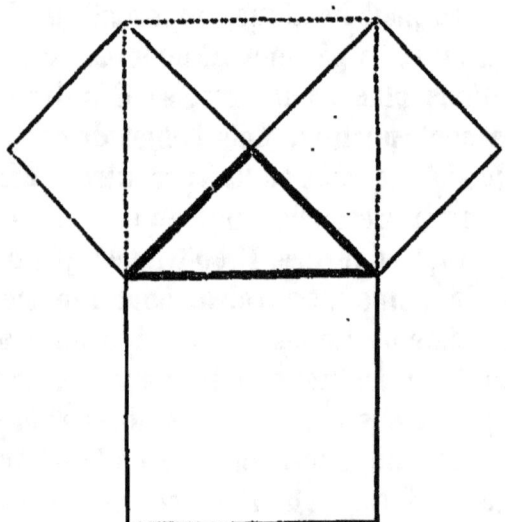

tion de Pythagore. Mais, si l'on a affaire à un triangle scalène, il faut recourir à la démonstration par voie de déduction. — Il suit de là que les plus habiles mathématiciens sont bien vite trahis par la faculté de l'intuition, et ne peuvent toujours s'avancer avec elle. Mais il dépend du degré de leur talent en ce genre d'aller plus ou moins loin. Rien ne s'oppose à ce que l'on conçoive un esprit supérieur, qui serait si complétement maître de la méthode intuitive, qu'il pourrait se passer entièrement de la déduction. La difficulté de l'intuition se montre bientôt dans l'algèbre et l'analyse mathématique. Il faut des talents prodigieux, comme celui de Dahse, pour pouvoir, même dans ces sciences, tout ramener à l'intuition ; pour embrasser et combiner d'un seul coup d'œil les nombres les plus considérables. On trouve plus fréquemment, chez les mathématiciens, la faculté de supprimer par une intuition rapide plusieurs membres d'une série régulière de raisonnements, de négliger un grand nombre de propositions intermédiaires : leur conscience passe instantanément des prémisses du premier raisonnement à la conclusion du troisième, ou du cinquième raisonnement suivant. Tout cela prouve que la méthode discursive ou déductive doit être regardée comme les échasses à l'aide desquelles marche en tâtonnant la logique de la réflexion, tandis que la logique de l'intuition est comme le Pégase de l'Inconscient, qui, d'un coup d'aile, s'élève de la terre au ciel. Les mathématiques tout entières, envisagées de ce point de vue, ressemblent à un instrument, à une machine que notre pauvre esprit est condamné à employer. L'homme doit péniblement élever pierre sur pierre, sans pouvoir jamais toucher le ciel de sa main, lors même qu'il élèverait sa construction au delà des nuages. Un esprit, qui serait en rapport plus intime que le nôtre avec l'Inconscient, trouverait d'intuition la réponse à toutes les questions, et saisirait instantanément la solution nécessaire que la logique impose : nous ne réussissons à le faire que pour les problèmes les plus simples de la géométrie. Il n'est pas étonnant, après cela, que les applications matérielles du calcul ne coûtent aucune peine à l'Inconscient ; et soient d'une régularité si mathématique dans l'ensemble et dans les détails. Ainsi, dans les cellules des abeilles, l'angle d'inclinaison, sous lequel les surfaces se réunissent, autant qu'il est possible de le mesurer avec exactitude (à une demi-minute d'angle près), est bien tel qu'il doit être mathématiquement, pour que, étant donnée la forme des cellules, la superficie, par conséquent, la masse de cire soit la moins considérable possible par rapport à l'espace qu'elle doit embrasser (voir encore p. 210 sur la construction du fémur).

D'après tout cela, nous ne pouvons douter que, dans l'intuition de l'Inconscient, les mêmes éléments logiques sont contenus, mais rassemblés en un seul instant, qui se déroulent successivement dans la logique consciente. Si le dernier membre du processus tombe seul sous l'œil de la conscience, c'est que celui-là seul intéresse la conscience; mais tous les autres n'en sont pas moins présents à l'Inconscient. On peut le constater en répétant, à dessein, l'Intuition, de manière à ce que d'abord l'avant-dernier membre du processus, puis le membre qui précède celui-là, etc., se présentent à la conscience. Le rapport des deux espèces de pensée doit être conçu comme il suit. La pensée intuitive franchit en une seule affirmation tout l'espace à parcourir : la pensée discursive s'avance pas à pas. L'espace parcouru est le même dans les deux cas : le temps employé seul diffère. Chaque pas de la pensée discursive correspond à un point de repos, à un temps d'arrêt, marqué par les vibrations cérébrales qui produisent une idée consciente et qui, pour cela, demandent du temps (1/4 à 2 secondes). Le mouvement ou le pas réalisé dans les deux cas est instantané, en dehors du temps, puisque l'expérience nous montre qu'il s'exécute dans l'Inconscient. Le processus proprement dit est toujours inconscient : il n'y a de différence qu'entre les espaces plus ou moins grands que parcourt la pensée, d'une halte de la conscience à l'autre. Lorsque la pensée marche à petits pas, l'esprit le plus pesant et le plus maladroit sent sûrement qu'il ne se trompe pas; mais si elle procède par bonds hardis, le danger de faire une chute va grandissant : il n'y a que l'intelligence habile et souple qui s'en tire avec succès. La tête pesante perd doublement son temps au travail de la pensée discursive : elle s'arrête plus longtemps à chaque station, parce que, chez elle, chaque idée particulière met plus de temps à devenir consciente; et, en second lieu, elle doit faire plus de stations. — Mais le processus particulier, dans chaque mouvement si rapide qu'il soit de la pensée, est intuitif et inconscient; il ne peut y avoir aucun doute à ce sujet, après ce qui a été dit.

En dehors des mathématiques, nous pouvons saisir encore le mélange de la méthode discursive et de la méthode intuitive. Le joueur d'échecs exercé calcule, après trois ou quatre coups, que tel coup et tel autre auront un résultat heureux; mais il ne s'arrête pas aux cent mille autres coups possibles. Le mauvais joueur calcule peut-être cinq ou six de ces derniers; mais il ne tombe pas sur les deux coups, qui seuls attirent l'attention du bon joueur. D'où vient que ce dernier n'examine pas les cinq ou six coups qui n'apparaissent comme moins bons qu'après que deux ou trois coups nouveaux ont été joués? Il voit l'échiquier; et, sans qu'il ait besoin de réfléchir, les deux bons coups se découvrent à lui immédiatement. C'est l'affaire d'un moment, même s'il intervient comme spectateur dans une partie étrangère. Ainsi le général de génie voit, sans avoir besoin de réfléchir, le point où il faut faire une démonstration, ou une attaque décisive (comparez plus haut, p. 25, le renvoi à Heine). L'exercice est un mot, et n'a aucun rapport ici à la question. L'exercice peut faciliter la réflexion, mais non suppléer à son défaut, excepté dans les travaux mécaniques, où l'action du cerveau est remplacée par celle d'un centre nerveux. Mais ici, où il ne peut être question de cette substitution, on demande qui choisit immédiatement le coup convenable, puisque ce n'est pas la réflexion consciente? Évidemment l'Inconscient.

Considérons le saut d'un jeune singe. Cuvier raconte le fait suivant d'un jeune singe (*Macacus Rhesus*) (Voir la *Vie des animaux illustrés*, par Brehm, I, 64) : « Au bout de quatorze jours, il commença à quitter sa mère, et fit preuve, en exécutant ses premiers pas, d'une souplesse, d'une vigueur qui remplit tout le monde d'étonnement : ni l'exercice, ni l'expérience ne pouvaient suffire à les expliquer. Le jeune singe débuta presque immédiatement par se cramponner aux barreaux de fer perpendiculaires de sa cage. Il grimpait à sa fantaisie en haut ou en bas, faisait quelques sauts sur la paille, aimait à s'élancer du haut de la cage pour retomber sur ses quatre pattes, et à sauter de nouveau sur la grille où il s'accrochait avec une dextérité et une sûreté, qui auraient fait honneur au singe le plus expérimenté. » D'où ce singe, qui quitte pour la première fois le flanc de sa mère où il a été suspendu jusque-là, a-t-il appris à mesurer exactement l'élan et la direction de ses sauts? Comment le lion, qui s'élance d'une distance de douze pas sur sa proie, sait-il calculer la courbe qu'il doit décrire, par rapport à l'angle et à la vitesse du point de départ? Comment le chien calcule-t-il la direction du morceau qu'il attrape si adroitement, de quelque distance et sous quelque angle qu'il soit jeté? L'exercice ne fait que faciliter l'action de l'Inconscient sur les centres nerveux. Là où ceux-ci sont suffisamment prêts à la recevoir sans l'intervention de l'exercice, nous voyons que l'exercice n'est pas nécessaire, comme chez le singe cité plus haut. Mais ce qui supplée ici au calcul mathématique ne peut être, comme dans la construction des cellules des abeilles, que l'intuition mathématique associée au besoin instinctif des mouvements.

Chacun sait, par expérience, quels sauts la pensée aime à faire dans ses raisonnements. Sans ce moyen d'accélérer son mouvement, la pensée serait si lente que, comme il arrive souvent aux esprits lourds, elle se déciderait trop tard pour l'exécution, dans la plupart des calculs de la vie pratique. Le travail de la pensée serait antipathique à cause de sa difficulté, tandis qu'il n'y a en réalité que les pauvres d'esprit qui le détestent et qui l'évitent. Le cas le plus simple de mouvements rapides de la pensée est celui où de la mineure l'esprit tire immédiatement la conclusion, sans penser à la majeure. On sous-entend même souvent un ou plusieurs raisonnements, bien qu'ils soient faits pourtant, en réalité, comme nous l'avons déjà vu pour les mathématiques. Cela n'arrive d'ordinaire, il est vrai, que lorsqu'on pense tout seul. Lorsqu'on communique sa pensée aux autres, on se préoccupe d'être entendu d'eux ; et l'on répète les raisonnements les plus importants, qui seraient restés, sans cela, comme des intermédiaires ignorés de la conscience. Les femmes et les hommes sans culture négligent souvent cette précaution. C'est ce qui explique le décousu de leurs raisonnements. Celui qui parle connaît bien la force démonstrative de sa pensée ; mais l'auditeur ne sait pas comment il doit enchaîner une idée à l'autre. Quiconque est habitué à s'observer soi-même pourra surprendre des sauts considérables dans la marche de ses pensées, après avoir heureusement appliqué son esprit à un objet nouveau et intéressant pour lui.

A cet ordre d'idées se rattache étroitement une remarque du psychiâtre Jessen (*Psychologie*, p. 235-236), que je prends la liberté de citer ici : « Si nous appliquons toutes les forces de notre esprit à réfléchir sur un objet, nous pouvons tomber dans un état d'inconscience, où non-seulement le monde extérieur, mais encore *nous-mêmes et les pensées, qui se succèdent en nous, s'évanouissent à nos propres yeux*. Au bout d'un temps plus ou moins long, nous nous réveillons *tout à coup* comme d'un songe ; et, au même moment, d'ordinaire, *le résultat de notre réflexion se présente clair et distinct à notre conscience, sans que nous sachions comment nous y sommes arrivés*. Même dans les moments où la réflexion est moins intense, il arrive quelquefois que nous avons conscience de l'effort intellectuel que nous faisons, sans pourtant penser à aucune idée déterminée ; et, immédiatement après, un torrent de pensées envahit notre conscience. Il faut certainement quelque exercice, pour associer au travail sérieux de la réflexion la faculté de s'observer soi-même en même temps. L'effort que l'on fait, pour étudier l'origine et la succession des pensées, produit facilement des troubles dans la pensée, et fait obstacle au développement des idées. Des efforts multipliés nous mettent pourtant en état de percevoir distinctement que le travail de la réflexion est toujours accompagné d'une sorte de pulsation intérieure continue, ou d'un reflux et d'un flux alternatif de pensées. A un moment, toutes les pensées disparaissent devant la conscience ; et l'on ne garde que le sentiment d'une tension intérieure de l'esprit. A un autre moment, les pensées affluent en abondance, et se présentent distinctement à la conscience. Plus le mouvement de reflux a eu de force, plus le mouvement de flux qui le suit est énergique. Plus la tension interne a été vive, plus sont énergiques, à leur tour, les pensées qui se présentent ensuite en foule. » Les remarques, purement fondées sur les faits, que nous présente ce délicat observateur, sont une confirmation impartiale de notre manière de voir. L'auteur est étranger absolument au principe de la pensée inconsciente. Néanmoins la simple force des faits l'oblige de reconnaître en propres termes la vérité de nos affirmations (dans les lignes imprimées en gros caractères). Mais les explications, qu'il essaye ensuite, et qui sont tout à fait justes pour l'essentiel (en ce qui regarde le fait d'une pensée indépendante du cerveau), ne donnent pas la vraie solution, parce qu'elles ne placent pas dans le concept de l'Inconscient le principe de la pensée indépendante du cerveau. La conscience de la tension intellectuelle, que l'auteur a observée dans ces phénomènes, n'est que la sensation de la tension du cerveau et de la peau du front par une action réflexe. Les moments que Jessen nous décrit comme marqués par le vide de la conscience et qui sont suivis du résultat, sans qu'on sache comment on y est arrivé, sont les moments où la pensée, travaillant sur un objet qui l'intéresse vivement, saute par-dessus une longue suite de raisonnements.

Sans doute l'homme est tellement habitué à trouver dans sa conscience des pensées dont il ne sait comment s'expliquer la formation, que les cas particuliers ne lui causent d'ordinaire aucun étonnement. Il est naturel qu'un chercheur n'ait pas été conduit du premier coup au concept de l'Inconscient par ses observations sur ce sujet. Comme, en général, la réaction de l'Inconscient se fait d'autant plus attendre qu'on veut la provoquer volontairement; ainsi l'attention énergique et volontaire que l'on donne à un objet ne permet pas facilement au grand nombre de constater l'intervention féconde de l'Inconscient. On la saisit mieux dans cette sorte de digestion intellectuelle, à laquelle peut se comparer l'assimilation intérieure des aliments dont la pensée s'est nourrie : c'est que ce travail ne dépend pas de l'impulsion de la conscience, et se produit à un moment qu'on ne saurait déterminer. Nous ne sommes informés qu'il a eu lieu que par les résultats qui le manifestent à l'occasion; mais nous n'avons pas conscience de nous être occupés de la chose (Schopenhauer nomme ce phénomène la rumination inconsciente. Voir plus haut, p. 32). Cela m'arrive régulièrement quand j'ai lu un livre qui contredit, par des idées essentiellement nouvelles, mes opinions antérieures. Les preuves de ces idées originales sont souvent assez faibles : elles seraient d'ailleurs solides et en apparence irréfutables, que personne ne se laisse aisément détourner de ses vieilles convictions. On trouve toujours de bonnes raisons pour défendre ces dernières; et, si l'on n'en découvre pas, on se défie de soi et du nouvel auteur, et l'on se persuade que d'autres trouveront la réfutation que l'on ne sait faire soi-même. Sur cette assurance on passe à d'autres occupations; la chose ne paraît pas assez importante pour qu'on se fatigue à chercher des objections : il faudrait souvent fouiller dans les livres pendant des semaines, des mois entiers. En un mot, la première impression va s'affaiblissant de plus en plus, et toute l'affaire s'oublie avec le temps. Mais il arrive aussi que la chose se passe autrement. Les idées nouvelles ont profondément troublé les convictions auxquelles on s'intéresse. On peut bien ne pas accepter provisoirement ces nouveautés. On en confie le souvenir à la mémoire comme de questions pendantes; ou bien une autre occupation nous empêche d'y réfléchir; ou, mieux encore, on forme la résolution de n'y pas penser. Malgré tout cela, la question n'est étouffée qu'en apparence. Après des jours, des semaines ou des mois, si l'on a l'envie ou l'occasion d'exprimer une opinion sur le même sujet, on découvre, à son grand étonnement, qu'on a subi une véritable révolution mentale; que les anciennes opinions, dont on se considérait jusque-là comme réellement convaincu, ont été complétement abandonnées, et que les idées nouvelles se sont tout à fait implantées à leur place. Ce processus inconscient de digestion ou d'assimilation mentale, j'en ai souvent fait sur moi-même l'expérience; et, d'instinct, je me suis toujours gardé d'en troubler le cours par une réflexion prématurée, toutes les fois qu'il se produisait en moi à propos de questions importantes, qui intéressaient mes conceptions sur le monde et sur l'esprit.

Je suis persuadé que l'action du processus décrit est décisive même dans les questions peu importantes, pourvu qu'elles nous intéressent avec quelque vivacité; et que, par conséquent, dans toutes les questions qui se rapportent à la vie pratique, l'Inconscient suggère la propre et véritable solution : ce n'est qu'après coup que les raisons sont cherchées par la conscience, et alors que notre jugement est déjà arrêté. L'entendement ordinaire, qui ne fait pas attention à ces phénomènes, croit réellement que son opinion a été décidée par les raisons qu'il a cherchées. Une observation attentive de soi-même lui apprendrait que ces raisons, dans le cas dont il s'agit, ne se présentent qu'après que le jugement est déjà arrêté, et la résolution prise. Il ne suit pas de là que l'Inconscient ne se détermine point par des raisons logiques; il en est au contraire certainement ainsi. Mais, pour l'énergie de la résolution, du moins pendant les premiers moments qui la suivent, il est assez indifférent que les raisons, cherchées ensuite par la conscience, s'accordent ou non avec les raisons qui ont déterminé l'Inconscient. Chez les têtes profondes, c'est l'accord; chez le plus grand nombre, le désaccord qui se produit d'ordinaire. On s'explique ainsi le fait que les hommes paraissent souvent fonder leurs convictions les mieux arrêtées sur de très-pauvres raisons; et s'en laissent difficilement détacher par les plus solides objections. La cause en est que les raisons, qui les ont en réalité décidés à l'insu de leur conscience, ne sont pas connues d'eux, et ne peuvent par suite être réfutées. En cela, il est indifférent que la conviction soit vraie ou fausse. Parmi les erreurs mêmes (qui, comme nous l'avons dit, ne proviennent pas de faux raisonnements, mais de l'insuffisance et de la fausseté des prémisses), celles-là sont les plus difficiles à déraciner, qui sont le résultat d'un travail inconscient de la pensée, par exemple, les opinions politiques, qui prennent racine, sans qu'on en ait conscience, dans les intérêts de condition et de profession.

Si on voulait s'autoriser de ces considérations pour déprécier le raisonnement conscient, on commettrait une très-grande faute. Les erreurs se glissent facilement dans les raisonnements, dont les membres sont sous-entendus. Il est donc très-désirable, lorsqu'il s'agit de questions importantes, de projeter la clarté de la pensée discursive sur les éléments particuliers du raisonnement, et de la faire pénétrer jusque dans les plus petits détails : on se met ainsi le plus possible en garde contre les erreurs. De même, dans les opinions qui se fondent sur l'Inconscient, le jugement peut être faussé par les intérêts et les penchants, se soustraire à tout contrôle et prendre hardiment ses aises. Il est doublement nécessaire d'éclairer les raisons subjectives qui ont décidé la pensée, et de les confronter avec les résultats d'un examen logique et raisonné. Ces derniers seuls offrent quelque garantie de vérité, bien qu'il s'y rencontre toujours quelque défaut. Sans doute le préjugé est plus fort sur le moment; mais, avec le temps, la logique consciente gagne du terrain; et, si une génération ne suffit pas à son triomphe, c'est grâce aux efforts successifs de plusieurs générations qu'elle règne en maîtresse. Cette apparition de certaines vérités à la lumière de la conscience, et leur combat et leur triomphe contre les opinions dominantes sont gouvernés, comme nous le verrons plus tard, par une logique inconsciente, par une providence historique dont personne n'a eu un sentiment plus clair que Hegel.

VIII

L'INCONSCIENT A L'ORIGINE DE LA PERCEPTION SENSIBLE.

Kant affirmait, dans son esthétique transcendentale, que l'idée d'espace ne vient pas à l'âme du dehors, mais qu'elle est produite en nous spontanément ; et, par ce principe, il faisait toute une révolution dans la philosophie. D'où vient que ce principe, si vrai en lui-même, a de tout temps, à peu d'exceptions près, choqué complétement aussi bien le sens commun que la pensée scientifique?

I° C'est que Kant et, après lui, Fichte et Schopenhauer ont fait sortir d'un principe juste des conséquences fausses, que repousse l'instinct du bon sens ; et qu'ils en ont déduit leur idéalisme subjectif.

II° Kant avait fait reposer une affirmation vraie sur des preuves fausses, qui en réalité ne prouvent rien.

III° Kant, sans s'en rendre compte, parle d'un processus inconscient dans l'âme, tandis que la manière de voir qui a dominé jusqu'ici ne connaît et ne considère comme possibles que les processus dont la conscience nous informe. Or la conscience n'admet pas que le temps et l'espace soient les produits propres de sa spontanéité ; et elle soutient, à bon droit, qu'ils sont donnés comme *un fait accompli* par la perception sensible.

IV° Kant met l'espace et le temps sur la même ligne : or son principe ne s'applique pas à ce dernier.

Nous allons examiner successivement ces quatre points. La production inconsciente de l'espace est le fondement sur lequel repose la formation de la perception sensible. Or c'est avec la perception sensible que commence la conscience ; c'est sur elle que repose toute pensée consciente.

I. — Prenons d'abord comme établi que l'espace et le temps ne *peuvent être connus par la pensée*, qu'autant que celle-ci les produit spontanément. Il ne suit de là en aucune façon que l'espace et le temps n'aient une existence que dans la pensée *exclusivement*, et n'existent pas aussi en dehors de la pensée, dans la réalité. Cette conclusion précipitée, Kant la fait justement : il s'en sert pour nier la réalité transcendentale de l'espace, et pour établir l'idéalisme exclusif de son système. C'est ce qu'ont déjà reconnu Schelling (*Description du processus de la nature*, Œuvres I, 10° vol., p. 314-321), et Trendelenburg (*Sur une lacune de la démonstration donnée par Kant en faveur de la subjectivité exclusive de l'espace et du temps* dans le 3° vol. des *Historische Beiträge*, n° VII). On trouvera la question étudiée de plus près encore dans mon livre : *Fondement critique du réalisme transcendental*, ch. VI et VII (Berlin, C. Duncker, 1875). Il ne s'agit ici que de présenter sommairement les raisons qui rendent vraisemblable l'opinion, que l'espace et le temps sont aussi bien les formes de la réalité que de la pensée.

A. Nous devons d'abord présenter clairement les raisons, qui démontrent l'existence réelle d'un non-moi en dehors du moi, ou la réalité du monde extérieur. Il n'y a que deux hypothèses conséquentes. Ou le moi tire de son propre fonds, sans en avoir conscience, l'apparence trompeuse d'un monde extérieur ; le moi existe seul dans cette supposition, et chaque lecteur doit nier non-seulement l'existence des choses extérieures, mais celle de tous les autres hommes. Dans le second cas, le non-moi existe indépendamment du moi ; et l'idée du monde extérieur se produit dans le moi par l'action de deux facteurs. Quelle est la plus vraisemblable de ces deux hypothèses ? Il suffit, pour en juger, de voir quelle est celle des deux qui a le moins de peine à rendre compte du monde de nos représentations; toutes deux d'ailleurs sont possibles.

α. Les impressions des sens ont un degré de vivacité qui manque aux pures idées, que produit l'activité propre de la pensée : ces dernières n'ont d'ordinaire cette vivacité que dans les états maladifs. D'ailleurs les impressions sensibles nous apportent souvent des connaissances nouvelles (surtout dans les première années), tandis que les conceptions de l'imagination sont toujours formées à l'aide de souvenirs évidents ou de parties de souvenirs. Cette distinction s'explique aisément par l'action d'un monde extérieur, difficilement par celle du moi seul.

β. La formation d'une impression sensible demande que l'on ait la sensation que le sens est ouvert; mais on peut sentir que le sens est ouvert, sans recevoir nécessairement une impression sensible : ainsi lorsqu'on est dans l'obscurité ou qu'on ne sent aucune odeur. Cela se conçoit aisément si le monde extérieur agit sur nous; rien de plus inexplicable dans l'autre cas.

γ. Les représentations sensibles naissent, suivant la loi de l'association, d'idées précédentes sous l'influence des prédispositions, etc. — Les impressions des sens se présentent d'ordinaire tout à coup et à l'improviste, et toujours sans aucun rapport avec la suite intérieure des idées. Cela n'est possible, en dehors de l'action d'une réalité extérieure, qu'autant que les lois de l'association tantôt gouvernent le cours de nos idées, tantôt ne le dirigent pas; mais cette dernière supposition même ne permet pas, à vrai dire, d'expliquer le phénomène par la seule action du moi.

δ. La plupart des impressions sensibles offrent cette particularité que l'objet, auquel on les rapporte, nous est manifesté en même temps par l'impression différente d'un autre sens. Ainsi l'on peut en même temps regarder, sentir, goûter, toucher un mets. Cela se comprend aisément, si l'on admet la réalité des objets; difficilement, si l'on n'admet que l'existence des pensées. Si l'on suppose que les mpressions simultanées des sens dont il s'agit s'appellent réciproquement; qu'ainsi, par exemple, la sensation de la couleur qu'un mets éveille en nous est associée nécessairement à la sensation d'odeur, pourvu que le sens de l'odorat soit ouvert, on sera contredit par ce fait que l'on peut ouvrir et fermer tour à tour les sens de l'odorat et de la vue, sans cesser de percevoir à chaque fois l'impression propre au sens qui reste ouvert. On étend l'hypothèse et l'on soutient que ce n'est pas seulement l'impression que le mets fait sur la vue au moment de la sensation d'odeur, mais aussi celle qu'il a faite antérieurement qui peut produire cette dernière, et réciproquement ; mais nous sommes forcés encore de rejeter cette opinion. Car, si l'on ouvre et ferme tour à tour les deux sens, on percevra une fois la couleur et on ne la percevra pas une seconde fois, pourvu que le mets soit éloigné. Ainsi la sensation d'odeur, les choses restant d'ailleurs les mêmes, devrait une fois provoquer la sensation de couleur, mais non pas une autre fois. Cela contredit la loi qui veut qu'aux mêmes causes répondent les mêmes effets (voyez le développement des mêmes idées chez Wiener : *Grundzüge der Weltordnung*, liv. III, au chapitre de la Démonstration de la réalité du monde extérieur).

ε. Les choses, c'est-à-dire les causes des impressions sensibles, agissent les unes sur les autres d'après des lois déterminées. Si l'on veut expliquer par le moi seul les impressions des sens, les mouvements intérieurs de la pensée consciente doivent régir les lois des choses. Mais cela n'est pas. La perception sensible de la cause et celle de l'effet se suivent très-rarement dans l'ordre où se produit au dehors l'action de la cause et celle de l'effet. Une impression postérieure ne peut être pourtant la cause d'une impression antérieure.

ζ. Chaque moi perçoit, aussitôt après son propre corps, une multitude de corps étrangers, mais semblables au sien, qui possèdent des facultés intellectuelles semblables aux siennes. Il trouve que tous les êtres témoignent sur le moi et sur le non-moi d'idées semblables ; que leurs discours sur la nature du monde extérieur s'accordent entre eux d'une manière frappante; qu'ils se contrôlent réciproquement, et se convainquent mutuellement de leurs erreurs. Chaque moi voit les autres corps naître, croître, mourir; il en tire aide, protection, enseignement pendant son enfance, durant tout le temps que ses propres forces et ses lumières ne sont pas suffisantes. Il reçoit des autres à chaque époque de sa vie des leçons directes ou indirectes (par les livres); et il en tire des pensées qu'il est souvent obligé de se déclarer incapable lui-même de comprendre. Il apprend à remonter par la tradition la série des générations qui l'ont précédé, et à reconnaître dans l'histoire un plan dont il doit se considérer comme faisant partie. Tout cela est presque impossible dans l'hypothèse de l'existence unique d'un moi, mais s'explique facilement si l'on admet l'existence d'un monde commun à tous ces individus, renfermant dans son sein les corps de tous ces moi qui agissent les uns sur les autres. Puisque les autres moi ne peuvent agir sur le mien que par leurs corps, chaque raisonnement que je fais sur la réalité transcendante des autres moi est inadmissible, s'il n'est justifié et soutenu par la croyance à la réalité transcendante de mon corps et des autres corps.

n. Les conceptions intérieures peuvent être provoquées, retenues, répétées à volonté par la volonté consciente; les perceptions sensibles, qui nous viennent lorsque les organes sont ouverts, sont complétement indépendantes de la volonté consciente. Cela s'explique facilement par l'action du monde extérieur, difficilement par celle du moi seul. Il faudrait qu'une volonté inconsciente les produisît, et donnât à la conscience, renfermée en elle-même au vaste sein de l'univers, l'illusion d'un monde extérieur. Ce serait là une fantasmagorie dénuée de sens et de raison, comme l'ont montré les précédents paragraphes. La fantaisie, le caprice le plus déréglé devrait s'associer d'une façon incompréhensible à la régularité la plus grande. La sagesse la plus haute se dépenserait pour un songe insensé, pour une bulle de savon.

On voit par ce qui précède que la probabilité de l'existence d'un non-moi, indépendant du moi et agissant sur lui comme une cause, est aussi grande que seule admissible ; et que l'instinct naturel est justifié ici par la réflexion scientifique. Cette nécessité de rapporter les impressions sensibles à l'action extérieure d'une cause transcendante ne pouvait échapper à Kant et à Fichte, bien qu'ils la nient en paroles. Pour Kant, le *contenu de l'intuition sensible est absolument donné*. Kant se met par là, sans doute, en contradiction avec sa propre doctrine sur le rôle purement immanent de la causalité ; et cependant il dit, à plusieurs reprises et expressément que ce contenu nous est donné par la chose en soi (voir *Fondem. du réalisme transc.* : IV° partie, *la Cause transcendante;* v° partie, *la Causalité transcendante et immanente*). Fichte, à son tour, après des efforts infructueux pour faire sortir le non-moi tout entier du moi, ne peut se dispenser de recourir à une *impulsion extérieure* pour expliquer cette activité du moi; et cette impulsion ne traduit pour Fichte que la vérité du non-moi. Berkeley également suppose à chaque perception une cause transcendante ; mais ces causes, il les confond toutes sans distinction (en sautant par-dessus le monde des choses en soi) dans la causalité de l'Être absolu. Il renonce, en d'autres termes, à expliquer les perceptions, et à s'orienter dans les actions réciproques qu'exercent réellement leurs causes particulières.

S'il est établi que même les idéalistes les plus conséquents n'ont pas eu le courage d'aller jusqu'à nier l'existence propre d'un non-moi ; s'ils n'ont pu échapper au sentiment que la perception est tout entière le résultat d'une action extérieure, qui s'impose à la volonté de l'individu, et ne peut s'expliquer que par la réalité du non-moi : il suit de là, avec une égale certitude, que les *différences* des perceptions sensibles ne sont pas les produits du moi, mais lui sont imposées par l'action du non-moi. Notre explication des choses ne gagnerait rien à ce que le non-moi fût toujours un et identique, et son action toujours la même ; à ce qu'il se bornât à nous communiquer l'impulsion extérieure. Le moi aurait alors à joindre à cette impulsion toujours semblable du non-moi, suivant ses caprices particuliers, tantôt telle détermination d'étendue ou de durée, tantôt telle catégorie de la pensée, comme un manteau indifférent ; il construirait ainsi lui-même la forme et les éléments du monde extérieur, dont l'impulsion du non-moi ne garantirait que l'existence. Toutes les difficultés déjà exposées se reproduiraient ici. Aussi Schopenhauer rapporte-t-il toutes les différences que présentent nos perceptions du monde sensible aux modifications correspondantes de la Volonté, qui est au fond la substance des choses en soi : ces différences de nos perceptions représentent les choses en soi à notre pensée (*Parerga*, § 103, b). Schopenhauer accorde par là en fait la causalité transcendante, qu'il rejette avec horreur en paroles. Comment, en effet, le cheval et la rose en soi peuvent-ils déterminer nos idées de l'un et de l'autre, conformément aux modifications que présente la nature de ces deux objets, si ce n'est par une causalité transcendante, qui se manifeste immédiatement par une modification déterminée de mon organe sensible.

Toute détermination particulière de mes perceptions doit donc être considérée comme l'effet du non-moi : puisqu'à des effets différents doivent correspondre des causes différentes, nous aboutissons à une doctrine qui reconnaît autant de différences dans le non-moi qu'il y a de différences dans nos perceptions. Sans doute les différences du non-moi pourraient n'avoir rien de commun avec l'espace et le temps, qui ne seraient plus que des formes propres à la pensée. Les différences en question devraient alors se produire dans deux autres formes objectives, qui correspondraient exactement aux formes subjectives du temps et de l'espace : car, si l'on n'admet pas dans le non-moi d'autres formes d'existence pour remplacer celles de l'espace et du temps, on ne pourra plus trouver dans le non-moi des différences correspondant aux déterminations particulières que présentent ces formes subjectives. L'hypothèse de ces formes différentes de celles du moi, tout en leur

correspondant, paraît avoir inspiré à Reinhold et plus tard à Herbart, leur doctrine du temps et de l'espace intelligibles. Mais, outre qu'elle nie, sans aucun profit, la possibilité d'une connaissance objective des choses, cette théorie contredit la loi généralement observée, à savoir que les moyens les plus simples sont toujours employés par la nature pour atteindre à ses fins. Pourquoi recourir ici à quatre formes, alors que deux produiraient le même effet et vaudraient mieux? Le développement parallèle de ces formes dans l'être et la pensée, et leur action réciproque, que nos perceptions et nos actions confirment comme un fait, devrait résulter d'une harmonie préétablie; tandis que notre hypothèse l'explique par l'identité des formes dans la réalité et dans l'esprit. Hegel lui-même le reconnaît (*Introduction à la grande logique*, p. VIII) : « Si les formes de l'en-
» tendement ne peuvent être des déterminations de la chose
» en soi, elles peuvent encore moins être des déterminations
» de l'entendement, auquel assurément on ne peut refuser
» la dignité d'une chose en soi. »

B. Les mathématiques sont la science des idées que notre pensée se fait de l'espace et du temps, et qu'elle ne peut pas ne pas s'en faire. Si nous mesurons un triangle réel, que la pensée n'a pas produit, mais qui nous a été donné par une série de perceptions, et que notre œil n'est peut-être pas capable d'embrasser d'un seul regard, nous trouvons que toutes nos mesures confirment la loi que la pensée pure nous avait déjà révélée, à savoir que la somme des angles est égale à deux droits. Considérons, en outre, que les déterminations de la perception, dans le système qui admet dans le non-moi des déterminations correspondant aux déterminations diverses de notre propre pensée, sont nécessairement produites dans l'âme par l'action du non-moi, et ont par conséquent leurs causes dans les différences du non-moi. D'où il suit que la confirmation constante apportée par l'expérience aux lois mathématiques démontre que les changements du non-moi, tout en se produisant sans doute en conformité avec les formes de sa nature, obéissent néanmoins absolument aux lois que la pensée assigne à l'espace et au temps. Il faudrait donc recourir ici encore à l'hypothèse d'une harmonie préétablie; tandis que si on fait reposer l'identité des lois sur celle des formes, il n'est pas nécessaire de se servir d'une hypothèse si laborieuse.

C. La vue et le toucher doivent les impressions qu'ils nous transmettent à des propriétés tout à fait différentes des corps, à des intermédiaires différents, à des processus physiologiques tout autres. Ces deux sens nous communiquent pourtant des perceptions d'étendue, qui s'accordent parfaitement et se confirment réciproquement. Si les objets n'étaient pas eux-mêmes étendus, et si leur existence était assujettie à une tout autre forme, il serait extrêmement étonnant qu'ils pussent produire dans l'âme, par des voies si différentes, des perceptions étendues si concordantes. On ne s'expliquerait pas comment l'image d'une sphère ne s'associe jamais aux sensations qu'un cube donne au toucher, ou à toute autre espèce de sensations; et n'est jamais accompagnée que par la sensation spéciale d'un solide sphérique. Si l'on admet que l'espace est une forme réelle des choses, le mystère disparaît.

D. La vue et le toucher seuls, et non les autres sens, sont en état d'éveiller dans l'âme une perception d'étendue. (Si nous discernons de quel côté vient le son, c'est surtout qu'en comparant la vivacité des impressions sonores, perçues par les deux oreilles, nous avons le moyen de faire cette distinction (comparez p. 371). Kant n'a pas fait cette remarque : autrement il n'aurait pu soutenir sa division du sens externe ou du sens de l'étendue, et du sens interne ou de celui de la durée. L'idéalisme subjectif ne peut en aucune façon expliquer ce caprice de l'âme, qui pourtant s'impose à nous avec l'apparence d'une nécessité objective; mais la chose n'est pas moins explicable, si l'on soumet la réalité à des formes différentes de celles de notre entendement, tout en leur correspondant. Nous ne trouvons une solution satisfaisante à la question que dans l'examen physiologique des dimensions et de la construction que les divers organes des sens présentent. Mais si le corps et les sens n'avaient pas une étendue réelle, toute possibilité d'explication nous serait interdite.

Ces quatre considérations réunies suffisent à rendre très-vraisemblable que le sens commun a raison lorsqu'il fait de l'espace et du temps des formes objectives de l'existence, en même temps que des formes subjectives de la pensée. Cette identité formelle de la pensée et de l'existence s'entend de soi pour celui qui admet que leur essence est identique (voir chap. XIV, 3ᵉ partie).

II. — Il n'est pas dans notre intention de combattre la doctrine de Kant, dont l'énoncé ouvre ce chapitre; nous l'acceptons au contraire. Nous n'avons donc aucun motif de montrer que la démonstration de Kant ne prouve rien, et laisse le problème sans solution (voir *Fond. de réal. trans.* VIII, *Critique de l'esthétique transcendentale*). Mais nous devons substituer d'autres arguments aux siens.

Une manière de voir enfantine considérait les impressions des sens comme les images directes des choses, auxquelles elles correspondraient aussi exactement que l'image du miroir à l'objet réfléchi. Locke et la physique moderne établirent, comme une vérité incontestable, l'entière différence de nos impressions et des propriétés des objets. L'image peinte sur la rétine, que l'on voit en regardant l'œil des autres, dut tenir la place qu'occupait précédemment la chose elle-même; et la sensation fut considérée désormais comme identique par son contenu à l'image peinte sur la rétine, ainsi qu'elle l'était précédemment à la chose elle-même : telle est l'opinion qui domine encore aujourd'hui. On oubliait que c'est tout autre chose de percevoir une image réelle dans l'étendue d'un œil, dans l'œil étranger avec ses propres yeux; ou d'avoir soi-même une impression visuelle, déterminable seulement d'après les degrés d'ouverture des angles visuels, sans une surface d'une grandeur absolue. On oubliait que l'âme ne se tient pas comme un second œil derrière la rétine, pour contempler l'image qui s'y peint; on ne remarquait pas qu'on commettait la même faute que précédemment avec les objets, mais d'une façon moins apparente. Ce qui se montre à l'œil étranger comme une image peinte sur la rétine n'est, dans l'œil lui-même, qu'un ensemble de vibrations moléculaires; de même ce qui dans les objets paraît au spectateur comme couleur, clarté, etc., n'est en eux qu'état vibratoire des molécules de la matière. On se laissait ainsi abuser par la joie d'avoir découvert dans l'œil une chambre obscure; on croyait avoir résolu le problème précédent, tandis qu'on n'avait fait que le déplacer. La physiologie a depuis compris que l'œil n'est pas une chambre obscure, où les objets viendraient présenter à l'âme de petites images sur le fond de la rétine; mais un appareil photographique où les vibrations moléculaires de la rétine subissent des transformations chimico-dynamiques. Les vibrations particulières, qui en résultent, ont à peine quelque ressemblance avec les vibrations lumineuses de l'éther, et sont communiquées au nerf visuel, qui doit les transmettre à son tour au cerveau. Ainsi les modifications de la lumière, auxquelles correspondent nos sensations des couleurs, ne sont dans le nerf optique que les résultantes de la combinaison des fonctions exécutées, avec une énergie différente, par les trois espèces distinctes d'organes terminaux, entre lesquels se partage le tissu rétinien. Au contraire, les modifications correspondantes du rayon lumineux, qu'étudie la physique, ne diffèrent entre elles que par la longueur d'onde des vibrations. Songeons, en outre, que la lumière a une vitesse d'environ quarante milliers de milles par seconde, tandis que la vitesse du mouvement, qui se produit dans le nerf optique, n'est que d'environ cent pieds par seconde.

Il est donc bien établi que la transformation qualitative des vibrations lumineuses, lorsqu'elles pénètrent dans la rétine, est d'une très-grande importance; et l'opinion qui attache quelque importance à l'image peinte sur la rétine, que d'autres yeux peuvent y contempler accidentellement, recevrait le coup de grâce par cette explication, si elle n'était pas déjà condamnée par sa propre absurdité. On veut que le nerf optique comme un second œil contemple cette image, et puis? Sans doute l'organe central de la vue (les tubercules quadrijumeaux) viendra comme un troisième œil contempler à son tour l'image transmise par le nerf optique; et l'organe central de la pensée (les hémisphères cérébraux), verront comme un quatrième œil l'image présentée par les tubercules; et, peut-être encore, une cellule centrale, comme centre définitif mais changeant de la conscience, verra l'image perçue par les hémisphères : on n'ira pas jusqu'à admettre un sixième œil, une monade centrale, qui résiderait en un point quelconque d'une telle cellule! On doit considérer comme bien établi par la physiologie que la perception visuelle ne se produit pour la première fois que dans l'organe central, auquel aboutit le nerf optique, à savoir dans les tubercules quadrijumeaux, et non dans le parcours du nerf optique lui-même. Lorsque le nerf optique aboutit au centre en question, nous devons admettre qu'une nouvelle modification des vibrations se produit. La construction particulière de la substance nerveuse dans les tubercules ne s'expliquerait pas autrement. On se demande d'ailleurs à quoi serviraient dans la perception les différents centres, si la forme des vibrations n'était pas modifiée par eux et restait identique : car l'âme devrait alors réagir directement par la sensation contre les vibrations du nerf optique. Mais, à leur tour, les tubercules ne peuvent être le siège de ces processus considérables de l'entendement, dans lesquels l'intuition de l'espace se trouve toujours mêlée comme un élément essentiel. Puisque ces processus intellectuels ont leur siège dans les hémisphères cérébraux, les sensations visuelles qui constituent les éléments de l'intuition de l'étendue, ainsi que les sensations tactiles, qui se forment à une autre place du cerveau, doivent être transmises aux hémisphères, pour s'y transformer avec l'aide de la pensée en intuition de l'espace.

On pourrait peut-être comparer l'image de l'objet peinte sur la rétine aux dessins d'une mosaïque, qui répondrait par ses proportions à l'objet représenté ; mais pourtant les fibrilles isolées des racines nerveuses sont trop confusément mêlées entre elles, pour qu'une section idéale pratiquée dans le nerf optique, à son insertion dans les tubercules quadrijumeaux, puisse rappeler l'image rétinienne en quelque chose, par la disposition et l'ordre des fibres. On peut encore moins admettre que les cellules soient réparties et disposées dans les tubercules quadrijumeaux, de manière à ce que, entre la disposition supposée et l'image de la rétine, on retrouve les mêmes rapports d'étendue qu'entre l'image de la rétine et les dimensions de l'objet. Mais puisque les cellules, ainsi disposées dans l'organe central, resteraient toujours relativement indépendantes les unes des autres et ne communiqueraient entre elles que par des fibres intermédiaires, l'hypothèse précédente, que rien d'ailleurs ne justifie, ne nous montrerait toujours pas comment la conscience totale, qui résulterait de toutes les consciences partielles des cellules, arriverait à établir entre les sensations un ordre d'extension répondant aux rapports de position des cellules affectées. Il n'y a aucun lien entre la position qu'occupent réellement dans l'espace les molécules matérielles qui produisent la sensation, et les places qu'occupent dans l'étendue idéale les sensations, qui se sont coordonnées dans la conscience pour former une intuition d'étendue. L'espace, comme forme réelle de l'existence matérielle, et l'espace, comme forme idéale de l'intuition consciente, sont aussi incommensurables entre eux que l'élément réel et l'élément imaginaire d'un nombre complexe, bien que tous deux en soi obéissent aux mêmes lois formelles. Telle est la raison pour laquelle les théories, insoutenables en bonne physiologie, qui affirment l'existence d'une cellule centrale, unique et suprême (comme elle se fatiguerait bien vite !) ou d'une monade centrale, occupant un point du cerveau, sont absolument incapables d'établir ce lien. Si l'extériorité réelle et l'extériorité qui n'existe qu'idéalement dans la conscience sont deux choses hétérogènes, qui ne peuvent avoir rien de commun, les rapports réels de position, qu'ont entre elles les molécules matérielles auxquelles la sensation doit naissance, ne peuvent avoir aucune influence sur la sensation. Ainsi la position des parties du cerveau, où la sensation a son siége, est indifférente. La nature des vibrations, qui dépend en partie de la constitution des molécules des centres nerveux, en partie de l'intensité et de la qualité du mouvement communiqué, exerce seule une influence sur la formation et la nature de l'intuition.

Cette loi, qui est évidente *à priori* par elle-même pour tout philosophe, a été déjà formulée par les physiologistes, et n'a guère rencontré d'objections. Lotze la traduit ainsi : *les vibrations identiques des molécules différentes d'un centre nerveux produisent des sensations que rien ne distingue entre elles.* Plusieurs molécules, qui vibrent en même temps, d'un mouvement vibratoire identique, produisent une sensation, semblable par la qualité aux sensations isolées résultant de chacune des molécules, et pour la quantité, aussi intense que la somme de toutes les sensations réunies. Si on flaire avec une seule narine, on a la même sensation, seulement plus faible que si on flaire avec les deux. Si les nerfs tactiles du nez ne sentaient pas le courant d'air qui les parcourt, le nerf olfactif ne pourrait seul, dans l'état normal, percevoir comme différentes les sensations d'odeur de la narine gauche et celles de la narine droite. Il en est de même du goût : les sensations n'y diffèrent pas, quelle que soit l'étendue de la partie de la langue et du palais affectée. Les sensations tactiles, qui résultent simultanément du contact, de la contraction de la peau, etc., distinguent seules les points où le contact se produit ; quant à la saveur, elle n'est que plus forte, ou plus faible. On ne sait si l'oreille gauche ou la droite est frappée par un son, qu'à l'aide des sensations produites, en même temps, par la tension de l'organe, soit directement, soit par une action réflexe. Ce n'est pas le nerf auditif, mais les nerfs tactiles principalement, dont le tympan est si abondamment traversé, qui permettent de localiser la sensation. Cela résulte clairement des expériences d'Ed. Weber. En plongeant sous l'eau, on ne conserve la faculté de localiser la sensation de l'ouïe, qu'autant que les canaux auditifs sont remplis d'air : on la perd aussitôt que, par l'introduction de l'eau dans les conduits, le tympan ne peut plus fonctionner. La vue nous donne, d'un même objet, des impressions différentes, si l'image frappe des places différentes dans l'un ou les deux yeux; mais on ne peut distinguer les images, si elles frappent des places correspondantes dans les deux yeux. Quand l'expérience est bien faite, il est absolument impossible de discerner si l'on voit une lumière avec l'œil droit ou le gauche, ou avec les deux à la fois, tant qu'on ne peut s'aider pour en juger de moyens auxiliaires. Les impressions visuelles et faites à des places correspondantes sur les deux yeux se combinent en une seule impression plus forte.

D'après la théorie de Lotze, nous ne serions pas en état de discerner si une douleur, une sensation, un contact, etc., a son siége à la partie droite ou à la partie gauche de notre corps, si les deux parties du corps n'étaient pas asymétriques jusque dans les moindres parties; et si la même sensation n'était accompagnée dans la partie droite par de tout autres impressions de tension, d'extension, de pression, etc., que dans la partie gauche. Ces différences qualitatives des mêmes impressions dans les deux parties du corps nous permettent, avec l'aide de l'habitude, de distinguer la gauche et la droite de notre corps. Le son, la saveur, l'odeur sont accompagnés, comme nous l'avons vu, de pareils caractères, qui permettent de faire une certaine différence entre les sensations de même espèce et même de les localiser. Il est important toutefois de remarquer que les troncs nerveux qui transmettent les perceptions proprement dites d'un sens, et ceux qui communiquent les différences concomitantes dont nous venons de parler sont différents. D'où il suit que, si, par la section de ces derniers ou par toute autre élimination convenable, on écarte de l'expérience les différences concomitantes pour n'opérer que sur les pures impressions des sens, celles-ci ne sont plus capables de porter à la conscience les différences de *lieu*, incapables par conséquent de produire des intuitions d'étendue. — Il en est autrement pour les sens du toucher et de la vue. Les sensations semblables du toucher, qui ont leur siége aux diverses places de la peau, sont accompagnées de différences essentielles. L'impression faite sur la peau résulte soit de la mollesse ou de la dureté, soit de la forme du membre impressionné, soit de la constitution de ses parties, soit de l'épaisseur des papilles qui concourent à la sensation tactile, etc. A ces conditions diverses correspondent des changements dans le déplacement, la tension, l'extension, l'action sympathique des molécules sensibles, voisines ou plus profondément situées. Les mêmes troncs nerveux conduisent au cerveau presque toutes ces impressions. De même toute sensation identique de couleur ou de lumière est accompagnée de différences concomitantes, qui permettent de discerner le point de la rétine d'où elle part. Ces différences résultent : 1° de la netteté décroissante de la perception du centre à la périphérie, les impressions extérieures étant d'ailleurs égales ; 2° des courants induits, qui traversent les fibres voisines, et qui agissent différemment suivant la position différente de ces fibres respectivement au point de la vision distincte ; 3° des mouvements réflexes du globe oculaire, qui, selon les diverses modifications de la rétine, se produisent de telle sorte que le point essentiel de la vision distincte tend à occuper la place du point affecté de la rétine.

Ces trois circonstances réunies donnent aux sensations semblables, qui correspondent à chaque fibre de la rétine, un caractère différent, auquel Lotze, l'inventeur de cette théorie, donne le nom de signe local. Ces différences sont en partie transmises au cerveau par le nerf optique, en partie perçues au cerveau par la résistance que la volonté doit opposer à l'excitation réflexe, afin d'empêcher la rotation de l'œil. On comprend maintenant comment, par opposition aux sensations de l'odorat, du goût et de l'ouïe, les *sensations de la vue et du toucher* peuvent faire naître dans l'âme la perception de l'étendue. Dans ces dernières sensations l'excitation transmise par chaque fibrille particulière des racines nerveuses doit sa détermination qualitative *au système bien organisé des différences qui l'accompagnent*. Les états vibratoires, provoqués dans les fibres différentes par des excitations externes semblables, se présentent avec des différences qui ne permettent pas à l'âme de les confondre *dans une seule sensation* renforcée ; mais ces états sont pourtant encore assez semblables, pour que la qualité identique des sensations qu'ils font naître soit reconnue facilement par l'âme. — Nous pouvons donc trouver que les exceptions apparentes confirment la loi générale, à savoir que les vibrations identiques des diverses parties du cerveau aboutissent à une seule sensation qui n'est différente des autres que par le degré d'intensité. Cette loi, qui paraît très-vraisemblable à priori, n'a contre elle aucun fait d'expérience ; et présente l'avantage que sans elle les phénomènes décrits des sens inférieurs seraient inexplicables. D'après cette loi, l'âme est tout à fait indifférente à la vibration de telle ou telle molécule : c'est le mode seul de la vibration qui agit sur l'âme. Si nous voyons que certaines parties du corps (les nerfs), certaines parties du système nerveux (la substance grise), certaines parties du cerveau sont particulièrement propres à produire en nous des impressions supérieures d'un caractère déterminé, nous devons attribuer cela uniquement à ce que ces parties, par leur constitution moléculaire, sont exclusivement ou plus heureusement disposées, pour produire l'espèce de vibrations, qui, seules ou plus que les autres, sont propres à exercer ces actions sur l'âme.

Considérons donc cette loi comme établie, et la théorie des signes de localisation de Lotze comme prouvée, sans nous préoccuper de rechercher si les signes de localisation qu'il reconnaît sont parfaitement choisis. Nous ne sommes toujours arrivés qu'à démontrer que, dans la vue ou le toucher, l'âme, par l'intermédiaire du cerveau, reçoit de chaque fibre primitive une sensation différente, qui, par son caractère individuel, ne peut se confondre avec les autres, et qui pourtant leur ressemble assez pour qu'il soit facile à l'âme de reconnaître l'élément fondamental et identique qu'elles contiennent toutes également. Mais cette somme de sensations simultanées, qui se ressemblent par la qualité sans cesser d'être différentes, ne nous explique en aucune manière comment nous arrivons à les étendre dans l'espace, ainsi que cela se produit dans le champ visuel et sur la surface tactile de la peau. Nous n'avons toujours que des différences de qualité, et de quantité intensive ou de degré entre les sensations particulières : nous ne découvrons nullement comment il est possible que la quantité extensive ou l'étendue dans l'espace soient introduits dans la sensation par l'action des vibrations moléculaires du cerveau. Ce n'est pas, en effet, la position de chaque molécule cérébrale, mais seulement la durée, la forme, etc., de ces vibrations qui influe sur la sensation ; et ces conditions ne contiennent aucune quantité extensive, qui soit en rapport avec la quantité extensive de l'image peinte sur la rétine. Au contraire, le système des signes de localisation substitue aux rapports quantitatifs de voisinage ou d'éloignement qu'ont entre eux les points de l'image faite sur la rétine, les différences qualitatives plus ou moins grandes des sensations correspondantes et, dans un cas spécial, lorsque les points de l'image rétinienne sont en contact, un minimum de différence. L'âme a donc à sa disposition une matière qui lui impose la nécessité rigoureuse, si une fois elle transforme par une action spontanée cet ensemble de différences qualitatives en un système de rapports locaux de situation, d'assigner à chaque sensation dans l'image étendue une place qui réponde à sa détermination qualitative. L'âme, si elle veut fixer les déterminations dans l'espace d'une figure qui ne lui est connue directement que comme une somme de sensations élémentaires, différentes par la qualité seulement, ne peut agir en aucune façon d'une manière arbitraire. Elle doit nécessairement la reconstruire dans les mêmes rapports que l'image de la rétine présente à l'œil étranger, et qui répondent aux données de l'expérience.

Wundt exprime les mêmes pensées dans les lignes suivantes : « L'union produite par la réunion (aggrégation, rassemblement) est purement extérieure ; les sensations ainsi réunies demeurent des sensations distinctes. Mais la synthèse, qui fond ensemble ces sensations intimement unies déjà par le processus préparatoire de la réunion, produit un troisième élément, qui n'était pas encore contenu dans les sensations particulières. La synthèse est l'opération qui vraiment construit la perception. Des sensations, qui restaient jusque-là indépendantes les unes des autres, elle fait sortir quelque chose de nouveau, qui, à la vérité, contient les sensations (mais non plus comme la pure réunion à titre de sensations distinctes rassemblées), mais est pourtant tout différent des sensations. (*Essai d'une théorie de la perception sensible*, p. 443.) Ces propositions, justes dans leur généralité, il les précise à la page suivante, lorsqu'il parle de la synthèse qui intervient dans la formation des perceptions de l'étendue visible. « La synthèse est donc dans la perception une activité créatrice, puisqu'elle construit l'espace ; mais cette activité créatrice ne se développe pas librement. Les impressions sensibles, les impulsions extérieures qui concourent à la synthèse, imposent la nécessité de faire de l'espace une reconstruction entièrement exacte. »

Cette doctrine de la physiologie empirique fait succéder aux impressions des sens que l'âme reçoit toutes faites un travail nouveau de construction (ou, par rapport à l'image visuelle, de reconstruction) de l'espace. Elle s'efforce de démontrer la nécessité de la fonction synthétique qu'exerce ici l'activité créatrice de l'âme : mais elle a recours à un artifice, en expliquant la localisation de la sensation visuelle avec l'aide du toucher, et réciproquement la localisation des sensations tactiles avec l'aide de la vue. Il est vrai assurément que les deux sens se prêtent un mutuel secours et ont besoin l'un de l'autre pour perfectionner leurs perceptions d'étendue. Pourtant il serait impossible que tous deux réunis pussent créer l'espace, si l'espace n'était pas compris dans les données de chacun d'eux. Ainsi l'expérience montre que les aveugles-nés acquièrent les perceptions de l'étendue tactile sans l'aide de la vue, et les développent avec plus d'intelligence que les voyants; et, d'un autre côté, des aveugles-nés, opérés de la cataracte, avant d'avoir appris à s'orienter entre les perceptions nouvelles pour eux de la vue et à les rattacher aux perceptions tactiles qui leur sont familières, ont immédiatement conscience que les premières sont étendues (du moins selon deux dimensions). — A leur tour, ceux qui nient que l'espace soit une création de l'esprit cherchent à soutenir un sophisme semblable au sujet de chacun des deux sens, en ce qui concerne les rapports de la perception du champ de la vision stable (ou du champ du toucher) d'un côté, et de l'autre les sensations motrices de la pupille, ainsi que des organes du toucher. Il est clair pourtant, dans ce cas même, que, si la sensation du champ visuel ou celle du champ du toucher, de même que la sensation du mouvement musculaire, ne contiennent pas déjà chacune en soi l'étendue, aucune combinaison, si habile que ce soit, de ces sensations étrangères des deux côtés à l'étendue ne peut produire l'extension dans l'espace, sans l'intervention d'une construction synthétique et créatrice. Ici d'ailleurs ces « empiriques » ont contre eux l'expérience. Sans doute par rapport au sens du tact, l'expérience n'a pu jusqu'ici opérer la séparation de la sensation tactile et de la sensation motrice. Le fait est pourtant bien établi que, chez les aveugles-nés opérés de la cataracte, les impressions visuelles sont, dès le premier moment, données avec l'extension superficielle. Ce n'est en aucune manière par une série prolongée d'expériences progressives, et en combinant la sensation du nerf optique avec les sensations des mouvements de la pupille, que l'idée de cette extension est acquise. En admettant même que ces savants aient raison, et que l'union de la sensation stable et de la sensation du mouvement fournît à l'âme une matière suffisante (des signes de localisation) pour la construction de l'espace, il faudrait toujours recourir à une synthèse créatrice, parce que des sensations de différences, les unes purement qualitatives et les autres extensives, n'arriveraient jamais sans cette synthèse à se développer en une perception unique d'espace. Mais les sensations provoquées par les vibrations des molécules cérébrales ne peuvent se distinguer que par la qualité et l'intensité (v. p. 373); et, en tout cas, aucun rapport ne peut exister entre l'extension de leur position et de leurs mouvements, et l'extension de l'image perçue (369-370) : il suit de là que la fonction synthétique qui crée l'espace est une fonction purement intellectuelle de l'Inconscient.

Tout à fait en opposition avec Schopenhauer, on peut donc dire que la seule cause pour admettre l'a priorité de l'intuition de l'espace est l'impossibilité de concevoir qu'elle résulte d'une pure fonction du cerveau. Si Schopenhauer avait raison, et si la production de l'espace comme forme de l'intuition résultait d'une prédisposition de l'organisme cérébral, qui répondrait à l'excitation des sensations de la vue ou du tact suivant la forme qui lui est propre, cette prédisposition cérébrale pourrait, d'après la théorie biologique de la descendance, être l'objet d'une transmission héréditaire qui la fortifierait et la perfectionnerait de génération en génération. Dans ce cas, toutefois, la première origine de l'intuition de l'espace dans les animaux et les zoophytes (qui, d'une façon générale, est encore bien plus étonnante chez eux que dans la conscience humaine), et le développement progressif de ce premier germe seraient exclusivement rapportés à l'Inconscient comme son œuvre immédiate. J'admets pour mon compte l'existence d'une prédisposition que l'hérédité augmenterait, et en vertu de laquelle la sensation qui produit l'espace se développerait en tout sens et se perfectionnerait. Mais cette prédisposition ne concernerait que les matériaux, qui donnent à l'âme inconsciente l'occasion de construire l'espace, et déterminent dans chaque cas particulier la nature de l'intuition de l'espace. Elle ne supprime en aucune façon, pour l'âme, l'acte spontané par lequel elle dispose dans l'espace les matériaux qui ont été déjà coordonnés sous le rapport de la qualité; elle ne lui épargne pas le soin de reconstruire spontanément l'étendue des objets : elle ne fait que le lui faciliter et multiplier les matériaux sur lesquels elle travaille. Nous avons bien pu comprendre que les sens de la vue et du toucher seuls, non les autres sens, provoquent dans l'âme l'intuition de l'étendue; nous nous expliquons aussi pourquoi l'âme est obligée de reconstruire justement des rapports locaux, qui répondent aux rapports locaux des objets sur la rétine ou sur la surface tactile du corps. Mais pourquoi l'âme, en général, transforme-t-elle en une image étendue dans l'espace une somme des sensations qui ne diffèrent que par la qualité : nous ne pouvons trouver dans le processus physiologique aucune raison à cela. Nous devons même nier qu'il en puisse exister une. Nous ne pouvons reconnaître ici que l'action d'une cause finale. Ce processus merveilleux, en effet, permet à l'âme de créer le fondement sur lequel reposera sa connaissance du monde extérieur; car, sans l'intuition de l'espace, elle ne pourrait jamais sortir hors de chez elle.

III. — C'est à cette fin unique que nous rapportons l'intuition de l'espace. Nous devons regarder le processus dont il s'agit comme une activité instinctive, comme une finalité qui agit sans la conscience de son but. Nous sommes donc ramenés encore une fois sur le domaine de l'Inconscient. Nous devons considérer la production de l'espace dans l'intuition de la conscience individuelle (de même que dans la création du monde réel) comme une fonction de l'Inconscient. Ce processus est tellement une condition indispensable à la possibilité de toute conscience, qu'il ne saurait être considéré lui-même comme un processus conscient. Kant n'a jamais fait cette observation. On connaît la franchise et la clarté habituelles de ce grand penseur. Il faut admettre qu'il ne s'est jamais rendu compte du caractère absolument inconscient de ce processus. Cette lacune de sa théorie explique l'opposition que lui a toujours faite le sens commun. Celui-ci sentait bien que l'espace est un fait indépendant de la conscience. La conscience le trouve tout réalisé, et avec lui les dimensions diverses de l'étendue. C'est seulement après une abstraction prolongée que la notion d'espace est tirée de là; et ce n'est que tout à fait à la fin que l'espace est affirmé dans son infinité par la négation de toute limite. Kant, au contraire, fait débuter la pensée consciente par la production de l'espace un et infini; et, selon sa théorie, les rapports des choses dans l'étendue ne sont possibles que grâce à ce travail préliminaire de la pensée. En tout cela l'entendement naturel avait raison; et Kant, tort. Mais sur un point, et le point essentiel, Kant a raison. C'est lorsqu'il soutient que la forme de l'espace n'est pas apportée du dehors dans l'âme à l'aide de processus physiologiques, mais qu'elle est produite spontanément par l'âme. Kant pourtant considère l'étendue comme résultant d'une sorte de disposition accidentelle de notre nature, et comme une forme de la sensibilité, qui aurait pu être toute différente, et n'a pas en dehors du sujet d'objet correspondant. Pour nous, au contraire, l'espace est une forme réelle de l'existence. L'Inconscient déploie la même activité formelle, soit lorsqu'il conçoit la multitude des individus à créer par la pensée inconsciente dans des rapports différents d'étendue, afin de donner à la volonté un contenu à réaliser en une existence étendue; soit lorsqu'il étend les séries, ordonnées sous le rapport de la qualité (c'est-à-dire en dimensions mathématiques), des sensations perçues, de manière à en faire sortir l'intuition de l'espace. Ce qui serait accident et caprice, ce serait seulement que la voie, une fois prise, fût abandonnée en quelque point; non que l'espace, adopté une fois comme forme de l'individuation dans le monde actuel, peu importe que ce soit par une nécessité logique ou par un choix, se retrouve le même en nous et en dehors de nous.

IV. — Le temps, comme forme de la pensée et de l'être, offre tant d'analogie avec l'espace, qu'on les a presque toujours associés; et que chaque penseur les explique toujours par des considérations identiques. C'est là ce qui a trompé Kant, et l'a conduit à les réunir dans son esthétique transcendentale. Pourtant chaque homme peut constater aisément les différences du temps et de l'espace ; elles sont assez importantes pour exiger qu'on en sépare l'étude. Si le temps n'était pas introduit dans la perception comme une donnée immédiate du processus physiologique, il y serait sans doute produit spontanément par l'âme comme l'espace. Mais la perception ici rend cette action de l'âme inutile. Nous avons admis que les vibrations cérébrales d'une forme déterminée provoquent dans l'âme la réaction de sensations déterminées. Il suit de là que, si l'excitation se renouvelle, la réaction se répète : peu importe que les excitations se succèdent d'une manière continue, non interrompue, ou d'une façon intermittente. Donc encore la sensation doit durer aussi longtemps que ces sortes de vibrations. Le changement seul du mode des vibrations produit une sensation nouvelle, à laquelle, à son tour, une autre succède au bout d'un temps déterminé. La succession des sensations inégales ou différentes nous est ainsi donnée immédiatement ; il n'est pas nécessaire de recourir comme pour l'espace à la spontanéité instinctive de l'âme. Peu importe d'ailleurs que l'on se place au point de vue des matérialistes ou des spiritualistes. Dans les deux cas, la succession objective des états vibratoires donne naissance à la succession subjective des sensations.

On pourrait objecter que le temps n'est pas perçu immédiatement à la suite des vibrations cérébrales ; et se fonder, pour le soutenir, sur ce que chaque sensation particulière doit être regardée comme une réaction de l'âme, instantanée, étrangère au temps. Assurément une série d'actes, produits par l'âme instantanément et en dehors de la durée, ne produirait aucune perception immédiate du temps ; les distances, qui sépareraient de tels moments, seraient absolument vides, et ne pourraient se mesurer. Une réflexion attentive montre l'impossibilité de cette théorie. Deux cas seulement sont possibles, si la sensation doit être instantanée ; ou elle naît d'un état instantané du cerveau, ou elle suit le mouvement cérébral, après qu'il a duré lui-même un certain temps. La première supposition est inadmissible, car l'état instantané en lui-même n'est pas un mouvement et n'a rien qui puisse agir sur l'âme. La seconde se réduit facilement à l'absurde : comment comprendre que l'âme ne réagisse par une sensation contre l'action cérébrale qu'après un temps déterminé ; pourquoi pas avant ou après, puisque le mouvement se développe d'une manière uniforme pendant toute sa durée? Admettra-t-on arbitrairement que l'action de l'âme ne se produit qu'après la durée d'une oscillation complète, on ne voit toujours pas à quel moment l'oscillation doit commencer et finir, puisque son point de départ est fixé arbitrairement par nous. On ne voit pas davantage pourquoi une moitié d'oscillation, ou un quart, ou une moindre fraction encore n'auraient pas le même effet, puisque dans la plus petite partie d'une vibration se retrouve la *loi qui régit la vibration totale.* Ceci nous ramène à la véritable explication. Puisque la plus petite partie imaginable de la vibration contient la loi de la vibration totale, elle doit contribuer pour sa part à l'effet de cette vibration : nous sommes ainsi ramenés à reconnaître que la sensation est continue. Si ces différences quantitatives infiniment petites des sensations ne sont pas perçues par la conscience, si une portion appréciable de seconde est nécessaire pour qu'une sensation soit perçue par la conscience comme l'intégrale déterminée de toutes ces actions partielles, cela pourrait bien tenir à ce que d'abord le changement de forme de la vibration, qui amène le changement de la sensation, ne se conçoit pas physiquement comme venant d'une partie de vibration, ni même d'une vibration entière, mais comme résultant de plusieurs vibrations qui se transforment graduellement l'une dans l'autre; en second lieu à ce que, comme pour le mouvement d'une corde qui vibre à l'unisson d'une note, chaque vibration particulière est trop faible pour produire un effet, et que les effets additionnés successivement de plusieurs vibrations homologues peuvent seuls produire un effet perceptible, capable de dépasser la limite de l'excitation (voir Introduction, p. 38) Cette addition dans le temps des effets successifs, jointe à la multiplication dans l'espace des effets produits par une multitude de molécules vibrant d'un mouvement uniforme et simultané, sont seules en état de nous faire comprendre comment des mouvements, aussi minimes que ceux qui se font dans le cerveau, provoquent dans l'âme des impressions puissantes, comme celles d'un coup de canon ou de tonnerre.

Nous avons examiné les quatre questions énoncées plus haut. J'espère que ma solution n'aura pas peu contribué à établir entre la philosophie et la science l'accord qui avait fait place depuis Kant à une division profonde. Je suis arrivé à la conclusion suivante : l'espace et le temps sont aussi bien des formes de l'être que de la pensée (consciente). Le temps est une donnée immédiate de la réalité, une perception résultant directement des vibrations cérébrales. Il est contenu de la même manière dans les vibrations particulières des molécules cérébrales, et dans l'excitation extérieure. Mais l'espace, comme forme de la perception, doit être engendré par un acte de l'Inconscient. Ni les dimensions des vibrations cérébrales particulières, ni les rapports de situation des diverses parties du cerveau qui sont en mouvement n'ont aucune ressemblance, aucun rapport direct, soit à la forme, soit aux positions respectives dans l'espace des choses réelles ou de nos perceptions. Les déterminations locales des perceptions ont besoin d'être établies à l'aide du système des signes de localisation que nous fournissent les sens de la vue et du toucher. Ainsi les déterminations des choses dans l'espace ou dans la durée se présentent à la conscience comme quelque chose de tout fait, de tout donné. La conscience, là où elle ne soupçonne pas encore le processus qui les engendre, a le droit de les considérer comme des faits empiriques. De ces déterminations concrètes, sous lesquelles les choses lui sont données dans le temps et dans l'espace, elle tire plus tard des déterminations plus générales; et enfin fait sortir comme une abstraction suprême les concepts du temps et de l'espace. En tant qu'idées subjectives, l'infinité peut leur être attribuée à titre de prédicat négatif; rien dans le sujet, en effet, ne s'oppose à ce que l'extension de ces idées soit agrandie à volonté.

Nous avons ainsi, en déterminant l'origine des notions du temps et de l'espace, donné un fondement solide à toutes nos perceptions. Nous devons nous interroger maintenant sur l'accord de la vibration cérébrale et de la sensation; et nous demander pourquoi l'âme répond à telle forme de vibration par telle sensation déterminée. Qu'une parfaite régularité préside à ces rapports, c'est ce que nous ne pouvons mettre en doute, si nous admettons que la nature est régie par des lois constantes. Nous voyons que, dans le même individu, les mêmes excitations du dehors provoquent toujours les mêmes sensations : s'il en était autrement, un changement serait constaté dans la disposition du corps, et se traduirait naturellement par la modification des vibrations cérébrales. Les individus différents, dont les dispositions organiques sont semblables, ressentent-ils toujours les mêmes sensations sous l'excitation des mêmes causes? C'est sans doute ce que nous ne pouvons jamais constater d'une manière directe. Mais, puisque toutes les modifications appréciables des sensations peuvent être rapportées sûrement à une modification dans la structure des organes des sens et des nerfs, nous n'avons aucune raison de soupçonner sur ce point la nature de désobéir aux lois générales. Nous admettons donc qu'aux mêmes vibrations cérébrales succèdent, chez tous les individus, les mêmes sensations. La régularité de ce rapport causal entre le mode de vibration et la sensation n'est pas plus étonnante en soi que celle de toute autre loi dans le monde de la matière, le rapport de la chaleur et de l'électricité par exemple, que nous ne comprenons pas davantage : cela s'entend de soi. Nous n'hésitons pas d'ailleurs à penser que, ici comme là, des causes intermédiaires doivent exercer leur action; grâce à elles la complication, que nous trouvons encore dans les phénomènes dont il s'agit, doit pouvoir se ramener à des lois simples. C'est sans doute aux combinaisons variées de telles lois, qu'est due la multiplicité des phénomènes que notre observation saisit. Nous ne pouvons donc nous résoudre à considérer les résultats, auxquels nous sommes parvenus, comme des résultats définitifs; et nous devons soupçonner dans les processus psychologiques, que nous avons étudiés, l'action de facteurs divers, qui s'ajoutent les uns aux autres. Il est une chose certaine toutefois, c'est que ces actions, en tant qu'elles sont du domaine de la vie psychique, ne peuvent qu'appartenir exclusivement au monde de l'Inconscient. C'est donc en vertu d'un processus inconscient que le vinaigre nous paraît acide, le sucre doux, telle lumière rouge, telle autre bleue, telle vibration de l'air comme la note *la*, telle autre comme la note *ut*. Nous n'en pouvons dire davantage sur l'origine de la qualité des sensations, dans l'état actuel de nos connaissances.

Toutes ces déterminations de la qualité, de la quantité intensive et extensive de la sensation, ne nous font toujours pas sortir de la sphère du sujet. Le sens de la vue nous représente les objets étendus en superficie dans l'espace; mais il ne nous dit rien de leur troisième dimension. L'étendue superficielle n'existe toujours pas en dehors de l'âme; elle est purement subjective. L'âme ne connaît pas l'œil comme l'organe de la vue : l'image visuelle n'est pour la vue ni en dehors, ni au dedans de l'œil, elle n'existe que dans l'âme, comme le souvenir affaibli d'un objet matériel qui n'occupe de place que dans l'espace imaginaire de la pensée, et n'a aucun rapport avec l'espace réel. Il en est de même des perceptions du toucher. L'étendue superficielle, qui répond à la superficie des corps, est encore ici plus indéterminée que pour la vue. C'est seulement lorsque la même perception se produit en même temps à plusieurs places, et que certaines sensations musculaires y sont associées, que l'âme peut faire des expériences qui lui permettent, à l'aide de certains autres processus, de localiser à la surface du corps ses impressions tactiles, et de les déterminer sous le rapport de la troisième dimension. Sans doute quelques physiologistes soutiennent que cette détermination se fait immédiatement, en vertu de la loi de la vision excentrique; et je ne veux pas engager de dicussion à ce sujet. Une chose est incontestable pourtant. Admettons que les sensations internes soient déterminées par rapport à la troisième dimension, et qu'elles soient rapportées à la superficie réelle du corps, et même, j'y consens, aux places qu'occupent dans l'œil les impressions de la rétine : on ne voit toujours pas comment *la perception ou la pensée consciente* peut nous faire sortir du sujet. La perception, dans l'hypothèse la plus favorable, ne s'étend pas au delà des limites de notre propre corps; dans mon opinion, elle reste même confinée à l'intérieur de l'âme, sans nous rien dire de notre corps. Aucun travail conscient de la pensée sur les données de l'expérience ne nous conduit jusqu'ici à soupçonner l'existence d'un objet extérieur. Il faut de nouveau que l'instinct ou l'Inconscient nous vienne en aide : autrement le but de la perception, la connaissance du monde extérieur, ne peut être atteint. L'animal et l'enfant projettent donc instinctivement leurs perceptions sensibles en dehors, comme des objets indépendants de leur pensée. Aujourd'hui encore tout homme naïf croit percevoir les choses elles-mêmes, parce que ses perceptions, dont l'extériorité est une détermination, sont transformées en objets *par l'instinct*. C'est ainsi seulement que le monde des *objets* existe tout réalisé pour un être qui ne se considère même pas encore comme *sujet*. Dans le développement de la pensée, au contraire, il est nécessaire que le sujet et l'objet apparaissent simultanément au regard de la conscience. Il est donc faux que la catégorie de la causalité soit nécessaire à la conscience de l'existence propre de l'objet. Les objets sont présents depuis longtemps à l'esprit, avant que le concept de la causalité se soit révélé à lui. Autrement, le sujet devrait être connu simultanément pour la première fois avec l'objet. Sans doute, au point de vue philosophique, la causalité est le seul moyen de sortir de la pensée pour atteindre à la réalité du sujet et de l'objet ; sans doute, pour la conscience de l'entendement cultivé, l'objet n'existe dans la perception qu'à titre de cause extérieure ; sans doute encore le processus inconscient, auquel est due la première conscience de l'objet, est analogue à ce processus de la conscience philosophique. — Il est certain toutefois que le processus, qui aboutit à présenter à la conscience l'objet extérieur comme une réalité toute faite, est un processus tout à fait inconscient. Si la causalité y joue un rôle, ce que nous ne pouvons en tout cas constater directement, il ne suit certainement pas de là qu'on puisse dire avec Schopenhauer que le concept à priori de la causalité crée l'objet extérieur. On devrait, pour s'exprimer ainsi, considérer le concept comme une notion consciente ; et il ne peut avoir encore ce caractère. L'idée consciente de cause n'est formée en effet que beaucoup, beaucoup plus tard, et à l'aide des rapports réciproques des objets déjà réels pour nous.

Nous sommes arrivés ainsi à voir dans les perceptions des objets extérieurs ; il s'agit maintenant d'étudier le développement de ces perceptions. Comment la vue juge-t-elle de l'éloignement où sont les objets de l'œil ; comment se fait la vision simple avec les deux yeux ; comment saisissons-nous la troisième dimension dans les corps, etc.; et de même pour les autres sens? Les nombreux ouvrages de physiologie, de psychologie, etc., s'étendent longuement sur ces questions. Les processus, qui conduisent à la solution de toutes ces questions, sont en partie du domaine de la conscience, mais surtout du domaine de l'Inconscient. (Comparez Wundt : *Essai d'une théorie de la perception sensible*, ainsi que les pages du même ouvrage citées plus haut, p. 43). « Si le développement de la perception d'un œil seul repose sur une série de processus psychiques de nature inconsciente, la formation de la perception binoculaire n'est aussi que l'œuvre d'un raisonnement inconscient. » — « Ce n'est pas seulement la perception de la profondeur proprement dite, qui suit nécessairement l'acte de la vision binoculaire : c'est encore l'idée de la réflexion et de l'éclat réfléchi de la lumière, qui nous est donnée par là d'une manière régulière et tout à fait correspondante. » (Wundt, 373-374.) — « Les processus inconscients de l'âme ne construisent pas seulement les perceptions avec les éléments isolés les uns des autres de la sensation; mais associent encore les perceptions immédiates et simples de manière à en former de plus complexes, et à introduire ainsi un ordre systématique dans la riche diversité des impressions de l'âme, bien avant que la conscience ait porté sa lumière dans ce monde d'impressions. Elle ne nous sert qu'à le connaître scientifiquement (Id., 375). »

On peut se tromper aisément sur ce rapport, si l'on songe seulement à la lenteur avec laquelle l'homme enfant arrive à se rendre pleinement maître des impressions de la perception sensible. Une considération attentive pourtant nous fait juger sans peine combien la réflexion est encore peu développée chez les enfants, alors que déjà ils savent pleinement entendre la perception. Mais l'inconscience de tous les processus nécessaires pour en arriver là apparaît clairement au premier regard chez les animaux. La sûreté avec laquelle, aussitôt après leur naissance, ils exécutent leurs mouvements; la convenance avec laquelle ils se comportent à l'égard des objets extérieurs seraient impossibles, s'ils ne savaient pas, d'instinct, interpréter la perception des sens. Si on rapporte, comme on le doit, à la perception sensible, au sens étendu du mot, cette parfaite intelligence des impressions sensibles, nous pouvons affirmer que le développement de la perception sensible forme la base de l'activité consciente de l'esprit et dépend de toute une série de processus inconscients, et d'instincts, sans lesquels l'homme comme l'animal traînerait sur la terre une misérable existence. L'un et l'autre autrement manqueraient de tout moyen de connaître le monde extérieur et d'en tirer parti.

IX

L'INCONSCIENT DANS LE MYSTICISME.

Le mot « mystique » est dans toutes les bouches ; chacun sait les noms des plus célèbres mystiques, chacun connaît des exemples de mysticisme. Combien peu d'hommes cependant entendent bien ce mot, dont le sens est mystique ; qui ne peut être bien compris que de celui qui porte en lui-même une veine de mysticisme, si faible qu'elle soit. Nous allons essayer de pénétrer au fond de la question. Nous étudierons pour cela les principaux phénomènes, par lesquels s'est manifesté le mysticisme différent des époques et des individus.

Le plus grand nombre des mystiques professe le dédain de la vie active, se réfugie volontiers dans le quiétisme de la contemplation, et aspire même à l'annihilation de la pensée et de la vie corporelle. Mais ces traits ne nous font pas connaître l'essence même du mysticisme. Le plus grand mystique du monde, Jacob Böhme, gouvernait sa maison avec ordre, travaillait et élevait courageusement ses enfants. Certains mystiques étaient tellement engagés dans la vie pratique, qu'ils s'annonçaient comme des réformateurs du monde. Plusieurs exerçaient la théurgie et la magie, s'adonnaient à la médecine, et entreprenaient des excursions scientifiques. — Une autre série de phénomènes caractérise le mysticisme à son degré le plus élevé. Ce sont les accès physiques, comme les convulsions, les épilepsies, les extases ; les imaginations et les idées fixes des filles hystériques, des hommes hypocondriaques ; les visions des personnes extatiques ou naturellement somnambules. Tous ces phénomènes portent tellement le caractère de la maladie physique, qu'ils ne peuvent certainement constituer l'essence du mysticisme ; ils sont en grande partie produits volontairement par le jeûne, l'ascétisme, la concentration continue de l'imagination sur un point unique. Il faut rattacher à ces phénomènes, dans l'histoire du mysticisme, les tristes maladies qui excitent notre pitié aujourd'hui dans les maisons d'aliénés, et qui autrefois ont fait adorer comme prophètes, persécuter et mettre à mort et élever au rang de martyrs des malheureux qui se prenaient pour le Christ (comme Ésaïas Stilfel, vers 1600) ou pour Dieu le Père lui-même. On pourrait dire pourtant que les visions et les extases peuvent conduire par degrés à ces formes plus pures et plus hautes du mysticisme, auxquelles l'histoire doit tant. Je l'accorde volontiers. Mais, en tout cas, ces formes passagères ne constituent pas l'essence du mysticisme. — Une troisième manifestation du mysticisme est l'ascétisme. C'est une imagination folle ou une volupté maladive, à moins qu'on n'en fasse une pratique morale, que nous rencontrons aussi bien chez les pénitents indiens et persans que chez les chrétiens. Là non plus nous ne trouvons pas le mysticisme. Schopenhauer ne nous a-t-il pas fourni la preuve qu'on peut être un penseur lumineux, et pourtant considérer l'ascétisme comme le seul genre de vie raisonnable? D'autre part le mysticisme s'associe aussi bien avec la concupiscence et la sensualité la plus désordonnée qu'avec l'ascétisme le plus rigoureux. Une quatrième classe de phénomènes nous est présentée dans l'histoire du mysticisme par les miracles qui ont été de tout temps attribués aux prophètes, aux saints, aux magiciens. Tout ce qu'une critique sérieuse peut admettre dans ces traditions se réduit à des actions curatives, qui s'expliquent, soit par une simple action médicale, soit par l'effet d'un magnétisme conscient ou inconscient, soit par une vertu sympathique. Les lois de la nature suffisent à tout expliquer ici, pourvu qu'on regarde les effets magiques de la sympathie par l'action de la volonté pure comme une loi de la nature. Si l'on n'admet pas cela, il y a sans doute quelque chose de mystique dans ces derniers effets ; mais, si on consent à cette explication, on ne trouvera dans ces effets rien de plus mystique que dans toute autre loi de la nature : or nous ne comprenons l'action d'aucune, et cependant nous ne les appelons pas mystiques.

Jusqu'ici nous avons dit comment les mystiques ont agi et vécu : nous avons maintenant à parler de leur manière de parler et d'écrire. Le style qui domine chez eux est métaphorique à l'excès : tantôt plat et commun, plus souvent boursouflé et emphatique. L'excès de l'imagination s'y accuse d'ordinaire dans la pensée et dans l'expression. Mais ces défauts tiennent aux nations et aux époques auxquelles appartiennent les différents mystiques ; d'ailleurs nous retrouvons les mêmes défauts chez les poëtes et les autres écrivains : il n'y a donc rien là de particulier aux mystiques. Nous découvrons dans les écrits des mystiques d'un côté une foule d'interprétations allégoriques, capricieuses, des textes soit de la Bible, du Coran, et d'autres écrits, ou traditions, ou des formules empruntées aux cultes juif, mahométan, chrétien ; de l'autre côté une imagination féconde en hypothèses, un formalisme non moins fantaisiste dans la construction d'une philosophie de la nature qui n'a rien de scientifique (comme chez Albert le Grand, Paracelse et d'autres philosophes du moyen âge ; chez Schelling, Oken, Steffens, Hegel, dans les temps modernes). Ces deux manifestations de l'esprit mystique sont semblables au fond, et ne diffèrent que par leur objet : elles ne nous font pas davantage connaître le caractère propre des mystiques. Nous n'y découvrons que la tendance à construire des systèmes, où s'égare l'homme qui méconnaît ou ignore les matériaux et les principes des sciences naturelles. Il élève en se jouant des châteaux de cartes, auxquels succède une construction aussi fragile, dont l'auteur ne se donne même pas la peine de souffler sur les précédentes : car ces dernières tombent d'elles-mêmes, non, il est vrai, sans en avoir auparavant imposé à quelque autre enfant. Un signe du mysticisme, qu'on a cru pouvoir prendre souvent comme un signe essentiel, est le caractère inintelligible, obscur du langage : on le retrouve chez presque tous les mystiques qui ont écrit. Il ne faut pas oublier pourtant que très-peu de mystiques ont écrit; que beaucoup même n'ont pas parlé, ou n'ont tout au plus raconté que leurs visions. D'ailleurs bien d'autres écrits sont inintelligibles et obscurs, que ni leurs auteurs ni les lecteurs ne voudraient appeler du nom de mystiques. L'obscurité du langage peut tenir en effet tantôt à ce que la pensée elle-même est obscure; tantôt à ce que l'auteur n'est pas complétement maître de son sujet, ou à ce qu'il n'est pas habile à écrire, ou encore à bien d'autres causes.

Tous les phénomènes que nous venons de passer en revue ne nous font pas pénétrer dans l'essence du mysticisme. Sous chacun d'eux, sans doute, se cache parfois un fond de mysticisme, mais ils ne sont que des formes accidentelles de la pensée mystique; ils pourraient tout aussi bien ne pas s'y associer. Il s'agit ici surtout de découvrir le principe essentiel et commun de tous ces phénomènes, dans le cas où nous les considérons comme les formes que peut revêtir le mysticisme. On se tromperait beaucoup, si on voulait chercher ce principe dans le sentiment religieux. La religion, comme foi naïve à la révélation, n'a rien absolument de mystique. Ce qui m'a été révélé par une autorité que j'accepte entièrement n'a rien pour moi de mystique, aussi longtemps que je me contente d'une révélation purement extérieure : et la religion n'en demande pas davantage. Il est d'ailleurs facile de voir que l'incrédulité et l'irréligion peuvent s'associer au mysticisme (ainsi la magie noire). On voit des mystiques se déifier eux-mêmes, et braver toutes les divinités bonnes ou mauvaises. La philosophie irréligieuse peut avoir aussi son mysticisme, bien que l'expérience montre que ce dernier lui-même cherche volontiers à se rattacher, par des rapports extérieurs du moins, à une religion positive (ainsi le néoplatonisme). Nous ne méconnaissons pas en tout cela que la religion est le fond, le terrain où le mysticisme développe le plus aisément sa fécondité : mais elle n'est pas le seul terrain qui lui soit propice. Le mysticisme est comme une plante grimpante, qui croît autour de toute espèce de support, et s'accommode des points d'appui les plus dissemblables : l'orgueil et l'humilité, l'esprit d'indépendance et la résignation, l'égoïsme et le renoncement, l'abstinence et la sensualité débordante, la macération et la passion de jouir, l'amour de la solitude et le goût de la société, le mépris de l'opinion et la vanité, le quiétisme et l'action, le nihilisme qui veut tout détruire et le désir de réformer le monde, la piété et l'athéisme, le rationalisme et la superstition, l'originalité et la vulgarité presque animale, toutes ces formes de la pensée s'associent au mysticisme.

Nous sommes arrivés ainsi à reconnaître que les caractères opposés et les formes précédemment étudiées, sous lesquelles l'histoire nous a présenté le mysticisme, ne constituent pas l'essence, mais sont seulement comme les excroissances du mysticisme : elles sont dues soit à l'esprit du temps et au caractère national; soit aux dispositions maladives des individus; soit à la corruption de certains principes religieux, moraux ou pratiques; soit à l'exemple contagieux des désordres intellectuels. Elles peuvent encore être rapportées soit à l'impatience causée par l'oppression d'un siècle barbare, où la vie publique ne pouvait tenter un esprit amoureux de l'idéal, et n'était propre qu'à lui inspirer de la répulsion; soit au danger, sur lequel nous reviendrons plus tard et qui tient à l'objet suprême lui-même des aspirations mystiques, au danger de l'exaltation; soit enfin à l'action combinée de toutes ces causes et d'autres encore.

Cette analyse négative me paraissait nécessaire pour préciser les idées que l'on se fait du mysticisme, et qui sont puisées pour la plupart dans l'examen de toutes les excroissances maladives du génie mystique : elles font méconnaître le mysticisme sous ses formes les plus pures. Revenons maintenant au principe de toutes ces manifestations, à l'essence même du mysticisme. Il faut évidemment la placer au plus profond de l'âme humaine. Sans doute, comme les dispositions du génie artistique, la faculté mystique ne se développe pas en chaque homme; ou, du moins, ne se manifeste pas en chacun, dans la même mesure et suivant les mêmes directions. Mais c'est sans interruption que l'action plus ou moins étendue du mysticisme se fait sentir depuis les temps préhistoriques les plus reculés jusqu'au présent, à travers les phases diverses de la civilisation. Le mysticisme change sans doute de caractère suivant le génie des temps; mais les progrès de la civilisation ne l'ont pas fait disparaître. Il a résisté aussi bien à l'incrédulité des matérialistes qu'aux terreurs de l'inquisition. L'humanité doit au mysticisme les conquêtes les plus belles de la civilisation. Sans le mysticisme des néopythagoriciens, le christianisme de saint Jean ne se serait pas produit; sans le mysticisme du moyen âge, l'esprit du christianisme aurait disparu sous l'idolâtrie catholique et sous le formalisme de la scolastique; sans le mysticisme des hérétiques persécutés, qui, depuis le commencement du xe siècle, ont toujours reparu après les condamnations sous des noms nouveaux, l'action bénie de la réforme n'aurait pas dissipé les ombres épaisses du moyen âge et préparé l'aurore des temps modernes. C'est grâce aux influences mystiques que le génie du peuple allemand, que les héros de la poésie et de la philosophie de l'Allemagne moderne nous ont préservés des sables mouvants, sous lesquels le matérialisme de la France menaçait, au siècle précédent, de nous engloutir complétement, et nous aurait empêchés, Dieu sait pour combien de temps, de redresser librement la tête. Si l'humanité en général doit se féliciter de l'action du mysticisme, les individus ne lui sont pas moins redevables, lorsqu'il sait toutefois s'affranchir des excès maladifs et n'absorbe pas exclusivement l'âme à son profit. Nous voyons qu'en fait tous les mystiques ont goûté dans l'exercice de leurs facultés mystiques une félicité suprême, une joie qui les rendait capables de supporter tous les sacrifices, toutes les privations pour obéir fidèlement à leur vocation. Qu'on songe à Jacob Böhme, à la félicité ineffable qui l'accompagnait au milieu de toutes ses épreuves. La source en était pure certainement : car son mysticisme ne le détournait pas de ses devoirs de citoyen, et n'était pas non plus gâté par des macérations insensées. Qu'on songe au mysticisme des saints de l'antiquité, d'un Pythagore, d'un Plotin, d'un Porphyre, etc. Ils pratiquaient certainement la continence et le renoncement les plus sévères; mais ils ne s'imposaient aucune macération. Le mysticisme est donc une disposition profondément établie dans le cœur de l'homme, une disposition parfaitement saine, bien qu'elle conduise facilement à des exagérations maladives. C'est, en un mot, pour l'individu comme pour l'humanité une disposition du plus grand prix.

Qu'est-ce enfin que le mysticisme? Écartons tous les éléments qui le défigurent : il nous restera un fond de sentiment, de pensée, de volonté. Sans doute le même fond peut se retrouver en dehors du mysticisme : celui de la pensée et du sentiment mystiques dans la philosophie et la religion; celui du vouloir mystique dans l'action magique de la volonté consciente (un sentiment pourtant fait exception, parce que son objet ne peut être qu'un produit mystique, comme nous le verrons bientôt). Mais, dans tous les autres cas, l'objet de la pensée mystique n'en constitue pas l'essence : il faut chercher cette dernière dans l'état particulier, les dispositions spéciales de la conscience mystique. Écoutons sur ce point quelques mystiques : on ne devra pas, après les réflexions précédentes, s'étonner de rencontrer ici des noms, qui ne figurent pas d'ordinaire sur la liste des mystiques, et qui représentent pourtant le mysticisme sous sa forme la plus pure, la plus dégagée de tout élément étranger.

Tous les fondateurs de religion, tous les prophètes déclarent qu'ils tiennent personnellement leur science de Dieu; qu'ils sont inspirés par l'esprit divin dans la composition de leurs œuvres, dans leurs paroles et dans leurs actions miraculeuses. La plupart des religions supérieures ont fait un article de foi de ces déclarations. Les saints ultérieurs, qui ont renouvelé par leur enseignement le genre de vie et le mode de pénitence de leurs contemporains, ont toujours passé pour parler sous l'inspiration de l'esprit divin, et le croyaient eux-mêmes. Jacob Bhöme nous en donne un témoignage décisif : « Je déclare devant Dieu, que j'ignore moi-même comment la chose se fait en moi, sans la participation de ma volonté ; je ne sais même pas ce que je dois écrire. Si j'écris, c'est que l'Esprit m'inspire et me communique une grande, une merveilleuse connaissance. Je ne sais souvent même si j'habite en esprit dans ce monde actuel, et si c'est bien moi qui ai le bonheur de posséder une science certaine et solide. Plus je cherche, plus je trouve que je fais trop peu de cas de ma pauvre personne en la croyant trop insignifiante, trop indigne, pour être initiée à de tels secrets. L'Esprit ne tient-il pas hautement ma bannière, et ne me crie-t-il pas : « Vois, tu dois vivre éternellement avec cette science et en porter la couronne, pourquoi t'effraies-tu? » Böhme conseille au lecteur dans son livre *Aurora* « de demander à Dieu son Esprit saint. Sans les lumières de ce dernier, tu ne comprendras pas ces mystères, car, par lui-même, l'esprit de l'homme est fermé sur ces choses, et ne les entend qu'autant qu'on lui en a déjà livré la clef. Aucun homme ne peut la lui donner ; l'Esprit saint seul en est le dépositaire. » S'il ne pense pas que les autres puissent entendre ses écrits, il s'en croit incapable lui-même, sans le secours de l'Esprit. — Continuons notre revue. Les quakers ont pour règle principale de négliger les enseignements de l'école, la sagesse humaine, la parole écrite, et de ne se confier qu'à la seule lumière intérieure. Bernard de Clairvaux dit : « La foi est une disposition de la volonté, laquelle s'attache par un sûr pressentiment à la vérité, qui n'a pas encore été tout à fait dévoilée : elle se fonde sur l'autorité et la révélation. Au contraire, l'intuition intérieure (*contemplatio*) est la connaissance certaine et manifeste de l'invisible. » L'école de saint Bernard (Richard et Hugo de Saint-Victor) développe les mêmes idées. Elle décrit la révélation intérieure comme une connaissance mystique, dont la profondeur n'est accessible en partie qu'aux initiés : c'est alors une illumination de la raison par l'esprit divin, une connaissance surnaturelle, et comme une intuition intérieure et immédiate, qui s'élève au-dessus de la raison.

L'avocat du mysticisme moderne contre le rationalisme est Hamann. Ce philosophe veut retrouver les enseignements de la révélation positive dans le fond vivant de l'esprit lui-même. Il demande la solution de toutes les contradictions à la foi sûre d'elle-même, qui se puise dans le sentiment, la révélation immédiate de la vérité. Ce qu'il dit rapidement, Jacobi l'a longuement développé. Voici comment ce dernier s'exprime en plusieurs endroits : « La certitude, que produit la démonstration, n'est qu'une certitude de seconde main ; elle repose sur la comparaison, et ne peut jamais être assurée ni parfaite. Puisque toute conviction, qui ne repose pas sur le raisonnement, est une certitude de foi, la conviction raisonnée doit elle-même avoir sa source dans la foi et puiser dans la foi toute sa force. — Celui qui sait doit finir par en appeler à l'autorité de la sensation ou à celle du sentiment intellectuel. — Si les sens nous donnent une intuition sensible, nous devons aussi à l'entendement une intuition rationnelle. Les deux sont, dans leur domaine respectif, le principe définitif et absolu. — La raison, comme faculté de sentir le vrai, est l'organe spirituel auquel est due la perception du suprasensible. L'intuition intellectuelle, malgré la nature indicible des sentiments qui la constituent, est pourtant vraiment objective. — Sans le sentiment positif, suggéré par la raison, d'un monde supérieur au monde des sens, l'entendement ne sortirait jamais du cercle des choses finies. »

Fichte et Schelling ont accepté ces idées, tandis que Kant, dans son impératif catégorique, ne s'en servait qu'en les dissimulant derrière le formalisme de son savoir intellectuel. Fichte s'exprime ainsi dans les leçons qui servent d'Introduction à la doctrine de la science : « Cette science suppose la présence dans l'âme d'un sens tout à fait nouveau, qui saisit l'existence d'un monde nouveau également, auquel l'homme ordinaire est complétement étranger. Néanmoins la science, dont il s'agit, n'invente et ne crée pas arbitrairement un monde, qui n'existerait pas déjà. Elle ne fait que réunir et rassembler dans l'unité de la pensée les objets que lui présente le sens nouveau qu'il s'agit de développer. » Cette « foi de la raison » que Jacobi avait décrite, Schelling lui donne son vrai nom, en l'appelant l'Intuition intellectuelle. Il la définit comme l'instrument indispensable de toute philosophie transcendantale, comme le fondement de toute démonstration, comme le principe indémontrable, évident en soi, de toute évidence, en un mot, comme l'acte absolu de la connaissance. Un savoir de ce genre doit demeurer incompréhensible à la réflexion, qui se place toujours au point de vue de l'expérience. Il ne répond pas comme celle-ci à un objet, puisqu'il ne se produit pas dans la conscience, mais en dehors d'elle (voir Schelling, 1re partie, vol. I, p. 181-182). Nous avons suivi la révélation à la conscience d'un principe de ce genre depuis les traductions grossières, qui l'expriment sous l'image d'une communication entre la personne divine et l'âme humaine, jusqu'à l'intuition intellectuelle de Schelling. Nous avons découvert ainsi la forme que doit prendre un sentiment ou une pensée, pour être mystique.

Si nous nous demandons quelle idée nous pouvons nous faire de cette science immédiate que nous devons à l'intuition intellectuelle, voici la réponse que nous donnent Fichte et Schelling. Dans les *Thatsachen des Bewusstseins*, Fichte s'exprime ainsi : « L'homme n'a en général que l'expérience à sa disposition : tout ce qu'il sait, il ne le doit qu'à l'expérience, à la vie elle-même. La doctrine de la science, comme la forme absolue, la forme la plus haute où puisse atteindre la conscience, ne peut rien contenir qui ne se trouve déjà dans la conscience vraiment réelle ou dans l'expérience, au sens le plus élevé du mot. » Schelling confirme ces paroles (Œuvres, 2e partie, vol. I,

p. 326) : « Il y a toujours des esprits qui parlent de la pensée réfléchie comme du contraire de toute expérience, comme si la *pensée n'était pas elle-même encore de l'expérience* ». Le savoir immédiat ou mystique reçoit ici à juste titre le nom *d'expérience*. Ne se trouve-t-il pas *donné comme un élément préexistant* « dans la conscience réelle »? La volonté n'a rien à changer au contenu de la conscience. Peu importe que la volonté consciente tire du dehors ou du dedans les données sur lesquelles elle travaille. La conscience, qui ignore le principe inconscient sur lequel elle repose, doit en accueillir les inspirations comme venant d'une source étrangère. C'est là ce qui explique la croyance qui a fait attribuer l'intuition intellectuelle à une communication de Dieu ou du démon par les hommes du passé et les esprits peu philosophiques. La conscience sait que la perception des sens ne suffit ni directement, ni indirectement à rendre compte de sa science : cette science lui est donc révélée comme un savoir immédiat, qui ne peut provenir que d'une inspiration de l'Inconscient. Nous avons ainsi compris l'essence du mysticisme. *C'est une manifestation spontanée de l'Inconscient, à laquelle sont dus les sentiments, les pensées, les désirs, qui remplissent à certains moments la conscience.*

Nous devons considérer la seconde vue, le pressentiment comme des phénomènes mystiques, comme des manifestations particulières du mysticisme, en tant qu'il n'agit que sur la pensée. Nous ne pouvons non plus nous empêcher de trouver dans chaque instinct un élément mystique ; car la seconde vue de l'instinct inconscient peut se traduire pour la conscience par un pressentiment, une croyance ou une certitude. Après ces considérations et celles qui remplissent le chapitre précédent, on m'approuvera de rapporter au mysticisme les processus les plus habituels de la vie psychologique, les pensées et les sentiments qui doivent leur origine à l'action immédiate de l'Inconscient : ainsi, avant tout, le sentiment esthétique dans la contemplation et la production du beau, l'origine de la perception sensible, les processus inconscients de la pensée, du sentiment, de la volonté. Cette interprétation paraîtra parfaitement justifiée à tous ceux qui ne sont pas aveuglés par le préjugé vulgaire; qui ne considèrent pas seulement les faits extraordinaires comme des faits miraculeux et mystérieux; et qui ne trouvent pas que ce qui se passe tous les jours soit parfaitement clair et simple, pour être fréquent et habituel. Sans doute, on ne donne pas le nom de mystique à l'homme en qui s'accomplissent les mystères psychologiques, qui se répètent dans toute âme humaine. Si ce mot doit désigner une forme supérieure de la nature humaine, il faut le réserver pour les hommes, chez qui se sont produits les phénomènes les plus rares de la vie mystique, par exemple ces inspirations de l'Inconscient qui dépassent les besoins ordinaires de l'individu ou de l'espèce. Tel est le cas de la seconde vue que développent le somnambulisme naturel ou les dispositions innées; des pressentiments obscurs, mais répétés de certaines personnes (ainsi le démon de Socrate). Je n'hésiterai pas non plus à considérer comme des mystiques, dans le domaine de l'art, tous les esprits éminents, qui doivent avant tout leurs créations aux inspirations du génie, non au travail de la réflexion, quelle que soit d'ailleurs la force de réflexion dont ils ont fait preuve dans toutes les autres directions de la vie pratique (ainsi Phidias, Eschyle, Raphaël, Beethoven.) Celui-là seul s'étonnera de mon jugement, qui n'a pas en lui la moindre veine de mysticisme, et qui ne s'est jamais rendu compte de l'insuffisance de toutes nos règles de critique pour mesurer les œuvres véritables du génie, et ne comprend pas que l'infinité de leur contenu se refuse à toute tentative de les définir.

Je pourrais étendre bien plus encore à la philosophie l'application de ma définition du mysticisme, et désigner comme mystique tout philosophe original, en tant qu'il est original. Jamais une direction nouvelle n'a été imprimée à la pensée philosophique à la suite des expériences et des inductions laborieuses de la réflexion. Le coup d'œil du génie trouve tout d'abord la voie nouvelle; la réflexion peut aider ensuite à la parcourir. Ajoutez que la philosophie développe surtout l'idée, dont s'inspire profondément le sentiment auquel convient essentiellement le nom de mystique : je veux parler du *rapport de l'individu à l'absolu*. Tout ce qui précède ne s'applique qu'aux idées, dont la manifestation dans la conscience pourrait être entourée de tout autres circonstances, et qui ne portent ici le nom de mystiques que parce que la forme de leur apparition offre un caractère mystique. Nous arrivons maintenant à ces suggestions de la conscience, dont le sens intime ne peut être conçu que d'une façon mystique, dont le contenu par conséquent lui-même est mystique. Tout homme qui les trouve en soi devra porter par excellence le nom de mystique.

La pensée réfléchie peut sans doute démontrer par la méthode rationnelle l'unité de l'individu et de l'absolu. Nos études tendent elles-mêmes à ce but. Le moi, l'absolu et leur unité sont pour la réflexion trois abstractions, qui peuvent être associées *dans un jugement*, après qu'une démonstration préalable en a rendu le rapport vraisemblable; mais un *sentiment immédiat de cette unité* ne nous est pas donné par là. La croyance à l'autorité d'une révélation extérieure nous fait répéter comme un acte de foi le dogme d'une telle unité; mais le sentiment vivant de cette unité n'est implanté ni greffé en nous du dehors. C'est un fruit que l'esprit doit porter de lui-même. Ni la philosophie, en un mot, ni la révélation ne permettent à la pensée de le saisir en dehors d'elle : on l'atteint que par l'élan mystique. Sans doute, toutes dispositions mystiques égales d'ailleurs, cet élan est d'autant plus facile que les conceptions philosophiques ou les idées religieuses sont plus parfaites et plus pures. Le sentiment dont il s'agit constitue par excellence l'essence du mysticisme, qui n'existe que par lui, et dont il est l'objet le plus élevé, la fin suprême, quoique, comme nous l'avons vu précédemment, il ne soit pas la seule à laquelle tendent les esprits qui ont consacré leur vie au mysticisme. Nous pouvons affirmer que la production, dans une certaine mesure, de ce sentiment mystique et de la jouissance qui l'accompagne est, au fond, le but essentiel de toute religion. Il est permis par suite d'appeler aussi ce sentiment, quoique avec moins de propriété, du nom de sentiment religieux.

Si ce sentiment procure à ceux qui en sont possédés la plus haute félicité, comme l'histoire de chacun d'eux le confirme, il est évident que le mystique doit tendre à le développer en soi, et chercher à rendre de plus en plus étroite et profonde cette communion du moi et de l'absolu. Nous revenons ainsi au point déjà touché, à la transformation spontanée du sentiment mystique en une disposition maladive, par suite de l'exagération qui lui fait dépasser le but. Nous devons ici nous élever un peu au-dessus des données de nos considérations précédentes. L'unité de l'absolu et de l'individu, dont l'individualité ou le moi nous est connu par la conscience, en d'autres termes l'unité de l'Inconscient et du conscient nous est donnée une fois pour toutes; elle est indivisible, indestructible, autrement que par la destruction de l'individu. Aussi toute tentative pour rendre cette union plus intime qu'elle n'est doit être considérée comme insensée et vaine. La voie que l'histoire nous montre avoir été presque toujours suivie pour cela n'est que l'annihilation de la conscience, ou l'effort pour absorber l'individu dans l'absolu. Il y a là évidemment une grosse illusion : le but une fois atteint, et la conscience détruite, l'individu ne peut encore subsister. Le moi veut à la fois s'anéantir et persister pour jouir de son anéantissement. D'une manière comme de l'autre, le but n'est jamais réalisé que très-imparfaitement. Sans doute le témoignage des mystiques nous apprend que quelques-uns se sont dans cette voie élevés très-haut, ou plutôt enfoncés très-bas. J'en veux apporter quelques exemples. (La véritable annihilation de soi-même serait naturellement le suicide; mais la contradiction signalée se montre ici trop évidemment pour que cet effet se soit souvent produit.)

Michel Molinos, le père du quiétisme, dit dans la 68ᵉ des propositions, condamnées par Innocent VI, de son célèbre *Guide spirituel* : « L'homme doit anéantir ses forces, et l'âme s'anéantit en restant inactive. Une fois que l'âme est arrivée à cette mort mystique, elle ne peut plus, puisqu'elle est retournée à son principe, à Dieu, vouloir rien autre chose que ce que Dieu veut. » Les mystiques du moyen âge, qui ont précédé Molinos, distinguent diversement des phases en plus ou moins grand nombre, dans le développement de l'âme mystique; la dernière est toujours l'absorption de l'individu dans l'absolu, cet état que nous trouvons déjà décrit chez les gymnosophistes, bouddhistes, chez les Ssufi's, persans modernes, chez les Hesychastes, les quiétistes, les moines du mont Athos perdus dans la contemplation de leur nombril. Les mystiques nous disent que, dans cet état d'absorption, l'homme ne sent plus son corps, ni rien d'extérieur; qu'il ne perçoit même plus ses propres sentiments. « Penser seulement à son état d'absorption, c'est cesser d'être absorbé. » Mourir à l'égoïsme, annihiler complétement sa personnalité, et se perdre au sein de l'être divin, tel est le but que poursuivent expressément les mystiques. Les formes essentielles de la pensée consciente, l'espace et le temps, s'évanouissent pour eux. Dans un entretien du prophète et de Ssaid, le dernier s'exprime ainsi : « Le jour et la nuit avaient disparu comme l'éclair; j'embrassais l'infinité du passé et de l'avenir; et dans un tel état mille siècles ou une heure étaient pour moi identiques. » Toutes ces citations montrent que le mystique aspire à s'identifier avec l'absolu par l'anéantissement de la conscience individuelle.

On peut encore concevoir une autre manière de s'élever à l'unité : c'est d'absorber l'absolu dans le moi. Des esprits audacieux ont tenté cette voie, mais elle est trop téméraire; le but poursuivi est ici trop disproportionné aux ressources et à la puissance limitée de l'individu, pour qu'il soit nécessaire de nous arrêter sur ce point.

C'est aux mystiques que sont dues les révélations religieuses, aux mystiques qu'est due la philosophie ; le mysticisme est la source commune des unes et de l'autre. Il est vrai que la crainte la première a peuplé la terre de divinités ; que la crainte la première a mis en branle l'imagination des têtes mystiques : mais ce qu'elles enfantaient était leur produit propre, et la crainte n'y avait aucune part. Une fois les dieux créés, ils naquirent les uns des autres et se multiplièrent ; et la crainte n'eut plus rien à voir dans ces créations religieuses. L'antique affirmation si chère aux théologiens, que l'âme humaine a la conscience du divin, n'est donc pas une fable, quand même il y aurait eu des individus et des peuples absolument sans Dieu, chez qui la conscience du divin ne se serait pas manifestée. Le mysticisme est un héritage d'Adam ; et les produits du mysticisme sont les représentations des dieux et de leur rapport à l'homme. Quelle élévation et quelle pureté ces représentations ont offertes aux époques tout à fait primitives, dans les enseignements ésotériques de plusieurs peuples ! Les Indiens en sont un exemple, eux dont la philosophie contenait déjà en germe tous les systèmes de l'histoire, mais sous une forme imagée. Nous n'avons fait, à notre tour, que les développer sous une forme trop abstraite, dans des écrits et des livres trop nombreux.

L'histoire montre que la philosophie n'a fait que transformer des idées de provenance mystique, et substituer à la forme des images et aux affirmations non démontrées la forme et les affirmations d'un système rationnel. Le philosophe est sans doute amené à faire souvent appel à son tour à la faculté mystique, dans la création de certaines de ses doctrines : c'est plus tard qu'on découvre que les anciens écrits les contenaient déjà. Il n'est pas étonnant que, du moment où la philosophie et la religion se séparent, elles nient toutes deux leur origine humaine et mystique. La première cherche à présenter ses résultats comme des conquêtes de la réflexion ; la seconde, comme des révélations positives de la divinité. Tant que le mystique s'en tient à ses croyances, sans chercher à les démontrer par le raisonnement, il n'est pas encore philosophe; il ne le devient que le jour où il rétablit la réflexion dans ses droits. Mais il ne fait cela qu'après avoir donné la préférence à la pensée rationnelle sur la pensée mystique. Aussi est-il disposé alors à nier, à oublier l'origine mystique de ses croyances; et le mystère de leur apparition lui rend cela facile. Si, au contraire, le mystique méprise la réflexion et est porté par sa nature à traduire ses idées sous les formes de l'imagination, il donnera à ses croyances une expression imagée, symbolique, qui n'aura toujours qu'un rapport accidentel et imparfait à son idée. Si lui-même ou ses disciples se montrent incapables de saisir l'idée cachée derrière le symbole et prennent ce dernier pour la vérité, ils cessent d'être mystiques pour devenir religieux. Comme ils ne peuvent plus alors renouveler en eux-mêmes la création mystique à laquelle est dû le symbole, et comme ce dernier ne comporte pas une explication rationnelle, ils font appel à l'autorité de l'inventeur du symbole pour en établir la vérité. Mais l'autorité d'un homme paraît trop petite pour de si grandes choses, et, d'ailleurs, l'inventeur lui-même s'est déjà présenté comme en communication avec Dieu : la vérité des symboles est donc rapportée à l'autorité divine. C'est ainsi que se forment les symboles, qui constituent le contenu dogmatique de toute religion. Plus ils sont l'expression adéquate de l'idée mystique, plus aussi la religion est pure et élevée, et plus les symboles sont idéaux et philosophiques. Plus ils n'en sont qu'une traduction infidèle et matérielle, plus la religion s'enfonce dans la superstition et l'idolâtrie, et le formalisme des institutions cléricales. Celui qui ne veut voir dans les symboles de la religion que de simples symboles et cherche à démêler l'idée qui se cache derrière eux, celui-là cesse, à proprement parler, d'appartenir à la religion qui exige et doit exiger qu'on prenne les symboles à la lettre; il redevient mystique. C'est la voie habituelle qui conduit au mysticisme : les têtes intelligentes ne se trouvent pas satisfaites par la religion que le temps leur a transmise; elles veulent comprendre les idées plus profondes qui se cachent derrière les symboles. On voit quel lien étroit associe la religion et le mysticisme, et combien ils sont pourtant différents par leurs principes ; on comprend ainsi que toute église constituée soit l'ennemie déclarée du mysticisme.

Demandons-nous maintenant d'où vient que le mysticisme, qui apporta aux hommes les premières révélations du suprasensible, ne s'est jamais contenté de rester lui-même, mais s'est toujours transformé en philosophie et en religion. La raison en est, selon moi, que ce qui est purement mystique n'a aucune forme par soi-même et doit tendre nécessairement à en revêtir une. L'intuition mystique en elle-même ne se laisse ni communiquer aux autres, ni comprendre par la conscience de celui qui la sent en soi-même. Comme tout ce qui est inconscient, elle ne devient pour la conscience un objet déterminé qu'après avoir revêtu les formes de la sensibilité, comme lumière, clarté, vision, image, symbole ou idée abstraite. Jusque-là elle n'est qu'un sentiment absolument indéterminé, c'est-à-dire que la conscience saisit seulement la félicité ou la souffrance qu'elle ressent. Quand le sentiment a trouvé à s'exprimer dans des images ou des pensées, suivant l'espèce de mysticisme, l'image ou la pensée seule représente pour la conscience les révélations de l'inspiration mystique. Il n'est pas étonnant après cela, quand l'énergie de l'inspiration mystique va s'affaiblissant, et quand de nouvelles inspirations se font attendre, que la conscience du mystique se contente des formes sensibles qui ont survécu à l'inspiration. Il ne faut pas s'étonner, du moins, que les autres agissent ainsi, eux qui n'ont connu que ces formes extérieures, et non les sentiments qui les accompagnaient. Ils n'ont pas entendu cette voix mystérieuse, qui dit au génie mystique que ses symboles et ses conceptions ne sont toujours qu'une expression imparfaite de l'idée suprasensible. Mais ce n'est pas assez : ceux auxquels on communique les symboles veulent connaître non-seulement le contenu des affirmations mystiques, mais aussi les preuves de leur vérité. Le génie mystique de leur auteur trouve dans l'inspiration qui les lui a suggérées une certitude immédiate : mais comment fera-t-il partager à d'autres sa conviction? La religion se tire d'affaire en supprimant le jugement individuel, et en lui substituant la foi dans l'autorité. La philosophie, au contraire, cherche à démontrer par la raison ce qu'elle doit à une *inspiration mystique*; elle veut que le trésor particulier du mystique devienne le patrimoine commun de l'humanité pensante. Il arrive sans doute trop souvent, et la difficulté du sujet ne permet pas qu'il en soit autrement, que les démonstrations rationnelles n'ont aucun succès. Indépendamment de leurs inexactitudes réelles, elles reposent sur des suppositions dont la vérité ne peut être comprise qu'à l'aide d'une intuition mystique. Il arrive ainsi que les divers systèmes philosophiques, quelque illusion qu'ils puissent faire, n'ont véritablement de force démonstrative que pour l'auteur et pour le petit nombre de ceux qui sont en état d'en retrouver en eux-mêmes, par une sorte de création mystique, les éléments essentiels (ainsi pour la Substance de Spinoza, le Moi de Fichte, le Sujet-Objet de Schelling, la Volonté de Schopenhauer). Les systèmes philosophiques, comme le matérialisme et le théisme rationaliste, qui comptent le plus grand nombre d'adhérents, sont pourtant les plus pauvres et les moins philosophiques des systèmes.

Si je devais maintenant citer l'homme que je considère comme le représentant le plus parfait du mysticisme philosophique, je citerais Spinoza. Son point de départ est la substance mystique; sa conclusion, l'amour mystique de Dieu, qui n'est autre chose que l'amour de Dieu pour lui-même; tout le reste est clair comme le jour et déduit par les procédés de la méthode mathématique (1).

(1) En déclarant que la troisième espèce de connaissance (l'intuition intellectuelle, voyez plus haut, p. 24, remarque) permet seule d'entendre les idées fondamentales de son système d'une manière adéquate et de se convaincre de leur parfaite certitude (voyez *Éthique*, V^e partie. prop. 25; prop. 30, rem.; prop. 42, preuve), Spinoza reconnaît lui-même la nature mystique de ses conceptions.

Certainement Spinoza n'a pas cru être un mystique, mais s'est imaginé bien plutôt avoir tout démontré avec une telle rigueur que chacun devait reconnaître la vérité de son système. Pourtant son système, quelque imposant qu'il paraisse, n'a rien de convaincant, et n'a en réalité convaincu que peu d'esprits. C'est qu'il faut d'abord être convaincu de la réalité de la Substance, au sens où la prend Spinoza. Et cela n'est possible qu'au mystique ou au philosophe, que son propre système a conduit par une autre voie à la même conclusion, et qui n'a plus besoin alors du système de Spinoza. Il en est de même pour tous les autres systèmes : quelques-uns seulement font exception, parce qu'ils prennent en bas leur point de départ, comme ceux de Leibniz et des Anglais. Mais ils ne vont pas loin et ne méritent pas, à vrai dire, le nom de systèmes. La démonstration complète et rationnelle des croyances mystiques ne pourra être achevée qu'au terme même de l'histoire de la philosophie, laquelle, on l'a dit, n'est que la recherche incessante de cette preuve définitive.

Enfin nous devons signaler le danger des erreurs auxquelles le mysticisme est exposé. Elles sont beaucoup plus graves que celles de la pensée rationnelle. Celle-ci trouve en elle-même et dans la collaboration des divers esprits des garanties de contrôle et l'espoir de se perfectionner. L'erreur qui se glisse sous les formes de l'inspiration mystique est indestructible, tant ses racines sont profondes. Il ne faut pas accuser pour cela l'Inconscient de nous envoyer des inspirations trompeuses. Mais il peut arriver qu'il n'en ait envoyé aucune, et que la conscience prenne les visions de son imagination propre pour les inspirations impatiemment attendues de l'Inconscient.

Il n'est pas moins difficile de distinguer, à l'état de veille, dans une âme mystique, l'inspiration vraie de l'Inconscient des pures fantaisies de l'imagination, qu'il ne l'est de discerner un songe prophétique d'un songe vulgaire. Si le résultat seul prononce dans le second cas, c'est également la pureté et la vertu morale des suggestions mystiques qui peuvent seules trancher la première question. Mais toujours les vraies inspirations sont rares; et l'on voit aisément que tous ceux qui soupirent après elles donnent dans mille illusions, avant d'atteindre une seule inspiration vraie. Il ne faut donc pas s'étonner que le mysticisme ait jusqu'à ce jour engendré beaucoup d'absurdités; et que les têtes habituées à raisonner ressentent tout d'abord à son endroit une vive répulsion.

X

L'INCONSCIENT DANS L'HISTOIRE.

La nature et l'histoire, ou la formation des organismes et le développement de l'espèce humaine doivent être étudiés parallèlement. Les mêmes questions se présentent dans les deux cas : a-t-on affaire à la contingence des effets particuliers ou à la nécessité des lois générales; à une causalité sans vie ou à une vivante finalité; au pur jeu des atomes et des individus, ou à un plan uniforme, à une direction d'ensemble? Celui qui a résolu la question pour la nature dans un sens favorable à l'hypothèse de la finalité n'aura pas de peine à en faire autant pour l'histoire. On peut être trompé sans doute par l'apparente liberté des individus. Mais je rappellerai d'abord que les philosophes modernes sont d'accord sur le problème de la liberté de la volonté. Ils ont tous déclaré qu'il ne peut être question d'une liberté empirique des résolutions particulières, dans le sens d'un libre arbitre absolu. Chaque détermination de la volonté, comme tout autre phénomène de la nature, est soumise à la loi de la causalité. L'état actuel momentané de l'esprit, et les motifs qui agissent sur lui produisent l'effet nécessairement. Une volonté libre, en dehors du déterminisme de la nature, pourrait être *cherchée tout au plus* dans le monde suprasensible (*mundus noumenon*), dans le caractère intelligible de Kant (je dis cherchée et non pas rencontrée). Elle ne se trouve pas, en tout cas, dans l'acte particulier de la volonté, qui tombe toujours dans le temps et appartient au monde sensible, et par conséquent est soumis à la loi de la causalité, c'est-à-dire à la nécessité. L'exposé de ces considérations comme l'examen des causes qui expliquent l'illusion d'une volonté libre peuvent se lire dans l'écrit de Schopenhauer, *Sur la liberté de la volonté*.

Mais admettons que la liberté empirique soit démontrée. Si nous découvrons dans l'histoire, vue d'ensemble, un développement admirable de régularité, nous ne devrons le considérer comme le résultat de la liberté des individus, que si chacun des acteurs, qui collaborent librement au drame de l'histoire, se rend compte de tous ses pas, et a pleine conscience de la signification et des conséquences de ses actes.

Certainement, depuis le dernier siècle, nous approchons de cet état idéal où l'humanité construira sa propre histoire avec pleine conscience; mais cet état n'est réalisé, et encore bien imparfaitement, que dans les meilleures têtes. Personne, en tout cas, ne voudra soutenir que la marche, suivie jusqu'ici par l'humanité et qui lui a déjà fait parcourir la plus grande partie de la route, ait été faite dans de telles conditions. Les fins de l'individu sont toujours égoïstes. Chacun ne songe qu'à servir son intérêt; et, si le bien général en résulte, le mérite n'en est certainement pas à l'individu. Les exceptions à cette règle sont si rares, qu'elles peuvent être négligées par rapport à l'ensemble. C'est un spectacle assurément merveilleux de voir que l'esprit, qui veut le mal, fait justement le bien; que l'effet, grâce au conflit des égoïsmes particuliers, est tout autre que chaque individu ne l'avait prévu, et tourne toujours, en dernière analyse, au bien de la société. Sans doute les avantages ne se découvrent que très-tardivement; les pas en arrière, que fait l'humanité pendant des siècles, semblent contredire la loi du progrès. Mais la contradiction n'est qu'apparente : les mouvements, qui semblent stériles, servent à briser la résistance d'un vieil édifice, et préparent la place à une construction nouvelle et plus belle; ou encore ils donnent à une végétation maladive le temps de tomber en pourriture, pour servir d'engrais à la végétation plus belle qui doit la remplacer. Quand même l'humanité resterait mille ans stationnaire à la même place, cela ne doit pas nous aveugler : la forme de civilisation, qui disparaît si lentement, a répondu aux besoins particuliers d'une époque déterminée; et d'ailleurs, durant le même temps, le progrès se réalise à une autre place.

On ne peut pas demander davantage, bien que cette injuste exigence se reproduise souvent, que la même place soit témoin du développement ininterrompu de la civilisation sous toutes les formes et dans les sens les plus différents; ni se plaindre que l'humanité demeure stationnaire ou retourne en arrière, parce qu'un des arts, celui peut-être qui a toutes nos préférences personnelles, est tombé en décadence. Le champ du progrès continue d'être cultivé dans l'ensemble, bien qu'il ne donne de fruits que dans une seule ou quelques-unes seulement de ses parties, et qu'il reste en friche dans toutes les autres. Ces dernières ne porteront des fruits qu'à l'heure convenable, et les perfectionnements réalisés ailleurs serviront au développement nouveau d'une culture supérieure (qu'on songe à Raphaël et à Phidias, à Gœthe et à Euripide). Ce qui obscurcit aux yeux de plusieurs observateurs le progrès général de l'humanité, c'est surtout l'étroitesse de leur point de vue. Leur regard se fatigue à contempler certaines imperfections politiques ou sociales, dont ils souffrent plus particulièrement et qui leur paraissent sans remède; ou ils gémissent sur la décadence momentanée des sciences qu'ils préfèrent. Ils ne savent pas se tourner vers les grands horizons de l'histoire. Sans cela, ils comprendraient toute l'importance historique de la civilisation que le présent étale sous leurs yeux, et pressentiraient aussi les voies multiples et nouvelles que l'histoire ouvrira au progrès. Ils reconnaîtraient la possibilité et la vraisemblance d'un état meilleur, où les imperfections, dont ils souffrent, seront corrigées par un remède qu'ils ne soupçonnent pas, ou qui, peut-être, paraît méprisable à leur esprit prévenu. Dans un autre sens, l'étroitesse du point de vue historique peut fermer les yeux à la grande vérité du progrès, lorsqu'on détache dans toute l'histoire du développement passé de l'humanité une période très-limitée, ainsi les derniers mille ans, qu'on appelle au sens restreint époque historique; et que l'on compare, par exemple, au présent la civilisation brillante du siècle de Périclès ou de celui d'Auguste. Le naturel, le goût, la sensibilité délicate, qui caractérisent la culture esthétique de ces temps passés, peuvent nous dissimuler un instant la supériorité du nôtre; mais cette erreur se dissipe bientôt. Il suffit de considérer que le siècle de Périclès ne possédait tous ces avantages que d'une manière instinctive et inconsciente. Nous voyons, en fait, la pensée profonde et la riche imagination d'un Platon, en face de tels modèles, n'enfanter qu'une pitoyable esthétique, et un idéal politique tout à fait en dehors de la réalité. Ce n'est pas le plat rationalisme des Romains, c'est la philosophie allemande du dernier siècle qui a révélé à la conscience humaine les secrets, et lui a assuré la possession impérissable d'un sens, que les Grecs ne cultivaient que par instinct. Si nous ne pouvons plus l'appliquer instinctivement comme eux, c'est que notre sensibilité artistique s'est détournée, en se perfectionnant, de la plastique pour se porter vers la peinture. La naïve délicatesse de la sensibilité esthétique, que l'antiquité déploya d'une manière si éclatante dans toutes les directions, est naturellement aussi très-exposée aux atteintes mortelles de la brutalité extérieure, de la corruption intérieure. Il n'en est pas de même pour la culture plus solide, qu'a reçue l'esprit de notre temps. Les riches matériaux, que la science met à sa disposition, lui donnent la conscience de sa force, et lui assurent mille moyens de se défendre contre l'oubli. Signalons encore d'autres différences plus profondes. Dans l'antiquité, le monde civilisé était infiniment moins étendu qu'aujourd'hui : la civilisation du présent s'est plus ou moins communiquée à toutes les races et à tous les peuples capables de la recevoir; et de nouvelles parties du monde ont été conquises par les races civilisées de l'Europe. En même temps, au sein des nations éclairées, la haute culture gagne de plus en plus en extension et en profondeur. Pour ces deux raisons, la société cultivée et élevée par l'intelligence compose une fraction beaucoup plus considérable qu'auparavant de la population totale, et s'accroît tous les jours rapidement. Puisqu'il ne s'agit pas ici du perfectionnement de l'individu, mais de l'humanité, il ne faut pas, dans l'appréciation du progrès, tenir moins compte de la quantité que de la qualité des résultats obtenus. En outre, la vraisemblance, que les résultats, une fois acquis, ne se perdront jamais, augmente, grâce à cette vulgarisation, dans une progression accélérée.

Il est vrai que la libre jouissance des biens de notre civilisation est encore troublée et empoisonnée par les combats que nous devons soutenir contre les revenants du moyen âge, qui se dressent menaçants devant notre siècle. Cette lutte contre des institutions, que le temps a condamnées, ne doit pas nous faire méconnaître les titres qu'elles ont à la reconnaissance du passé, et leur action durable sur le progrès de l'humanité. Les tribus entièrement sauvages, qui prirent part aux migrations germaines, avaient besoin d'être soumises, pendant leur enfance, à une rude discipline : ainsi s'opéra le travail physiologique qui devait transformer et fondre ensemble les éléments les plus divers, et donner naissance enfin aux nationalités de l'Europe actuelle. Tandis que les anciens eurent surtout pour mission de développer la sensibilité et l'imagination esthétiques ; tandis qu'aujourd'hui la culture de la raison est notre objet principal et nous donne le droit de considérer les formes de la vie du moyen âge comme une barbarie relative : ce fut le rôle des tribus germaniques, aux siècles passés, d'étendre les sentiments, l'âme humaine en profondeur dans une direction qui devait être naturellement exclusive au début ; et aucun autre principe de civilisation n'était plus propre à y contribuer efficacement que l'idéal transcendant du christianisme. Il serait injuste de méconnaître que la culture et le développement des facultés les plus profondes de l'âme allemande (et ce sont là des progrès dont l'humanité continuera de jouir, alors qu'elle aura cessé de puiser au sein fécond de l'Allemagne) sont dus essentiellement, sinon exclusivement, à l'imagination romanesque, dont s'alimentait la vie intérieure du moyen âge. Celui qui a triomphé des principes que le christianisme d'aujourd'hui oppose à la civilisation du présent, celui-là est assuré pour toujours de ne pas retomber sous l'empire des principes mortels au progrès que contenaient les civilisations du passé; au contraire, le Grec ou le Romain, même le plus cultivé, avait encore à traverser la phase chrétienne de la civilisation.

Cette injustice à l'endroit du moyen âge, Buckle et son école s'en rendent coupables. Ils considèrent la *réflexion*, qui sans doute est *supérieure* aux sens, à l'imagination et au cœur, et doit les dominer, comme la *seule* mesure de la véritable culture, ce qu'elle ne saurait être. Il faut pour celle-ci le développement *harmonieux* de toutes les puissances de l'âme. La réflexion, si elle ne s'appuie sur le riche développement des sens, de l'imagination et du cœur, n'engendre que des ombres, des squelettes, non des hommes faits pour une œuvre sérieuse. Cette erreur vient de ce que les Anglais, aujourd'hui encore, se placent surtout au point de vue du rationalisme, qui dominait chez nous au siècle précédent. Leurs historiens, au lieu de chercher les idées inconscientes qui gouvernent l'histoire, s'imaginent pouvoir expliquer la civilisation comme un produit de la réflexion. Or la raison inconsciente se développe, nous l'avons vu, aussi bien dans les sens, dans l'imagination, dans le sentiment, que dans la réflexion de l'entendement conscient. C'est témoigner d'une vue étroite que de considérer le principe qui dirige la vie *moderne*, comme le principe dominant à *toutes* les époques et comme une règle applicable à toute forme de civilisation. Contre cette tentative de réduire l'histoire de la civilisation à « l'histoire du rationalisme », l'introduction de Hégel à la philosophie de l'histoire aura toujours son utilité incontestable. Il n'y est question que des idées maîtresses, où chaque siècle trouve son secret principe, c'est-à-dire des idées inconscientes.

La vue opposée de Schopenhauer sur l'histoire tient à sa conception du temps, comme une forme purement subjective de l'existence phénoménale. Toute succession n'est plus pour lui qu'une illusion exclusivement propre au sujet; et l'histoire devient une fantasmagorie purement illusoire de la pensée subjective. L'opposition flagrante d'une telle conception avec le mouvement grandiose et progressif de la vie de l'humanité ne se dérobe à son esprit, que parce qu'il n'envisage dans l'histoire que le cadre indifférent, accidentel des événements politiques (dynasties, batailles), et néglige complètement le développement de la civilisation, qui se déroule dans ce cadre. Il confond, en outre, dans ses exigences, le progrès de la félicité individuelle avec celui du perfectionnement général de l'espèce humaine. Le bonheur de l'individu ne répond pas sans doute aux progrès de la société; mais cela ne prouve pas que ces progrès ne se réalisent pas, aussi bien dans la sphère intérieure de la vie spirituelle que dans la sphère extérieure de la vie sociale; et ne conduisent pas à une perfection de plus en plus haute.

Si quelque chose est propre à démontrer les progrès de la pensée depuis les Grecs jusqu'à présent, ce sont assurément les progrès de la philosophie; et, en particulier, ceux de la philosophie allemande et anglaise des deux derniers siècles. La philosophie, comme la dernière expression des idées dominantes à une période de la civilisation, comme la fleur de la conscience que prend d'elle-même la pensée inconsciente de l'histoire, peut résumer fidèlement, dans les formules les plus brèves et les plus accessibles, la somme d'idées d'une époque. Le mouvement de doctrines, auquel l'histoire de la philosophie nous fait assister, nous montre en petit, comme dans un miroir concave, les idées essentielles auxquelles s'est réduit le savoir essentiel d'un siècle aux diverses périodes de son développement. Les diverses doctrines de la philosophie sont soumises à la loi d'un *développement* véritable : c'est ce que Hégel nous a déjà enseigné. Des torses isolés qu'on dessinait autrefois, il a composé un tout vivant, un groupe harmonieux de statues superposées comme au fronton d'un temple. Sans doute les philosophes isolés n'avaient aucune *idée de cette harmonie*; ils ne connaissaient, et d'une science imparfaite, qu'un nombre très-restreint de leurs devanciers. L'idée originale, qui servait de principe à chacun d'eux, découlait instinctivement de la source de l'Inconscient. C'est d'instinct aussi qu'ils savaient trouver leur place dans le développement historique de la philosophie, sans que leur regard l'eût jamais embrassé. L'histoire moderne de la philosophie doit être définie l'effort pour éclairer de *la lumière de la conscience* les rapports *inconscients* des diverses philosophies, et la loi inconsciente qui préside en conséquence à leur développement grandiose. Si l'on songe maintenant que chacune de ces philosophies est comme la conscience la plus haute qu'ait eue d'elle-même une civilisation qui a dépassé son apogée, et comme la dernière fleur épanouie sous l'action mystérieuse de la racine commune, qui a déployé en tant de rameaux divers son harmonieuse fécondité, on comprend alors que les périodes de la civilisation, envisagées d'ensemble, représentent les phases successives d'un développement progressif, et sont entre elles comme les racines communes de leurs productions spéciales (c'est-à-dire les idées inconscientes qui les inspirent), ou comme les formes les plus claires où ces principes inconscients se sont traduits pour la conscience de l'époque (à savoir les philosophies dominantes). L'idée inconsciente qui doit, à une époque particulière, présider au développement de l'histoire, ne peut être déterminée que par l'Inconscient; c'est lui qui la met en harmonie avec les exigences du mouvement universel du progrès. Les individus, qui accomplissent les œuvres correspondantes à cette phase de l'histoire, n'ont pas la moindre conscience de l'idée inconsciente, à laquelle ils obéissent; et ne peuvent être considérés comme les vrais acteurs des événements. L'humanité n'a conscience du rôle assigné à telle forme nouvelle de la civilisation dans le développement organique de la société, et de la correspondance nécessaire qui associe telle forme du progrès à telle époque déterminée, que longtemps après que cette époque s'est évanouie.

Les moyens par lesquels une forme déterminée de l'idée se réalise dans une certaine période sont de deux sortes : tantôt une impulsion instinctive entraîne les masses, tantôt surgissent des génies qui montrent la route et frayent la voie. L'obscure impulsion, qui provoque de temps en temps le déplacement de tout un peuple ou l'émigration des masses, ou les croisades, les révolutions religieuses, politiques et sociales, et entraîne ceux qu'elle domine avec une puissance vraiment démoniaque vers un but ignoré, cette impulsion leur enseigne, sans se tromper, le chemin qu'il faut prendre : mais ils croient souvent marcher vers un but tout différent de celui où ils sont conduits réellement. Les masses populaires n'agissent pas toujours néanmoins par un emportement aveugle, et sans avoir conscience de leur but : elles peuvent avoir un but sous les yeux. Mais d'ordinaire le but qu'elles poursuivent est méprisable et insensé; et le véritable dessein, auquel le génie de l'histoire fait servir toutes ces révolutions, ne se révèle que beaucoup plus tard. — Le même génie, sans avoir besoin d'enflammer les masses, se sert de l'initiative des individus extraordinaires, pour atteindre des résultats bien éloignés des intentions de ces derniers. (Qu'on songe, en particulier, au mélange fécond des civilisations différentes, que ne permettait pas, dans les âges antérieurs, l'isolement des nationalités, et qui n'a pu être réalisé que par les grandes guerres de conquêtes : tel a été l'effet des expéditions d'Alexandre, de César, des guerres entreprises contre Rome par les empereurs allemands, et même des bouleversements que Napoléon a provoqués en Europe. Il n'y a qu'un esprit fermé à l'intelligence de l'histoire, qui puisse contempler, sans être ému, les champs de carnage où tant de héros sont tombés victimes des ruses de l'Inconscient, et où se sont levées tant de moissons fécondes et bénies.) L'Inconscient sait aussi atteindre d'autres fins par des moyens plus pacifiques. Il fait naître, au moment convenable, le génie prédestiné (1) pour résoudre le problème, dont la solution s'impose au siècle d'une manière pressante. Il n'est pas pour l'individu de don plus funeste que le génie. Même au sein d'une félicité extérieure apparente, les hommes de génie sont toujours les êtres qui sentent le plus profondément et de la façon la plus incurable le malheur de l'existence. C'est qu'ils n'existent pas pour eux-mêmes, mais pour l'humanité : et il importe peu à l'humanité que l'accomplissement de leur tâche les laisse malheureux ou même dans le besoin. L'homme nécessaire n'a manqué à aucune époque. Les plaintes, qui accusent parfois l'absence des hommes réclamés pour certaines tâches pressantes, prouvent seulement que ces tâches sont imaginées à tort par la conscience humaine; qu'elles ne répondent pas, ou du moins pas actuellement, au plan de l'histoire; et que les hommes les mieux doués consumeraient inutilement leur génie à tenter l'impossible (du moins au moment dont il s'agit). On essayerait tout à fait en vain de rajeunir ou de fortifier des États condamnés à succomber, à se dissoudre. C'est même une tentative temporairement impossible que de ranimer, de rajeunir dans un peuple la veine fatiguée du génie national : on pourra bien la retrouver momentanément chez les descendants dégénérés, mais elle doit rester longtemps en repos, avant que, sous l'excitation bienfaisante d'une idée nouvelle, sa fécondité puisse encore s'épancher d'une manière durable. Cette harmonie préétablie, pour ainsi

(1) Le moyen le plus naturel et le plus facile, que la nature semble suivre en cela, c'est de rassembler les deux êtres les plus propres à produire l'individualité désirée, et de leur inspirer l'amour qui doit, réalisant à leur insu le but poursuivi, engendrer par eux l'homme supérieur attendu. (Voir docteur Carl Baron du Prel, *la Métaphysique de l'amour des sexes dans son rapport avec l'histoire*, dans la *Revue hebdomadaire autrichienne pour les sciences et les arts*, 1872, n° 34.)

dire, entre les problèmes historiques et les individus capables de les résoudre, va si loin que même les inventions techniques (sous une forme applicable dans la pratique) ne précèdent jamais, mais ne manquent pas non plus de suivre le moment, où se trouvent réunies les conditions qui permettent de les employer utilement; et ne se produisent qu'après que le besoin de pareils moyens de civilisation s'est fait sentir.

Embrassons maintenant, d'un seul coup d'œil, tout le développement *intime de l'âme humaine* à travers le temps. Ce développement forme l'objet essentiel de l'histoire, tandis que l'État, l'Église, la Société, quelle que soit leur vie propre et l'énergie de leur développement, ne contribuent au perfectionnement interne de l'esprit que comme des conditions favorables, préparées par l'activité inconsciente des individus, pour soutenir et provoquer la culture de l'esprit conscient. Ils ne la protégent et ne l'assurent pas seulement; mais, comme des mécanismes auxiliaires, ils lui épargnent une part considérable de travail et facilitent son action.

Comme tout organe, le cerveau est, par l'exercice et l'habitude, fortifié et rendu plus habile à recommencer les mêmes opérations. Aussi, pour le cerveau comme pour chaque organe, si les parents ont ajouté quelque chose à la vigueur et à la perfection matérielle de l'organe, ces dispositions nouvelles sont transmises à l'enfant par voie d'hérédité. Cette hérédité ne se constate pas directement dans tous les cas particuliers; mais c'est un fait qu'elle existe en moyenne d'une génération à l'autre. C'est même un fait qu'il existe une hérédité latente, qui ne porte ses fruits qu'à la deuxième ou à la troisième génération (par exemple lorsqu'on hérite de son grand'père maternel une forte barbe rouge et une belle voix de basse). Puisque chaque génération développe son intellect conscient, et en perfectionne, par suite, l'organe matériel, ces perfectionnements, insensibles pour chaque génération isolée, finissent par produire un perfectionnement considérable et sensible. Ce n'est pas un propos en l'air que de dire que les enfants naissent maintenant plus raisonnables qu'autrefois; qu'ils trahissent dès l'enfance une disposition à se montrer raisonnables avant le temps. Comme les petits des animaux dressés sont plus aptes que les autres à recevoir l'éducation donnée déjà à leurs parents, ainsi les enfants d'une génération sont d'autant plus aptes à s'instruire dans les diverses sciences et les divers arts, que la génération précédente en a poussé elle-même la culture plus loin. Je doute, par exemple, que le fils d'un Hellène ait jamais pu se distinguer dans la composition musicale, au sens moderne du mot : son cerveau manquait de ces dispositions héréditaires, pour la science si vaste de l'harmonie musicale, que les nations occidentales de l'Europe moderne doivent à la culture successive de plus de quinze générations. Un Archimède ou un Euclide, malgré l'étendue relative de leur génie mathématique, se montreraient sans doute aussi embarrassés qu'un écolier dans les hautes mathématiques.

Chaque progrès de la pensée correspond donc à un perfectionnement matériel dans l'organe de la pensée, dont l'hérédité assure à la moyenne de l'humanité la possession durable. C'est comme un nouvel échelon qui a été franchi, et qui facilite l'accès de l'échelon supérieur. En un mot, le développement de la culture intellectuelle est étroitement associé dans l'humanité au développement anthropologique de la race, et se trouve avec ce dernier dans un rapport de mutuelle réaction : le progrès de l'un favorise celui de l'autre. Le perfectionnement anthropologique de la race, lequel sert au perfectionnement de son esprit, ne dérive pas seulement des progrès intellectuels. Il faut, par exemple, tenir compte encore de l'action exercée par le choix sexuel (chap. II, 2ᵉ partie). Les effets de cette sélection, pour être ignorés, n'en sont pas moins puissants, et se produisent d'une manière continue. On ne doit pas négliger non plus la concurrence des races et des nations dans la lutte pour l'existence : les lois impitoyables de la nature y soumettent aussi bien les hommes que les animaux et les plantes. Aucune puissance terrestre n'est capable d'arrêter la destruction des races d'hommes inférieures, qui ont végété jusqu'à nos jours, comme les représentants arriérés des formes primitives et dépassées par nous de la civilisation. Si c'est une pitié mal entendue, lorsqu'on doit couper la queue d'un chien, de ne lui enlever que morceau par morceau, la véritable humanité ne demande pas non plus qu'on prolonge artificiellement la résistance des races sauvages contre la destruction qui les menace. Le vrai philanthrope, qui a une fois compris la loi du développement anthropologique, ne peut s'empêcher de souhaiter que l'on abrége les dernières convulsions de l'agonie d'un peuple; il n'hésite pas à y travailler lui-même. Un des meilleurs moyens pour cela est d'encourager les missions. Par une ironie vraiment divine de l'Inconscient, les missions ont plus fait pour la destruction des sauvages, que tous les efforts dirigés dans ce sens par la race blanche. Plus avance cette suppression des races incapables de soutenir la concurrence de la race blanche, plus la terre entière devient la possession exclusive des races actuellement les plus cultivées : et plus tôt, d'un autre côté, éclatera dans des proportions grandioses la lutte des diverses nationalités au sein de la race supérieure, et plus tôt aussi on verra se renouveler, au sein des nationalités et des peuples, le spectacle de l'absorption de la race inférieure par la race supérieure. Mais les peuples étant ici de même race seront beaucoup plus en état de se résister mutuellement, que les races inférieures, à l'exception de la race mongole, n'avaient été jusqu'ici capables de le faire à l'invasion de la race caucasique. Aussi la lutte pour l'existence, entre peuples doués de ressources égales, sera beaucoup plus terrible, enflammée, persévérante et sanglante enfin qu'entre des races différentes. Nous verrons plus tard (chap. x, 3ᵉ partie) que la lutte pour l'existence est d'autant plus redoutable, plus impitoyable, mais aussi d'autant plus profitable aux progrès futurs de l'humanité, que les peuples qui y prennent part ne sont que les espèces ou les variétés d'espèces d'une même race.

Peu importe que ce combat pour l'existence entre les peuples et les races prenne la forme d'une lutte matérielle et armée, ou se présente sous d'autres formes en apparence plus pacifiques. On aurait tort de croire que la guerre soit la forme la plus terrible et la plus efficace de la destruction entre nations rivales. Elle en est seulement la forme la plus facile, parce qu'elle est la plus grossière. Aussi est-elle l'*ultima ratio* de tout peuple qui se voit devancé par un autre, dans la rivalité prétendue pacifique des intérêts. La destruction qui suit les guerres les plus acharnées n'est rien auprès de la mortalité qui frappe plusieurs millions d'hommes, lorsque l'industrie d'un peuple épuise, en le privant en partie de ses moyens d'existence, un autre peuple moins avancé (voir l'ouvrage de Carey sur l'économie politique, relativement aux effets de l'épuisement opéré par le système anglais aux Indes, au Portugal et dans d'autres pays). En même temps que cette lutte pour l'existence fait de la terre la proie exclusive des peuples les plus civilisés, non-seulement les régions habitées du globe deviennent de plus en plus cultivées, mais les différences, que le sol et le climat produisent au sein de la race dominante, sont comme autant de germes de progrès nouveaux. Il faut toutefois, pour que ces germes s'épanouissent à leur tour, que la lutte pour l'existence exerce de nouveau ses ravages.

Autant la perspective de ce combat perpétuel est faite pour décourager les optimistes, autant elle paraît grandiose à celui qui croit que la nature tend, par tous les moyens possibles, à la plus haute perfection intellectuelle. Il suffit de s'habituer à la pensée que l'Inconscient n'est pas plus touché par les lamentations de plusieurs milliards d'êtres humains que par celles d'un nombre égal d'animaux : il lui suffit que ces plaintes sont nécessaires au progrès du monde et par suite à son but suprême.

Je disais précédemment que l'on ne peut douter du

progrès, qu'autant qu'on n'envisage qu'une période restreinte de l'histoire. J'ajoute maintenant que, si le doute est légitime dans cette supposition, il cesse d'être raisonnable lorsqu'on étend son regard, à la fois, sur le passé de l'humanité, depuis les premiers temps de son apparition sur le globe, et sur les perspectives les plus éloignées de l'avenir. Le temps n'est plus où Creuzer et Schelling admettaient l'existence d'un peuple primitif doué de toutes les perfections, dont la décadence aurait amené la diversité des races humaines. La grammaire et la mythologie comparées, l'éthnologie, l'anthropologie et l'archéologie concourent à démontrer que la civilisation de nos ancêtres était d'autant plus grossière et plus rude, que nous remontons plus haut le cours des siècles. Lorsqu'il y a trois ou quatre mille ans, les Aryens commencèrent cette série d'émigrations qui a produit la domination actuelle des races indo-germaniques, depuis l'océan Indien jusqu'à l'océan Pacifique, ils possédaient déjà une civilisation avancée; et cela suppose le travail préparatoire d'au moins dix mille ans. L'histoire les trouve déjà maîtres d'une langue à flexions, riche en mythes philosophiques d'un naturalisme fécond et pénétrant; pourvus d'instruments ingénieux pour le labour, la construction des maisons et la confection des vêtements. Nous avons, sans doute, ajouté singulièrement à l'héritage qu'ils nous ont légué. Mais, ici plus qu'ailleurs, les commencements surtout ont été difficiles. Il a fallu certainement plus d'efforts et de temps pour élever à la perfection, où ils l'ont porté, le langage animal des hommes primitifs, que pour réussir, une fois en possession d'un tel instrument de civilisation, à savoir d'une langue aussi parfaite, à vaincre de plus en plus les résistances de la nature, et à dépasser les races arriérées dans la voie d'un progrès incessant.

Le langage, la mythologie, l'industrie constituent le trésor intellectuel de cette période préhistorique de la civilisation; c'est sur ce fonds que s'est développée la tribu, cette forme agrandie de la famille. Si l'instinct sexuel a réuni l'homme et la femme, et donné naissance à la famille, l'instinct de la sociabilité (Grotius) a empêché la dispersion des parents du premier et du deuxième degré, et le retour à l'isolement des individus. D'un autre côté, la lutte pour l'existence, la guerre de tous contre tous (Hobbes), l'hostilité des voisins, étrangers les uns aux autres, obligèrent les individus, pour augmenter leurs forces d'attaque et de résistance, à resserrer plus étroitement entre eux les liens de la famille et de la race. C'est ainsi que la direction du chef de la famille fit place à celle des anciens de la tribu ou des patriarches; et, à mesure que la famille en se développant engendrait la tribu, au gouvernement du chef de la tribu ou à la royauté des patriarches. Tel était l'état de la société chez les Aryens, lorsqu'ils conquirent l'Hindoustan; des Grecs, au temps de la guerre de Troie; des Germains, lors de leurs migrations. Les animaux, sans doute, fondent aussi des familles et se livrent entre eux des combats, mais ils retombent bien vite à l'état de troupeaux et de masses sans cohésion, aussitôt qu'ils dépassent les limites de la famille. La tribu, au contraire, est comme un organisme dont les familles composent les membres différents; elle réalise, par conséquent, l'unité la plus haute de la vie domestique. C'est donc aux effets de l'action exercée simultanément par ces trois instincts (l'instinct sexuel, l'instinct de la sociabilité et l'instinct de l'hostilité de tous contre tous), qu'est due l'originalité et la supériorité de l'homme vis-à-vis de l'animal : de là vient le nom de πολιτικὸν ζῶον, que lui donne Aristote.

La fin supérieure, que ces instincts réalisent d'une façon inconsciente, se manifeste clairement chez l'homme. Ils produisent directement la famille, la race, la tribu, et ce sont là autant de germes, et comme l'embryon, d'où doivent sortir plus tard les formes diverses de la vie politique, religieuse et sociale. Le chef de la famille est d'abord le roi (chef de guerre, unique représentant de la famille au dehors, juge armé du droit de vie et de mort); en second lieu, le prêtre (il préside au culte encore exclusif des divinités domestiques); en troisième lieu l'homme chargé de diriger l'éducation et le travail des siens. Ces trois fonctions sont encore ici confondues, ou mieux, elles ne sont pas distinguées. La séparation entre elles ne se fait pas tout d'un coup, mais d'une manière successive. Chacun de ces trois pouvoirs tend à se développer comme un organisme distinct, et à dominer les deux autres. Celui d'entre eux qui réussit à absorber à son profit, pendant une période historique, toutes les forces nationales est prépondérant en fait pendant toute cette période. Mais, puisque ces pouvoirs ne peuvent s'épanouir que successivement, il est naturel que celui qui se montre le premier contienne implicitement en soi les deux autres, pourvu que l'exercice de ces derniers ne soit pas resté dans les attributions primitives du chef de famille.

Le développement de l'*État* se montre partout comme la première et la plus urgente des nécessités. Mais l'État doit d'abord prendre à sa charge les fonctions religieuses et sociales, en tant qu'elles ne sont plus remplies par la famille. C'est ainsi que, dans les institutions de la Grèce et de Rome, les rois étaient grands prêtres; et que, au temps même de la constitution républicaine, l'Église faisait partie de l'État. Quelques siècles seulement après la conquête de l'Hindoustan par les Aryens eut lieu la profonde révolution qui détruisit presque entièrement la noblesse militaire, et établit la prédominance de la caste sacerdotale, laquelle a duré presque jusqu'à notre temps. Dans l'Occident, cette révolution, qui, dans l'Inde, arrêta tout progrès, n'eut lieu heureusement qu'après que le développement politique de la société antique eut suivi entièrement son cours. Grâce à cette circonstance, quand la civilisation théocratique du moyen âge eut porté tous ses fruits, la société germanique put renaître à la vie politique et intellectuelle, sous l'influence de l'esprit antique.

Comme l'*Église* ne fit son apparition qu'après l'État, elle ne put absorber l'État qui l'avait précédée, ainsi que dans la vie antique l'État avait absorbé l'Église encore informe :

l'Église ne put que reléguer l'État au second rang, et revendiquer pour soi le premier. Au siècle dernier, l'élément laïque l'emporta sur l'élément théocratique, et il sembla que l'État était vainqueur de l'Église ; mais ce n'était qu'une apparence. En réalité, ce sont les questions sociales qui ont triomphé des intérêts religieux. Comme la société travaille en ce moment à créer l'organisme où elle doit vivre de sa vie propre, l'État s'est trouvé provisoirement chargé de reconnaître et de protéger, à la place de l'Église, les intérêts sociaux et surtout économiques ; et a ravi ainsi au clergé la direction des peuples. A son tour, l'Église doit la force qu'elle conserve encore aux fonctions sociales qu'elle est seule aujourd'hui même en état de remplir. La phase de civilisation que nous venons de caractériser est d'autant plus intéressante à étudier, qu'une sérieuse révolution s'y prépare.

Le développement de l'*Association*, comme un organisme indépendant à côté de l'État et de l'Église, est à ses débuts quelque chose de si nouveau, que peu d'esprits seulement en sont frappés. La plupart croient, parce qu'aujourd'hui l'État remplit provisoirement les fonctions qui appartiennent en réalité à l'association (comme l'éducation de la jeunesse, l'assistance des pauvres, la surveillance à l'aide de l'impôt des entreprises industrielles), que ces fonctions sont réellement des fonctions de l'État ; et concluent avec Lassalle que l'État doit aussi être chargé d'établir des associations pour la production. On devrait, au contraire, travailler à développer l'association ; et à confier aux soins de la société les fonctions sociales, que l'État exerce encore aujourd'hui. Là où, par exception, on comprend que l'État et la société sont logiquement distincts, et qu'il est nécessaire d'en réaliser de plus en plus complétement la séparation, on parle à tort et à travers, non plus de l'harmonie des intérêts politiques et sociaux, mais, au contraire, de l'antagonisme inévitable et indestructible des uns et des autres (Gneist). Définie d'une manière négative, l'association doit embrasser, dans toute leur étendue, les relations civiles et les rapports commerciaux, que l'État et l'Église ne sont pas destinés à régir. Au sens le plus large du mot et d'une manière positive, l'association n'est pas autre chose que l'organisation du travail. Cette organisation a proprement pour objet de régler avec ordre la répartition du travail entre les sexes et les individus, de préparer en outre la jeunesse au travail, et de veiller sur le sort de ceux qui sont devenus incapables de travailler. Le travail, qu'il est ici question de répartir, comprend naturellement les arts les plus hauts comme les métiers les plus communs; les travaux du corps qui n'ont pas de dénomination, comme l'œuvre intellectuelle du savant et de l'artiste, et aussi la tâche de l'éducation et l'administration indépendante de l'association. On voit que « l'association », en ce sens, comprend en réalité toutes les formes de la vie civilisée, auxquelles l'État et la religion sont étrangers. Cette définition n'a, jusqu'à présent, été présentée que par Lorenz Stein. L'organisation définitive d'un tel organisme social (socialisme) tend à limiter la libre concurrence, qu'il fallait d'abord affranchir complétement des entraves du passé; et à la remplacer par une répartition systématique et protectrice, qui doit empêcher le travail des uns (comme cela se produit dans la libre concurrence) d'être trop avantageusement rémunéré au détriment des autres. Mais la transformation, nous l'avons dit, est encore trop récente pour qu'on puisse prévoir sous quelle forme se produira cette organisation, que l'avenir est destiné certainement à réaliser.

Jetons encore un regard rapide sur le développement des formes successives de l'État, de l'Église et de l'Association (bien que cette dernière ne soit encore qu'en germe).

J'essayerai d'abord de décrire les phases essentielles que traverse, selon moi, dans son développement l'idée de l'État. L'histoire nous apprend que, dans la vie de l'État, se rencontrent trois grandes oppositions : celle des grands et des petits États, de la république et de la monarchie, des gouvernements où le pouvoir est exercé directement, et de ceux où il l'est indirectement par la nation. L'idéal politique serait d'associer à la grandeur de l'État le républicanisme des institutions, parce que ce sont les deux formes préférables de la vie politique; et le moyen pour atteindre ce but est le gouvernement indirect. — Le gouvernement patriarcal de la tribu et la royauté nous montrent réalisé l'accord du petit État et de la monarchie; les despotismes asiatiques, celui du grand État et de la monarchie. Dans les deux cas, un seul homme est libre : tous les autres sont les esclaves ou les serfs du maître. Les gouvernements établis dans les villes ou les campagnes de la Grèce nous offrent les premiers exemples de l'État républicain. Favorisés par leur territoire morcelé, les Grecs purent, dans leurs petites cités, réaliser la première forme de la république, une sorte d'aristocratie de citoyens libres, dominant sur un nombre double d'esclaves. L'empire universel des Romains associe l'organisation républicaine des États grecs et l'étendue gigantesque des despotismes asiatiques. Le despote, ce sont ici les citoyens romains; tous les peuples soumis ne sont que des esclaves. Aussi, quand la vertu républicaine des citoyens romains s'affaiblit, l'État romain ne fut plus que le despotisme d'une vaste monarchie. — Les Germains introduisent, par la féodalité, un nouvel élément dans l'idée de l'État, celui du gouvernement indirect ou celui de la subordination hiérarchique, tandis que l'antiquité n'avait pratiqué que le gouvernement direct. Les anciens ne connaissaient que des hommes libres et des esclaves; maintenant, depuis le roi jusqu'au serf attaché à la glèbe, s'étend comme une série de droits corrélatifs : chacun est le seigneur de son homme lige. On pourrait donc comparer l'État du moyen âge à une sorte d'échelle monarchique. — L'âge moderne, en affirmant le droit de tous à la liberté, a dit le dernier mot de la vie politique. Notre temps travaille à la constitution de grands États, qui n'auront d'autres limites que celles des nationalités. Il tend à introduire, dans le gouvernement autonome des villes et des communes, l'organisation républicaine des cités grecques; et trouve, dans la délégation des pouvoirs publics à des représentants choisis, le couronnement nécessaire de la pyramide formée par toutes ces petites républiques communales. Jusqu'ici l'Amérique du Nord est le meilleur, quoique encore imparfait exemple d'une pareille constitution. Mais, avec les progrès de la culture générale, cette forme de gouvernement doit et ne peut pas ne pas s'établir dans toutes les parties du monde. La souveraineté politique des nationalités sera réalisée aussi nécessairement, que l'a été celle des États formés par de pures circonscriptions territoriales. L'établissement du régime constitutionnel, comme intermédiaire entre la monarchie et la république, n'est qu'un évident et grossier mensonge. Il ne se justifie historiquement que comme une forme transitoire, et comme un moyen d'éducation politique pour les peuples : — Dans la république universelle, qui, sans doute, ne pourra s'établir que lorsque chaque État sera devenu une république, l'état de nature, où ont vécu jusqu'à présent les peuples dans leurs rapports mutuels, fera place à des relations juridiques : les peuples, dans cette république universelle, ne demanderont plus leur protection aux armes, mais à la loi. C'est ainsi que l'état de nature et le droit de défense personnelle ont fait place, pour les individus, au règne de la justice et à la protection de la loi, après l'avénement de l'État. Ainsi pourra cesser la lutte pour l'existence, que nous décrirons plus loin (437). Il suffira que les régions du globe, à peu près semblables par le climat, soient occupées par une même race, et constituées politiqement en une république universelle ; et que la communication entre les peuples qui habitent des climats différents soit rendue impossible par la difficulté de franchir les limites géographiques, où les difficultés insurmontables de l'acclimatation renferment leur action.

La seconde des formes sous lesquelles nous avons à étudier la vie de l'humanité, l'Église, a une mission plus limitée, plus exclusive que l'État et l'Association. Les deux derniers doivent servir à de nombreux intérêts, répondre à des besoins variés. L'Église ne donne satisfaction qu'à un seul besoin, le besoin religieux; et non pas même indifféremment à tout besoin de ce genre, mais uniquement à celui qui demande, pour être satisfait pleinement, l'exercice d'un culte en commun; ou à celui qui, se sentant trop faible pour appuyer solidement sa foi sur la conscience et le sentiment du moi intérieur, cherche dans l'institution extérieure d'une Église visible le point d'appui qu'il ne sait pas trouver en lui-même. A mesure que la vie intérieure se développe et se fortifie davantage, l'Église visible doit perdre de son action. Dans l'état présent de la culture générale, l'Église est une force avec laquelle il faut compter; et sa puissance se fera longtemps sentir encore; mais elle n'occupera plus que la troisième place après l'État et l'Association. Ainsi que nous l'avons montré, l'État est la première des trois formes que prenne d'abord la vie de l'humanité, et comprend au début l'Église dans son sein. Même là où, par exception, ainsi que chez les Juifs, l'État se montre à l'origine comme un État religieux ou une théocratie, il n'est pas autre chose qu'une théocratie enchaînée à une politique nationale. L'idée d'une Église universelle ou d'une théocratie cosmopolite n'a pu être que le résultat d'une révolution religieuse. C'est ainsi que dans l'Inde le bouddhisme, et, sur les bords de la Méditerranée, le christianisme ont brisé les premiers les liens dans lesquels la nationalité emprisonnait l'institution religieuse, et ouvert ainsi en Orient comme en Occident l'ère du moyen âge. Ce cosmopolitisme de l'Église du moyen âge a eu l'influence la plus considérable, et a été fécond en conséquences politiques et sociales. Pour la première fois, les peuples et les États chrétiens se sont élevés à la conscience de la solidarité. Les sentiments pacifiques des diverses nations entre elles sont devenus plus profonds et plus généraux. Ainsi les temps modernes ont été préparés aux sentiments cosmopolites qui reposent sur le principe de la solidarité humaine, et affranchis des barrières créées par l'antagonisme des Églises; de même que le cosmopolitisme de l'Église du moyen âge s'était élevé au-dessus des oppositions des formes politiques. L'Église nous conduit ainsi à la troisième forme de la vie de l'humanité, l'Association.

Le développement de l'association passe par quatre phases dont les trois premières préparent la quatrième : dans celle-ci seulement l'association se montre à nous comme ...orme à la f... ...pendante et coordonnée aux deux a... ...

... ...remière phase est c... que nous appellerons *la liberté de l'état de nature*. Chac... travaille pour soi et sa famille : ain... ...es tribus de ...asseurs indiens. Cet état ne per... ...et pas qu'o... ...que jamais un grand bien-être, ni par ...uite que la civilisation fasse des progrès. La liberté des individus, en fractionnant à l'infini les forces sociales, rend impossible la répartition du travail, qui seule conduirait à l'épargne. Et sans cette dernière, la production ne dépassera jamais les limites des besoins momentanés : car l'accumulation du capital est indispensable à l'accroissement du bien-être général.

La domination d'une personne sur l'autre constitue la seconde phase. Le maître est le propriétaire des personnes ou des facultés productives de ses esclaves, ainsi que de ses serfs. Le maître comprend bientôt que son intérêt lui commande de répartir le travail entre ses esclaves, s'il veut que leur travail, tout en suffisant à leurs besoins et aux siens, produise un excédant dont il formera un fonds de production, un capital. Ainsi la richesse nationale s'accroît par la multiplication du capital; mais elle ne profite qu'aux maîtres, non aux serviteurs. L'empire romain et le moyen âge en sont des exemples.

La troisième phase ne s'ouvre qu'après que la seconde a produit tous ses effets : c'est le *règne impersonnel du capital*. Dans cette période, le capital immobilier, qui seul avait eu de la valeur jusque-là, est supplanté par le capital mobilier, lequel oblige le premier à se mobiliser de plus en plus, sous peine de perdre sensiblement de sa valeur. Cette transformation est accompagnée et servie par l'adoucissement progressif, et finalement par la suppression du servage. Le travail devient une libre marchandise, dont l'échange est soumis aux règles générales de tout marché, aux lois de la demande et de l'offre. Le capital peut opérer sur une vaste échelle la division du travail : aussi la production générale dépasse-t-elle de beaucoup les besoins du présent, et perme-t-elle de préparer pour l'avenir un fonds de réserve. Le capital et la richesse nationale croissent dans une progression bien autrement rapide qu'au siècle précédent. Mais, ici encore, l'augmentation de la fortune publique ne profite qu'aux capitalistes. Avec le progrès de la fortune des travailleurs s'accroît le nombre des ouvriers; de sorte que la part faite au travail dans la richesse publique diminue pour chaque individu, et se maintient au minimum des ressources exigées par les besoins ordinaires de la vie. C'est ce que confirme l'expérience, du moins pour les travaux qui se produisent sur le marché industriel. Mais le capital mobile lui-même est une forme économique qui, après s'être développée, avoir atteint son plein épanouissement et porté tous ses fruits, est destinée à faire place à d'autres formes. Le capital ne joue dans l'histoire qu'un rôle passager, et ne sert qu'à préparer l'avènement d'une organisation économique supérieure; de même que l'esclavage avait contribué à préparer la domination du capital et à la rendre possible.

C'est l'*association libre* qui constitue cette quatrième et dernière phase de l'organisation économique. Si l'esclavage et le règne du capital ont servi à faciliter et à produire la division du travail et par suite l'épargne, ils ne sont après tout que des moyens très-imparfaits et violents, dont l'emploi est payé par des souffrances incalculables. Ils devront être écartés, aussitôt que le caractère et l'intelligence des travailleurs seront assez développés, pour que, grâce au libre accord des volontés, chacun d'eux puisse, dans la répartition générale du travail, se réserver la tâche qui lui convient le mieux. Il était difficile auparavant de décider l'esclave, une fois rendu à la liberté, à se mettre volontairement au travail. La difficulté consiste maintenant à rendre le travailleur assez raisonnable, pour qu'il consente, après avoir brisé le joug du capital, à prendre dans l'association la place pour laquelle il est fait. Développer dans ce sens l'éducation (par les associations de Schultze-Delitzsch, par une meilleure organisation des écoles, par les sociétés pour l'instruction des ouvriers, etc.), c'est le problème social le plus important que le présent ait à résoudre. L'avenir est destiné à voir se réaliser la libre association des travailleurs; mais on ne peut dire encore par quels moyens ni par quelles voies. On ne saurait décider si elle suivra un développement pacifique, ou résultera de conflits, qui dépasseront en catastrophes redoutables tout ce que l'histoire nous a présenté jusqu'ici. Dans cette dernière phase, l'usage de la monnaie (à l'exception de la monnaie courante) deviendra inutile par l'introduction générale du crédit; de même qu'aux âges précédents l'échange des produits naturels avait fait place aux échanges monétaires.

Si le capital a été beaucoup plus utile à la répartition du travail que l'esclavage, l'association libre sera bien plus profitable au même but que le capital. Il suffit de songer aux effets que produirait un système uniforme, sur la terre entière, de production et de consommation, analogue à l'unité de l'organisation politique. La richesse générale croîtra également dans une progression bien plus rapide qu'aujourd'hui, pourvu toutefois que le développement n'en soit point paralysé par l'augmentation de la population, ou ne soit pas hors de proportion avec elle. Le maximum des produits que la terre peut donner pour l'alimentation de l'homme et des animaux, la quantité de poissons que l'eau peut fournir, et, si l'on fait attention aussi aux conditions inorganiques de l'alimentation, l'étendue limitée de la surface habitable du globe tracent les limites dans lesquelles le développement de la population doit être contenu.

Le but de l'association serait que chacun pût, pendant les années de son labeur, jouir de loisirs suffisants pour la culture de son intelligence, et mener une existence confortable, ou, comme on dit en termes plus sonores, une vie digne de l'homme. Ainsi, de même que la fin suprême de l'organisation politique est de préparer les conditions extérieures, formelles; ainsi celle de l'organisation sociale serait de préparer les conditions matérielles, qui mettront l'homme en état de remplir sa tâche véritable et propre. La préparation intérieure des esprits devrait nécessairement être faite par la culture spirituelle ou intellectuelle, dont nous avons parlé plus haut.

Si, dans tout ce développement de l'histoire, il est impossible de méconnaître un plan uniforme, un but clairement tracé, auquel tout conspire; si nous devons encore admettre que les actes particuliers, qui préparent ou servent cette fin à différents degrés, ne sont pas dictés par la conscience de cette fin, mais que presque toujours les hommes poursuivent un but et en réalisent un autre : nous devons aussi avouer que ni la volonté des individus, ni le jeu des combinaisons que le hasard peut produire entre les actes particuliers ne suffisent à rendre compte de ce progrès; qu'une puissance secrète préside au mouvement de l'histoire; et que ce mouvement se déroule « sous le regard
» perçant d'une sagesse qui voit de loin, qui sait enchaîner
» les caprices déréglés de la liberté aux lois d'une néces-
» sité directrice, et faire servir les fins particulières que
» poursuit l'individu à la réalisation inconsciente du plan
» général. » (Schiller, vol. VII, p. 29-30.) Schelling exprime la même pensée dans le système de l'idéalisme transcendantal (Œuv. I, 3, p. 594). « La liberté est pénétrée
» par la nécessité : cela veut dire que, par l'action même de
» ma liberté, et alors que je crois agir librement, je réalise
» sans conscience, autrement dit sans la participation de ma
» volonté, un dessein qui n'est pas le mien. En d'autres
» termes encore, à l'activité consciente et libre, que nous
» avons expliquée précédemment, doit s'opposer une ac-
» tivité inconsciente, d'où s'échappent, au sein même de la
» liberté la plus illimitée, des actes absolument involon-
» taires et peut-être tout à fait contraires à la volonté de

» l'agent, que ce dernier n'aurait même pu réaliser s'il l'avait
» voulu. Cette proposition, quelque paradoxale qu'elle pa-
» raisse, ne fait pas autre chose que traduire, dans le lan-
» gage de la philosophie transcendantale, le rapport, géné-
» ralement reconnu et supposé, de notre liberté à une
» nécessité cachée, qu'on désigne par les noms tantôt de
» hasard, tantôt de Providence. Mais, sous un nom comme
» sous l'autre, on ne nous apprend rien de clair sur ce
» rapport, en vertu duquel nos actes libres eux-mêmes
» sont causes, malgré notre volonté, d'effets que nous
» n'aurions pas voulus, et font que nous voyons échouer ou
» tourner à notre perte ce que nous avions voulu de toute
» l'énergie de notre libre arbitre. » (Même ouvrage, p. 598.)
» Cette nécessité doit être conçue comme la synthèse abso-
» lue de toutes les actions. Tout ce qui arrive, et, par suite,
» l'histoire entière n'en est que le développement. En elle,
» parce qu'elle est absolue, tout est pesé et calculé à l'avance;
» aussi tout ce qui peut arriver, malgré des contradictions
» et un désordre apparents, trouve en elle un principe
» suprême de conciliation. Cette absolue synthèse doit
» être placée dans l'Absolu, qui est le voyant, l'éternel
» et universel objectif au fond de toute libre activité. »
Si l'on comprend bien ce passage (et l'on peut dire qu'il
exprime l'idée commune de tous les philosophes depuis
Kant, et que Hégel ne fait qu'en développer le contenu
dans son introduction à ses leçons sur la philosophie de
l'histoire), il ne me reste plus rien à ajouter. — A celui
qui préfère s'en tenir aux concepts du destin ou de la
Providence, il suffit d'objecter qu'il ne peut nullement
s'expliquer par eux comment mon action, qu'on la rapporte à ma liberté ou à mon caractère et à l'influence des
motifs, peut réaliser une autre volonté que la mienne,
par exemple celle d'un Dieu trônant dans le ciel. Il n'y a
qu'une explication acceptable ici, c'est que ce Dieu descende
dans mon cœur, et que ma propre volonté soit, en même
temps et sans que j'en aie conscience, la volonté de Dieu
lui-même. Il faut que je veuille d'une façon inconsciente

tout autre chose que ce que ma conscience croit vouloir spécialement; et qu'en outre la conscience se trompe dans le choix des moyens propres à son but, tandis que la volonté inconsciente sait faire servir sûrement ces mêmes moyens à son dessein. Le processus psychologique de notre volonté n'est pas intelligible autrement. N'est-ce pas aussi ce que dit Schelling dans la première partie du passage cité? — Si nous ne pouvons résoudre la difficulté sans admettre une volonté inconsciente, à côté de la volonté consciente; si nous avons déjà reconnu, d'un autre côté, l'intuition de la pensée inconsciente : à quoi bon faire intervenir ici l'action transcendante d'une divinité, puisque l'individu, avec les facultés que nous avons découvertes en lui, suffit à tout expliquer? Qu'est-ce d'ailleurs que le destin ou la Providence, sinon l'empire de l'Inconscient, de l'instinct historique dans les actions humaines, aussi longtemps que l'entendement conscient de l'homme n'est pas assez mûr, pour lui permettre de faire du but de l'histoire le but propre de son activité? L'instinct qui porte les hommes à réaliser une organisation politique, est-il autre chose qu'un instinct collectif; et diffère-t-il de l'instinct du langage ou de l'instinct qui porte les insectes à former des États? Le premier admet seulement une plus grande intervention de l'entendement conscient.

Si nous avons vu chez l'animal l'instinct faire sentir son action, toutes les fois qu'un besoin se présente qui ne peut être satisfait autrement, quoi d'étonnant si, dans les diverses directions que suit le développement historique, on voit toujours au moment marqué apparaître l'homme nécessaire, dont le génie inspiré connaît et satisfait les besoins inconscients de l'époque? Le proverbe est ici une vérité : plus le besoin est pressant, plus le secours est proche.

A quoi bon recourir, pour rendre compte de l'instinct historique de l'homme, à l'action étrangère d'un Dieu qui pousse et dirige le monde du dehors, alors que nous n'avons pas jugé nécessaire de la faire intervenir dans les autres instincts? Il faut que nous démontrions, dans le cours de notre recherche, que l'Inconscient dans l'individu, si l'on néglige le rapport particulier de tel de ses actes à tel individu déterminé, n'a rien en lui de véritablement individuel. Alors seulement Schelling sera autorisé à soutenir, dans la deuxième partie du passage cité, que l'Absolu est le voyant (le clairvoyant) dans toutes les actions; qu'il en est l'absolue Synthèse (qu'il les comprend toutes dans sa volonté); ou, comme Kant le dit en un endroit (*Œuvres*, VII, 367), que « l'instinct est la voix de Dieu » : mais il s'agit alors du Dieu qui habite dans notre propre sein, du Dieu immanent.

Si nous considérons comme inadmissible l'hypothèse d'un fatum ou d'une Providence, il ne suit pas de là que ces doctrines, comme celle de l'activité spontanée des individus dans l'histoire, soient par elles-mêmes dénuées de tout fondement, mais seulement qu'elles sont exclusives. Les Grecs, les Romains, les mahométans ont tout à fait raison de soutenir l'existence de l'εἱμαρμένη ou du fatum, si l'on entend sous ce nom l'absolue nécessité de tous les événements en vertu des lois de la causalité; si l'on veut dire que chaque membre de la série est déterminé par celui qui le précède, et qu'ainsi la série tout entière dépend du premier membre, est prédéterminée par lui. Le christianisme n'a pas tort non plus d'affirmer la Providence : car tout ce qui arrive se produit avec une absolue sagesse, avec une convenance parfaite, c'est-à-dire pour un but prévu par l'Inconscient infaillible, qui est en même temps l'absolue logique. A chaque moment la logique veut qu'une seule chose se produise, et cette chose seule peut être, et cette chose demandée par la logique doit être; il y a en cela autant de finalité que de nécessité (voir plus loin, chap. xv, 3ᵉ partie). Enfin, le rationalisme empirique des modernes est autorisé à soutenir que l'histoire est l'œuvre exclusive de l'initiative individuelle; et que la volonté des individus se détermine, suivant des lois psychologiques, sans qu'il y ait besoin de l'intervention miraculeuse de puissances supérieures. L'erreur des deux premières doctrines est de nier la spontanéité des individus; celle de la troisième, de rejeter le destin et la Providence. C'est dans la conciliation de ces trois points de vue que réside la vérité. Mais cette conciliation était impossible, tant qu'on n'accordait à l'individu qu'une activité consciente. L'existence reconnue de l'Inconscient la rend possible, ou plutôt la démontre avec évidence. L'unité de l'individu et de l'absolu, qui n'était jusqu'ici qu'un postulat de la pensée mystique, s'éclaire ainsi de toutes les lumières de la science. La distinction des deux n'est pas pour cela effacée, puisqu'elle n'est rien moins, au fond, que celle de l'essence métaphysique et de la réalité phénoménale. (Comparez chap. vi, vii et xi de la 3ᵉ partie.)

XI

DU PRIX DE L'INCONSCIENT ET DE LA CONSCIENCE DANS LA VIE HUMAINE.

J'ai suffisamment fait ressortir jusqu'ici le rôle important de l'Inconscient : on pourrait m'accuser de le juger avec plus de faveur que celui de la conscience. Je veux, pour écarter ce reproche, rappeler tout le prix de la pensée consciente, comparer le prix de la conscience et de l'Inconscient, et leur rôle différent dans la vie : tel est l'objet de ce chapitre.

Considérons d'abord le prix de la conscience, par suite celui de la réflexion, et les services que la science rend à l'homme.

La principale question qu'il s'agit de résoudre est la suivante : La réflexion et la science exercent-elles quelque influence sur les déterminations de la volonté, sur la formation du caractère; et quelle est la nature de cette influence? Le sens commun n'hésite pas à répondre sur le premier point par l'affirmative : mais on peut lui objecter, premièrement, que les déterminations de la volonté, qui précèdent l'action, dérivent d'une réaction du caractère contre le motif, et que c'est là un processus éternellement soustrait au regard de la conscience ; en second lieu, que la volonté et la connaissance sont des choses incommensurables, des manifestations toutes différentes de l'activité spirituelle. Mais l'opposition, et la différence de nature des deux facultés ne doit pas faire oublier que l'objet de la volonté est une idée : et que le motif ou l'impulsion à l'action vient aussi d'une idée. On ne pourrait, en outre, se onder sur l'éternelle inconscience du processus générateur de la volonté, pour déclarer impénétrable le rapport du motif et du désir. Il faudrait pour cela que le caractère fût un principe essentiellement et rapidement variable, ou que le processus de la détermination échappât à toute loi, et dépendît uniquement du libre arbitre au sens des indifférentistes. Mais aucune de ses suppositions n'est vraie. Chacun peut, à l'exemple du médecin qui emploie des remèdes dont il ne comprend pas l'action physiologique, apprécier, par le moyen de l'expérience, la nature et la force des désirs, qui répondent aux différents motifs. Et, puisque les caractères humains se ressemblent par des traits généraux, on est en droit de tirer de l'expérience les principes généraux d'une psychologie empirique. Comme d'ailleurs les caractères ne présentent pas moins de différences que d'analogies, l'observation de soi-même et celle des autres hommes seront nécessaires à la connaissance spéciale des caractères individuels. Si on joint à cette double connaissance celle des lois psychologiques qui modifient, suivant les circonstances, l'excitabilité des différentes espèces de désirs, telles que les lois des inclinations, de la passion, de l'habitude, etc.; si on sait se tenir en garde, à l'aide de moyens que nous indiquerons bientôt, contre les erreurs auxquelles le jugement est exposé par la passion; si on suppose, en un mot, toutes ces conditions réunies dans une mesure idéale, la nature et la force du désir, correspondant à l'action de chaque motif, pourront être prédites à tout moment. Les erreurs dont il a été question aux chapitres III et IV, et qui trompent sur l'issue du processus inconscient, auquel est due la détermination volontaire, seront par là même écartées.

Puisque tout motif doit se présenter sous la forme d'une idée, et que le cours des idées est soumis à l'influence de la volonté consciente, concluons, d'après ce qui a été dit, que l'on peut, en produisant volontairement une idée que l'on connaît propre à déterminer un certain désir, éveiller indirectement ce désir. Mais la volonté n'est que la résultante des désirs simultanés; et l'addition de tous les facteurs qui doivent concourir à un résultat commun peut se ramener à la forme simple d'un calcul algébrique : car tous les facteurs, qui produisent l'action ou l'abstention dans une direction donnée, sont toujours ou positifs ou négatifs. On peut donc influencer le résultat, en retenant à dessein sous le regard de l'esprit les motifs propres à faire naître en nous un ou plusieurs désirs nouveaux, ou à fortifier ceux qui existent déjà. Le même moyen peut servir à comprimer des désirs, dont la résistance des causes extérieures réussirait sans doute bien à différer longtemps la réalisation, mais qui, en égarant le jugement, en causant des souffrances inutiles, etc., exerceraient une influence fâcheuse. Jamais toutefois la réflexion ne peut agir directement sur le désir : elle ne peut que provoquer indirectement l'action contraire d'un autre désir. — Telle est la seule voie suivant laquelle l'entendement influe sur la volonté ; c'est celle que l'on suit toujours dans la pratique. Cela ne saurait être un instant contesté par tous ceux qui ont arrêté leur pensée sur ce problème psychologique. Cette question est d'ailleurs étrangère à l'objet de mon travail ; je m'abstiens donc de la traiter avec plus d'étendue. Je me borne à ajouter que la transformation du caractère par la réflexion ne s'explique pas autrement. Nous avons vu, en effet, que, dans chaque cas particulier, la résultante des désirs peut être rendue différente de ce qu'elle aurait été, si l'on avait laissé les motifs se présenter d'eux-mêmes et exercer librement leur action. On peut aussi, de la même manière, combattre victorieusement, dans chaque cas particulier, les désirs qui, une fois le caractère formé, sont les plus aisément irritables et par suite les plus fréquemment agissants. Si l'on oppose régulièrement, en toute occasion et pendant un certain temps, la même résistance aux désirs, on verra, en vertu des lois de l'habitude, s'affaiblir ceux qui auront été condamnés à une longue inaction et laissés sans satisfaction, tandis que se développeront ceux auxquels des excitations fréquentes et énergiques auront été communiquées ; en un mot, le caractère se modifiera. C'est ainsi que nous avons déjà expliqué la possibilité d'une transformation du caractère par la science, avec l'aide sans doute de l'habitude et du temps. (Voir *Monatsheft*, vol. IV, 5ᵉ cahier : *Sur la charaktérologie de Bahnsen*.)

La question précédemment posée est donc résolue par l'affirmative dans ses deux parties. Etudions rapidement maintenant l'action de la réflexion et de la connaissance sur la conduite pratique de l'homme.

1º Elle prévient les erreurs que la passion engendre.

Nous savons déjà que le cours de nos idées dépend essentiellement de l'intérêt du moment. Lorsqu'un intérêt nous domine exclusivement, lorsque la passion, par exemple, nous entraîne, les idées qui se présentent à la conscience lui apportent surtout des arguments favorables aux intérêts de notre passion, et très-peu de raisons contraires. Les raisons apparentes, qui servent notre désir, sont trop volontiers accueillies, pour que l'erreur en puisse être reconnue. Et si, par hasard, on a recours à de fausses raisons pour triompher de notre penchant, nous ne tardons pas à en démasquer la faiblesse; et même les solides arguments qui nous combattent succombent sous le dédain ou l'opposition toujours victorieuse de nos sophismes. C'est ainsi que naît l'erreur. Quoi d'étonnant après cela que l'effroi, l'emportement, les désirs sensuels nous enlèvent la faculté de réfléchir, au point que nous ne savons plus ce que nous disons ni ce que nous faisons; que la haine nous montre partout des défauts chez notre ennemi, l'amour, des qualités dans l'objet aimé; que la crainte nous fasse tout voir en noir, l'espérance tout en rose; que la première nous empêche souvent de voir la chance de salut qui s'offre d'elle-même à nous, que l'autre rende vraisemblable ce qui l'est le moins, du moment où nos désirs le souhaitent ; que nous nous trompions si souvent dans notre intérêt, rarement à notre désavantage; et que nous considérions enfin d'ordinaire comme juste et légitime ce qui nous est seulement avantageux?

Dans la science pure elle-même la passion se glisse également : une hypothèse favorite fait juger avec une partialité aveugle tout ce qui la confirme, et rend inattentif aux observations les plus évidentes qui la contredisent, et qui n'entrent par une oreille que pour sortir par l'autre.

Il y a deux remèdes au mal. Le premier est qu'on se forme, une fois pour toutes, un coefficient empirique de réduction, que l'on modifiera selon le degré de la passion ou de l'intérêt; et qu'on multiplie, dans chaque cas particulier, par ce coefficient le coefficient de vraisemblance qu'on croit avoir obtenu. Le second, qu'on ne laisse aucune passion s'accroître jusqu'au point où elle commence à troubler le jugement d'une façon sensible. Le dernier remède est le plus sûr, mais c'est aussi celui auquel on aime le moins à recourir, parce qu'il est d'une application difficile, et qu'il demande une longue et constante habitude de se dominer. Dans les affections, les passions violentes, le premier remède est absolument impraticable, parce que toutes les énergies de l'esprit y sont concentrées sur un point unique. Il est d'ailleurs difficile de déterminer le coefficient de réduction, et, plus encore, de mesurer chaque fois la vivacité de la passion. — Les combats de paroles sont très-propres à montrer combien il importe de garder la lucidité de son jugement (σωφροσύνη). On voit l'un se laisser égarer par la passion, là où l'autre garde son sang-froid. Entre femmes, les discussions les plus sérieuses dégénèrent presque toujours en personnalités, qu'elles s'expriment sous les formes de la plus fine ironie, ou se traduisent par des grossièretés de poissardes. Mais c'est surtout dans le danger que le prix du sang-froid et de l'empire exercé sur la sensibilité éclate dans tout son jour.

2° Elle empêche l'irréflexion et l'irrésolution.

On ne se repent presque jamais dans la vie que pour avoir agi inconsidérément. On n'a pas prévu toutes les conséquences possibles de l'action; et l'on est péniblement surpris par leur apparition. Si les suites fâcheuses retombent sur celui même qui a commis l'action, l'imprévoyance devient de l'étourderie. Les regrets seraient évités, si la réflexion accompagnait toujours l'action. L'irrésolution, à son tour, vient en partie du manque de courage, en partie du défaut de confiance dans ses propres lumières. Or la raison consciente peut tenir lieu du courage. Cette disposition du caractère, le courage, consiste à risquer un mal pour en éviter un second ou pour atteindre un bien. Mais cela suppose que la tentative a des chances de réussite : et, pour en juger, il faut soit comparer l'étendue des maux, soit mesurer la probabilité relative de leur apparition; et, dans les deux cas, l'intelligence peut prononcer, et décider à l'action. La réflexion encore corrige notre défiance dans nos propres lumières; elle nous dit que personne ne peut donner plus que ses forces ne comportent; que nous devons, après avoir fait tout notre possible, attendre patiemment l'issue de l'entreprise; que d'ordinaire une réflexion prolongée n'est bonne qu'à nous faire perdre par l'hésitation beaucoup plus que nous n'avons à gagner par une amélioration quelconque du résultat.

3° Elle choisit les moyens les mieux appropriés au but poursuivi.

Si un but particulier est déraisonnable, il n'est pas un moyen approprié à la fin souveraine de tout être, la félicité la plus grande possible de la vie. Bien que tout le monde n'ait pas une claire conscience de cette fin suprême, elle n'en est pas moins dans la vie humaine comme le point d'orgue qui résonne sourdement à travers tous les accords.

Là même où les fins poursuivies sont raisonnables, là où l'individu n'a pas à déterminer, à juger le but auquel il doit tendre, mais où il n'a qu'à choisir en partie ou en totalité les moyens convenables, un choix déraisonnable des moyens peut produire un mal indescriptible et même irréparable. Cela paraît suffisamment dans les décisions importantes. Mais le défaut de jugement a bien plus d'influence encore sur les mille petits soucis, contrariétés, avantages et incommodités, agréments et ennuis de chaque jour, qui accompagnent les affaires, le service, les professions, les relations de société et de famille, la condition de maître comme celle de valet. C'est là surtout que le but est souvent manqué par le choix maladroit des moyens, ou ne peut être atteint qu'au prix de sacrifices disproportionnés. De là vient que les hommes, par les besoins, les tourments, les vexations, les contrariétés, les ennuis de toutes sortes qu'ils se créent, rendent la vie, pour eux-mêmes et pour les autres, plus difficile et plus insupportable qu'elle n'est en réalité. Et tous ces maux viennent bien moins de la mauvaise volonté, que de la faiblesse de jugement chez le commun des hommes, et du choix maladroit des moyens employés pour le but poursuivi. On serait parfois tenté de s'écrier : « Plut à Dieu que les hommes fussent plus méchants, si seulement ils étaient moins bêtes ! »

4° Elle détermine la volonté, non d'après la passion du moment, mais en vue de la plus grande félicité possible pour la vie tout entière de l'individu.

La bête, à l'exception de quelques animaux supérieurs que l'homme a dressés, est déterminée essentiellement dans ses résolutions par les impulsions momentanées des sens et de l'instinct. Quand l'instinct ne l'éclaire pas sur l'avenir, la bête n'est pas assez intelligente pour se conduire ; elle est condamnée souvent à souffrir des conséquences de son absolue irréflexion. La conscience de l'homme, plus développée, lui assure l'avantage de pouvoir opposer volontairement aux affections présentes de la sensibilité les désirs que provoque la pensée de l'avenir. Le moi de l'avenir plaide ainsi sa cause devant la pensée sur le pied de l'égalité contre le moi du présent. Mais les pensées que la volonté appelle dans la conscience n'ont pas une grande vivacité; aussi les désirs qu'elles éveillent sont-ils trop faibles pour résister avec succès à la passion violente, que provoquent sur le moment les impressions puissantes du dehors. L'homme tombe alors dans un état analogue à celui de la bête; s'il en sort sans avoir trop à se plaindre ni à se repentir, il doit remercier son heureuse fortune. Pour défendre les droits du moi de l'avenir et assurer la plus haute félicité possible de l'individu, il ne reste donc qu'à prévenir cette exagération des désirs, qui ne permet plus de les maîtriser; c'est-à-dire qu'il faut, à l'avance, savoir les contenir : et c'est surtout au début que cela est le plus sûr et le plus facile. Tel est le second moyen de comprimer les penchants. — La réflexion a encore un autre effet très-important. Parmi les fins nombreuses et souvent opposées qu'un homme poursuit en même temps, elle choisit celle à laquelle il convient le mieux de travailler en chaque circonstance. Aucun moment n'est ainsi perdu pour l'œuvre du bonheur total. D'ailleurs les circonstances, qui changent sans cesse, exigent que l'on modifie les fins auxquelles on tend; et que tantôt on les abandonne complètement, tantôt on en ajourne la poursuite à un temps plus favorable.

5° La raison consciente est d'un grand prix pour la moralité.

La plupart des actions contraires à la morale sont complétement condamnées au nom de l'égoïsme bien entendu, surtout dans un État où la justice est vigilante, et où l'opinion publique frappe de son mépris les crimes que la loi n'atteint pas. Il reste peu de cas où les règles de la morale ne soient pas d'accord avec celles de l'intérêt. Il suffit pour le prouver de faire remarquer que presque toutes les doctrines morales se fondent, d'une manière ouverte ou dissimulée, sur l'égoïsme et le principe du bonheur individuel ; ainsi les philosophies des épicuriens, des stoïciens et de Spinoza. Dans la plupart des cas, on voit donc que la rectitude du jugement suffit à la moralité. En fait, après la contrainte qui développe les bonnes habitudes, l'appel à l'intérêt bien entendu est le seul moyen efficace d'enseigner la morale et de la perfectionner. Les volontés, qu'on ne réussit pas à diriger par ce moyen, seront difficilement persuadées par les enseignements de la morale individuelle.

Laissons de côté le rôle pratique de la science morale ; et considérons, au point de vue théorique, les divers systèmes de morale. Il est évident que, quels que soient les principes théoriques admis par une doctrine morale, ils doivent être empruntés aux principes fournis par la raison consciente ; autrement ils n'auraient aucune valeur scientifique, et ne constitueraient pas un système. Je ne veux pas insister davantage, de peur de m'écarter de mon sujet.

Co La réflexion seule peut nous guider dans le choix d'une profession, de nos plaisirs, de nos relations et de nos amis.

« Quand on est né avec un talent, vivre en l'exerçant est la plus belle des existences. » (Gœthe.) Il est donc très-important de reconnaître le talent qu'on possède, et qui peut être très-réel, sans qu'on le soupçonne en soi. Mais il ne faut pas, d'un autre côté, s'imaginer, dans un bel élan d'enthousiasme juvénile, qu'on est doué d'un talent qu'on n'a pas. Cela se voit fréquemment. Autrement tant d'hommes ne manqueraient pas leur vocation ; et pourtant, malgré les obstacles de tout genre, l'individu est toujours maître, dans une assez large mesure, du choix de sa profession. Il est encore plus difficile de démêler entre plusieurs dispositions celle qui est la plus prononcée. On est moins embarrassé lorsqu'il s'agit du choix, non moins important, des distractions intelligentes, auxquelles on doit consacrer ses loisirs : c'est qu'on peut les changer sans grand inconvénient, et que l'on a ainsi le temps de faire des essais. Si le choix d'une profession demande qu'on se connaisse bien soi-même, il faut, pour choisir ses relations et ses amitiés, une grande connaissance du monde et des hommes. Comme ce sont là par excellence des besoins humains, on n'a pas à se demander si l'on doit fréquenter les autres hommes, mais seulement quels sont ceux avec lesquels on doit se lier. On peut mesurer le prix de l'amitié en considérant combien la possession d'un ami unique, mais sincère et en harmonie avec nous, suffit à consoler des plus grands maux; combien sont amères les déceptions que causent les choix mal formés. On voit pourtant des amitiés se nouer et durer longtemps, bien que les personnes ne soient pas faites l'une pour l'autre : il semble que les gens soient aveugles. En fait, cela ne se passe ainsi que parce que les hommes se jugent au fond aussi déraisonnables qu'ils le sont en réalité. On ne s'expliquerait pas autrement que l'amitié résiste à l'expérience d'actes, qui, attribués aux vices du caractère, seraient impardonnables : mais on les met sur le compte de la sottise. Les hommes, d'ailleurs, aiment à présenter comme des erreurs leurs fautes les plus graves. — Le choix inintelligent d'un ami s'expie chèrement dans le mariage, parce que le lien, une fois formé, ne se dénoue plus aisément; et pourtant les personnes qui se marient font bien plus attention à la beauté, à la fortune, à la famille qu'à l'harmonie des caractères. Heureusement les gens se soucient peu de se convenir et ne souffrent guère de s'être trompés; autrement on verrait plus de ménages malheureux dans le monde qu'il n'y en a en effet.

7° Elle supprime les regrets stériles.

Le plaisir et la peine résultent des satisfactions et des contrariétés que nos désirs éprouvent sous l'action des choses extérieures : or, l'homme ne peut gouverner les choses qu'en agissant sur elles, à son tour, d'une manière appropriée, et c'est à cela que tend toute action. Mais notre puissance n'est pas toujours assez grande pour assurer la satisfaction de nos désirs. L'homme est alors condamné à souffrir, s'il ne sait amoindrir ou corriger ses maux, en affaiblissant ou en étouffant ses désirs, et échapper ainsi à la peine de ne pouvoir se satisfaire. Si on agit de la sorte dans chaque déplaisir, on émousse par l'effet de l'habitude la vivacité des désirs. Sans doute on enlève ainsi à l'énergie des plaisirs autant qu'à celle des déplaisirs de l'avenir. Celui qui croit, comme moi, que dans la vie humaine la somme des peines l'emporte de beaucoup en moyenne sur celle des plaisirs, sera logiquement conduit à ériger en règle générale de conduite le devoir d'affaiblir les désirs. Mais il en est qui ne partagent pas ma manière de voir ou qui font du moins des réserves. Je prie ceux-là de porter leur attention sur toutes les peines, nombreuses assurément, qui ne sont les négations d'aucun plaisir, puisque la satisfaction du désir d'où elles résultent est absolument impossible : par exemple sur la peine qu'on ressent d'événements passés qu'on ne peut empêcher de s'être produits; sur les peines qui naissent des contrariétés, de l'impatience, de l'envie, de la malveillance, du remords inutile à l'amélioration morale, ou encore de la sensibilité excessive, de la jalousie sans fondement, des préoccupations et des inquiétudes exagérées au sujet de l'avenir, de l'ambition démesurée, etc. Combien la vie de l'homme gagnerait si l'on pouvait écarter tous ces fléaux qui troublent la paix de l'âme! et pourtant chacun peut, en faisant appel à la réflexion, soustraire sa vie à tous ces tourments : il suffit de ne pas se décourager par l'insuccès des premiers efforts. Nous avons ainsi un troisième moyen de dominer les émotions de la sensibilité.

> 8° Elle nous assure, dans la recherche de la vérité, la félicité la plus
> haute et la plus durable que l'homme puisse goûter.

Plus une jouissance est vive et exclusive, plus aussi elle est courte, et plus la réaction est prompte à se produire, et plus longtemps on doit attendre le retour d'une jouissance semblable. Qu'on songe aux plaisirs de la table ou de l'amour. Plus, au contraire, une jouissance est calme, pure et intellectuelle, et plus elle est capable de durer, plus sont courts les intervalles de repos dont l'âme a besoin. Qu'on compare sous ce rapport aux plaisirs des sens ceux de la musique, de la poésie et de la science. Les jouissances les plus vives sont trop fugitives et nécessairement trop rares pour procurer en somme une grande félicité. Les joies de l'intelligence, surtout celles de la science, nous assurent, grâce à leur durée plus longue, une félicité plus grande dans le même temps. Je n'ai pas d'ailleurs besoin de rappeler au lecteur que les plaisirs attachés à la recherche de la vérité sont les plus élevés. Chacun sait combien ils l'emportent par là sur tous les autres. Personne n'ignore davantage que, dans l'œuvre de la science, le rôle le plus considérable, celui de l'expérience et du raisonnement, relève de la raison consciente.

> 9° La production artistique est soutenue par le travail de la réflexion et
> de la critique.

Je renvoie ici à ce qui a été dit au chapitre v, 2ᵉ partie. Sans doute l'invention du beau est l'œuvre de l'Inconscient. Mais il faut du goût pour éviter les fautes, ne pas gâter les belles inspirations par les extravagances de la fantaisie : et le goût est l'œuvre de la réflexion. Le travail de la réflexion doit encore se substituer aux inspirations de l'Inconscient, lorsqu'elles ne se produisent plus. Enfin, sans la concentration énergique de la réflexion sur le but poursuivi, l'œuvre ne pourrait être menée à bonne fin ; et l'enthousiasme de l'artiste ferait bientôt place à l'ennui, à moitié de la tâche.

Ces considérations sur le rôle de la raison consciente et de la science ne pouvaient, par rapport au but essentiel que nous poursuivons, se produire ici autrement que sous forme de rapides indications. On y aura trouvé sans doute bien des choses connues. Ce n'est pas que l'occasion ne se présentât souvent de faire des remarques psychologiques intéressantes ; mais je devais me les interdire, et laisser au lecteur le soin d'animer par les souvenirs de son expérience personnelle les sèches abstractions où mon exposition a dû se renfermer. Je ne pouvais toutefois me dispenser de les rassembler ici ; il fallait une contre-partie aux chapitres précédents, que remplissait tout entiers l'analyse du rôle de l'Inconscient.

Qu'il me soit permis de résumer encore une fois les résultats de cette analyse.

1° L'Inconscient forme et conserve l'organisme, en répare les désordres externes ou internes, en règle les mouvements, l'accommode enfin aux besoins de la volonté consciente.

2° L'Inconscient assure par l'instinct dans chaque être les actes nécessaires à la conservation, que la réflexion ne pourrait accomplir : tels sont chez l'homme les instincts qui président à l'interprétation des perceptions sensibles, au développement des langues et des États, et beaucoup d'autres.

3° L'Inconscient veille à la conservation des espèces par l'instinct sexuel et l'amour maternel, à leur amélioration par le choix qui préside à l'union des sexes ; et il conduit le genre humain par un progrès ininterrompu vers la plus haute perfection possible.

4° L'Inconscient dirige les hommes par ses inspirations, ses pressentiments, dans les actes où ils n'auraient su se conduire par les lumières de la réflexion.

5° L'Inconscient inspire les processus de la pensée conscienle dans le détail comme dans l'ensemble de son œuvre spéculative, et porte les hommes, par l'élan du mysticisme, à concevoir des unités vivantes supérieures à celles que les sens nous découvrent.

6° Il contribue au bonheur des hommes par le sentiment du beau et le goût de la production artistique.

Comparons entre eux le conscient et l'Inconscient. Nous voyons aisément qu'il y a une sphère tout entière réservée à l'action de l'Inconscient, dont l'accès est éternellement interdit à la conscience. Mais il y a une autre sphère où l'Inconscient règne exclusivement chez certains êtres, et où, chez certains autres, la conscience fait aussi sentir son action. La hiérarchie des organismes, comme la marche de l'histoire, nous apprennent que le progrès consiste à développer en étendue et en profondeur la sphère éclairée par la conscience. Cette dernière est donc dans un certain sens la plus noble des deux sphères. Considérons encore dans l'homme la sphère où les deux principes exercent également leur empire. Il est certain que tout ce que le principe conscient peut exécuter serait également fait par l'Inconscient, disons plus, serait mieux et plus rapidement accompli et plus commodément pour l'individu. Les œuvres de la réflexion exigent des efforts, tandis que l'action spontanée de l'Inconscient ne lui coûte aucune peine. Le commun des hommes sait très-bien qu'il est plus facile de se laisser aller aux sentiments, aux impulsions de l'Inconscient : aussi les têtes paresseuses décrient-elles toujours les œuvres patientes de la réflexion. C'est que l'Inconscient dépasse dans ses œuvres tout ce que peut produire le raisonnement. Cela ne se conclut pas seulement à priori de la science infaillible de l'Inconscient, mais se prouve à posteriori par l'exemple de ces natures heureuses, qui possèdent instinctivement toutes les qualités que les autres doivent péniblement acquérir ; qui ne connaissent pas les luttes de la conscience parce qu'elles n'ont qu'à suivre leur sentiment spontané pour agir avec sagesse et moralité, et ne peuvent se conduire en tout qu'avec tact. Elles apprennent en se jouant et achèvent en un tour de main tout ce qu'elles entreprennent. Toujours en harmonie avec elles-mêmes, elles n'ont pas besoin de réfléchir sur ce qu'elles font, et ne connaissent de la vie ni les difficultés ni les pénibles efforts. C'est dans les actes et la conduite des femmes qu'il faut chercher le plus bel exemple de ces natures instinctives ; les séductions de la femme dépassent alors tout ce qui se peut imaginer.

Quel danger peut-on donc avoir à redouter en se confiant à l'Inconscient ? Celui de ne jamais savoir où on en est et ce que l'on fait ; de marcher dans les ténèbres, tandis que l'on porte sans en faire usage le flambeau de la conscience. On s'en rapporte au hasard, car on ne sait si l'inspiration de l'Inconscient se produira au moment utile. Le succès seul permet de décider si l'on a obéi aux suggestions de l'Inconscient ou aux fantaisies bizarres de l'imagination ; de reconnaître les sentiments qu'il est permis de suivre, et ceux auxquels il faut résister. Enfin le jugement, la réflexion, dont on ne peut jamais entièrement se passer, demeurent inactifs ; et, lorsqu'il faut les appliquer, on n'a plus à son service que de misérables analogies, au lieu des raisonnements rigoureux et du savoir étendu dont on aurait besoin. — D'ailleurs, on ne reconnaît sûrement que ce que l'on fait avec conscience ; l'Inconscient nous est incompréhensible, étranger, et nous tient à sa merci. — La pensée consciente est comme un serviteur toujours prêt, que nous pouvons toujours contraindre à nous servir. La protection de l'Inconscient est comme celle des fées : elle a quelque chose d'inquiétant et de démoniaque. — Les œuvres que j'accomplis avec conscience m'enorgueillissent avec raison, car elles sont mes œuvres propres et je les ai produites à la sueur de mon front. Les actes que l'Inconscient me fait accomplir sont comme des faveurs divines, qui ne font de moi que le protégé des dieux, et qui ne peuvent m'inspirer que de l'humilité. — Les résolutions de l'Inconscient sont immuables, définitives ; elles ne se laissent pas juger et doivent être acceptées comme elles se présentent. La volonté consciente se juge et se corrige avec la mesure qu'elle porte en elle-même ; elle peut changer ses résolutions à chaque moment, selon que l'exigent les changements survenus dans ses idées ou dans les circonstances. Je reconnais les perfections et aussi les défauts des œuvres que j'ai produites avec conscience : aussi suis-je tranquille parce que je sais ce qu'elles valent, et en même temps modeste parce que je sais ce qui leur manque. — L'Inconscient laisse l'homme tel qu'il l'a fait et ne lui donne aucun moyen de se perfectionner ; les premières comme les dernières inspirations qu'il nous envoie sont indépendantes de notre volonté. La pensée consciente, au contraire, permet à l'individu et à l'espèce de se perfectionner indéfiniment ; elle communique à l'homme un désir infini de perfection qui contribue à sa félicité. — Les actes de l'Inconscient sont à chaque moment indépendants de la volonté consciente, mais ils doivent se conformer aux affections, aux passions et aux intérêts essentiels de la volonté inconsciente. L'activité consciente dépend sans cesse de la volonté consciente, et peut se soustraire entièrement aux intérêts, aux émotions, aux passions. — Les actes de l'Inconscient dépendent donc exclusivement du caractère inné, étranger à l'éducation, et en reproduisent les qualités ou les défauts. La volonté consciente agit suivant les règles que dicte la raison.

On n'hésitera pas, après ce parallèle, à considérer la conscience comme la forme la plus haute de l'existence humaine, et à reconnaître la justesse de la conclusion à laquelle nous avons été précédemment conduit par l'étude du développement organique dans la nature et du progrès dans l'histoire. Partout où la conscience peut se substituer à l'Inconscient, il est de son *devoir* de le faire. La conscience est en effet le plus grand bien de l'individu ; et on l'accuse à tort, lorsqu'on prétend que l'application constante de la réflexion rend l'esprit pédant, qu'elle coûte trop de temps, etc. La pédanterie naît d'*un faux usage* du raisonnement, qui consiste à ne pas tenir compte des *différences des cas particuliers* dans l'application d'une règle générale. On ne perd son temps, d'un autre côté, que parce qu'on raisonne sur des matériaux insuffisants et sans être suffisamment préparé à la pratique par la théorie, ou parce qu'on ne sait pas prendre une résolution; et le seul remède à une telle hésitation doit être cherché dans l'usage de la raison. On doit travailler à étendre le plus possible l'usage de la raison consciente; le progrès de l'humanité, le progrès de l'avenir sont à ce prix. Il n'y a pas de danger qu'on franchisse jamais les limites dans lesquelles est renfermée la sphère de la conscience, parce que cela est impossible. Mais les efforts qu'on fait pour l'étendre nous exposent à un autre danger qu'il convient de signaler maintenant. La réflexion ne sait que nier, critiquer, contrôler, corriger, mesurer, comparer, combiner, coordonner et subordonner, induire le général du particulier, conclure du général au particulier; elle n'a ni la faculté créatrice, ni l'invention. L'homme relève ici de l'Inconscient, nous l'avons déjà vu. S'il perd la faculté de recevoir les communications de l'Inconscient, il voit se tarir pour lui les sources de la vie, et traîne son existence monotone dans les sèches abstractions d'une science qui n'est propre qu'à combiner le général et le particulier. L'appui de l'Inconscient nous est donc indispensable, et malheur au siècle qui étouffe violemment sa voix inspiratrice, et qui, dans sa prédilection exclusive pour l'œuvre de la réflexion et du raisonnement, ne veut pas entendre parler d'autre chose. Il devient pour toujours l'esclave d'un insipide et sec rationalisme qui s'enorgueillit puérilement de sa sénile prudence, et ne peut pas plus que le vieillard être efficacement utile à ses propres enfants. Tel a été le siècle des lumières, qui a jeté tant de ridicule sur les noms de Wolff, de Mendelssohn et de Nicolaï. On ne doit pas brutalement saisir les tendres germes où reposent les inspirations de l'Inconscient, si l'on veut qu'elles se reproduisent. Il faut recueillir ces germes avec une foi naïve, les conserver et les nourrir tendrement dans son imagination. Autrement on tombe dans le danger auquel s'expose celui qui ne reconnaît dans sa vie que l'autorité de la réflexion, et veut l'appliquer à l'art, au sentiment, à tout enfin; qui cherche à se soustraire autant qu'il est en lui à l'empire de l'Inconscient. Il faut à l'éducation trop rationaliste de notre temps opposer, comme un contre-poids nécessaire, la culture des arts, qui sont la manifestation la plus directe de l'Inconscient. Je ne parle pas assurément de ces exercices mécaniques que la vanité a mis aujourd'hui à la mode, mais d'une initiation au sentiment du beau, à l'intelligence et au véritable esprit de l'art. Il n'est pas moins important de familiariser la jeunesse avec la vie des animaux : la pure nature se manifeste en eux avec son véritable caractère et ses limites. Les enfants apprendront ainsi à reconnaître leur être véritable dans sa simplicité première; à démêler les traits factices et contrefaits que l'homme doit à l'état social, et à réveiller, à ranimer leurs énergies naturelles. On devrait aussi se bien garder de vouloir rendre les femmes trop raisonnables; car si l'on réussit à les soustraire aux impulsions de l'Inconscient, elles ne seront plus que les caricatures repoussantes d'elles-mêmes; et, là où les inspirations de l'Inconscient s'accorderont chez elles avec les exigences de la réflexion, on n'aura entrepris qu'une œuvre inutile et en général nuisible. La femme est à l'homme ce qu'est l'instinct ou l'Inconscient à la réflexion et à la conscience. La vraie femme est un produit de la pure nature. Sur son sein, l'homme qui est devenu étranger à l'Inconscient peut trouver une vigueur nouvelle, et apprend à contempler avec respect la source profonde et pure de la vie universelle. Pour conserver ce trésor de l'éternel féminin, il faut que l'homme tienne la femme à l'écart du rude combat de la vie, qui demande surtout qu'on déploie toutes les énergies de l'activité consciente, et qu'il ne lui laisse connaître que la douceur des affections naturelles de la famille. Sans doute le commerce de la femme n'a tant de prix pour l'homme que dans cette période de transition où la rupture de l'Inconscient et de la conscience s'est déjà réalisée, sans que leur réconciliation se soit encore accomplie. C'est la période où se trouvent aujourd'hui tous les peuples civilisés ; mais tout individu dans l'avenir en devra traverser les déchirements avant d'atteindre à son entier développement : aussi l'éternel féminin sera-t-il toujours, dans la jeunesse de chaque homme, un complément nécessaire, une condition indispensable de développement. Ce n'est pas trop dire que d'affirmer que, pour tout jeune homme, le commerce d'une honnête femme est bien plus avantageux que celui d'un autre homme ; et cela d'autant plus que l'homme est plus philosophe par nature. La société des femmes est à celle des hommes ce que la fréquentation de la nature est à la fréquentation des livres. Le commerce des livres peut remplacer celui des hommes, jamais celui de la femme. — Disons en terminant qu'on doit avoir sans cesse présent à la pensée et rappeler aux autres les services que nous devons à l'Inconscient, et savoir les opposer comme un contre-poids aux avantages de la réflexion. On empêchera ainsi la source à moitié tarie de la vérité et de la beauté de se dessécher tout à fait, et l'humanité d'entrer prématurément dans la vieillesse. C'est surtout pour signaler ce besoin que j'ai entrepris l'exposition des idées contenues dans ce livre.

APPENDICE

A LA

PHÉNOMÉNOLOGIE DE L'INCONSCIENT

ÉTUDES

SUR

LA PHYSIOLOGIE DES CENTRES NERVEUX

ÉTUDES
SUR
LA PHYSIOLOGIE DES CENTRES NERVEUX

I. — INTRODUCTION.

L'obscurité profonde qui enveloppait les fonctions des centres nerveux, il y a seulement quelques générations, a été dissipée sur bien des points dans le cours du siècle présent. Les dix dernières années ont répandu tant de lumière sur ce sujet, qu'il commence à être bien entendu dans l'ensemble. Bien que la connaissance que nous en avons nous paraisse encore défectueuse et superficielle, on peut la saluer avec confiance comme un premier fondement pour la physiologie des centres nerveux. Elle est dès maintenant en état de fournir des indications précieuses et variées aux sciences qui empruntent leurs matériaux à l'expérience, comme la psychologie et la philosophie de la nature.

Malheureusement il manquait, jusque dans ces derniers temps, un ouvrage où l'on trouvât résumées dans un tableau d'ensemble les communications dispersées dans les livres et les journaux spéciaux, qui concernent les progrès de la physiologie des nerfs. Peut-être la première partie, la partie physiologique du livre de Maudsley, *Physiologie et pathologie de l'âme*, aurait-elle pu répondre à ce besoin : mais la seconde édition de cet ouvrage remonte déjà à l'année 1868 (elle a été traduite en allemand par Böhm en

1870, chez Stuber à Würzburg), et demeure étrangère par conséquent aux récents progrès de la science. On a, au contraire, un excellent compendium dans les *Éléments de psychologie physiologique* du professeur Wilhelm Wundt (Leipzig, chez Engelmann, 1873-74). A côté d'une physiologie des perceptions sensibles (deuxième et troisième parties), on y trouve surtout une physiologie du système nerveux et en particulier des centres nerveux (première, quatrième, et cinquième parties). Sans doute la richesse du contenu et la condensation des idées font de ce compendium un livre qu'on étudie et qu'on consulte plutôt qu'un livre de lecture. Dans l'interprétation de cette masse de faits, la méthode sévère de l'auteur devient presque de la sécheresse, tant il redoute de voir sa pensée prendre son essor et planer au-dessus des données de l'expérience. Évidemment la sèche et stérile philosophie d'Herbart a exercé sur l'auteur une influence pernicieuse : malgré ses critiques nombreuses des vues fondamentales d'Herbart, Wundt est incontestablement un disciple de ce dernier. La théorie des émotions et des penchants (au chap. xx) se ressent trop de l'influence d'Herbart et perd singulièrement de son prix, en maintenant l'erreur de ce philosophe, à savoir « que ce ne sont pas les émotions qui décident des idées, mais les idées au contraire qui donnent naissance aux émotions » (p. 818); ou encore « que toutes les manifestations de la volonté viennent des idées » (et des idées conscientes, 622). Une aussi grave erreur ne permet pas naturellement à Wundt d'entendre la vie inconsciente des sentiments et des désirs; d'en démêler le rapport intime avec le caractère, ce fonds essentiel de l'individualité; de comprendre enfin l'entière dépendance où la vie intellectuelle, aussi bien dans l'état normal que dans les désordres de la pensée, est placée vis-à-vis de la volonté. L'idée, qui manque à Wundt, domine au contraire la théorie de Maudsley sur la vie de l'âme dans l'état de santé et dans la maladie : elle le conduit aux plus surprenants résultats.

C'est ainsi que Wundt et Maudsley se complètent réciproquement. A la richesse et à l'exactitude d'informations du premier, le second ajoute le sens observateur, la finesse psychologique d'un médecin des âmes très-expérimenté ; et les notes de son livre abondent en remarques ingénieuses, en suggestions précieuses pour les esprits réfléchis. L'action décisive de la vie inconsciente de l'âme sur son activité consciente, l'absolue dépendance de la seconde à l'égard de la première, ainsi que la suprématie de la volonté, ce sont là pour Maudsley des vérités incontestables. Comme il ignore la philosophie allemande, il ne cite parmi ses précurseurs dans l'intelligence de la vie inconsciente de l'âme que Hamilton, Carlyle et Jean-Paul-Frédéric Richter.

Wundt avait été directement conduit par ses précédentes études sur la formation de la perception extérieure, à admettre la théorie des raisonnements inconscients : mais la doctrine d'Herbart, qui fait dériver la volonté de la dynamique des idées, eut pour lui ce fâcheux effet, entre autres, de l'amener à restreindre les conséquences qu'il avait tirées de ses précédentes études. La théorie des raisonnements inconscients doit sans doute paraître une hypothèse très-risquée et suspecte, lorsqu'on nie la vie inconsciente de l'âme. L'hypothèse en question ressemble alors à une affirmation tout à fait isolée et sans aucun rapport avec ce que nous savons des autres facultés de l'âme. Et pourtant, au fond, la restriction que Wundt apporte à sa théorie des raisonnements inconscients (et d'après son propre aveu, p. 708, la psychologie nouvelle, si elle veut se séparer des partisans de l'innéité, doit *absolument* se rallier à cette théorie) consiste à soutenir que l'enchaînement inconscient des éléments logiques, que notre conscience reproduit sous une forme discursive, ne saurait être assimilé aux processus de la pensée discursive (et j'ai toujours et partout affirmé la même chose). Mais Wundt ne remarque pas que la pensée logique en soi n'est *rien moins que discursive*, et qu'elle ne devient telle qu'en prenant la forme de la conscience. C'est pour cela seulement qu'il hésite à reconnaître une liaison logique entre les éléments qui concourent à la production inconsciente de la perception (voir p. 424, 460-461, 637, 708-711).

L'erreur que Wundt commet en faisant consister exclusivement la *pensée logique* dans la forme discursive de la réflexion paraît se rattacher étroitement à une autre erreur : il croit que la forme de la réflexion discursive est essentielle à la *conscience*, c'est-à-dire qu'il ne voit dans cette dernière qu'une liaison établie par la mémoire et la réflexion entre des représentations séparées par le temps (voir p. 825-827, 829, 837). Mais on ne comprend pas pourquoi un centre conscient ne pourrait exister, où se produirait une seule fois dans la vie d'un être, et pour ne plus se répéter jamais, un acte de perception parfaitement clair et distinct. Que cette perception laisse derrière elle une trace dans la mémoire ; que cette trace suffise pour amener la reproduction de la première perception à la suite d'une excitation nouvelle ; que l'intelligence de l'organe lui permette de reconnaître cette reproduction de la perception antérieure comme telle, c'est-à-dire comme un souvenir : tout cela est entièrement indifférent à la conscience, que nous prenons de la première perception, et sans influence sur elle. — Wundt méconnaît donc doublement le caractère dérivé et secondaire de la réflexion consciente. Il oublie d'abord que la pensée consciente n'est discursive, que parce qu'elle se compose d'une série d'actes de conscience, dont chacun correspond à une intuition sensible. En second lieu, il ne songe pas que la logique explicite de la pensée discursive repose sur la logique implicite, qui enchaîne les éléments de la pensée inconsciente dans son intuition indivisible. Wundt prend la conscience cérébrale, sous sa forme ordinaire, celle de la réflexion consciente, comme le type même de la conscience, et ne sait pas la rapporter à ses éléments générateurs. Il aboutit à deux conséquences également fausses : il nie la pensée logique, et il nie la conscience, là où il ne rencontre pas le caractère de la réflexion discursive.

Ces remarques préliminaires peuvent suffire à établir que

même les deux livres les meilleurs que nous possédions sur la physiologie des centres nerveux ne répondent pas isolément aux besoins des profanes; et qu'ils ne se complètent mutuellement que pour un lecteur capable d'une certaine application et d'une critique personnelle. L'essai que je tente d'exposer brièvement, et en écartant tous les détails d'anatomie et de physiologie, l'état présent de nos connaissances sur ce sujet, ne sera pas, je l'espère, défavorablement accueilli par le grand public des esprits, qui ont reçu une culture scientifique.

II. — FILETS NERVEUX ET CELLULES GANGLIONNAIRES.

Tous les éléments nerveux de l'organisme se répartissent en deux classes bien distinctes : les filets conducteurs et les cellules ganglionnaires. Les filets conducteurs n'ont pas dans l'organisme une fonction isolée, indépendante : ils ne servent qu'à conduire, qu'à transporter une excitation, 1° des organes périphériques aux cellules ganglionnaires; 2° des cellules ganglionnaires aux faisceaux des filets musculaires ou aux membranes sécrétoires; 3° d'une cellule ganglionnaire à une autre. Ils servent donc à unir la périphérie et le centre de l'organisme, ou les différents centres entre eux. Au contraire, les cellules ganglionnaires remplissent les fonctions centrales : elles reçoivent les excitations provenant de la périphérie, les modifient par une action spontanée; et tantôt les annulent par la résistance intérieure qu'elles leur opposent, tantôt sont provoquées par elles à déployer en partie la force emmagasinée dans leur sein, et à se répandre ainsi en actions périphériques par des voies plus ou moins compliquées et par des conduits centrifuges.

Les cellules ganglionnaires concourent encore à la nutrition des filets nerveux qui émergent de chacune d'elles. Les nerfs, qui sont isolés de leurs centres d'innervation, ne tardent pas à s'atrophier (*Wundt*, p. 107).

Mais il serait inexact d'entendre la distinction dont il s'agit, comme si les filets conducteurs n'étaient que des intermédiaires passifs, et les cellules ganglionnaires seulement des organes actifs. Les premiers ont aussi une activité propre; et la substance grise, qui se compose des cellules ganglionnaires, peut, à son tour, servir à transmettre les excitations. Mais comme la conductibilité rencontre moins de résistance dans les filets nerveux que dans les cellules ganglionnaires, les premiers sont plus propres que les seconds à la transmission; et comme la force emmagasinée est beaucoup plus considérable dans la cellule ganglionnaire que dans le filet nerveux, ce dernier est moins propre que la première à des manifestations d'activité propre. Tant que l'excitation communiquée n'est pas annulée par la résistance à la conductibilité, chaque excitation se transmet aussi à travers la substance grise, à moins que la force représentée par cette excitation ne se dépense dans une autre direction, où la résistance opposée à la conductibilité est moindre. Ainsi la substance grise de la moelle épinière, après la section des cordons blancs, qui forment les filets conducteurs, se montre en état de transmettre les excitations qui ne sont pas trop faibles. Le fait qu'une transmission souvent répétée dans une direction déterminée dispose la substance grise à exécuter cette fonction plus facilement, et qu'ainsi la résistance, que cette substance oppose à la conductibilité, diminue par l'effet de l'habitude, rend possible le phénomène, si important pour la conservation de l'organisme, du rétablissement spontané des voies de transmission, après un désordre quelconque, non-seulement parce que d'autres réseaux nerveux, mais encore parce que la substance grise elle-même se charge de remplir la fonction (*Wundt*, p. 271).

L'accommodation moléculaire de la masse nerveuse à une fonction qu'elle a été souvent forcée de remplir nous explique comment les filets nerveux qui aboutissent aux organes des sens sont surtout aptes à la transmission centripète, tandis que les filets qui se terminent dans les faisceaux musculaires sont propres surtout à la transmission centrifuge, et rencontrent une moindre résistance à leur conductibilité dans la direction correspondante. On ne saurait prouver en tout cas qu'ils ne sont pas du tout conducteurs à l'état normal dans la direction opposée. Nous n'avons aucun moyen de constater si une transmission de ce genre a lieu réellement. Cependant la direction des courants nerveux en sens inverse de leur voie habituelle semble être démontrée pour les nerfs moteurs par la dépendance déjà mentionnée où ils sont dans leur nutrition des cellules ganglionnaires correspondantes ; et, pour les nerfs sensibles, par le courant centrifuge d'innervation, qui accompagne l'attention, et par l'action centrale à laquelle sont dues les illusions des sens. En tout cas ces courants nerveux en sens contraire supposent que les vibrations des molécules ont une forme différente de celles qu'elles présentent à l'état normal. Comme l'accommodation et l'amoindrissement par l'effet de l'habitude de la résistance opposée à la conductibilité ne se rapportent toujours qu'à une espèce déterminée d'excitations, le même nerf peut très-bien s'accoutumer à la transmission centrifuge de telle forme de vibrations, et à la transmission centripète de telle autre, et opposer à la transmission en sens opposé de ces mêmes vibrations une résistance considérable. Mais cette résistance n'est pas d'ailleurs insurmontable. Les expériences de Philipeaux et de Vulpian l'ont montré. Ces savants ont réussi après une section à cicatriser en travers les extrémités des nerfs voisins, sensibles et moteurs, et à réaliser ainsi sur une certaine étendue l'interversion de la direction fonctionnelle (*Wundt*, p. 227). L'expérience démontre incontestablement que la condition essentielle dans le processus nerveux est la forme des vibrations, laquelle résulte des organes terminaux soit de la périphérie soit du centre, et est transmise aux filets conducteurs ; et qu'il ne peut plus être question d' « énergies spécifiques » des nerfs, au sens d'une diversité absolument immuable. Wundt reconnaît d'ailleurs (page 361 et suivantes) que l'habitude, dans les processus vibratoires d'une forme et d'une direction déterminées, peut imprimer à la masse nerveuse une disposition moléculaire telle que « tout trouble survenu dans l'équilibre des molécules provoque justement cette forme de mouvement »; il est forcé en outre d'admettre que cette accommodation n'est qu'en partie l'œuvre de l'individu, et qu'elle repose avant tout sur une prédisposition innée, héréditaire. On ne voit plus pourquoi l'ancienne expression d'énergie spécifique ne pourrait pas être conservée dans un sens relatif et après explication. Il y aurait lieu, tout au plus, de la changer en cette autre « disposition spécifique ».

Cette « disposition spécifique » devient une énergie réelle, en ce qu'elle ne représente pas seulement une diminution de la résistance opposée à la transmission d'une forme déterminée de vibrations, mais encore une certaine force de tension ou une énergie potentielle qui se traduit sous certaines excitations en force vive ou en énergie motrice. Ainsi le travail qu'accomplit un filet moteur sous une excitation galvanique, et qui se traduit par une contraction musculaire, n'est pas simplement la transformation d'une force communiquée, mais l'effet d'une énergie propre, qui était en réserve, et que l'excitation extérieure a seulement provoquée à se déployer. Mais il faut que cette activité ait sa règle intérieurement : autrement toute excitation, qui dépasserait la limite d'indifférence, mettrait en jeu la force tout entière qui est tenue en réserve dans les filets nerveux. La réaction serait désordonnée; et le nerf deviendrait incapable à la longue de répéter le même travail. Le mécanisme des nerfs doit donc comprendre, à côté des puissances d'excitation, des forces d'arrêt, qui servent à maintenir la limite que l'excitation doit dépasser pour se faire sentir, et à régler dans son intensité et sa durée la dépense de force nerveuse. Qu'on irrite la cuisse d'une grenouille, et qu'on fasse représenter graphiquement la courbe contractile par les oscillations d'un balancier qui reproduisent sous une image sensible le cours suivi par la réaction, on observe d'abord une forte ondulation, qui répond à la prédominance progressive des puissances excitatrices, puis un abaissement rapide, qui va jusqu'à une dépression au-dessous du niveau d'indifférence de l'excitation. Après cette prédominance passagère des puissances d'arrêt, l'excitation se traduit par des ondulations plus faibles (*Wundt*, p. 247-253). Plus le nerf est bon conducteur, plus sont grandes non-seulement les puissances excitatrices, mais aussi compressives qui s'y déploient. L'épuisement du nerf se manifeste encore plus par l'affaiblissement de ses énergies compressives (ce qui prolonge la durée de la réaction) que par l'énergie moindre de la réaction. La différence des réactions qui suivent les excitations, selon qu'elles sont faibles ou fortes, est moindre dans les nerfs épuisés que dans les nerfs bons conducteurs. — L'irritabilité augmente lorsque la même excitation se répète souvent et brusquement : les impressions successives se combinent en quelque sorte en une seule.

Des processus tout à fait analogues, mais dans des rapports différents d'énergie, se produisent dans la cellule ganglionnaire. On peut établir la comparaison, en faisant agir les mêmes excitations avec une énergie croissante une fois directement sur les nerfs moteurs, une autre fois sur les nerfs sensibles d'un seul côté du corps, dont les racines sont placées à la même hauteur dans la moelle épinière. La cellule ganglionnaire et les filets nerveux sont entre eux comme deux chaudières à vapeur dont l'une a une soupape difficile à mouvoir, et l'autre une soupape facilement mobile. La vapeur s'échappe aisément de la seconde, même à une faible tension; la soupape de la première n'est soulevée que par les vapeurs à une forte tension, qui s'échappent par conséquent avec une grande force (*Wundt*, 268). La cellule ganglionnaire offre beaucoup plus de résistance à la conduction que le nerf; elle absorbe même des excitations, qui produisent en agissant immédiatement sur les nerfs des réactions déjà très-sensibles. La limite de l'excitation est donc plus élevée pour les cellules que pour les nerfs. De même, après que cette limite a été dépassée, la durée de l'irritation latente est plus longue, parce qu'elle doit, dans la cellule, surmonter des résistances plus grandes, triompher de puissances d'arrêt plus énergiques. Au contraire, dès que la réaction s'est une fois manifestée, la cellule, qui tient en réserve une plus grande provision d'énergie, déploie aussi une force plus considérable. En d'autres termes, la réaction y est plus énergique que dans le nerf à excitations égales ; et même, lorsque les excitations sont de telle nature qu'elles provoquent des contractions de hauteur égale, la durée de la réaction est aussi plus longue (*Wundt*, p. 261 et suivantes). La combinaison en une seule d'excitations semblables, qui se succèdent rapidement, est plus sensible et plus importante dans la cellule que dans le nerf. C'est à l'action collective d'excitations qui se succèdent régulièrement et qui seraient isolément restées au-dessous de la limite, qu'il faut demander le secret de la formation de la plupart des impressions sensibles d'une moyenne énergie. Elles ne sont, en effet, presque toutes qu'un composé d'excitations particulières, qui chacune isolément (comme chaque onde sonore isolément dans un son) n'auraient produit aucun effet. L'épuisement de la cellule se manifeste encore différemment de celui du nerf. Une forme particulière d'épuisement est celle que produisent les poisons qui agissent sur les nerfs (comme la strychnine sur les cellules ganglionnaires de la moelle épinière). Quoique la durée de l'irritation latente se prolonge dans l'empoisonnement par la strychnine, l'irritabilité est considérablement augmentée (elle dépasse même celle du nerf moteur) ; et chaque excitation agit comme fait sur la cellule à l'état normal toute une série d'excitations semblables. Les réactions sont plus énergiques, plus persistantes, et désordonnées jusqu'à se traduire par des convulsions. Les faibles et les fortes excitations produisent des réactions d'égale énergie ; et enfin la moelle épinière réagit contre chaque excitation par des mouvements convulsifs (*Wundt*, p. 264-264).

En pathologie, cet état est désigné sous le nom de

« faiblesse irritable ». Il faut le bien comprendre, comme le prouve Maudsley, si l'on veut entendre exactement les maladies générales des centres nerveux. Lorsque la proportion normale n'existe plus entre l'excitation et la réaction, c'est le signe d'une perturbation maladive, c'est la forme la plus simple du « délire » de la cellule ganglionnaire. La cellule « en délire » ne dispose pas d'une énergie plus considérable que la cellule saine; elle la prodigue pour réagir contre de trop faibles excitations, elle la dépense en mouvements tétaniques.

Le délire des petits enfants et des animaux (à l'exception de ceux qui sont très-rapprochés de l'homme) consiste essentiellement dans le délire des cellules ganglionnaires de la moelle allongée et de la moelle épinière, dans le groupement désordonné des éléments nerveux de chaque cellule, et par suite aussi dans la réunion désordonnée des groupes particuliers de cellules centrales. Les divers groupes de cellules ne fonctionnent plus avec régularité et avec ensemble; chaque groupe réagit par des convulsions tétaniques contre les plus faibles excitations, contre celles qui passent inaperçues dans l'état normal, et n'est plus capable de sentir à l'unisson des groupes avoisinants. Le résultat d'un tel état, ce sont des convulsions désordonnées, des mouvements comme ceux de la danse de Saint-Guy. — Les convulsions peuvent aussi provenir de centres supérieurs, où prennent naissance les réflexes qui répondent aux perceptions sensibles. Elles sont alors en rapport avec des sensations réelles ou imaginaires, et se traduisent par le besoin de combattre, de détruire ou de tuer. Telle est la rage de l'éléphant en délire, la folie du maniaque, qui sent dans son nez une odeur de soufre, et voit ses persécuteurs imaginaires sous des formes diaboliques et comme environnés de flammes, qui croit lutter contre eux ou contre un loup imaginaire pour défendre sa vie. — Le délire enfin dans la sphère de la volonté et de la pensée conscientes n'est pas autre chose que le délire des cellules mêmes des hémisphères cérébraux; la folie consiste dans les mouvements convulsifs de la pensée et du sentiment, comme la danse de Saint-Guy dans les convulsions réflexes des nerfs moteurs.

Il serait tout à fait déraisonnable de voir dans la perturbation moléculaire des cellules ganglionnaires qui dépensent leur provision de force en des réactions disproportionnées aux excitations reçues, un état d'énergie supérieure et une capacité plus haute pour l'action. L'irritabilité, que la maladie a rendue désordonnée, a beau manifester au dehors sa puissance destructive; elle n'est toujours qu'un symptôme de faiblesse. C'est ainsi que l'explosion d'une machine à vapeur ne prouve pas en faveur de la qualité et de la solidité de la machine, mais démontre bien plutôt qu'elle avait quelque partie faible. L'exaltation de la personnalité, la joie débordante du maniaque, au début de la maladie, ou le délire du fou furieux ne témoignent pas plus en faveur de la force et des facultés de la substance grise du cerveau chez chacun d'eux, que les convulsions réflexes des nerfs moteurs en faveur de la moelle épinière qui a été empoisonnée par la strychnine. Dans les deux cas on ne découvre qu'une exagération maladive de la force dépensée; aussi la faiblesse avec irritation amène-t-elle toujours à sa suite la faiblesse avec torpeur. La manie aboutit à la folie où la pensée est absente et à l'idiotisme; les convulsions finissent par l'entier épuisement des organes intéressés et dans une certaine mesure de l'organisme entier. L'apparition spontanée dans l'organisme de la faiblesse avec irritation des cellules glanglionnaires n'est que le premier degré d'un processus de dégradation, que l'irritabilité accélère d'autant plus que la dépense de force augmente, alors que l'énergie potentielle a déjà subi une diminution.

Considérons dans un examen d'ensemble en quoi consiste la différence de la masse nerveuse, dans la cellule ganglionnaire et dans le cylindre-axe des filets nerveux (le seul élément actif nerveux). On peut dire, en résumé, que chez le dernier domine la décomposition chimique; et que la recomposition l'emporte chez le premier, pendant le repos de la fonction (*Wundt*, 266). Ce qui prouve la décomposition, c'est que le nerf abandonné à lui-même, c'est-à-dire séparé de son ressort, ne peut se conserver et ne tarde pas à dégénérer. La recomposition chimique est démontrée par ce fait que la substance ganglionnaire, pendant le repos fonctionnel, non-seulement répare les pertes qu'elle a subies pendant qu'elle fonctionnait, mais encore restitue aux nerfs qui émergent de son sein l'énergie nécessaire à l'exercice de leurs fonctions. A l'état normal, c'est donc, dans le filet nerveux, la dépense d'énergie ; dans la cellule, la production d'énergie, qui l'emporte. Que la cellule tombe dans l'état de faiblesse avec irritation, non-seulement elle consommera plus de force chaque fois qu'elle entrera en fonction ; mais encore, comme elle agira plus souvent, la durée totale du repos fonctionnel diminuera pour elle, si même elle n'est pas réduite à presque rien (ainsi on voit des maniaques demeurer plusieurs semaines sans dormir). Et cela se produira en plus chez elle dans un état où vraisemblablement l'aptitude à la recomposition chimique aura déjà été sensiblement amoindrie. On comprend que l'épuisement total de l'organisme ne tarde pas alors à se produire ; et, pour peu que les accès durent longtemps et se répètent fréquemment, la décomposition morphologique et chimique des centres nerveux est la conclusion inévitable d'un pareil état.

La différence prétendue fondamentale de la substance nerveuse dans la cellule ganglionnaire et dans le cylindre-axe des filets nerveux, comme d'ailleurs l'existence d'une dégénérescence pathologique dans la substance grise le démontre, n'est donc pas une différence *spécifique*, mais une différence de *degré*. On observe aussi bien dans la cellule une dépense de force par décomposition que dans le nerf une accumulation de force par recomposition : c'est seulement à l'état normal de l'activité physiologique que le phénomène opposé domine en chacun de ces deux éléments de l'organisme. Cette différence purement graduelle ne nous fournit aucune raison d'affirmer la diversité spécitique de la substance des cellules et de celle des filets nerveux. Les fonctions sont, en général, les mêmes dans les unes et les autres. La différence se borne à ceci qu'un organe destiné à une seule et même fonction se différencie en plusieurs organes de second ordre pour mieux remplir des fins nouvelles, par une division plus parfaite du travail. Ce résultat est important pour bien faire entendre cette vérité, que la vie psychique non-seulement ne cesse pas avec la cellule ganglionnaire, mais encore s'étend aux filets nerveux et même plus loin.

III. — LA MOELLE ÉPINIÈRE.

Si nous faisons abstraction des cellules ganglionnaires qui sont réunies dans le réseau nerveux du grand sympathique ou dispersées dans les organes, toutes les autres sont contenues dans la masse grise de la moelle épinière et du cerveau. La substance grise de la première forme quatre colonnes unies entre elles; celles de droite et celles de gauche répondent aux deux moitiés latérales du corps; les deux colonnes antérieures diffèrent des deux postérieures, en ce que des premières émergent les nerfs moteurs, des autres les nerfs sensibles. Ces quatre colonnes sont entourées d'une enveloppe de substance nerveuse blanche, où sont renfermées les racines des filets sensibles qui servent de conducteurs ascendants et des filets moteurs qui sont les conducteurs descendants.

Il suit de là d'abord qu'il n'y a pas de transmission directe aux centres nerveux supérieurs, pour les nerfs du corps qui émergent de la moelle épinière. Qu'il s'agisse de conduction centrifuge ou centripète, il faut toujours que la substance grise de la moelle épinière soit traversée à la place d'où le nerf émerge. En d'autres termes, les filets conducteurs dans la moelle épinière ne sont pas directement, mais seulement par l'intermédiaire des cellules ganglionnaires mis en rapport avec les nerfs corporels. Chaque fois qu'il s'agit de communication entre le cerveau et les muscles ou vice-versâ, les cellules ganglionnaires de la moelle épinière agissent comme intermédiaires actifs, et transmettent plus loin par action réflexe l'excitation qu'elles ont reçue, pourvu que celle-ci dépasse la limite d'indifférence.

De la disposition mentionnée, il résulte que jamais la même cellule ganglionnaire de la moelle épinière ne donne naissance simultanément à des filets sensibles et moteurs. Le mouvement réflexe qui va d'un nerf sensible à un nerf moteur se compose de plusieurs réflexes particuliers qui se produisent au moins dans deux cellules (une de la corne postérieure, et une de la corne antérieure). Le réflexe simple d'une seule cellule de la moelle épinière ne comprend qu'une seule espèce de nerfs corporels. L'autre membre doit être fourni par les fibres commissurantes qui communiquent avec d'autres cellules, — soit avec des cellules voisines et coordonnées, soit avec des cellules plus haut placées et supérieures, soit enfin avec des cellules plus bas placées et subordonnées: tantôt c'est un réseau de fibres primitives qui établit la communication avec des cellules voisines, tantôt c'est un filet nerveux ascendant ou descendant. Il est important de se représenter clairement ce concours de plusieurs cellules ganglionnaires de fonctions différentes dans la production du plus simple réflexe de la moelle épinière, si l'on veut se mettre en état de mieux comprendre la coopération et la subordination compliquées des divers centres nerveux.

Si les filets conducteurs qui traversent la substance blanche de la moelle demeuraient toujours du même côté d'où ils émergent, les deux moitiés du corps ne communiqueraient point entre elles pour les faibles excitations sensorielles ou motrices, qu'annulerait la résistance opposée par la substance grise à la conduction. Les filets nerveux d'une moitié latérale de la moelle épinière passent donc en partie vers l'autre moitié. La coopération des deux moitiés du corps n'étant nécessaire que pour les excitations motrices énergiques, que la substance grise transmet d'ailleurs sans cela, le croisement ne s'étend que sur une petite fraction des filets moteurs. Ce qui le prouve, c'est qu'une section demi-latérale de la moelle ne provoque que de faibles perturbations motrices de la moitié du corps qui n'a pas subi d'altération. Dans les excitations sensorielles, au contraire, une intime connexion des deux moitiés du corps est nécessaire même pour les faibles excitations; aussi le croisement des filets sensitifs conducteurs est-il beaucoup plus considérable que celui des filets moteurs (*Wundt*, 114-115). Même les centres supérieurs présentent cette disposition ; la communication entre les deux parties du corps y est établie soit par des ponts de substance grise soit par des commissures spéciales (c'est-à-dire par des cordons conducteurs commissurants), soit par le croisement des voies de communication.

Ce rapport a un intérêt particulier en ce qui concerne le chiasma des nerfs optiques, qu'on regardait précédemment comme le point d'entrecroisement des deux nerfs optiques. Mais cela n'est vrai que pour les animaux qui ont les yeux placés latéralement, dont les deux yeux n'ont pas le même champ visuel. Chez les hommes et les animaux, au contraire, pour lesquels la vision est binoculaire, les moitiés seulement des fibres de chaque nerf, et seulement les moitiés internes s'entre-croisent, tandis que les fibres externes ne se croisent pas. Il résulte de là que les moitiés gauches des deux rétines s'unissent dans les tubercules quadrijumeaux de gauche, les deux moitiés droites dans les tubercules de droite. Chez les animaux dont les yeux sont excentriques, la lésion d'un tubercule quadrijumeau entraîne la cécité de l'œil opposé; chez l'homme la maladie d'un tubercule produit l'hémiopie, c'est-à-dire l'aveuglement ou la cécité de la moitié gauche ou droite seulement des deux rétines (*Wundt*, 146). Il est évident que cette fusion des deux mêmes moitiés latérales des deux organes périphériques en une même moitié de l'organe central explique seule la fusion des impressions correspondantes faites sur les deux rétines : et par là s'éclaire le mystère de la vision simple avec deux yeux. J'ai insisté sur cet exemple, parce qu'il nous permet d'entendre par analogie la disposition générale de notre système nerveux ; et de comprendre comment il se fait que, malgré la structure bilatérale des organes centraux et périphériques de la sensation, nous ne ressentons que par une sensation unique les excitations même les plus faibles. Ce résultat ne peut être atteint que par la combinaison de deux formes de communication entre les deux parties du corps : une centrale, par des commissures ou cordons conducteurs ; et une périphérique, par un entrecroisement partiel des nerfs conducteurs. Sans cela, nous ne nous élèverions pas au-dessus de l'état où les deux moitiés de notre corps se feraient sentir à nous comme deux corps séparés, et où la pensée consciente aurait la tâche d'unifier ces sensations séparées, comme un propriétaire réussit à administrer deux domaines éloignés l'un de l'autre avec l'aide d'un seul grand-livre. Sans doute la nécessité d'une réunion à l'aide de fibres commissurantes qui s'entre-croisent partiellement ne s'applique qu'à la moelle épinière et aux parties postérieures et moyennes du cerveau, mais non pas aux parties antérieures ou aux deux hémisphères. Il y a une double raison à cela : la première, c'est que les deux hémisphères sont unis beaucoup plus intimement par des commissures et des faisceaux de filets conducteurs en un organe et en une fonction uniques que les autres centres en question. La seconde raison, c'est que les impulsions motrices qui partent des hémisphères doivent traverser d'abord des intermédiaires (au moins les ganglions moteurs situés à la base du pédoncule du cerveau), où la fusion en question par l'entrecroisement partiel des filets conducteurs s'est déjà complétement effectuée, en sorte qu'il serait superflu de recourir de nouveau à ce moyen. Les deux hémisphères sont par suite chez l'homme le seul organe où l'entrecroisement des filets afférents de chaque moitié latérale ne s'étend pas seulement à une partie, mais à la totalité des fibres.

La moelle épinière dans sa substance grise est un centre inférieur d'une certaine indépendance relative ; c'est une vérité qu'on peut regarder aujourd'hui comme généralement admise. Maudsley dit : « On ne peut nier que la moelle épinière ne représente un centre indépendant pour l'exécution de certains mouvements convenables, sans la participation de la conscience (c'est-à-dire de la conscience cérébrale). Elle n'est pas seulement le centre de coordination pour les mouvements que sa constitution innée la rend apte à produire : mais encore pour tous ceux que l'expérience de l'individu lui a graduellement appris à exécuter. La moelle épinière a comme le cerveau une mémoire, qui demande à être développée (p. 68). » « En fait, si l'on voulait se donner la peine de passer en revue les mouvements que l'on exécute pendant le cours d'une journée, on serait étonné de voir combien peu sont produits avec une pleine conscience, combien nombreux au contraire sont ceux qui dérivent de l'automatisme analysé plus haut (70). » « Ces mouvements inconscients ou involontaires découlent en grande partie exclusivement et uniquement des réactions spontanées que les cellules ganglionnaires de la moelle épinière ont la faculté de produire. » « Les monstres acéphales, chez qui l'absence de cerveau entraîne nécessairement celle de la conscience, exécutent des mouvements avec leurs jambes, et sont même en état d'accomplir des actes très-compliqués, comme de têter et de crier (64). » « Si l'on décapite une grenouille, à l'époque du rut, alors qu'elle se tient sur sa femelle, elle n'en continue pas moins de rester attachée à sa femelle. Si on lui coupe les pattes, elle embrasse sa femelle avec les moignons sanglants qui lui restent. La moelle épinière n'est donc pas seulement le centre de certains réflexes désordonnés, mais de mouvements coordonnés en vue d'une fin (65). » « Pflüger (1) fut tellement frappé par cette merveilleuse finalité, qu'il n'hésita pas à reconnaître à la moelle comme au cerveau des fonctions sensorielles. D'autres, qui ne croyaient pas permis d'étendre cette hypothèse à l'homme, n'en admet-

---

(1) Pflüger, *Les fonctions sensorielles de la moelle épinière*. Berlin. 1853.

taient l'application qu'aux animaux inférieurs. Au lieu d'éclairer leur jugement sur les phénomènes compliqués que l'homme présente par l'expérience de ces phénomènes plus simples dont les animaux inférieurs offrent l'exemple, ils étendaient jusqu'aux animaux inférieurs les appréciations subjectives et erronées qu'ils portaient sur les phénomènes compliqués de l'organisation humaine (65). »

Maudsley formule ici une règle importante de méthode pour la physiologie et la psychologie comparées. Je l'ai appliquée moi-même précédemment au chapitre 1ᵉʳ de la première partie; et les naturalistes m'ont souvent reproché de l'avoir suivie. Pourtant cette règle devrait être évidente pour tout naturaliste. Il faut toute la force du préjugé psychologique, qui affirme qu'aucune conscience ne peut résider dans mon organisme, qui ne soit présente à ma conscience personnelle, c'est-à-dire à la conscience de mes hémisphères, pour qu'un Wundt lui-même ait méconnu le fait essentiel de la psychologie physiologique, l'aptitude à la conscience de chaque cellule ganglionnaire.

IV. — LA FACE INTERNE OU SPIRITUELLE DU PROCESSUS RÉFLEXE.

Le concept de mouvement réflexe peut être pris au sens restreint et au sens large. Dans le premier cas, il signifie la communication immédiate d'une excitation sensorielle au nerf moteur qui aboutit au même centre; dans le second, il désigne la réaction d'un centre nerveux contre toute excitation, par quelque voie qu'elle lui vienne. Nous avons vu plus haut que même le réflexe, simple en apparence, d'un centre de la moelle est un phénomène compliqué, où concourent les actions particulières de plusieurs cellules ganglionnaires des cornes postérieures et antérieures, et que chacune de ces actions n'est un réflexe qu'au sens large du mot. De même le réflexe qui paraît immédiat se transforme par une série de complications graduelles, comme je l'ai fait voir au chapitre v de la première partie, en sorte que toutes les fonctions de l'esprit humain ne sont elles-mêmes que des réflexes au sens étendu. Car le concept de réflexe ne signifie plus alors qu'une chose, c'est qu'aucune cellule ganglionnaire ne fonctionne sans une excitation. Mais il ne nous apprend rien sur l'espèce de l'excitation ou l'espèce de la fonction. De même que l'excitation qui agit sur un nerf sensible peut partir d'une cause mécanique, chimique, calorique ou électrique; ainsi l'excitation qui sollicite à l'action une cellule ganglionnaire peut provenir d'un filet sensible, ou d'une cellule voisine, aller d'un filet conducteur à un centre coordonné, supérieur ou subordonné, ou peut-être même venir d'un filet moteur (1). La réaction n'est pas nécessairement ou immédiatement l'innervation d'un nerf moteur; elle peut se composer d'une série de modifications apportées à l'excitation primitive qui se communique successivement à des cellules voisines ou à des filets conducteurs, lesquels la conduisent enfin à des centres coordonnés, supérieurs ou subordonnés. Toute fonction d'une cellule cérébrale, dont la manifestation subjective est une idée abstraite, ne serait donc plus qu'un réflexe succédant à l'excitation communiquée par une autre cellule ou par un nerf sensible; et le phénomène subjectif correspondant serait l'éveil d'une représentation par une association d'idées ou par des perceptions sensibles.

Si, d'un autre côté, on s'en tient à comprendre sous le nom de réflexe tout le groupe des réactions particulières, qui sont intermédiaires entre l'excitation des nerfs sensibles comme processus initial et le fonctionnement des nerfs moteurs comme phénomène final, on n'échappe pas pour cela au fait que les fonctions supérieures de l'esprit rentrent dans la définition des réflexes. Si l'excitation dépasse la limite du réflexe, c'est-à-dire si elle n'est pas

---

(1) Dans le cas, par exemple, où les sensations directes des mouvements musculaires (qui ne résultent pas des sensations tactiles des tissus voisins) devraient être communiquées par des nerfs moteurs eux-mêmes aux centres nerveux; et, en tout cas, ce n'est pas là une hypothèse sans difficulté.

dans son trajet à travers les centres absorbée et annulée par les résistances opposées à la conduction, elle doit finir dans tous les cas par aboutir à une réaction motrice, quelques circuits qu'elle fasse dans l'intervalle en passant d'une cellule à l'autre des divers centres ; ou, pour parler le langage du psychologue, quelque nombreux que soient les réflexions et les conflits des désirs entre la perception et la résolution finale de la volonté. D'après cette manière de voir, il ne s'agit que d'une différence graduelle dans le nombre des membres intermédiaires entre l'excitation sensorielle et la réaction motrice ; et ce nombre s'accroît graduellement depuis les plus simples contractions réflexes jusqu'aux dispositions les plus compliquées qui règlent notre action, notre empire sur le monde extérieur.

« L'irritation modérée d'une portion limitée de la peau produit, à une certaine moyenne d'irritabilité, une secousse réflexe seulement dans le groupe de muscles qui dépendent des racines motrices situées à la même hauteur et du même côté que les fibres sensibles excitées. Si l'excitation ou l'irritabilité augmentent d'intensité, l'excitation se communique d'abord aux racines motrices qui partent à la même hauteur de l'autre moitié du corps ; que l'intensité aille encore croissant, l'excitation gagne d'abord en haut, puis en bas (d'abord les conduits sensibles, puis les conduits moteurs de la moelle épinière) ; et finalement tous les muscles des diverses parties du corps, qui reçoivent leurs nerfs de la moelle épinière et de la moelle allongée, entrent dans une excitation sympathique. Chaque filet sensible est donc mis en relation par une communication accessoire de premier degré avec les filets moteurs situés du même côté et à la même hauteur ; par une autre de second degré avec les filets moteurs situés du côté opposé, mais encore à la même hauteur ; par une autre encore de troisième degré avec les filets qui émergent de beaucoup plus haut que lui ; enfin par une communication semblable de quatrième degré avec les fibres qui émergent de beaucoup plus bas (Wundt, 116-117). » A mesure que croît l'énergie de l'excitation des résistances plus grandes sont surmontées (ou diminuent à mesure que l'irritabilité augmente), et les moyens de communication secondaires et les plus lointains sont successivement mis en jeu ; et dans le même rapport croît le nombre des intermédiaires dans les centres qui prennent part à la réaction motrice totale. Cette progression est encore bien plus rapide, si l'on s'élève de l'action de la moelle épinière à la participation des centres supérieurs. Les réflexes croissent alors promptement en complication, sans perdre pour cela leur caractère réflexe.

De quelque façon qu'en envisage la chose, on ne peut nier que toutes les fonctions du système des centres nerveux et avec elles toutes les manifestations de notre vie, toute notre activité spirituelle tombent sous la définition du réflexe. Il faut bien nous pénétrer de cette pensée ; elle cessera alors de paraître paradoxale. Elle ne dit pas plus au fond que le principe métaphysique de la raison suffisante. Le dernier se traduirait ainsi dans le langage de la physiologie des nerfs : « aucune cellule ganglionnaire n'entre en fonction sans une raison suffisante, qui s'appelle l'excitation » ; en langage de psychologue, on l'exprimerait en ces termes : « pas de vouloir sans motif ». Ce sont là deux vérités connues depuis bien longtemps, et considérées comme évidentes. Elles nous ouvrent peut-être une perspective féconde, si on sait les unir à l'aide du concept du réflexe, et en se plaçant au point de vue de la psychologie physiologique. Nous avons, en effet, à rendre l'expérience interne plus intelligible par l'externe, et réciproquement.

Le physiologiste provoque une contraction chez sa grenouille décapitée et empoisonnée ; et il voit par là d'une manière évidente que le réflexe relativement simple qu'il a observé repose sur un *mécanisme*. Le psychologue reconnaît dans la motivation un acte réflexe, et acquiert ainsi la certitude non moins grande que le réflexe est ici un *processus psychique*, dans lequel une sensation provoque un vouloir approprié, qui sort du fond le plus intime du *caractère*. Le psychologue physiologiste, aussitôt qu'il remarque

que l'essence du réflexe doit être identique dans les deux cas, est conduit à cette conclusion : « donc la contraction réflexe est un vouloir du centre en question, que la sensation a mis en jeu; et la genèse du vouloir est l'effet d'un mécanisme régulier. » La seconde partie de ce raisonnement obtiendra aisément l'assentiment des physiologistes matérialistes : mais il sera d'autant plus malaisé de leur en faire admettre la première. Ils devraient pourtant voir que la logique les condamne à les accepter ou à les rejeter toutes deux à la fois. Du reste, la psychologie, bien avant qu'on songeât à une « psychologie physiologique », parlait d'une statique et d'une dynamique des désirs et des idées. En reconnaissant la mécanique du réflexe, on ne supprime, au fond, que l'indétermination de la volonté, depuis longtemps déclarée insoutenable. Si on accorde une bonne fois que les actes psychiques du sujet correspondent à des fonctions matérielles de l'objet, il va de soi que la mécanique subjective des désirs et des idées doit avoir son corrélatif dans la mécanique objective des mouvements moléculaires du système nerveux, et réciproquement! Il n'en est que plus étonnant de voir les physiologistes, qui constatent le fait de nouveau, se refuser à connaître le revers psychologique de leur médaille en apparence matérialiste : à savoir que tout réflexe, même le plus simple, est un vouloir motivé par une sensation. La sensation n'existe qu'autant qu'elle est saisie par une conscience (sans doute seulement par la conscience de la cellule ganglionnaire ou du centre en question). Le vouloir est en soi en dehors de toute conscience. Qu'il apparaisse à la conscience dans le cas particulier formellement comme sensation intensive d'innervation ou dans son contenu comme intuition déterminée qualitativement de mouvement, cela dépend des circonstances; et est d'ailleurs très-invraisemblable pour les réflexes simples des centres inférieurs.

Wundt a les yeux fermés à ces vérités par son préjugé, mentionné plus haut, au sujet de la conscience, comme par sa fausse conception de la volonté. Il remarque avec raison que « vouloir déterminer où le mécanisme cesse et où la volonté commence, c'est mal poser la question; c'est opposer des concepts qui ne sont pas vraiment opposés ». (822). Mais il ne tire pas la conclusion inévitable de cette observation : à savoir qu'il faut ou nier la sensation et la volonté, en dépit du témoignage de l'expérience interne, dans les fonctions les plus élevées de l'esprit, ou les reconnaître aussi dans les processus réflexes des centres les plus infimes; car les deux ordres de phénomènes se répondent comme le dedans et le dehors. Si ces concepts sont « une pure fiction » (*id.*) dans le dernier cas, ils doivent l'être aussi dans le premier. Si le côté interne et psychique du processus et la substance métaphysique, « l'âme inconsciente », qui en est le sujet, ne sont pour qui reconnaît le mécanisme extérieur du simple réflexe, « qu'une addition superflue et dénuée de sens » (*id.*), ils doivent l'être également pour expliquer les œuvres du génie ou de l'héroïsme.

Maudsley est plus près de la vérité : mais il est trop anglais pour ne pas la juger paradoxale, et pour la saisir d'une main ferme. Voici ce qu'il dit à ce sujet : « Partout où un nerf afférent aboutit à une cellule ganglionnaire ou à un groupe de cellules de la couche corticale grise des gros hémisphères, partout où l'on voit émerger de cette cellule ou de ce groupe de cellules un nerf efférent, on est en présence d'un centre potentiel ou actif, pour un acte particulier de volonté. On pourrait aussi bien définir l'activité réglée de la moelle épinière ou de la moelle allongée la volonté de ces mêmes centres (page 163). » Non-seulement on le peut, mais on le « doit » nécessairement, si l'on est vraiment un psychologue physiologiste ; et si l'on ne veut point, par cette hésitation à conclure, s'interdire le droit de conclure dans le sens opposé, c'est-à-dire du côté physiologique au côté psychologique des phénomènes, de la mécanique matérielle à la mécanique psychique. Maudsley a d'autant moins raison de se refuser à reconnaître une volonté dans les centres inférieurs, qu'il admet presque comme une nécessité la perception de l'excitation dans ces mêmes centres (102);

et il faut pour cela que la conscience soit déjà présente, ce que la volonté n'exige pas. D'un autre côté, ce qui lui rend si difficile de s'engager dans cette voie nouvelle, c'est d'abord que la langue anglaise n'a pas comme la langue allemande deux termes différents pour la volonté et le libre arbitre, et ensuite qu'en anglais véritablement empiriste il a une peur presque superstitieuse de la métaphysique, et craint de faire du concept abstrait de la volonté une entité idéale (152) (1).

Il importe dans cette question de se préparer à entendre les processus compliqués que présente le système nerveux de l'homme par l'étude des processus plus simples qui se passent chez les animaux inférieurs. Maudsley s'exprime ainsi à ce sujet : « Le mode le plus élémentaire d'activité nerveuse, analogue à ce qui a lieu chez les animaux les plus infimes, qui possèdent un système nerveux, est réalisé chez l'homme par les ganglions disséminés dans le sympathique, qui président à certains processus organiques. Le mouvement du cœur, par exemple, dépend des ganglions disséminés dans la substance des parois cardiaques. Meissner a tout récemment montré que les mouvements de l'intestin sont gouvernés par des cellules ganglionnaires spéciales, réparties dans la paroi intestinale. Lister considère comme probable que les autres tissus contiennent aussi des cellules qui président aux contractions des artères ; il explique par elles également l'étonnante diffusion des granulations pigmentaires qui proviennent des cellules pigmentaires étoilées de la peau de la grenouille. Les divers éléments du tissu sont coordonnés par des cellules nerveuses ; et ces centres

---

(1) Je voudrais seulement savoir ce qu'un empiriste de ce genre peut bien entendre exactement, lorsqu'il parle « d'explication » et « de principes d'explication ». S'imagine-t-il qu'on puisse sans s'élever à des « principes généraux » expliquer quoi que ce soit, même le plus simple des phénomènes physiques ? C'est une réalité concrète assurément que l'attraction de l'atome A et celle de l'atome B. Mais si Newton avait eu le même effroi superstitieux devant le « concept abstrait » de l'attraction, que Maudsley trahit devant celui de la volonté, il n'aurait jamais donné la gravitation comme le principe général de la matière.

de coordination sont, à leur tour, sous le contrôle des centres cérébro-spinaux. Dans la moelle épinière, tous ces appareils ganglionnaires sont unis et reliés entre eux, et deviennent des centres indépendants pour les mouvements combinés, qui sont provoqués par les excitations extérieures. Ce développement répond à celui du système nerveux général des animaux, qui ne présentent pas encore d'organes des sens. » (Pages 52-53.)

Ceux seulement qui « appliquent aux animaux inférieurs leurs conceptions subjectives et fausses des phénomènes complexes que l'homme présente » (*M*. page 65) contesteront que les animaux inférieurs soient doués de sensibilité et de volonté. L'objection habituelle, à savoir que dans ces organismes toutes les manifestations vitales ne sont que des réflexes, est pour nous sans valeur, puisque nous savons qu'on en peut dire autant des fonctions les plus hautes de l'esprit humain. Les animaux inférieurs sont très-propres, au contraire, à nous faire comprendre de visu que chaque réflexe, même celui de la cellule ganglionnaire la plus simple, a un côté subjectif, psychique, aussi bien qu'un côté objectif physique; et qu'il faut encore distinguer dans l'activité psychique de la cellule un élément conscient et un élément inconscient. L'excitation ou le motif doit être perçu avec conscience par la cellule comme sensation, s'il dépasse la limite. La réaction de la volonté ou le résultat du processus réflexe, envisagé par le dedans, ne devient conscient qu'aux degrés supérieurs de l'intelligence, et à l'aide de la comparaison et de la réflexion. Le passage de l'excitation à la réaction, du motif à la volonté, le phénomène essentiel du réflexe, demeure éternellement dérobé au regard de la conscience. Et pourtant, c'est en lui que réside le mystérieux problème : car pourquoi telle sensation agit-elle comme motif pour produire telle volonté ?

Le matérialisme se rend la réponse très-facile. Il ne cherche la cause du phénomène que dans la mécanique objective et physique des mouvements. Mais c'est ne reconnaître un double caractère psychique et physique qu'au début et à la fin du processus, et ne plus le voir dans le fait intermédiaire, dans le passage instantané de l'un à l'autre. C'est, en d'autres termes, rabaisser l'élément psychique dans le réflexe à une sorte de passivité morte, n'y voir que le reflet de certains membres du processus externe, lequel, seul, alors, a de la réalité. C'est encore faire descendre l'élément psychique de la place qu'il occupe vis-à-vis de l'élément physique, en tant que coordonné et supérieur à lui, et le réduire à n'être plus qu'un appendice fortuit en quelque sorte, du phénomène extérieur, à certains moments duquel on le voit se montrer d'une façon inexplicable.

A une doctrine qui ne juge ainsi les choses que par le dehors, il faut répondre que les phénomènes objectifs et matériels, comme les processus internes de la conscience, ne sont que les deux manifestations opposées et indissolublement corrélatives d'un seul et même être, qui est toujours plus accessible à notre regard par le dedans que par le dehors, parce que dans le premier cas nous en avons du moins une connaissance immédiate, tandis que dans le second nous n'atteignons le phénomène objectif que par l'intermédiaire du phénomène subjectif. On peut toujours se demander si le processus physique est quelque chose d'objectif et de réel, et d'indépendant de la conscience qui le saisit; et l'idéalisme théorique répond même par la négative. En tout cas, si le réalisme qui soutient l'affirmative est en droit de le faire, il ne le peut qu'en s'appuyant sur l'expérience interne des phénomènes subjectifs, laquelle est également incontestable pour les idéalistes comme pour les réalistes. C'est à l'expérience interne qu'appartient en définitive la plus haute certitude : c'est sur elle seulement que peut reposer la croyance réaliste à la réalité externe de la matière. Le réalisme, qui nie la certitude de l'expérience immédiate interne, sape la base même sur laquelle il repose. L'expérience psychologique demeure donc la mesure invariable et solide, à laquelle il faut rapporter, pour en apprécier la valeur, l'expérience soi-disant externe et les conséquences qui s'en tirent.

L'être qui est au fond des phénomènes commence pour la vie psychologique interne au point justement où cesse la conscience; le principe spirituel et inconscient, d'où naît la conscience de la sensation, est le même, qui, en opposition avec d'autres réalités semblables à lui, constitue le phénomène objectif. Ce principe psychique et inconscient du processus réflexe dans la cellule ganglionnaire ne peut être mieux défini que comme une volonté, dont la loi est qu'à tel motif correspond tel vouloir. (Nous ne décidons pas assurément, si cette volonté est le résultat de la combinaison des volontés moléculaires de la cellule entre elles, ou si d'autres éléments de la volonté universelle, concourent à la produire.) En tout cas, il n'est pas permis d'ignorer ce principe psychique inconscient; et de ne voir dans l'activité interne et subjective qu'un appendice, qui s'ajoute accidentellement à certains éléments du processus externe et physique, alors que ce dernier lui-même n'est qu'un phénomène objectif. Le vouloir est un acte psychique non-seulement dans son existence consciente ou inconsciente (comme résultat d'une mécanique matérielle, ainsi que le matérialisme le prétend), mais encore dans toute l'histoire de sa formation sous l'action du motif psychique et conformément à la loi de sa réaction psychique.

V. — LE CARACTÈRE TÉLÉOLOGIQUE DE LA FONCTION RÉFLEXE.

Ce qui prouve incontestablement la nature psychique et interne du processus réflexe, c'est le caractère téléologique de cette réaction, lequel se manifeste dans l'absolue convenance du réflexe physiologique (je ne dis pas pathologique). — Il va de soi que cette convenance ne s'observe pas indéfiniment à tous les degrés de l'échelle des excitations. De même que notre oreille, lorsque les sons sont extrêmement bas, ne perçoit pas d'abord une note distincte, mais un murmure confus, et, s'ils sont trop élevés, n'entend plus une note mais un bruit aigu; de même que notre œil ne distingue pas les objets à une lumière trop faible, et est aveuglé et blessé par une lumière trop éclatante, sans qu'on conteste pour cela la perfection de l'organe : ainsi la convenance des réflexes ne se manifeste que sur une certaine étendue limitée de l'échelle des excitations : et cette *limite elle-même doit avoir sa raison téléologique*. Si les centres réagissaient contre de trop faibles excitations, ils seraient comme les centres malades, et dépenseraient toute l'énergie qu'ils tiennent emmagasinée contre les faibles excitations qui se jouent incessamment autour d'eux. Ils ne la réserveraient pas pour les cas où l'intérêt de la vie organique exige qu'elle se déploie. Si, d'un autre côté, les centres nerveux avaient une constitution si solide et si robuste que même les chocs les plus violents ne pussent les désorganiser, ils ne seraient plus en état d'accomplir aussi bien leurs fonctions délicates, et ne réussiraient pas davantage à demeurer absolument indestructibles, ce qu'on ne peut raisonnablement demander. Le fait qu'une excitation extraordinairement forte provoque les mouvements convulsifs et la désorganisation des centres, non plus que cet autre que leur réaction ne manifeste sa convenance qu'autant que l'excitation atteint à un certain degré, ne prouve rien contre le caractère téléologique des réflexes, mais contribue bien plutôt à le faire bien entendre.

Il faut remarquer, en outre, qu'à mesure que l'excitation devient plus intense, des centres nerveux de plus en plus élevés entrent en action. Il suit de là que le caractère de la réaction doit changer avec l'énergie de l'excitation. Mais cela, loin de contredire, confirme la finalité des réflexes. Il est convenable, en effet, pour l'organisme de répondre à de faibles excitations non-seulement par de plus faibles, mais encore par d'autres réactions motrices, qu'aux fortes excitations, qui agissent au même point. Pour que cette diversité si convenable puisse être obtenue, il faut que la limite d'excitation varie avec les différents centres. Lorsque l'excitation est très-faible, c'est seulement le centre où aboutit immédiatement le nerf sensible qui est provoqué à un réflexe; et il ne se produit alors qu'une simple contraction, qui suffit, par exemple, pour effrayer la mouche qui s'est posée sur la peau d'un bœuf, ou pour déplacer un pli gênant de vêtement, ou pour changer en dormant la position incommode d'une jambe.

On ne peut donc déclarer sans but les réflexes qui suivent les excitations même les plus faibles, pourvu qu'elles dépassent la limite (ce que Wundt soutient à tort, p. 823). Il faut dire seulement que la sphère d'innervation motrice pour le centre qui réagit seul contre les très-faibles excitations est une sphère restreinte; et par suite les changements qu'il est destiné à réaliser dans le monde extérieur sont aussi très-limités. A mesure que l'excitation se propage et se communique à des centres de plus en plus élevés, on voit s'étendre la sphère d'innervation motrice où se fait sentir l'action commune des centres associés dans le réflexe, et en même temps la possibilité d'une combinaison des mouvements musculaires, en vue de changer la situation extérieure indiquée par l'excitation. A l'étendue de la sphère d'innervation motrice, qui est sous la domination d'une place centrale, doit naturellement répondre l'énergie des impulsions nerveuses qui en viennent : autrement ces dernières seraient à l'avance disproportionnées à leur cause et par suite sans convenance. Ainsi l'action réflexe, qu'il convient qu'une cellule isolée produise, est tout autre que l'action exercée par un groupe considérable de cellules agissant de concert; celle d'une cellule de la partie inférieure de la moelle épinière toute différente de celle d'une cellule de la partie supérieure; enfin ces dernières cellules ont une réaction tout autre que les cellules de la moelle allongée. La réaction de chaque point n'est vraiment intelligente que si elle a en vue de réaliser le maximum d'effet qui peut être obtenu. Wundt n'a pas assez songé à cette considération :

mais il ne peut d'ailleurs méconnaître la finalité éclatante des réflexes qui suivent les excitations de moyenne énergie.

« Une grenouille décapitée frotte sa cuisse contre les pinces avec lesquelles on l'irrite ; ou elle essuie avec la patte la goutte d'acide que l'on verse sur sa peau. Elle cherche à sauter pour échapper à une excitation mécanique ou électrique. Placée dans une position inaccoutumée, par exemple sur le dos, elle revient à sa position antérieure. L'excitation ne produit pas seulement ici un mouvement général, qui s'étend d'autant plus loin que l'excitation est plus énergique et que l'irritabilité de la partie excitée est plus grande ; mais le mouvement est approprié encore à la nature de l'impression extérieure. Dans le premier cas, c'est un mouvement pour repousser ; dans le second pour se débarrasser de la cause irritante ; dans le troisième, pour éloigner le corps de l'espace où se fait sentir l'action redoutée ; dans le quatrième enfin pour replacer le corps dans sa position antérieure. Cette convenance des réflexes est encore plus évidente dans les expériences imaginées par Pflüger et Auerbach, où les conditions habituelles du mouvement étaient modifiées. Une grenouille, par exemple, dont on a coupé la patte du même côté où l'on irrite sa peau avec un acide, fait d'abord des efforts inutiles avec le tronc amputé ; puis a recours presque régulièrement à l'autre patte, qui reste habituellement en repos chez l'animal non mutilé (1). Si l'on attache une grenouille décapitée sur le dos, et que l'on verse de l'acide sur le côté intérieur de l'une des cuisses, on voit l'animal chercher à se débarrasser de l'acide en frottant les deux cuisses l'une contre l'autre. Que l'on écarte la cuisse en mouvement loin de l'autre, l'animal après quelques vains efforts replie tout à coup la seconde et atteint juste la partie irritée (2). Que l'on brise enfin le fémur à des grenouilles décapitées et qu'on verse un acide sur la région sacrée, pendant qu'elles

---

(1) Pflüger, *Les fonctions sensorielles de la moelle épinière*, p. 125.
(2) Auerbach dans le Journal de clinique médicale de Günzburg, IV, p. 487.

sont étendues sur le ventre, elles savent, malgré le traitement violent qu'elles ont subi, atteindre la partie attaquée par l'acide avec les pattes des membres brisés. Ces observations, que l'on pourrait varier à l'infini, montrent que l'animal, dont le cerveau a été enlevé totalement, peut adapter ses mouvements aux conditions extérieures, de telle manière que, si la conscience et la volonté étaient encore en fonction, il faudrait supposer chez lui une complète connaissance de la position du corps entier et de ses diverses parties (824). »

La dernière conclusion de Wundt, qui concerne la connaissance consciente que l'animal aurait de son propre corps, dépasse évidemment le but de son auteur. Wundt le reconnaît lui-même, puisqu'il fait remarquer que l'homme ne possède pas une telle science, même dans la plénitude de sa conscience et de sa liberté. Il aurait donc dû conclure que la conscience et la volonté peuvent également se rencontrer dans les actes réflexes de la moelle épinière, sans qu'il soit nécessaire pour cela que l'animal connaisse avec conscience la situation des diverses parties de son propre corps. S'il n'avait pas négligé cette conclusion, il n'aurait plus trouvé aucune raison, même dans le mécanisme des processus réflexes, pour révoquer en doute que la conscience et la volonté y interviennent, puisqu'il croit pouvoir expliquer mécaniquement les fonctions des deux hémisphères, sans pour cela contester le rôle des facultés en question.

Voici ce qu'il dit : « On doit reconnaître que la direction spontanée qu'il faut attribuer à l'animal pour expliquer les modifications variées de ses mouvements inconscients est, en partie, d'une complication extraordinaire : mais comment, si l'on abandonne une fois le principe du mécanisme, tracer la limite où s'arrêtent les explications tirées de la machine animale? » (822) Wundt devrait appliquer la même remarque au mécanisme des hémisphères cérébraux; et son raisonnement le conduirait à nier la conscience et la volonté en général. Si l'argument ne vaut rien dans ce dernier cas, il n'a aucune valeur en général. Et cela vient de ce que son raisonnement repose sur l'opposition du mécanisme et de la volonté, qu'il a lui-même reconnue fausse. — La doctrine cartésienne, que les animaux sont des automates qui marchent et qui nous trompent par l'apparence de la pensée, est regardée aujourd'hui par tout homme de bon sens comme une erreur révoltante. Jusqu'à quand nos modernes physiologistes se laisseront-ils dominer par une erreur non moins grossière, et persisteront-ils à ne voir dans les manifestations de la vie organique des centres inférieurs que les purs effets d'un mécanisme sans vie intérieure ?

La psychologie physiologiste devrait, au contraire, se sentir obligée de conclure dans un sens contraire et de dire : « Si la vie tout entière des centres organiques, considérée du dehors, se réduit à un mécanisme moléculaire, et si à ce mécanisme répondent dans notre conscience une pensée et un vouloir intelligents, cette intelligence, qui se manifeste à la conscience dans le cerveau, doit se retrouver, dès l'origine, au fond de l'activité de toute cellule ganglionnaire, bien qu'elle ne soit pas toujours perçue par une conscience. On ne voit paraître aux plus hauts degrés du développement que ce qui est déjà présent en germe aux degrés inférieurs. » Le physiologiste matérialiste, qui ne considère la pensée et le vouloir conscients que comme la réaction purement passive des mouvements extérieurs, comme un complément accidentel, accessoire, que présentent les nerfs à certaines phases de leur mécanique moléculaire, est entièrement incapable de reconnaître à la conscience une activité propre. Il ne lui reste donc qu'à expliquer la finalité qui se manifeste incontestablement dans la pensée et le vouloir conscients par la finalité du mécanisme des molécules nerveuses. En d'autres termes, le matérialisme ne peut s'empêcher d'admettre la finalité fonctionnelle des cellules ganglionnaires, s'il ne veut pas s'interdire toute explication de la finalité, dont témoignent les réflexions et les résolutions de la conscience.

La finalité démontrée par l'expérience ne s'explique naturellement pour le matérialisme qu'avec l'aide du darwinisme, qui fait dériver de la sélection naturelle la finalité que révèlent les dispositions moléculaires des cellules ganglionnaires. Mais si cette tentative d'expliquer les faits sans s'appuyer sur les principes métaphysiques de la téléologie paraît d'une manière générale tout à fait insuffisante (1), elle l'est surtout dans ce cas particulier dont il s'agit ici. On ne voit pas bien comment, entre tant d'autres modifications bien plus importantes de l'organisation individuelle, un degré plus ou moins élevé de dispositions réflexes dans la substance grise de la moelle peut modifier d'une manière décisive les aptitudes d'un animal à soutenir la concurrence vitale. Le principe établi par Lamarck du perfectionnement graduel par l'exercice n'explique pas mieux le phénomène en question. Si l'on peut regarder les modifications intelligentes de la fonction, que l'habitude doit fortifier, comme résultant de la moelle épinière ou des centres supérieurs (2), la conscience passive qui les accompagnerait ne rendrait pas compte de la finalité de ces modifications, puisque, d'après la théorie matérialiste, la finalité des associations des idées conscientes ne s'explique elle-même, à son tour, que par la finalité de la mécanique moléculaire. Wundt a parfaitement raison de nous rap-

---

(1) Voir mon écrit : *Vérité et erreur dans le darwinisme. Exposition critique de la théorie du développement organique.* Berlin, C. Duncker, 1875. Traduit en français chez Germer-Baillière.

(2) Les fonctions de la moelle épinière chez les animaux supérieurs font la même impression en quelque sorte que les actions d'un homme qui a été longtemps esclave d'un maître très-dur, et n'a pu développer librement ses facultés diverses, mais a dû constamment s'appliquer à des travaux tout à fait spéciaux. La moelle épinière des animaux supérieurs est constamment forcée de faire une besogne matérielle pour le cerveau et on a contracté une certaine hébétude : mais il ne faut pas conclure de là qu'elle a perdu la conscience et la volonté (alors qu'elle les possède évidemment chez les animaux inférieurs). Elle témoigne, au contraire, d'une incontestable intelligence dans la sphère laissée à son activité; et, même dans les cas anormaux produits par la maladie, elle s'habitue bien vite à suppléer le cerveau et à se charger de tâches qui exigent plus d'initiative.

peler avec insistance que l'hypothèse d'une conscience et d'une volonté de la moelle épinière ne sert de rien pour expliquer la finalité des mouvements (829). Mais il devrait raisonner avec plus de conséquence et conclure qu'un degré élevé de conscience n'y sert pas plus qu'un degré inférieur; que la conscience cérébrale comme la conscience de la moelle est aussi inutile pour expliquer la finalité des mouvements corporels qu'une cinquième roue à un carrosse; qu'enfin le principe de Lamarck, du moment où l'on regarde la réflexion consciente comme la cause de la modification intelligente de la fonction, tourne dans un cercle vicieux (1).

On n'échappe à ce cercle vicieux qu'en admettant que ces modifications régulières de la fonction, qu'une répétition fréquente imprime aux dispositions moléculaires et qui rencontrent une résistance toujours moindre, sont dues à l'action inconsciente d'un principe téléologique, dont l'influence sur le perfectionnement des centres nerveux n'est qu'un cas particulier de son action générale comme principe téléologique de l'organisation. De même que le mécanisme extérieur des processus matériels et le mécanisme interne des idées et des désirs conscients ne sont que les manifestations correspondantes d'une seule et même substance métaphysique; ainsi la régularité de ce mécanisme externe et interne n'est pas simplement le développement

---

(1) Maudsley, qui sent très-bien que le problème de l'existence incontestable de la finalité organique est insoluble au point de vue matérialiste, se tire d'embarras, comme un véritable Anglais qu'il est, en invoquant les desseins impénétrables de la sagesse divine. Le passage est trop significatif et met trop bien en lumière la science anglaise pour que je résiste à la tentation de le reproduire ici. « On nous objectera peut-être que le perfectionnement progressif de cette finalité innée des centres nerveux par la voie de l'éducation trahit déjà en soi-même une finalité. Nous répondrons seulement que c'est là, sous une autre forme, la confirmation de ce fait que les choses sont ce qu'elles sont (c'est-à-dire ici qu'elles ont une constitution et une activité pleines de convenance). Nous ajouterons que, selon notre ferme conviction, la science ne sera jamais en état de pénétrer dans le secret de la sagesse créatrice (p. 72). » Comment un savant anglais peut-il bien après cela avoir encore le courage de continuer sa recherche?

parallèle de substances reliées entre elles par une harmonie préétablie, mais l'accord des phénomènes émanés d'une substance métaphysique une dans son essence. Envisagée sous ce point de vue, la conscience conserve sa passivité : non plus comme accident de la matière, mais comme phénomène d'une substance immatérielle, dont le mouvement matériel est l'autre manifestation phénoménale. Le principe psychique n'est plus limité à la sphère de la conscience, mais pénètre plus profondément jusqu'au sein de l'essence métaphysique de l'être. Ainsi la finalité consciente qui se déploie dans la pensée et la volonté n'est plus le reflet passif de la finalité qui préside au mécanisme des molécules de la matière ; mais, comme cette dernière, elle manifeste directement la nature téléologique de la substance métaphysique elle-même (de l'esprit inconscient). Ce qui est là extériorité sans vie, qui ne révèle sa signification spirituelle qu'à un esprit pensant, est ici intuition immédiate de la nature intime de l'esprit par l'esprit lui-même.

Si l'on n'entend pas le parallélisme des deux problèmes, tous deux demeurent insolubles. En d'autres termes, le caractère téléologique des mécanismes extérieurs et de leur formation, aussi bien que la finalité consciente de l'esprit humain envisagés indépendamment l'un de l'autre, demeurent deux questions transcendantes, qu'il est vain d'espérer résoudre. Mais, au contraire, du moment où l'on ne voit plus dans les phénomènes internes et externes que la double manifestation d'un seul et même être, et où l'on saisit l'unité du problème téléologique sous les deux formes de la réalité phénoménale, le principe unique du caractère téléologique, que présentent aussi bien le mécanisme externe de la matière que l'activité consciente de l'esprit, ne peut plus être cherché que dans la constitution partout identique de la substance métaphysique, dont les deux espèces de phénomènes ne sont que les accidents. C'est la finalité, directement perçue par nous, de notre activité spirituelle qui seule nous permet d'entendre la nature discutée de la substance métaphysique ; qui nous découvre en elle une logique inconsciente, laquelle comme contenu d'une volonté ou d'une force se traduit par une activité téléologique. Voilà pourquoi il importe d'entendre que la nature intime du processus, qui se déroule entre l'excitation et la réaction, est essentiellement spirituelle; et que la perception consciente appartient à tous les centres nerveux même les plus infimes. Ce n'est pas que la conscience puisse servir directement à entendre la finalité de l'activité que ces centres déploient (et je ne l'ai jamais prétendu); mais il importe d'avoir toujours présentes à la pensée les deux faces du phénomène, et de ne jamais perdre la clé qui nous ouvre le plus directement l'accès de la nature téléologique de la substance métaphysique.

Le sens qu'il convient d'attacher à l'identité supérieure que nous affirmons de la causalité et de la finalité ne saurait être développé ici avec étendue (1). Je veux seulement faire remarquer que le temps approche à pas de géant où notre science de la nature cessera de parler « d'une matière morte ». Déjà même les physiciens proprement dits reconnaissent l'activité interne, spirituelle des atomes (2). On commence à pressentir que l'explication des lois les plus simples du mécanisme de l'atome, qu'on se bornait jusqu'à présent à admettre comme un fait, doit être demandée à la connaissance de l'essence spirituelle des atomes, et cherchée dans les analogies que cette essence présente avec notre âme propre (3).

---

(1) Voir mes écrits : *Vérité et erreur dans le darwinisme*, 7ᵉ partie (Du mécanisme et de la téléologie); et *Le réalisme théorique de J. H. v. Kirchmann*, n° 15, 22.

(2) Voir entre autres Zöllner : *Sur la nature des comètes* (Leipzig, 1872), p. 320-327.

(3) Zöllner dit (p. 325-327) : « Comme on le voit, l'hypothèse en question ramènerait tous les changements locaux de la matière, qu'ils se produisent au sein de corps organiques ou de corps inorganisés, à la loi suivante qui a été précédemment formulée dans ses traits essentiels : toute l'activité des êtres naturels est déterminée par les sensations de la peine et du plaisir, et de telle sorte que les mouvements produits dans une sphère déterminée de phénomènes semblent destinés à réaliser une fin inconsciente, à réduire au minimum la somme des sensations pénibles. »

La loi de la conservation de la force, traduite en langage métaphysique, n'exprime que l'intensité immuable de la volonté actuelle, qui produit le monde. Mais cette loi est tout à fait formelle, et nous apprend seulement que, si telle quantité de force mécanique se présente sous une forme nouvelle, comme chaleur, par exemple, elle donnera une même quantité de chaleur. Mais cette force mécanique se changera-t-elle dans le cas donné en chaleur ou en une autre propriété; ou se transformera-t-elle par exemple en force de tension par l'éloignement de son centre, ou enfin ne subira-t-elle aucun changement? la loi abstraite de la conservation de la force ne nous en apprend rien. Or c'est justement à résoudre ces questions dans la diversité des cas particuliers que le processus total de la vie du monde consiste. Tout ce qui détermine la nature des processus du monde, c'est-à-dire la sphère totale de l'idée logique, est donc indépendant de la loi de la conservation de la force. Ainsi la loi de la conservation de la force n'est que le cadre, que la forme abstraite au sein de laquelle commence à se manifester la nécessité logique qui détermine le caractère spécifique des phénomènes; et les déterminations qualitatives que les choses doivent à la causalité et à la finalité ne peuvent se déployer que dans le cadre ainsi préparé. La loi que la quantité absolue de la force est immuable a besoin d'être complétée par d'autres lois, qui déterminent la nature « spéciale » de la force dans chaque partie de sa totalité invariable. Ces dernières lois seules peuvent et aussi doivent manifester le caractère métaphysique de la substance des atomes : à savoir leur désir de satisfaire leur volonté spécifique, et leur éloignement instinctif pour la peine (qui résulte des contrariétés de cette volonté). De même que pour le métaphysicien le processus du monde résulte de l'action combinée de la volonté et de l'idée logique et inconsciente, et est déterminé par ces deux principes dans son existence et dans sa nature à chaque moment; ainsi, pour le savant, le processus du monde résulte de la loi qui fixe la quantité invariable de la force cosmique, et des lois qui déterminent dans les cas particuliers les transformations de la force. Le parallèle exact des deux manières d'envisager le processus du monde fournit une nouvelle preuve que la distinction métaphysique de la volonté et de l'idée n'est rien moins qu'arbitraire, mais est fondée dans l'essence même des choses, et qu'elle est nécessaire pour bien faire entendre au physicien la signification profonde des principes suprêmes de sa science.

On demandera encore si les lois téléologiques, qui expliquent la nature des transformations de la force dans la mécanique des atomes, suffisent à expliquer la finalité des lois qui président à l'activité de la cellule ganglionnaire ; ou si la réunion des atomes et des molécules en un individu organique et psychique d'ordre supérieur suppose l'intervention de lois nouvelles, qui répondraient à la diversité de la fin particulière poursuivie d'une manière inconsciente par la cellule individuelle, et de la somme des fins poursuivies par les atomes et les molécules qui la constituent. La différence du but inconscient poursuivi par la première correspondrait aux dispositions différentes de la volonté ou du caractère individuel de cette cellule, et par suite à des lois différentes de motivation, puisque les dispositions différentes de la volonté inconsciente en chaque individu font qu'il ne ressent les impressions du plaisir ou de la peine que sous l'action extérieure de causes différentes. — Un exemple imparfait servira à éclairer tout cela. On connaît en chimie la loi qui veut que, si plusieurs m... ...res sont dans un état favorable à leurs réactions mutuelles, il se produise en elles les déplacements m... ...aires les plus propres à porter à son maximum la somme algébrique des quantités de chaleur positive et négative qu'elles déploient. C'est en vertu de cette loi que semble se produire l'état de la cellule de la moelle épinière que l'on a empoisonnée par la strychnine ou celui de la cellule cérébrale du maniaque : les processus chimiques y tendent à provoquer une dépense excessive de l'énergie potentielle emmagasinée. Les influences qui s'opposent à cette révolution dans la cellule saine et que nous avons nommées les puissances d'arrêt, qui sont la première manifestation de la finalité spécifique de la cellule ganglionnaire, et semblent témoigner de l'existence d'une loi nouvelle d'ordre supérieur, qui limite le jeu des lois de la chimie moléculaire. Mais c'est là un exemple uniquement destiné à éclairer la question, et qui n'a pas la prétention de tout expliquer.

S'il devait être admis que les lois téléologiques qui règlent le mécanisme de la cellule ganglionnaire ne peuvent pas se tirer d'une pure combinaison des lois de la mécanique des atomes, ces derniers ne seraient plus considérés comme les sujets de ces lois d'ordre supérieur. Le même individu, en effet, ne saurait être le principe de lois opposées et qui se limitent réciproquement. Il faudrait faire reposer ces lois nouvelles d'ordre supérieur sur un sujet métaphysique, dont l'action se combinerait avec celle des atomes matériels qui composent la cellule par leur agrégation, pour constituer tout entière l'individualité de la cellule ganglionnaire.

Du point de vue où nous nous sommes placés dans cette recherche, il pourrait paraître prématuré de vouloir résoudre définitivement la question. Mais puisque nous avons vu déjà que ce sujet éventuel serait identique au principe organisateur qui travaille au perfectionnement téléologique de la cellule ganglionnaire comme élément essentiel du perfectionnement du type général de l'organisme; puisque ce principe organisateur, en tant que principe métaphysique de la loi générale qui préside au développement organique, doit être considéré comme un élément ajouté aux atomes matériels, nous pourrons, à ce point de vue nouveau, résoudre l'alternative précédemment posée par nous en faveur de l'intervention d'un agent métaphysique. C'est lui qui combine la multitude des fonctions, par lesquelles s'exprime l'activité externe et interne des atomes, dans l'unité de la finalité extérieure de l'organisme comme de l'âme intérieure; et fait ainsi de la cellule *un individu organique et spirituel*, dont l'unité est à la fois externe et interne.

Celui qui nie le caractère téléologique de la mécanique moléculaire dans la cellule ganglionnaire (ainsi que faisait l'ancien matérialisme), ou fait profession de l'ignorer comme un problème étranger à la science, et en soi insoluble et transcendant (ce que croit Maudsley); ou enfin le reconnaît comme un fait, mais croit pouvoir l'expliquer par une nécessité aveugle et par des causes accidentelles (ainsi que le darwinisme et Wundt avec lui), celui-là sera conséquent en rejetant d'avance tout principe métaphysique qu'on voudrait ajouter aux atomes, et en repoussant tout principe spirituel inconscient. Il aura raison de ne voir dans les phénomènes psychiques, conscients et inconscients, dont la cellule ganglionnaire est le siège, que des combinaisons de phénomènes résultant de l'activité psychique des atomes en fonction (1). Celui, au contraire, pour qui la finalité, dans la mécanique matérielle comme dans la conscience, n'est qu'une émanation parallèle de la nature logique et téléologique de la substance métaphysique inconsciente (qui est le sujet commun des deux classes de phénomènes), celui-là (même sans se préoccuper de la nécessité d'un principe d'organisation pour présider au développement organique) n'hésitera pas à pencher pour la seconde hypothèse. Il préférera croire que les formes supérieures de l'activité téléologique, qui se déploient dans la cellule par opposition aux lois de la mécanique des atomes; que l'unité interne et externe, où s'accuse l'unité supérieure de la cellule, sont dues à l'intervention du principe métaphysique, lequel fait servir les activités isolées des atomes à la fin spéciale que poursuit sans conscience un individu d'ordre supérieur.

Le jeu d'atomes, dont la multitude indifférente subit la domination d'une substance unique et universelle, flattera sans doute davantage la passion démocratique, égalitaire, désorganisatrice des races latines, qui ne peuvent se passer

(1) Voir l'écrit anonyme : *L'Inconscient du point de vue de la physiologie et de la théorie de la descendance*, ch. IV et V. Berlin, 1872.

d'un César, d'un maître unique, absolu et tout-puissant, lequel gouverne la multitude des individus égaux et les défend seul contre l'anarchie et la décomposition. Mais un organisme cosmique, où les énergies atomiques, c'est-à-dire les individus de premier rang jouent le rôle des éléments les plus simples et les plus grossiers d'une construction, et où chaque individu d'ordre supérieur associe et fait servir à un but réel les activités de ces individus inférieurs qui deviennent ainsi les matériaux destinés à la réalisation des fins d'individus supérieurs, l'idée d'un tel développement organique plaira davantage au génie allemand, qui sait que partout où l'on veut réaliser en commun une œuvre d'art vivante, il faut renoncer à la chimère de l'égalité et se plier volontiers à une fin supérieure.

VI. — CLASSIFICATION DES QUATRE SÉRIES PRINCIPALES DE CENTRES NERVEUX.

« Si nous examinons de près le système nerveux de l'homme, nous devons y distinguer tout d'abord différents centres nerveux :

« 1° Les centres primaires, ceux de la *pensée*, qui sont formés par la substance grise des circonvolutions des hémisphères.

2° Les centres secondaires, ceux de la *sensation*, que constituent les amas de substance grise entre la décussation des pyramides et la base des ventricules latéraux.

3° Les centres tertiaires ou centres de l'activité *réflexe*, composés surtout par la substance grise de la moelle épinière.

4° Les centres *organiques* (de la vie végétative), qui appartiennent au système nerveux du grand sympathique. Ces centres sont formés d'un grand nombre de tissus ganglionnaires, qui sont surtout répartis dans l'intestin, et que des filets conducteurs relient entre eux et avec la moelle épinière. »

« Chacun de ces centres est *subordonné* au centre qui lui est immédiatement supérieur; mais il *possède aussi le pouvoir* de produire *spontanément* et d'exécuter certains mouvements, sans l'intervention des centres supérieurs. L'organisme est ainsi disposé, qu'en ses différentes parties une activité locale tout à fait indépendante se concilie avec l'action dirigeante d'une force supérieure. Une cellule ganglionnaire du sympathique coordonne les fonctions des divers éléments des tissus de l'organe où elle est placée, et représente ainsi l'individuation sous sa forme la plus simple. Les ganglions de la moelle épinière coordonnent, à leur tour, les fonctions des divers centres organiques de la vie végétative, et produisent des mouvements qui tiennent une place considérable, bien que subordonnée, dans la vie animale : on découvre là une forme plus étendue et plus élevée de l'individuation. Les centres de la moelle sont, de la même manière, subordonnés aux centres sensoriels; et ceux-ci, à leur tour, soumis au contrôle des hémisphères, et spécialement de la volonté : c'est ici que le principe d'individuation se manifeste sous sa forme la plus haute (*Maudsley*, 53-54). »

La classification qui précède donne lieu à deux remarques : la première, qu'il vaudrait mieux intervertir l'ordre des membres, et donner aux ganglions végétatifs le nom de « centres primaires »; la seconde, qu'appeler les centres de la moelle du nom de centres réflexes, c'est une dénomination trompeuse, qui ferait croire que les autres centres, ceux de la vie végétative, de la sensation et de la pensée agissent autrement que par des mouvements réflexes; et nous avons déjà établi le contraire. Il faut affirmer, en outre, que les divers centres des cellules ganglionnaires ne présentent que des différences de degré, lesquelles sont dues à la différenciation progressive dans la série animale des propriétés générales de toute cellule ganglionnaire. Ces propriétés générales persistent en chaque cellule, malgré les caractères spéciaux qu'elle a revêtus, en se développant dans une direction exclusive. Les cellules ganglionnaires, comme les filets nerveux, sont douées d'énergies spécifiques, si l'on entend par là les dispositions, développées en elles, à certaines fonctions déterminées. Mais, pour les unes comme pour les autres, cette spécification est purement relative, non absolue. Toujours elle se renferme dans les limites que lui tracent les propriétés communes des cellules ganglionnaires : la faculté de ressentir l'excitation et de réagir contre elle, en d'autres termes la perception et la volonté.

A ce caractère relatif des énergies spécifiques des cellules ganglionnaires correspond la transformation progressive plutôt que subite des centres d'une espèce en ceux d'une autre. Si les ganglions du cœur, qu'on a enlevé à une grenouille, continuent d'y produire des pulsations pendant encore une heure, et à réagir contre les excitations par une contraction rhythmée, c'est en réalité plutôt à la place différente qu'ils occupent dans le corps qu'à la nature spéciale de leur énergie réflexe qu'ils doivent les différences qui les séparent des centres inférieurs de la moelle épinière. Entre la moelle épinière et les ganglions sensoriels du cerveau, la moelle allongée forme en quelque sorte un échelon intermédiaire. Par l'histoire de son développement, elle se rattache sans doute au cerveau ; mais ses fonctions la rapprochent bien plus étroitement de la moelle épinière. L'étendue de la sphère d'innervation motrice, qui croît à mesure que l'on s'élève dans la moelle épinière, est frappante surtout dans la moelle allongée.

Les réflexes de ce dernier centre se distinguent surtout des autres réflexes de la moelle par une combinaison plus intelligente de nombreux mouvements en vue de réaliser des effets déterminés. « La combinaison y consiste souvent dans une régularisation spontanée, qui repose sur l'action réciproque de plusieurs mécanismes réflexes (*Wundt*, 178). » Dans la moelle épinière, les cellules ganglionnaires à des hauteurs différentes sont assez régulièrement réparties dans les quatre colonnes de la substance grise. C'est seulement dans la moelle allongée que cette répartition régulière disparaît. Des groupes plus considérables de cellules ganglionnaires s'y agrégent pour former des noyaux distincts et isolés de leur voisinage immédiat, lesquels sont reliés entre eux, comme avec les autres centres supérieurs et inférieurs, par des filets conducteurs. Des noyaux de ce genre président à des processus compliqués de mouvements : la régularisation des pulsations cardiaques et des mouvements respiratoires, par exemple, sont des fonctions rhythmées et durables, assez semblables à celles des ganglions végétatifs (comme celles d'où résultent les mouvements de l'intestin, la tonicité des vaisseaux). L'union de deux ou plusieurs centres réflexes entre eux rend possible une action alternante, par exemple, celle d'un centre d'inspiration et d'un autre d'expiration (181). La première est (comme la plupart des fonctions soi-disant automatiques des centres inférieurs) provoquée par l'excitation du sang insuffisamment aéré; la seconde par la sensation du gonflement des poumons, laquelle est transmise par les nerfs sensibles (W., 177.) Wundt admet de même l'existence dans la moelle allongée de centres spéciaux pour accélérer les pulsations du cœur, les ralentir ou les arrêter, pour dilater ou resserrer les vaisseaux (185), pour vomir, avaler, enfin pour tousser et éternuer; et tous ces actes conduisent par transition aux réflexes par imitation du rire, des pleurs, du sanglot (176 et 178). Ces derniers mouvements résultent de l'action combinée des réflexes des ganglions sensoriaux avec ceux de la moelle allongée.

Les centres que Maudsley réunit sous le nom de centres sensoriels (quoique ce nom ne convienne pas très-bien au cervelet qu'il comprend dans la même classe), constituent, chez beaucoup d'espèces d'animaux inférieurs, chez qui le cerveau antérieur (ou les hémisphères) se réduit essentiellement au rôle de ganglion olfactif, le degré le plus élevé du développement du système nerveux, et suffisent parfaitement aux besoins de la vie. Ces animaux exécutent leurs mouvements à peu près avec la même sûreté et accommodent leurs actes avec la même intelligence aux circonstances extérieures perçues par leurs sens, que fait un homme somnambule, chez qui les fonctions des hémisphères sont complétement suspendues (*M.*, 281). « Trousseau raconte qu'un jeune musicien, atteint du vertigo epileptica, était souvent pris, pendant qu'il jouait du violon, par des accès dont la durée n'était pas moindre de 10 à 15 minutes. Il perdait entièrement la conscience pendant tout ce temps, et ne voyait ni n'entendait son accompagnateur : il continuait pourtant de jouer pendant tout le cours de l'accès. » (*M.*, 69). Il en est de même de l'aptitude de quelques idiots à acquérir par l'effet d'une longue éducation certains talents qu'ils finissent par exercer avec une habileté surprenante (M., 69). Si l'on enlève à un rat les deux hémisphères avec les corps striés et les couches optiques, on le voit, toutes les fois qu'on imite le miaulement perçant et bref du chat, faire un saut pour s'enfuir (*M.*, 93). Les mammifères ou les oiseaux, sur lesquels on a pratiqué l'ablation des parties situées au-dessus des tubercules quadrijumeaux, suivent de la tête les mouvements d'une chandelle allumée : ils perçoivent donc encore les impressions lumineuses. Des grenouilles, auxquelles on a fait la même opération, et qu'on a provoquées à des mouvements de fuite par des excitations faites sur leur peau, savent éviter l'obstacle qu'on place sur leur chemin (*Wundt*, 104).

Tout cela montre qu'en dehors de la perception des impressions sensibles par la conscience des grands hémisphères, la perception peut encore résulter d'une conscience particulière et indépendante de la précédente, celle des ganglions sensoriels. Maudsley le reconnaît expressément et l'affirme d'une façon très-décidée. On doit seulement distinguer entre la perception qui appartient à la sphère de l'intelligence où se rencontre la conscience de soi, et la perception dans la sphère de l'activité sensorielle à laquelle n'est donnée que la simple conscience (*Maudsley*, 102). De la même façon on doit admettre l'existence dans la sphère sensitive motrice d'une volonté qui n'a pas plus besoin d'être consciente que l'impression sensible qui la motive. Maudsley admet que la maladie des ganglions sensoriels produit un « délire sensoriel » (277), où les hallucinations des sens et la réaction maladive produisent un état pathologique que caractérise l'impuissance de la conscience cérébrale, qu'elle y soit suspendue, ou qu'elle persiste à résister vainement à la volonté des ganglions sensitivo-moteurs. Il faut donc regarder comme la manifestation d'une volonté l'action ganglionnaire, que la perception sensible a motivée, qui entre en conflit avec la volonté des hémisphères, et qui sort victorieuse de cette lutte (1).

Nous arrivons à la même conclusion, si nous comparons cette activité sensitivo-motrice de l'homme et des animaux supérieurs avec l'activité psychique des animaux, dont le système nerveux ne s'élève pas en général au-dessus des centres sensoriels. Si nous ne pouvons refuser une volonté à ces animaux, nous ne le pouvons pas davantage à l'activité des ganglions sensoriels chez l'homme. J'en dirai autant de la finalité des réflexes sensitivo-moteurs. Les animaux, auxquels on ne saurait refuser la perception et la volonté, témoignent d'une convenance trop évidente dans leurs rapports avec le monde extérieur, pour qu'on puisse douter de la présence en eux d'une intelligence. Sans doute cette intelligence n'est pas encore capable de former des pensées abstraites ou de s'élever à la conscience du moi; mais elle est comme l'antécédent de l'intelligence manifestée par les grands hémisphères chez les animaux supérieurs.

La comparaison de ces actions réflexes avec les actes connus, et qui témoignent en partie d'une intelligence très-développée chez les somnambules, nous apporte sur ce

---

(1) Dans des exemples de ce genre, on peut dire souvent que le fou a eu pleinement conscience de la différence du bien du mal et des conséquences de ses actions; mais qu'il était malgré cela hors d'état de défendre sa volonté malade des excès pathologiques; qu'il ne saurait donc être rendu responsable des actes commis dans ce cas. La législation des divers pays aurait besoin d'être modifiée, relativement à la question controversée de l'irresponsabilité.

point de précieux éclaircissements. Chez les unes et les autres, on observe la persistance des impressions, c'est-à-dire la mémoire. Mais il leur manque également ce degré de la réflexion, qui est nécessaire à la recognition, c'est-à-dire au souvenir conscient. La mémoire ne s'y manifeste pas tant par l'intelligence que par la volonté : elle y sert surtout et exclusivement à faciliter la liaison de la perception et de la réaction volontaire. Cette mémoire contribue à rendre plus facile et plus sûr l'instinct ; et c'est à l'instinct qu'il faut rapporter les actes les plus nombreux et les plus importants de la vie chez l'homme comme chez l'animal. Chez les somnambules aussi, dont l'accès est périodique, on remarque des traces incontestables de mémoire. Ils reprennent les travaux qu'ils avaient laissés inachevés lors de l'accès précédent, juste au point convenable ; et montrent en les menant à bonne fin qu'ils ont eu conscience des rapports de ce qu'ils font avec ce qu'ils ont fait précédemment. Mais la conscience des hémisphères ne saurait garder naturellement aucun souvenir de ce que l'intelligence des ganglions cérébraux a exécuté pendant le sommeil somnambulique : puisque, pendant que celle-ci agissait, la première était *comprimée*, et ne pouvait par conséquent conserver aucun souvenir.

Même dans les fonctions psychiques des centres sensoriels, on observe comme dans celles des centres de la moelle épinière que l'activité consciente et l'activité inconsciente de l'âme agissent simultanément. Je rappelle seulement à ce sujet que la plupart des instincts animaux appartiennent à l'activité sensitivo-motrice, par exemple, les instincts constructeurs. Comment, lorsqu'on entend l'oiseau chanteur répéter constamment la mélodie et le rhythme du chant de son espèce, échapper à la tentation de le comparer au musicien épileptique, qui continue de jouer sur son violon pendant la durée de son accès le morceau qu'il a appris. Il y a cette différence toutefois que l'oiseau chanteur perçoit son chant et en jouit avec la conscience de ses hémisphères, tandis que l'épileptique en est incapable.

Il ne sera pas nécessaire de répéter à cette place les raisonnements du paragraphe précédent, qui reçoivent seulement ici une évidence plus grande. Les cellules ganglionnaires des centres sensoriels agissent aussi par une action réflexe et mécanique : mais elles ne témoignent pas pour cela d'une moindre finalité; au contraire, elles manifestent une finalité d'autant plus grande que leur sphère d'innervation motrice et leur aptitude interne à absorber et à transformer les perceptions sont plus grandes que dans les cellules de la moelle épinière. L'activité interne et spirituelle dans les centres sensoriels correspond exactement à la mécanique externe des mouvements moléculaires. Leur conscience est d'autant plus riche et plus distincte, que les impressions qui leur sont transmises par les *nerfs des sens* supérieurs sont plus variées et plus nettes que celles que les centres de la moelle reçoivent des nerfs sensibles du *corps*; et que les centres sensoriels sont plus capables de modifier les perceptions que les centres de la moelle. Ce développement supérieur de la finalité du mécanisme externe et du mécanisme intellectuel, n'est que la double manifestation phénoménale d'une fin supérieure (inconsciente), qui détermine la vie individuelle de l'organisme correspondant. Dans un cas comme dans l'autre, la réaction de la volonté contre le motif, le travail exécuté sur les impressions par l'action combinée de nombreuses cellules, la modification intelligente de la fonction qui, en se répétant, amène des dispositions convenables dans l'organe, se produisent comme autant de phénomènes inconscients. Ces trois manifestations supérieures de l'individu organico-psychique, qui ne sont au fond qu'une seule et même activité vue de trois côtés différents, constituent essentiellement l'individualité de l'organe. On pourrait les nommer l'actualité de sa fin individuelle, ou, ce qui revient au même, la fonction téléologique de la substance métaphysique, dont les phénomènes psychiques-internes et externes ou matériels de l'organe individualisé sont les accidents ou les modes.

Ce serait une grave erreur de croire que cette prédominance de l'activité psychique inconsciente dans les centres nerveux constitue une différence spécifique entre elle et l'activité des hémisphères. Ce qui augmente dans les hémisphères, c'est essentiellement le travail accompli sur les perceptions. En langage physiologique, cela revient à dire que la route, que l'excitation doit parcourir dans cet organe depuis le moment de son entrée jusqu'à ce qu'elle aboutisse à se décharger par une réaction motrice, est bien plus longue dans les hémisphères. En passant d'une cellule à l'autre l'excitation produit dans chacune un réflexe nouveau (perception et réaction). Elle produit ainsi une série d'idées conscientes qui s'enchaînent et constituent la réflexion discursive, laquelle se déroule entre la perception sensorielle et la réaction correspondante et détermine la constitution de la dernière. Mais le nombre absolu des éléments conscients de ce processus ne rend pas plus intime le rapport de ce nombre à celui des actes correspondants de l'Inconscient. Le processus qui fait passer l'excitation d'une cellule à une autre est un processus réflexe, qui se produit en soi d'une façon inconsciente. Cela est vrai aussi de l'absorption de l'excitation par la cellule, et de sa transformation en perception consciente. La marche de la réflexion discursive est inconsciente ; et ce sont seulement en quelque sorte les empreintes de ses pas qui sont saisies par la conscience. Il est rare que ces empreintes soient toutes assez fidèlement marquées, pour qu'on puisse y reconnaître chacun des pas de la réflexion. La plupart du temps, il faut admettre entre eux un plus ou moins grand nombre de sauts faits par l'activité inconsciente de l'âme : les éléments de la liaison logique ne sont alors qu'implicitement contenus entre les moments conscients.

Le développement qu'ont reçu en partie ces idées dans la seconde partie a été si souvent mal interprété par les savants comme une spéculation mystique, que je suis heureux de pouvoir les confirmer par les vues que l'empiriste anglais Maudsley a tirées de sa pratique de psychiatre et de ses observations psychologiques. Le témoignage sera d'autant moins suspect aux savants que Maudsley lui-même incline au matérialisme, et cherche à donner une explication matérialiste des faits que lui a fournis son observation psychologique. Il n'y réussit pas partout sans doute à son gré, surtout dans les cas les plus importants : nous l'avons déjà montré par un exemple.

L'existence d'une vie inconsciente de l'âme est considérée par Maudsley comme une vérité incontestable. Voici ce qu'il dit : « C'est une vérité qu'on ne peut affirmer avec trop d'insistance, à savoir que la conscience et l'âme ne sont pas des concepts d'une égale extension (15). » Et il ajoute : « La partie la plus considérable de l'activité de l'âme, le processus essentiel d'où la pensée dépend, consiste dans une activité inconsciente (19). » « Un homme, dont le cerveau fait sentir sa présence à la conscience n'est pas sain; et une pensée, qui est consciente d'elle-même, n'est pas une pensée saine (21). » « Une conscience active est toujours nuisible à la pensée la meilleure et la plus féconde. Le penseur, qui fait attention à la suite de ses pensées, pense avec peu de succès. Le véritable penseur n'a conscience que des mots qu'il prononce ou qu'il écrit. Les pensées sont élaborées chez lui par l'action inconsciente de l'organisme cérébral, et surgissent d'une profondeur impénétrable à la lumière de la conscience. La réflexion résulte en fait de l'activité réflexe des cellules ganglionnaires du cerveau dans leurs rapports mutuels. Elle est la réaction d'une cellule contre l'excitation qui lui vient d'une cellule voisine, et la communication de l'énergie de la cellule ainsi excitée à une autre cellule, en d'autres termes sa réflexion (126). » « Le cerveau ne reçoit pas seulement des impressions conscientes (1); il les enregistre, en quelque

---

(1) Cela signifie ici seulement que de telles impressions peuvent rester au-dessous de la limite de la conscience générale des deux hémisphères; mais elles ne peuvent produire d'effet que si elles dépassent la limite de la cons-

sorte, sans le concours de la conscience, travaille d'une façon inconsciente sur ces matériaux, réveille, sans que la conscience en sache rien, les traces cachées de cette activité; il réagit encore comme un organe doué de vie organique fait contre les excitations intérieures, qu'il reçoit sans en avoir conscience des autres organes du corps (19). »
« Le processus de l'association des idées non-seulement se déroule indépendamment de la conscience; mais l'identification ou le mélange intime des idées semblables ou des éléments semblables que présentent des idées différentes se fait sans que la conscience exerce aucun contrôle ou même en ait la moindre connaissance (17). » « La conscience de l'écrivain est tout entière au travail de la plume, à la mise en forme des propositions; mais, en même temps, les fruits de l'activité inconsciente de l'âme, qui ont mûri sans conscience, sortent de profondeurs inconnues et font leur apparition dans la conscience, dont toute l'œuvre consiste alors à les revêtir des formes appropriées du langage (16). »
« Si l'activité cérébrale d'un individu s'exerce régulièrement, si elle a reçu la culture convenable, les résultats de cette activité cachée se révèlent soudainement à la conscience et ressemblent souvent à des intuitions immédiates. Elles paraissent indépendantes de l'esprit de l'individu et provoquent son propre étonnement, comme font les songes, dont se montre surpris l'esprit lui-même qui les a produits 17. » « Les meilleures pensées d'un auteur sont habituellement celles qu'il n'a pas voulues, et qui le surprennent lui-même; et le poète, dont les créations sont vraiment inspirées, n'est, en tant que producteur conscient, que l'instrument d'une activité inconsciente. Si nous y réfléchissons, nous verrons qu'il en doit être ainsi. Les produits de l'activité créatrice, s'ils dépassent les œuvres précédentes du poète, sont inconnus de leur auteur, avant qu'il les ait

cience de la cellule correspondante. Maudsley ne fait pas cette distinction, parce qu'il ne voit pas assez nettement qu'une excitation pour être perçue a besoin d'être perçue par une conscience déjà éveillée, ou d'en éveiller une.

enfantés; ils ne peuvent être les résultats d'un acte déterminé (conscient) de volonté; car l'acte de volonté n'est possible qu'autant qu'on se fait déjà une idée de ce que l'on veut (18). » « Il arrive parfois qu'une intelligence ainsi disposée s'applique à trouver l'explication d'une série nouvelle de faits, et que la loi qui les régit se révèle d'elle-même tout à coup comme par un éclair d'intuition à l'esprit qui la cherche, bien qu'il n'ait fait encore qu'un nombre relativement restreint d'observations. L'imagination (1) devance avec succès les lents résultats d'une recherche patiente et méthodique, répand sur les ténèbres la lumière de la vérité, et en projette l'éclat sur les relations demeurées obscures, sur les combinaisons les plus compliquées des phénomènes. C'est ainsi qu'un esprit bien doué et bien cultivé révèle l'harmonie inconsciente qui existe entre la nature et lui. Les œuvres les plus éclatantes du génie apparaissent ainsi indépendantes de toute conscience et de tout effort. Ce n'est pas la croissance, c'est seulement le choix et l'usage des aliments qui dépendent de la volonté (197). » « De même que l'enfant n'a aucune conscience de son moi, ainsi l'homme à son plus haut développement, comme il nous apparaît chez les plus grands hommes de notre nation, semble être également inconscient de son moi; il a la sympathie profonde et innée de l'enfant pour toutes choses, et se développe avec la même inconscience et le même bonheur que lui (32). » « Les règles et les méthodes sont nécessaires au commun des mortels, dont c'est la tâche de travailler en commun à rassembler et à coordonner des matériaux. Le génie est un architecte, dont l'art, comme celui de la nature, a sa méthode propre et inconsciente. C'est la destinée naturelle et non la faute de la chenille, qui la condamne à ramper; c'est la destinée et non le libre choix du papillon qui le pousse à voler (33). » « Ce n'est pas en se tourmen-

(1) « Si l'imagination est une des formes du développement de l'organisme spirituel, l'imagination raisonnable du philosophe et du poète est la fleur la plus élevée du développement organique, et ses créations, comme celles de la nature, sont inconscientes (194). »

tant par de pénibles efforts, en sondant péniblement dans les profondeurs de sa conscience, que l'homme fait naître en soi le génie. Comme le fruit mûr d'un développement nconscient, le génie se montre au temps convenable, et surprend agréablement la conscience, et vient de temps en temps secouer le sommeil d'un siècle (1). » (35)

Si un tel génie apparaît tout à coup au temps convenable, dans une harmonie inconsciente avec la nature entière, et montre par son développement qu'il s'est nourri des idées que les autres ont à l'avance préparées à l'aveugle pour lui : on devra considérer un tel processus comme un processus inconscient au sens le plus élevé du mot. Maudsley, comme on doit bien s'y attendre, ne croit pouvoir l'expliquer qu'en recourant à un dessein impénétrable du créateur. En d'autres termes les processus psychiques inconscients manifestent d'autant plus clairement l'insuffisance de toute tentative d'explication, que nous nous élevons plus haut dans l'échelle des centres organiques (qu'ils soient placés à l'intérieur d'un seul et même organisme, ou qu'ils soient répartis entre les individus aux dispositions diverses, dont se compose l'humanité). Comme les différences ne sont pas essentielles, mais tiennent seulement au degré inégal de développement des dispositions primordiales communes à toutes les cellules ganglionnaires, cette conséquence doit servir à mieux faire entendre les processus réflexes les plus simples, qui se déroulent dans la cellule ganglionnaire.

---

(1) Il est amusant et attristant tout à la fois de contempler la douloureuse surprise du savant, son indignation jalouse, son cri de douleur, quand le grand résultat final que lui et ses compagnons de travail ont préparé si patiemment, bien que tout à fait à leur insu, quand le génie du siècle, dont il a aidé le succès, se révèle soudainement et réalise tout d'un coup la grande révolution du monde. Il est amusant de voir que le patient travailleur ne prévoyait pas le résultat auquel il travaillait ; attristant de voir sa personnalité sacrifiée ainsi, et toute la peine qu'il a dépensée à son œuvre personnelle disparaître dans le produit total où concourent les recherches et les pensées des esprits les plus divers, et qui, en même temps qu'il témoigne de l'unité du développement suivi par eux, ne se traduit que par la simple épigénèse, c'est-à-dire par le nombre naturellement croissant de ses facteurs générateurs.

VII. — DE LA FORME DES PARTIES DU CERVEAU ET DE SA SIGNIFICATION

La signification morphologique des diverses parties du cerveau a reçu des recherches simultanées de l'embryologie et de l'anatomie comparée une évidence incontestable, et a été constatée pour la première fois par Baer. Chez les vers inférieurs, par exemple les turbellaires, tout le système nerveux central consiste dans la paire supérieure des ganglions pharyngiens, d'où partent des filets nerveux qui rayonnent vers les diverses parties du corps; chez les annélides et les articulés, le nœud pharyngien supérieur s'élargit en un anneau pharyngien, qui, à son tour, s'allonge en moelle abdominale. Chez les larves des ascidies, chez l'amphioxus et les vertébrés, le nœud pharyngien supérieur s'allonge au contraire en moelle épinière. Chez la larve de l'ascidie et l'amphioxus, la moelle épinière est encore un cordon simple, uniforme, dont l'extrémité antérieure paraît semblable à l'extrémité postérieure. Il faut l'examiner attentivement pour y découvrir à la partie antérieure une faible protubérance vésiculaire. Chez les cyclostomes (Myxine et Petromyzon), cette vésicule se gonfle en forme de poire, à mesure que l'embryon se développe, et constitue ainsi l'origine du cerveau des vertébrés. Elle se différencie ensuite en se décomposant en une série de vésicules placées en ligne droite les unes derrière les autres. Ce processus d'étranglement se reproduit dans le développement embryonal de tous les vertébrés sans exception.

Trois parties se développent tout d'abord : le cerveau antérieur, le cerveau moyen et le cerveau postérieur (chez les vertébrés supérieurs, l'ampoule des hémisphères, les tubercules quadrijumeaux et le cervelet). Le premier se présente alors comme ganglion olfactif, le second comme ganglion visuel, le troisième comme ganglion auditif. Mais la différenciation s'accuse bientôt davantage. Du cerveau antérieur se détache le cerveau intermédiaire (couches optiques); et du cerveau postérieur, l'arrière-cerveau (moelle allongée). Le premier de ces organes peut être défini comme un organe plus délicat pour les perceptions du toucher; et le dernier constitue le centre automatique par lequel sont régularisées les fonctions compliquées de l'organisme qui sont nécessaires à la vie. Chez les cyclostomes ces cinq parties sont disposées en ligne droite les unes derrière les autres; elles ont à peu près la même importance, et se conservent sans modification essentielle. Les poissons cartilagineux présentent surtout un développement sensible du cerveau moyen et de l'arrière-cerveau; les vertébrés supérieurs, au contraire, celui du cerveau antérieur et du cerveau postérieur : le premier y recouvre entièrement le cerveau intermédiaire et moyen, le second l'arrière-cerveau. Une différence de même nature se remarque entre les reptiles et les oiseaux, d'un côté, et les mammifères, de l'autre. Chez les premiers, le cerveau moyen et la partie moyenne du cervelet sont relativement assez développées; chez les derniers, le cerveau antérieur se développe de plus en plus au détriment de toutes les autres parties, au point qu'il finit, chez les singes et chez l'homme, par recouvrir entièrement le cerveau postérieur (1).

Dans le cerveau humain, au cerveau antérieur appartiennent les deux grands hémisphères, le corps strié, le corps calleux, la voûte; au cerveau intermédiaire, la couche optique, et les autres parties qui entourent le troisième ventricule, avec l'infundibulum et le conarium; au cerveau moyen, les tubercules quadrijumeaux, l'aqueduc de Sylvius; au cerveau postérieur, les hémisphères cérébelleux et le ver moyen; à l'arrière-cerveau, la moelle allongée avec le sinus rhomboïdal (ou quatrième ventricule), les pyramides, les olives, etc. Les fonctions originaires des cinq parties se sont conservées sans modification pour le cerveau

---

(1) Voir Hœckel, *Anthropogénie*, p. 514-520.

intermédiaire, le cerveau moyen et l'arrière-cerveau. Au contraire, le cerveau postérieur ou cervelet a déjà considérablement étendu sa sphère d'action chez les amphibies et les mammifères inférieurs. Le cerveau antérieur, ou les hémisphères cérébraux, prend chez les mammifères supérieurs une si grande importance pour toutes les facultés perceptives, que sa destination originelle comme centre olfactif n'est plus remplie que par une partie très-restreinte de son volume.

D'après les expériences de Gudden, le cerveau d'oiseaux nouveau-nés, auxquels il avait enlevé les yeux, cessait de se développer; chez les lapins, au contraire, le développement du cerveau n'était pas arrêté par cette opération. Cela montre combien est importante pour la vie intelligente de l'oiseau l'action favorable que le sens de la vue exerce sur le fonctionnement des tubercules quadrijumeaux, si on compare l'oiseau aux mammifères. Qu'on fasse, au contraire, la section du nerf olfactif aux chiens nouveau-nés, ils deviennent incapables de développer leur intelligence ou leur sensibilité; il font l'impression d'individus indifférents et sans intelligence : on voit combien la vie intelligente de ces mammifères dépend du sens olfactif.

Si nous considérons maintenant que l'intelligence développée par le cerveau intermédiaire et le cerveau antérieur ne présente, comme nous l'avons vu dans la partie précédente, que des différences de degré, le hasard semblerait dans une certaine mesure avoir fait que le cerveau antérieur ou le ganglion olfactif, et non pas les ganglions tactiles, visuels ou auditifs, ait atteint un si haut développement chez les animaux supérieurs. Les groupes de cellules ganglionnaires, en effet, qui se sont réunis au ganglion olfactif primitif, sont devenus comme un centre universel, où non-seulement l'organe olfactif, mais encore les autres organes de sens, et presque toutes les parties du corps et les centres inférieurs trouvent une sorte de représentation centrale. Ce ne serait pas expliquer suffisamment le fait en question que d'insister sur l'importance vitale de l'organe olfactif. Il semble préférable de faire remarquer que le cerveau antérieur est comme le pôle opposé de la moelle épinière et de la moelle allongée; que, par rapport au point central ou au centre de gravité du système nerveux central, il est placé justement à la périphérie. Cette remarque, en apparence paradoxale, cache pourtant un sens profond. De même que le système nerveux dans sa totalité dérive, au point de vue du développement spécifique et embryonnal, du feuillet épidermique et sensitif, c'est-à-dire de la périphérie extrême de l'organisme; ainsi la partie du système nerveux central, qui donne naissance au centre spirituel de la conscience de soi, doit avoir la nature d'un organe périphérique pour l'organisme comme tel et pour sa vie organique.

Pour l'organisme comme tel le centre de gravité du système nerveux central n'est placé ni dans la moelle épinière trop peu active, ni dans les deux grands hémisphères, dont l'activité intelligente et consciente accuse une finalité qui dépasse les fins immédiates de la vie organique; mais dans les parties situées entre le cerveau antérieur et la moelle épinière. Ce sont elles qui président à tous les processus réflexes de l'organisme, et accommodant ses diverses fonctions vitales aux circonstances extérieures d'après les indications des perceptions sensibles. Ce fait trouve son expression anatomique dans cet autre, que dans les ganglions cérébraux et la moelle épinière, les groupes de cellules ganglionnaires se disposent en masses centrales de moelle et envoient des filets conducteurs vers la périphérie; tandis que dans les hémisphères grands et petits la masse grise forme une couche corticale externe, vers laquelle convergent les filets conducteurs qui émergent des parties centrales du cerveau dans des sens opposés. Cette opposition n'est pas encore clairement manifeste dans le cerveau plus compacte ou moins creux des poissons et des amphibies. Ici, la masse entière des hémisphères est encore mêlée avec la substance grise qui est répartie très-irrégulièrement; on a comme le degré intermédiaire entre la forme nucléaire et la forme corticale. Les hémisphères cérébelleux présentent, au contraire, chez les poissons, la séparation plus manifeste de la couche corticale d'avec le noyau. (Voir *Wundt*, 55-56. Rem.) Le développement du cervelet, qui l'emporte sur celui du cerveau, montre que le premier chez ces animaux est destiné à remplir des fonctions d'ordre supérieur à celles du second.

Après avoir, dans les chapitres III et suivants, exposé très-brièvement les fonctions de l'arrière-cerveau ou de la moelle allongée, passons maintenant à l'examen détaillé des quatre autres parties du cerveau.

VIII. — LES CENTRES DES SENS QUI FORMENT L'ESPACE.

La fonction du cerveau moyen ou des tubercules quadrijumeaux (qu'on appelle encore bijumeaux, *lobes optici*, chez les vertébrés inférieurs) est de toutes les parties du cerveau la plus anciennement et la mieux connue. Dans tout le règne animal le développement des tubercules quadrijumeaux correspond à celui du sens de la vue et autorise à conclure que ce centre a pour mission de transformer les impressions visuelles, et de provoquer par une action réflexe les mouvements qui sont en rapport avec les impressions visuelles. La destruction des tubercules quadrijumeaux produit pour l'œil non-seulement la cécité, mais encore la paralysie des mouvements et de l'accommodation. On doit donc admettre que les perceptions visuelles n'arrivent aux deux hémisphères qu'après avoir été modifiées dans les tubercules; et que les mouvements qui sont motivés à la fois par l'action combinée des impressions de la vue et des autres sens partent seuls des deux hémisphères, tandis que les mouvements ou les modifications de processus moteurs de quelque durée, comme la marche, le vol, qui dépendent exclusivement des impressions visuelles, sont soumis essentiellement à la direction spontanée des tubercules. L'accommodation des yeux est réglée par les tubercules postérieurs ; leurs mouvements, par les tubercules antérieurs. D'après Adamük, l'irritation du tubercule droit antérieur produit la flexion à gauche des deux yeux ; celle du gauche la flexion à droite. L'irritation de la périphérie antérieure fait que les lignes visuelles sont horizontales, celle de la partie moyenne qu'elles s'élèvent et convergent, celle de l'extrémité postérieure qu'elles s'abaissent et convergent encore plus complétement (*Wundt* 147).

On ne connaît pas aussi exactement le rôle de la couche optique (improprement désignée par ce nom) ou du cerveau intermédiaire. Wundt (198) la considère avec raison comme un centre tactile par analogie avec le centre visuel, dont nous venons de parler, c'est-à-dire comme l'organe qui « associe physiologiquement les mouvements locaux aux sensations tactiles » (peut-être encore au sens musculaire ou à la sensation spécifique du mouvement musculaire). Les couches optiques fonctionnent aussi d'une manière indépendante de la volonté des hémisphères cérébraux, et exercent une direction spontanée. Il ne suit pas de là, sans doute, que la volonté des hémisphères ne puisse les utiliser, pour faire exécuter par elles sur son ordre des mouvements plus compliqués. En tout cas, les couches optiques doivent intervenir comme régulatrices dans tous les mouvements du corps, qui résultent d'ailleurs de l'action de la volonté cérébrale ; autrement le mouvement total et les mouvements partiels qui le composent sont absolument désordonnés. Nous devons donc régler les contractions particulières de nos muscles sur la place que les muscles en question occupent à chaque moment par rapport aux autres parties du corps ; mais cette place nous est connue à l'aide du sens du toucher. Que cet intermédiaire nous manque, le sens de la vue peut tout au plus se substituer à celui du toucher, comme chez celui qui souffre d'une phthisie de la moelle épinière, et chez qui la sensibilité tactile des membres inférieurs est complétement abolie, ou chez une femme atteinte d'une anesthésie du bras, qui laissait tomber l'enfant qu'elle portait sur ce bras lorsqu'elle détournait de lui son regard. La substitution du sens de la vue à celui du toucher est ici toujours imparfaite, et n'a jamais la sûreté de direction des réflexes immédiats, que les couches optiques produisent sous l'action du dernier des deux sens. Si les couches optiques sont blessées sur un côté, la coordination réflexe des mouvements est détruite, principalement pour une moitié du corps. On voit les muscles d'une moitié du corps fonctionner régulièrement, tandis que ceux de l'autre moitié deviennent tout à coup impuissants, et semblent frappés de paralysie sans être réellement paralysés. Il en résulte une absence de symétrie dans les mouvements, qui ont une tendance à produire la rotation du corps, le phénomène qu'on appelle « mouvement de manége ». (Voir 196-199.) On reconnaît l'absence d'une véritable paralysie à ce fait que le désordre des mouvements cesse avec le temps, et que la volonté des hémisphères apprend à corriger les faux mouvements. Les mouvements réguliers de suite, que les lapins et les grenouilles exécutent après l'ablation des hémisphères et des corps striés, à chaque irritation de la peau, pourraient être rapportés aux couches optiques comme à leur centre. Ce qui semble confirmer cette hypothèse, c'est qu'une grenouille dans cet état, après la lésion des couches optiques, exécute son mouvement de fuite par une série de mouvements de manége.

La proximité des tubercules quadrijumeaux et des couches optiques, les voies de communication qui s'observent entre eux, le fait que chez les vertébrés inférieurs (comme les grenouilles) les couches optiques sont très-peu développées et que leurs fonctions sont remplies en partie par les tubercules, paraissent indiquer que les deux centres sont étroitement associés; et cette correspondance rappellerait celle des sens de la vue et du toucher. Ces deux sens sont, en effet, les seuls sens étendus, c'est-à-dire les seuls qui étendent dans l'espace leurs sensations. Il ne me paraît pas déraisonnable de croire que la fusion dans la pensée de l'étendue tactile et de l'étendue visible, d'où résulte l'étendue unique du champ de nos perceptions, cette fusion que nous sommes habitués à faire par un raisonnement inconscient, pourrait avoir ici un fondement physiologique semblable à celui que constitue le chiasma des nerfs optiques pour la fusion du champ visuel de l'œil droit avec celui de l'œil gauche en un champ unique de la vision. Il n'est pas non plus invraisemblable que l'union des tubercules avec les couches optiques peut aider à diriger spontanément certains mouvements, qui se produisent comme réflexes à la suite de perceptions externes, où les sensations de la vue et du toucher sont combinées.

Ces hypothèses cesseront presque complétement d'étonner, si l'on se rappelle que la moitié gauche des tubercules *ne perçoit* que la moitié gauche de *l'image* de la vision binoculaire; et la moitié droite, seulement la moitié droite correspondante de la même image. Les deux moitiés de l'image ne peuvent, sans la coopération des deux moitiés de l'organe, se fondre en une image unique et totale. Les suppositions dont il s'agit sont encore justifiées par cette considération que la position des diverses parties du corps dans l'espace demande encore pour être réglée le concours d'un second organe, le cerveau postérieur ou le cervelet. Sans doute ce dernier est bien soumis à l'action des autres organes des sens (particulièrement ceux de l'ouïe, de l'équilibre, de la vue), mais il dépend surtout du sens du toucher. Ce développement du cerveau postérieur, qui ne se borne plus à sa fonction primitive comme ganglion auditif, explique pourquoi le cerveau intermédiaire ou les couches optiques peuvent rester moins développés chez la plupart des animaux, sans que l'organisme en souffre aucun dommage. Il serait contraire à l'idée que nous nous faisons de l'économie si parfaitement sage de l'organisme, que deux organes servissent à l'exécution d'une seule et même fonction. Nous admettrons plutôt que les perceptions du sens du toucher, auxquelles président les couches optiques, et celles qui se produisent dans le cervelet ont une application toute différente. Dans le cervelet, les impressions tactiles sont avant tout combinées avec celles du sens de l'équilibre, et servent à donner toute la perfection possible à la perception totale de la situation du corps entier et de chacune de ses parties dans l'espace. Les couches optiques paraissent travailler l'intuition de l'étendue tactile en vue de la perception des grands hémisphères, ainsi que font les tubercules quadrijumeaux pour l'intuition de l'étendue visuelle; et même fondre les impressions en l'impression unique d'une même étendue à la fois tactile et visuelle, avant de les communiquer aux hémisphères. Si cette explication est juste, on comprend pourquoi la conscience des hémisphères se sent hors d'état de séparer l'une de l'autre l'étendue tactile et l'étendue visuelle, après qu'elles ont été ainsi fondues ensemble. Pourtant la réflexion et l'abstraction montrent d'une façon indubitable que ces deux étendues sont distinctes et hétérogènes. Si la fusion des deux était le produit de l'activité des hémisphères, nous ne trouverions vraisemblablement aucune difficulté à séparer de nouveau les deux éléments dans notre intuition. Il en faut dire autant de l'impossibilité de ramener l'extension superficielle de la perception visuelle aux sensations élémentaires et non étendues qui la constituent. Puisque nous pouvons le faire, au contraire, pour la troisième dimension de l'espace ou pour la profondeur, cela prouve que l'intuition de la profondeur se forme en grande partie dans les hémisphères.

IX. — LE CERVELET.

La théorie des fonctions du cervelet laisse toujours place à quelques doutes. On a démontré l'inanité de l'hypothèse de Gall, qui le faisait servir spécialement aux fonctions sexuelles : c'est plutôt dans la moelle allongée qu'il faut chercher le centre qui préside à ces dernières. La correspondance qui s'observe dans toute la série animale entre le développement du système musculaire et celui du cervelet montre que cet organe contribue essentiellement à l'innervation énergique des muscles ; et que les muscles, dans l'état normal, tirent du cervelet une partie considérable de leurs excitations nerveuses. Cela n'autorise pas sans doute à considérer, avec Luys, le cervelet comme la source de toute innervation motrice : même après la destruction du cervelet, des mouvements très-énergiques peuvent être produits par tous les autres centres, qui suppléent ainsi jusqu'à un certain point à la perte du cervelet.

Ce que nous savons le plus sûrement du cervelet, parce que nous ne l'avons pas appris par des vivisections, mais parce que nous en avons fait l'expérience variée sur l'homme vivant, c'est que le cervelet est l'organe du vertige sous toutes ses formes. Le vertige peut résulter, soit de lésions restreintes de cet organe ; soit d'une simple pression, de l'action d'un courant galvanique qui le parcourt transversalement ; enfin de la perception d'images mobiles, même de la simple imagination de mouvements dont certaines perceptions visuelles suggèrent l'idée. Le vertige, on le sait, est indépendant de la volonté des grands hémisphères, ou du libre arbitre ; il se manifeste comme un trouble de la coordination involontaire qui préside aux mouvements du corps. Comme le trouble partiel de la fonction du cervelet produit des désordres partiels dans les sensations des deux yeux (le croisement des filets conducteurs est ici partiel de la même manière que dans les tubercules quadrijumeaux), il produit une représentation différente de la place occupée par l'œil et par suite un mouvement apparent des objets, qui cause, à son tour, lorsque le vertige s'accroît, l'obscurcissement du champ visuel. L'organe continuant de fonctionner et s'efforçant d'accommoder à ses sensations nouvelles l'attitude du corps, cette accommodation, si les sensations sont faussées par la maladie, doit conduire à des mouvements musculaires objectivement faux. Ce sont les mouvements de rotation, qui suivent tout vertige, bien que, aux degrés inférieurs du vertige, les impulsions nerveuses correspondantes qui proviennent du cervelet puissent être paralysées par les impulsions opposées du grand cerveau (*Wundt;* 207, 221).

Demandons-nous maintenant comment le ganglion auditif est devenu justement le plus important de tous les centres nerveux, qui servent à coordonner les mouvements du corps d'après la place qu'ils occupent dans l'espace. La réponse à cette question doit être cherchée peut-être dans ce fait, que le sens spécial de l'équilibre est très-étroitement associé à celui de l'audition; et que, pour cette raison, il devait être rattaché tout d'abord au même ganglion que le sens de l'ouïe, comme à son organe central. Ce sens de l'équilibre consiste dans les trois canaux à demi-circulaires que l'on peut regarder comme un manomètre pour la pression hydrostatique interne, selon les trois axes réciproquement perpendiculaires. La lésion de l'un d'eux amène à sa suite les mêmes phénomènes de vertige, les mêmes mouvements rotatoires, que la lésion du cervelet lui-même. Cet organe de l'équilibre nous sert d'abord à nous orienter sur l'attitude que la tête a prise par rapport à la direction de la pesanteur. Et, comme l'attitude du corps par rapport à la tête est déterminée par des sensations tactiles, le même organe nous sert à déterminer l'attitude générale du corps. Il est clair que ce sens de l'équilibre devait se développer dans la même mesure que le centre correspondant; et que ce développement corrélatif du cervelet devait consister dans le perfectionnement des dispositions réflexes qui servent à coordonner l'attitude du corps d'après la sensation de l'équilibre. Le développement du centre qui sert au sens de l'équilibre l'emporta bientôt dans le cervelet sur celui du centre qui sert au sens de l'ouïe; et, comme ce dernier n'avait pas tardé à trouver un second centre dans les hémisphères cérébraux, le centre de l'équilibre s'unit à d'autres auxiliaires pour remplir sa fonction, d'abord avec le cordon conducteur des nerfs du toucher général, en second lieu avec le sens de la vue.

Par cette correspondance on s'explique que les vertébrés vivant dans l'air et dans l'eau ont le cervelet plus développé que ceux qui vivent sur le sol. C'est que pour ramper et marcher, le sens du toucher, aidé par la superficie horizontale du sol, fournit des indications suffisantes, et rend moins nécessaire la coordination des mouvements à l'aide du sens de l'équilibre; tandis que, pour voler et surtout pour nager au fond de l'eau, le sens de l'équilibre est la base essentielle, sinon unique de la coordination.

Chez l'homme, l'union originelle du cervelet et du sens de l'ouïe se manifeste surtout par deux signes. Le premier, c'est que l'origine nerveuse de l'organe de l'ouïe n'est chez l'embryon qu'un développement de la vésicule du cerveau postérieur; le second, que le rhythme musical, perçu par l'oreille, provoque irrésistiblement des mouvements rhythmés. On ne se tromperait pas en définissant le cervelet le centre de la danse. Le fait qu'une troupe fatiguée est ranimée par les sons d'une musique guerrière, et se remet en marche avec une vigueur nouvelle, s'explique par cette considération que, à la place des hémisphères, des corps striés et des couches optiques fatigués, le cervelet, comme un organe frais, se charge, à son tour, d'innerver les muscles. Bien que presque tous les sens paraissent être représentés assez complétement dans le cervelet, la destruction de cet organe n'altère pas la perception sensible des hémisphères cérébraux. Cela prouve que les derniers ne recueillent, par l'intermédiaire du cervelet, aucune espèce de perceptions sensibles (même celles de l'ouïe), dans le même sens qu'ils recueillent les perceptions visuelles par l'intermédiaire des tubercules quadrijumeaux.

Les hémisphères cérébelleux sont, en dehors des hémisphères cérébraux, le seul centre où se soit développée une couche corticale de substance grise. Ce fait indique que le passage de la forme compacte de noyau à l'extension superficielle répond dans les deux cas au même but. Ce but ne peut-être que la correspondance des parties de la couche corticale aux diverses parties du corps. Un noyau compacte est plus fait pour rassembler dans son unité les impressions qui affluent de la périphérie. Mais, lorsqu'il s'agit d'exercer une action isolée sur les parties distinctes du corps, l'extension en superficie de la couche agissante convient à la distinction des parties auxquelles doit s'étendre l'innervation motrice, et vaut mieux que la forme compacte d'un noyau, où la séparation des parties ne peut être effectuée sans difficulté. Quoiqu'on n'ait pas réussi jusqu'à présent à démontrer la correspondance des diverses parties de l'écorce du cervelet avec les parties du corps, nous devons cependant l'admettre, en nous fondant sur l'analogie qu'elle présente avec celle du cerveau, où cette localisation a été faite récemment dans le détail.

Avons-nous ainsi analysé toutes les fonctions du cervelet? C'est ce qui doit rester encore douteux. Le cervelet, en tout cas, est dans le règne des animaux vertébrés le premier développé des centres nerveux, et même chez l'homme le centre le plus développé après le cerveau proprement dit. Il serait certainement précipité d'affirmer que nos connaissances actuelles ont épuisé toutes les fonctions de cet organe.

X. — LE CERVEAU ANTÉRIEUR.

Dans la couche corticale grise des hémisphères cérébraux, les recherches de Fritzsch et d'Hitzig ont démontré l'existence de certains centres d'innervation pour des groupes déterminés de muscles (ainsi pour les extenseurs et pour les fléchisseurs de la jambe de devant, pour les muscles du dos, pour les muscles de la jambe de derrière, etc.). Ces centres sont rassemblés dans une portion limitée de la surface antérieure et latérale des hémisphères (*W.*, 168). Les parties dont il s'agit ont réagi contre de faibles courants galvaniques; et, si l'excitation des autres parties n'a pas encore réussi à produire son effet sur le mouvement ou la sensibilité, cela tient peut-être en partie à ce que les excitations employées n'avaient pas l'intensité et la qualité nécessaires, en partie à ce que l'irritabilité de l'écorce cérébrale s'émoussait promptement à la suite de la dénudation du cerveau. L'ablation des centres moteurs mentionnés produit un désordre prolongé des mouvements correspondants, qui cesse pourtant avec le temps.

Une autre place des lobes antérieurs du cerveau avait été précédemment reconnue par des observations pathologiques comme le centre de la parole. La perte de la parole ou l'aphasie se divise en ataxie et en amnésie. Dans le premier cas, l'idée est présente à la conscience, mais le malade ne peut trouver le mot correspondant; dans le second, les mots sont confondus entre eux. Cette différence des deux cas doit peut-être faire supposer l'existence de deux centres différents, qui agiraient ensemble dans l'exercice de la faculté du langage (*Wundt*, 230). Nous manquons encore de bases suffisantes pour déterminer avec précision la répartition des divers centres de la perception et de l'innervation; et les affirmations des phrénologues sur ce sujet ne reposent sur rien de solide.

Plus que dans toute autre partie du cerveau, nous observons dans les grands hémisphères que les groupes particuliers de cellules ganglionnaires peuvent fonctionner les uns à la place des autres. Aussi les lésions et les désordres de ces deux centres disparaissent-ils plus facilement et plus complétement que deux des autres centres, pourvu que les corps striés et la base du pédoncule cérébral n'aient pas été endommagés. Des pertes considérables de substance dans les deux hémisphères ou même la perte totale de l'un des deux hémisphères, ont été supportées par des pigeons sans qu'aucune altération durable se fît remarquer dans leur manière d'agir, et n'ont laissé chez des lapins et des chiens qu'un certain degré de stupidité. On a même observé souvent chez l'homme la destruction totale d'un lobe cérébral sans désordre apparent. Pourtant, des lésions étendues, faites des deux côtés, sont toujours accompagnées de troubles moteurs, plus rarement de désordres des sens ou des fonctions psychiques (*Wundt*, 222).

Ces faits montrent que, bien que l'écorce cérébrale présente à certaines places des dispositions spécifiques à des fonctions déterminées, ces énergies spécifiques n'ont qu'une valeur relative et ne sont pas absolument indispensables. Elles n'expriment que l'effet de l'habitude d'exécuter certaines opérations qui s'est prolongée pendant des générations; et la nature de ces opérations, à son tour, dépend de l'espèce des communications qui relient le cerveau aux autres organes, et de celle des excitations transmises (*Wundt*, 231). Que ces communications soient modifiées, et par suite que les relations qui en résultent des hémisphères au reste du système nerveux se trouvent changées, on ne tardera pas, à la place de ces dispositions innées ou individuellement acquises, à voir les mêmes parties des hémisphères exécuter d'autres fonctions spécifiques, de telle sorte que le fonctionnement total de l'âme et de l'organisme ne subira aucune interruption.

Cette substitution fonctionnelle des diverses parties les unes aux autres est favorisée tant par la structure uniforme de l'écorce grise dans toute l'étendue des deux hémisphères, que par les communications extraordinairement nombreuses et variées des diverses parties entre elles. Ces communications, si l'on fait abstraction des filets de la couronne rayonnante, qui forment le prolongement des voies de communication ascendantes sont de trois sortes : 1° les filets du corps calleux que forment les commissures entre les parties semblablement placées des deux hémisphères; 2° les faisceaux des filets arqués qui unissent la superficie corticale des circonvolutions voisines, et 3° les faisceaux de filets conducteurs, qui établissent la communication entre les parties plus éloignées de chaque hémisphère (*Wundt*, 157.)

C'est uniquement à la multiplicité et à la perfection de ces commissures qu'est due la communication si facile qui relie entre elles toutes les cellulles ganglionnaires des deux hémisphères; qui rend leurs perceptions plus vives, et permet que, par le travail de la communication et de la comparaison, elles se fondent en une seule conscience. Tel n'est pas le cas, par exemple, pour les perceptions du cervelet et celles des hémisphères. Puisque la conscience, qui philosophe et écrit des livres est, chez moi, la conscience d... ...hères cérébraux, . · comprend aisément qu'elle peu.   savoir directeme de ce qui se passe dans ' cor ... ... u cervelet. C'est p 'ce qu'il méconnaît l'imp ssibilité de lire directement av   la conscience philosophi ue dan... ... nce d.. rvelet, que Wundt et d'autre. se   ient le droit de ...er absolument la présence d'une co...   nce dans le cervelet et les centres sensoriels (*Wundt*, 713-715). Sans doute, il existe des communications entre tous les centres nerveux et les grands hémisphères, et ces derniers ne gouvernent pas seulement les parties périphériques du corps, mais encore tous les centres inférieurs. Mais des raisons téléologiques commandent que ces communications soient rendues difficiles. La répartition du travail entre des centres indépendants serait autrement rendue inutile et tous les avantages en seraient perdus : or c'est elle qui permet aux hémisphères de s'affranchir du travail commun et de concentrer toute leur énergie sur les intérêts de la vie intellectuelle. Les voies de communication servent donc soit à transmettre les ordres du cerveau aux centres qui doivent les exécuter comme ses serviteurs, soit à communiquer à ce même cerveau les matériaux des sensations déjà combinés dans une synthèse préparatoire, par exemple, celle des tubercules quadrijumeaux; ou bien seulement à télégraphier aux hémisphères les impressions énergiques et fortes. Dans tous les cas, les hémisphères n'ont conscience des excitations que leur transmettent les autres centres ou de celles qu'ils reçoivent directement des organes des sens que comme de leurs excitations propres; car, ce qu'ils perçoivent, c'est la modification survenue dans leur état propre à la suite de l'excitation. Il n'y a pas ici d'action réciproque, au sens où nous la trouvons entre les cellules ganglionnaires des hémisphères, et dans la combinaison qui fait sortir de la comparaison de deux perceptions dans deux cellules le phénomène d'une conscience unique où se manifeste un degré supérieur de l'individualité. Chez les animaux inférieurs (comme les cyclostomes, par exemple, la myxine et le petromyzon), où aucune des cinq parties du cerveau n'a encore acquis la suprématie sur les autres, où toutes cinq règlent leurs fonctions isolément, bien que non sans une certaine liaison organique, dans l'ordre où leur position respective décide des communications entre elles, on ne peut pas plus parler d'une conscience unique comme représentant de l'unité organique de l'individu, qu'il n'en est question dans un ver rubané, dans une tige de corail ou dans un chêne; et, même dans ces exemples, les liens des diverses consciences entre elles deviennent de plus en plus lâches. La myxine n'a pas une, mais cinq consciences cérébrales, qui ne représentent entièrement l'activité psychique de l'animal, qu'autant qu'on les réunit aux consciences multiples de la moelle épinière et à toutes les autres consciences des cellules ganglionnaires. L'homme est tout à fait dans le même cas; mais l'une de ces cinq consciences, celle de ses grands hémisphères, s'est tellement développée plus que toutes les autres, et s'est acquis une telle prédominance sur ces dernières, qu'elle résume en elle-même, au point de vue de la qualité comme de la quantité, la plus grande partie de la vie psychique de l'individu humain, et que même, par la domination qu'elle exerce sur les muscles du mouvement, elle est devenue le reflet psychique de l'unité organique qui constitue l'individualité humaine. Wundt méconnaît entièrement ces rapports, lorsqu'il soutient à tort que la conscience d'un système nerveux, dont les parties correspondent entre elles, doit toujours être une conscience unique, et lorsqu'il nie qu'à l'intérieur d'un système nerveux diverses espèces de consciences coordonnées ou subordonnées puissent se rencontrer (714 et 715).

Nous avons fait observer déjà que le cerveau antérieur n'est à l'origine que le ganglion olfactif. Encore aujourd'hui, chez l'embryon humain, le développement primitif de l'organe olfactif part de la vésicule la plus antérieure du cerveau. Chez les poissons cartilagineux, l'organe est puissamment développé; le cerveau antérieur envoie deux « lobes olfactifs » en avant comme ses prolongements, et, chez beaucoup de vertébrés supérieurs, ces lobes se rejoignent pour former les deux circonvolutions olfactives. Chez l'homme, où non-seulement les hémisphères comme organe de l'activité intellectuelle ont atteint une grosseur supérieure à celle de tous les autres organes cérébraux, mais où le sens olfactif est en soi moins développé que les autres sens, le centre olfactif est aussi d'une grosseur médiocre, et se trouve presque dissimulé à la base de la tête du corps strié. Le fait que les rubans des nerfs olfactifs, aussi bien que les faisceaux des filets moteurs de la base du pédoncule cérébral convergent en ce point, autorise à conclure que de cette place sont produits les réflexes qui dépendent des impressions olfactives (*Wundt*, 202).

Le reste de la masse des corps striés avec le noyau lenticulaire peuvent être considérés comme des intermédiaires qui conduisent les impressions de la volonté des lobes des hémisphères aux muscles (*Wundt*, 203). C'est ce que confirment aussi bien les vivisections que les données pathologiques sur l'homme, ainsi que la correspondance qui se remarque dans la série animale entre le développement des hémisphères et celui des corps striés. Les troubles moteurs de nature paralytique qui suivent les attaques d'apoplexie résultent très-fréquemment d'arrêts apoplectiques de fonction dans les corps striés. Et, chez l'homme, la maladie des corps striés et des parties motrices des hémisphères a un résultat à peu près semblable : on remarque seulement que les dernières se guérissent plus facilement. Les corps striés sont donc (outre qu'ils servent de centre olfactif), les centres de coordination des mouvements voulus par les hémisphères. Ils exécutent des mouvements combinés en vertu d'une impulsion unique de la volonté. Le *mode de la combinaison* peut être ou inné ou acquis par l'habitude; mais les mouvements sont toujours ressentis comme volontaires, puisque les hémisphères ont conscience de l'impulsion nerveuse qu'ils communiquent, et ignorent seulement quelles fonctions intermédiaires servent à l'exécution de l'ordre qu'ils ont donné.

XI. — LA COOPÉRATION ET LA SUBORDINATION DES CENTRES NERVEUX.

Après avoir, dans les chapitres précédents, analysé les fonctions des diverses parties du système nerveux, nous sommes en état d'expliquer l'harmonie de l'ensemble qu'elles constituent.

Celui qui aborderait l'étude de l'organisation des vertébrés supérieurs avec l'idée préconçue que toutes les fonctions y sont, comme dans la plante, exécutées par la collaboration démocratique d'individus égaux, de cellules de même ordre, ne tarderait pas à reconnaître son erreur, en voyant la concentration des pouvoirs et l'empire que le supérieur exerce sur l'inférieur, et les hémisphères cérébraux sur le tout. Celui qui, au contraire, s'inspirant d'une psychologie étroite, croirait qu'un seul organe central conduit et gouverne tout, que rien n'arrive sans son ordre, que tout se passe *comme il le prescrit* jusque dans les moindres détails, celui-là ne tarderait pas, à son tour, à être détrompé par les faits, et apprendrait qu'en dépit de la centralisation rigoureuse qu'exigent les intérêts généraux de l'organisme total, en dépit d'une certaine suprématie de l'autorité supérieure, celle-ci est complétement débarrassée des menues fonctions et des détails multiples de la direction, et que le principe de l'initiative gouvernementale est appliqué dans les régions inférieures du pouvoir d'une manière éclatante. L'organisme total ne se développe et ne se conserve que par l'action spontanée et ininterrompue de toutes les cellules comme d'autant d'individus, de la même manière que l'État ne se maintient que par le concours spontané de tous les citoyens. Mais l'activité sociale de ces individus ne se produit pas sous la forme simple d'une petite république de communautés démocratiques ; elle ne se compose pas de membres égaux, mais d'une hiérarchie de membres subordonnés diversement.

Les individus y sont disposés en groupes ou familles de forme très-diverse, et subordonnés de telle sorte que chacune représente un degré d'individualité supérieur et s'efforce de réaliser une fin individuelle d'ordre supérieur. Les groupes se réunissent pour former des cercles, et ceux-ci pour former des provinces. Chaque province, à son tour, est régie par ses autorités spéciales. Nous pouvons regarder comme une province de ce genre l'ensemble de ces parties de l'organisme que parcourt et innerve un seul et même nerf. L'autorité provinciale qui la gouverne serait la première place centrale de la moelle épinière (et éventuellement du cerveau) qui est en rapport avec le nerf en question, c'est-à-dire où il aboutit ou d'où il émerge. Ces autorités provinciales sont à leur tour subordonnées à des autorités supérieures, qui se distinguent les unes des autres en partie par la séparation locale des ressorts inférieurs auxquels elles commandent, en partie par la nature distincte de leurs attributions ; c'est ainsi que se distinguent les divers ministères au sein du même gouvernement central. Sur toutes ces autorités centrales domine enfin le chef de l'exécutif, qui a cependant réservé un champ spécial à son initiative. Les différents ministres ne se réunissent pas en conseil pour agir ; chacun agit dans sa sphère avec une pleine indépendance. Et si les départements voisins communiquent entre eux pour exécuter facilement les tâches qui leur sont communes, l'unité d'action ne dérive pas de l'entente qui s'est établie entre eux dans un conseil préalable, mais est due à la direction que leur imprime le pouvoir suprême.

Cette autorité supérieure ressemble donc à un monarque

intelligent, qui joue lui-même le rôle de président du conseil des ministres, sans pour cela empiéter sur l'initiative de chaque ministre dans son département; ou encore à un président de république qui dédaigne de se borner, comme un roi constitutionnel, à mettre simplement les points sur les i, et qui, non content de régner, veut encore gouverner en réalité. Ainsi l'organisme nous offre là, comme dans un modèle idéal, la combinaison ingénieuse d'une royauté dirigeante, de ministres responsables, de pouvoirs locaux indépendants et de la liberté individuelle : il tient le juste milieu entre l'anarchie démocratique et la centralisation administrative (1). Ce qui ressemble le moins à cette organisation de la nature, c'est le système constitutionnel avec son mécanisme parlementaire, avec son principe brutal, le gouvernement de la majorité. Il serait sans doute téméraire de reprocher à la nature de ne s'être pas conformée au type qui, tout récemment encore, était doctrinalement déclaré par presque tout le monde comme l'idéal de l'organisation politique. Il faudrait d'abord rechercher si la sagesse de nos modernes politiques ne pourrait pas puiser dans l'étude des organismes de la nature des raisons de renouveler et de corriger ses propres doctrines.

Comme les pouvoirs ministériels se distinguent en grande partie, non par la séparation locale des provinces qu'ils gouvernent, mais par la nature différente des fonctions qu'ils exercent, on s'explique que chaque province du corps dépende de plus d'un centre cérébral; et que, selon la nature de l'excitation et du motif, l'impulsion nerveuse lui soit communiquée tantôt par un centre, tantôt par un autre. Ce résultat est une des plus importantes conquêtes de la physiologie récente des nerfs, et en a décidément fini avec

---

(1) « Les cellules sont des individus; et ici encore, comme dans un État, on trouve des individus d'ordres inférieur et supérieur. Pourtant la prospérité et la puissance des plus haut placés dépendent entièrement de la prospérité et du contentement des ouvriers inférieurs qui travaillent dans la moelle épinière et exécutent une partie si considérable de la besogne de chaque jour et de la vie ordinaire (*M.*, 86). »

le préjugé qui assignait à chaque province du corps un seul centre correspondant dans le cerveau. Sans doute le cerveau est, à un certain point de vue, l'image fidèle du corps entier et de la diversité des provinces que les nerfs parcourent. Il est vrai encore que cette image est, en un sens, plus simple que l'original, puisqu'un simple élément physiologique dans le centre nerveux répond à une sphère relativement très-étendue d'innervation motrice, où tout entre à la fois en action sur une simple impulsion de cet élément. Mais, dans un autre sens, l'image est plus compliquée que l'original, parce qu'elle ne reflète pas une seule fois, mais plusieurs fois, le modèle (comme un miroir à facettes) (*Wundt*, 227-228). Ainsi, toutes les parties du corps sont représentées aussi bien dans l'écorce cérébrale que dans l'écorce du cervelet, et, en outre, dans les couches optiques, dans les corps striés, et la plus grande partie du corps l'est de nouveau dans la moelle épinière, y compris la moelle allongée. Le même mouvement dans une province du corps peut être dû à l'action nerveuse d'un réflexe, soit de la moelle épinière, soit de la moelle allongée; ou être excité par les couches optiques à la suite des sensations tactiles; ou provoqué par le cervelet pour assurer le maintien de l'équilibre; ou provenir des corps striés sous l'impulsion des hémisphères cérébraux; ou, enfin, être produit par l'action directe de ces derniers (sans l'intervention d'autres centres que ceux de la moelle épinière).

De chacun des centres mentionnés (à l'exception des hémisphères cérébraux) peut descendre la même impulsion motrice à la suite d'une double excitation, ou encore dans chacun de ces centres la force emmagasinée peut être déchaînée dans une des directions déterminées par les dispositions actuelles de l'organisme sous des excitations de deux sortes : les unes, qui partent d'un centre inférieur; les autres, d'un centre supérieur. De la première classe sont les perceptions transmises par les nerfs sensibles; de la seconde, les ordres qui émanent des pouvoirs supérieurs.

Le centre en question répond, dans les deux cas, à l'excitation reçue par une réaction spontanée et conformément à la fin qu'il poursuit individuellement. Dans les deux cas on est en présence d'un réflexe où se manifeste la finalité interne qui préside à l'activité spontanée du centre nerveux (*Wundt*, 830; *Maudsley*, 103-104 et 188).

Marshall Hall faisait encore reposer sa théorie des réflexes sur l'hypothèse de la séparation des voies de communication, qui servent d'un côté à transmettre les réflexes, de l'autre à faire remonter au cerveau et à en faire descendre les excitations sensibles et motrices. Cette hypothèse n'est confirmée ni par la physiologie ni par l'anatomie. Tout prouve que les deux sortes de communications se font identiquement par les mêmes voies, de la manière qui vient d'être indiquée. Dans la moelle épinière, si simplement constituée du poisson, l'analyse anatomique établit directement « que les mêmes cellules ganglionnaires, qui envoient des filets moteurs aux racines nerveuses, sont en communication par des prolongements ascendants avec les centres moteurs placés plus haut, et par d'autres dirigés en arrière avec les filets conducteurs sensibles (*Wundt*, 121-122). »

Il est clair que, pour que toutes ou presque toutes les provinces du corps soient représentées plusieurs fois dans les divers centres nerveux, il faut que les voies de la conduction sensible et motrice soient coordonnées de manière à rendre possible l'effet indiqué. Nous pouvons nous appuyer, pour le prouver, sur ce qui a été dit plus haut, au chapitre III, touchant la conduction dans la moelle épinière. Nous y avons vu comment la possibilité des réflexes de la moelle s'associe à la transmission des excitations sensibles aux centres supérieurs. Dans la partie supérieure de la moelle épinière, ou dans la moelle allongée, tous les filets sensibles ou moteurs s'unissent pour former deux voies principales de communication, une sensible et une motrice. Chacune d'elles se divise, à son tour, en plusieurs embranchements dans la moelle allongée. La voie principale de transmission motrice se divise tout d'abord en deux embranchements principaux : l'un traverse la base du pédoncule cérébral et aboutit au cerveau antérieur; l'autre se dirige vers les régions moyennes du cerveau. Le premier est purement moteur, le second entre indirectement dans les centres où il est mis en rapport avec des parties de la voie de communication sensible. Le premier se subdivise en deux branches, dont l'une conduit directement aux parties motrices de la couche corticale des grands hémisphères, et l'autre aboutit aux corps striés et au noyau lenticulaire. Le second embranchement principal se divise, à son tour, en trois branches : l'une traverse le ruban de Reil et conduit aux tubercules quadrijumeaux; l'autre va du capuchon (*segmentum*) du pédoncule aux couches optiques; la troisième, enfin, aboutit au cervelet (*Wundt*, 105).

On voit comment chacun des différents centres communique avec la voie principale qui descend aux provinces du corps. Du reste, chacun de ces embranchements ne représente pas seulement une partie des provinces du corps, mais les représente toutes à la fois : cela n'est possible que parce que tous les filets conducteurs, aussi bien à leur point d'insertion dans la moelle épinière que beaucoup plus haut encore, sont interrompus par des cellules ganglionnaires. De la sorte, on voit se répéter plusieurs fois la fusion de nombreux filets conducteurs ascendants par la substance grise, et la transmission des excitations plus haut encore, à l'aide de plusieurs filets coordonnés, dont chacun, à son tour, joue le même rôle vis-à-vis de tous les filets conducteurs inférieurs qui sont en communication avec lui.

La voie principale de la communication sensible se distingue de celle de la conductibilité motrice par cela qu'une petite partie seulement des filets qui la constituent aboutit directement à l'écorce des hémisphères. Un second embranchement s'en détache pour aller jusqu'à l'écorce du cervelet, et un troisième se dirige par plusieurs ramifications vers les ganglions antérieurs et moyens du cerveau

(*Wundt*, 165-166). La dernière voie sert, en tout cas, à suppléer en partie à l'insuffisance de l'embranchement qui conduit directement à l'écorce cérébrale. Il faut admettre que la conscience des hémisphères reçoit la plus grande partie de ses perceptions sensibles (peut-être à l'exception seulement des perceptions de l'ouïe) par l'intermédiaire exclusif des ganglions sensoriels; ces derniers, en effet, modifient par un travail spontané les excitations des nerfs sensibles et les transforment en perceptions régulières et bien déterminées. Les voies, directes ou établies par l'intermédiaire des ganglions sensoriels, qui conduisent les sensations aux grands hémisphères, paraissent avoir leur extrémité centrale dans les couches corticales qui se trouvent derrière la scissure de Sylvius. En général donc, les parties antérieures de l'écorce cérébrale sont plutôt à considérer comme des centres moteurs; les parties postérieures, comme des centres sensibles (*Wundt*, 167). Elles sont entre elles à peu près dans le même rapport que les colonnes antérieures et postérieures de la substance grise dans la moelle épinière.

Les modes divers suivant lesquels un seul et même mouvement peut être excité, la variété des intermédiaires qu'une impulsion motrice, partie des grands hémisphères, doit parcourir, éclairent la facilité relative avec laquelle, lorsque la fonction d'un centre est troublée, la substitution d'autres centres comme intermédiaires peut corriger le désordre. Il ne faut pas oublier, sans doute, que les processus pathologiques s'étendent avec le temps sur un espace plus considérable, et détruisent par là fréquemment l'œuvre déjà commencée du rétablissement des communications. Mais, si, dans les cas où seulement un centre est mis hors d'état de fonctionner, on voit momentanément un trouble profond de tous les phénomènes moteurs se produire, cela prouve qu'à l'état normal chaque ensemble de mouvements, qui dépend de l'action nerveuse des hémisphères, suit une voie déterminée, qui est celle qu'il a le plus souvent, le plus habituellement employée.

Une entière impuissance de se mouvoir ou une entière paralysie résulte donc avant tout d'un arrêt de fonction de plusieurs centres principaux, ou de l'interruption de la voie principale qui transmet les impulsions motrices du cerveau au corps. Une paralysie incomplète présente des caractères tout différents, suivant que le trouble fonctionnel ou l'arrêt de communication se produit dans le cerveau antérieur, ou dans le cerveau intermédiaire, moyen et postérieur. Dans les deux cas, tous les mouvements continuent de pouvoir être exécutés. Dans le premier cas, ce ne sont plus que des mouvements involontaires ou des réflexes de coordination. Dans le second, la volonté seule les produit. Si l'arrêt fonctionnel attaque le cerveau antérieur ou la base du pédoncule cérébral, l'influence de la volonté consciente (de l'innervation par les hémisphères) est suspendue; mais les mouvements involontaires ne subissent aucune altération (parésie). Si elle atteint les parties moyennes du cerveau ou les voies conductrices qui s'y dirigent (le ruban de Reil et le capuchon), la volonté consciente (après que le premier trouble a été surmonté) conserve sa domination sur chaque domaine particulier d'innervation; mais les mouvements qu'elle produit n'ont plus la régularité et la coordination involontaire qu'ils présentaient auparavant (ataxie). Dans le premier cas, le malade doit faire de grands efforts pour triompher de l'arrêt fonctionnel par l'action nerveuse de l'hémisphère. Ses mouvements deviennent, par suite, pénibles et incorrects; sa marche, traînante. Dans le second cas, la volonté des hémisphères doit surveiller tous les détails du mouvement, que les centres subordonnés gouverneraient bien mieux autrement, et les mouvements deviennent par là incertains (et même tremblants); la marche, titubante (*Wundt*, 205, 206).

Une question qu'il faut résoudre maintenant est la suivante : de quoi dépend-il qu'une excitation faite à la périphérie du corps tantôt provoque une réaction réflexe dans un centre correspondant de la moelle épinière, tantôt ne réussit à la produire que dans quelqu'un des centres situés plus haut? La simple force de l'excitation ne peut seule être ici une raison suffisante. Il est vrai, sans doute, qu'une excitation se fait sentir d'autant plus loin qu'elle est plus énergique, et que les excitations très-énergiques ne trouvent aucun centre fermé devant elles. Mais nous savons également que les excitations les plus faibles parviennent jusqu'aux grands hémisphères; et que, dans l'état normal de la veille, les excitations qui atteignent l'organisme ne réussissent qu'en très-petit nombre à provoquer des réflexes dans les centres inférieurs. Ce rapport s'explique par la loi générale qui veut que, comme la cellule ganglionnaire agit sur le filet nerveux, ainsi tout centre supérieur exerce son influence sur les centres qui lui sont subordonnés. Cette influence amoindrit l'irritabilité de ces derniers, et diminue en même temps la résistance que l'excitation éprouve à se transmettre au centre supérieur. Ce courant centrifuge d'innervation, qui comprime l'action spontanée des centres inférieurs et favorise la perception des centres supérieurs, se traduit d'abord par une sorte de tonicité constante de tout le système nerveux. Mais il peut encore être accru considérablement par une action réflexe, à l'annonce préalable d'une excitation. Enfin les processus conscients de la réflexion dans les grands hémisphères le font naître volontairement. Dans ce dernier cas, nous avons l'explication psychologique du phénomène et nous pénétrons l'essence intime de ce courant d'innervation, qui manifeste son effet négatif comme volonté comprimante, son effet positif comme attention.

On sait que la tendance involontaire à exécuter des mouvements réflexes (aux contractions convulsives lorsqu'on nous chatouille, à danser lorsqu'une musique dansante se fait entendre) peut être comprimée par la volonté consciente, qui doit déployer une énergie différente, suivant l'énergie même de la tendance que nous avons aux mouvements réflexes. Ce fait signifie, en langage physiologique, que les grands hémisphères peuvent innerver les centres réflexes en question, de manière à en diminuer momentanément l'irritabilité, ou à paralyser par des impulsions négatives leur tendance aux réflexes. C'est par un effet de ce genre que la volonté consciente dans la veille et à l'état normal tient en laisse les penchants instinctifs qui prennent racine dans les centres inférieurs (ainsi l'appétit de la faim et l'appétit sexuel), tandis que dans le sommeil, où l'activité des hémisphères cérébraux est affaiblie, et dans les troubles que la maladie produit en eux, ces appétits se manifestent impérieusement et sans pudeur; que chez le fou, par exemple, ils cherchent souvent à se satisfaire sans scrupule de la manière la plus grossière (M., 99). C'est par une sage disposition de la nature que les actions réflexes des centres inférieurs ne se déploient en toute liberté que si les hémisphères cérébraux sont affaiblis par le sommeil, ou que si leur attention est tournée dans un autre sens. Il en va de même dans la vie politique : le gouverneur d'une province n'agit en toute liberté que lorsque le prince est absent et ne peut veiller à l'exécution de ses volontés suprêmes, ou que si son attention est portée ailleurs, et s'il cesse momentanément de s'occuper des affaires provinciales.

J'ai défini l'attention (voir plus haut : 145-146, 193-194, 304-305 du t. I, et 65-69 du t. II) comme un courant centrifuge d'innervation, destiné à faciliter la transmission des impressions. Il peut résulter, soit de la réflexion de la pensée, soit des excitations ressenties. Cette théorie, mille fois combattue, est confirmée sur tous les points essentiels par les profondes recherches de Wundt (W., 717-725).

Supposons qu'une personne lise un livre, et qu'une autre personne présente dans sa chambre lui adresse une question. La première ne percevra pas immédiatement le sens de la question avec la conscience de ses hémisphères cérébraux, mais une excitation aura cependant été produite sur ces derniers. C'est comme le signal d'avertissement dont l'employé du télégraphe fait précéder la réception d'une dépêche. Cette excitation suffit pour provoquer par une action réflexe la direction sur ce point du courant d'innervation de l'attention; et l'effet en est que la conscience des hémisphères perçoit, à son tour, la question que le centre de l'ouïe a perçue, et dont l'impression n'y est pas encore effacée. On voit ici combien il est important qu'il y ait des ganglions sensoriels d'une haute organisation et d'une activité indépendante, qui s'emparent des impressions et les ordonnent en perceptions cohérentes et complètes, avant que la conscience des hémisphères sache qu'une perception s'est produite.

De la même manière que les grands hémisphères envoient le courant nerveux de l'attention et de la volonté comprimante vers les ganglions sensoriels et les centres sensitivo-moteurs, comme un réflexe répondant à l'excitation transmise au préalable, on doit de même concevoir que des parties moyennes du cerveau des courants semblables se dirigent vers les nerfs sensibles, vers la moelle allongée et la moelle épinière; et de chaque partie supérieure de la moelle allongée et de la moelle épinière vers les parties inférieures, tantôt sous la forme d'un tonus durable, tantôt comme redoublement momentané de l'énergie de ce tonus. Du tonus constant produit par ce courant compresseur dépend l'équilibre entre la composition et la décomposition chimiques dans les centres inférieurs, c'est-à-dire l'alimentation de ces derniers (M., 84, 85), de même que l'alimentation des filets nerveux est dépendante du courant compresseur des cellules ganglionnaires d'où ils sortent (voir plus haut, II° chapitre). « L'accroissement de l'activité désordonnée des centres inférieurs (en opposition à la régularité qu'y maintiennent les centres supérieurs) permet de conclure sûrement à une décomposition prochaine; il en est alors comme de l'agitation révolutionnaire et désordonnée d'une population sans chef pour la diriger (M., 85). » L'intelligence qu'on découvre dans les réflexes des centres inférieurs ne doit jamais faire oublier que ces derniers n'accomplissent leur tâche normale, spéciale et très-souvent répétée, que sous la direction supérieure de maîtres auxquels ils se soumettent volontiers; que l'action réflexe se produit habituellement chez eux en réponse à des ordres venus d'un centre supérieur, et qu'elle n'a lieu que par exception à la suite d'une excitation périphérique, et sans l'intermédiaire d'une volonté supérieure.

L'influence du courant compresseur qui vient d'en haut peut se démontrer expérimentalement et de deux manières. Que l'on sépare une partie du système nerveux de ses centres supérieurs, on interrompt le courant compresseur : cette interruption se traduit aussitôt par un accroissement sensible de l'irritabilité dans la partie qui est isolée des parties supérieures. Qu'on laisse, au contraire, entière la communication des parties, et que l'on excite les centres supérieurs, les parties supérieures de la moelle épinière, par exemple : le redoublement d'activité de ces dernières se manifeste par l'accroissement du courant compresseur; autrement dit, on trouve que l'irritabilité des centres situés plus bas est inférieure à ce qu'elle est dans l'état normal (W., 174 et 118). L'augmentation de l'irritabilité des centres inférieurs dans le premier cas se montre encore lorsqu'on enlève peu à peu les hémisphères et les parties avoisinantes. Ces expériences concordent parfaitement avec les observations psychiques précédentes, et prouvent incontestablement l'organisation admirable de sagesse et d'harmonie du système nerveux. Les forces inférieures y sont toujours disposées et prêtes au combat, mais des autorités supérieures les tiennent en même temps dans leur main : ainsi un escadron de cavaliers habiles et de coursiers hennissants attend le signal du chef pour déployer son ardeur.

XII. — L'ORGANISME ET L'AME.

Après les considérations qui précèdent, il n'est pas besoin de faire remarquer que, dans l'état présent de la physiologie des nerfs, l'antique problème du « siége de l'âme », qui ne pouvait se poser en philosophie que par suite d'une fausse conception métaphysique, ne saurait plus maintenant avoir le moindre fondement physiologique.

L'ancienne philosophie ne se faisait la question que parce que, premièrement, elle considérait l'âme comme un individu métaphysique (monade) qui existe en soi et pour soi, et indépendamment de l'organisme qui lui correspond; et parce qu'en second lieu, elle la soumettait à des déterminations objectives dans l'espace, c'est-à-dire la fixait en un point et dans un lieu. Pour nous, aujourd'hui, l'âme est bien encore sans doute une substance psychique existant en soi et pour soi; mais, comme telle, elle n'est pas individuelle (pas une monade). On peut la considérer encore comme un individu psychique; mais, en ce sens, elle n'est pas séparable du corps, auquel elle doit son individualisation. On peut bien lui attribuer des relations objectives dans l'espace, mais seulement dans et par l'organisme, dans l'unité organique, qui fait d'elle un individu. Séparée du corps, elle n'occupe pas de place dans l'espace objectif et réel : elle peut seulement, dans les représentations idéales de la pensée, concevoir un espace subjectif sur le modèle du premier. L'âme, séparée du corps, n'est pas un individu, n'a aucun rapport avec l'espace, et l'on ne saurait parler du lieu ou du siège qu'elle occupe. L'âme conçue comme individu organique et psychique a juste la longueur, l'épaisseur et la largeur du corps de l'organisme vivant lui-même, et ne peut avoir d'autre place déterminée en lui.

La physiologie et la psychologie physiologique nous apprennent que nous devons admettre la perception et la volonté (et comme intermédiaire entre elles la finalité inconsciente de la substance métaphysique) partout où un réflexe se produit. Or les réflexes ne se produisent pas seulement dans toute cellule ganglionnaire, mais même dans le cylindre-axe de tout filet nerveux excité. Nous avons vu, au II⁰ chapitre, que, même dans l'intérieur du filet conducteur, l'excitation se heurte contre des résistances qui l'annulent entièrement ou en partie, et rencontre une force de tension emmagasinée qui devient libre (volonté du psychologue) par l'effet de cette absorption (en langage psychologique de cette perception) de l'excitation. Le même phénomène se reproduit dans le contenu protoplasmatique de chaque cellule vivante (voir plus bas IV, 2 de la 3ᵉ partie). Puisque l'organisme, comme tel, ne s'étend pas plus loin que la vie de ses parties, et que cette vie consiste en réflexes, d'où l'élément psychique intérieur n'est jamais absent, l'action de l'âme individuelle ne s'étend donc pas plus loin que celle de l'organisme au sens étroit. Toutes deux expirent là où l'organisme vivant est limité par les excrétions mortes de ses processus vitaux antérieurs.

Par conséquent, en tant que l'âme est conçue comme une et individuelle, ses déterminations objectives dans l'espace coïncident avec celles de l'organisme. Cela n'empêche pas de reconnaître la répartition intérieure et l'importance inégale des membres de l'organisme, au point de vue aussi bien psychique que matériel. Les fonctions psychiques s'associent à toutes les fonctions de la vie organique des cellules dans le corps; mais, dans l'économie de l'individualité psychique, les fonctions psychiques des diverses espèces de cellules ont un rôle au moins aussi différent que leurs fonctions organiques dans l'économie de l'individualité organique. On pourrait même dire que la diversité est plus grande du côté psychique.

Nous avons vu par quelle progression insensible les fonctions psychiques s'élèvent de la fibre musculaire à la fibre nerveuse; de celle-ci à la cellule ganglionnaire de la vie végétative; de celle-ci, enfin, aux cellules de la moelle épinière, de la moelle allongée, des centres sensoriaux et des grands hémisphères. La progression insensible des fonctions, qui se manifeste d'une façon incontestable dans le développement correspondant de la série animale, ne permet pas de douter que le même principe agit à tous les degrés de la série, et que c'est une grossière erreur de ne placer l'âme qu'au terme extrême de cette série progressive, c'est-à-dire exclusivement dans les hémisphères cérébraux de l'homme (ou même des mammifères les plus parfaits). Cette vieille conception, dont Wundt est encore au fond en partie partisan, tandis que Maudsley l'a réellement dépassée, retombe dans l'antique erreur de la localisation de l'âme, et fait d'une partie du cerveau antérieur (les hémisphères) le siège unique de l'âme. Il faut en finir avec elle. Aux diverses parties du système nerveux sont attachées des fonctions psychiques spéciales. Il y a de l'âme en général, partout et nulle part, selon le sens qu'on donne au mot. L'âme individuelle (comme unité inconsciente de toutes les fonctions psychiques de l'individu organique et psychique) n'est en soi et pour soi nulle part. Si on la rapporte au phénomène extérieur de l'individu organique et psychique, elle s'étend aussi loin que l'organisme.

En ce qui concerne le rapport du phénomène interne et externe, il faut maintenir que les données immédiates de la conscience ne sont jamais en état d'expliquer les processus des phénomènes matériels de l'organisme. Mais la réciproque n'est pas moins vraie, comme tous les savants réfléchis devraient le reconnaître. Si l'on ne veut pas renoncer absolument à toute explication, et se borner comme du Bois-Reymond à un aveu d'ignorance, il faut avouer qu'il n'y a qu'une voix ouverte à l'explication. Il faut dériver la régularité interne des fonctions conscientes de l'esprit, et la régularité externe des conflits des forces matérielles d'une même source commune; non d'un principe qui aurait, une fois pour toutes et par une harmonie préétablie, réglé pour la suite des temps l'accord de ces deux classes de lois, mais d'un principe qui soit immanent par son essence à tous les phénomènes internes et externes, et dont la vivante activité manifeste constamment la nature sous cette double forme de phénomènes (voir plus haut v° chapitre). Ce principe des lois des phénomènes internes et des phénomènes externes ne peut pas être autre que la nature de la substance métaphysique elle-même, qui est l'essence unique des deux faces de la réalité phénoménale, aussi bien pour chaque individu isolé d'ordre supérieur ou inférieur, que pour l'individu suprême et dernier, c'est-à-dire pour le monde envisagé comme un tout.

Si l'on n'admet pas le lien mystérieux qui unit l'individualité externe de l'organisme avec l'individualité interne de l'âme, il est impossible de voir dans l'individualité organique et psychique une unité réellement vivante et concrète, impossible, en d'autres termes, de construire une psychologie physiologique. Mais ce lien ne peut en aucun façon être cherché dans le monde des phénomènes, soit externes et matériels, soit internes et conscients. Ne venons-nous pas de reconnaître que l'une des faces de la réalité phénoménale, même prise dans sa totalité, est incapable d'expliquer l'autre. Ce lien doit donc être cherché en dehors de la matière comme de la conscience. La psychologie physiologique est obligée par son propre concept de s'aventurer sur le domaine de la métaphysique. Quand cette vérité incontestable sera reconnue clairement et universellement, le jour sera venu de l'entente entre la science et la philosophie, et ce n'est pas sans raison qu'il a tant tardé : une ère nouvelle se lèvera pour la science.

Le lien qui unit l'organisme et la conscience dans l'unité de l'individu organique et psychique, la source de vie d'où s'épanchent dans une éternelle et toujours nouvelle harmonie les lois de la réalité matérielle et celles de la vie consciente, — l'être qui se révèle par ces deux formes du monde phénoménal, c'est l'Inconscient ou l'esprit inconscient dans sa double nature de volonté toute-puissante et d'idée logique (et par suite téléologique). C'est cet Un-Tout inconscient, dont on désigne sous le nom d'âme inconsciente l'individuation fonctionnelle.

ADDITIONS

A LA PHÉNOMÉNOLOGIE DE L'INCONSCIENT.

Page 6.

Remarque, dernière ligne : Comparez aussi mes *Éclaircissements à la métaphysique de l'Inconscient.* (Berlin C. Duncker, 1874, p. 8-11.)

Page 22, ligne 12.

La seconde édition augmentée de « La chose en soi », a paru en 1875 sous le titre de : *Fondement critique du réalisme transcendantal.* (Berlin, chez C. Duncker.)

Page 25, ligne 21.

Un examen approfondi du rôle que l'Inconscient, entendu comme fonction inconsciente et logique de l'esprit, joue dans toute la philosophie de Kant, et particulièrement dans la Critique du jugement et par suite dans la Critique de la raison pure, se trouve dans l'écrit de Johannes Volkelt : *Kant et la logique inconsciente* (Philosoph. Monatshefte, 1873. IX vol., 2ᵉ et 3ᵉ livraisons), et dans son livre : *l'Inconscient et le pessimisme.* (Berlin, chez F. Henschel, 1873, p. 44, 62.) Volkelt montre dans ces deux passages « que l'on ne peut approfondir la philosophie de Kant, sans s'engager de plus en plus avant dans le domaine de l'Inconscient. » Toutes les solutions des problèmes analysés par Kant présentent des contradictions, qui demandent à être levées ; et qui ne se laissent écarter que par l'introduction du principe de l'Inconscient. Kant, ici comme ailleurs, a moins travaillé et contribué au progrès de la philosophie par la solution qu'il donne des problèmes, que par sa façon de les poser. Ses ouvrages ont ainsi plus efficacement contribué à frayer la voie à une théorie de l'Inconscient, que bien des aperçus isolés où l'Inconscient était plus clairement entendu.

Page 31, ligne 3.

Le livre de J. Volkelt : *l'Inconscient et le pessimisme* (p. 62 et 78) donne d'intéressants éclaircissements sur la philosophie hégélienne. Il en ressort que « la logique inconsciente est le principe vivant de cette philosophie » (p. 62) ; et que « l'hégélianisme porte en soi une tendance à développer dans toute son étendue le principe de l'Inconscient » (p. 70). Si l'Inconscient chez Kant n'est encore qu'une hypothèse à peine soupçonnée, que le philosophe n'ose guère envisager en face, l'inconscience de l'Idée dans son être en soi est, chez Hégel, une supposition évidente par elle-même, qui, par son évidence même, semble au philosophe n'avoir pas besoin d'explication, alors que pourtant cette vérité, comme étant la plus exposée aux malentendus et aux attaques, avait besoin d'être exprimée sans la moindre équivoque et établie sur les démonstrations les plus solides. Cela fait que l'Inconscient, chez Hégel lui-même, paraît ignoré dans sa véritable signification, alors qu'il constitue en soi et dans sa substance tout le fond de sa philosophie.

Page 31, ligne 14.

Du reste, les œuvres de Hégel contiennent assez de passages propres à convaincre le lecteur incrédule que l'interprétation indiquée ici de l'hégélianisme est réellement celle que le maître lui donnait. Volkelt les a réunis habilement. Hégel trouve que l'expression de « pensée objective est peu convenable, parce que le mot pensée ne s'applique habituellement qu'à l'esprit, qu'à la conscience » (*Encycl.*, § 24). Si l'essence intime du monde est définie comme pensée, rien de la conscience ne lui est pour cela attribué. La logique dans le monde forme plutôt un système de pensée inconsciente (*Id.*, Addition, p. 45 et suiv.). Pour Hégel, le travail de la logique consiste à élever à la conscience de l'esprit les catégories qui n'agissent d'abord que par une puissance instinctive, comme des penchants (*Œuv.*, III, p. 18-19). L'instinct est pour lui la finalité agissant sans conscience (*Encycl.*, § 360). Il dit dans l'*Esthétique* (2ᵉ édit., I, p. 53) : « La fantaisie est aussi une sorte de production instinctive, puisque la faculté de produire la forme plastique et sensible de l'œuvre d'art est présente subjectivement dans l'artiste comme disposition et instinct de la nature; et que, comme activité inconsciente, elle fait partie du naturel de l'homme. »

Page 32, ligne 10.

L'essence de l'Inconscient demeure tout à fait indéterminée dans la remarque qui suit immédiatement, et qui prouve d'ailleurs que Schopenhauer avait un sentiment précis de l'importance qu'une analyse approfondie de l'Inconscient devait avoir pour la psychologie et l'esthétique. « Tout ce qui est primitif, et, par suite, tout ce qui est vrai dans l'homme agit, comme tel, d'une manière inconsciente, à la façon des forces naturelles. Tout ce qui traverse la conscience prend la forme de la représentation. Aussi toutes les qualités vraies et solides du caractère et de l'esprit sont ordinairement inconscientes : c'est seulement comme telles qu'elles font une impression profonde. Tout ce qui est conscient est déjà amélioré, intentionnel et dégénère par là en affectation, c'est à-dire tourne au mensonge. Ce que l'homme produit sans conscience ne lui coûte aucune peine; mais aussi aucun effort ne saurait le produire. De ce genre est la naissance des conceptions primordiales, qui sont au fond de toutes les œuvres du véritable génie et en constituent le principe même. Ce qui est inné est seul vrai et solide; quiconque veut produire, qu'il soit homme d'action, écrivain ou artiste, doit suivre les règles, sans les connaître. » (*Parerga*, II vol., § 352.)

Page 35.

D'après Herder, « la nature pense avant l'homme. » Haym admet (*Preuss. Jahrb*, vol. XXXI, 1873, livre, I p. 43) que Herder parle ici de l'Inconscient infaillible, qui « renferme en soi une sorte d'omniscience et de toute-puissance, du principe unique et organique de la nature, de la toute-puissance organique qui est partout répandue, et qui conserve ou permet la vie. » C'est d'elle qu'il voudrait faire sortir la croissance des cristaux, comme les instincts des animaux, comme enfin la vie, l'activité, la destinée des hommes. A la page précédente, Haym cite un passage d'une lettre de Jacobi à la princesse de Galizin : « Notre conscience sort d'un principe qui n'a pas encore de conscience; notre pensée de quelque chose qui ne pense pas, notre réflexion de ce qui est étranger à la réflexion, notre volonté de ce qui n'a point part à la volonté, notre âme raisonnable de ce qui n'est pas encore une âme raisonnable. Une force mécanique, qui n'a pas besoin pour cela d'être déraisonnable, voilà en toute chose le point de départ. »

Page 42, ligne 18.

Un excellent exposé des mérites de ce physiologiste philosophe se trouve dans Volkelt : *l'Inconscient et le Pessimisme* (p. 78, 86.) Le même auteur nous montre, (p. 83, 86,) pourquoi Carus ne pouvait devenir le père d'une philosophie nouvelle et fonder l'école des partisans de l'Inconscient. (Voir aussi A. Taubert : *le Pessimisme et ses adversaires.*)

Page 44, ligne 2.

La position un peu différente que Wundt adopte dans son dernier ouvrage, en face du concept de l'Inconscient, est l'objet d'un examen dans notre étude additionnelle *Sur la physiologie des centres nerveux.* (Voir plus haut.)

Page 45, ligne 5.

La pensée citée se retrouve déjà dans ce passage de Georges Christophe Lichtenberg : « Nous avons conscience de certaines idées, qui ne dépendent pas de nous ; d'autres, nous le croyons du moins, dépendaient de nous. Où est la limite des unes et des autres ? Nous ne connaissons que l'existence de nos sensations, de nos idées, de nos pensées. On devrait dire « il » pense, dans le même sens qu'on dit il fait des éclairs. Dire *cogito*, c'est déjà trop affirmer, du moment où l'on traduit par : je pense. Supposer le moi à titre de postulat, c'est obéir à un besoin pratique. »

Page 45, ligne 8.

D'une manière, à ce qu'il semble, indépendante du développement de la pensée continentale, le concept de l'Inconscient s'est conquis dans les derniers temps une certaine place dans la littérature anglaise. C'est à un philosophe, à un historien, à un médecin, qu'il doit son expression la plus nette. Hamilton dérive l'existence d'idées inconscientes principalement de ce fait, que le retour d'une série précédente de pensées dans la mémoire présente parfois l'omission de toute une série de membres intermédiaires (voir *Lect. on Metaphysics,* I, p. 352 et seq,). C'est là, du reste, un argument peu acceptable sous cette forme. Les idées de

Carlyle sur le concept de l'Inconscient ressortent surtout d'un essai de lui intitulé : *Characteristics*, qui a paru d'abord dans la *Revue d'Édimbourg*, CVIII, et plus tard dans ses essais mêlés. Parmi les auteurs anglais, celui qui a le plus résolûment affirmé et le mieux entendu dans tous les sens ce concept de l'Inconscient est Maudsley, avec cette réserve toutefois qu'il interprète le plus possible l'Inconscient dans un sens matérialiste. Le chapitre additionnel qui termine ce volume analyse avec assez d'étendue les vues de Maudsley (voir plus haut), pour que nous puissions nous dispenser de les reproduire ici. Enfin Lewes serait encore, parmi les auteurs anglais, un de ceux qui ont reconnu dans un certain sens la vérité du concept de l'Inconscient.

Page 45.

Quelque défectueuses et incomplètes que soient les notices rassemblées ici, elles peuvent suffire cependnt à montrer que le principe de l'Inconscient, comme toute conquête importante dans l'histoire, s'est développé par un processus graduel; que tous les systèmes, toutes les écoles de philosophie, depuis les temps les plus reculés jusqu'au présent, tendent plus ou moins à l'affirmation de ce principe (voir dans l'ouvrage de Volkelt, *l'Inconscient et le Pessimisme*, la première partie : *Histoire de l'Inconscient*). Le présent ouvrage ne fait que mettre en plus vive lumière ce principe, qu'en faire ressortir toute l'importance et les applications étendues, mais ne le donne pas comme une découverte toute nouvelle, ou, comme on dit plus malicieusement, comme une invention.

Page 50. Remarque.

Il est permis, disons plus, il est bon d'introduire, même dans les recherches philosophiques, le concept de la vraisemblance, qui est reconnu dans la science moderne comme le seul fondement de toute connaissance humaine. Les philosophes, dans la discussion de problèmes qui ouvrent le champ à plusieurs solutions, doivent s'efforcer aussi de déterminer, autant qu'il paraît possible, le coefficient de probabilité pour chacune des diverses hypothèses possibles. Pour nier cela, il faut ou faire partie de ces philosophes qui considèrent comme l'objet exclusif de la philosophie la possession de la certitude absolue, et déclarent à l'avance indigne du nom de philosophie tout autre savoir que leur prétendue science absolue; ou se ranger du côté opposé parmi ces sceptiques absolus qui révoquent en doute la possibilité de toute connaissance, non-seulement absolue, mais même relative, et refusent à l'homme le pouvoir de séparer par une limite quelconque la vérité et l'erreur. C'est entre ces deux extrêmes que presque toute philosophie s'est développée jusqu'à ce jour. Quand la prétention d'atteindre à la science absolue est pour un temps devenue encore une fois et à bon droit l'objet de la raillerie, le scepticisme redevient le maître de nouveau; et il semble que la philosophie n'ait plus d'autre but que de montrer qu'il est insensé de philosopher. Et en fait aujourd'hui, après l'insuccès de tant de systèmes qui se donnaient pour la vérité absolue, après qu'on a reconnu clairement par quel développement insensible la vérité naît de l'erreur, après qu'il est devenu évident que les instruments de la connaissance humaine ne peuvent atteindre la subtilité et la grandeur infinie de la nature, on comprend difficilement que des esprits soient encore assez naïfs pour demander à la philosophie la découverte de la vérité absolue, et pour refuser le nom de philosophie à toute science qui renonce à la certitude absolue. On ne doit pas sans doute contester que le savoir certain ne soit et ne doive demeurer l'idéal de nos recherches scientifiques. Mais il serait temps toutefois de reconnaître que l'idéal ne se rencontre pas dans la réalité, qu'il forme plutôt, comme l'asymptote, dont la courbe du développement historique se rapproche sans cesse sans jamais la rencontrer. Mais, d'un autre côté, il n'est pas moins déraisonnable, après qu'on a reconnu l'impossibilité de réaliser l'idéal comme tel, de rejeter aussitôt l'idéal comme une illusion, comme une conception sans rapport avec la réalité; ou de considérer comme infinie la distance qui sépare la réalité de l'idéal, et par suite de tenir les deux pour incommensurables. Si le scepticisme avait raison, tout notre prétendu savoir serait également éloigné de la vérité (car, si, par hasard, il l'atteignait jamais, nous n'en saurions rien). On supprimerait ainsi toute possibilité d'un développement historique de la science, toute possibilité d'une science, toute distinction démontrable ou hypothétique entre la science, la croyance et l'imagination la plus insensée. Il suffit de penser à ces conséquences rigoureuses du scepticisme pour reconnaître qu'il fait violence à l'esprit humain. Aussi voit-on toujours l'humanité retomber du scepticisme dans le dogmatisme et l'illusion du savoir absolu, pour condamner bientôt avec le scepticisme la vanité de ce dogmatisme. Pour éviter de rouler ainsi stérilement dans un cercle, l'humanité doit reconnaître ouvertement que les deux affirmations extrêmes sont en partie vraies, et en partie fausses. Le dogmatisme qui croit à la science absolue a raison d'affirmer son idéal et de soutenir que la poursuite de cet idéal n'est pas stérile; le scepticisme a raison de nier que la réalisation de cet idéal soit jamais possible à l'homme. Mais le premier a tort de méconnaître la différence de l'idéal et de la réalité, et de refuser péremptoirement toute valeur à la science, qui ne se donne pas pour la réalisation absolue de l'idéal. Le second refuse à tort d'admettre qu'on puisse distinguer dans le savoir humain des degrés différents, et que notre science puisse plus ou moins se rapprocher de son idéal. Il faut maintenir absolument que les différents degrés de la connaissance ont une valeur inégale : autrement la vie pratique elle-même n'est plus qu'un empirisme sans raison. Si l'on veut attribuer à la connaissance scientifique un plus haut prix qu'à la représentation, qu'à l'opinion vulgaire; au savoir assuré de reposer sur les faits, plus de valeur qu'à la conviction d'une foi qui ne raisonne pas, et qui ne s'appuie que sur les postulats du sentiment ou sur l'autorité personnelle d'un maître, ou même sur les idées fixes de la maladie : il faut absolument mesurer jusqu'à quel point notre savoir s'approche de l'idéal de la certitude, que l'on détermine ce point par une formule numérique ou qu'on le laisse sous la forme vague d'une estimation du sentiment, sans l'exprimer en nombre. Si Leibniz a raison de soutenir qu'il n'y a pas d'affirmation, si fausse qu'elle soit, où ne se rencontre une étincelle de vérité ; aucune vérité si haute, que le langage, en l'exprimant, ne mêle de quelque élément d'erreur : il n'y a pas non plus d'opinion, de croyance ou de savoir qui ne nous suggère le vague sentiment d'un mélange d'éléments de vérité et d'erreur. Il s'agit d'éclairer par la science ce sentiment confus ; de déterminer le rapport de la vérité et de l'erreur ; et de fixer avec précision le rapport de notre savoir à la certitude. Si on voulait mesurer le prix du savoir au rapport des éléments de vérité et d'erreur qu'il contient, comme on fait dans un pari pour la vérité d'une assertion, on aurait un rapport entre deux grandeurs variables, ce qui rendrait difficile la comparaison entre plusieurs rapports de ce genre. On exprime mieux le prix du savoir en déterminant le rapport des éléments de vérité qu'il contient à la totalité des éléments de la science supposée comme vraie ; en d'autres termes on prend l'idéal constant de la connaissance certaine comme unité de mesure pour apprécier la valeur de nos connaissances, comme 1 ; et l'on exprime le rapport du savoir à la certitude par le rapport d'une fraction exacte à cette unité. Celui qui s'est une fois familiarisé avec cette expression mathématique en sentira bientôt la justesse naturelle, et s'habituera aisément à ramener son *estimation vague et sentimentale* du prix d'une science à un *coefficient de vraisemblance* dont la grandeur, du reste, oscillera toujours entre une limite minima et une limite maxima, et doit être par conséquent regardée selon toute vraisemblance comme imparfaitement rigoureuse.

Page 55.

On a élevé de différents côtés des objections contre cette argumentation par le calcul des probabilités. Mais la plupart trahissent si peu d'intelligence de la question qu'elles ne méritent pas un examen approfondi. Aucune d'elles ne touche le point que j'ai déjà signalé, page 52, dans une remarque, comme celui où l'application à un cas particulier de la méthode en question peut le plus facilement égarer. Je ne veux ici mentionner qu'un seul adversaire, tant parce que ses fausses objections ont une apparence de solidité, que parce qu'il m'a fait reconnaître la nécessité de donner à mon argumentation pour les esprits peu intelligents ou malveillants un complément que j'avais cru pouvoir négliger et laissé à l'intelligence du lecteur le soin de trouver. Albert Lange, dans son *Histoire du matérialisme* (2⁰ édit., vol II, p. 280, 283 et 307-309), combat l'application de la méthode tout entière des probabilités aux problèmes de la nature, en tant qu'il s'agit de remonter des phénomènes à leurs causes. La raison qu'il invoque, c'est que la réalité devrait toujours paraître à priori comme très-invraisemblable, puisqu'elle n'est qu'un cas spécial entre de nombreux cas possibles, sans que cela enlève rien à la certitude de sa réalité, car la fraction de vraisemblance qu'elle présente n'exprime que le degré de notre ignorance subjective. (Voir p. 282 et 283 du 2⁰ vol.) Il fonde sa critique sur ce que la théorie de la probabilité repose tout entière sur l'abstraction que nous faisons des causes efficientes, que nous ne connaissons pas, tandis que certaines conditions générales nous sont connues, sur lesquelles nous établissons notre calcul (282). Si la dernière supposition était juste, il n'y aurait rien à répliquer contre la conséquence que Lange en tire; mais, en réalité, cette supposition demande une rectification importante. Si les causes concourantes, dont on fait abstraction, étaient absolument inconnues sous tous les rapports, on ne pourrait parler de déterminer une vraisemblance. Mais le calcul de la probabilité n'est, au contraire, possible que sous la supposition que les causes concomitantes, dont on fait abstraction, sont des causes accidentelles. Par causes accidentelles, au sens de la théorie de la probabilité, il faut entendre celles qui ne sont pas indispensables, sous la forme où elles se présentent à nous, à la production du phénomène en question, par suite, ne s'y rencontrent pas constamment; mais changent tellement, que leur influence se contre-balance d'autant plus que le phénomène se répète plus souvent. L'évaluation, que détermine le calcul des probabilités, repose sur l'hypothèse que les causes concomitantes accidentelles se compensent complètement dans une multitude infinie de cas répétés. Des causes accidentelles de ce genre sont, par exemple, dans la nature inorganique, les causes qui décident de la chute du dé sur telle ou telle face; dans la nature organique, celles auxquelles sont dus les arrêts de développement ou les monstruosités.

Lange laisse de côté cette supposition essentielle du calcul des probabilités; c'est pour cela qu'il nie que l'on puisse remonter par le raisonnement des effets perçus à la détermination de la nature des causes. Si je prends part à un jeu de rouge et de noir, où je vois la rouge se présenter vingt fois de suite, il n'est pas douteux que ce fait peut être dû à la simple combinaison de causes accidentelles. Mais, sans pouvoir nier cette possibilité, comme elle est très-peu vraisemblable, j'ai le droit d'envisager une autre possibilité, celle qu'une cause constante intervient en faveur de la rouge. Lange n'accusera pas, sans doute, de mal raisonner celui qui hésite à risquer son argent sur un tel jeu et qui se croit en droit de soupçonner (c'est-à-dire de conclure en vertu du calcul des probabilités) que le jeu est disposé de manière à tricher, bien qu'il soit toujours possible que ce soupçon manque de fondement. Si Lange accorde la valeur de ce raisonnement dans un tel cas, il ne peut refuser de l'admettre pour mes exemples. Il devrait être en état de prouver à priori que la classe de causes constantes que je suppose est impossible. Son objection aboutit en fait à cette dernière affirmation, qui manque absolument de preuves. Ce n'est pas la méthode de mon raisonnement qu'il peut légitimement attaquer. Il cherche à combattre, du point de vue et avec les préjugés d'une conception mécanique et matérialiste du monde, la valeur de l'hypothèse que ma méthode a pour but de justifier. Du point de vue du calcul des probabilités, une telle méthode ne serait acceptable que si la conception mécanique du monde, qui interdit de recourir à des principes métaphysiques (à plus forte raison, à des esprits personnels et mythologiques), avait à l'avance une vraisemblance si considérable, que toute probabilité, si grande qu'elle fût en faveur du contraire, ne pût ébranler en aucune façon la première vraisemblance. S'il en était ainsi, toute philosophie et toute métaphysique seraient sans doute impossibles, comme Lange le croit. Mes recherches doivent décider s'il en est ainsi; mais je considère à l'avance cette affirmation comme un préjugé antiscientifique, comme une pure pétition de principe, dont la fausseté se fera de plus en plus reconnaître.

Lange cherche à fortifier sa protestation contre le recours à des principes métaphysiques par une comparaison. Il affirme que la même méthode conduirait, lorsque, dans un jeu de hasard, la chance favorable se répète souvent, à conclure avec la même vraisemblance à l'intervention de la déesse fortune ou d'un esprit familier. Mais il faudrait ici commencer, ce qu'on ne fait point, par éliminer, comme ma théorie le suppose, l'action des causes constantes matérielles. En d'autres termes, avant de recourir à la fortune, il faudrait bien s'assurer que les dés ou que le jeu de noir ou de rouge ne sont pas viciés par des dispositions qui agissent comme causes constantes. Supposé que cette enquête ait été soigneusement faite et ait donné un résultat négatif, il n'y aurait plus rien à objecter contre le recours à la déesse fortune comme cause constante, sinon que la non-existence d'une telle personnalité mythologique a pour soi, en vertu d'autres raisons, une bien plus grande vraisemblance, que son existence n'est rendue probable par le jeu en question; qu'il en soit réellement ainsi, cela n'a pas besoin de démonstration. Mais l'exemple ne prouve rien contre la supposition de principes impersonnels et métaphysiques, pour expliquer les processus organiques, puisque le contraire ne repose sur aucune vraisemblance irrésistible. Lange n'a donc pas, comme il se le proposait, découvert dans mon explication un vice de méthode : il n'a montré que l'aveuglement où le jette le préjugé matérialiste qui le domine.

Il faut encore remarquer que le rapprochement qu'on établit entre les gains répétés dix fois de suite du joueur et l'existence d'une finalité organique dans la nature ne prouve rien pour une tout autre raison. Lange parle d'un homme qui a réussi dans un seul cas à gagner dix fois de suite, tandis que la merveilleuse combinaison des conditions qui président à la finalité organique se reproduit un nombre de fois infini simultanément et successivement. Le raisonnement qui conclurait que le joueur en question est l'objet spécial des faveurs de la déesse fortune ressemblerait à celui qui conclut à la finalité organique, si l'homme dont il s'agit n'avait pas seulement gagné en une seule séance de jeu dix ou vingt coups au doublet, mais avait eu ce bonheur inouï durant toute sa vie sur toutes les tables de jeu de ce monde; et si une exception à ce bonheur inouï était chez lui aussi rare que les monstres parmi les produits de la finalité organique. Au contraire, Lange n'aurait raison de soutenir que la réalité de ce qui est à priori invraisemblable dans la nature organique n'autorise pas, sans autre raison, à conclure à l'existence d'une cause constante, que si la réalisation de cette finalité harmonieuse, laquelle est à priori invraisemblable, était un cas rare parmi les avortons et les monstruosités sans nombre que produirait l'activité impuissante de l'organisme, comme les 10 ou 12 coups heureux successifs sont un cas exceptionnel dans un jeu de hasard (lequel, par son extrême rareté, répond absolument aux calculs à priori de la probabilité). Cette différence considérable est assez frappante, pour qu'on ait lieu de s'étonner qu'elle ait échappé à Lange. Elle suffirait à elle seule pour renverser toutes les attaques de Lange contre ma théorie.

Page 79, *dernière ligne.*

Ces remarques pourraient suffire à justifier le choix qui a été fait du nom de « Volonté », pour désigner le principe unique, qui est incontestablement au fond de toutes les manifestations de l'activité volontaire. Cette dénomination, si heureusement trouvée par Schopenhauer, n'a si longtemps rencontré l'opposition passionnée des philosophes de l'école, que parce que leur psychologie était tout entière limitée au domaine de l'activité consciente de l'âme et s'appliquait à l'isoler du fondement inconscient sur lequel elle repose, pour en faire un principe spécifiquement distinct et supérieur. Étendre aux fonctions inconscientes de l'âme une dénomination tirée de la vie consciente lui paraissait une insulte à la majesté de l'esprit, qu'elle séparait de la nature par une sorte d'opération artificielle. Plus la doctrine de l'essence identique de l'esprit conscient et de la nature inconsciente a conquis d'adhérents, dans les derniers temps, plus l'usage fait par Schopenhauer du nom de la volonté trouve d'approbateurs et d'imitateurs. (Voir Göring, *Système de la philosophie critique*, Leipzig, chez Voit et C°., 1874. Ire partie, ch. III, particulièrement p. 68-71, où sont réfutées différentes objections contre le concept de la volonté inconsciente.)

Page 83, *ligne 2.*

Si déjà de nouvelles recherches ont montré que des terminaisons de nerfs moteurs se rencontrent aussi dans certaines parties des grands hémisphères, les arguments qui suivent ont assez de poids par eux-mêmes pour n'en être point affaiblis.

Page 85, ligne 32.

Pour qu'un mouvement se produise correctement, c'est-à-dire avec une énergie convenable dans tous ses éléments, il faut que non-seulement la position des parties correspondantes du corps soit clairement sentie au début du mouvement, mais qu'elle le soit encore à chacun des moments successifs de l'exécution. Il est nécessaire, pour cela, que le sens du toucher aussi bien que le sens musculaire (ou le sens du mouvement musculaire) fonctionnent régulièrement. C'est seulement lorsqu'existe la sensation exacte de la position des parties à chaque moment (et il n'est pas nécessaire que cette sensation se produise dans les hémisphères cérébraux : elle n'a son siége habituellement que dans le cervelet, les couches optiques, ou les corps striés), c'est alors que le degré de l'innervation motrice peut être convenablement déterminé et contrôlé par la comparaison de la sensation du mouvement musculaire perçue, alors que le mouvement est déjà presque accompli, avec la sensation musculaire dont on a l'idée à l'avance, c'est-à-dire que l'innervation motrice peut être accrue, restreinte ou modifiée. C'est ainsi que la sensation musculaire, anticipée par l'idée, peut (sans doute seulement à l'aide d'une comparaison avec la sensation musculaire perçue avant et pendant le mouvement) servir à régulariser le mouvement; mais le principe régulateur est autre chose ici que le principe producteur ou excitateur, et que ce qui dirige l'impulsion nerveuse sur certaines extrémités nerveuses et par là détermine la qualité du mouvement. Maudsley nomme ce dernier principe « l'intuition du mouvement » (*Physiol. et path. de l'âme*, trad. de Böhm, p. 183); il le distingue aussi bien de l'idée consciente du mouvement voulu que de la sensation musculaire; et admet que la perception de la sensation musculaire est nécessaire sans doute à la naissance et à la formation de cette intuition (chez l'homme peut-être, certainement pas chez les animaux), mais qu'une telle perception n'est nécessaire ni pour l'existence latente ni pour le fonctionnement actif de l'intuition du mouvement, puisque la régularisation nécessaire peut être établie, à la place du sens musculaire, par un autre sens, celui de la vue (voir plus haut l' « Appendice » p. 519). Maudsley considère l'intervention de ces intuitions du mouvement comme aussi indispensable à la production des réflexes, qui suivent une perception sensible, qu'à celle du mouvement volontaire résultant d'une perception consciente. Il est évident, à ses yeux, que ces intuitions du mouvement sont inconscientes (*Physiol. et pathol. de l'âme*, p. 177 et 187). Et par ces dernières, il entend seulement certaines prédispositions moléculaires qui fonctionnent sans conscience, du moins sans arriver à la conscience des grands hémisphères (p. 187). On ne saurait naturellement contester que de telles prédispositions agissent, dans la production du mouvement volontaire, aux places les plus différentes des centres nerveux. Dans l'acte si compliqué de l'élévation du doigt, chaque filet nerveux et chaque cellule ganglionnaire, où passe le courant nerveux sorti des grands hémisphères, déploient les prédispositions moléculaires spéciales qu'ils ont héritées ou acquises; et c'est seulement par une telle participation même aux mouvements volontaires des centres nerveux subordonnés, qu'une simple impulsion nerveuse, provenant du cerveau, peut provoquer un résultat aussi compliqué que celui d'actions musculaires agissant intentionnellement de concert. La difficulté capitale est toujours de déterminer comment les cellules pensantes des grands hémisphères commencent à envoyer des impulsions nerveuses en rapport avec le contenu idéal des idées correspondantes, et comment ces impulsions se distinguent entre elles, non-seulement par l'intensité et la qualité de l'innervation, mais encore par la direction différente qui leur est communiquée, puisque les extrémités des filets nerveux sur lesquels il s'agit d'agir dans chaque cas se trouvent à des places diverses des grands hémisphères. C'est la transformation du contenu idéal de la conscience (des mots : « petit doigt ou annulaire ») en mouvement mécanique, qui est l'éternelle pierre d'achoppement de toute explication mécanique.

Page 89, ligne 20.

Une critique dédaigneuse, contenue dans le n° 40 de l'*Ausland* est dirigée par J.-H. Klein, du point de vue de la science, contre la philosophie de l'Inconscient. L'auteur cite le passage précédent comme une preuve capitale de la légèreté d'esprit et de la médiocrité de mon travail (p. 939), et me renvoie à l'exemple de la méthode darwinienne, comme à un modèle de méthode rigoureuse (943). M. Klein a malheureusement oublié que, justement dans le passage attaqué, non-seulement Darwin est complétement d'accord avec moi, mais encore que les plus importants des exemples que j'ai cités (ainsi p. 89 et 90) sont directement tirés de l'ouvrage de Darwin sur l'*Origine des espèces*. M. Klein croit devoir mettre le lecteur en garde contre un philosophe qui se contredit au point d'affirmer, en tête d'un chapitre, que les espèces différentes présentent des instincts différents avec une constitution physique identique; et, à la fin du même chapitre, il entreprend de démontrer pourquoi, au sein d'une même espèce, l'identité de constitution physique entraîne celle des instincts (p. 941). « Dieu garde la science exacte d'une telle légèreté! » (Page 939.)

Page 114, ligne 12.

L'araignée porte-croix se retire, un jour avant le changement de la température, dans le coin de sa toile où elle est à l'abri de la pluie, et commence, un jour avant le retour du beau temps, peut-être même au milieu de la pluie, à visiter sa toile. « Le beau temps alors ne dure pas longtemps. Quelquefois l'araignée déchire sa toile et s'en tisse une nouvelle. C'est alors un signe certain de beau temps. On trouve, à un examen attentif, que la toile n'est pas toujours faite de la même manière. Tantôt les mailles sont plus larges, tantôt plus étroites. Lorsqu'elles sont larges, c'est un signe que le beau temps durera au plus cinq jours; si elles sont serrées, on peut compter sûrement sur huit jours de beau temps. » (*Ausland*, 1875, n° 18, p. 360.) On voit aisément que pour prendre les mouches une toile à mailles serrées est plus avantageuse. Mais, en vue des dommages que la pluie et le vent peuvent causer à la toile, l'araignée doit nécessairement se montrer économe de la matière textile que ses glandes sécrètent, et en mesurer la consommation au temps qui se prépare.

Page 146, ligne 9.

La sensation du noir est, en effet, la sensation du processus chimique de restitution ou de recomposition de la masse nerveuse, qui s'oppose au processus de consommation ou de décomposition, lequel se traduit pour la conscience par la sensation du blanc (d'après la théorie physiologique de la lumière et des couleurs de Héring (voir *Naturforscher*, 1875, n° 9). La recomposition de toute substance nerveuse (et spécialement des filets conducteurs) est excitée et gouvernée par les courants centrifuges d'innervation qui viennent des centres correspondants. Ce courant d'innervation aboutit aux nerfs sensibles des hémisphères cérébraux, et s'y traduit en partie pour la conscience par un phénomène d'attention (voir plus haut p. 541-544). C'est donc la même chose de dire : dans les filets nerveux sans organes terminaux pour la perception visuelle, ou dans les parties de l'image rétinienne auxquelles n'aboutit aucun filet nerveux primitif, la faculté de recomposition chimique ne se rencontre pas, parce que les causes extérieures de composition font défaut; ou de dire : là où n'ont jamais été ressenties les excitations sensorielles centripètes, aucun courant centrifuge d'innervation ne peut se produire, car il faut pour cela une action réflexe.

Page 154, au bas de la page.

Je ne puis plus aujourd'hui considérer l'exemple apporté comme une preuve décisive de ce qui est ici en question. En fait, dans l'état normal, en dehors de la voie principale que suivent les réflexes (laquelle conduit par la direction la plus courte de la place d'insertion du nerf sensible à celle du nerf moteur dans la substance grise de la moelle), il y a encore un grand nombre de voies secondaires, par où la transmission rencontre plus ou moins d'obstacles, et qui, selon le degré variable de l'excitation et de l'irritabilité, sont utilisées à leur tour. Si la voie principale est détruite, les voies secondaires servent pourvu que l'excitation soit assez forte ou que l'irritabilité de la moelle soit assez grande (la strychnine produit ce second effet; il en est de même lorsqu'on sépare la moelle épinière d'avec le cerveau, et par suite lorsqu'on la soustrait à la résistance que ce dernier oppose aux réflexes); mais il faut bien remarquer que les voies secondaires traversent un nombre d'autant plus grand de centres dans la substance grise, qu'elles sont plus indirectes. Notons que, toutes les fois que l'excitation traverse la substance grise (par l'effet de l'opposition que lui font les cellules ganglionnaires et les forces spécifiques qui ne demandent qu'à entrer en jeu), on n'a pas affaire à un simple phénomène de transmission, mais à un nouveau réflexe. Plus donc une excitation parcourt de voies détournées avant de se manifester au dehors par une réaction motrice, plus le réflexe total est compliqué et composé d'une série de réflexes particuliers, pour chacun desquels se répète le problème de la nature psychique et intime et de la finalité du réflexe. Si l'exemple précité ne démontre pas directement ce qu'il doit établir, il prouve encore bien moins la théorie contraire du pur mécanisme ; il laisse tout entier le problème, qui se représente à chaque moment. Pour résoudre ce problème, il n'y a qu'à faire attention que la finalité des mécanismes réflexes est un produit du temps ; qu'elle est téléologiquement modifiable ; que les dispositions existantes ou les mécanismes auxiliaires eux-mêmes résultent d'une somme de fonctions appropriées qui ont été possibles d'abord sans ces mécanismes, et que ces mêmes dispositions se modifient sans cesse par l'effet des modifications appropriées des fonctions qui amènent en se répétant un changement dans les dispositions existantes des molécules.

Page 158, à la fin.

Rapprocher de ce chapitre l'appendice, particulièrement les chapitres III, IV, V, VI et XI.

Page 174, ligne 12.

Les considérations précédentes sont empruntées à la physiologie de Burdach. Si elles ne peuvent plus être acceptées complètement sous cette forme par la physiologie actuelle, cela ne change rien au fait général dont il s'agit. La physiologie moderne se voit, au contraire, obligée de plus en plus de reconnaître des fonctions vicariantes ; et la biologie trouve dans la théorie de la descendance et dans la différenciation graduelle, qu'enseigne cette dernière, des différents organes formés à l'aide de tissus originairement identiques, l'explication de la possibilité de processus semblables. Ces processus apparaissent, de ce point de vue, comme un atavisme du tissu, qui reproduit par une sorte de réminiscence une période du développement phylogénétique, où la division du travail dans l'organisme n'était pas encore poussée aussi loin.

Page 178, ligne 20.

Le passage précédent, qui se trouve déjà dans la première édition de cet ouvrage, montre avec évidence combien peu le sens de ma doctrine a été compris par ceux qui s'imaginent que j'ai jamais songé à remplacer ou à supprimer entièrement l'explication physico-chimique à l'aide des causes matérielles et efficientes par des explications métaphysiques. Rien n'est plus éloigné de moi qu'un dessein aussi peu raisonnable et si contraire à l'esprit de la science moderne. Bien au contraire, jamais un philosophe spéculatif n'a reconnu aussi volontiers l'indépendance de la science et estimé si haut ses services que moi, qui considère comme la mission incontestable et féconde de la science la recherche des causes efficientes et matérielles des phénomènes matériels, et qui tiens pour le devoir impérieux du savant comme tel de ne pas se laisser égarer dans cette recherche des causes matérielles et efficientes par des principes métaphysiques, théologiques, ou autres d'explication. Cette affirmation des droits de la science sur le terrain des phénomènes matériels et de leur enchaînement causal ne peut cependant me faire oublier, comme quelques philosophes « modernes », que ni les phénomènes matériels n'épuisent la manifestation phénoménale de l'être universel, ni leur enchaînement causal comme tel la connaissance des phénomènes matériels dans la spécification de leurs lois; que, par conséquent, derrière la science et ses solutions, il reste encore des problèmes tout différents à résoudre. Un savant, qui prétend en même temps au titre d'*homo sapiens*, c'est-à-dire d'homme cultivé et intelligent, doit pouvoir prouver qu'il a une conscience générale de ces limites de sa science spéciale; savoir qu'elles ne coïncident pas exactement avec les limites de la connaissance humaine; nourrir enfin un intérêt général, une sorte de curiosité humaine pour les recherches générales de la philosophie. Au contraire, aucun homme, qui n'émet pas la prétention d'être un savant de métier, n'est tenu de se préoccuper tout d'abord, dans l'examen des problèmes, d'étendre l'état présent des connaissances scientifiques, c'est-à-dire de rechercher à augmenter les connaissances actuelles par des découvertes nouvelles sur les causes des phénomènes matériels. Il laissera cette partie de la tâche scientifique aux savants de métier; et, par ce renoncement, il se sentira non pas gêné, mais au contraire plus en état de travailler utilement à l'autre partie de la tâche, qui ne doit pas être plus négligée. Si les savants méconnaissent cette vérité et reprochent au philosophe toute application des principes philosophiques, tout renoncement personnel à l'originalité dans les questions scientifiques comme une sorte d'impiété à l'égard de l'esprit saint, on doit gémir de cette étroitesse de vues, de ces préoccupations exclusives de métier, comme du genre de terrorisme que les chefs de cette école de savants exercent sur l'opinion publique, non sans un certain succès, et qui produit la confusion des vues sur l'essence du véritable « esprit scientifique ». Il est grand temps de résister ouvertement à cette pression et de rappeler aux trop crédules victimes des leçons et des journaux consacrés à la science populaire, de leur répéter avec autorité que la science naturelle et son application exclusive à la recherche des causes matérielles ne constituent toujours qu'un côté de la science; et qu'elles sont subordonnées aux sciences de l'esprit. Autrement, on serait bien près de voir les sciences de la nature prétendre de notre temps à une tyrannie aussi peu justifiable et plus dangereuse encore, s'il est possible, que celle de la théologie du moyen âge.

Page 198, ligne 11.

Maudsley dit dans sa *Physiologie et pathologie de l'âme* : « L'idée d'un vomissement prochain, avec la sensation qu'on en a l'habitude, hâtera sûrement le vomissement. Chez un homme nerveux, la pensée qu'il ne pourra effectuer l'acte vénérien, suffit souvent à le rendre, en effet, incapable de l'accomplir. Les *Philosophical transactions* citent le cas merveilleux d'un homme qui pouvait, pendant un certain temps, suspendre chez lui les mouvements du cœur. » (P. 118). — « Il y a des gens, auxquels il suffit de penser vivement qu'ils vont avoir le frisson ou qu'une bête va ramper sur leur peau, pour leur donner la chair de poule. » (P. 123). — « L'idée d'une démangeaison en une partie déterminée du corps cause la démangeaison elle-même ; et l'idée vive que la perte d'une partie de l'organisme corporel doit être réparée, à la suite d'une opération, influe parfois sur l'activité organique de la partie en question, de telle sorte que la guérison se produit spontanément. » (P. 118). — « Chaque heure de notre vie journalière nous fournit d'assez nombreux exemples de l'action que nos idées exercent sur nos muscles volontaires. Un petit nombre seulement des occupations habituelles de nos journées mettent la volonté en jeu (j'entends la volonté consciente). Lorsqu'elles ne se produisent point par l'effet de l'activité sensitive motrice, c'est-à-dire comme des réflexes à la suite des perceptions sensibles, nos idées les provoquent involontairement. » Même chez les personnes qui, à l'état de veille, ne sont pas assez nerveuses pour faire sur elles-mêmes des expériences convaincantes en ce sens, le rêve leur apporte des preuves manifestes de l'action inconsciente de l'imagination. Il suffit qu'elles croient en songe avoir été frappées ou blessées en un endroit déterminé du corps, pour qu'elles ressentent distinctement une douleur locale : sans doute le réveil la dissipe.

Page 201, ligne 15.

Bien que je croie pouvoir assigner aux hémorrhagies cutanées une explication naturelle par l'influence de l'imagination, la vérité exige pourtant qu'en présence de la recrudescence du vertige religieux, que la vue de telles personnes provoque toujours à sa suite, j'avoue que mes enquêtes sérieuses ne m'ont jusqu'à présent permis de constater aucun cas où les phénomènes des stigmates aient été scientifiquement observés et reconnus comme résultant d'un écoulement spontané du sang par des médecins affranchis de tout préjugé (c'est-à-dire inaccessibles aux influences du clergé catholique) et véritablement à la hauteur de leur science. On a, au contraire, publié plusieurs cas où l'examen attentif des hommes de l'art avait découvert une supercherie dans les faits qui alimentaient la superstition religieuse (voir la *clinique allemande*, 1875, n° 1-3 : « Trois devancières de Louise Lateau en Westphalie » par le docteur Brück). Il n'est pas nécessaire de penser au mensonge proprement dit, bien que la supposition puisse n'être pas interdite. Les personnes, chez lesquelles on a constaté de semblables écoulements sanguins, sont presque toujours des femmes hystériques dont le système nerveux est profondément troublé, l'esprit plus ou moins dérangé, qui sont dominées par des instincts pervers, et ne peuvent être rien moins que considérées comme responsables de leurs actions. La ruse et la dissimulation instinctives du caractère féminin, qui sont déjà développées d'une manière excessive chez les individus de cette espèce avant leur maladie, paraissent, sous l'influence de l'état hystérique, agir tout à fait sans raison. Les malades s'ingénient souvent, avec une étonnante finesse, à tromper même leurs propres parents absolument sans aucun motif. Il arrive habituellement que la femme, avec sa vanité naturelle, tire parti dans ce cas de l'état maladif où elle se trouve; elle cherche à provoquer l'intérêt des spectateurs par la nature étrange des phénomènes morbides. Parfois même un goût dépravé de la torture volontaire et des macérations physiques s'associe à tout cela, et l'imagination et la vanité de la malade savourent avec ivresse la volupté d'un prétendu martyre. Même la surveillance des personnes les plus sérieuses et les plus calmes, est d'ordinaire impuissante en regard de cette folie hystérique. On juge d'après cela combien un entourage, enclin à partager les penchants de la malade, peut les fortifier et les faire dégénérer en idées fixes. D'ailleurs dans la famille d'où sort une telle malade on trouve ordinairement une disposition héréditaire, qui s'est manifestée à un moindre degré dans d'autres membres. Qu'une mère ou une sœur admire et flatte les aberrations de la malade, elle ne confirme pas seulement celle-ci dans ses idées extravagantes; mais elle fournit des prétextes à la réalisation de ses penchants hystériques, c'est-à-dire qu'elle finit par s'associer à ses aberrations passagères. La folie dans le sexe féminin, aussi bien la folie proprement dite que la manie hystérique, se présente d'ordinaire sous l'une de ces deux formes : elle dérive du besoin sexuel ou du besoin religieux (ou des deux à la fois). Il va de soi que rien n'est plus propre à fortifier des instincts dépravés de cette nature, à les engager dans des voies déterminées, qu'une exaltation religieuse et spécialement ce mélange artificiellement produit par l'Église catholique d'excitation sexuelle, d'ardeur pour les mortifications cruelles, d'extase religieuse, où l'imagination en délire se plonge dans la pensée des tortures du divin fiancé. Que le prêtre vienne encore joindre son action; qu'il encourage les illusions de l'infortunée; qu'il exalte comme des signes symboliques de la grâce divine les contusions que, dans l'ardeur désordonnée du martyre, la malade se fait à elle-même, celle-ci croit assez volontiers qu'elle obéit à un ordre céleste en renouvelant ces marques symboliques sur son propre corps. Et, bien qu'elle sache qu'elle trompe les autres, elle peut très-aisément se persuader à elle-même qu'elle est l'instrument choisi par la grâce divine, en voyant l'action religieuse qu'elle exerce sur les croyants qui accourent pour la contempler. Partout où l'on reconnaît la main d'un prêtre, on peut à l'avance considérer comme vraisemblable que la chose se passe comme nous venons de le dire. Et l'on ne saurait douter que le phénomène ne repose sur une supercherie, lorsque, en dehors des stigmates, d'autres phénomènes sont constatés qui contredisent les lois de la vie organique (par exemple la privation de nourriture à l'état de veille pendant toute une année). Mais ce ne sont pas ces infortunées qu'il faudrait envoyer, comme coupables de mensonge, dans une maison de correction, ainsi qu'on l'a fait pour plusieurs d'entre elles; mais les prêtres, dont l'appétit impudent de domination fait servir à ses fins, comme un excellent moyen, la faiblesse et la maladie de l'esprit humain; les prêtres qui cherchent à abêtir encore plus sûrement les masses déjà aveuglées par eux. — Ces remarques ne décident d'ailleurs rien touchant la possibilité d'écoulements sanguins spontanés; elles n'ont d'autre but que de prévenir l'accusation qui me présenterait comme un défenseur des fourberies du clergé ultramontain.

Page 202, ligne 24.

Beaucoup de cures ne sont sympathiques qu'en apparence. Les remèdes qu'on applique produisent des effets que les malades seulement ne comprennent pas, ou qui même échappent aux explications de la médecine actuelle. L'action de telles causes est exclue dans les cures sympathiques qui ne sont dues qu'à une simple conjuration. Les effets les plus croyables et les plus éclatants des formules de conjuration pourraient bien consister à suspendre l'écoulement du sang (par suite de la contraction des veines et des capillaires sous l'effet de l'action nerveuse produite par la conjuration), ou à calmer la douleur causée par une brûlure.

Page 222, au bas.

(Voir E. Hæckel : *Anthropogénie ou Histoire du développement de l'homme.* » Leipzig, Engelmann, 1874.)

Page 224, à la fin.

Contre l'objection critique que, dans ce chapitre, il n'a pas été question des solutions apportées par le darwinisme au problème de l'origine de la finalité organique, il convient de faire la remarque suivante. Le darwinisme est tout au plus en état, lors même qu'il aurait raison dans toutes ses affirmations, d'expliquer que l'œuf fécondé apporte une constitution déterminée dans tel ou tel sens pour son développement ontogénétique; mais ce développement individuel en lui-même n'est pas expliqué par le darwinisme, qui se contente d'admettre comme un fait physiologique donné que de tel germe doit sortir tel organisme. Ce n'est rien moins qu'un manque d'étonnement philosophique, qui cause cette incapacité de comprendre le problème. Tout développement phylogénétique résulte d'une série de développements ontogénétiques : le premier ne peut donc expliquer les seconds, mais au contraire les suppose. Il est vrai, sans doute, qu'un développement individuel déterminé dépend dans sa marche, dans sa nature, du développement phylogénétique qui l'a précédé; mais il s'agit toujours, *avant tout*, d'expliquer comment un développement individuel *en général* est possible : et ce problème est tout à fait indépendant de l'explication du développement phylogénétique, qui résulte d'un ensemble de développements individuels, tout comme l'édifice se compose de pierres ou la plante de cellules. Il suit de là que le problème du développement organique de l'individu justifie aussi bien qu'il réclame un examen spécial et indépendant du jugement que l'on porte sur la valeur du darwinisme.

Du reste, cette recherche demande à être complétée par l'examen de la solution que le darwinisme apporte au problème du développement phylogénétique. C'est ce que nous faisons au chapitre x de la 3ᵉ partie; ce que nous essayons d'une manière encore plus approfondie dans notre écrit :

Vérité et erreur dans le darwinisme. Notre conclusion est que tous les principes de la théorie darwinienne ne peuvent être acceptés qu'autant qu'on admet l'hypothèse, partout sous-entendue explicitement, et toujours explicitement repoussée, d'un « principe organisateur », et qu'ils peuvent s'accommoder de toute explication des phénomènes naturels. Ce n'est là rien autre chose que la confirmation, appuyée sur la critique des faits, du principe établi précédemment à priori et évident par lui-même, que tout développement phylogénétique se compose d'une série de processus de développement ontogénétique, et que les seconds, comme tels, ne sauraient s'expliquer par les premiers, mais seulement par un principe organisateur qui dirige et assure la variation régulière soit des individus, soit des espèces et l'action de l'hérédité.

Page 256, ligne 30.

Il peut, sans doute, être très-intéressant de faire l'analyse psychologique de toutes les formes sous lesquelles se dissimule et s'enveloppe, suivant la diversité des caractères et des situations, la passion de l'union sexuelle; d'en essayer la classification et de les ramener à leurs causes. Cette tentative a été faite souvent, surtout par les Français. Mais, lors même qu'une telle psychologie réussirait à épuiser par son analyse l'infinie diversité des formes de l'amour, l'explication de l'amour n'aurait pas avancé d'un pas, tant que le véritable problème n'aurait pas été posé avec précision et résolu d'une manière satisfaisante. Le problème fondamental de l'amour doit porter naturellement sur l'élément commun que présentent les manifestations infiniment variées de cette passion dans la réalité. Cet élément identique, en dépit des formes différentes, n'est évidemment que le désir de l'union sexuelle. La question qu'il s'agit de résoudre est justement de savoir comment le plaisir physique ou intellectuel, esthétique ou moral qu'une personne nous cause, peut provoquer le désir tout différent de l'union sexuelle avec cette personne, et l'exalter jusqu'à la passion. C'est cela et pas autre chose qui constitue le problème fondamental de l'amour. Celui qui ne comprend pas le problème, ou qui ne voit pas qu'il y ait lieu de se le poser, celui-là sera très-peu propre à le résoudre; et toutes les études psychologiques d'un esprit de ce genre sur l'amour ne seront qu'un bavardage plus ou moins spirituel sur des questions secondaires.

On ne peut espérer résoudre le problème qu'autant qu'on connaît exactement l'essence de l'amour sexuel; et qu'on la découvre dans le désir, plus ou moins dissimulé par des sentiments accessoires, de l'union sexuelle avec un individu déterminé.

Page 268, fin.

Voir encore A. Taubert : *le Pessimisme et ses adversaires*, Berlin, chez C. Duncker, 1873, n° IV, « l'Amour ».

Page 275, ligne 34.

La séparation que l'on fait habituellement entre les plaisirs ou peines, et les désirs des sens et ceux de l'esprit, est parfaitement justifiée, si l'on ne veut désigner par là que la nature et le prix différents des objets, auxquels ces impressions et ces désirs sont rapportés par les idées qui leur sont associées. Mais cette distinction n'a plus de fondement, si on l'étend au delà de la différence qualitative des idées correspondantes; et si elle doit porter atteinte à l'identité de la volonté en soi, des satisfactions ou des contrariétés qu'elle reçoit (voir Göring, *Système de la philos. crit.*, 1re partie, chap. VI, « la Séparation des désirs et des plaisirs ou peines en sensuels et intellectuels », pages 107 et suiv.; voir aussi le chap. IV, « la Fausseté de la distinction établie entre une volonté inférieure et une volonté supérieure » (p. 78-87).

Page 275, au bas.

Ce principe a été très-attaqué. Il est pourtant bien simple; mais il paraît surprenant et presque paradoxal à l'esprit qui n'est pas habitué à séparer des sentiments ou sensations les idées qui les accompagnent et les produisent. Aussi je me sens d'autant plus heureux de me trouver sur ce point en communauté d'idées avec Kant. Ce penseur dit dans la *Critique de la raison pratique* (Œuvres, XIII, 131) : « Les idées des objets peuvent être très-différentes, dériver de l'entendement, même de la raison et s'opposer par là aux idées des sens : le sentiment du plaisir, qui seul, en s'associant à ces idées, en fait, à proprement parler, les mobiles de la volonté (ainsi la satisfaction, le plaisir qu'on attend et qui provoque l'activité à la production de l'objet), l'essence de ce plaisir, dis-je, est tellement uniforme qu'il n'est jamais connu que d'une façon empirique; qu'il n'affecte même jamais qu'une seule et même faculté, celle qui se manifeste par le pouvoir de désirer; qu'enfin, sous ce rapport, il ne diffère que par le degré de tout autre motif » (entendez de tout sentiment provoqué par un autre motif). Comment autrement pourrait-on instituer une comparaison entre deux motifs tout à fait différents, pour préférer celui qui touche le plus vivement la faculté de vouloir? »

Page 276, remarque.

Le désir est antérieur à l'état de sensibilité qu'on désire produire en soi. Cela est manifeste dans les cas nombreux où l'on voit le désir violent trahir son existence pour la conscience par les tourments qu'il cause, tandis que son contenu ou son but est encore tout à fait inconscient. Maudsley dit, dans sa *Phys. et pathol. de l'esprit*, p. 137-138 de la trad. de Böhm : « Chez l'enfant ou les idiots, nous observons souvent une inquiétude générale qui révèle un besoin ou un désir vague d'un objet que l'individu ignore complètement, mais qui, aussitôt qu'il est possédé, produit le repos et la satisfaction. La vie organique ne se traduit encore que par des expressions très-confuses. Rien n'est plus surprenant que l'évolution de la vie organique qui s'éveille à la conscience, au temps de la puberté, alors que de nouveaux organes entrent en fonction. Ici, un désir vague, étrange, provoque d'obscurs besoins, qui n'ont encore aucune fin déterminée (entendez consciente); ils font naître chez l'individu une inquiétude, qui, lorsqu'elle se tourne à l'action en se trompant de voie, conduit souvent à des conséquences funestes. C'est sous cette forme que l'amour sexuel (entendez le désir sexuel) se manifeste dès l'origine. Combien peu ce désir, comme simple effet du développement naturel de l'organisme, a de rapport avec la conscience; il suffit, pour en juger, d'observer que, justement chez l'homme, pendant le rêve, le désir réussit quelquefois à reconnaître le but qu'il poursuit et à se procurer une sorte de satisfaction, avant que cela se soit produit dans la vie de la veille. Cette simple réflexion pourrait montrer au psychologue quelle part plus considérable, plus importante, revient à la vie inconsciente de l'esprit ou du cerveau, relativement à son activité consciente. » — Le rapport de la volonté et du plaisir ou déplaisir, et les raisons qui obligent d'admettre que le dernier n'est que l'effet de la première, tandis que *la réciproque n'est pas vraie*, ont été exposés par Göring et défendus contre les objections, dans son *Système de philosophie critique*, tome Ier, p. 50, 60-65, et 80-95 (voir aussi chap. v : « la Séparation de la faculté de sentir d'avec toutes les autres. »)

Page 304, en bas.

Nous connaissons tous cette puissance créatrice de l'imagination inconsciente dans le rêve. Nous possédons tous cette faculté, comme nos rêves le montrent. Mais elle n'est pas assez forte, chez la plupart des personnes, pour se défendre à l'état de veille contre la double concurrence que lui font les impressions sensorielles et les associations des idées abstraites. Pour bien entendre les créations de l'imagination artistique, on peut tirer un excellent parti de l'étude des créations fantastiques du rêve : il ne faut pas sans doute méconnaître la différence qui sépare la fantaisie déraisonnable du rêve, de l'imagination créatrice et sensée de la veille. Je renvoie pour cette question à l'écrit de Johannes Volkelt : « l'Imagination du rêve » (Stuttgart, 1875). On y trouvera réunis dans une égale mesure le jugement critique et la profondeur spéculative : et tout ce qui a été écrit sur la question est mis à profit par l'auteur. (Voir en particulier le n° 15, « l'Inconscient dans l'imagination du rêve ».)

Page 308, remarque.

Les vues de Schiller sur le rôle de l'Inconscient dans la production artistique s'expriment, sous une forme scientifique, dans sa lettre à Gœthe du 27 mars 1801. Voici ce qu'il y écrit : « Il y a quelques jours j'ai fait la guerre à Schelling à propos d'un passage de sa philosophie transcendantale, où il soutient que « la nature débute par l'inconscience pour s'élever à la conscience, tandis que l'art, au contraire, va de la conscience à l'inconscience. » Il ne veut sans doute ici que marquer l'opposition de l'œuvre de la nature et de l'œuvre de l'art; et, sur ce point, il a pleinement raison. Mais je crains que ces messieurs les idéalistes ne se laissent dominer par leurs idées, et ne fassent pas assez de cas de l'expérience. Ils sauraient autrement qu'en réalité, le poëte débute par l'inconscience; qu'il doit même s'estimer heureux, s'il peut porter assez loin la claire conscience des opérations de son esprit jusqu'à retrouver tout entière et non affaiblie dans l'œuvre achevée la conception obscure qui en a été la première inspiration. Sans une telle conception d'ensemble, sans une idée obscure mais toute-puissante de ce genre, qu'aucun procédé ne peut aider à trouver, il n'y a pas d'œuvre poétique. La poésie, à ce qu'il me semble, consiste justement à pouvoir *exprimer et communiquer* aux autres cette idée inconsciente, c'est-à-dire à la traduire par une forme objective. Celui qui n'est pas poète peut aussi bien que le poète être touché par une idée poétique, mais il ne sait pas l'exprimer par *un objet;* il ne peut la représenter avec le caractère d'une nécessité interne ou idéale. Celui qui n'est pas poète peut, aussi bien que le poète, produire une œuvre avec conscience, et lui donner la nécessité d'une conséquence interne : mais son œuvre n'a pas son principe et sa fin dans l'Inconscient. Elle reste toujours un produit de la réflexion. « C'est l'union de l'inconscience et de la réflexion qui fait le génie créateur. » « L'idée d'ensemble obscure », dont parle Schiller, ne doit pas être confondue avec l'idée inconsciente. Elle n'est que le reflet de celle-ci dans la conscience, et non pas même son reflet immédiat; elle est précédée par une sorte de sentiment vague, de disposition intérieure. C'est ce que Schiller sait bien également; et il le montre dans sa lettre à Gœthe, du 18 mars 1796 : « Chez moi, le sentiment commence par n'avoir pas d'objet déterminé et précis. Ce n'est que plus tard que ce dernier se forme. Tout d'abord, mon âme est remplie par une sorte de disposition musicale; l'idée poétique ne vient qu'en suite. » Il écrit à Körner, le 1ᵉʳ décembre 1788 : « Vous, messieurs les critiques, ou de quelqu'autre nom que vous vous appeliez, vous redoutez, vous craignez le délire momentané, passager, qui se trouve chez tous les esprits vraiment créateurs, et dont la durée plus ou moins longue distingue l'artiste qui pense du rêveur. De là vos plaintes sur votre impuissance à produire. Vous vous pressez trop d'exclure et faites trop brusquement le triage (entre les éléments de l'inspiration qui se présentent pêle-mêle). » Ce n'est pas seulement le commencement, mais aussi le développement de la création artistique qui dépendent, selon Schiller, de l'Inconscient. Il termine en ces termes la vingtième de ses lettres sur l'éducation de l'homme : « L'âme, dans l'exercice de son activité esthétique, est libre à la vérité, affranchie au plus haut point de toute contrainte, mais non pas affranchie de toute loi. Cette liberté esthétique ne diffère de la nécessité logique de la pensée, de la nécessité morale de la volonté, que parce que les lois auxquelles l'esprit y est soumis sont ignorées de la conscience, et, comme elles ne rencontrent aucune résistance, elles ne paraissent pas nécessaires. » Celui qui puise ainsi dans une inspiration inconsciente ses idées poétiques, et qui leur donne la forme de l'œuvre d'art, d'après des lois qui le dominent sans qu'il en ait conscience, celui-là est un génie. « Après que le génie a tracé par ses productions les règles de l'art, la science peut rassembler ces règles, les comparer et chercher si elles ne se ramènent pas à des principes plus généraux et enfin à un principe suprême. Mais comme elle emprunte ses données à l'expérience des œuvres du génie, elle n'a que l'autorité limitée des sciences empiriques. Elle ne peut que conduire à une imitation intelligente des cas donnés, mais jamais à des créations nouvelles. Toute extension du domaine de l'art est l'œuvre du génie; la critique n'apprend qu'à éviter les fautes. » (Lettre à Körner, du 3 février 1794.) Ces témoignages décisifs en faveur de la vérité de l'Inconscient sont d'autant plus précieux, qu'ils dérivent des observations faites par un grand poète sur lui-même. Schiller ne se borne pas à puiser sans relâche comme Gœthe à la science de l'Inconscient; mais il fait constamment effort pour atteindre à la réflexion, et soumet toujours la forme poétique à l'examen de sa critique sévère : il aurait donc dû incliner plutôt à exagérer le prix de l'étude et de la réflexion.

Page 347.

Au point de vue de la psychologie comparée des peuples, il est très-caractéristique que les Grecs aient cherché à fonder de plus en plus l'étude de la géométrie sur la démonstration rigoureuse, discursive, et qu'ils se soient appliqués à ignorer les preuves intuitives les plus faciles à saisir; tandis que les Indiens, au contraire, bien qu'ils fussent beaucoup mieux doués que les Grecs pour l'arithmétique, appuient tous leurs raisonnements géométriques sur les données de l'intuition immédiate. Ils se contentent habituellement d'aider l'intuition par des constructions de figures, et se bornent à dire en outre : Voyez. Les Grecs sont toujours préoccupés de démontrer rigoureusement la moindre des propositions de leur raisonnement. Ils combinent souvent des séries artificielles de raisonnements discursifs pour démontrer la proposition la plus simple, tant ils évitent avec soin de recourir à l'intuition immédiate, qui ne leur paraît pas avoir une autorité démonstrative. Ils ont ainsi construit un système imposant de géométrie, lequel est en même temps une introduction à la méthode pour la solution de tous les problèmes qui ne se traitent pas directement. Chez les Indiens, au contraire, la preuve de chaque proposition géométrique est due à une inspiration heureuse, et les diverses propositions se tiennent sans lien les unes à côté des autres. Aussi les Indiens, malgré la puissance de leur imagination et de la faculté intuitive, et la grande supériorité qu'ils ont sur les Grecs dans les inventions de l'arithmétique et de l'algèbre, ne sont pas allés bien loin en géométrie, et n'ont réussi qu'à en saisir, et encore très-imparfaitement, les éléments. Il est remarquable assurément que Schopenhauer, bien qu'il ignorât complétement ces faits historiques, ait été amené, par la secrète affinité de son génie avec l'esprit indien, à porter dans l'étude de la géométrie des exigences que l'on peut regarder comme des tentatives de ranimer le vieil esprit de l'Inde. Comme notre mathématique moderne tout entière est sortie d'une synthèse de la géométrie euclidienne avec l'algèbre que les Arabes ont empruntée aux Indiens, la nécessité est tous les jours mieux reconnue dans l'enseignement de tenir compte en géométrie du procédé intuitif des Indiens. Il est incontestable que l'on peut par ce moyen simplifier, faciliter, éclairer le raisonnement. Mais le projet de Schopenhauer, qui veut fonder la géométrie tout entière sur l'intuition, n'en est pas moins irréalisable de sa nature. La démonstration discursive devra toujours accompagner pas à pas l'intuition pour la contrôler.

Page 347.

Comme exemple de ce qui vient d'être dit sur la méthode géométrique des Indiens, citons la preuve donnée par les Indiens du théorème de Pythagore; la figure de Schopenhauer n'en est qu'un cas spécial.

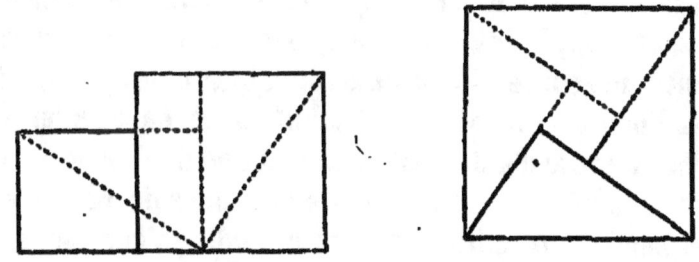

Le fond de cette preuve est que le carré de l'hypoténuse, aussi bien que la somme des carrés faits sur les autres côtés, est égal à une troisième grandeur, à savoir le quadruple du triangle plus le carré formé sur la ligne qui mesure la différence des deux côtés.

Comme le dernier, lorsque le triangle est équiangle,

devient égal à zéro, la démonstration générale se ramène à celle de l'égalité des triangles équiangles (voir Hankel, *Histoire de la mathématique dans l'antiquité et le moyen âge*. Leipzig, 1874, p. 209). Incontestablement, cette vieille démonstration est de beaucoup la meilleure parmi toute celles qui lui ont succédé en nombre infini, parce qu'elle est la plus sensible, la plus simple et la plus instructive. On ne peut dire rigoureusement qu'elle repose sur une intuition immédiate, puisque l'égalité des deux grandeurs en question, qu'il s'agit de démontrer, doit toujours être conclue de leur égalité visible avec une troisième; et que cette dernière se présente toujours dans les deux figures sous un aspect différent, et n'est identique que par la pensée.

Page 364, ligne 20.

Sans doute Schopenhauer n'a fait ces concessions au réalisme que dans ses dernières années. Dans la première période de sa carrière philosophique, il se montre idéaliste rigoureux, et nie résolûment toute influence causale de la chose en soi sur la pensée (*le Monde comme volonté et représentation*, 3ᵉ édit., 516, 581). Il aboutit ainsi rigoureusement à une conception du monde subjectif des phénomènes chez l'homme éveillé, qui n'établit entre ce dernier et le monde du rêve d'autre distinction qu'une différence accidentelle, à savoir que les heures de la veille sont reliées entre elles par la continuité du souvenir, tandis qu'habituellement cette liaison manque entre les moments successifs du rêve (Id. I, 21; et Volkelt, *l'Imagination du rêve*, p. 194-203). En fait, si l'on nie la causalité transcendante de la chose en soi sur notre pensée, toute distinction sérieuse s'évanouit entre les objets du rêve et ceux de la veille. Car il n'y a pas d'autre distinction entre les deux formes de la phénoménalité subjective, sinon que la nécessité instinctive en vertu de laquelle nous rapportons le contenu de la conscience à une réalité transcendantale et indépendante de la conscience, n'est dans le rêve qu'une illusion trompeuse, dans la veille une vérité saisie d'instinct. Et cette vérité consiste ici dans la causalité transcendante que l'être en soi exerce sur la perception, en tant que la qualité des objets de la perception dépend de la constitution de cet être en soi.

Page 365, ligne 20.

La science moderne se déclare énergiquement en faveur de la philosophie qui accorde une valeur transcendante aux formes de l'existence et du mouvement, à savoir l'espace et le temps. Elle admet (d'accord avec Kant et Schophenhauer vers la fin de sa carrière) que notre perception sensible est déterminée dans ses conditions générales par la nature du sujet; mais que, dans chaque cas particulier et concret, la production et la nature de la perception résultent de l'action causale des choses, dont l'existence est supposée indépendante de la représentation que nous en avons, c'est-à-dire des choses en soi au sens de Kant. La science de la nature sait que toutes les qualités sensibles (lumière, couleur, son, chaleur, odeur, douceur, etc.), résultent de l'action combinée de ces deux facteurs, les choses d'un côté et nos sens de l'autre; qu'elles n'appartiennent donc pas au monde des choses en soi. Mais elle soutient en même temps que la nature spécifique de notre sensation concrète dépend du groupement spécial des éléments constitutifs de la chose en soi et des formes de leur mouvement. Cette hypothèse, qui n'est plus seulement pour la science une hypothèse, mais vaut pour elle comme une certitude, repose à son tour sur cette autre hypothèse que l'espace et le temps sont les formes d'existence de ce monde, transcendant pour la conscience, des choses en soi. L'ordre ou le groupement déterminé des atomes suppose l'espace comme forme de l'existence ; et l'action causale sur l'organe sensoriel à un moment déterminé du cours des représentations subjectives, suppose la forme du temps comme forme transcendante et réelle de l'action des choses en soi. Enfin les formes du mouvement (mécanique et moléculaire) qui produisent le groupement des atomes à chaque moment de la durée, et d'où dépend la nature de l'action exercée sur nos organes sensoriels par les groupes d'atomes, doivent être, à leur tour, conçues comme des processus réels, transcendants pour la conscience, si les formes générales, d'où ils dérivent eux-mêmes, à savoir le temps et l'espace, ont une réalité transcendante. Ainsi, en réalité, le monde des atomes en mouvement, que la science reconnaît, est un monde de choses en soi au sens de Kant, et, d'un autre côté, un monde soumis aux formes de l'espace et du temps. Ce n'est pas un monde d'apparences subjectives, puisque jamais les atomes ne sont apparus à un physicien. C'est un monde intelligible au sens de Kant, puisqu'il échappe à toute expérience : et en même temps c'est un monde existant en soi et pour soi, dont la réalité et les mouvements propres sont absolument indépendants de toute représentation dans une conscience quelconque. On doit donc, à tous les points de vue, le définir un monde de choses en soi; et on ne peut le définir autrement, si l'existence n'en est supposée que dans le but d'expliquer l'objectivité transcendantale du monde phénoménal des objets et la relativité transcendante de notre perception. Malgré tout, ce monde est situé dans le temps et l'espace, et ne peut pas ne pas l'être, si l'on veut qu'il explique quelque chose. Qu'on dépouille autant qu'on voudra l'atome de la matérialité, de l'extension; qu'on le spiritualise pour en faire une monade immatérielle, il conserve toujours sa place, le point qu'il occupe dans l'espace par rapport aux autres atomes, la distance qui le sépare de ces derniers, la direction et la vitesse de ses mouvements lorsqu'il s'en rapproche ou s'en éloigne, par conséquent de pures déterminations dans l'étendue et la durée. Si la science voulait essayer de dépouiller aussi les atomes de ces propriétés, elle s'interdirait du même coup toute possibilité d'expliquer les apparences subjectives. L'hypothèse d'un monde réel d'atomes n'aurait plus alors aucune raison scientifique de se faire accepter.

Un monde, étranger à l'espace et au temps, de monades purement spirituelles détruirait en germe la possibilité de toute science de la nature; et toutes les explications scientifiques, lesquelles sont fondées sur l'hypothèse contraire, ne seraient plus seulement sans valeur, mais même absurdes en principe. En fait, un monde de monades spirituelles en dehors du temps et de l'espace (ou de formes correspondantes pour l'existence et le mouvement) est impossible métaphysiquement. L'esprit absolu, avant de se manifester dans le temps et l'espace, est étranger à la fois à la réalité et à la multiplicité. L'espace et le temps sont les formes sous lesquelles l'esprit universel sort de son essence indivisible et idéale pour se manifester dans la multiplicité des existences réelles. Ce sont donc les formes sous lesquelles il apparaît comme individu, et par lesquelles son essence se révèle et se manifeste. Il n'est pas étonnant, après cela, que les savants eux-mêmes, peu instruits des problèmes qui concernent la théorie de la connaissance, interprètent la conception du monde, que leur suggèrent les sciences de la nature, tantôt dans un sens réaliste, tantôt dans un sens idéaliste. Si l'on part de ce fait que le monde transcendant des objets réels n'est ni lumineux, ni coloré, ni sonore, etc., ni même matériel, et ne se compose enfin que du produit d'une sorte de jeu magique entre des points imaginaires juxtaposés, on peut bien être tenté, avec Kant, de placer la réalité dans la perception empirique comme phénomène subjectif, et de considérer les choses en soi, en tant que monde transcendant d'objets purement intelligibles, comme proprement inaccessibles à notre pensée. Si l'on considère, au contraire, que le prédicat de la réalité ne peut être attribué qu'à une chose existant en soi et pour soi, c'est-à-dire indépendamment de toute conscience pour se la représenter, il n'est plus douteux que ce n'est pas le monde des phénomènes subjectifs qui miroite dans la conscience, mais le monde des groupes d'atomes existant en soi ou le monde de la manifestation objective de l'essence universelle, auquel il faut donner le nom de monde réel. Il le mérite d'autant plus que (comme celui de la phénoménalité subjective) il se meut dans les formes de l'espace et du temps. Disons plus : les apparences objectives que saisit la conscience n'ont une objectivité réelle que parce qu'elles sont rapportées d'une manière transcendantale aux choses en soi qui ont la réalité immédiate ; et ces apparences n'ont une signification pratique théorique que parce qu'elles représentent ces dernières pour la conscience. La conception philosophique et scientifique du monde n'est donc, si on l'examine de près, qu'un réalisme transcendantal. Elle dépasse à la fois l'idéalisme subjectif (qui, pris à la rigueur, ne voit dans la chose en soi qu'un concept purement négatif et limitatif, qu'une illusion indestructible de la conscience chez l'homme éveillé comme chez le dormeur) et le réalisme naïf (qui réalise sans critique les objets apparents du monde des phénomènes subjectifs en véritables choses en soi). C'est à ce même réalisme transcendantal que conclut le développement critique qu'a reçu la théorie philosophique de la connaissance, tel que je l'ai présenté dans mes écrits : *Fondement critique du réalisme transcendantal*, et *Réalisme théorique de J.-H.-V. Kirchmann*. Sur ce terrain encore, l'harmonie, la conciliation de la philosophie et de la science, qui sont divisées depuis si longtemps, peut être désormais établie.

Page 376, ligne 25.

Comparez avec ce passage et la page 342 les idées semblables de Lotze sur l'à priori dans sa *Logique*, livre III, chap. III, en particulier page 520.

Page 528, ligne 22.

De nouvelles expériences sur les singes, chez lesquels des parties isolées du cerveau ont été d'abord électrisées, puis détruites et rendues inactives, ont conduit David Ferrier à des conclusions, qui, si elles se confirment, constitueront un progrès considérable dans la science de la physiologie du cerveau (voir *Proceedings of the royal Society*, vol. XXIII, n° 162, et dans l'extrait du *Naturforscher*, 1875, n° 36). Ce savant constate d'abord que l'ablation des régions frontales et des lobes occipitaux n'altère ni la sensibilité ni la motricité; mais que l'ablation des premières trouble l'intelligence et l'attention, que celle des seconds produit une dépression de la sensibilité générale, jusqu'à rendre indifférent à la faim. Selon le même auteur, les différents sens se rapportent dans les grands hémisphères aux centres suivants : la vue à la circonvolution angulaire, l'ouïe à la partie supérieure des circonvolutions temporo-sphénoïdales (près l'os temporal, l'os sphénoïdal); les sensations tactiles à l'hippocampe majeur et aux circonvolutions de l'hippocampe; l'odorat est localisé dans le cordon (subiculum) de la corne d'Hammon ou dans la circonvolution en forme de crochet; le goût dans la partie inférieure du lobe temporo-sphénoïdal. Toutes ces localisations dans les centres cérébraux répondent à l'organe sensoriel de la partie opposée du corps. Il faut faire exception pour les centres olfactifs, qui correspondent aux moitiés nasales du même côté.

TABLE

DU TOME PREMIER

Préface de l'auteur...
Introduction du traducteur....................................... V

INTRODUCTION DE L'AUTEUR

I. Considérations générales...................................... 1
   a. Objet du livre... 1
   b. Méthode de recherche et mode d'exposition.............. 6
   c. Précurseurs dans l'intelligence du concept de l'Inconscient... 17
II. Comment arrivons-nous à reconnaître des fins dans la nature?.. 47

PREMIÈRE PARTIE

LA MANIFESTATION DE L'INCONSCIENT DANS LA VIE CORPORELLE

I. La volonté inconsciente dans les fonctions spontanées de la moelle épinière et des ganglions...................................... 65
II. L'idée inconsciente dans la production du mouvement volontaire 80
III. L'idée inconsciente dans l'instinct............................ 88
IV. L'union de la volonté et de l'idée........................... 130
V. L'Inconscient dans les mouvements réflexes.................. 141
VI. L'Inconscient dans la vertu curative de la nature............ 159
VII. Influence indirecte de l'activité consciente de l'âme sur les fonctions organiques.. 187
   1. Influence de la volonté consciente....................... 187
   2. Influence de l'idée consciente............................ 198
VIII. L'Inconscient dans la production organique................. 205

DEUXIÈME PARTIE

LA MANIFESTATION DE L'INCONSCIENT DANS L'ESPRIT HUMAIN

I. L'instinct dans l'esprit humain............................... 227
II. L'Inconscient dans l'amour des sexes........................ 244
III. L'Inconscient dans la sensibilité............................. 269
IV. L'Inconscient dans le caractère et la moralité............... 287

V. L'Inconscient dans le jugement esthétique et la production artistique... 297
VI. L'Inconscient dans l'origine du langage..................... 323
VII. L'Inconscient dans la pensée............................... 332
VIII. L'Inconscient à l'origine de la perception sensible........ 358
IX. L'Inconscient dans le mysticisme........................... 389
X. L'Inconscient dans l'histoire............................... 410
XI. Du prix de l'Inconscient et de la conscience dans la vie humaine. 440

APPENDICE A LA PHÉNOMÉNOLOGIE DE L'INCONSCIENT

ÉTUDES SUR LA PHYSIOLOGIE DES CENTRES NERVEUX............... 459
I. Introduction.. 461
II. Filets nerveux et cellules ganglionnaires................. 465
III. La moelle épinière....................................... 474
IV. La face interne ou spirituelle du processus réflexe...... 479
V. Le caractère téléologique de la fonction réflexe.......... 488
VI. Les quatre séries principales de centres nerveux......... 502
VII. De la forme des parties du cerveau et de sa signification. 515
VIII. Les centres des sons qui forment l'espace.............. 519
IX. Le cervelet.. 523
X. Le cerveau antérieur..................................... 527
XI. La coopération et la subordination des centres nerveux.. 533
XII. L'organisme et l'âme.................................... 544
Notes additionnelles.. 549

FIN DE LA TABLE DU TOME PREMIER

PARIS. — IMPRIMERIE DE E. MARTINET, RUE MIGNON, 2

CATALOGUE

DES

LIVRES DE FONDS

(N° 2)

OUVRAGES HISTORIQUES

ET PHILOSOPHIQUES

TABLE DES MATIÈRES

	Pages.		Pages.
Collection historique des grands philosophes............	2	Bibliothèque scientifique internationale............	9
Philosophie ancienne......	2	Ouvrages divers ne se trouvant pas dans les bibliothèques...	12
Philosophie moderne......	2	Enquête parlementaire sur les actes du gouvernement de la défense nationale........	23
Philosophie écossaise......	2		
Philosophie allemande.....	2		
Philosophie allemande contemporaine..	3	Enquête parlementaire sur l'insurrection du 18 mars......	25
Philosophie anglaise contemporaine.....	4	Récentes publications scientifiques............	26
Bibliothèque de philosophie contemporaine........	5	Revue philosophique..........	27
		Revue historique............	28
Bibliothèque d'histoire contemporaine................	8	Revue politique et littéraire..	29
		Revue scientifique............	29

PARIS
LIBRAIRIE GERMER BAILLIÈRE ET Cⁱᵉ
17, RUE DE L'ÉCOLE DE MÉDECINE

MARS 1876

COLLECTION HISTORIQUE
DES GRANDS PHILOSOPHES

PHILOSOPHIE ANCIENNE

ARISTOTE (Œuvres d'), traduction de M. BARTHÉLEMY SAINT-HILAIRE.
— Psychologie (Opuscules). 1 volume............ 10 fr.
— Rhétorique. 2 vol...... 16 fr.
— Politique. 1 vol....... 10 fr.
— Physique. 2 vol........ 20 fr.
— Traité du ciel. 1 vol.... 10 fr.
— Météorologie. 1 vol..... 10 fr.
— Morale. 3 vol.......... 24 fr.
— Poétique. 1 vol........ 5 fr.
— De la production des choses. 1 vol............... 10 fr.
— De la logique d'Aristote, par M. BARTHÉLEMY SAINT-HILAIRE. 2 volumes in-8............ 10 fr.
SOCRATE. La philosophie de Socrate, par M. Alf. FOUILLÉE. 2 vol. in-8........ 16 fr.

PLATON. La philosophie de Platon, par M. Alf. FOUILLÉE. 2 v. in-8. 16 fr.
— Études sur la Dialectique dans Platon et dans Hegel, par M. Paul JANET. 1 v. in-8 6 fr.
PLATON et ARISTOTE. Essai sur le commencement de la science politique, par VAN DER REST. 1 vol. in-8............ 10 fr.
ÉCOLE D'ALEXANDRIE. Histoire critique de l'École d'Alexandrie, par M. VACHEROT. 3 volumes in-8............... 24 fr.
— L'École d'Alexandrie, par M. BARTHÉLEMY SAINT-HILAIRE. 1 vol. in-8........ 6 fr.
SÉNÈQUE ET SAINT-PAUL, par Amédée FLEURY. 2 vol. in-8...... 15 fr.
MARC-AURÈLE. Pensées de Marc-Aurèle, traduites et annotées par M. BARTHÉLEMY SAINT-HILAIRE. 1 vol. in-18............. 4 fr. 50

PHILOSOPHIE MODERNE

LEIBNIZ. Œuvres philosophiques, avec introduction et notes par M. Paul JANET. 2 vol. in-8. 16 fr.
— La métaphysique de Leibniz et la critique de Kant. Histoire et théorie de leurs rapports par D. NOLEN. 1 vol. in-8.. 6 fr.
MALEBRANCHE. La philosophie de Malebranche, par M. OLLÉ LAPRUNE. 2 vol. in-8...... 16 fr.
VOLTAIRE. La philosophie de Voltaire, par M. Ern. BERSOT. 1 vol. in-18............. 2 fr. 50
VOLTAIRE. Les sciences au XVIII° siècle. Voltaire physicien, par M. Em. SAIGEY. 1 vol. in-8. 5 fr.

BOSSUET. Essai sur la philosophie de Bossuet, par Nourrisson, 1 vol. in-8............. 4 fr.
RITTER. Histoire de la Philosophie moderne, traduite par P. Challemel-Lacour. 3 vol... 20 fr.
FRANCK (Ad.). La philosophie mystique en France au XVIII° siècle. 1 vol. in-18..... 2 fr. 50
DAMIRON. Mémoires pour servir à l'histoire de la philosophie au XVIII° siècle. 3 v. in-8. 12 fr.
MAINE DE BIRAN. Essai sur sa philosophie, suivi de fragments inédits, par JULES GÉRARD. 1 fort vol. in-8................ 10 fr.

PHILOSOPHIE ÉCOSSAISE

DUGALD STEWART. Éléments de la philosophie de l'esprit humain, traduits de l'anglais par L. PEISSE. 3 vol. in-12............. 9 fr.

W. HAMILTON. Fragments de philosophie, traduits de l'anglais par L. PEISSE. 1 vol. in-8... 7 fr. 50
— La philosophie de Hamilton, par J. STUART MILL. 1 v. in-8. 10 fr.

PHILOSOPHIE ALLEMANDE

KANT. Critique de la raison pure, trad. par M. TISSOT. 2 vol. in-8. 16 fr.
— Même ouvrage, traduction par M. Jules BARNI. 2 vol. in-8,. 16 fr.
— Éclaircissements sur la critique de la raison pure, traduits par J. TISSOT. 1 vol. in-8... 6 fr.
— Critique du jugement, suivis des Observations sur les sentiments du beau et du sublime, traduite par J. BARNI. 2 vol. in-8...... 12 fr.

KANT. Critique de la raison pratique précédée des fondements de la métaphysique des mœurs, traduite par J. BARNI. 1 vol. in-8... 6 fr.
— Examen de la critique de la raison pratique, traduit par M. J. BARNI. 1 vol. in-8........ 6 fr.
— Principes métaphysiques du droit, suivis du projet de paix perpétuelle, traduction par M. TISSOT. 1 vol. in-8.............. 8 fr.
— Même ouvrage, traduction par M. Jules BARNI. 1 vol. in-8.. 8 fr.

KANT. **Principes métaphysiques de la morale**, augmentés des *fondements de la métaphysique des mœurs*, traduction par M. TISSOT. 1 vol. in-8.................. 8 fr.
— Même ouvrage, traduction par M. Jules BARNI. 1 vol. in-8. 8 fr.
— **La logique**, traduction par M. TISSOT. 1 vol. in-8..... 4 fr.
— **Mélanges de logique**, traduction par M. TISSOT. 1 vol. in-8.. 6 fr.
— **Prolégomènes à toute métaphysique future** qui se présentera comme science, traduction de M. TISSOT. 1 vol. in-8..... 6 fr.
— **Anthropologie**, suivie de divers fragments relatifs aux rapports du physique et du moral de l'homme, et du commerce des esprits d'un monde à l'autre, traduction par M. TISSOT. 1 vol. in-8.............. 6 fr.
— **La critique de Kant et la métaphysique de Leibniz.** Histoire et théorie de leurs rapports, par D. NOLEN, 1 vol. in-8 .. 6 fr.
— **Examen de la critique de Kant**, par SARCHI. 1 vol. grand in-8..................... 4 fr.

FICHTE. **Méthode pour arriver à la vie bienheureuse**, traduite par Francisque BOUILLIER. 1 vol. in-8.................... 8 fr.
— **Destination du savant et de l'homme de lettres**, traduite par M. NICOLAS. 1 vol. in-8..... 3 fr.
— **Doctrines de la science.** Principes fondamentaux de la science de la connaissance, traduits par GRIMBLOT. 1 vol. in-8..... 9 fr.

SCHELLING. **Bruno ou du principe divin**, trad. par Cl. HUSSON. 1 vol. in-8................. 3 fr. 50
— **Idéalisme transcendental.** 1 vol. in-8............... 7 fr. 50
— **Écrits philosophiques et morceaux propres à donner une idée de son système**, trad. par Ch. BÉNARD. 1 vol. in-8............... 9 fr.

LESSING. **Le Christianisme moderne.** Étude sur Lessing, par FONTANÈS. 1 vol. in-18... 2 fr. 50

HÉGEL. **Logique**, traduction par A. VÉRA. 2ᵉ édition. 2 volumes. in-8................. 15 fr.
— **Philosophie de la nature**, traduction par A. VÉRA. 3 volumes in-8................. 25 fr.
 Prix du tome II.... 2 fr. 50
 Prix du tome III.... 8 fr. 50
— **Philosophie de l'esprit**, traduction par A. VÉRA. 2 volumes in-8................. 18 fr.
— **Philosophie de la religion**, traduction par A. VÉRA. 2 vol. in-8. tom. 1ᵉʳ......... 10 fr.
— **Introduction à la philosophie de Hégel**, par A. VÉRA. 1 volume in-8................. 6 fr. 50
— **Essais de philosophie Hégélienne**, par A. VÉRA. 1 volume in-18................. 2 fr. 50
— **L'Hégélianisme et la philosophie**, par M. VÉRA. 1 volume in-18................ 3 fr. 50
— **Antécédents de l'Hégélianisme dans la philosophie française**, par BEAUSSIRE. 1 vol. in-18................. 2 fr. 50
— **La dialectique dans Hégel et dans Platon**, par Paul JANET. 1 vol. in-8................ 6 fr.
— **La Poétique**, traduction par Ch. BÉNARD, précédée d'une préface et suivie d'un examen critique. Extraits de Schiller, Gœthe, Jean Paul, etc., et sur divers sujets relatifs à la poésie. 2 volumes in-8.................. 12 fr.
— **Esthétique.** 2 vol. in-8, traduite par M. BÉNARD.......... 16 fr.

HUMBOLDT (G. de). **Essai sur les limites de l'action de l'État**, traduit de l'allemand, et précédé d'une Étude sur la vie et les travaux de l'auteur, par M. CHRÉTIEN. 1 vol. in-18............ 3 fr. 50
— **La philosophie individualiste**, étude sur G. de HUMBOLDT, par CHALLEMEL-LACOUR. 1 volume in-18................. 2 fr. 50

STAHL. **Le Vitalisme et l'Animisme de Stahl**, par Albert LEMOINE. 1 vol. in-18... 2 fr 50

PHILOSOPHIE ALLEMANDE CONTEMPORAINE

L. BUCHNER. **Science et nature**, traduction de l'allemand, par Aug. DELONDRE. 2 vol. in-18.... 5 fr.
— **Le Matérialisme contemporain.** Examen du système du docteur Buchner, par M. P. JANET. 2ᵉ édit. 1 vol. in-18... 2 fr. 50

HARTMANN (E. de). **La Religion de l'avenir.** 1 vol. in-18... 2 fr. 50
— **La philosophie de l'inconscient**, traduit par M. D. NOLEN. 2 vol. in-8............ 20 fr.
— **Erreurs et vérités dans le Darwinisme.** 1 v. in-18. 2 fr. 50

HÆCKEL. **Hæckel et la théorie de l'évolution en Allemagne**, par Léon DUMONT. 1 vol. in-18 2 fr. 50

LOTZE (H). **Principes généraux de psychologie physiologique**, traduits par M. PENJON, 1 v. in-18 2 fr. 50

STRAUSS. **L'ancienne et la nouvelle foi**, de Strauss, par VÉRA. 1 vol. in-8 .... 6 fr.

MOLESCHOTT. **La Circulation de la vie**, Lettres sur la physiologie, en réponse aux Lettres sur la chimie de Liebig, traduction de l'allemand par M. CAZELLE. 2 v. in-18. 5 fr.

SCHOPENHAUER. **Philosophie de Schopenhauer**, par Th. RIBOT, 1 vol. in-18............ 2 fr. 50

PHILOSOPHIE ANGLAISE CONTEMPORAINE

STUART MILL. **La Philosophie de Hamilton.** 1 fort vol. in-8, traduit de l'anglais par E. CAZELLES............... 10 fr.

— **Mes Mémoires.** Histoire de ma vie et de mes idées, traduit de l'anglais par E. CAZELLES, 1 volume in-8................ 5 fr.

— **Système de logique déductive et inductive.** Exposé des principes de la preuve et des méthodes de recherche scientifique, traduit de l'anglais par M. Louis PEISSE, 2 volumes in-8............... 20 fr.

— **Essais sur la Religion**, traduits de l'anglais, par E. CAZELLES. 1 vol. in-8............... 5 fr.

— **Le positivisme anglais**, étude sur Stuart Mill, par H. TAINE. 1 volume in-18............. 2 fr. 50

— **Stuart Mill et Aug. Comte**, par M. Littré, suivi de *Stuart Mill et la Philosophie positive*, par M. G. WYROUBOFF. 1 vol. in-8.... 2 fr.

HERBERT SPENCER. **Les premiers Principes.** 1 fort vol. in-8, traduits de l'anglais par M. CAZELLES............... 10 fr.

— **Principes de psychologie**, traduits de l'anglais par MM. Th. RIBOT et ESPINAS. 2 vol. in-8..... 20 fr.

— **Principes de biologie**, traduits par M. CAZELLES. 2 forts volumes in-8. (*sous presse*).

— **Introduction à la Science sociale.** 1 vol. in-8 cart... 6 fr.

— **Classification des Sciences.** 1 vol. in-18........... 2 fr. 50

— **Essai sur l'éducation.** 1 vol. in-18................ 2 fr. 50

BAIN. **Des Sens et de l'Intelligence.** 1 vol. in-8, traduit de l'anglais par M. CAZELLES. 10 fr.

BAIN. **La logique inductive et déductive**, traduite de l'anglais par M. COMPAYRÉ. 2 vol. in-8... 20 fr.

— **Les émotions et la volonté.** 1 volume in-8. (*sous presse*).

— **L'esprit et le corps.** 1 volume in-8. cart.............. 6 fr.

DARWIN. **Ch. Darwin et ses précurseurs français**, par M. de QUATREFAGES. 1 vol. in-8 .. 5 fr.

— **Descendance et Darwinisme**, par Oscar SCHMIDT. 1 volume in-8 cart................ 6 fr.

— **Erreurs et vérités dans le Darwinisme**, par E. DE HARTMANN. 1 vol. in-18........... 2 fr. 50

— **Le Darwinisme**, par Ém. FERRIÈRE. 1 vol. in-18.... 4 fr. 50

CARLYLE. **L'idéalisme anglais**, étude sur Carlyle, par H. TAINE. 1 vol. in-18........... 2 fr. 50

BAGEHOT. **Lois scientifiques du développement des nations** dans leurs rapports avec les principes de la sélection naturelle et de l'hérédité. 1 vol. in-8..... 6 fr.

RUSKIN (JOHN). **L'esthétique anglaise**, étude sur J. Ruskin, par MILSAND. 1 vol. in-18... 2 fr. 50

MAX MULLER. **La Science de la Religion.** 1 vol. in-18... 2 fr. 50

— **Amour allemand.** 1 volume in-18................ 3 fr. 50

MATHIEU ARNOLD. **La crise religieuse.** 1 vol. in-8.... 7 fr. 50

RIBOT (Th). **La psychologie anglaise contemporaine** (James Mill, Stuart Mill, Herbert Spencer, A. Bain, G. Lewes, S. Bailey, J.-D. Morell, J. Murphy), 1875. 1 volume in-8, 2ᵉ édition... 7 fr. 50

BIBLIOTHÈQUE DE PHILOSOPHIE CONTEMPORAINE

Volumes in-18 à 2 fr. 50 c.

Cartonnés 3 fr.

H. Taine.
LE POSITIVISME ANGLAIS, étude sur Stuart Mill. 1 vol.
L'IDÉALISME ANGLAIS, étude sur Carlyle. 1 vol.
PHILOSOPHIE DE L'ART, 2º éd. 1 v.
PHILOSOPHIE DE L'ART EN ITALIE, 2º édition. 1 vol.
DE L'IDÉAL DANS L'ART. 1 vol.
PHILOSOPHIE DE L'ART DANS LES PAYS-BAS. 1 vol.
PHILOSOPHIE DE L'ART EN GRÈCE. 1 vol.

Paul Janet.
LE MATÉRIALISME CONTEMPORAIN. 2º édit. 1 vol.
LA CRISE PHILOSOPHIQUE. Taine, Renan, Vacherot, Littré. 1 vol.
LE CERVEAU ET LA PENSÉE. 1 vol.
PHILOSOPHIE DE LA RÉVOLUTION FRANÇAISE. 1 vol.

Odysse-Barot.
PHILOSOPHIE DE L'HISTOIRE. 1 vol.

Alaux.
PHILOSOPHIE DE M. COUSIN. 1 vol.

Ad. Franck.
PHILOSOPHIE DU DROIT PÉNAL. 1 vol.
PHILOSOPHIE DU DROIT ECCLÉSIASTIQUE. 1 vol.
LA PHILOSOPHIE MYSTIQUE EN FRANCE AU XVIIIº SIÈCLE. 1 vol.

Charles de Rémusat.
PHILOSOPHIE RELIGIEUSE. 1 vol.

Émile Saisset.
L'AME ET LA VIE, suivi d'une étude sur l'Esthétique franç. 1 vol.

CRITIQUE ET HISTOIRE DE LA PHILOSOPHIE (frag. et disc.). 1 vol.

Charles Lévêque.
LE SPIRITUALISME DANS L'ART. 1 vol.
LA SCIENCE DE L'INVISIBLE. Étude de psychologie et de théodicée. 1 vol.

Auguste Laugel.
LES PROBLÈMES DE LA NATURE. 1 vol.
LES PROBLÈMES DE LA VIE. 1 vol.
LES PROBLÈMES DE L'AME. 1 vol.
LA VOIX, L'OREILLE ET LA MUSIQUE. 1 vol.
L'OPTIQUE ET LES ARTS. 1 vol.

Challemel-Lacour.
LA PHILOSOPHIE INDIVIDUALISTE. 1 vol.

L. Büchner.
SCIENCE ET NATURE, trad. de l'allem. par Aug. Delondre. 2 vol.

Albert Lemoine.
LE VITALISME ET L'ANIMISME DE STAHL. 1 vol.
DE LA PHYSIONOMIE ET DE LA PAROLE. 1 vol.
L'HABITUDE ET L'INSTINCT. 1 vol.

M. Sand.
L'ESTHÉTIQUE ANGLAISE, étude sur John Ruskin. 1 vol.

A. Véra.
ESSAIS DE PHILOSOPHIE HÉGÉLIENNE. 1 vol.

Beaussire.
ANTÉCÉDENTS DE L'HÉGÉLIANISME DANS LA PHILOS. FRANÇ. 1 vol.

Bost.
LE PROTESTANTISME LIBÉRAL. 1 v.

Francisque Bouillier.
DU PLAISIR ET DE LA DOULEUR. 1 v.
DE LA CONSCIENCE. 1 vol.

Ed. Auber.
PHILOSOPHIE DE LA MÉDECINE. 1 vol.

Leblais.
MATÉRIALISME ET SPIRITUALISME, précédé d'une Préface par M. E. Littré. 1 vol.

Ad. Garnier.
DE LA MORALE DANS L'ANTIQUITÉ, précédé d'une Introduction par M. Prevost-Paradol. 1 vol.

Schœbel.
PHILOSOPHIE DE LA RAISON PURE. 1 vol.

Tissandier.
DES SCIENCES OCCULTES ET DU SPIRITISME. 1 vol.

J. Moleschott.
LA CIRCULATION DE LA VIE. Lettres sur la physiologie, en réponse aux Lettres sur la chimie de Liebig, trad. de l'allem. 2 vol.

Ath. Coquerel fils.
ORIGINES ET TRANSFORMATIONS DU CHRISTIANISME. 1 vol.
LA CONSCIENCE ET LA FOI. 1 vol.
HISTOIRE DU CREDO. 1 vol.

Jules Levallois.
DÉISME ET CHRISTIANISME. 1 vol.

Camille Selden.
LA MUSIQUE EN ALLEMAGNE. Étude sur Mendelssohn. 1 vol.

Fontanès.
LE CHRISTIANISME MODERNE. Étude sur Lessing. 1 vol.

Geiger.
LA PHYSIQUE MODERNE. 1 vol.

Mariano.
LA PHILOSOPHIE CONTEMPORAINE EN ITALIE. 1 vol.

Faivre.
DE LA VARIABILITÉ DES ESPÈCES. 1 vol.

Stuart Mill.
AUGUSTE COMTE ET LA PHILOSOPHIE POSITIVE, trad. de l'angl. 1 vol.

Ernest Bersot.
LIBRE PHILOSOPHIE. 1 vol.

A. Réville.
HISTOIRE DU DOGME DE LA DIVINITÉ DE JÉSUS-CHRIST. 2ᵉ éd. 1 vol.

W. de Fonvielle.
L'ASTRONOMIE MODERNE. 1 vol.

C. Coignet.
LA MORALE INDÉPENDANTE. 1 vol.

E. Boutmy.
PHILOSOPHIE DE L'ARCHITECTURE EN GRÈCE. 1 vol.

Et. Vacherot.
LA SCIENCE ET LA CONSCIENCE. 1 v.

Ém. de Laveleye.
DES FORMES DE GOUVERNEMENT. 1 vol.

Herbert Spencer.
CLASSIFICATION DES SCIENCES. 1 v.
ESSAI SUR L'ÉDUCATION. 1 vol.

Gauckler.
LE BEAU ET SON HISTOIRE. 1 v.

Max Müller.
LA SCIENCE DE LA RELIGION. 1 v.

Léon Dumont.
HAECKEL ET LA THÉORIE DE L'ÉVOLUTION EN ALLEMAGNE. 1 vol.

Bertauld.
L'ORDRE SOCIAL ET L'ORDRE MORAL. 1 vol.

Th. Ribot.
PHILOSOPHIE DE SCHOPENHAUER. 1 vol.

Al. Herzen.
PHYSIOLOGIE DE LA VOLONTÉ. 1 vol.

Bentham et Grote.
LA RELIGION NATURELLE. 1 vol.

Hartmann.
LA RELIGION DE L'AVENIR. 1 vol.
ERREURS ET VÉRITÉS DANS LE DARWINISME. 1 vol.

G. Lotze.
PRINCIPES GÉNÉRAUX DE PSYCHOLOGIE PHYSIOLOGIQUE. 1 vol.

BIBLIOTHÈQUE DE PHILOSOPHIE CONTEMPORAINE
FORMAT IN-8.
Volumes à 5 fr., 7 fr. 50 c. et 10 fr.

JULES BARNI. La Morale dans la démocratie. 1 vol. — 5 fr.

AGASSIZ. De l'Espèce et des Classifications, traduit de l'anglais par M. Vogeli. 1 vol. — 5 fr.

STUART MILL. La Philosophie de Hamilton. 1 fort vol. traduit de l'anglais par M. Cazelles. — 10 fr.

STUART MILL. Mes Mémoires. Histoire de ma vie et de mes idées, traduit de l'anglais par M. E. Cazelles, 1 vol. — 5 fr.

STUART MILL. Système de logique déductive et inductive. Exposé des principes de la preuve et des méthodes de recherche scientifique, traduit de l'anglais par M. Louis Peisse, 2 vol. — 20 fr.

STUART MILL. Essais sur la Religion, traduits de l'anglais, par M. E. Cazelles. 1 vol. — 5 fr.

DE QUATREFAGES. Ch. Darwin et ses précurseurs français. 1 vol. — 5 fr.

HERBERT SPENCER. Les premiers Principes. 1 fort vol. traduit de l'anglais par M. Cazelles. — 10 fr.

HERBERT SPENCER. Principes de psychologie, traduits de l'anglais par MM. Th. Ribot et Espinas. 2 vol. — 20 fr.

HERBERT SPENCER. Principes de biologie, traduits par M. Cazelles, 2 vol. in-8. (Sous presse.)

AUGUSTE LAUGEL. Les Problèmes (Problèmes de la nature, problèmes de la vie, problèmes de l'âme). 1 fort vol. — 7 fr. 50

ÉMILE SAIGEY. Les Sciences au XVIIIe siècle, la physique de Voltaire. 1 vol. — 5 fr.

PAUL JANET. Histoire de la science politique dans ses rapports avec la morale, 2e édition, 2 vol. — 20 fr.

PAUL JANET. Les causes finales. 1 vol. in-8. — 10 fr.

TH. RIBOT. De l'Hérédité. 1 vol. — 10 fr.

TH. RIBOT. La Psychologie anglaise contemporaine. 1 vol. 2e édition. 1875. — 7 fr. 50

HENRI RITTER. Histoire de la philosophie moderne, trad. franç. préc. d'une intr. par M. P. Challemel-Lacour, 3 vol. — 20 fr.

ALF. FOUILLÉE. La liberté et le déterminisme. 1 vol. 7 fr. 50

DE LAVELEYE. De la propriété et de ses formes primitives, 1 vol. — 7 fr. 50

BAIN. La Logique inductive et déductive, traduite de l'anglais par M. Compayré. 2 vol. — 20 fr.

BAIN. Des Sens et de l'Intelligence. 1 vol. traduit de l'anglais par M. Cazelles. — 10 fr.

BAIN. Les émotions et la volonté. 1 fort vol. (Sous presse.)

HARTMANN. Philosophie de l'Inconscient, traduite de l'allemand par M. Nolen, docteur ès lettres. 2 vol. in-8. — 20 fr.

BARDOUX. Influence des Anglaises sur la société française. 1 vol. in-8. — 7 fr. 50

MATHIEU ARNOLD. La crise religieuse. 1 vol. in-8. — 7 fr. 50

ÉDITIONS ÉTRANGÈRES

Éditions anglaises.

AUGUSTE LAUGEL. The United States during the war. In-8. — 7 shill. 0 p.

ALBERT RÉVILLE. History of the doctrine of the deity of Jesus-Christ. — 9 sh. 0 p.

D. TAINE. Italy (Naples et Rome). 7 sh. 0 p.

G. TAINE. The Philosophy of art. 3 sh.

PAUL JANET. The Materialism of present day. 1 vol. in-10, rel. — 3 shill.

Éditions allemandes.

JULES BARNI. Napoléon 1. In-18. 1 thal.

PAUL JANET. Der Materialismus unserer Zeit. 1 vol. in-18. — 1 thal.

H. TAINE. Philosophie der Kunst, 1 vol. in-18. — 1 thal.

BIBLIOTHÈQUE D'HISTOIRE CONTEMPORAINE

Volumes in-18, à 3 fr. 50 c. — Cartonnés, 4 fr.

Carlyle.
HISTOIRE DE LA RÉVOLUTION FRANÇAISE, traduite de l'angl. 3 vol.

Victor Meunier.
SCIENCE ET DÉMOCRATIE. 2 vol.

Jules Barni.
HISTOIRE DES IDÉES MORALES ET POLITIQUES EN FRANCE AU XVIII° SIÈCLE. 2 vol.
NAPOLÉON Ier ET SON HISTORIEN M. THIERS. 1 vol.
LES MORALISTES FRANÇAIS AU XVIII° SIÈCLE. 1 vol.

Auguste Laugel.
LES ÉTATS-UNIS PENDANT LA GUERRE (1861-1865). Souvenirs personnels. 1 vol.

De Rochau.
HISTOIRE DE LA RESTAURATION, traduite de l'allemand. 1 vol.

Eug. Véron.
HISTOIRE DE LA PRUSSE depuis la mort de Frédéric II jusqu'à la bataille de Sadowa. 1 vol.
HISTOIRE DE L'ALLEMAGNE depuis la bataille de Sadowa jusqu'à nos jours. 1 vol.

Hillebrand.
LA PRUSSE CONTEMPORAINE ET SES INSTITUTIONS. 1 vol.

Eug. Despois.
LE VANDALISME RÉVOLUTIONNAIRE. Fondations litt., scientif. et artist. de la Convention. 1 vol.

Bagehot.
LA CONSTITUTION ANGLAISE, trad. de l'anglais. 1 vol.
LOMBARD STREET, le marché financier en Angl., tr. de l'angl. 1 v.

Thackeray.
LES QUATRE GEORGE, trad. de l'anglais par M. Lefoyer. 1 vol.

Émile Montégut.
LES PAYS-BAS. Impressions de voyage et d'art. 1 vol.

Émile Beaussire.
LA GUERRE ÉTRANGÈRE ET LA GUERRE CIVILE. 1 vol.

Édouard Sayous.
HISTOIRE DES HONGROIS et de leur littérature politique de 1790 à 1815. 1 vol.

Éd. Bourloton.
L'ALLEMAGNE CONTEMPORAINE. 1 v.

Boërt.
LA GUERRE DE 1870-71 d'après le colonel féd. suisse Rustow. 1 v.

Herbert Barry.
LA RUSSIE CONTEMPORAINE, traduit de l'anglais. 1 vol.

H. Dixon.
LA SUISSE CONTEMPORAINE, traduit de l'anglais. 1 vol.

Louis Teste.
L'ESPAGNE CONTEMPORAINE, journal d'un voyageur. 1 vol.

J. Clamageran.
LA FRANCE RÉPUBLICAINE. 1 vol.

E. Duvergier de Hauranne.
LA RÉPUBLIQUE CONSERVATRICE. 1 v.

H. Reynald.
HISTOIRE DE L'ESPAGNE, depuis la mort de Charles III jusqu'à nos jours. 1 vol.
HISTOIRE DE L'ANGLETERRE, depuis la mort de la reine Anne jusqu'à nos jours. 1 vol.

Alf. Deberle.
HISTOIRE DE L'AMÉRIQUE DU SUD depuis la conquête jusqu'à nos jours. 1 vol.

L. Asseline.
HISTOIRE DE L'AUTRICHE, depuis la mort de Marie-Thérèse jusqu'à nos jours. (Sous presse.)

Élie Sorin.
HISTOIRE DE L'ITALIE depuis 1815 jusqu'à nos jours. (Sous presse.)

FORMAT IN-8.

Sir G. Cornewall Lewis.
HISTOIRE GOUVERNEMENTALE DE L'ANGLETERRE DE 1770 JUSQU'A 1830, trad. de l'anglais. 1 vol. 7 fr.

De Sybel.
HISTOIRE DE L'EUROPE PENDANT LA RÉVOLUTION FRANÇAISE. Tomes I, II et III, chaque volume séparément. 7 fr.

Taxile Delord.
HISTOIRE DU SECOND EMPIRE, 1848-1870.
6 vol. in-8. 42 fr.
Chaque volume séparément. 7 fr.

BIBLIOTHÈQUE SCIENTIFIQUE
INTERNATIONALE

Le premier besoin de la science contemporaine, — on pourrait même dire d'une manière plus générale des sociétés modernes, — c'est l'échange rapide des idées entre les savants, les penseurs, les classes éclairées de tous les pays. Mais ce besoin n'obtient encore aujourd'hui qu'une satisfaction fort imparfaite. Chaque peuple a sa langue particulière, ses livres, ses revues, ses manières spéciales de raisonner et d'écrire, ses sujets de prédilection. Il lit fort peu ce qui se publie au delà de ses frontières, et la grande masse des classes éclairées, surtout en France, manque de la première condition nécessaire pour cela, la connaissance des langues étrangères. On traduit bien un certain nombre de livres anglais ou allemands; mais il faut presque toujours que l'auteur ait à l'étranger des amis soucieux de répandre ses travaux, ou que l'ouvrage présente un caractère pratique qui en fait une bonne entreprise de librairie. Les plus remarquables sont loin d'être toujours dans ce cas, et il en résulte que les idées neuves restent longtemps confinées, au grand détriment des progrès de l'esprit humain, dans le pays qui les a vues naître. Le libre échange industriel règne aujourd'hui presque partout; le libre échange intellectuel n'a pas encore la même fortune, et cependant il ne peut rencontrer aucun adversaire ni inquiéter aucun préjugé.

Ces considérations avaient frappé depuis longtemps un certain nombre de savants anglais. Au congrès de l'Association britannique à Édimbourg, ils tracèrent le plan d'une *Bibliothèque scientifique internationale*, paraissant à la fois en anglais, en français et en allemand, publiée en Angleterre, en France, aux États-Unis, en Allemagne, et réunissant des ouvrages écrits par les savants les plus distingués de tous les pays. En venant en France pour chercher à réaliser cette idée, ils devaient naturellement s'adresser à la *Revue scientifique*, qui marchait dans la même voie, et qui projetait au même moment, après les désastres de la guerre, une entreprise semblable destinée à étendre en quelque sorte son cadre et à faire connaître plus rapidement en France les livres et les idées des peuples voisins.

La *Bibliothèque scientifique internationale* n'est donc pas une entreprise de librairie ordinaire. C'est une œuvre dirigée par les auteurs mêmes, en vue des intérêts de la science, pour la populariser sous toutes ses formes, et faire connaître immédiatement dans le monde entier les idées originales, les directions nouvelles, les découvertes importantes qui se font chaque jour dans tous les pays. Chaque savant exposera les idées qu'il a introduites dans la science et condensera pour ainsi dire ses doctrines les plus originales.

On pourra ainsi, sans quitter la France, assister et participer au mouvement des esprits en Angleterre, en Allemagne, en Amérique, en Italie, tout aussi bien que les savants mêmes de chacun de ces pays.

La *Bibliothèque scientifique internationale* ne comprend pas seulement des ouvrages consacrés aux sciences physiques et naturelles, elle aborde aussi les sciences morales comme la philosophie, l'histoire, la politique et l'économie sociale, la haute législation, etc.; mais les livres traitant des sujets de ce genre se rattacheront encore aux sciences naturelles, en leur empruntant les méthodes d'observation et d'expérience qui les ont rendues si fécondes depuis deux siècles.

Cette collection paraît à la fois en français, en anglais, en allemand, en russe et en italien : à Paris, chez Germer Baillière ; à Londres, chez Henry S. King et Cº ; à New-York, chez Appleton ; à Leipzig, chez Brockhaus ; à Saint-Pétersbourg, chez Koropchevski et Goldsmith, et à Milan, chez Dumolard frères.

EN VENTE :

VOLUMES IN-8, CARTONNÉS A L'ANGLAISE

J. TYNDALL. **Les glaciers et les transformations de l'eau**, avec figures. 1 vol. in-8. 2ᵉ édition   6 fr.

MAREY. **La machine animale, locomotion terrestre et aérienne**, avec de nombreuses figures. 1 vol. in-8. 2ᵉ édition.   6 fr.

BAGEHOT. **Lois scientifiques du développement des nations dans leurs rapports avec les principes de la sélection naturelle et de l'hérédité.** 1 vol. in-8, 2ᵉ édition.   6 fr.

BAIN. **L'esprit et le corps.** 1 vol. in-8, 2ᵉ édition.   6 fr.

PETTIGREW. **La locomotion chez les animaux**, marche, natation, 1 vol. in-8 avec figures.   6 fr.

HERBERT SPENCER. **La science sociale.** 1 vol. in-8. 2ᵉ éd.   6 fr.

VAN BENEDEN. **Les commensaux et les parasites dans le règne animal**, 1 vol. in-8, avec figures.   6 fr.

O. SCHMIDT. **La descendance de l'homme et le darwinisme.** 1 vol. in-8 avec figures, 2ᵉ édition.   6 fr.

MAUDSLEY. **Le Crime et la Folie** 1 vol. in-8, 2ᵉ édition.   6 fr.

BALFOUR STEWART. **La conservation de l'énergie**, suivie d'une étude sur la nature de la force, par M. P. de Saint-Robert, avec figures. 1 vol. in-8, 2ᵉ édition.   6 fr.

DRAPER. **Les conflits de la science et de la religion**, 1 vol. in-8, 3ᵉ édition.   6 fr.

SCHUTZENBERGER. **Les fermentations.** 1 vol. in-8, avec fig. 2ᵉ édition.   6 fr.

L. DUMONT. **Théorie scientifique de la sensibilité.** 1 v. in-8. 6 fr.

WHITNEY. **La vie du langage**, 1 vol. in-8.   6 fr.

COOKE et BERKELEY. **Les champignons.** 1 v. in-8, avec fig. 6 fr.

BERNSTEIN. **Les sons.** 1 vol. in-8, avec 91 figures.   6 fr.

BERTHELOT. **La synthèse chimique**, 1 vol. in-8, 2ᵉ édit.   6 fr.

VOGEL. **La photographie et la chimie de la lumière**, avec 95 fig. 1 vol. in-8.   6 fr.

LUYS. **Le cerveau et ses fonctions**, avec figures. 1 vol. in-8, 2ᵉ édition.   6 fr.

STANLEY JEVONS. **La monnaie et le mécanisme de l'échange.** 1 vol. in-8.   6 fr.

FUCHS. **Les volcans**, 1 vol. in-8 avec figures.   6 fr.

OUVRAGE SUR LE POINT DE PARAITRE :

GÉNÉRAL BRIALMONT. **Les camps retranchés et leur rôle dans la défense des États.**
BALBIANI. **Les Infusoires.**
BROCA. **Les primates.**
CLAUDE BERNARD. **Histoire des théories de la vie.**
É. ALGLAVE. **Les principes des constitutions politiques.**
FRIEDEL. **Les fonctions en chimie organique.**
DE QUATREFAGES. **L'espèce humaine.**

Liste des principaux ouvrages qui sont en préparation :

AUTEURS FRANÇAIS

Claude Bernard. Phénomènes physiques et Phénomènes métaphysiques de la vie.
Henri Sainte-Claire Deville. Introduction à la chimie générale.
A. Wurtz. Atomes et atomicité.
C. Vogt. Physiologie du parasitisme. — Les animaux fossiles.
H. de Lacaze-Duthiers. La zoologie depuis Cuvier.
Taine. Les émotions et la volonté.
Général Faidherbe. Le Sénégal.
Alfred Grandidier. Madagascar.
A. Giard. L'embryogénie générale.
Debray. Les métaux précieux.
P. Bert. Les êtres vivants et les milieux cosmiques.

AUTEURS ANGLAIS

Huxley. Mouvement et conscience.
W. B. Carpenter. Géographie physique des mers.
Ramsay. Structure de la terre.
Sir J. Lubbock. Premiers âges de l'humanité.
Charlton Bastian. Le cerveau comme organe de la pensée.
Norman Lockyer. L'analyse spectrale.
W. Odling. La chimie nouvelle.
Lauder Lindsay. L'intelligence chez les animaux inférieurs.
Michael Foster. Protoplasma et physiologie cellulaire.
Ed. Smith. Aliments et alimentation.
Amos. La science des lois.
Thiselton Dyer. Les inflorescences.
K. Clifford. Les fondements des sciences exactes.

AUTEURS ALLEMANDS

Virchow. Physiologie des maladies.
Hermann. La respiration.
Leuckart. L'organisation des animaux.
O. Liebreich. La toxicologie.
Reess. Les plantes parasites.
Rosenthal. Physiologie des nerfs et des muscles.
Lommel. L'optique.
Steinthal. La science du langage.
Wundt. L'acoustique.
F. Cohn. Les Thallophytes.
Peters. Le bassin du Danube au point de vue géologique.

AUTEURS AMÉRICAINS

J. Dana. L'échelle et les progrès de la vie.
S. W. Johnson. La nutrition des plantes.
J. Cooke. La chimie nouvelle.
A. Flint. Les fonctions du système nerveux.

AUTEURS RUSSES

Rospopoff. Les chansons populaires et leur rôle dans l'histoire de Russie.
Natkov. Les théories socialistes en Russie.
Potkovine. Histoire de la morale.
Louzanitzi. Le développement de la philosophie de l'histoire.
Jacoby. L'hygiène publique.
Kavoustine. Les relations internationales.

RÉCENTES PUBLICATIONS

HISTORIQUES ET PHILOSOPHIQUES

Qui ne se trouvent pas dans les Bibliothèques.

ACOLLAS (Émile). L'enfant né hors mariage. 3° édition. 1872, 1 vol. in-18 de x-165 pages. 2 fr.

ACOLLAS (Émile). Manuel de droit civil, commentaire philosophique et critique du code Napoléon, contenant l'exposé complet des systèmes juridiques.
    3 vol. in-8; chaque volume séparément. 12 fr.
    Appendice et tables. 1 vol. in-8. 4 fr.
    L'ouvrage complet. 40 fr.

ACOLLAS (Émile). Trois leçons sur le mariage. In-8. 1 fr. 50

ACOLLAS (Émile). L'idée du droit. In-8. 1 fr. 50

ACOLLAS (Émile). Nécessité de refondre l'ensemble de nos codes, et notamment le code Napoléon, au point de vue de l'idée démocratique. 1866, 1 vol. in-8. 3 fr.

Administration départementale et communale. Lois — Décrets — Jurisprudence, conseil d'État, cour de Cassation, décisions et circulaires ministérielles, in-4. 2° éd. 15 fr.

ALAUX. La religion progressive. 1869, 1 vol. in-18. 3 fr. 50

ARISTOTE. Rhétorique traduite en français et accompagnée de notes par J. Barthélemy Saint-Hilaire. 1870, 2 vol. in-8. 16 fr.

ARISTOTE. Psychologie (opuscules) traduite en français et accompagnée de notes par M. Barthélemy Saint-Hilaire. 1 vol. in-8. 10 fr.

ARISTOTE. Politique, trad. par Barthélemy Saint-Hilaire, 1868. 1 fort vol. in-8. 10 fr.

ARISTOTE. Physique, ou leçons sur les principes généraux de la nature, traduit par M. Barthélemy Saint-Hilaire. 2 forts vol. gr. in-8. 1872. 20 fr.

ARISTOTE. Traité du Ciel, 1866; traduit en français pour la première fois par M. Barthélemy Saint-Hilaire. 1 fort vol. gr. in-8. 10 fr.

ARISTOTE. Météorologie, avec le petit traité apocryphe : Du Monde, traduit par M. Barthélemy Saint-Hilaire, 1863. 1 fort vol. gr. in-8. 10 fr.

ARISTOTE. Morale, traduit par M. Barthélemy Saint-Hilaire. 1856, 3 vol gr. in-8. 24 fr.

ARISTOTE. Poétique, traduite par M. Barthélemy Saint-Hilaire, 1868. 1 vol. in-8. 5 fr.

ARISTOTE. Traité de la production et de la destruction des choses, traduit en français et accompagné de notes perpétuelles, par M. Barthélemy Saint-Hilaire, 1866. 1 vol. gr. in-8. 10 fr.

AUDIFFRET-PASQUIER. Discours devant les commissions de la réorganisation de l'armée et des marchés. In-4. 2 fr. 50

L'art et la vie. 1867, 2 vol. in-8. 7 fr.

L'art et la vie de Stendhal. 1869, 1 fort vol. in-8. 6 fr.
BAGEHOT. Lois scientifiques du développement des nations dans leurs rapports avec les principes de l'hérédité et de la sélection naturelle. 1873, 1 vol. in-8 de la *Bibliothèque scientifique internationale*, cartonné à l'anglaise. 6 fr.
BARNI (Jules). Napoléon Ier, édition populaire. 1 vol. in-18. 1 fr.
BARNI (Jules). Manuel républicain. 1872, 1 vol. in-18. 1 fr. 50
BARNI (Jules). Les martyrs de la libre pensée, cours professé à Genève. 1862, 1 vol. in-18. 3 fr. 50
BARNI (Jules). Voy. KANT.
BARTHÉLEMY SAINT-HILAIRE. Voyez ARISTOTE.
BARTHÉLEMY SAINT-HILAIRE. Pensées de Marc Aurèle, traduites et annotées. 1 vol. in-18. 4 fr. 50
BARTHÉLEMY SAINT-HILAIRE. De la Logique d'Aristote. 2 vol. gr. in-8. 10 fr.
BARTHÉLEMY SAINT-HILAIRE. L'École d'Alexandrie. 1 vol. in-8. 6 fr.
BAUTAIN. La philosophie morale. 2 vol. in-8. 12 fr.
CH. BÉNARD. L'Esthétique de Hégel, traduit de l'allemand. 2 vol. in-8. 16 fr.
CH. BÉNARD. De la Philosophie dans l'éducation classique, 1862. 1 fort vol. in-8. 6 fr.
CH. BÉNARD. La Poétique, par W.-F. Hégel, précédée d'une préface et suivie d'un examen critique. Extraits de Schiller, Goethe, Jean Paul, etc., et sur divers sujets relatifs à la poésie. 2 vol. in-8. 12 fr.
BLANCHARD. Les métamorphoses, les mœurs et les instincts des insectes, par M. Émile BLANCHARD, de l'Institut, professeur au Muséum d'histoire naturelle. 1868, 1 magnifique volume in-8 jésus, avec 160 figures intercalées dans le texte et 40 grandes planches hors texte. Prix, broché. 30 fr.
Relié en demi-maroquin. 35 fr.
BLANQUI. L'éternité par les astres, hypothèse astronomique. 1872, in-8. 2 fr.
BORELY (J.). Nouveau système électoral, représentation proportionnelle de la majorité et des minorités. 1870, 1 vol. in-18 de XVIII-194 pages. 2 fr. 50
BORELY. De la Justice et des Juges, projet de réforme judiciaire. 1874, 2 vol. in-8. 12 fr.
BOUCHARDAT. Le travail, son influence sur la santé (conférences faites aux ouvriers). 1863, 1 vol. in-18. 2 fr. 50
BOUCHARDAT et H. JUNOD. L'eau-de-vie et ses dangers, conférences populaires. 1 vol. in-18. 1 fr.
BERSOT. La philosophie de Voltaire. 1 vol. in-12. 2 fr. 50
ÉD. BOURLOTON et E. ROBERT. La Commune et ses idées à travers l'histoire. 1872, 1 vol. in-18. 3 fr. 50
BOUCHUT. Histoire de la médecine et des doctrines médicales. 1873, 2 forts vol. in-8. 16 fr.
BOUCHUT et DESPRÉS. Dictionnaire de médecine et de thérapeutique médicale et chirurgicale, comprenant le résumé de la médecine et de la chirurgie, les indications thérapeu-

tiques de chaque maladie, la médecine opératoire, les accouchements, l'oculistique, l'odontotechnie, l'électrisation, la matière médicale, les eaux minérales, et *un formulaire spécial pour chaque maladie.* 1873. 2° édit. très-augmentée. 1 magnifique vol. in-4, avec 750 fig. dans le texte. 25 fr.

BOUILLET (Adolphe). **L'armée d'Henri V. — Les bourgeois gentilshommes de 1832.** 1 vol. in-12. 3 fr. 50

BOUILLET (Adolphe). **L'armée d'Henri V. — Les bourgeois gentilshommes.** Types nouveaux et inédits. 1 vol. in-18. 2 fr. 50

BOUILLET (Adolphe). **L'armée d'Henri V. — Bourgeois gentilshommes.** — Arrière-ban de l'ordre moral, 1873-1874. 1 vol. in-18. 3 fr. 50

BOURDET (Eug.). **Vocabulaire des principaux termes de la philosophie positive,** avec notices biographiques appartenant au calendrier positiviste. 1 vol. in-18 (1875). 3 fr. 50

BOUTROUX. **De la contingence des lois de la nature,** in-8, 1874. 4 fr.

BOUTROUX. **De veritatibus æternis apud Cartesium,** hæc apud facultatem litterarum parisiensem disputabat, in-8. 2 fr.

BRIERRE DE BOISMONT. **Des maladies mentales,** 1867, brochure in-8 extraite de la *Pathologie médicale* du professeur Requin. 2 fr.

BRIERRE DE BOISMONT. **Des hallucinations, ou Histoire raisonnée des apparitions,** des visions, des songes, de l'extase, du magnétisme et du somnambulisme. 1862, 3° édition très-augmentée. 7 fr.

BRIERRE DE BOISMONT. **Du suicide et de la folie suicide,** 1865, 2° édition, 1 vol. in-8. 7 fr.

CHASLES (Philarète). **Questions du temps et problèmes d'autrefois.** Pensées sur l'histoire, la vie sociale, la littérature. 1 vol. in-18, édition de luxe. 3 fr.

CHASSERIAU. **Du principe autoritaire et du principe rationnel.** 1873, 1 vol. in-18. 3 fr. 50

CLAMAGERAN. **L'Algérie.** Impressions de voyage, 1874, 1 vol. in-18 avec carte. 3 fr. 50

CLAVEL. **La morale positive.** 1873, 1 vol. in-18. 3 fr.

Conférences historiques de la Faculté de médecine faites pendant l'année 1865. (*Les Chirurgiens érudits,* par M. Verneuil. — *Gui de Chauliac,* par M. Follin. — *Celse,* par M. Broca. — *Wurtzius,* par M. Trélat. — *Riolan,* par M. Le Fort. — *Levret,* par M. Tarnier. — *Harvey,* par M. Béclard. — *Stahl,* par M. Lasègue. — *Jenner,* par M. Lorain. — *Jean de Vier et les sorciers,* par M. Axenfeld. — *Laennec,* par M. Chauffard. — *Sylvius.* par M. Gubler. — *Stoll,* par M. Parrot.) 1 vol. in-8. 6 fr.

COQUEREL (Charles). **Lettres d'un marin à sa famille.** 1870, 1 vol. in-18. 3 fr. 50

COQUEREL (Athanase). Voyez *Bibliothèque de philosophie contemporaine.*

COQUEREL fils (Athanase). **Libres études** (religion, critique, histoire, beaux-arts). 1867, 1 vol. in-8. 5 fr.

COQUEREL fils (Athanase). **Pourquoi la France n'est-elle pas protestante?** Discours prononcé à Neuilly le 1er novembre 1866. 2e édition, in-8. 1 fr.

COQUEREL fils (Athanase). **La charité sans peur**, sermon en faveur des victimes des inondations, prêché à Paris le 18 novembre 1866. In-8. 75 c.

COQUEREL fils (Athanase). **Évangile et liberté**, discours d'ouverture des prédications protestantes libérales, prononcé le 8 avril 1868. In-8. 50 c.

COQUEREL fils (Athanase). **De l'éducation des filles**, réponse à Mgr l'évêque d'Orléans, discours prononcé le 3 mai 1868. In-8. 1 fr.

CORLIEU. **La mort des rois de France depuis François Ier jusqu'à la Révolution française**, 1 vol. in-18 en caractères elzéviriens, 1874. 3 fr. 50

Conférences de la Porte-Saint-Martin pendant le siège de Paris. Discours de MM. *Desmarets* et *de Pressensé*. — Discours de M. *Coquerel*, sur les moyens de faire durer la République. — Discours de M. *Le Berquier*, sur la Commune. — Discours de M. *E. Bersier*, sur la Commune. — Discours de M. *H. Cernuschi*, sur la Légion d'honneur. In-8. 1 fr. 25

CORNIL. Leçons élémentaires d'hygiène, rédigées pour l'enseignement des lycées d'après le programme de l'Académie de médecine. 1873, 1 vol. in-18 avec figures intercalées dans le texte. 2 fr. 50

Sir G. CORNEWALL LEWIS. **Histoire gouvernementale de l'Angleterre de 1770 jusqu'à 1830**, trad. de l'anglais et précédée de la vie de l'auteur, par M. Nervoyer. 1867, 1 vol. in-8 de la *Bibliothèque d'histoire contemporaine*. 7 fr.

Sir G. CORNEWALL LEWIS. **Quelle est la meilleure forme de gouvernement?** Ouvrage traduit de l'anglais; précédé d'une Étude sur la vie et les travaux de l'auteur, par M. Nervoyer, docteur ès lettres. 1867, 1 vol. in-8. 3 fr. 50

CORTAMBERT (Louis). **La religion du progrès**. 1874, 1 vol. in-18. 3 fr. 50

DAMIRON. **Mémoires pour servir à l'histoire de la philosophie au XVIIIe siècle**. 3 vol. in-8. 12 fr.

DELAVILLE. **Cours pratique d'arboriculture fruitière** pour la région du nord de la France, avec 209 fig. In-8. 6 fr.

DELEUZE. **Instruction pratique sur le magnétisme animal**, précédée d'une Notice sur la vie de l'auteur. 1853. 1 vol. in-12. 3 fr. 50

DELORD (Taxile). **Histoire du second empire. 1848-1870.**
   1869. Tome Ier, 1 fort vol. in-8. 7 fr.
   1870. Tome II, 1 fort vol. in-8. 7 fr.
   1873. Tome III, 1 fort vol. in-8. 7 fr.
   1874. Tome IV, 1 fort vol. in-8. 7 fr.
   1874. Tome V, 1 fort vol. in-8. 7 fr.
   1875. Tome VI et dernier, 1 fort vol. in-8. 7 fr.

DENFERT (colonel). **Des droits politiques des militaires.** 1874, in-8. 75 c.

DIARD (H.). Études sur le système pénitentiaire. 1875, 1 vol. in-8. 1 fr. 50

DOLLFUS (Charles). De la nature humaine. 1868, 1 vol. in-8. 5 fr.

DOLLFUS (Charles). **Lettres philosophiques.** 3ᵉ édition. 1869, 1 vol. in-18. 3 fr. 50

DOLLFUS (Charles). **Considérations sur l'histoire.** Le monde antique. 1872, 1 vol. in-8. 7 fr. 50

DOLLFUS (Ch.). L'âme dans les phénomènes de conscience. 1 vol. in-18 (1876). 3 fr.

DUBOST (Antonin). **Des conditions de gouvernement en France.** 1 vol. in-8 (1875). 7 fr. 50

DUGALD-STEVART. Éléments de la philosophie de l'esprit humain, traduit de l'anglais par Louis Peisse, 3 vol. in-12. 9 fr.

DU POTET. **Manuel de l'étudiant magnétiseur.** Nouvelle édition. 1868, 1 vol. in-18. 3 fr. 50

DU POTET. **Traité complet de magnétisme,** cours en douze leçons. 1856, 3ᵉ édition, 1 vol. de 634 pages. 7 fr.

DUPUY (Paul). Études politiques, 1874. 1 v. in-8 de 236 pages. 3 fr. 50

DUVAL-JOUVE. **Traité de Logique,** ou essai sur la théorie de la science, 1855. 1 vol. in-8. 6 fr.

Éléments de science sociale. Religion physique, sexuelle et naturelle, ouvrage traduit sur la 7ᵉ édition anglaise. 1 fort vol. in-18, cartonné. 4 fr.

ÉLIPHAS LÉVI. **Dogme et rituel de la haute magie.** 1861, 2ᵉ édit., 2 vol. in-8, avec 24 fig. 18 fr.

ÉLIPHAS LÉVI. **Histoire de la magie,** avec une exposition claire et précise de ses procédés, de ses rites et de ses mystères. 1860, 1 vol. in-8, avec 90 fig. 12 fr.

ÉLIPHAS LÉVI. **La science des esprits,** révélation du dogme secret des Kabbalistes, esprit occulte de l'Évangile, appréciation des doctrines et des phénomènes spirites. 1865, 1 v. in-8. 7 fr.

ÉLIPHAS LÉVI. **Philosophie occulte.** Fables et symboles, avec leur explication où sont révélés les grands secrets de la direction du magnétisme universel et des principes fondamentaux du grand œuvre. 1863, 1 vol. in-8. 7 fr.

FAU. Anatomie des formes du corps humain, à l'usage des peintres et des sculpteurs. 1866, 1 vol. in-8 et atlas de 25 planches. 2ᵉ édition. Prix, fig. noires. 20 fr.
Prix, figures coloriées. 35 fr.

FERRON (de). **Théorie du progrès** (Histoire de l'idée du progrès. — Vico. — Herder. — Turgot. — Condorcet. — Saint-Simon. — Réfutation du césarisme). 1867, 2 vol. in-18. 7 fr.

FERRON (de). **La question des deux Chambres.** 1872, in-8 de 45 pages. 1 fr.

Em. FERRIÈRE. **Le darwinisme.** 1872, 1 vol. in-18. 4 fr. 50

FICHTE. **Méthode pour arriver à la vie bienheureuse**, traduit par Francisque Bouillier. 1 vol. in-8. 8 fr.

FICHTE. **Destination du savant et de l'homme de lettres**, traduit par M. Nicolas. 1 vol. in-8. 3 fr.

FICHTE. **Doctrines de la science.** Principes fondamentaux de la science de la connaissance, trad. par Grimblot. 1 vol. in-8. 9 fr.

FLEURY (Amédée). **Saint Paul et Sénèque**, recherches sur les rapports du philosophe avec l'apôtre et sur l'infiltration du christianisme naissant à travers le paganisme. 2 vol. in-8. 15 fr.

FOUCHER DE CAREIL. **Leibniz, Descartes, Spinoza.** In-8. 4 fr.

FOUCHER DE CAREIL. **Lettres et opuscules de Leibniz.** 1 vol. in-8. 3 fr. 50

FOUCHER DE CAREIL. **Leibniz et Pierre le Grand.** 1 vol. in-8. 1874. 2 fr.

FOUILLÉE (Alfred). **La philosophie de Socrate.** 2 vol. in-8. 16 fr.

FOUILLÉE (Alfred). **La philosophie de Platon.** 2 vol. in-8. 16 fr.

FOUILLÉE (Alfred). **La liberté et le déterminisme.** 1 fort vol. in-8. 7 fr. 50

FOUILLÉE (Alfred). **Platonis hippias minor sive Socratica**, 1 vol. in-8. 2 fr.

FRÉDÉRIQ. **Hygiène populaire.** 1 vol. in-12. 1875. 4 fr.

FRIBOURG. **Du paupérisme parisien**, de ses progrès depuis vingt-cinq ans. 1 vol. in-18. 1 fr. 25

GÉRARD (Jules). **Maine de Biran, essai sur sa philosophie**, suivi de fragments inédits. 1 fort vol. in-8. 10 fr.

HAMILTON (William). **Fragments de Philosophie**, traduits de l'anglais par Louis Peisse. 7 fr. 50

HEGEL. Voy. p. 3

HERZEN. **Œuvres complètes.** Tome Ier. *Récits et nouvelles.* 1874, 1 vol. in-18. 3 fr. 50

HERZEN. **De l'autre Rive.** 4e édition, traduit du russe par M. Herzen fils. 1 vol. in-18. 3 fr. 50

HERZEN. **Lettres de France et d'Italie.** 1871, in-18. 3 fr. 50

HUMBOLDT (G. de). **Essai sur les limites de l'action de l'État**, traduit de l'allemand, et précédé d'une Étude sur la vie et les travaux de l'auteur, par M. Chrétien, docteur en droit. 1867, in-18. 3 fr. 50

ISSAURAT. **Moments perdus de Pierre-Jean**, observations, pensées, rêveries antipolitiques, antimorales, antiphilosophiques, antimétaphysiques, anti tout ce qu'on voudra. 1868, 1 v. in-18. 3 fr.

ISSAURAT. **Les alarmes d'un père de famille**, suscitées, expliquées, justifiées et confirmées par lesdits faits et gestes de Mgr. Dupanloup et autres. 1868, in-8. 1 fr.

JANET (Paul). **Histoire de la science politique dans ses rapports avec la morale.** 2 vol. in-8. 20 fr.

JANET (Paul). Études sur la dialectique dans Platon et dans Hégel. 1 vol. in-8. 6 fr.
JANET (Paul). Œuvres philosophiques de Leibnitz. 2 vol. in-8. 16 fr.
JANET (Paul). Essai sur le médiateur plastique de Cudworth. 1 vol. in-8. 1 fr.
KANT. Critique de la raison pure, précédé d'une préface par M. Jules BARNI. 1870, 2 vol. in-8. 16 fr.
KANT. Critique de la raison pure, traduit par M. Tissot. 2 vol. in-8. 16 fr.
KANT. Éléments métaphysiques de la doctrine du droit, suivis d'un Essai philosophique sur la paix perpétuelle; traduits de l'allemand par M. Jules BARNI. 1854, 1 vol. in-8. 8 fr.
KANT. Principes métaphysiques du droit suivi du projet de paix perpétuelle, traduction par M. Tissot. 1 vol. in-8. 8 fr.
KANT. Éléments métaphysiques de la doctrine de la vertu, suivi d'un Traité de pédagogie, etc.; traduit de l'allemand par M. Jules BARNI, avec une introduction analytique. 1855, 1 vol. in-8. 8 fr.
KANT. Principes métaphysiques de la morale, augmenté des *fondements de la métaphysique des mœurs*, traduction par M. Tissot. 1 vol. in-8. 8 fr.
KANT. La logique, traduction de M. Tissot. 1 vol. in-8. 4 fr.
KANT. Mélanges de logique, traduction par M. Tissot, 1 vol. in-8. 6 fr.
KANT. Prolégomènes à toute métaphysique future qui se présentera comme science, traduction de M. Tissot, 1 vol. in-8 6 fr.
KANT. Anthropologie, suivie de divers fragments relatifs aux rapports du physique et du moral de l'homme et du commerce des esprits d'un monde à l'autre, traduction par M. Tissot. 1 vol. in-8. 6 fr.
KANT. Examen de la critique de la raison pratique, traduit par J. Barni. 1 vol. in-8. 6 fr.
KANT. Éclaircissements sur la critique de la raison pure, traduit par J. Tissot. 1 vol. in-8. 6 fr.
KANT. Critique du Jugement, suivie des *observations sur les sentiments du beau et du sublime*, traduit par J. Barni. 2 vol. in-8. 12 fr.
LABORDE. Les hommes et les actes de l'insurrection de Paris devant la psychologie morbide. Lettres à M. le docteur Moreau (de Tours). 1 vol. in-18. 2 fr. 50
LACHELIER. Le fondement de l'induction. 1 vol. in-8 3 fr. 50
LACHELIER. De natura syllogismi apud facultatem litterarum Parisiensem, hæc disputabat. 1 fr. 50
LACOMBE. Mes droits. 1869, 1 vol. in-12. 2 fr. 50
LAMBERT. Hygiène de l'Égypte. 1873. 1 vol. in-18. 2 fr. 50
LANGLOIS. L'homme et la Révolution. Huit études dédiées à P.-J. Proudhon. 1867, 2 vol. in-18. 7 fr.

LAUSSEDAT. **La Suisse.** Études médicales et sociales. 2° édit., 1875. 1 vol. in-18. 3 fr. 50

LAVELEYE (Em. de). **De l'avenir des peuples catholiques.** 1 brochure in-8. 21° édit. 1876. 25 c.

LAVERGNE (Bernard.). **L'ultramontanisme et l'État** 1 vol. in-8. (1875). 2 fr. 50

LE BERQUIER. **Le barreau moderne.** 1871, 2° édition, 1 vol. in-18. 3 fr. 50

LE FORT. **La chirurgie militaire** et les Sociétés de secours en France et à l'étranger. 1873, 1 vol. gr. in-8, avec fig. 10 fr.

LE FORT. **Étude sur l'organisation de la Médecine** en France et à l'étranger. 1874, gr. in-8. 3 fr.

LEIBNIZ. **Œuvres philosophiques,** avec une Introduction et des notes par M. Paul Janet, 2 vol. in-8. 16 fr.

LITTRÉ. **Auguste Comte et Stuart Mill,** suivi de *Stuart Mill et la philosophie positive,* par M. G. Wyrouboff. 1867, in-8 de 86 pages. 2 fr.

LITTRÉ. **Application de la philosophie positive** au gouvernement des Sociétés. In-8. 3 fr. 50

LORAIN (P.). **Jenner et la vaccine.** Conférence historique. 1870, broch. in-8 de 48 pages. 1 fr. 50

LORAIN (P.). **L'assistance publique.** 1871, in-4 de 56 p. 1 fr.

LUBBOCK. **L'homme préhistorique,** étudié d'après les monuments et les costumes retrouvés dans les différents pays de l'Europe, suivi d'une Description comparée des mœurs des sauvages modernes, traduit de l'anglais par M. Ed. BARBIER, 256 figures intercalées dans le texte. 1876, 2° édition, considérablement augmentée suivie d'une conférence de M. P. BROCA sur *les Troglodytes de la Vezère.* 1 beau vol. in-8, broché. 15 fr.
Cart. riche, doré sur tranche. 18 fr.

LUBBOCK. **Les origines de la civilisation.** État primitif de l'homme et mœurs des sauvages modernes. 1873, 1 vol. grand in-8 avec figures et planches hors texte. Traduit de l'anglais par M. Ed. BARBIER. 15 fr.
Relié en demi-maroquin avec nerfs. 18 fr.

MAGY. **De la science et de la nature,** essai de philosophie première. 1 vol. in-8. 6 fr.

MARAIS (Aug.). **Garibaldi et l'armée des Vosges.** 1872, 1 vol. in-18. 1 fr. 50

MAURY (Alfred). **Histoire des religions de la Grèce antique.** 3 vol. in-8. 24 fr.

MAX MULLER. **Amour allemand.** Traduit de l'allemand. 1 vol. in-18 imprimé en caractères elzéviriens. 3 fr. 50

MAZZINI. **Lettres à Daniel Stern (1864-1872),** avec une lettre autographiée. 1 v. in-18 imprimé en caractères elzéviriens. 3 fr. 50

MENIÈRE. **Cicéron médecin,** étude médico-littéraire. 1862, 1 vol. in-18. 4 fr. 50

MENIÈRE. **Les consultations de madame de Sévigné,** étude médico-littéraire. 1864, 1 vol. in-8. 3 fr.

MERVOYER. **Étude sur l'association des idées.** 1864, 1 vol. in-8. 6 fr.

MILSAND. **Les études classiques et l'enseignement public** 1873, 1 vol. in-18. 3 fr. 50

MILSAND. **Le code et la liberté.** Liberté du mariage, liberté des testaments. 1865, in-8. 2 fr.

MIRON. **De la séparation du temporel et du spirituel.** 1866, in-8. 3 fr. 50

MORER. **Projet d'organisation des collèges cantonaux,** in-8 de 64 pages. 1 fr. 50

MORIN. **Du magnétisme et des sciences occultes.** 1860, 1 vol. in-8. 6 fr.

MUNARET. **Le médecin des villes et des campagnes.** 4ᵉ édition, 1862, 1 vol. grand in-18. 4 fr. 50

NAQUET (A.). **La république radicale.** 1873, 1 vol. in-18. 3 fr. 50

NOEL (Eug.). **Mémoires d'un imbécille,** avec une préface de M LITTRÉ. 1 vol. in-18. 2ᵉ éd. 1876, en car. elzéviriens. 3 fr. 50

NOLEN (Désiré). **La critique de Kant et la métaphysique de Leibniz,** histoire et théorie de leurs rapports, 1 volume in-8. (1875). 6 fr.

NOLEN (Désiré). **Quid Lebnizius Aristoteli debuerit** 1 br. in-8. 1 fr. 50

NOURRISSON. **Essai sur la philosophie de Bossuet.** 1 vol. in-8. 4 fr.

OGER. **Les Bonaparte et les frontières de la France.** In-18. 50 c.

OGER. **La République.** 1871, brochure in-8. 50 c.

OLLÉ-LAPRUNE. **La philosophie de Malebranche.** 2 vol. in-8. 16 fr.

PARIS (comte de). **Les associations ouvrières en Angleterre** (trades-unions). 1869, 1 vol. gr. in-8. 2 fr. 50
    Édition sur papier de Chine : broché. 12 fr.
    — reliure de luxe. 20 fr.

PETROZ (P.). **L'art et la critique en France depuis 1822.** 1 vol. in-18. 1875. 3 fr. 50

POEY (André). **Le positivisme.** 1 fort vol. in-12 (1876). 4 fr. 50

PUISSANT (Adolphe). **Erreurs et préjugés populaires.** 1873, 1 vol. in-18. 3 fr. 50

REYMOND (William). **Histoire de l'art.** 1874, 1 vol. in-8. 5 fr.

RIBERT (Léonce). **Esprit de la Constitution** du 25 février 1875, 1 vol. in-18, en caractères elzéviriens. 3 fr. 50

RIBOT (Paul). **Matérialisme et spiritualisme.** 1873, in-8. 6 fr.

RIBOT (Th.). **La psychologie anglaise contemporaine** (James Mill, Stuart Mill, Herbert Spencer, A. Bain, G. Lewes, S. Bailey, J.-D. Morell, J. Murphy) 1875, 1 vol. in-8. 2° édit.
7 fr. 50

RIBOT (Th.). **De l'hérédité.** 1873, 1 vol. in-8. 10 fr.

RITTER (Henri). **Histoire de la philosophie moderne**, traduction française précédée d'une introduction par P. Challemel-Lacour. 3 vol. in-8. 20 fr.

RITTER (Henri). **Histoire de la philosophie ancienne**, trad. par Tissot. 4 vol. 30 fr.

ROBERT (Édmond). **Les domestiques**, étude historique. 1 vol. in-18. 1875. 3 fr. 50

SAINT-MARC GIRARDIN. **La chute du second Empire.** In-4. 4 fr. 50

SALETTA. **Principe de logique positive**, ou traité de scepticisme positif. Première partie (de la connaissance en général). 1 vol. gr. in-8. 3 fr. 50

SARCHI. **Examen de la doctrine de Kant.** 1872, gr. in-8. 4 fr.

SCHELLING. **Écrits philosophiques** et morceaux propres à donner une idée de son système, traduits par Ch. Bénard. In-8. 9 fr.

SCHELLING. **Bruno** ou du principe divin, trad. par Husson. 1 vol. in-8. 3 fr. 50

SCHELLING. **Idéalisme transcendantal**, traduit par Grimblot. 1 vol. in-8. 7 fr. 50

SIÉREBOIS. **Autopsie de l'âme.** Identité du matérialisme et du vrai spiritualisme. 2° édit. 1873, 1 vol. in-18. 2 fr. 50

SIÉREBOIS. **La morale fouillée dans ses fondements.** Essai d'anthropodicée. 1867, 1 vol. in-8. 6 fr.

SMÉE (A.). **Mon Jardin**, géologie, botanique, histoire naturelle, culture, 1876 1 magnifique vol. gr. in-8 orné de 1300 figures et 52 planches hors texte, traduit de l'anglais par M. Barbier. Broché. 15 fr.
Cartonnage riche, doré sur tranches. 20 fr.

SOREL (Albert). **Le traité de Paris du 30 novembre 1815.** Leçons professées à l'École libre des sciences politiques par M. Albert Sorel, professeur d'histoire diplomatique. 1873, 1 vol. in-8. 4 fr. 50

SPENCER (Herbert). Voyez p. 4.

STUART MILL. Voyez page 4.

THULIÉ. **La folie et la loi.** 1867, 2° édit., 1 vol. in-8. 3 fr. 50

THULIÉ. **La manie raisonnante du docteur Campagne.** 1870, broch. in-8 de 132 pages. 2 fr.

TIBERGHIEN. **Les commandements de l'humanité.** 1872, 1 vol. in-18. 3 fr.

TIBERGHIEN. **Enseignement et philosophie.** 1873, 1 vol. in-18. 4 fr.

TISSANDIER. **Études de Théodicée.** 1869, in-8 de 270 p. 4 fr.

TISSOT Voyez Kant.

TISSOT. Principes de morale, leur caractère rationnel et universel, leur application. Ouvrage couronné par l'Institut. 1 vol. in-8. 6 fr.

VACHEROT. Histoire de l'École d'Alexandrie. 3 vol. in-8. 24 fr.

VALETTE. Cours de Code civil professé à la Faculté de droit de Paris. Tome I, première année (Titre préliminaire — Livre premier). 1873, 1 fort vol. in-18. 8 fr.

VALMONT. L'espion prussien. 1872, roman traduit de l'anglais. 1 vol. in-18. 3 fr. 50

VAN DER REST. Platon et Aristote. Essai sur les commencements de la science politique. 1 fort vol. in-8 (1876) 10 fr.

VÉRA. Strauss. L'ancienne et la nouvelle foi. 1873, in-8. 6 fr.

VÉRA. Cavour et l'Église libre dans l'État libre, 1874, in-8. 3 fr. 50

VÉRA. L'Hégélianisme et la philosophie. 1 vol. in-18. 1861. 3 fr. 50

VÉRA. Mélanges philosophiques. 1 vol. in-8. 1862. 5 fr.

VÉRA. Essais de philosophie hégélienne (de la *Bibliothèque de philosophie contemporaine*). 1 vol. in-18. 2 fr. 50

VÉRA. Platonis, Aristotelis et Hegelii de medio termino doctrina. 1 vol. in-8. 1845. 1 fr. 50

VÉRA. Traduction de Hégel. Voy. page 3.

VILLIAUMÉ. La politique moderne, traité complet de politique. 1873, 1 beau vol. in-8. 6 fr.

WEBER. Histoire de la philosophie européenne. 1871, 1 vol. in-8. 10 fr.

YUNG (Eugène). Henri IV, écrivain. 1 vol. in-8. 1855. 5 fr.

ZIMMERMANN. De la solitude, des causes qui en font naître le goût, de ses inconvénients, de ses avantages, et son influence sur les passions, l'imagination, l'esprit et le cœur, traduit de l'allemand par N. Jourdan. Nouvelle édition. 1840, in-8. 3 fr. 50

L'Europe orientale. Son état présent, sa réorganisation, avec deux tableaux ethnographiques, 1873. 1 vol. in-18. 3 fr. 50

Le Pays Jougo-slave (Croatie-Serbie). Son état physique et politique, 1874, in-18. 3 fr. 50

Annales de l'Assemblée nationale. Compte rendu *in extenso* des séances, annexes, rapports, projets de loi, propositions, etc. Prix de chaque volume. 15 fr.

Quarante-et-un volumes sont en vente.

Loi de recrutement des armées de terre et de mer, promulguée le 16 août 1872. Compte rendu *in extenso* des trois délibérations. — Lois des 19 mars 1818, 21 mars 1832, 21 avril 1855, 1er février 1868. 1 vol. gr. in-4 à 3 colonnes. 12 fr.

Réorganisation des armées active et territoriale, lois de 1873-1875, promulguées les 7 août 1873 et 27 mars 1875. 1 fort vol. in-4. 18 fr.

ENQUÊTE PARLEMENTAIRE SUR LES ACTES DU GOUVERNEMENT
DE LA DÉFENSE NATIONALE

DÉPOSITIONS DES TÉMOINS :

TOME PREMIER. Dépositions de MM. Thiers, maréchal Mac-Mahon, maréchal Le Bœuf, Benedetti, duc de Gramont, de Talhouët, amiral Rigault de Genouilly, baron Jérôme David, général de Palikao, Jules Brame, Clément Duvernois, Dréolle, etc.

TOME DEUXIÈME. Dépositions de MM. de Chaudordy, Laurier, Cresson, Dréo, Ranc, Rampont, Steenackers, Fernique, Robert, Schneider, Buffet, Lebreton et Hébert, Bellangé, colonel Alavoine, Gervais, Brécherelle, Robin, Monteloy, Meyer, Clément et Simonneau, Fontaine, Jacob, Lemaire, Petetin, Guyot-Montpayroux, général Soumain, de Legge, colonel Vabre, de Crisenoy, colonel Ibos, etc.

TOME TROISIÈME. Dépositions militaires de MM. de Freycinet, de Serres, le général Lefort, le général Ducrot, le général Vinoy, le lieutenant de vaisseau Farcy, le commandant Amet, l'amiral Pothuau, Jean Brunet, le général de Beaufort-d'Hautpoul, le général de Valdan, le général d'Aurelle de Paladines, le général Chanzy, le général Martin des Pallières, le général de Sonis, etc.

TOME QUATRIÈME. Dépositions de MM. le général Bordone, Mathieu, de Laborie, Luce-Villiard, Castillon, Debusschère, Davy, Chenet, de La Taille, Baillehache, de Grancey, L'Hermite, Pradier, Middleton, Frédéric Morin, Thoyot, le maréchal Bazaine, le général Royer, le maréchal Canrobert, etc. Annexe à la déposition de M. Testelin, note de M. le colonel Denfert, note de la Commission, etc.

TOME CINQUIÈME. Dépositions complémentaires et réclamations. — Rapports de la préfecture de police en 1870-1871. — Circulaires, proclamations et affiches du Gouvernement de la Défense nationale. — Suspension du tribunal J.-B. Cellet; rapport de M. de La Borderie; dépositions.

ANNEXE AU TOME V. Deuxième déposition de M. Cresson. Événements de Nantes, affaire d'Ain Yagout. — Réclamations de MM. le général d'Est et Langelhart. — Note de la Commission d'enquête (1 fr.).

RAPPORTS :

TOME PREMIER. M. *Chaper* sur les procès-verbaux des séances du Gouvernement de la Défense nationale. — M. *de Sugny*, sur les événements de Lyon sous le Gouvernement de la Défense nationale. — M. *de Resseguier*, sur les actes du Gouvernement de la Défense nationale dans le sud-ouest de la France.

TOME DEUXIÈME. M. *Saint-Marc Girardin*, sur la chute du second Empire. — M. *de Sugny*, sur les événements de Marseille sous le Gouvernement de la Défense nationale.

TOME TROISIÈME. M. le comte *Daru*, sur la politique du Gouvernement de la Défense nationale à Paris.

TOME QUATRIÈME. M. *Chaper*, sur l'examen au point de vue militaire des actes du Gouvernement de la Défense nationale à Paris.

TOME CINQUIÈME. M. *Boreau-Lajanadie*, sur l'emprunt Morgan. — M. *de la Borderie*, sur le camp de Conlie et l'armée de Bretagne. — M. *de la Sicotière*, sur l'affaire de Dreux.

TOME SIXIÈME. M. *de Rainneville*, sur les actes diplomatiques du Gouvernement de la Défense nationale. — M. *A. Lallié*, sur les postes et les télégraphes pendant la guerre. — M. *Deltol*, sur la ligne du Sud-Ouest. — M. *Perrot*, sur la défense nationale en province. (1re partie).

TOME SEPTIÈME. M. *Perrot*, sur les actes militaires du Gouvernement de la Défense nationale en province (2e partie : Expédition de l'Est).

TOME HUITIÈME. M. *de la Sicotière*, sur l'Algérie.

TOME NEUVIÈME. Algérie, dépositions des témoins. Table générale et analytique des dépositions des témoins avec renvoi aux rapports des membres de la commission (10 fr.).

TOME DIXIÈME. M. *Boreau-Lajanadie*, sur les actes du Gouvernement de la Défense nationale à Tours et à Bordeaux. (5 fr.).

PIÈCES JUSTIFICATIVES :

TOME PREMIER. Dépêches télégraphiques officielles, première partie.
TOME DEUXIÈME. Dépêches télégraphiques officielles, deuxième partie. Pièces justificatives du rapport de M. Saint-Marc Girardin.
Prix de chaque volume... **15 fr.**

Rapports se vendant séparément :

DE RESSÉGUIER. Les événements de Toulouse sous le Gouvernement de la Défense nationale. In-4. **2 fr. 50**
SAINT-MARC GIRARDIN. — La chute du second Empire. In-4. **4 fr. 50**
DE SUGNY. — Les événements de Marseille sous le Gouvernement de la Défense nationale. In-4. **10 fr.**
DE SUGNY. — Les événements de Lyon sous le Gouvernement de la Défense nationale. In-4. **7 fr.**
DARU. — La politique du Gouvernement de la Défense nationale à Paris. In-4. **15 fr.**
CHAPER. — Examen au point de vue militaire des actes du Gouvernement de la Défense à Paris. In-4. **15 fr.**
CHAPER. — Les procès-verbaux des séances du Gouvernement de la Défense nationale. In-4. **5 fr.**
BOREAU-LAJANADIE. — L'emprunt Morgan. In-4. **4 fr. 50**
DE LA BORDERIE. — Le camp de Conlie et l'armée de Bretagne. In-4. **10 fr.**
DE LA SICOTIÈRE. — L'affaire de Dreux. In-4. **2 fr. 50**
DE LA SICOTIÈRE L'Algérie sous le Gouvernement de la Défense nationale. 2 vol. in-4. **12 fr.**
DE RAINNEVILLE. Les actes diplomatiques du Gouvernement de la Défense nationale. 1 vol. in-4. **3 fr. 50**
LALLIÉ. Les postes et les télégraphes pendant la guerre. 1 vol. in-4. **1 fr. 50**
DELSOL. La ligue du Sud-Ouest. 1 vol. in-4. **1 fr. 50**
PERROT. Le Gouvernement de la Défense nationale en province. 2 vol. in-4. **25 fr.**
BOREAU-LAJANADIE. Rapport sur les actes de la Délégation du Gouvernement de la Défense nationale à Tours et à Bordeaux. 1 vol. in-4. **5 fr.**
Procès-verbaux de la Commune. 1 vol. in-4. **5 fr.**
Table générale et analytique des dépositions des témoins. 1 vol. in-4. **fr. 50**

ENQUÊTE PARLEMENTAIRE
SUR
L'INSURRECTION DU 18 MARS

édition contenant *in-extenso* les trois volumes distribués à l'Assemblée nationale.

1° RAPPORTS. Rapport général de M. Martial Delpit. Rapports de MM. *de Meaux*, sur les mouvements insurrectionnels en province ; *de Massy*, sur le mouvement insurrectionnel à Marseille ; *Meplain*, sur le mouvement insurrectionnel à Toulouse ; *de Chamaillard*, sur les mouvements insurrectionnels à Bordeaux et à Tours ; *Delille*, sur le mouvement insurrectionnel à Limoges ; *Vacherot*, sur le rôle des municipalités ; *Ducarre*, sur le rôle de l'Internationale ; *Boreau-Lajanadie*, sur le rôle de la presse révolutionnaire à Paris ; *de Cumont*, sur le rôle de la presse révolutionnaire en province ; *de Saint-Pierre*, sur la garde nationale de Paris pendant l'insurrection ; *de Larochetheulon*, sur l'armée et la garde nationale de Paris avant le 18 mars. — Rapports de MM. les premiers présidents des Cours d'appel. — Rapports de MM. les préfets de l'Ardèche, des Ardennes, de l'Aude, du Gers, de l'Isère, de la Haute-Loire, du Loiret, de la Nièvre, du Nord, des Pyrénées-Orientales, de la Sarthe, de Seine-et-Marne, de Seine-et-Oise, de la Seine-Inférieure, de Vaucluse. — Rapports de MM. les chefs de légion de gendarmerie.

2° DÉPOSITIONS de MM. Thiers, maréchal Mac-Mahon, général Trochu, J. Favre, Ernest Picard, J. Ferry, général Le Flô, général Vinoy, colonel Lambert, colonel Gaillard, général Appert, Floquet, général Cremer, amiral Saisset, Schœlcher, Tirard, Vautrain, Vacherot, général d'Aurelle de Paladines, Turquet, de Plœuc, amiral Pothuau, colonel Langlois, colonel Le Mains, colonel Vabre, Héligon, Tolain, Fribourg, Corbon, Ducarro, etc.

3° PIÈCES JUSTIFICATIVES. Déposition de M. le général Ducrot. Procès-verbaux du Comité central, du Comité de salut public, de l'Internationale, de la délégation des vingt arrondissements, de l'Alliance républicaine, de la Commune. — Lettre du prince Czartoryski sur les Polonais. — Réclamations et errata.

Édition populaire contenant *in extenso* les trois volumes distribués aux membres de l'Assemblée nationale.

Prix : **10 francs.**

COLLECTION ELZÉVIRIENNE

Lettres de Joseph Mazzini à Daniel Stern (1864-1872), avec une lettre autographiée. 3 fr. 50

Amour allemand, par Max Müller, traduit de l'allemand. 1 vol. in-18. 3 fr. 50

La mort des rois de France depuis François Ier jusqu'à la Révolution française, études médicales et historiques, par M. le docteur Corlieu. 1 vol. in-18. 3 fr. 50

Libre examen, par Louis Viardot. 1 vol. in-18. 3 fr. 50

L'Algérie, impressions de voyage, par M. Clamageran. 1 vol. in-18. 3 fr. 50

La République de 1848, par J. Stuart Mill, traduit de l'anglais, avec préface par M. Sadi Carnot. 1 vol. in-18 (1875). 3 fr. 50

Esprit de la Constitution du 25 février 1875, par M. Léonce Ribert. 1 vol. in-18. 3 fr. 50

Mémoires d'un imbécile, par Eug. Noël, précédé d'une préface de M. Littré. 1 vol. in-18, 2e édition (1876). 3 fr. 50

BIBLIOTHÈQUE POPULAIRE

Napoléon Ier, par M. Jules Barni, membre de l'Assemblée nationale. 1 vol. in-18. 1 fr.

Manuel républicain, par M. Jules Barni, membre de l'Assemblée nationale. 1 vol. in-18. 1 fr.

Garibaldi et l'armée des Vosges, par M. Aug. Marais. 1 vol. in-18. 1 fr. 50

Le paupérisme parisien, ses progrès depuis vingt-cinq ans, par E. Fribourg. 1 fr. 25

ÉTUDES CONTEMPORAINES

Les bourgeois gentilshommes. — L'armée d'Henri V, par Adolphe Bouillet. 1 vol. in-18. 3 fr. 50

Les bourgeois gentilshommes. — L'armée d'Henri V. Types nouveaux et inédits, par A. Bouillet. 1 v. in-18. 2 fr. 50

Les Bourgeois gentilshommes. — L'armée d'Henri V. L'arrière-ban de l'ordre moral, par A. Bouillet. 1 vol. in-18. 3 fr. 50

L'espion prussien, roman anglais par V. Valmont, traduit par M. J. Dubrisay. 1 vol. in-18. 3 fr. 50

La Commune et ses idées à travers l'histoire, par Edgar Bourloton et Edmond Robert. 1 vol. in-18. 3 fr. 50

Du principe autoritaire et du principe rationnel, par M. Jean Chosserian. 1873. 1 vol. in-18. 3 fr. 50

La République radicale, par A. Naquet, membre de l'Assemblée nationale. 1 vol. in-18. 3 fr. 50

Les domestiques, par M. Edmond Robert. 1 vol. in-18 (1875). 2 fr. 50

RÉCENTES PUBLICATIONS SCIENTIFIQUES

BERTHELOT. **La synthèse chimique**, 1 vol. in-8 de *la Biblioth. scient. intern.* cart. 2 édit. (1876).   6 fr.

BLANCHARD. **Les Métamorphoses, les Mœurs et les Instincts des Insectes**, par M. Emile Blanchard, de l'Institut, professeur au Muséum d'histoire naturelle. 1868, 1 magnifique volume in-8 jésus, avec 160 figures intercalées dans le texte et 40 grandes planches hors texte. Prix, broché.   30 fr.
     Relié en demi-maroquin.   35 fr.

BOCQUILLON. **Manuel d'histoire naturelle médicale.** 1871, 1 vol. in-18, avec 415 fig. dans le texte.   14 fr.

BOUCHARDAT. **De la glycosurie ou diabète sucré**, son traitement hygiénique. 1 fort vol. in-8, 1875.   15 fr.

BOUCHUT. **Histoire de la médecine et des doctrines médicales.** 1873, 2 vol. in-8.   16 fr.

FAU. Anatomie des formes du corps humain, à l'usage des peintres et des sculpteurs. 1866, 1 vol. in-8 avec atlas in-folio de 25 planches.
     Prix : fig. noires.   20 fr.
     — fig. coloriées.   35 fr.

GARNIER. Dictionnaire annuel des progrès des sciences et institutions médicales, suite et complément de tous les dictionnaires. 1 vol. in-12 de 600 pages, 1875, 11ᵉ année. 7 fr.

LE FORT. La chirurgie militaire et les sociétés de secours en France et à l'étranger. 1873, 1 vol. gr. in-8 avec figures dans le texte.   10 fr.

LONGET. Traité de physiologie. 3ᵉ édition, 1873, 3 vol. gr. in-8.   36 fr.

LONGET. Tableaux de Physiologie. Mouvement circulaire de la matière dans les trois règnes, avec figures. 2ᵉ édition, 1874. 7 fr.

NÉLATON. Éléments de pathologie chirurgicale, par M. A. Nélaton.
     Seconde édition complètement remaniée.
Tome premier, rédigé par M. le docteur Jamain, chirurgien des hôpitaux. 1 fort vol. gr. in-8.   9 fr.
Tome second, rédigé par le docteur Péan, chirurgien des hôpitaux. 1 fort vol. gr. in-8, avec 288 fig. dans le texte. 13 fr.
Tome troisième, rédigé par M. le docteur Péan, 1 vol. gr. in-8 avec figures.   14 fr.

RICHE. Manuel de chimie médicale. 1874, 2ᵉ édition, 1 vol. in-18 avec 200 fig. dans le texte.   8 fr.

VIRCHOW. Pathologie des tumeurs, cours professé à l'Université de Berlin, traduit de l'allemand par le docteur Aronssohn.
     Tome Iᵉʳ. 1867, 1 vol. gr. in-8 avec 100 fig.   12 fr.
     Tome II. 1869, 1 vol. gr. in-8 avec 74 fig.   12 fr.
     Tome III. 1871, 1 vol. gr. in-8 avec 49 fig.   12 fr.
     Tome IV. (1876) 1 fasc. 1 vol. in-8 avec fig.   4 fr. 50

VULPIAN. Leçons sur l'appareil vaso-moteur (physiologie et pathologie), rédigées par le Dʳ H. Carville. 2 vol. in-8. 1875. 18 fr.

REVUE PHILOSOPHIQUE
DE LA FRANCE ET DE L'ÉTRANGER
Paraissant tous les mois

DIRIGÉE PAR

TH. RIBOT

Agrégé de philosophie, Docteur ès lettres

Depuis une quinzaine d'années, les études philosophiques, après une période de langueur et d'affaissement, ont repris faveur en France. Les nouvelles théories physiques et chimiques qui confinent à la philosophie générale, l'hypothèse de l'évolution introduite en biologie et en histoire, les travaux physiologiques qui se rattachent à la psychologie et par elle à la morale, les importantes publications faites en Angleterre et les publications allemandes de même nature dont on commence à s'occuper, tout a contribué à produire, dans les esprits, un mouvement grâce auquel le domaine philosophique a été de nouveau parcouru dans tous les sens.

Les travailleurs se plaignent de l'extrême difficulté qu'ils éprouvent à se renseigner sur ce qui les intéresse surtout à l'étranger. Il fallait donc offrir aux chercheurs de toutes les Écoles le moyen de faire connaître les résultats de leurs travaux, et leur offrir en même temps une source ample et sûre d'informations.

Tel est le but que se propose la REVUE PHILOSOPHIQUE DE LA FRANCE ET DE L'ÉTRANGER. Son caractère propre, ce qui la distingue de tous les recueils fondés jusqu'à ce jour, c'est qu'elle doit être une Revue ouverte. Elle n'est l'organe d'aucune secte, d'aucune École en particulier.

La Revue fait aussi une bonne part à l'histoire de la philosophie qui a donné lieu, chez nous, à de nombreux travaux, dont il importe que la tradition ne reste pas interrompue. Enfin, elle considère comme un de ses devoirs principaux de mettre ses lecteurs au courant de toutes les publications françaises, Anglaises, Allemandes, Italiennes, etc. Elle s'engage à ne laisser passer aucun livre de quelque valeur sans en rendre compte, et à remédier de tout son pouvoir à cette ignorance des œuvres étrangères qui nous a été si souvent reprochée.

La REVUE PHILOSOPHIQUE paraît, depuis le 1er janvier 1876, tous les mois, par livraisons de 6 à 7 feuilles grand in-8, et formera ainsi à la fin de l'année deux forts volumes d'environ 680 pages chacun.

CHAQUE NUMÉRO DE LA REVUE CONTIENT :

1° Plusieurs articles de fond ; 2° Des analyses et comptes rendus des nouveaux ouvrages philosophiques français et étrangers; 3° Un compte rendu aussi complet que possible des *publications périodiques* de l'étranger pour tout ce qui concerne la philosophie; 4° Des notes, documents, observations, pouvant servir de matériaux ou donner lieu à des vues nouvelles.

Prix d'abonnement :

Un an, pour Paris....................................	30 fr.
— pour les départements et l'étranger	33 fr.
La livraison...	3 fr.

REVUE HISTORIQUE

Paraissant tous les trois mois

DIRIGÉE PAR MM.

GABRIEL MONOD	GUSTAVE FAGNIEZ
Ancien élève de l'École normale supérieure Agrégé d'histoire Directeur-adjoint à l'École pratique des Hautes-Études	Ancien élève de l'École des Chartes Archiviste aux Archives nationales Auxiliaire de l'Institut

Les études historiques prennent à notre époque une importance toujours croissante, et il devient de plus en plus difficile, même pour les savants de profession, de se tenir au courant de toutes les découvertes, de toutes les recherches nouvelles qui se produisent chaque jour dans ce vaste domaine. Aussi avons-nous cru répondre aux désirs d'une grande partie du public lettré en créant, sous le titre de *Revue historique*, un recueil périodique destiné à favoriser la publication de travaux originaux sur les diverses parties de l'histoire, et à fournir des renseignements exacts et complets sur le mouvement des études historiques dans les pays étrangers aussi bien qu'en France.

Cette revue n'admet que des travaux originaux et de première main, qui enrichissent la science soit par les recherches qui en seront la base, soit par les résultats qui en seront la conclusion. Son cadre n'exclut aucune province des études historiques; toutefois elle est principalement consacrée à l'histoire européenne depuis la mort de Théodose (395), jusqu'à la chute de Napoléon Ier (1815). C'est pour cette période en effet que nos archives et nos bibliothèques conservent le plus de trésors inexplorés; et elle se tiendra, autant que possible, à l'écart de toutes les polémiques contemporaines.

La REVUE HISTORIQUE paraît tous les trois mois, depuis le 1er janvier 1876, par livraisons grand in-8 de 16 à 20 feuilles, de manière à former à la fin de l'année deux beaux volumes de 600 à 700 pages

CHAQUE LIVRAISON CONTIENT :

I. Quatre ou cinq *articles de fond*, comprenant chacun, s'il est possible, un travail complet. II. Des *Mélanges et Variétés*, composés de documents inédits d'une étendue restreinte et de courtes notices sur des points d'histoire curieux ou mal connus. III. Un *Bulletin historique* de la France et de l'étranger, fournissant des renseignements aussi complets que possible sur tout ce qui touche aux études historiques. IV. Une *analyse des publications périodiques* de la France et de l'étranger, au point de vue des études historiques V. Des *Comptes rendus critiques* des livres d'histoire nouveaux.

Prix d'abonnement :

Un an, pour Paris	30 fr.
— pour les départements et l'étranger	33 fr.
La livraison	9 fr.

REVUE
Politique et Littéraire
(Revue des cours littéraires, 2ᵉ série.)

REVUE
Scientifique
(Revue des cours scientifiques, 2ᵉ série.)

Directeurs : MM. Eug. YUNG et Ém. ALGLAVE

La septième année de la **Revue des Cours littéraires** et de la **Revue des Cours scientifiques**, terminée à la fin de juin 1871, clôt la première série de cette publication.

La deuxième série a commencé le 1ᵉʳ juillet 1871, et depuis cette époque chacune des années de la collection commence à cette date. Des modifications importantes ont été introduites dans ces deux publications.

REVUE POLITIQUE ET LITTÉRAIRE

La *Revue politique* continue à donner une place aussi large à la littérature, à l'histoire, à la philosophie, etc., mais elle a agrandi son cadre, afin de pouvoir aborder en même temps la politique et les questions sociales. En conséquence, elle a augmenté de moitié le nombre des colonnes de chaque numéro (48 colonnes au lieu de 32).

Chacun des numéros, paraissant le samedi, contient régulièrement :

Une *Semaine politique* et une *Causerie politique* où sont appréciés, à un point de vue plus général que ne peuvent le faire les journaux quotidiens, les faits qui se produisent dans la politique intérieure de la France, discussions de l'Assemblée, etc.

Une *Causerie littéraire* où sont annoncés, analysés et jugés les ouvrages récemment parus : livres, brochures, pièces de théâtre importantes, etc.

Tous les mois la *Revue politique* publie un *Bulletin géographique* qui expose les découvertes les plus récentes et apprécie les ouvrages géographiques nouveaux de la France et de l'étranger. Nous n'avons pas besoin d'insister sur l'importance extrême qu'a prise la géographie depuis que les Allemands en ont fait un instrument de conquête et de domination.

De temps en temps une *Revue diplomatique* explique au point de vue français les événements importants survenus dans les autres pays.

On accusait avec raison les Français de ne pas observer avec assez d'attention ce qui se passe à l'étranger. La *Revue* remédie à ce défaut. Elle analyse et traduit les livres, articles, discours ou conférences qui ont pour auteurs les hommes les plus éminents des divers pays.

Comme au temps où ce recueil s'appelait *la Revue des cours littéraires* (1864-1870), il continue à publier les principales leçons du Collège de France, de la Sorbonne et des Facultés des départements.

Les ouvrages importants sont analysés, avec citations et extraits, dès le lendemain de leur apparition. En outre, la *Revue politique* publie des articles spéciaux sur toute question que recommandent à l'attention des lecteurs, soit un intérêt public, soit des recherches nouvelles.

Parmi les collaborateurs nous citerons :

Articles politiques. — MM. de Pressensé, Ernest Duvergier de Hauranne, H. Aron, Anat. Dunoyer, Anatole Leroy-Beaulieu, Clamageran.

Diplomatie et pays étrangers. — MM. Van den Berg, Albert Sorel, Reynald, Léo Quesnel, Louis Leger.

Philosophie. — MM. Janet, Caro, Ch. Lévêque, Véra, Léon Dumont, Th. Ribot, E. Boutroux, Huxley.

Morale. — MM. Ad. Franck, Laboulaye, Jules Barni, Legouvé, Bluntschli.

Philologie et archéologie. — MM. Max Müller, Eugène Benoist, L. Havet, E. Ritter, Maspéro, George Smith.

Littérature ancienne. — MM. Egger, Havet, George Perrot, Gaston Boissier, Geffroy, Martha.

Littérature française. — MM. Ch. Nisard, Lenient, L. de Loménie, Édouard Fournier, Bersier, Gidel, Jules Claretie, Paul Albert, A. Feugère.

Littérature étrangère. — MM. Mézières, Büchner, P. Stapfer.

Histoire. — MM. Alf. Maury, Littré, Alf. Rambaud, G. Monod.

Géographie, Economie politique. — MM. Levasseur, Himly, Gaidoz, Alglave.

Instruction publique. — Madame C. Coignet, MM. Buisson, Em. Beaussire.

Beaux-arts. — MM. Gebhart, C. Selden, Justi, Schnaase, Vischer, Ch. Bigot.

Critique littéraire. — MM. Eugène Despois, Maxime Gaucher, Paul Albert.

Ainsi la *Revue politique* embrasse tous les sujets. Elle consacre à chacun une place proportionnée à son importance. Elle est, pour ainsi dire, une image vivante, animée et fidèle de tout le mouvement contemporain.

REVUE SCIENTIFIQUE

Mettre la science à la portée de tous les gens éclairés sans l'abaisser ni la fausser, et, pour cela, exposer les grandes découvertes et les grandes théories scientifiques par leurs auteurs mêmes ;

Suivre le mouvement des idées philosophiques dans le monde savant de tous les pays.

Tel est le double but que la *Revue scientifique* poursuit depuis dix ans avec un succès qui l'a placée au premier rang des publications scientifiques d'Europe et d'Amérique.

Pour réaliser ce programme, elle devait s'adresser d'abord aux Facultés françaises et aux Universités étrangères qui comptent dans leur sein presque tous les hommes de science éminents. Mais, depuis deux années déjà, elle a élargi son cadre afin d'y faire entrer de nouvelles matières.

En laissant toujours la première place à l'enseignement supérieur proprement dit, la *Revue scientifique* ne se restreint plus désormais aux leçons et aux conférences. Elle poursuit tous les développements de la science sur le terrain économique, industriel, militaire et politique.

Elle publie les principales leçons faites au Collége de France, au Muséum d'histoire naturelle de Paris, à la Sorbonne, à l'Institution royale de Londres, dans les Facultés de France, les universités d'Allemagne, d'Angleterre, d'Italie, de Suisse, d'Amérique, et les institutions libres de tous les pays.

Elle analyse les travaux des Sociétés savantes d'Europe et d'Amérique, des Académies des sciences de Paris, Vienne, Berlin, Munich, etc., des Sociétés royales de Londres et d'Édimbourg, des Sociétés d'anthropologie, de géographie, de chimie, de botanique, de géologie, d'astronomie, de médecine, etc.

Elle expose les travaux des grands congrès scientifiques, les Associations *française, britannique* et *américaine*, le Congrès des naturalistes allemands, la Société helvétique des sciences naturelles, les congrès internationaux d'anthropologie préhistorique, etc.

Enfin, elle publie des articles sur les grandes questions de philosophie naturelle, les rapports de la science avec la politique, l'industrie et l'économie sociale, l'organisation scientifique des divers pays, les sciences économiques et militaires, etc.

Parmi les collaborateurs nous citerons :

Astronomie, météorologie. — MM. Leverrier, Faye, Balfour-Stewart, Janssen, Normann Lockyer, Vogel, Wolf, Miller, Laussedat, Thomson, Rayet, Secchi, Briot, Herschel, etc.

Physique. — MM. Helmholtz, Tyndall, Jamin, Desains, Carpenter, Gladstone, Grad, Boutan, Becquerel, Cazin, Fernet, Onimus, Berlin.

Chimie. — MM. Wurtz, Berthelot, H. Sainte-Claire Deville, Bouchardat, Grimaux, Jungfleisch, Mascart, Odling, Dumas, Troost, Peligot, Cahours, Graham, Friedel, Pasteur.

Géologie. — MM. Hébert, Bleicher, Fouqué, Gaudry, Ramsay, Sterry-Hunt, Contejean, Zittel, Wallace, Lory, Lyell, Daubrée.

Zoologie. — MM. Agassiz, Darwin, Haeckel, Milne Edwards, Perrier, P. Bert, Van Beneden, Lacaze-Duthiers, Pasteur, Pouchet, De Quatrefages, Faivre, A. Moreau, E. Blanchard, Marey.

Anthropologie. — MM. Broca, de Quatrefages, Darwin, de Mortillet, Virchow, Lubbock, K. Vogt.

Botanique. — MM. Baillon, Brongniart, Cornu, Faivre, Spring, Chatin, Van Tieghem, Duchartre.

Physiologie, anatomie. — MM. Claude Bernard, Chauveau, Fraser, Gréhant, Lereboullet, Moleschott, Onimus, Ritter, Rosenthal, Wundt, Pouchet, Ch. Robin, Vulpian, Virchow, P. Bert, du Bois-Reymond, Helmholtz, Frankland, Brücke.

Médecine. — MM. Chauffard, Chauveau, Cornil, Gubler, Le Fort, Verneuil, Broca, Liebreich, Axenfeld, Lasègue, G. Sée, Bouley, Giraud-Teulon, Bouchardat.

Sciences militaires. — MM. Laussedat, Le Fort, Abel, Jervois, Morin, Noble, Reed, Usquin.

Philosophie scientifique. — MM. Alglave, Bagehot, Carpenter, Léon Dumont, Hartmann, Herbert Spencer, Laycock, Lubbock, Tyndall, Gavarret, Ludwig, Ribot.

Prix d'abonnement :

Une seule Revue séparément			Les deux Revues ensemble		
	Six mois.	Un an.		Six mois.	Un an.
Paris.......	12f	20f	Paris.......	20f	36f
Départements.	15	25	Départements.	25	42
Étranger....	18	30	Étranger....	30	50

L'abonnement part du 1er juillet, du 1er octobre, du 1er janvier et du 1er avril de chaque année.

Chaque volume de la première série se vend : broché...... 15 fr.
relié........ 20 fr.
Chaque année de la 2e série, formant 2 vol., se vend : broché.. 20 fr.
relié.... 25 fr.

Prix de la collection de la première série :

Prix de la collection complète de la *Revue des cours littéraires* ou de la *Revue des cours scientifiques* (1864-1870), 7 vol. in-4... 105 fr.
Prix de la collection complète des deux *Revues* prises en même temps, 14 vol. in-4................................. 182 fr.

Prix de la collection complète des deux séries :

Revue des cours littéraires et *Revue politique et littéraire*, ou *Revue des cours scientifiques* et *Revue scientifique* (décembre 1863 — décembre 1875), 16 vol. in-4..................... 195 fr.
La *Revue des cours littéraires* et la *Revue politique et littéraire*, avec la *Revue des cours scientifiques* et la *Revue scientifique*, 32 volumes in-4.. 346 fr.

www.ingramcontent.com/pod-product-compliance
Lightning Source LLC
Chambersburg PA
CBHW050052230426
43664CB00010B/1296